本书由浙大城市学院资助，
为浙大城市学院科研成果

古希腊罗马哲学原典集成

主编　王晓朝

西塞罗全集

修订版

修辞学卷

[古罗马] 西塞罗　著　王晓朝　译

人民出版社

“古希腊罗马哲学原典集成”
丛书要目

第1册

《苏格拉底以前的哲学家残篇汇编》

《色诺芬哲学著作选》

第2—4册

《柏拉图全集》

第5—8册

《亚里士多德全集》

第9册

《伊壁鸠鲁学派著作残篇汇编》

《斯多亚学派著作残篇汇编》

《学园派著作残篇汇编》

《物性论》（卢克莱修）

《塞克斯都·恩披里柯著作集》

第10—12册

《斐洛全集》

第13—17册

《西塞罗全集》

第18册

《古代诺斯替主义经典文集》

第19—20册

《普罗塔克哲学著作集》

第21册

《哲学文集》（琉善）

《沉思录》（马可·奥勒留）

《爱比克泰德著作集》

《神学要义》（普罗克洛）

《论风格》（德米特里）

第22册

《塞涅卡哲学著作集》

第23册

《九章集》（普罗提诺）

“古希腊罗马哲学原典集成”
丛书总序

古希腊罗马哲学诞生于世界文明发展史上的“轴心时代”。它历时久远，学者众多，流派纷呈，典籍丰盛，诚为世界古代文明之瑰宝。从人类思想史来看，古希腊罗马哲学是整个西方哲学的源头和初始阶段。“在希腊哲学的多种多样的形式中，差不多可以找到以后各种观点的胚胎和萌芽。”（恩格斯语）20世纪初，古希腊罗马哲学大量传入中国，成为中国现代学术的一个重要研究领域，成为中国现代哲学发展的重要思想资源。改革开放以来，中国的古希腊罗马哲学研究者坚持翻译与研究并重，译介了大量原典，促进了研究的深入，经典诠释和文本解读成为古希腊罗马哲学研究的重要方法。

古希腊罗马哲学研究在原杭州大学和四校合并以后的浙江大学有着悠久的历史和光荣的传统。严群先生（1907—1985）是福建侯官人，字孟群，号不党，著名哲学家、哲学史家、翻译家。他是严复先生的侄孙，甚受严复先生钟爱。1935年他负笈西行，赴美国哥伦比亚大学研究院深造，1938年转入耶鲁大学研究院古典语文系，学习梵文、希腊文、拉丁文、希伯来文、意大利文等多种语文。1939年回国以后，他先后在燕京大学、浙江大学、浙江师范学院、杭州大学任教。1983年担任杭州大学古希腊哲学研究室主任。严群先生学贯中西，经常用中西比较的方法研究哲学。他“平生素抱尽译柏氏（柏拉图）全书之志”，视翻译为沟通中西哲学文化之要途，为中国哲学界开辟古希腊哲学研究贡献良多。

陈村富先生是我国著名的哲学史家、宗教学家。1964年他于北京大学哲学系西方哲学研究生毕业，1965年在中国社科院哲学研究所从事外国哲学的翻译和研究工作，1976年到杭州大学工作，1986年被破格提拔为教授。历任杭州大学哲学系主任、浙江大学基督教与跨文化研究中心（教育部哲学社会科学创新基地）主任。他主要研究古希腊哲学和基督教的跨文化传播。20世纪90年代初，他在原杭州大学成立了相关研究机构，在中国高校首开宗教文化研究风气之先河。他自始至终参加了哲学界的跨世纪工程《希腊哲学史》多卷本的撰写，为这一重大项目的完工作出重要贡献。他在《希腊哲学史》第四卷中倡导地中海文化圈的研究，有力地推动了中国学术界的跨文化研究。他还出版了《转型期的中国基督教》等重要著作，主编《宗教文化》（1—5辑）。在他的带领下，一大批青年学者茁壮成长，形成了跨文化研究的浙大特色和浙大学派。2021年11月，陈村富先生受聘为浙大城市学院名誉教授。2022年3月18日，浙大城市学院新时代马克思主义宗教学研究院成立。陈村富先生担任研究院名誉院长。

薪火相传，学林重光！一百年前，中国学者吴献书率先翻译古希腊大哲学家柏拉图的原著《理想国》（商务印书馆1921年版），是为中国哲学界系统译介古希腊哲学原典之肇始；一百年后，我们研究院隆重推出译丛——“古希腊罗马哲学原典集成”，以此纪念先贤，激励后学，秉承初心，砥砺奋进，完成译介全部古希腊罗马哲学原典的任务，努力开创中国哲学界古希腊罗马哲学研究的新局面，为深入开展文化交流、文明互鉴、构建人类命运共同体贡献力量！

感谢人民出版社的大力支持！感谢责任编辑张伟珍女士付出的辛劳！

王晓朝

2022年7月1日

于杭州浙大城市学院教师公寓

目录 Contents

001 | 修订版译者前言

001 | 中译者导言

001 | 论公共演讲的理论

002 | 第一卷

017 | 第二卷

043 | 第三卷

064 | 第四卷

118 | 论开题

119 | 第一卷

169 | 第二卷

226 | 论最好的演说家

234 | 论题

261 | 论演说家

263 | 第一卷

326 | 第二卷

420 | 第三卷

480 | 论命运

500 | 斯多亚学派的反论

518 | 论演讲术的分类

552 | 布鲁图

647 | 演说家

717 | 西汉译名对照表

731 | 修辞学术语译名对照表

737 | 修辞学术语索引

760 | 事项索引

762 | 人名索引

775 | 地名索引

修订版译者前言

欣闻中文修订版《西塞罗全集》即将问世，我内心十分喜悦。遵照责任编辑张伟珍女士的嘱托，撰写此前言，向广大读者交待一下这个修订版与原版的区别。

敝人翻译西塞罗著作的工作始于2004年，那时我刚完成柏拉图全集。按照原来的规划："中文版《西塞罗全集》共分六卷，每卷约60—70万字，各卷名目如下：第一卷、修辞学；第二卷、演说词（上）；第三卷、演说词（下）；第四卷、哲学著作；第五卷、书信（上）；第六卷、书信（下）。"（《西塞罗全集》第一卷，王晓朝译，人民出版社，2007年，第29页）人民出版社非常重视这项译事，于2007年出版了第一卷（修辞学），于2008年出了第二、三卷（演说词）。

2009年以后，我的工作发生了一些变动，但我仍旧坚持翻译和研究并重，坚持了十多年时间，直至2015年前后全集的完成。

2022年5月，我进入浙大城市学院工作，主编"古希腊罗马哲学原典集成"，把西塞罗全集纳入这个大型译丛出版。为了适应这一需要，我对原版书稿作了全面的修订。主要修订之处如下：

一、全部译文的改错和润色；

二、将原来规划中的两卷书信合为一卷出版，也就是说，修订版是五卷本，不是六卷本；

三、添加这个简短的修订版译者前言。

最后，重复原版中译者导言的结束语："西塞罗的著作篇幅浩大，内容庞杂，涉及文学、史学、哲学、法律、政治、宗教等多个学科。应人民出版社之盛情相邀，译者不惮自身学识浅陋，愿意耗费几年的时间译出西塞罗全部现存著作，为中国学术界的研究提供一手资料。译文中的所有错误皆由译者负责，恳请各行专家和广大读者批评指正！”

王晓朝

2024 年 12 月 12 日于北京

中译者导言

西塞罗（Marcus Tullius Cicero，公元前106年—前44年）是古罗马共和国末期赫赫有名的历史人物，一位颇有影响的政治家和理论家；他又是古罗马最著名的演说家，他的演说结构严谨，文采斐然，他创造的文体被西方人称做“西塞罗文体”，成为历代演说家模仿的榜样；他还是一位重要的哲学家，曾大力呼吁创建拉丁文化，建构罗马人自己的哲学，为后世留下了一批重要的哲学著作。经过历史的筛选，西塞罗的著作已成为西方文化经典宝库的重要库藏，其中有许多堪称世界名著，具有丰富的文化价值。

一、拉丁文化概述

西塞罗所处的时代是一个拉丁文化全面赶超希腊文化的时代。为了把握他的思想，我们有必要先对拉丁文化的发展概况做一了解。

在西方古代文化研究中，希腊文化（Greek Culture）与拉丁文化（Latin Culture）经常被相提并论，视为西方文化的起源。然而，由于亚历山大大帝东征以后地中海世界曲折多变的历史进程，继续使用希腊文化或拉丁文化都已很难涵盖地中海世界的文化变迁，于是便有了“希腊—罗马文化”（Graeco-Roman Culture）这样并列的称谓。至罗马帝国建立，以这两种民族文化为主干的罗马帝国文化有了统一的政治架构，开始发生整合。从那时起，希腊文化和拉丁文化就不再是并列的、相对独立的两种文化，而是一种开始整合的统一文化了。在此意义上，“希腊—罗马文化”与罗马帝国文化不是同义词，而是标识古代地中海世界文化发展两大阶段的名称。

追根溯源，希腊人与拉丁人原本同宗同祖。在一个相当原始的史前时期，在里海和咸海以北那一片弧形的大草原上，生活着远古印度人、波斯人、日耳曼人、克尔特人、拉丁人、希腊人的祖先。由于他们都讲一种原始的印欧语，因此被统称为印欧语系诸部族。大约公元前 2500 年，这些部族从石器时代演进到铜器时代。公元前 2000 年左右，印欧语系诸部族分两大支先后从里海的东北岸向外迁移：一支向南迁徙到伊朗高原和印度，征服了当地的土著部落而定居下来，成为伊朗人和印度人；一支向西迁徙到欧洲，后来又分别繁衍为希腊人、拉丁人、高卢人、日耳曼诸部族以及斯拉夫族。

拉丁文化发端于意大利半岛的拉丁姆平原。位于这个小平原上的小镇——罗马则是拉丁文化的主要代表。按照神话传说，阿尔巴王国侍奉女灶神维斯太的女祭司西尔维亚与战神玛斯相爱，生下了双生子罗莫洛和瑞摩斯，遭到国王阿姆留斯的责罚，两个婴儿被投入台伯河，随波逐流，漂到一片沙滩上，战神玛斯派来一只母狼为他们哺乳；有一位牧人途经河畔，发现了这两个婴儿并将他们收养；两个孩子长大成人后，杀死了阿姆留斯，并在台伯河岸建造了一座城市，以罗莫洛的名字命名，是为罗马。由于这段故事，“母狼哺婴”的形象遂成为罗马国家的象征。罗马史学家瓦罗最先推定罗马城的建立是在公元前 754 年或前 753 年，以后罗马人即以此为罗马纪元的开端。

公元 1 世纪以前的罗马史，是一部军事征服和政治统一的三部曲：第一步是罗马城邦统一拉丁姆地区；第二步是逐渐征服整个意大利半岛；第三步是扩张到环绕地中海的广大地区。在这一历史过程中，罗马人的城邦文化先是成为拉丁文化的同义词，然后成为与希腊文化比肩而立的一种区域文化，最后在罗马帝国建立之际与希腊文化一道融入雄居整个西方古代文化之巅的罗马帝国文化中去，成为这种世界性文化的主干和核心部分。

罗马建国以后，在它的北面有强大的伊拙斯康人，南面有许多其他拉丁部落，在亚平宁山区居住着剽悍的萨莫奈人，而意大利半岛的南端则是希腊人的殖民地。瓦罗说，罗马在国王统治下的 250 年中征服了二十多个民族，但它的统治范围扩张并没有超过 20 英里。到了公元前 338 年，罗马人发起“拉丁同盟”之战，以武力统一其他拉丁各邦。公元前 295 年，罗马人在亚平宁山区东北部击溃萨莫奈人、伊拙斯康人、高卢人组成的联军，统一了意大利半岛的中部。公元前 275 年，罗马人征服了意大利半岛南端的那些希腊城邦，除少数被高卢人盘踞的地区外，整个意大利半岛都被罗马统一。

当罗马人还在经营意大利半岛时，北非突尼斯海角上的迦太基已经发展成为一个强大的商业帝国，控有整个西部地中海。罗马统一意大利半岛后，两国关系急剧恶化。从公元前 264 年起，罗马和迦太基进行了三次事关生死存亡的大搏斗，历时一百多年。迦太基人是腓尼基人的后裔，罗马人称腓尼基人为“布匿人”，因此这场战争被史家称为“布匿战争”。公元前 146 年，罗马人攻陷迦太基。整个城市被付之一炬，火光冲天，十余日不熄。迦太基在历史上被消灭了，也在地理上消失了。

正当罗马与迦太基在地中海西部进行生死存亡大搏斗的时候，地中海东部地区的三个希腊化国家，安提柯王朝统治下的马其顿王国、塞琉古王朝统治下的叙利亚、托勒密王朝统治下的埃及，也在纵横捭阖，谋求扩张，相互征战不已。此外，在小亚细亚北部和西北部还有帕伽玛、庇提尼亚、本都、加拉太这些小王国。从公元前 215 年至前 146 年的 70 年间，罗马先后四次用兵于马其顿，最终征服了马其顿王国。公元前 146 年，罗马元老院下令焚掠科林斯，把它的艺术品和财宝悉数劫往罗马。再往后，叙利亚、小亚细亚、埃及的那些希腊化王国被逐一征服。原先强权林立的意大利半岛、西西里岛、撒丁尼亚岛、科西加岛、西班牙半岛、马其顿、希腊半岛、小亚细亚、埃及和非洲北岸抟聚为一个庞大的帝国，整个地中海成为帝国的内湖。“罗马帝国的疆域从日落处和西面海洋到高加索山和幼发拉底河，通过埃及上达埃塞俄比亚和通过阿拉伯远达东面海洋，所以它的疆界东至太阳神上升的海洋，西至太阳神降落的海洋；同时他们统治了整个地中海和所有海中的岛屿以及海洋中的不列颠。”①

若以公元前338年的拉丁同盟之战为起点，短短不过两百年，罗马从一个小国寡民的城邦发展为一个地跨欧非亚的庞大帝国，这一成就使罗马人感到无比自豪，也给历史学家留下了一个永久性的问题：在强国如林的地中海世界，罗马人能够取得最终胜利的根本原因在哪里？

史学界以往对这个问题的解释注重罗马人的政治体制或者爱国忠勇的民族精神。然而，罗马人的政治体制经历过一个长期的演变过程，人们也并不认为罗马的政治体制是地中海世界最优越的；同样，罗马人的民族精神也不是生来就有的，而是在漫长的艰难岁月中逐渐形成的。相比而言，希腊人的城邦体制比罗马人更发达，希腊人也不缺乏爱国主义的精神。然而，为什么罗马人能够成为地中海世界的霸主，而希腊人却不能？对现有观点的反思迫使我们寻找新的解释途径。在这个问题上，现代文化理论可能比上述观点更能全面地解释了罗马人胜利的原因。

细察拉丁文化的发展历程，并与希腊文化相比较，二者好比同根的并蒂莲花，开放有迟早，但同样争奇斗艳；拉丁文化的发展又似乎总是比希腊文化慢两拍，而它所获得的成就也比希腊文化更加稳固，更加持久，颇有“螳螂捕蝉，黄雀在后”的意味。比较一下两种文化的发展历程，人们很容易看出，在很长的一个时期内，希腊文化，无论是其物质层面还是精神层面，抑或是制度层面，都处在一种拉丁文化可望而不可即的优越地位上。此时，两种文化之间的交流主要是高势能的希腊文化向文化落后区域的传播和扩展。早在罗马建城以前的两三个世纪内，伊拙斯康人从小亚细亚沿海移居意大利，把希腊文明的丰硕成果输入到新国土上来。从公元前8世纪开始，意大利南部也出现了希腊移民，经过北邻康帕尼亚的媒介，他们把希腊人灿烂的文明成就传送到罗马。公元前776年，希腊人已经举行了第一次有记载的奥林匹克赛会，而罗马城迟至公元前753年才建立。然而，随着岁月的流逝，

① 阿庇安：《罗马史》，商务印书馆1984年版，第15页。

拉丁文化经过几个世纪的发展以后，已经具备了与希腊文化平起平坐的资格。此时的罗马人对希腊文化区域的征服，其情景已不完全是一个野蛮民族对文化先进地区的征服，而是一个已经具备相当文明程度的民族对已经开始衰落下去的希腊文化的兼并。在古代地中海区域这个世界性的大舞台上，历史并非只偏爱希腊人这一个民族，而是将融合地中海世界各民族文化的使命交给了拉丁人。古罗马共和国的强盛及其向帝国的转化为这种民族文化的融合提供了统一的政治架构。以后，在罗马帝国中，以希腊文化和拉丁文化为主干的多民族文化达成了文化融合。所以我们可以说，卓越的吸取、融合外来文化的能力，是拉丁民族最终成为地中海世界霸主的根本原因。

希腊文化与拉丁文化二者是什么关系？有学者认为："西方地中海世界的古典文化向来以希腊罗马文化并称。但究其实，罗马文化只能说是在希腊文化抚育下成长起来的派生文化，把二者列在同等（尽管时间有先后）的地位是勉强的。"[①] 罗素则说："布匿战争之后，年轻的罗马人对希腊人怀着一种赞慕的心情。他们学习希腊语，他们模仿希腊的建筑，他们雇用希腊的雕刻家。罗马有许多神也被等同为希腊的神。罗马人起源于特洛伊的说法就被创造了出来，以便与荷马的传说联系在一起。拉丁诗人采用了希腊的韵律，拉丁哲学家接受了希腊的理论。终于，罗马在文化上就成了希腊的寄生虫。罗马人没有创造过任何的艺术形式，没有形成过任何有创见的哲学体系，也没有做出过任何科学的发明。他们修筑过很好的道路，有过系统的法典以及有效率的军队。但此外的一切，他们都唯希腊马首是瞻。"[②] 这一类看法着眼于狭义文化（文化艺术），强调拉丁文化学习、模仿希腊文化的一面。就拉丁文化发展的城邦阶段来说，尤其是对该时期拉丁民族的文化艺术发展来说，这些论断有一定道理，罗马人向希腊人学习是确凿无疑的事实。但若将广义的拉丁文化，即罗马人的物质文化、精神文化、制度文化，全然看做希腊文

① 撒路斯提乌斯：《喀提林阴谋、朱古达战争》中译者序言，商务印书馆 1996 年版，第 70 页。

② ［英］罗素：《西方哲学史》上册，商务印书馆 1981 年版，第 351 页。

化的派生物，甚至将此后的罗马帝国文化也看做希腊文化的派生物，或视为希腊文化的扩展，是不妥的。实际上，拉丁民族在许多方面有原创性，拉丁文化不能完全归结为对希腊文化的模仿，不仅罗马共和国时期的拉丁文化和罗马帝国时期的文化不能简单地视为希腊文化的延伸或扩展，而且早期罗马城邦文化的发展也不能视为对希腊古典城邦文化的简单模仿，诚然，一定阶段、一定程度的模仿在文化交流中是不可避免的。

罗马城邦文化的早期发展与希腊城邦文化有很多相似之处，但拉丁文化是在自身所处的具体的地理、历史环境中形成的，因此两个民族的精神气质有共同点，也有差异。希腊人是海上的民族，罗马人更多是山区的居民。罗马号称“七丘之城”，离海虽然不远，但受海的影响较小。希腊人重思辨，重理想，长于理论；罗马人重实践，讲求实际，吃苦耐劳，勇于作战；希腊人擅长艺术，罗马人擅长治术。在希腊文化的发达程度远远高于拉丁文化时，前者无疑是后者的一个榜样。最早的传说认为罗马城邦在公元前 454 年派过一个代表团去雅典考察梭伦新法，然后把希腊人的法律带回罗马。这种说法虽然没有确凿的史料记载，但与罗马人在当时尚能虚心向雅典学习的态度是吻合的。然而，到了罗马人征服了希腊世界，特别是古罗马共和国临近向帝制转化之时，罗马人不仅在物质文化和制度文化方面远远超过了希腊人，而且也在精神文化方面为全面赶超希腊文化而奋斗。分析一下该时期希腊人和罗马人各自的文化心态很可以说明问题。

公元前 4 世纪末马其顿的统治崩溃之后，希腊城邦及其古典文化就已走到了尽头。希腊人经受了一场苦难，他们自己的国家最终于公元前 146 年为罗马所灭。此时，“希腊人对罗马人的自然态度，是一种夹杂着恐惧的鄙视；希腊人认为自己是更文明的，但是在政治上却较为软弱”。[①] 希腊人鄙视罗马人，但却又无可奈何；相反，罗马人总的来说对希腊文化的卓越地位是承认的，也能够虚心地汲取其精华为己所用。“当罗马人最初与希腊人相接触

① ［英］罗素：《西方哲学史》上册，商务印书馆 1981 年版，第 348 页。

的时候，他们就察觉到自己是比较野蛮的、粗鲁的。希腊人在许多方面要无比地优越于他们：在手工艺方面，在农业技术方面；在一个优秀的官吏所必须具备的各种知识方面；在谈话方面以及享受生活的艺术方面；在艺术、文学和哲学的各方面。”[①] 当然也有例外，比如雄才大略的马略不仅承认自己是个“粗人”，而且引以为荣，还嘲笑他的同胞去向自己的奴隶学习希腊文学。然而，一旦在军事上征服了希腊人，他们的心态发生了很微妙的变化，在具体行动中也采取了两种看起来似乎矛盾的做法：一方面，他们对希腊的那些发达的城邦文明深恶痛绝，公元前146年，罗马元老院下令毁灭科林斯，把它的艺术品和财宝悉数劫往罗马，把花团锦簇的城市烧成一片焦土，把希腊人看成自己属下之民（这是事实），还多次下令驱逐到罗马来谋生的大批所谓“下九流”的希腊人；另一方面，罗马人对希腊文化的繁荣羡慕至极，想要在文化上全面超过希腊，统治者把希腊大师请进来或不惜渡海远道去求教，希腊战俘、人质中的文化人成为罗马统治者的顾问和老师，在罗马主持讲坛，罗马贵族青年必须到希腊“留学”才算完成学业。这种似乎矛盾的态度和行为，实际上反映了罗马文化对希腊文化的汲取。

在民族历史方面也如此。瓦罗不相信罗马法典是从雅典输入罗马的传说。他研究了拉丁地区各种制度的起源后，认为一切罗马制度都是在拉丁区域土生土长的。他认为，希腊人出自民族虚荣心，自夸曾传播文化于全世界，“就是这种错误产生出罗马‘十二铜板法’来自希腊的那个虚构故事”[②]。诗人维吉尔仿照荷马史诗的风格写成史诗《埃涅阿斯记》，把埃涅阿斯说成罗马人的始祖，称埃涅阿斯为特洛伊王子，说是当年在特洛伊战争中，当希腊人攻陷特洛伊时，他幸免于难，在海上漂流七年，历尽千辛万苦，从迦太基来到意大利台伯河畔，创建了罗马。这种说法把特洛伊人说成了罗马人的始祖，也把两个民族说成了世仇。历史学家李维则说，在塞维乌斯·图利乌

① ［英］罗素：《西方哲学史》上册，商务印书馆1981年版，第351页。

② ［意］维柯：《新科学》，人民文学出版社1987年版，第88页。

斯时代，罗马人连著名的毕泰戈拉的名字也没有听说过。当时在罗马城邦和希腊城邦之间隔着许多语言和风俗各不相同的野蛮民族。不但毕泰戈拉本人，就连他的名字也不能从克罗通到达罗马。① 凡此种种类似的翻案文章都表明罗马人同样也有民族虚荣心。作为征服者的罗马人怎能认为被征服者比自己高明呢？又怎能承认自己是被征服者的学生呢？这种心态下产生大量藐视希腊人及其文化的观点不足为奇。

当然，在胜利的喜悦中保持清醒头脑的知识分子也还是有的。例如，罗马共和国末期的诗人贺拉斯（公元前65年—前8年）说："我们的诗人对于各种类型都曾尝试过，他们敢于不落希腊人的窠臼，并且在作品中歌颂本国的事迹，以本国的题材写成悲剧或喜剧，赢得了很大的荣誉。此外，我们罗马在文学方面的成就也绝不会落在我们的光辉的军威和武功之后，只要我们的每一个诗人都肯花工夫、花劳力去琢磨他的作品。"② 他期待着罗马人在精神文化的创造上也能超过希腊人，但他也明白，罗马人的尚武精神和实用传统是实现这一点的巨大障碍。如罗马大文豪贺拉斯所说："诗神把天才、把完美的表达能力，赐给了希腊人；他们别无所求，只求获得荣誉。而我们罗马人从幼就长期学习算术，学会怎样把一斤分成一百份。'阿尔比努斯的儿子，你回答：从五两里减去一两，还剩多少？你现在该会回答了。''还剩三分之一斤。''好！你将来会管理你的产业了。五两加一两，得多少？''半斤。'当这种铜锈和贪得的欲望腐蚀了人的心灵，我们怎能希望创作出来的诗歌还值得涂上杉脂，保存在光洁的柏木匣里呢？"③

总之，在拉丁文化与希腊文化的关系问题上，我们既要看到拉丁文化有学习、模仿希腊文化的一面，也要看到这是一种民族文化交流中的正常现象。承认这一点，并不一定能得出拉丁文化是希腊文化的派生物，否定拉丁文化相对独立的地位的结论。我们更应该看到，在经过了学习与模仿阶段以

① 参见李维：《罗马自建城以来的历史》英文本，第1卷，第18章。

② 贺拉斯：《诗艺》，人民文学出版社1982年版，第152页。

③ 贺拉斯：《诗艺》，人民文学出版社1982年版，第154页。

后，希腊文化与拉丁文化在新的政治架构之中达成了融合。

二、西塞罗生平概要

西塞罗的全名是 Marcus Tullius Cicero，生于公元前 106 年 1 月 3 日，出生地是阿庇诺。此地现名阿尔皮诺，位于利里斯河的东岸，距离罗马东南方 60 英里。这个小镇的居民自公元前 188 年以来就获得了充分的公民权，在西塞罗的青少年时代，它是一个自治市。

西塞罗的家庭属于那种比较富裕而且又有教养的骑士阶层。他的父亲爱好文学，与一些著名的演说家、政治家、法学家是朋友，但在政治上无所作为。他在西塞罗和昆图斯这两个儿子身上花费了不少心血。为了便于他们能接受良好的教育和担任公职，他特意在罗马的卡里奈购置一所房子。西塞罗的父亲据说死于公元前 64 年。西塞罗的母亲名叫赫尔维娅，但西塞罗在他的作品中很少提到她。

西塞罗勤奋好学，才智过人，在同学中有突出表现。西塞罗的老师很多，也很杂。他们出自各门各派，而且都有一定的声望。法律、修辞和哲学是当时罗马贵族青年实现政治理想的必修课。为了能够担任公职，西塞罗长期追随著名律师斯卡沃拉学习法律。在哲学方面，他首先师从斐德罗（约公元前 140 年—前 70 年）研究伊壁鸠鲁主义。此人性格温和，是当时伊壁鸠鲁学派的一位代表人物。他对西塞罗肯定产生过影响。但是，伊壁鸠鲁学派主张从公共生活的纷扰中撤离以求得心灵的安宁，这对西塞罗这样的贵族青年来说是不能接受的。西塞罗的出身虽然谈不上高贵，但是有着强烈的政治抱负。公元前 88 年，学园派的主要代表人物拉利撒人斐洛（约公元前 160 年—前 80 年）由于米特拉达特战争的爆发，从雅典来到罗马避难。西塞罗不失时机地听取了他的教诲，很快接受了学园派的哲学思想。从那以后，他对伊壁鸠鲁主义就再没有表示过好感，而只有敌视。然而，西塞罗所受的哲学教育没有到此结束。斯多亚学派的杰出教师狄奥多图成为他家的常客，还在西塞罗的罗马寓所里住了很长时间，直至公元前 59 年。西塞罗从狄奥多图那里学到了许多逻辑知识，也发现了斯多亚学派的许多迷人之处，但他没有抛弃学园派，而是试图在各种哲学观点中做出他自己的选择。

大约是在公元前 84 年，西塞罗开始从事实际的法律事务。他现存的第一篇演说词是他于公元前 81 年为阿美里亚的洛司基乌斯进行辩护时的辩护词。此人受到独裁者苏拉所宠信的一名被释奴隶的指控，说他犯有弑亲罪。被告孤立无援，而人们害怕苏拉的权势，谁也不敢出来为他说话，但是年轻的西塞罗却成功地为他做了辩护。

公元前 79 年，西塞罗突然离开罗马，东渡雅典去与他的兄弟和侄女一起度长假。西塞罗自己解释说，是因为劳累过度，伤了嗓子。公元前 80 年或前 79 年，即他赴雅典之前或稍后，他同特伦提娅结了婚。他们的女儿图利娅生于公元前 76 年左右。在雅典，西塞罗主要向学园派的首领安提俄库斯学习哲学。此人反对学园派的怀疑主义，坚持独断论，想要把学园派的学说与斯多亚学派、亚里士多德学派的学说结合起来。西塞罗在雅典期间还加入了厄琉息斯秘仪，有了深刻的体验。30 年后他还在说，他在雅典期间的所有经历没有比这次入会更加奇妙的了，他从中不仅明白了快乐生活的原则，而且明白了如何带着较好的希望去死。这对于我们理解西塞罗的宗教思想很有帮助。

西塞罗听到苏拉的死讯以后，他的政治雄心又复活了，于是又赴罗得岛向著名的修辞学教师摩洛学习。在那里，他又与一名被流放的罗马律师鲁提留斯·鲁富斯结识，给他留下深刻印象。他还在那里继续向波塞多纽学习哲学，他后来称此人为最伟大的斯多亚派哲学家。

公元前 77 年，西塞罗返回罗马，重操律师旧业。由于才能出众，他很快成为罗马最杰出的律师和演说家。他年轻时不仅被人们视为最优秀的罗马演说家，而且被视为最优秀的罗马诗人，但他保存至今的诗歌只有一些残篇。现代学者们认为，西塞罗虽然不是一个天才的诗人，但在罗马诗歌的发展中，他的工作为后来者做了准备。他对诗歌风格的追求和演说风格的追求一样，都是他的哲学信念的表达，任何事物都必须以最清楚和最吸引人的方式表达，以便使最可能的真理可以在最后显现。

西塞罗的政治生涯从他竞选公职开始。罗马政府有四种高级公职：财务官（quaestor）、市政官（aedile，或译营造官）、执法官（praetor）、执政官（consul）。西塞罗的家族成员无人担任过这些职务，因此他的仕途比较艰辛。当时参加竞选财务官的年龄要求是 30 岁。西塞罗于公元前 76 年当选这个职务。当选财务官的具体工作由抽签决定。西塞罗受命前往西西里负责监管向罗马运送谷物的事务。一年任满后，他返回罗马重新当律师。公元前 70 年，他谋求市政官之职，以高票当选，担任此职直至公元前 69 年。这个职位设于共和初年，负责监督城市建筑、公共场所的安全以及一般的城市秩序，管理市场，维护公共卫生，组织公共娱乐竞赛活动等。这是个花费很大的官职，担任这个职务的人要自己出资做这些事。凯撒曾经由于担任这一官职而把整个家当花光。[①] 西塞罗自称在这一任上没有花多少钱。他经济不富裕，因此他只能用诚实的工作来获得好名声。普罗塔克说他得到了那些感恩的西西里人的帮助。他的政绩使他有可能获得更高的职位。公元前 66 年，西塞罗当上了执法官。这个位置的主要工作是法律事务，但拥有此职位者也可能被派往外地担任行省总督。西塞罗没有去外地，仍旧留在罗马处理法律事务。这对他来说，当然是得心应手的。执政官是罗马共和国的最高公职，任期一年，每年选举两位。西塞罗于公元前63年当选为执政官，时年42岁，为担任此职的最低年龄。由于西塞罗出身并不高贵，也没有在担任市政官时花费大量的钱财去讨好民众，更没有去外省当总督的经历，这样一位政治上的“新人”要谋求最高公职是相当困难的，但西塞罗还是获得了成功。公元前 62 年，他在主持当年的执政官选举期间成功地处理了所谓“喀提林阴谋”事件，受到元老院和罗马市民的热情赞扬，被誉为“祖国之父”，他那些抨

① 参见苏维托尼乌斯：《罗马十二帝王传》，商务印书馆 1996 年版，第 5 页。

击喀提林的演说词流传至今。公元前 53 年，西塞罗担任了占卜官，这个职务的职责是解释神意和征兆。尽管私下里他可能怀疑这些东西的价值，但他还是履行了公务。公元前 51 年，他服从了元老院的指令，去西里西亚当了一年的地方总督。

公元前 46 年末，西塞罗完全脱离了政治事务。当时罗马政局发生剧烈动荡，凯撒已经掌握国家最高权力，成为实际上的独裁者，共和派人物则在酝酿推翻凯撒的独裁统治。西塞罗没有参与推翻凯撒的实际活动，而是埋头写起书来。他从现实政治活动转向哲学著述的原因是多方面的。此时他个人生活上遇到的不幸与他对政局的失望交织在一起。他与妻子特伦提娅发生激烈争吵，最后以离婚告终；第二次婚姻也是陷于失败；他的爱女图利娅也死去了。为了医治心灵的创伤，西塞罗沉浸在哲学研究中，短期内写出了一大批哲学文章。

公元前 44 年 3 月，以布鲁图为首的共和派人士刺杀了独裁者凯撒。西塞罗没有立即返回政坛，而是继续写他的书。凯撒被刺以后，他的部将安东尼成为实力最强的军事领袖。他俨然自命为凯撒的继承人，要为凯撒复仇。布鲁图等共和派领袖都逃亡到东部一些行省去组织武装，准备一场决死的斗争，而西塞罗却于同年 9 月返回罗马，希望能在元老院和屋大维的支持下挽救罗马共和制度。不幸的是，屋大维也想继承凯撒的事业。他于该年 11 月抛开元老院，与安东尼、雷必达结盟。一大批共和派人士以及被三巨头所猜忌的人被列入“公敌名单”，其中第一名就是被安东尼视为死敌的西塞罗。年底，西塞罗被捕杀。据说，在被捕时，他还在读欧里庇得斯的剧本《美狄亚》。

三、西塞罗对修辞学的贡献

西塞罗一生撰写了大量著作，绝大部分保存至今。他的现存著作总量的六分之一是修辞学著作，三分之一是演说词，三分之一是书信，还有六分之一是哲学著作。因此在谈论他的哲学之前，我们先对希腊人的修辞学做简要介绍。

古希腊人对运用语言的技能十分重视。他们认为，有无运用语言的技能是一个人有无智慧的重要标志。正常的人都会说话，但要在公众场合讲述自己的见解，那是要有智慧的。“做一个好的演讲者和行动者是自荷马时代以来每一个希腊人的雄心。”① 在这一理想的推动下，希腊人发展了自己认识客观世界的关键性工具——语言，提高了自己运用语言的技能。他们的修辞学包括的范围很广泛，文辞的修饰、正确的语法、铿锵的音韵、崇高的风格都是修辞学的研究对象。词源学、语法学、音韵学、论辩术、演讲术都是修辞学的分支。概言之，古希腊人心目中的修辞学是运用语言的一门技艺。

早期希腊思想家都用韵文（格言、诗歌）来表达思想。借用维柯在《新科学》中使用的一个术语来说，这是一个“诗性玄学”的时代。古希腊人的文体从韵文转变为散文，从时间上说大约发生在公元前 6 世纪末到公元前 5 世纪初。第一位希腊哲学家，米利都学派的创始人泰勒斯没有写过任何著作，阿那克西曼德用“颇带诗意的语言”表达他的观点，阿那克西美尼用“简单而纯朴的伊奥尼亚方言写作”。其他学派的情况也差不多，赫拉克利特给我们留下了一百多条神谕式的格言，克塞诺芬尼是吟诵诗人，“写了一些叙事诗、哀歌和讽刺诗”。巴门尼德的传世之作《论存在》是用传统的六韵脚诗体写成的，连最具有数学色彩的早期毕达哥拉斯学派也未能避免诗性，他们的哲学观点也是用韵文来表达的。

“修辞学”一词源于希腊文“hrtorike”，它最先出现在柏拉图的《高尔吉亚篇》。对话中的苏格拉底给修辞学家下了一个定义，称修辞学家是“说服听众灵魂的人”。② 关于古希腊修辞学的发明权，人们有两种说法。一种观

---

① ［英］格思里：《希腊哲学史》英文本，第 3 卷，第 178 页。

② 柏拉图：《高尔吉亚篇》453a。

点认为，公元前 5 世纪的两位西西里人科拉克斯和提西亚斯发明了修辞学。提西亚斯的生平无从查考。科拉克斯的鼎盛年约在公元前 467 年，与阿那克萨戈拉、恩培多克勒、芝诺、普罗泰戈拉等哲学家的生活年代相仿。据说他出于参政和立法的需要，撰写了最早的修辞学著作。还有一种观点把修辞学的发明归于哲学家恩培多克勒，主要根据是亚里士多德著作《智者》中的论断，但由于原文已佚失，无从证明。我们大致上可说，修辞学在希腊产生于科拉克斯和恩格多克勒的时代，即巴门尼德之后这几十年间。而希腊哲学文体从韵文向散文过渡的中间环节，哲学对话也在这一时期诞生了。

最早写哲学对话的人是爱利亚学派的哲学家芝诺，据说他在与普罗泰戈拉的讨论中阐述了有关“小米粒”的悖论。这表明，在这一代哲人中，哲学观点不再是圣贤的独断、祭司的箴言和诗人的想象了。哲学成了人们心灵的交流和撞击。神灵和圣贤的威慑力固然还存在，但理性的证明更不容忽视。在对话中，参与者不仅要有论断，还要有论据；不仅要表达自己的观点，还要让对方理解和信服自己的观点。希腊人最早的对话体文章实际上就是对话的现场记录或事后的追记，以后又发展成为哲学匠心独具的写作。著名的智者都是对话能手，以苏格拉底为主角的对话直到公元前 4 世纪还是人们创作的热门文体，对话大师柏拉图穷毕生精力，写下了相当于圣经篇幅的对话集，亚里士多德早年也写过一些对话，后来则完全用散文写作。

所谓修辞就是运用恰当的语言材料和表达方式来增强语言表达效果的一种言语活动。智者时代的思想家大都倾心于修辞学的研究。继科拉克斯撰写了最早的修辞学手册以后，恩培多克勒在西西里开办了修辞学校，高尔吉亚也从事修辞学的教育活动。聚集在雅典的普罗泰戈拉、普罗狄柯、希庇亚斯等著名智者也不遗余力地开展修辞学的研究和实践。语言成为时代精神关注的问题，使用语言的技能被视为头等重要的技能。

希腊修辞学诞生之初思考的一个重要问题是“正确使用名称”。普罗泰戈拉研究过名称的正确性问题，普罗狄柯开过这方面的讲座，希庇亚斯研究过字母的正确性，阿里斯多芬在《云》中提到智者们讨论名称的正确性，色诺芬在《回忆苏格拉底》中提到人们在宴饮中讨论名称的功用，柏拉图《克拉底鲁篇》的主题也是这个问题。这些材料表明，名称的正确性在当时是思想家们普遍关心的一个问题。名称这个词在希腊文中是“onoma”，它不仅指名词，也包括动词、形容词等各种词类。一个语词，一个词组，乃至整个句子都可以作为名称来处理。“在希腊人中，名称和性质意义相同……名称和定义两个词在意义上也相同。”①他们不仅是在今人所谓语言学的范围内研究名称问题，而且也涉及如何正确地运用语言揭示事物的性质或本质。语言的本质、通言与实在的关系、语言的能指与所指等问题都被涵盖在名称的正确性这个主题之下，所以称智者为西方最早的语言哲学家恐怕并不过分。他们对这些问题的解答在今人看来十分幼稚，但毕竟是人类认识迈出的重要一步。

语法是语词的构成和变化规则以及组词成句的规则的总和。智者在语法研究上花了大力气，为希腊语法的形成做出了重要贡献，从而为希腊哲学的范畴研究奠定了必要的基础。普罗泰戈拉划分了名词的三种性，区分了动词的时态，把语句划分为希望、提问、回答和命令四种类型，另一种说法是划分为叙述、提问、回答、命令、转述、希望、召集七种类型。另一位智者阿基达玛斯也做了类似的工作，把语句划分为肯定、否定、疑问和介绍四种类型。普罗狄柯则以研究同义词著称。②智者所开创的语法研究标志着希腊民族已不仅是合乎习惯地使用语言，而且能够研究语言材料，建立各种语法范畴了。

除了名称的正确性问题，智者还花大力气研究了运用语言的各种技能和方法。从史料看，智者倡导并大力实践的运用语言的技能主要有反证法、论辩术和演讲术。反证法就是运用对立的命题进行论证的方法。最先运用反证法的是爱利亚学派的芝诺。论辩术就是争论的技艺。争论古已有之，但到了

① ［意］维柯：《新科学》，人民文学出版社 1987 年版，第 195 页。

② 参见第欧根尼·拉尔修：《名哲言行录》英文本，第 9 卷，第 52 节。

公元前5世纪，论辩术成为一门技艺。当时的自由民热衷于学习和运用论辩术，就各种问题展开讨论。智者们把论辩术当做修辞学的重要内容展开研究。“普罗泰戈拉是第一个采用所谓苏格拉底式的讨论方法的人”，他第一个指出怎样发难、驳斥和提出命题，最早进行论辩比赛；并写了一本关于论辩术的书，题为《论辩的技艺》。[①] 其他的智者也都是雄辩大师，以能言善辩而闻名。演讲术就是在各种公共场合发表讲话的技能。这也是修辞学的重要组成部分。著名的智者都精通于演讲之道。高尔吉亚说他自己不相信医药的力量，而只相信演讲术的力量。雅典人像敬神一样推崇他的演讲技能，为他在德尔斐的庙里造金像。普罗狄柯在吕克昂演讲，希庇亚斯在泛希腊赛会上做演讲表演。智者们的演讲有两种：一种是长篇大论，文情并茂，激动人心，把主题发挥得淋漓尽致；另一种是即席作答，用精练锋利的语言，置对方于迷乱之中。智者的时代也是一个演说家风云叱咤的年代，修昔底德记载的伯里克利在阵亡将士葬礼上的演讲正是智者倡导的演讲术的精品，而吕西亚斯、伊索克拉底、德谟斯提尼等大演说家则最大限度地发挥了智者的演讲术。

修辞术是希腊人的发明，传入罗马以后在罗马贵族青年中流行，并呈现本地化的特点。修辞学作为希腊文化的重要组成部分，深深地影响了罗马社会。他们不仅给罗马人提供了大量的演讲范例，而且奉送了丰富的修辞学理论，从而也为西塞罗这样的思想家、文学家创建罗马人自己的修辞学提供了丰富的思想资源。

在罗马共和国的政体下，能作生动有力的演说是从政的一个重要条件。因此在共和时期的罗马，有志于政治活动的人都很讲究修辞学和演讲术。西塞罗是罗马历史上最著名的演说家和散文家。他知识渊博，舌辩滔滔，妙语连珠，用词得当，达意适切，传情得体，通达晓畅，音节匀称，韵脚和谐，平仄相对，交替错落，宛如珠走泉流，能抓住听众的情绪任意发挥。他留存

---

① 参见第欧根尼·拉尔修：《名哲言行录》第9卷，第52、53节；柏拉图：《智者篇》232d。

至今的五十多篇演说词都可以看做罗马演说词的精品，与希腊演说词相比有过之而无不及。

西塞罗的演说词和书信在罗马帝国初期被人们编成各种集子，当做范文诵读。令罗马人高兴的是，在这个领域中他们终于有了一位可以和希腊老师相比甚至超过他们的巨匠。因此，罗马帝国的修辞学家昆提里安说："总而言之，在散文文学的各种体裁中，正是我们的公共演说家取得了可和希腊人相比的成就，我可断言西塞罗绝不低于他们中的任何人。我完全知道这种说法可能引起那些崇拜希腊的人的非议，但我仍然认为德谟斯提尼和西塞罗相比，在许多方面可以说旗鼓相当，尽管他俩的文风迥然不同。至于说到机智诙谐和引人同情，这两个演说修辞以情动人的最有力的武器，那么我们的大师显然更具优势。当然，希腊人也有一个我们无法与之相比的条件：他们走在前面，我们拜之为师，因此，正是他们引导了西塞罗达到可和他们比肩的境界。西塞罗正是这样一位全心全意仿效希腊成果的人。在我看来，他成功地聚集了希腊前辈大师的优点，在他身上同时具有德谟斯提尼的力量、柏拉图的丰富和伊索克拉底的完美。但他不是仅仅靠细心学习达到这一点，他的绝大部分甚至全部优点，都出自他本人，出自他涌泉般无穷无尽的超人的天才。因此，表面上是他承受惠赐的东西，实际上却是他凭力量取得的，在法庭上，法官们实际上是为西塞罗的言语所左右，但他们却心悦诚服，自以为是根据自己的意愿而做决定，毫不觉察他们其实是受他指使。"①

除了参与大量的演讲实践，西塞罗还是一位修辞学理论家。亚里士多德留传至今的修辞学理论著作只有《修辞术》和《亚历山大修辞学》两部，而西塞罗留给我们的修辞学著作多达十部，即汇集在本卷中的所有著作。罗马修辞学并非从西塞罗开始，但他的《论公共演讲的理论》是现有完整保存下来的最古老的罗马修辞学著作。西塞罗的修辞学著作不仅为我们提供了大量

① 昆提里安：《修辞学教程》，转引自朱龙华：《罗马文化与古典传统》，浙江人民出版社 1993 年版，第 136 页。

希腊、罗马修辞学发展的史料，还为我们留下了罗马修辞学的理论体系，以及系统的修辞学技艺手册。西塞罗的修辞学著作从希腊文化向罗马传播的角度看是对希腊修辞学的翻译和引进，而在此过程中，西塞罗结合自己的亲身实践，用一颗罗马人的心去理解希腊人的学说，创造和使用了一系列拉丁术语，添加了众多罗马人的范例，从而给修辞术这门希腊人的技艺蒙上了罗马人的外衣。

四、西塞罗的哲学成就

哲学是希腊古典文化的集中代表，古典理性主义是希腊哲学的精髓。在上述希腊罗马文化变迁的过程中，希腊哲学进入罗马。到了罗马共和国晚期，罗马贵族文人已经了解了希腊哲学，并对它产生了兴趣。然而从总体上来看，大多数罗马人对哲学的兴趣是实用的，他们主要关心的不是为那些曾经使伟大的希腊思想家着迷的问题提供新的答案，而是加强行政管理和完善道德品性，以及怎样使那些他们接受的现存原则行之有效；他们也进行理性的思考，但只作为那些明显的实用目的的补充；他们对现存的各种希腊哲学的取舍取决于这个相对有限的目标。这种总体状况使得拉丁哲学家的思想尽管并非毫无创见，但从外观上看是对希腊哲学著作的翻译和诠释，从思想来源上看是各种希腊哲学的混合或综合。最能反映这种拉丁精神文化特征的拉丁哲学家是西塞罗。

西塞罗从青年时期就开始学哲学，在长期繁忙的政务中也没有放弃学习。到了晚年，他意识到自己肩负着创建拉丁哲学的重任。良好的哲学修养使他有能力从整体上把握希腊哲学，并能通过对希腊哲学的诠释，创建一种高水平高层次的拉丁哲学。他的晚期哲学著作，尤其是《图斯库兰讨论集》，充斥着这种创建拉丁哲学的呼吁，实际上可以看做是创建拉丁哲学的宣言书。他说：

"我的观点是这样的：所有技艺的体系和指导方法都受制于智慧的学习，而学习智慧以哲学的名义进行着，通过用拉丁文撰写哲学以推进这种研究是我义不容辞的责任；这样做不是因为向希腊作家和教师学习哲学是不可能的，而是因为我坚信，我们的同胞在每一个方面，独立发现和改进从希腊人那里接受的东西，都比希腊人显得更有智慧，至少他们都认为在这些方面值得努力。"[①]"哲学现在受到冷遇，因为拉丁文学没有给它带来光明。我们必须照亮它，给它活力。如果说我在过去繁忙的时候也在为我的同胞们服务，那么我在闲暇之时也同样能为他们服务。我必须竭尽全力，因为现在已经有一些拉丁文的书写了出来，但很粗糙，这些作家的资质还不够当此重任。一位作家可能具有正确的观点，但他不一定能够用精练的风格表达。但是，承认有思想但不能清楚地叙述和表达，或不能用文采吸引读者，这就表明作者犯了不可原谅的错误，说明他误用了他的闲暇和笔。结果就是，这些作家写出来的书只供他们自己阅读，只在他们自己的小圈子里读，而不能使公众了解它，而这本来是这些作品应该做到的。由于这个原因，我将以巨大的热情去研究哲学，我以往的努力也是使我的作品产生的源泉，在过去，由于我的勤奋，我已经为我的同胞赢得了演讲方面的名声。"[②]

哲学处于民族文化的核心层。能否正确对待希腊哲学，能否创建拉丁民族自己的哲学是拉丁文化能否全面赶超希腊文化的关键。从这个角度看问题，西塞罗对希腊哲学的总体诠释就比较容易理解了。西塞罗充分意识到发展拉丁哲学的重要性和紧迫性。他说："我想，为了民族的利益，我必须唤起我们的人民对哲学的兴趣。在我看来，对我们民族的尊严和名声来说，这是一件极为重要的事情。这样重要而又有价值的主题在拉丁文献中应当有它的地位。"[③]"当我看到有许多人受到我的激励，不仅读这些东西，而且写这

---

① 西塞罗：《图斯库兰讨论集》第一卷，第1节。

② 西塞罗：《图斯库兰讨论集》第一卷，第6节。

③ 西塞罗：《论神性》第一卷，第7节。

些东西时，我对我的尝试就不会感到后悔。以前有许多人熟悉希腊文化，但不能与他们的同胞交流他们所学到的东西，因为他们感到还不能用拉丁文表达他们读希腊文著作时学到的东西。而现在，我们在这个方面已经取得了这样的进步，至少我们拥有了与希腊语相当的词汇。”① 可见西塞罗主张哲学通俗化，但是反对哲学庸俗化。他说：“真正的哲学是满足于少数评判者的，它有意地避免群众。因为对于群众，哲学是可厌的、可疑的。所以假如任何人想要攻击哲学，他是很能够得到群众赞许的。”②

西塞罗希望人们全面地掌握各种哲学知识。“要掌握一点儿哲学知识而不是掌握大量的或所有哲学是困难的，因为没有许多哲学知识就不能从中选择一点儿，也不能以同样的热忱去掌握其余的哲学知识。”③ 他明白将希腊哲学转换成拉丁哲学的形式是创建拉丁哲学的基础性工作。因此在学习掌握各种希腊哲学的基础上，要努力写作。“我不仅是读其他人的著作，而且还试图解释哲学的所有问题，这是最好的方式。如果我们尝试着撰写所有产生的问题，我们就能最好地理解哲学的每一个部门和分支。”④

西塞罗憧憬着有一天，拉丁哲学可以取代希腊哲学。“一旦这些研究向我们转移，我们将不再需要希腊图书馆，大批作家的写作使这些图书馆拥有无数的书籍；许多人说过希腊人想用书本塞满这个世界，我们这里如果也有大量的作家进行这些研究，那么也会有这样的结果的。如果我们能够的话，让我们激励那些受过自由教育和拥有准确论证能力的人去有序地、讲究方法地研究哲学问题。”⑤

西塞罗创建本民族哲学的努力来自对两种文化优劣之处的清醒认识。他说：“在道德、生活规范、家庭、家政等方面，我们肯定保持得比较好，具

① 西塞罗：《论神性》第一卷，第7节。
② 西塞罗：《图斯库兰讨论集》第一卷，第2节。
③ 西塞罗：《论神性》第二卷，第1节。
④ 西塞罗：《论神性》第一卷，第9节。
⑤ 西塞罗：《图斯库兰讨论集》第二卷，第6节。

有一种比较尊严的方式；我们的祖先无疑也比其他民族在指导政府的政策方面采用了比较好的法令和法律。在战争的技艺方面我该怎么说呢？在这个方面我们的同胞已经证明了他们的勇猛善战、纪律严明。除了典籍的学习以外，在天赋方面，希腊人和其他民族也无法与我们相比。什么地方有这样热情、坚定、伟大、诚实、忠诚的品格，又有哪个民族可以找到能与我们的祖先相比的各方面杰出的品性呢？但是，在学识和文学的各个部门，希腊人超过我们，在没有竞争的地方，获得胜利是轻而易举的。”①

西塞罗在创建拉丁哲学的努力中，以希腊哲学为借鉴，一有恰当的时机，就引用和转述希腊哲学各个流派的观点，总结希腊哲学发展之得失，从中吸取建构拉丁哲学的养料。他追溯哲学与哲学家这两个概念的历史含义，②并从社会生活中寻找哲学产生和发展的根源。他说：“我认为，苏格拉底以前好几个世纪，一切现有哲学的源头都与生活和行为有关。”③这样的工作使西塞罗的著作成为我们研究希腊哲学的资料来源，也使西塞罗的哲学著作带上了浓厚的混杂的色彩。然而仔细体会一下西塞罗的文化环境，这种综合正是拉丁哲学诞生的一个必经阶段。

在西塞罗的时代，斯多亚学派和伊壁鸠鲁学派在罗马的支持者最多，学园派和亚里士多德学派的支持者较少。事实上，柏拉图和亚里士多德构造的知识理论在当时已经失去吸引力，人们追求绝对化的知识的热情已经消退，连学园派的传人也都在放弃柏拉图哲学中的绝对主义倾向，从而发展出一种关于可能性的学说。西塞罗从当时的各派哲学中选择了学园派怀疑主义的哲学立场，因为这种立场与他创建拉丁化哲学的理想最为适宜。按照这一派的立场，他可以对以往各种哲学观点进行考察，也可以通过比较从各个学派中选取他认为是最优秀的东西。在这样一个以拉丁文化为本位，将希腊哲学引入拉丁文化的过程中，他就什么是哲学、哲学的功能、哲学的部门等“元哲

---

① 西塞罗：《图斯库兰讨论集》第一卷，第2—3节。

② 参见西塞罗：《图斯库兰讨论集》第五卷，第7—11节。

③ 西塞罗：《图斯库兰讨论集》第五卷，第8节。

学”问题提出自己的看法。

哲学，作为人类认识最高抽象层次、最普遍思维方式的理论学科，不能不包括一定哲学观（或称元哲学）的内容，即哲学是什么，它同人类、社会和个人的生存发展有怎样的联系，价值何在，哲学自身存在和发展的基础、条件、方式和规律如何等。它是关于哲学学科本身的基础、性质、特征、功能及其与人类历史实践相互关系的理解和说明。基于对这些问题的理解和回答，才有了人们对待哲学的各种自觉或不自觉的态度、方式，而能够给予这些问题以一定理解和回答并指导人们的态度和选择方式的学说，归根结底又只能是哲学。

哲学观的问题并非现代哲学家才加以思考的问题，而是作为一门理论学科的哲学产生以来，所有哲学家或多或少都会涉及的问题。最起码，他们得回答什么是哲学、哲学有什么用的问题，借此肯定自己的哲学的价值。西塞罗终身热爱哲学，研究哲学，在创建拉丁哲学的过程中，他对什么是哲学做了解释。

西塞罗赞同柏拉图的说法，认为哲学是神赐的礼物。“在我看来，更加著名的劳作的领域似乎也不能不受神的影响，我必须说，诗人倾诉出他的赞歌怎能没有来自上天的灵感，雄辩而又滔滔不绝的言辞和丰富的思想又怎能没有某些更高的影响。至于哲学，一切技艺之母，又怎能例外地不是诸神的发明呢？柏拉图说它是神赐的礼物，我也这样认为。它首先指导我们崇拜诸神，其次教我们植根于人类的社会联合中的正义，最后教我们灵魂的节制和高尚，从而驱除蒙蔽心灵的黑暗，使我们看到所有天上和地下的事物，看到最先出现和最后出现的事物以及位于两者之间的事物。”① 这种说法是古希腊哲学家的通病，将人的智慧的根源追溯到神那里去，因此并不稀罕。

西塞罗认为哲学有实用价值，能为人们提供指导日常生活的原则。请看

① 西塞罗：《图斯库兰讨论集》第一卷，第63节。

他赞美哲学的话语。他说："噢，哲学，你是生活的指南，噢，你是美德的发现者，邪恶的驱逐者！没有你，我会变成什么样子，整个人生会变成什么样子？你使城邦诞生，你使散居的个人形成共同的社会生活，你首先用共同的习俗把他们联合起来，然后用婚姻束缚他们，再用共同的文学和语言把他们联系在一起。你发现了法律，你是道德和秩序的教师。我到你那里避难，我到你那里寻求帮助，我把自己托付给你。这种信任曾经是充分的，现在则是全心全意的。"①

除了与公共生活的联系外，哲学对个人事务也起到指南和良师益友的重要作用。对善的幸福生活来说，没有其他东西比哲学的贡献更大了。人们从学习哲学中获得人格力量和关于美德的知识。西塞罗把哲学看成精神治疗的一种方式。"我们谈话的目的在于巩固国家，稳定城邦，医治所有的人们。"②他赞扬哲学是心灵的良药。"确实有一门医治灵魂的技艺，我指的是哲学，向哲学寻求帮助一定不能像治疗身体疾病那样向外寻求，我们必须竭尽全力，尽一切努力使我们自己成为自己的医生。"③"我转向这些研究也是为了医治心灵和心脏的疾病，巨大的不幸④几乎使我崩溃和动摇，但我又不得不承受它。所以我自己用这种方法来治病，除此之外我不知还有无更好的医治方法。"⑤"明天以及我们待在图斯库兰家中的其他日子里，让我们继续讨论这些问题，特别是那些能使我们从焦虑、恐惧、欲望中解脱的问题。这就是由整个哲学提供的最丰富的回报。"⑥"我从哲学中寻找治愈我的悲伤的办法，我认为这是消磨我的闲暇的最光荣的方式。这种工作最适合我的年纪，在这个方面我可以取得的成绩与其他成果不仅仅是和谐的，它还是教育我们的同胞的最有用的方式，如果情况不是这样，我看不到其他我们还能做些什

① 西塞罗：《图斯库兰讨论集》第五卷，第5节。

② 西塞罗：《论法律》第一卷，第37节。

③ 西塞罗：《图斯库兰讨论集》第三卷，第6节。

④ 指公元前45年，西塞罗之女图利娅之死。

⑤ 西塞罗：《论神性》第一卷。第8节。

⑥ 西塞罗：《图斯库兰讨论集》第一卷，第119节。

么。”[①] 总之哲学的功用在于洗涤心灵，驱除紧张和焦虑，从而提供内在的宁静与和谐。哲学增强自足性，增加对于外部世界的独立性，为我们的麻烦提供避难所，减轻痛苦和恐惧，使情欲升华。哲学是治疗精神纷扰的良药，也是使心灵健康的营养。

西塞罗的哲学观以实用性为主要特征。由于这个原因，他不是忙着建立哲学体系，而是注重对希腊哲学的诠释。也正因为此，他能够以他丰富的知识、理解性的研究、大量的写作和运用拉丁语言的高超技艺，把希腊哲学当做一种有用的和有益的东西呈献给罗马世界，由此他指明了一条罗马人诠释希腊传统的道路。他的贡献不是以一种特殊的理论丰富了希腊哲学，而是把希腊哲学拉丁化，并引向政治、法律、伦理等实践领域，使其满足民众的需要。与希腊哲学家相比，没有哪一位希腊哲人曾经具有西塞罗这样的鼓动宣传能力，也没有哪一位希腊哲人曾经赋予如此众多的抽象哲学概念以实践推动力，更没有哪一位希腊哲人能像西塞罗一样，以其丰富的阅历和饱满的生活热情使古希腊文化的人文主义理想富有生气，并且把它变成所有公民的实际行为准则。他是一位实践哲学家。

学术界历来对拉丁文化和拉丁哲学贬得很低，甚至连有无拉丁哲学也是个问题。例如，罗素就说过：“没有什么是可以归功于罗马哲学的，因为根本就没有什么罗马哲学。”[②] 罗素的论断当然不是说罗马人从来没有出现过哲学家，而是说罗马哲学没有创造性，也不具备希腊哲学那样的地位。这个问题需要我们详细研究了希腊哲学与拉丁哲学的关系以后才能做出完整的回答。但是通过上述考察，我们已经可以说，无论以西塞罗为代表的拉丁哲学家有无实现他们从哲学上赶超希腊人的理想，他们确实在朝着这个方向努力。

---

① 西塞罗：《学园派哲学》第一卷，第 13 节。

② ［英］罗素：《西方哲学史》上册，商务印书馆 1981 年版，第 14 页。

五、关于全集中译本的若干说明

中文版《西塞罗全集》的翻译采用娄卜丛书（Loeb Classical Library）中的西塞罗著作（共29本）拉—英对照本为蓝本。所有译文皆由译者本人译出，各篇正文前的内容提要由译者参考英译者的介绍与提要撰写，所有注释由译者根据实际需要，参考娄卜丛书英译者的注释、其他中外译本的注释，以及各种辞书综合取舍添加，全集中的著作顺序依循娄卜丛书西塞罗著作的原有顺序。

考虑到西塞罗著作的内容与篇幅，中文版《西塞罗全集》共分五卷，每卷约六七十万字，各卷名目如下：第一卷、修辞学；第二卷、演说词（上）；第三卷、演说词（下）；第四卷、哲学著作；第五卷、书信。为增强本书的学术功能和方便读者使用，由译者根据各卷不同情况分别编制译名对照和索引。

西塞罗的著述形式各异，长短不一，有单本的著作，也有论文，还有演说词和书信。在拉丁文本中，较长的著作分为若干卷，卷下分为若干节，但这个“节”并不一定按内容划分；而英译文在每卷之下按内容划分为若干“章”（用拉丁数字表示）。由于拉丁文中的“节”与英译文中的“章”并不对应，容易引起误解，因此中译文的正文采用“卷”与“章”（用［］表示）两个层次，也就是说中译文的“章”相当于英译文中的“章”，而不同于拉丁文中的“节”。

西塞罗的部分著作已有中译本，兹列举如下：

《西塞罗文录》，译者不详，上海，商务印书馆，1934年。

《西塞罗三论：老年、友谊、责任》，邱言曦译，台北，黎明文化事业公司，1978年。

《反喀提林演说四篇》，王以铸、崔妙因译，载《喀提林阴谋　朱古达战争》，商务印书馆，1996年。

《论共和国[①]、论法律》，王焕生译，北京，中国政法大学出版社，1997年。

《论灵魂》，王焕生译，西安，西安出版社，1998年。

《西塞罗三论：老年、友谊、责任》，徐奕春译，北京，商务印书馆，1998年。

《国家篇、法律篇》，沈叔平、苏力译，北京，商务印书馆，1999年。

《论神性》，石敏敏译，香港，汉语基督教文化研究所，2001年。

《论演说家》，王焕生译，北京，中国政法大学出版社，2003年。

《论义务》，王焕生译，北京，中国政法大学出版社，1999年。

《老年·友谊·义务》，载姚鹏主编：《西塞罗文集》，上海，三联书店，1992年。

如上所述，中文版《西塞罗全集》全部由译者自译，与已有中译本无承继关系。全集的出版亦无取代原有译本学术功用之奢望。作为世界名著，西塞罗的著作多几个中文译本想必不是坏事。

西塞罗的著作篇幅浩大，内容庞杂，涉及文学、史学、哲学、法律、政治、宗教等多个学科。应人民出版社之盛情相邀，译者不惮自身学识浅陋，愿意耗费几年的时间译出西塞罗全部现存著作，为中国学术界的研究提供一手资料。译文中的所有错误皆由译者负责，恳请各行专家和广大读者批评指正！

王晓朝

二〇〇四年八月三十一日于北京

---

① 本书译为《论国家》。

论公共演讲的理论

提　要

本文的拉丁文标题是“AD C. Herennium De Ratione Dicendi”，英文译为“To Gaius Herennius，On the Theory of Public Speaking”，意思是“献给盖乌斯·赫瑞纽斯——论公共演讲的理论”，中文标题译为“论公共演讲的理论”。本文是否西塞罗本人的作品在西方学界一直存有争议，但主导性的意见仍视之为西塞罗的著作。

修辞术是希腊人的发明，传入罗马以后在罗马贵族青年中流行，并呈现本地化的特点。但是罗马早期修辞学家的作品都未能流传下来，本文是现有完整保存下来的最古老的罗马修辞学著作，写作时间约为公元前1世纪中期，全文共分4卷，128章，译成中文约9万字。

本文是一本系统的修辞术技艺手册。作者表达方式是直率的，文中绝大部分内容清晰而准确。他通过提供方法和原则，而不是提供一大堆特例，来保证本文具有实用的特点，并尽力避免那些与主题不相干的内容。本文具有希腊修辞学的特点，但作者用一颗罗马人的心去理解希腊人的学说，在文中使用罗马人的术语和精选的范例，从而给修辞术这门希腊人的技艺蒙上了罗马人的外衣。

正 文

第一卷

【1】我的私人事务使我如此忙碌，以至于找不到足够的时间来投入学习，有幸得到的那一丁点儿闲暇，我通常又宁可花在哲学上。然而，盖乌斯·赫瑞纽斯，你的意愿却激励我写一本关于公共演讲的理论的书，省得你会以为在这件你所关心的事情上我缺乏兴趣或是想逃避辛劳。其实我很乐意做这件事，因为我知道你想要学习修辞学，并且有着良好的基础，如果心灵拥有恰当的知识和经受严格的训练，那么在表达方面就能结出丰硕的果实，能做到词汇丰富而又才思敏捷。

由于某些原因，我不去处理那些希腊作家[①]由于无效的自我肯定而采用的论题。他们担心自己在他人眼中显得所知甚少，于是就去寻找那些与这门技艺无关的概念而使这门技艺显得比较难懂。而我则已经处理过这些与公共演讲的理论相关的论题。我从事这方面写作的动力不是希望获利[②]和得到荣誉，而是为了用我的艰苦劳动来满足你的愿望。为了避免啰嗦，我现在就开始对这个主题的讨论，除了给你提出以下忠告：缺乏长期实践的演讲理论几乎是无益的，由此你亦可以明白，我在这里提供的理论信条必须用于实践。

【2】公共演讲者的任务是讨论那些可供公民使用的法律和习俗已经规定了的事情，并尽可能确保听众的赞同。[③]有三种案例是演讲者必须处理的：

---

① 本文第四卷开头，作者进一步提出对待希腊修辞学家的态度，而他对待哲学研究的态度则可见于第四卷末。

② 当时罗马贵族青年热衷于学习演讲术，写作演讲术的教材可以有丰厚的赢利。

③ 这个定义是希腊修辞学家赫玛戈拉斯（Hermagoras）提出来的，参见塞克斯都·恩披里柯：《反修辞学家》62。

展示性的（epideictic）、议事性的（deliberative）、司法性的（judicial）。[①] 展示性的演讲用来赞扬或批评某些具体的人。议事性的演讲由政策讨论组成，包含说服和商讨。司法性的演讲基于法庭上的争辩，包括刑事或民事的起诉及辩护。

现在我要解释演讲者应当具有什么样的能力，然后再来说明处理这些案例的恰当方式。

演讲者应当拥有开题（invention）[②]、布局（arrangement）、文体（style）、记忆（memory）、表达（delivery）的能力。所谓开题就是对那些真实的或者似乎有理的事情进行设想，从而使事例变得可信。所谓布局就是对整件事情进行安排或配置，从而使事情的每个要点所处的位置变得清晰。所谓文体就是针对构思出来的事情采用恰当的词句。所谓记忆就是把事情、用语和布局牢牢地记在心里。所谓表达就是优雅地使用声音、表情和姿势。

所有这些能力我们都可以通过三种途径获得：理论、模仿、实践。所谓理论指的是一套规则，能够提供一种确定的方法和讲话的秩序。所谓模仿推动着我们按照某种研究过的方法去获得某些讲话模式的有效性。所谓实践就是勤奋地进行演讲训练，从中获取经验。

以上我已经说明了演讲者要处理什么案例和应当拥有什么样的能力，现在我需要说明语言如何适应关于演讲者的作用的理论。

【3】 开题应用于演讲的六个部分：开场白（introduction）、陈述事实（statement of facts）、划分（division）、证明（proof）、驳斥（refutation）、结论（conclusion）。[③] 开场白是演讲的开始，借此引起听众的注意，让听众的心灵做好准备。叙述（narration）或对事实的陈述提出已经发生的或将会发

---

① 案例（case）又译为“事例、案子”。亚里士多德提到过这样的分类，参见亚里士多德：《修辞术》1358b。

② “开题”这个词的拉丁原文是“inventione”，还有创造、创作、发明等含义，作为修辞学五个基本组成部分的名称译为“开题”。

③ 西塞罗对演说组成部分的区分与亚里士多德不同，参见亚里士多德：《修辞术》1414b。

生的事件。借助划分的方法我们可以明白这一事件与什么事情一致，与什么事情相反，并宣布我们打算采取什么样的观点。证明是发表我们的论证以及与之相关的东西。驳斥就是摧毁对手的论证。结论就是演讲的结束，是按照这门技艺的原则形成的。

为了使这个主题更易理解，在谈了演讲者的作用以后，我就被导向讨论演讲的组成部分，想要把这些内容纳入开题的理论。所以在这个关节点上，我似乎必须首先讨论开场白。

在特定的案例中，为了能够采用比较恰当的开场白，我们必须考虑这个案例属于哪一类。案例有四种类型：高尚的（honourable）、可耻的（discreditable）、可疑的（doubtful）、微不足道的（petty）。[①] 一个案例被当做高尚的，那么此时我们要么是在为所有人都会认为应当为之辩护的事情做辩护，要么是在攻击那些所有人似乎都会认为有责任加以攻击的东西。例如，当我们在为一位英雄辩护或者在起诉一名叛国者时就是这样。一个案例被当做可耻的，也就是那些不名誉的事情处在攻击之下，或者某些不名誉的事情得到辩护。一个有疑问的案例就是部分高尚，部分可耻。一个微不足道的案例就是提出来的事情被人们认为不重要。

【4】基于上述考虑，现在可以来看一下如何把关于开场白的理论用于各种类型的案例。开场白有两种：一种称做开门见山（the direct opening），希腊人称做 prooimion[②]；另一种是所谓巧妙的方法（subtle approach），希腊人称做 ephodos。开门见山的开场白可以直截了当地吸引听众，使他们专心聆听演讲，对我们抱有善意，乐于接受我们的看法，倾向于我们的意见。[③] 如果我们的案例属于有疑问的那种类型，那么我们的开场白应当开门见山，从而使得这个案例的可耻部分不至于使听众产生偏见。如果我们的案例是微不足道的，那么我们要设法引起听众的关注。如果我们的案例属于可耻的那种

① 该处是一种依据道德基础对案例类型的划分，有别于上面第 2 章的一般分类。

② 意思是“引言”，参见亚里士多德：《修辞术》1414b。

③ 这种观点在亚里士多德以前就有，参见亚里士多德：《亚历山大修辞学》1436a。

类型，那么除非我们有办法通过攻击我们的对手来赢得听众的善意，否则我们就必须使用所谓巧妙的方法，关于这种方法我后面还要加以讨论。① 最后，如果我们的案例属于高尚的类型，那么我们既可以用开门见山的开场白，也可以不用。② 如果我们想要使用这种方法，那么必须说明这个案例为什么是高尚的，或者简洁地宣布我们将要讨论什么事情。但若我们不想使用这种方法，那我们就必须用一条法律、一个书面文件，或者某些论证来支撑我们的案例。

既然我们希望拥有乐于接受、善意和专心的听众，那么我就要透露这些状态是如何产生的。如果我们简要地总结案例并使他们专心，那么我们就能拥有乐于接受的听众；因为乐于接受的听众就是愿意专心聆听演讲的人。许诺将要讨论的事情非常重要、新颖、非同寻常，或者说它与共同体有关，或者说它与听众本身有关，或者说它与崇拜不朽的诸神有关，要求听众专心，列举我们将要讨论的要点，通过使用这样的引言，我们都会拥有专心的听众。我们可以用四种方法来使我们的听众倾向于接受我们的观点：讨论我们自己的人格、讨论我们的对手的人格、讨论我们的听众的人格、讨论事实本身。③

【5】通过讨论我们自己的人格，借助于赞扬我们提供的服务而又不显得骄傲，并对公众，或者对我们的父母、朋友，或者对听众，诉说我们过去的行为，或者提到以往某些与当前讨论的问题相关的事情，我们就可以确保得到听众的善意；同样，通过诉说我们的无能为力、我们的需要、我们的孤单和不幸，呼吁我们的听众给予帮助，同时又表明我们不愿把希望寄托给其他任何人，我们同样也可以得到听众的善意。

通过讨论我们的对手的人格，引起人们对他们的仇恨和蔑视，使他们不得人心，我们将确保听众对我们的善意。通过指出他们某些卑劣的、专横

---

① 参见本文本卷第 6 章。

② 参见亚里士多德：《亚历山大修辞学》1437b。

③ 参见亚里士多德：《修辞术》1415a。

的、奸诈的、残忍的、冒失的、恶毒的，或者可耻的行为，我们将把仇恨强加在他们头上。通过指出他们的残暴、专横、虚伪、为富不仁、缺乏自制、声名狼藉、弱肉强食、相互勾结、结党营私、联姻结盟，通过弄清他们更多地依赖这些支持，而不是依靠真理，我们就能使我们的对手不得人心。通过说明他们愚蠢、胆怯、迟钝和奢侈的习惯，我们就能使我们的对手受到蔑视。

通过讨论我们的听众的人格，指出他们以往的判断是勇敢的、富有智慧的、合乎人道的和高尚的，指出他们得到过什么样的尊重，有什么样的利益在等着他们做决定，我们就能确保听众的善意。

通过讨论事实本身，借助于赞扬我们自己和诋毁我们的对手，我们就可以使听众倾向于我们。

【6】现在我必须解释所谓巧妙的方法。有三种场合我们不能使用开门见山的开场白，对此我们必须仔细地加以考虑：（1）当我们的案例是可耻的时候，也就是说，当主题本身使听众与我们疏远的时候；（2）前面的演讲者与我们观点相反，而听众显然已经被他说服了的时候；（3）由于听了前面的演讲，听众已经感到疲倦的时候。

如果案例具有可耻的性质，那么可以在我们的开场白中包含下列要点：首先，一定要考虑行为者，而不是考虑行为；我们的对手已经说过了的那些令我们自己不悦的事情要省略，那些虽然卑劣然而却又是弥天大罪的事情要指出。其次，当我们一时夸大了这种想法的时候，我们同时应当表明自己并没有做过这种事。我们或许还要指出他人在其他相似的案例中做出的判断，无论我们的案例是否与之相同，或者其重要性是否与之相仿；然后我们就可以逐渐接近我们自己的案例，把二者之间的类比建立起来。如果我们否认自己想要讨论我们的对手或者讨论某些新鲜事，而实际上又巧妙地把这样的意思塞进去，那么也能获得相同的结果。

如果听众已经被说服了，如果我们的对手的演讲已经得到听众的信服——这一点对我们来说不难知道，因为我们非常懂得用什么样的方法可以影响他们的信念——如果我们认为他们的信念已经受到影响，那么我们要按下列途径对案例使用巧妙的方法：对那些已经被我们的对手当做最坚强的支撑的要点，我们要答应首先加以讨论；我们要从对手做出的一段陈述开始，尤其是要从他最后做出的那段陈述开始；我们要表现得犹豫不决，并使用一些感叹句，比如："我该说什么好呢?""我首先应当回答哪一点呢?"

如果听众已经由于专心听讲而感到疲劳，我们可以在开场白中说一些使人愉快的话①——寓言、故事、讽刺、曲解词义、模棱两可、含沙射影、逗弄、故作天真、夸张、概括②、双关语、突转、比较、趣闻、轶事、诗句，或者直接对某人发出挑战，或者对之微笑和表示同意。我们可以向听众保证，说自己要讲一些没有准备过的内容，不会像别人那样老生常谈，或者保证说自己将会简要地解释其他演讲者是怎么做的，而我们自己又打算怎么做。

【7】巧妙的方法与开门见山之间有下列区别：开门见山的开场白应当使用我已经描述过的那些直截了当的方法，借此我们可以马上使听众倾向于我们，或者专心听讲、乐意接受；而所谓巧妙的方法就是通过隐瞒和掩饰，影响和改变所有这些结果，从而在完成讲话任务时取得优势。尽管这种三重性的优势——使听众始终专心听讲、乐意聆听、倾向于我们——要通过整个演讲来保证，但它无疑主要是由针对这个案例所做的开场白来获取的。

由于担心我们会在某些时候使用错误的开场白，我现在要说明必须避免哪些错误。在某个案例的开场白中，我们必须肯定我们的文风是临场发挥的，所用的语词是现今流行的，这样一来演讲就好像没有经过什么准备似的。一段开场白如果能够用于大量的案例，那么它是错误的，可以称做陈腐的开场白。能够被对手毫不逊色地照搬的开场白也是错误的，可以称做平凡的开场白。还有，可以被你的对手拿来反对你的开场白也是错误的。花费很

---

① 亚里士多德也讨论过说笑话在开场白中的作用，参见亚里士多德：《修辞术》1415a。

② 也许指概括对手的论证。

大力气精雕细凿的开场白，或者过于冗长的开场白也是错的。那种不是从案情中产生，与陈述事实没有紧密联系的开场白也是错的。最后，那些不能使听众倾向于你，或者乐意接受，或者专心聆听的开场白也是错的。

【8】关于开场白，我已经说够了。接下去让我们转向事实的叙述或陈述。陈述事实有三种类型。第一种类型，提供事实并转向每一个对我们有益的细节，以便赢得胜利，这种类型适用于那些有待做出决定的案例。第二种类型，经常用于以争取听众的信任、显示我们的对手有罪、造成一种转折、为讲述某些事情做铺垫为目的的演讲。第三种类型，不用于真正的法庭抗辩，然而却为我们练习如何在真实的案例中处理前两种类型的事实陈述提供了方便。这样的陈述有两种：一种是基于事实的；另一种是基于人的。

基于揭示事实的这种叙述表现为三种形式：传说的、历史的、现实的。传说的故事既非由真实的事件组成，亦非由很有可能的事件组成，就像那些通过悲剧表现的事件一样。历史的叙述是对曾经真的出现过的事件的解释，但在时间上与我们对之做回忆的时代相距遥远。现实的叙述也对那些设想的事件做详细描述，然而这些事件肯定会出现，就像喜剧中的作品情节一样。

基于人的叙述应当表现出活生生的文体和人的各种各样的性格特征，诸如严厉与温和、希望与恐惧、怀疑与期盼、伪善与怜悯，以及人生的浮沉，诸如运气的倒转、突降的灾难、突如其来的惊喜、幸福的结局等。但在训练中，这些类型都可以显示出来。应当如何处理陈述事实的类型属于我将要解释的真正的案例。

【9】陈述事实应当具有三个特点：简洁、清晰、有理。由于我们知道这三个特点是基本的，所以我们必须学会如何获得它们。

如果我们在需要开始的地方开始陈述事实，如果我们不去尝试从遥远的地方开始，如果我们对事实的陈述是总结性的、省略细节的，如果我们的陈述不是向前通向遥远的地方，而是抵达我们需要去的地方，如果我们没有题外话，也不游离于我们正在做的解释，如果我们道出的结果是通过事实本身就能知道的，尽管我们还没有说出来，那么我们就能使我们的陈述简洁明了。例如，如果我应当说我已经从那个行省回来了，那么这句话也可以被理解为我已经去过那个行省。一般说来，最好避开那些将会起消极作用的陈述，也要避开那些无所补益的陈述。还有，我们一定要提防把同一件事重复说两次或两次以上，一定不要马上重复已经讲过的事情，就像下面说的这些话似的："西摩傍晚时从雅典来到麦加拉；当他来到麦加拉的时候，他给那个姑娘设了一个圈套；在设下这个圈套之后，他就在那个时候，在那个地方强奸了她。"

如果我们依据事情发生的准确顺序陈述事实，观察它们实际的或可能的后果与时间，那么我们的陈述会是清晰的。在此我们必须看到我们的语言没有混乱、复杂或生硬，我们没有转到另一个主题上去，没有把事情追溯到遥远的起点，也没有把它向未来的方向推延得太远，我们没有省略任何相关的事情。如果我们遵循我已经提出来的简洁的信条，那么我们对事实的陈述会是清晰的，因为对事实的陈述越短，这个陈述就更加清晰、更易追随。

如果对事实的陈述回答了通常的、人们预期的、很自然的要求，我们的陈述就会显得有理；如果解释严格限制在一定的时间范围之内，人们能专心听讲，讨论的主旨在计划之中，演讲的场所也提供了某些益处，这样一来，也就消除了时间太短、主旨不明、地点不当这样一类的反对意见，或者说是人们自己不能这样做或不能得到这样的对待。如果事情是真实的，那么在陈述事实时必须遵守这些预防措施，否则哪怕是事实真相也经常不能获得信任。如果事情是虚构的，那么这些措施必须更加一丝不苟地遵守。杜撰的事情必须与正式文件相吻合，或者说要有某些人的不可置疑的信誉在其中起保证作用。

我相信，就我到此为止已经说过了的事情来看，我的意见与其他修辞学家的意见是一致的，除了在使用巧妙的方法做开场白这一点上我有所发明。与其他人相比，只有我区分了使用巧妙的方法的三种场合，从而为我们大家提供了一种完全确定的方法和一种清晰易懂的关于开场白的理论。

【10】至于其他方面，由于我必须讨论证明的发现，演讲者的技艺对

此有独特的要求，因此我将努力展示在进行这样的主题研究时所需要的勤奋——一旦我确定了分析案例的几个标志，我就会涉及这些方面。

对案例进行分析有两个部分。在陈述事实已经结束了的时候，我们首先必须弄清我们和我们的对手在哪些地方是一致的、这些一致的地方对我们是否有用、剩下有争议的地方在哪里，就好比说："俄瑞斯忒斯杀了他的母亲，在这一点上我和我的对手是一致的。但他是否有权采取这样的行动，他在这样做的时候是正义的吗？这一点有争议。"同样也可以这样回答："他们承认阿伽门农是被克吕泰涅斯特拉杀害的，尽管如此，但他们还是说我一定不能替我的父亲报仇。"①

做完了这件事以后，我们就应当使用区分（distribution）。区分有两个部分：列举（enumeration）和说明（exposition）。当我们告诉听众我们将要讨论多少个要点时，我们用的是列举。要点的数量一定不要超过三个；否则的话，有些时候演讲的要点就会多于或者少于我们所声称的数量，我们就要冒一定的危险，它会使听众怀疑你事先有预谋，认为你的演讲不自然，从而剥夺了你的话语的可信度。说明则是简洁明了而又完整地提出那些我们打算加以讨论的要点。

现在让我们转入证明（proof）与反驳（refutation）。整个胜利的希望和说服的方法依靠证明与反驳，因为当我们提出我们的论证并摧毁对手的论证时，我们当然也就完全发挥了演讲者的功能。

【11】那么，要是我们能够知道由案例所引发的辩护（issue）的类型，我们就能进行证明与反驳。有些人把辩护的类型分成四类。我的老师认为有三类，但他并不因此而打算削减他们发现的类型数量，而只是想要证明，有两类被他们分为不同类型的辩护实际上就是一类，应当作为单一的、非复合

① 这个例证中所涉及的故事是修辞学家们常用的，阿伽门农（Agamemnon）是荷马史诗中的希腊联军统帅，克吕泰涅斯特拉（Clytemnestra）是他的妻子，俄瑞斯忒斯（Orestes）是他们的儿子。在阿伽门农率军远征特洛伊时，其妻与他人私通。阿伽门农获胜归来后即被妻子和奸夫杀害。后来他的儿子俄瑞斯忒斯杀死母亲及其奸夫为父亲报了仇。

的类型来教。这类辩护由原告的指控和被告最初的抗辩组成。所以如上所说，辩护的类型有三类：推测性的（conjectural）、法律性的（legal）、审判性的（juridical）。

当辩护涉及事实时，这样的辩护是推测性的，比如说，埃阿斯在森林中明白了自己在发疯时的所作所为，于是他就拔刀自杀了。此时乌利西斯出现了，看到埃阿斯死了，他就从尸体上拔下血淋淋的武器。就在这个时候透克洛斯出现了，看到他的兄弟死了，而他兄弟的敌人手里拿着血淋淋的刀，于是他就指控乌利西斯犯了大罪。① 在这个场景中，真相是通过推测来寻找的。辩护与事实相关。由于这个原因，这个案例中的辩护被称做推测性的辩护。

某些辩护涉及文字或者由其中的含义所引发，此时的辩护就是法律性的。法律性的辩护分成六个分支类型：文字与精神（letter and spirit）、冲突的法律（conflicting laws）、含义模糊（ambiguity）、定义（definition）、移情（transference）、通过类比做出的推理（reasoning from analogy）。

立法者的意愿显得与法律条文不同时，辩护就会从文字与精神的矛盾中产生。比如，假定有一条法律规定任何人若是在暴风雨中抛弃船只，都将失去他应有的权利，如果他们的船只和货物得救，那么它们属于那些仍旧留在船上的人。暴风雨就要来临了，一艘大船上的所有人都感到害怕，他们离开大船而驾着小船逃走，只剩一个病人留在大船上，因为他无法离开大船逃跑。由于偶然的机缘，大船安全地驶回港口。按照法律这个病人有权拥有这艘大船，而从前的船主却想要把它取回。这就是由文字与精神的矛盾而引起的辩护。

当一条法律允许做某事，而另一条法律禁止做这件事的时候，辩护就从相互冲突的法律中产生了。比如，一条法律禁止已被判定犯了敲诈罪的人在

---

① 这里出现的几个人物都是希腊神话人物，埃阿斯（Ajax）是特洛伊战争中的希腊英雄，透克洛斯（Teucer）是他的异母兄弟，乌利西斯（Ulysses）即希腊神话中的英雄奥德修斯（Odysseus）。

公民大会上讲话。另一条法律规定由占卜官在公民大会上为其他死去了的占卜官的空缺指定候选人。现在有某个被判定犯了敲诈罪的占卜官要为一名死去的占卜官的空缺指定候选人。于是他只能接受惩罚。这就是从相互冲突的法律中产生的辩护。

【12】当一段文字显出两种或多种含义时，从模糊不清的含义中就产生出辩护的需要。比如，有一个家庭，父亲已经把儿子立为继承人，但他在遗嘱中说要留一些银器给妻子："我的继承人应当给我的妻子 30 磅重的银器，'任由选择'。"父亲死了以后，这位寡妇向儿子索取某些刻有浮雕的珍贵的器皿。这位儿子以为自己欠她 30 磅重的银器，可以任由自己来选择。这就是由文字模糊不清的含义所引起的法律辩护。

当名称与名称所指的行为处于冲突之中时，就有所谓由定义引发的案子。下面举例说明：卢西乌斯·萨图尼努斯想要制定谷物法，征收六分之五的谷物；而当时的财务官是昆图斯·凯皮奥，他向元老院解释说国库太小，容不下大量的谷物。[①] 元老院议决：如果萨图尼努斯想要制定和实施谷物法，那么这样做是反公众福利的。萨图尼努斯提出了立法动议。尽管他的同事否决了他的动议，但不管怎么说他还是要诉诸于投票公决。[②] 凯皮奥看到萨图尼努斯这项反公众福利的动议尽管已经遭到同事们的否决，但仍要进行投票，于是就在某些保守派的帮助下攻击萨图尼努斯。他们摧毁了通往投票站的桥，把投票箱扔掉，以此阻挠投票的进行。凯皮奥被控谋反罪而受审。这个辩护是法律性的，是从定义中产生的，因为当我们调查谋反罪时，需要给谋反这个术语下定义。

当被告坚持审判必须延期、需要更换原告或法官时，基于移情的辩护就产生了。希腊人把这种分支类型的辩护用在当着法官的面进行的程序，而我

---

① 卢西乌斯·萨图尼努斯（Lucius Saturninus），罗马政客，煽动者，公元前 104 年任财务官，公元前 103 年任保民官（tribune）；昆图斯·凯皮奥（Quintus Caepio），罗马政治家，公元前 106 年任执政官（cousul）。

② 此句原文含义为"但他还是把投票用的瓮拿来了"。

们一般用在当着地方行政官的面进行的裁决。① 但我们确实也在司法审判时使用它。例如，某人被控贪污，说他拿了藏在密处的属于公家的银器，在判决他犯了贪污罪和盗窃罪的时候，他可以说自己的行为属于盗窃，而不是贪污。② 由于下述原因，这种分支类型的辩护极少在司法程序中出现：执法官在接到对私人进行的控告时也会接受相反的抗辩，这时原告的指控就不能立案，除非他已经起诉了；在公共调查中，法律要求首先确定是否允许原告起诉，或者是否要起诉被告。

【13】当一件事情发生，需要裁定，但又缺乏具体适用的法律时，相关的辩护就以类比为基础，但这种类比就是从其他存在的法律中寻找根据，因为要裁定的事情与之具有某种相似性。例如，有一条法律说："如果一个人发了疯，胡言乱语，那么他原先拥有的权力和财产将属于他的男方亲属，或者属于他的父系氏族。"③ 另一条法律说："犯下弑父母罪行的人要被装入皮袋，加以捆绑，掷入湍急的河流。"另一条法律说："由于一家之长对他的家产和财产负责，所以法律视其为户主。"④ 另一条法律说："如果一家之长未留遗嘱而死，那么他的家产和财产将属于他的男方亲属，或者属于他的父系氏族。"⑤ 马莱奥鲁犯了弑父罪。受到审判以后，他的头被套在狼皮袋里，脚上穿上木枷，投入监狱。他的辩护人带着木牌进入监狱，让他写下遗嘱，并有证人在场。死刑执行了。他在遗嘱中确定的继承人继承了他的财产。马莱奥鲁的弟弟是指控马莱奥鲁弑父的人之一，他声称根据男方亲属继承财产的法律应由他来继承财产。这里可以引证的具体法律条文不是一条，而是许多条，它们构成了类比推理的基础，可以用来证明马莱奥鲁有权或无权立遗嘱。这就是根据类比而建立起来的法律性的辩护。

① 罗马人在地方行政官面前解决争端，而希腊人在法官审判时解决争端。

② 关于这种类型的辩护可能源于亚里士多德，参见亚里士多德：《修辞术》1374a。

③ 这条法律见罗马《十二铜牌法》5.7a。

④ 这条法律见罗马《十二铜牌法》5.3。

⑤ 这条法律见罗马《十二铜牌法》5.4—5。

我已经解释了法律性的辩护的这些类型。现在让我来讨论审判性的辩护。

【14】当人们对行为本身看法一致，而对行为的对错有疑问，这时的辩护就是审判性的。这种辩护有两种分支类型，一种称做确定的（absolute），另一种称做设想的（assumptive）。

当我们只考虑行为本身，认为它正确，而不添加任何额外的考虑时，这样的辩护是确定的。例如，某个哑剧演员在舞台上辱骂阿西乌斯。阿西乌斯告他伤害罪。这个演员没有为自己辩护，而只是坚持说，在戏剧作品中给其中的人物命名并在舞台上演出是允许的。

当辩护本身不充分，需要引入某些额外的事情时，这样的辩护是设想性的。设想的辩护又有四种分支类型：承认罪行、推卸责任、转移罪责、别无选择[①]。

所谓承认罪行的辩护就是被告恳求原谅。它包括开脱罪责和请求怜悯。开脱罪责就是原告否认自己的行为是故意的。在这种类型的辩解中又有三种情况：不知情、偶然和必然。凯皮奥被指控损失军队，在平民们的保民官面前受审，他可以用偶然性来开脱罪责；有人在打开写有遗嘱的木牌之前就处死了杀死主人的奴隶，因为他兄弟的奴隶杀了他的主人，而他的兄弟在遗嘱中已经解放了那个奴隶，此时他可以用不知情来开脱罪责；有个士兵请假不归，因为洪水阻断了他的归途，此时他可以用必然性来开脱罪责。原告承认自己的罪行和预谋，但请求给以怜悯，这就是请求怜悯的辩护。这种辩护在法庭上几乎是无效的，除非原告功勋卓著、声名远扬。比如，在辩护中把被告的功绩当做常识来加以详述："即使他真的做了这件事，那么看在他过去为大家服务的分上，原谅他也是恰当的，虽然他自己并没有请求原谅。"这样的辩护在法庭上不可能被接受，但在元老院、将军府、公民议事会里却可

① 此处"别无选择"原意是"与别的事情过程做比较"（comparison with the alternative course）。

以接受。

【15】当我们不否认自己的行为，但又说自己是由于其他人犯了罪才被迫这样做的，这样的辩护就是转移罪责。好比在俄瑞斯忒斯那个案例中，他为自己辩护，把罪责从自己身上转移到他母亲身上。

当我们否认的不是被指控的行为，而是责任，要么把责任转移到其他人头上，要么把它归结为某些处境，这种辩护的根基就是推卸责任。举一个把责任推卸给别人的例子：如果我们起诉那个已经承认杀害了普伯里乌·苏皮西乌[①]的凶手，那么他会为自己的行为辩护，说这是为了执行某些执政官的命令，说执政官们不仅下令这样做，而且还提供了理由说明这样做是合法的。把责任归于处境的例子有：某人由于要服从公民投票表决的结果而不能按照遗嘱的要求去做。

当我们声称我们不得不做两件事中的某一件，而我们所做的这一件会有比较好的结果时，这样的辩护就叫做"别无选择"。下面这个案例就属于这种类型：盖乌斯·波皮留斯[②]被高卢人包围了，由于无法突围，他开始与敌军首领谈判。为了能够带领军队脱离险境，他同意抛弃辎重车。他认为失去辎重车比失去军队要好。于是他就带着他的部队突围，抛弃了辎重车。由于这个原因，他被指控犯了通敌罪。

【16】我相信我已经把辩护的类型以及它们有哪些分支类型说清楚了。现在我必须说明处理这些辩护的恰当方式和方法，首先要说明的就是争论双方必须加以明确的要点，而整个讲话的组成都应当指向这个要点。

一旦发现了辩护的类型，我们就必须寻找合理的动机（justifying motive）。就是这个动机决定了行为，也构成了辩护。这样，俄瑞斯忒斯（为清晰起见，此处仅指这个具体行为）承认杀了母亲。除非他提出一个合理的

---

① 普伯里乌·苏皮西乌（Publius Sulpicius），全名 P. Sulpicius Rufus，公元前 88 年被苏拉（Sulla）追杀。

② 盖乌斯·波皮留斯（Gaius Popilius），全名 C. Popilius Laenas，罗马将领，此事约发生在公元前 107 年。

动机，否则他的辩解不会成功。因此他提出了一个动机，要是没有这个动机，甚至不会有这样的行动。他说："因为她杀害了我的父亲。"因此，如上所述，合理的动机构成了辩解；如果没有这样的动机，那么毫无疑问，人们会毫不犹豫地给他定罪。

在寻找辩护中提出的动机的时候，我们必须寻找指控的中心论点。也就是说，指控是由什么构成的，它以我们上面已经讨论过的辩护中提出来的合理动机相反的形式提出。仍旧以上面的例子为证：俄瑞斯忒斯使用了合理的动机，"我有权杀死我的母亲，因为她杀害了我的父亲"，但控方可以使用他的中心论点，"是的，但不应当未经审判就由你亲手杀死她或者惩罚她"。

从辩方陈述的合理动机和控方陈述的中心论点中必定会产生有待决定的问题，对此我们称做裁定（adjudicate），希腊人称做"krinomenon"（判决）。控方的中心论点与辩方的合理动机相遇，也就产生了如下裁定的需要：俄瑞斯忒斯说自己杀死了母亲克吕泰涅斯特拉，为父亲报仇，那么他的母亲未经审判就被儿子所杀是正确的吗？这就是寻找要加以裁定的要点的恰当方法。一旦找到了要加以裁定的要点，整个讲话的组成都应指向这个要点。

【17】我们可以用这种方式在所有辩护的类型和它们的分支类型中寻找裁定的要点，推测性的辩护除外。行为的合理动机在这里不是问题，因为行为本身在这里被否认；同样，在这里也找不到指控的中心论点，因为没有提出行为的合理动机。因此，要加以裁定的要点是从指控与否认中建立起来的，例如：控方说"你杀了埃阿斯"，辩方说"我没有"。要加以裁定的要点是：他杀了埃阿斯吗？如上所说，双方的整个讲话都必须指向这个要加以裁定的要点。如果在一个案例中有几种辩护的类型或分支类型，那么也会有几个要加以裁定的要点，但所有这些要点都要按照相同的方法来确定。

我已经付出了巨大的努力，简要而又清晰地讨论了必须加以处理的一些问题。现在由于本卷已有一定篇幅，到此结束并在第二卷中转向对其他事情的解释会比较方便，我将要涉及的大量材料也不会使你疲劳和分散你的注意力。相对于你的渴望来说，如果我对这些事情的调遣太慢，那么你不得不把原因归于这个主题的庞大，以及我还需要处理其他事务。然而，我会加速进行，用勤奋来弥补由于处理其他琐事而失去的时间，出于你对我的礼遇和我自己对你的关心，我将依靠这种勤奋来确保你的愿望最终得到最大程度的满足。

第二卷

【1】在前一卷中，赫瑞纽斯，我简要地提出了演讲者必须处理的案例、他可以为之努力的这门技艺所能起到的功能，以及他可以运用的、最容易实现这些功能的方法。由于同时处理所有论题是不可能的，所以只能先讨论最重要的论题，因为其他论题对你来说比较容易理解。因此，我决定首先撰写其中最困难的部分。

案例有三种：展示性的、议事性的、司法性的。在此范围内最困难的部分是司法性的演讲。我在本卷和前一卷中要首先处理这种演讲，原因就在于此。在演讲者的五项任务中，开题是最重要和最困难的。这个论题我基本上在本卷中处理，某些细节则会放到第三卷中去处理。

我首先要谈演讲的六个部分。在前一卷，我谈论了开场白、陈述事实、划分，根据我对你的愿望的把握，其篇幅既不会超过必需，又不会由于过分简洁而影响清晰。接着我又一并讨论了证明与反驳。然后我解释了辩护的不同类型以及它们的分支类型，同时说明如何在给定的案例中发现辩护的类型及其分支类型。接下去我解释了如何恰当地寻找有待裁定的要点，一旦发现了，我们整个讲话的构成就要指向这个要点。然后我指出，可运用于某个案例的辩护类型或分支类型不是一个而是几个。

【2】有待我继续说明的似乎还有采取什么方法可以把开题的手段用于各种类型的辩护及其分支类型，以及人们应当运用或避免什么样的专门论证（希腊人称之为“epicheiremata”）；这两个部分都属于证明与反驳。最后我还

解释了对演讲应当使用什么样的结论，演讲的六个组成部分的最后一个是结论。

所以，要考察应当如何处理体现各种辩护类型的案例，我们当然要首先考虑那个最重要，也是最困难的类型。

在一个推测性的案例中，原告对事实的陈述应当包含或混杂那些能够激起人们怀疑被告的材料，使他的行为、言语、来往，简言之，他的一切，没有一样会被认为是无动机的。而替被告辩护时陈述事实也应当包括简单、清晰的解释以消除怀疑。

整个推测性的辩护包括有六个部分：或然性（probability）、比较（comparison）、指证（sign）、假设性的证明（presumptive proof）、后续的行为（subsequent behaviour）、确证性的证明（confirmatory proof）。我将逐一解释这些术语的含义。

通过或然性的推论，可以证明犯下某件罪行对被告有益，他决不会放弃做这种蠢事。在或然性的名目下还有"动机"与"生活方式"。

动机引导被告犯罪，他希望通过犯罪获得利益或避免损害。问题在于：他想通过犯罪来得到某些好处——荣誉、金钱、权力——吗？他希望通过犯罪来满足某些欲望——爱情或其他强烈的情欲——吗？或者，他希望通过犯罪来避免某些伤害——仇恨、恶名、痛苦、惩罚——吗？

【3】如果认定被告想要谋取好处，那么原告会揭露他的对手的欲望；如果认定被告想要避免伤害，那么原告会彰显对手的恐惧。另外，替被告辩护的人，如果可能，就会否认有这样的动机，或者至少竭力缩小动机的重要性。他会说，怀疑被告的每一错误行为都会给他带来某些好处，这样做是不公平的。

然后，原告会按照被告以前的行为去考察他的生活方式。首先，原告会考虑被告是否曾经有过相似的过失。如果没有，那么原告会去了解被告是否曾经被怀疑犯有相似的罪行；原告会尽一切努力把被告的生活方式与他刚才揭露出来的被告的动机联系起来。例如，要是原告认为对手犯罪的动机是金钱，那么他就会尽力说明被告始终很贪婪；如果这个动机是荣誉，那么他就会说被告野心勃勃；这样一来，他就能够把被告性格中的这些缺点与犯罪的动机联系在一起。如果他找不到与动机相一致的缺点，那么他就会找一个并不存在的缺点。如果他不能说明被告的贪婪，他就会说被告是个罪大恶极的诱奸者。简言之，只要有可能，他就会尽力给被告打上可耻的烙印，有多少错误就打上多少个烙印。然后他会说，毫无疑问，在其他场合有过如此卑鄙行为的人在这个案例中肯定也会犯罪。如果对手享有清白、严谨、崇高的名望，那么原告就会说，要加以考虑的不是名望，而是行为；被告以往隐瞒了他的恶行，而现在要加以揭露，要说明被告并不清白。如果能做到的话，被告的辩护人首先要说明的是他的当事人正直的生活；如果做不到，那么他就要诉诸于无意、愚蠢、年轻、被迫，或者说被告受到不良影响。有鉴于此，请大家一定不要把他以往出格的行为用于现在的审判。如果被告已经被人们认为品行不端、声名狼藉，那么辩护人首先应当小心地说，对这个无辜者现在有大量的流言蜚语，而常识告诉我们谣言不可信。如果这些办法都没法使用，那么就让他做最后的辩解，让他说，我不是在监察官的面前讨论这个人的道德，而是在陪审员的面前指控他的对手。

【4】 在推测性的辩护中使用比较手段有这样一些情况：原告指出自己提出指控的罪行对其他人无益，而只对被告有益；原告指出除了他的对手，其他人都不会做这种事；原告指出他的对手不可能用别的手段做这件事，或者至少不那么容易；原告指出他的对手被情欲所蒙蔽，以至于看不到其他更加易行的手段。针对这一点，被告的辩护人必须说明这项罪行也会给其他人带来好处，或者说其他人也会像他的当事人一样去做这件事。

人们通过指证①来说明受到指控的人如何寻求有利的机会获取成功。指证有六种：地点（place）、时刻（the point of time）、时段（duration of time）、场合（occasion）、成功的希望（hope of success）、逃避被察觉的希望（hope

① 参见亚里士多德：《修辞术》1357a。

of escaping detection）。

关于“地点”的指证可按下列办法考察：案发地点有人还是无人，始终无人还是仅仅在案发时无人？是圣地还是世俗之地，是公共场所还是私人领地？与之相连的是什么地方？在那里能看到受害人或听到受害人的声音吗？要是任何人在给定的案例中都很容易确定这些要点，那么它们中有哪些对被告的辩护有用，有哪些对原告有用，对此我愿意做具体描述。因为在开题中，只有理论的首要原则必须保持原创性，而其他部分则可以通过实践来补充。

关于“时刻”的指证可按下列办法考察：受到指控的行为发生在一年的什么季节？发生在一天的哪个时候——白天还是晚上？发生在白天或晚上的什么时辰？为什么会在这个特定的时刻发生？

关于“时段”的指证将按下列方式加以考虑：这段时间足以完成这个行为吗？被告知道在这段时间里能够完成这一行为吗？如果他不能对此有所预知或预见，那么有无足够的时间完成这个行为也就不那么重要了。

关于“场合”的指证可按下列方法考察：当时的场合对做那件事有利吗？或者说，还有比这更好的场合，因此不必在这个场合做这件事，或者说不用再等了？

关于“成功的希望”的指证可以按下列方式考察：上述指证一致吗？特别是，力量、金钱、准确的判断、预见、准备都出现在某一方，而另一方的脆弱、贫困、愚蠢、缺乏远见、没有准备也都得到了证明，是这样的吗？借此人们就可以知道被告对他自己的成功有无自信心。

关于“逃避被察觉的希望”的指证，我们要向被告的密友、证人、同谋去了解，无论他们是自由民还是奴隶，或者既有自由民，又有奴隶。

【5】通过假设性的证明，罪行通过指证的手段得以证明，确定性增加，对当事人的怀疑增强了。它分成三个时期：犯罪之前、与犯罪同时、犯罪之后。

关于“犯罪之前”，人们必须考虑被告当时在哪里，在什么地方看见过被告，和他在一起的还有谁，他做过什么准备，他见过什么人，他说过什么话，有无任何征兆表明他有密友或同谋，或者他有什么辅助手段；他是否在某个地方，或者他有无在某个时刻出现在那里，这是否与他的习惯不同。关于“与犯罪同时”，我们应当了解在此案件中是否看到过他，有无听到什么噪声、叫喊或破碎声。或者说，简言之，人们有无察觉到任何异样的感觉——视、听、触、嗅、味。因为任何一种类型的感觉都能引起怀疑。关于“犯罪之后”，人们应当去查找在这个案件发生后有无痕迹保留下来，可以用来指明所犯的罪行或者是谁犯了罪。指明所犯罪行的痕迹：比如，死者的身体是完整的，但却呈现黑色或紫色，这就表明他是被毒死的。指明是谁犯了罪的痕迹：比如，有凶器、衣服或其他东西留在现场，或者现场有被告的脚印；他的衣服上有血迹或者没有；或者被告在现场被抓获，或者有人看到他在案发现场。

关于“后续的行为”，我们调查的证据通常涉及有罪或无罪。如果有可能的话，原告到时候会说他的对手面红耳赤、脸色苍白、支支吾吾、犹豫不决、精神崩溃，或者说对手还有其他表现——这些都是良心感到羞愧的表征。如果被告并无这样的表现，那么原告会说他的对手迄今为止极为镇静地对待所发生的事情，应对自如——这是厚颜无耻的表征，而非清白的表征。要是被告表现出恐惧，那么被告的辩护人会说他的当事人激动了，不是由于良心上感到有罪，而是因为面临巨大的危险；要是他的当事人没有表现出害怕，那么他会说被告没有激动，因为他相信自己是无辜的。

【6】确证性的证明是我们建立怀疑以后最后加以运用的。它有专门的论题和普通的论题。专门的论题是那些只在起诉或抗辩中使用的论题。普通的论题是那些一会儿在辩护中使用，一会儿在控告中使用的论题，是否使用则取决于案例。在推测性的案例中，原告使用专门的论题，他会说根据罪行的残暴程度，一定不能原谅坏人，而应判处流放。被告的律师试图赢得人们对被告的同情，则会使用一个专门的论题，指责原告在诽谤。那些控方和辩方都在共同使用的论题有：提出或反对证词、提出或反对刑讯逼供得到的证

词、提出或反对假设性的证据、提出或反对谣言。

在证人对我们有利时，我们可以按下列论题阐述：(a) 证人的权威性和生活方式；(b) 他们提供的证词的一致性。在证人对我们不利时则可如此阐述：(a) 他们的生活方式是卑劣的；(b) 他们的证词是相互矛盾的；(c) 只要我们细加考虑就可以发现他们断言发生了的事情要么不会发生，要么没有发生，要么他们不可能知道，要么他们作出的证词和推论是出于偏见。这些论题既包含在对证人的怀疑中，也包含在对证人的调查中。

【7】要是我们赞同那些通过酷刑逼供得到的证词，那么我们要说明刑讯是为了发现真相，我们的祖先允许在调查中使用酷刑，使当事人在剧烈的痛苦的逼迫下说出他们所知道的一切。[①] 还有，如果我们采用与处理其他案子相同的论证程序，使得通过酷刑得来的招供具有似乎合理的样子，那么这样的推断会具有更大的力量。对此，我们也不得不涉及证人提供的证词。要是我们反对通过酷刑逼供得到的证词，我们可以这样说：首先，我们的祖先允许在调查中使用酷刑，但仅仅用于那些事实真相已经清楚了的事情，在刑讯逼供中，只有那些真实的陈述方能认可，而虚假的陈述要受到驳斥。比如我们想知道一样东西被藏在什么地方，这样东西是我们曾经见过的，而又有脚印或其他证据为凭表明有人把它藏起来了。然后，我们可以说自己并不指望酷刑带来的痛苦起作用，因为一个人并不会比其他人更会因受苦而精疲力竭，或者更加善于捏造，还因为这样做就有可能知道或预知什么是现存的正义所希望听到的，而证人知道，一旦说了，他的痛苦就会结束。这样的推论如果在合理的论证中使用，那么它会得到赞同。如果我们想要驳斥通过严刑逼供得到的证词，如果我们想要做到这一点，那么我们应当使用我在上面提出的、推测性的辩护名目下的划分。[②]

要是赞同假设性的证明、指证，以及其他添加怀疑的办法，按照下述方

---

① 当时在法庭审讯中允许使用酷刑，但并非当着陪审团的面进行。对自由民使用酷刑是不合法的。

② 参见本文本卷第 2 章。

式讲话是有益的：如果有多项证据和指证，并且它们相互之间是一致的，那么其结果必须被视为清晰的事实，而不是猜测。还有，指证和假设性的证明比证人更值得相信，因为这些推测准确地表现了真实发生的事情，而证人则会受到贿赂、偏见、恫吓、敌意的腐蚀。要是反对假设性的证明、指证，以及其他添加怀疑的办法，按照下述方式讲话是有益的：我们要说没有一件事情不会引起怀疑，然后设法削弱那些添加怀疑的理由，并说明这些理由只会使我们产生怀疑，而不会使其他人产生怀疑；在缺乏证人的时候，把这些假设性的推测当做充分适用的证据是严重违法的。

【8】如果我们赞同谣传，那么我们可以说无风不起浪，传言并非无稽之谈、毫无根据，任何人都不会无缘无故地虚构和捏造；还有，其他谣言一般说来是谎言，但我们要通过论证来说明这个谣传是真的。如果我们反对谣传，那么我们可以首先引用许多实例来说明有许多谣传是假的，我们可以说谣传是我们的敌人捏造出来的，他们生性邪恶，撒谎是他们的天性。我们既可以虚构某些可以用来反对我们的对手的故事，并宣称人人都在说这件事，也可以传播一件令他们蒙羞的真事，然后说我们不相信人们有任何理由会去捏造和传播这样可耻的谣言。当然了，谣言尽管听起来似乎非常有理，但我们仍旧可以用逻辑论证摧毁它的可信度。

如果我们仅仅是把这些理论教条用于刻苦的练习，那么由于推测性的辩护是最困难的，在实际案例中也使用得最频繁，所以我们要详细考察它的所有部分，以便我们在使用时不会受阻于最轻微的犹豫和莽撞。现在让我们转向法律性的辩护的分支类型。

【9】当法律制定者的意图与法律条文的文字显得不一致时，为了支持法律条文的文字，我们可以使用下列主题：首先，在陈述事实以后，可以对制定者进行赞颂，并大声朗读条文。然后，可以向我们的对手提问：你们是否真的明白这一法律条文或其他与案例相关的文件是矛盾的？接下去就可以拿法律条文与我们的对手接受的行为做比较：请问法官应当依据什么，精心起草的法律文件还是狡猾地虚构出来的解释？这样一来就可以毁谤或削弱我们

的对手所做的对相关文本的精心解释。然后又会有这样的问题提出来：法律文件的作者把自己的意图添加到文件中去会有什么样的危险，作者有无可能把它全部写出来？此时我们就要肯定作者的意图，说明他为什么要这样写的理由，说明这些文字是清晰的、简约的、适宜的、完整的、有明确规划的。此时我们还可以引用有利于人们赞同条文的判例，尽管对手会提出精神和意图方面的理由进行抗辩。最后，我们将说明偏离法律条文的危险。这里常有的事是人们尽管承认自己违反了某条法律，或者违反了某个意愿，但仍旧会寻找理由为自己的行为辩护。

【10】如果赞成作者的意图，我们可以按下述方式讲话：首先，我们可以赞扬法律的制定者精心起草了法律，把必须要写的东西写了下来，并且可以说他并没有打算把那些不需要条文也能理解的东西都写下来。其次，我们要说依据条文的字面含义而忽视法律制定者的意图，乃是讼棍的伎俩。接下去我们可以主张，按法律条文的字面含义去执行是不可能的，至少这样做了就会违反成文法（statute law）、法律习惯（legal custom）、自然法（law of nature）或者衡平法（equity）①——所有这些法都不会有人反对，法律的撰写者希望这些法都能被人们严格地遵守；但另外，我们所做的事情是绝对公正的。再次，我们可以说我们的对手对法律条文所做的解释既空洞无物，也不合理、不公正、不适用，或者与以往的以及后续的解释不一致，或者与习惯法②不一致，或者与一般的法律以及以往的决定不一致。接下去我们就可以引用那些有利于说明作者的意图而与文字的表面含义相反的判例，宣读和解释那些表达了制定者意图的法律或以精确的形式写下来的合同。此时常见的是，人们会反对只朗读条文而不解释作者意图的人。

当两条法律有冲突时，我们首先必须弄清它们是否已经被废弃或受到限

---

① 衡平法是法律的一个部分，在本文本卷第 13 章中讨论。衡平法在罗马是执政官的法律，用以补充、辅助或取代原有的范围太窄而又太刚性的法律。

② 习惯法（common law），又译普通法、习惯法、判例法、不成文法，就是指那些没有写成条文的、根据以前判决的惯例执行的法律。

制，然后还要看到它们是否有这样的不一致之处：对同一行为，一则命令，一则禁止；一则排斥，一则允许。如果有人说他自己之所以没有做一条法律规定的事情，因为另一条法律并没有强制人们这样做，那么这样的辩护是非常虚弱的；因为义务在更大的程度上是约束性的，而非仅仅是允许。如果一个人说他自己遵守了一条已经被废弃或受到限制的法律，而没有履行以后的法律所规定的义务，那么这样的辩护也是很不充分的。考虑了这些事情以后，我们应当马上进到对我们有利的法律，解释它，宣读它，热烈的推荐它。然后我们可以精心解释不同的法律有什么意图，把它用于我们的案例，使之对我们有益。我们将在最后讨论确定的审判性的辩护时接受关于法律的理论，并考察与之相关的那部分法律；关于审判性的辩护的这种分支类型我们晚些时候再讨论。①

【11】如果一条法律被视为模糊不清的，因为对之可有两种或两种以上的解释，那么可以按下述方法处理：首先，我们必须考察它是否真的含义不清，然后我们必须说明，它要是具有我们的对手所希望的那种意思，法律的作者为什么会把它写成这个样子；其次，我们要说明我们的解释是可行的，在运用时能够与荣誉和权利、成文法、习惯法、自然法或衡平法一致。这种与我们的对手的解释相反的解释才是真实的，这条法律并非含义不清，因为人们都能明白它的真实含义。有些人认为，为了阐述这种案例，像辩证法家所教导的那种模棱两可的知识是非常有用的。但我相信，这种知识毫无助益，我甚至可以说，拥有这种知识会成为严重的障碍。这些作者实际上都在提防一切模棱两可的话语，哪怕是对待那些不会产生歧义的解释。同理，在别人讲话时，他们会讨厌地诘难他；当他写作的时候，他们也会令他感到厌烦，他们是他可悲的阐释者。当他们自己讲话时，他们希望自己足够小心和机灵，但其结果反而是显得非常笨拙。他们害怕自己在演讲时说出一些模糊不清的话来，但事到临头他们甚至不能正确发音，说出自己的名字来。无论

① 参见本文本卷第 13 章。

何时，只要你愿意，我可以用最直接的证据来驳斥这些作家的幼稚的观点。为了能够表达我对这个主张不造作的学派的口才训练表示轻蔑，我在这里提出这种反对意见并非离题。

【12】当我们处理有关定义的辩护时，我们将首先给某个术语下定义，比如："他削弱了国家至高无上的主权，摧毁了构成国家尊严的成分。它们是什么呢，昆图斯·凯皮奥？民众的投票和行政官的商议。那么毫无疑问，拆除了通往公民议事会的桥梁，你们就已经剥夺了民众的投票权和行政官的议事权。"① 同样，对方可以回答说："他削弱了国家至高无上的主权，伤害了构成国家尊严的成分。但我没有去伤害，反倒是阻止了伤害的发生，因为我抢救了国库，抵抗了恶人的放纵行为，使国家的主权免遭彻底灭亡。"这样一来，这个术语的意思首先得到简要的解释，并运用到我们的案例中来，有利于我们；然后我们要把我们的行为与我们对这个术语的解释联系起来；最后，包含在相反的定义中的原则遭到驳斥，被认为是虚假的、不恰当的、可耻的或有害的——此时我们就要借用我们在处理确定的审判性的辩护时使用的方法，对此我很快就会加以讨论。②

在立足于移情的辩护中，我们首先考察在这件事情上一个人是否有权采取行动、提出要求或提出控告，或者说他是否应当在另一个时候，或在另一条法律下，或在另一位检察官面前采取行动。成文法、习惯法和衡平法会提供相关的办法，对此我将联系确定的审判性的辩护一并讨论。③

在立足于类比的辩护中，我们首先要知道有无类似的法律和法规，有无或大或小或同样重要的类似案件；其次，我们要确定这些东西与我们正在讨论的案件到底是相似的还是不同的；然后再确定与此案件相关的法律之所以缺乏是否故意的，因为制定法律的人不愿意提供，或者是因为他认为其他法律已经提供了足够的规定。

① 作者在此重述本文第一卷第 21 章的争论。
② 参见本文本卷第 13 章。
③ 参见本文本卷第 13 章。

关于法律性的辩护的划分我已经说得够多了，现在我要返回审判性的辩护。

【13】我们认为自己的行为本身是合法的，无需求助于额外的辩护，在这种时候我们就会涉及确定的审判性的辩护。此时考察行为是否合法是恰当的。如果我们知道法律有哪些组成部分，一旦有了案例，我们就可以讨论这个问题。法律的组成部分有：自然法、成文法、习惯法、先例、衡平法、协议（agreement）。

自然法就是由于亲属关系或家庭关系而要加以遵守的义务。与这种法律相应的就是子女要孝敬父母，父母要爱护子女。

成文法就是由民众的意志所批准的东西。例如，接到传票时就要出庭。

习惯法就是在缺乏成文法时按照惯例而形成的东西，它起着成文法的作用。例如，你要是把钱存在银行家那里，那么你有权向他的合作者追讨。

在处理某个案例时，有以往的审判或废止了的法令可供参考，这就是先例。这些先例经常是相互矛盾的，视法官、执法官、执政官、保民官之不同判决而各有差异；更为频繁地发生的事情是，对同样的事情，不同人之间的判决或决定是很不一样的。例如，马库斯·德鲁苏斯，城市的执法官，允许对违约者的继承人采取行动，而塞克斯都·朱利乌斯则拒绝这样做。还有，盖乌斯·凯留斯在主持审判时，判决那个在戏台上污辱诗人鲁西留斯的人无罪，而普伯里乌·穆西乌斯则判那个指名道姓污辱诗人卢西乌斯·阿西乌斯的人有罪。由于以往不同的法官对相同的案件可以提供不同的判例，因此我们在遇到这种情况时应当对法官、处境和判例的数量进行比较。

当法律条文显得与事实真相和一般的公众福利一致时，法律就建立在公正的基础上。例如，被告若是一名已经超过60岁的老人，并且在生病，那么可以由一名律师来代替他出庭。这样，按照具体场景和个人的基本状况，新的法规可以很好地建立起来。

如果当事人之间有某些协议，或者双方有某些约定，那么这就是建立在协议之上的法律。有些协议按照成文法是必须加以遵守的。例如：“不同的当事人对某事有约定，那么他们应当加以申明；如果他们之间没有协定，那么他们应当在中午之前在公民议事会或法庭上陈述事件的概况。”[①] 还有一些协议与成文法无关，但这些约定本身具有束缚力，就像法律一样。

这些就是法律的各个组成部分，通过这些法律，人们可以确定行为的正义或非正义——这就是我们最后要在确定的审判性的案例中加以寻求的。

【14】用比较的方法来考察被告是否有比他的行为更好的处置办法，或者考察是否有比原告所说的更好的处置办法，那么恰当的做法是，首先，确定怎样做才是更加有利的。也就是说，怎样做才是更加体面的、实际的和有益的。其次，我们必须发现被告本人是否应当决定怎样做才更加有利，或者他是否有权决定这一属于他人的事情。接着原告会按照推测性的辩护程序提出责疑，引导人们相信被告并没有采用较好的处置方法，而是依据某些似乎有理的借口使用了邪恶的欺诈手段。此时可以让原告的律师，站在他那边，驳斥上面提到的推测性的论证。然后会遇到的问题就是，这样做是否就能阻止这种论证的展开。经过这样的处理，原告会利用常识来反对那个缺乏决定权的人，他当时宁可选择不利而不是选择有利。原告的律师，站在他那边，也会以抱怨的形式使用常识来反对那些谋求公平、宁可毁灭也不愿获利的人；与此同时，他会责问指控者和陪审员，如果他们处在被告的位置，他们会怎么办，他会把时间、地点、场景、被告的想法呈现在他们眼前。

【15】被告提到某些理由，说他的罪行是由别人引起的，在这种时候，转移罪责的辩护就发生了。首先，我们必须考虑，法律是否允许在辩护中把罪责转移给他人；其次，我们必须考察，他受到的冒犯是否像他对别人的冒犯一样严重，被告是否必须像他人先前做的那样犯下过错；再次，在他犯罪之前，是否一定不可能通过法律手段解决问题；然后，在对这样的冒犯缺乏法律手段的时候，是否要对这样一件从来没有做过法律判决的事情动用法律手段。在此，指控者的常识是反对那个相信暴力胜过法律判决的人。进一步

① 参见罗马《十二铜牌法》1.6—9。

说，他会问他的对手，如果每个人都像他一样对没有被定罪的人施加暴力，那么这个世界会是一种什么样子，在这个方面，他的对手为世人树立了一个榜样。如果指控者本人也希望这样做，那又会怎么样呢？被告的律师会提出那些罪责被转移了的罪行的残暴，他会在听众眼前描述当时的场景、地点、时间，使他们认为这件将要受到审判的事情要么是不可能发生的，要么是不明智的。

【16】通过承认罪行（acknowledgement）的辩护，我们祈求宽恕。而这种辩护又包括开脱罪责（exculpation）和请求怜悯（plea for mercy）。

开脱罪责就是否认我们的行为是有意的。开脱罪责的辩护又可分为必然、偶然和不知情三类。我们似乎需要先对这些内容加以解释，然后再转到请求怜悯的辩护，这样做比较好。首先，我们要考虑被告的过错是否不可避免。然后我们一定要问的是，他有什么办法可以避免或减轻这种强大的压力。其次，以不可避免为理由开脱自己罪责的人有没有试图抗拒这种他可以抗拒的必然性？在他推测性的辩护中，有没有什么理由是可疑的，哪些被认为必然的行为是事先预谋的？最后，如果有某些极端的必然性，那么以此作为开脱罪责的充分理由恰当吗？

如果被告说自己犯下过错是由于不知情，那么第一个问题就是，他是不知情的吗？接下去的问题是，他有无努力了解这方面的情况？他的不知情是偶然的还是由于他自己的过错？对一个宣称自己逃跑的原因是酒、爱、愤怒的人来说，他的理由显得缺乏说服力，因为这是一种性格上的过错，而不是不知情；① 因此他不可能用不知情作为理由来说自己的行为是正义的，这样做只会给他自己带来污点。② 最后，根据推测性的辩护程序，我们可以发现某人知情或不知情，考虑他的不知情是否足以解释他所犯下的罪行。

当犯罪的理由被归结为偶然的意外，而辩护律师认为应当根据这个理由

① 参见亚里士多德：《尼各马科伦理学》1111a。

② 参见亚里士多德：《亚历山大修辞学》1429a。

宽恕他的当事人时，那么需要加以考虑的要点也就是上面已经描述过的这些辩论要点；开脱罪责的辩护的三个类别之间有着密切的关联，一般说来，同一规则对它们都适用。

在这样的案例中，常有这样的事：指控者反对承认过错的人，然而却支持陪审员发表冗长的讲话；基于人道和同情，辩护者总会考虑那些故意的行为，而无意的行为一定不能被当做犯罪。

【17】当我们承认罪行，但没有将犯罪的原因归结为不知情、偶然性或必然性，然而却又恳求宽恕的时候，我们就要用到请求怜悯的辩护。在这种场合，可以按照下列主题来陈述请求怜悯的理由：若是恳求者的善行多于恶行，或重于恶行；若是恳求者拥有某些美德，或出身高贵；若是恳求者仍有希望去做他试图逃避但没有受到惩罚的事情；若是恳求者本人显得温和，富有同情心；若是恳求者犯下过错不是由于仇恨或残忍，而是出于义务感和正确的努力；若是以往曾经以同样的理由宽恕过其他人；若是在这个事件中我们判他无罪似乎不会给我们带来什么危险；若是判他无罪带来的后果不会增添来自我们的同胞公民或其他国家公民的批评。在这方面通用的理由是：人道、幸运、怜悯和事情的变化无常。所有这些通用的理由反过来也会被我们的对手使用，他们也会彰显和重复被告的过失。这样的案例在法庭上是不允许的，就像我在本书第一卷中说过的那样，① 但由于它在元老院或公民议事会上是允许的，因此我决定不能忽略这部分内容。

当我们希望推卸责任的时候，我们会把对我们所犯罪行的谴责都推给某些处境或其他人。如果推给某个人，那么我们首先必须考察被怪罪的那个人是否有被告所说的那么大的影响；其次，被告是否能够以某种正当的或安全的方式抗拒这种影响；即使各种条件确实完全像被告所说的那样，那么仅仅由于他人的诱导而允许他这样做是否合适。然后我们将转入某个事实的争论，具体考察相关的行为是否有预谋。如果把责任推卸给某些具体处境，那

① 参见本文第一卷第 14 章。

么这些规则以及我所说的关于必然性的辩护的规则都应当遵守。

【18】我相信我已经充分说明了在各种类型的审判性的案例中使用什么样的论证是有益的，所以接下去我似乎应当解释如何优雅而又完整地发展这些论证。当然了，一般说来，设想一个可以用来支持某个案例的理由并不困难，但要对设想的理由加以修饰并很好地加以表述是非常困难的。确实，就是由于这种限制而使我们不能固守同一论题，不能一而再再而三地回到同一处，而会在没有完成论证之前就抛弃论证之链，不恰当地转移到下一论证。然而，按照下述方法，我们自己可以记住我们在每一部分说过些什么，听众是否能够明白或记住整个案例各个部分的分布以及每一具体论证。

最完整和完善的论证由五个部分组成：命题（the proposition）、推论（the reason）、推论的证明（the proof of the reason）、修饰（the embellishment）、概述（resume）。通过命题，我们总的提出我们打算证明的东西。所谓推论，就是通过添加简要的解释提出命题的因果性的基础，确立我们极力主张的观点。所谓推论的证明，就是通过添加论证的方式，确证那些简明扼要的理由。我们使用修饰，为的是在证明建立之后修饰和丰富论证。所谓概述就是一个简洁的结论，使论证各个组成部分达成一致。

因此，为了能够说明如何完整地使用这五个部分，我们将以下述论证为例。

【19】“我们要说明乌利西斯有杀害埃阿斯的动机。

“他确实希望除掉他这个最厉害的敌人，我们有足够的理由表明他极为害怕他的这个敌人会给他带来的威胁。

“他明白，只要埃阿斯活着，他自己的生命就不安全；他希望埃阿斯之死可以换取他自己的安全；在不能用正当手段时，无论用何种错误手段也要毁灭他的敌人，这是他的习惯，就好像帕拉墨得斯的冤死[①]可以证明的一样。所以，对危险的恐惧促使他杀了埃阿斯，以避免遭到复仇，此外还有，

① 帕拉墨得斯，特洛伊战争时的英雄，因私仇被奥德修斯诬陷致死。

当他在做这件坏事的时候，他做坏事的习惯使他摆脱了所有顾虑。

“所有人，哪怕犯下最轻微的过失也有动机存在，但是，当他们开始犯下那些并不凶恶的罪行时，他们肯定受到某些确定的报酬的吸引。如果说获得金钱的希望引导许多人做坏事，如果说出于对权力的贪婪而犯罪、因此玷污自己的人并不在少数，如果说无数的人用彻头彻尾的欺骗换取蝇头小利，那么处在极度恐慌中的乌利西斯不可能不犯罪，对此又有谁会感到奇怪？一位最勇敢、最正直、最不宽容的英雄在反对他的敌人，他会感到烦恼，进而感到愤怒，他想要毁灭这个令他恐惧的人；这个奸诈之徒不希望他的敌人活着。请问，对他来说，这样的事情还有什么值得奇怪的吗？当我们看到野兽在疯狂地追逐，死命地相互攻击的时候，我们一定不会认为这些野蛮的、残忍的、毫无人性的牲畜拼命想要毁灭对手是不可思议的；尤其是，野兽没有理性，没有善恶感，而我们知道，他始终有预谋，而且一直那么卑劣。

“所以，我要是许诺提供驱使乌利西斯犯罪的动机，如果我已经说明他那些充满深刻敌意的推断，以及他对危险的恐慌是动因，那么毫无疑问，我们必须承认他犯罪是有动机的。”

所以，包含五个部分的论证是最完整的，但并非任何时候都需要使用完整的论证。如果事情本身比较简单，很容易记住，那么最后就不用概述了。也还有一种情况，应当省略修饰——在事情本身太贫乏，无法彰显或修饰的时候。如果论证是简洁的，而事情也不大，或者是微不足道的，那么修饰和概述都可以不用。我刚刚提出来的这条关于每一论证最后两个组成部分的规则要加以遵守。因此，最完整的论证有五重，最简单的论证有三重，介于二者之间的有四重，即缺少修饰或概述。①

【20】有缺陷的论证有两种：一种是可以被对手驳斥的，所以属于恰当的案例；另一种是不需要驳斥的，尽管它好像是无效的。如果我不举例说

① 指一个具体的论证有若干个部分。

明，你们无法清楚地区分哪些论证适宜在辩论中加以驳斥，哪些论证适宜保持沉默，或轻蔑地不予驳斥。这种关于有缺陷的论证的知识可以提供双重益处。它告诫我们要避免论证中的错误，也教导我们要娴熟地指责对手不可避免的错误。

由于我已经说明一个完善的、完全的论证由五个部分组成，所以现在让我们来考虑如何在论证的每一部分避免出错，这样一来我们自己就能杜绝错误；而另一方面我们也可以按照下列规则考察我们对手的论证的每个部分，指责他们的错误。

一个命题以某些人或大部分人为依据，但却不能必然地适用于所有人，不能用来指称所有人，那么这样的命题是有缺陷的，就好比下面这个命题："所有穷人都宁可做坏事以获得财富，而不愿做好事以保持贫困。"如果演讲者在论证中提出这样的命题，而不在意推论的性质和如何证明，那么我们很容易驳斥这个命题，我们只需指出确实有穷人行不义之事，但不能将之扩展到所有穷人身上。

还有，把极为稀罕的事说成是绝对不可能发生的事，这样的命题也是有缺陷的，比如说："没有人会一见钟情，或是从旁经过即陷入情网。"因为确实有人一见钟情，然而演讲者却说"没有人会一见钟情"。这种事情尽管很稀罕，但确实发生过，或者会发生，因此这样的命题是没有意义的。

【21】当我们说自己已经列举了各种可能性，但却忽略了某些相关的内容，那么这样的命题也是有缺陷的，比如说："由此可见，这个人是被杀的，要么被强盗所杀，要么被他的敌人所杀，要么就是你们杀的，因为他在遗嘱中让你们部分地继承他的财产。而在案发地点没有强盗的踪迹。被害者也没有敌人。要是他既不是被强盗所杀，因为强盗没有出现，又不是被敌人所杀，因为他没有敌人，那么剩下有可能杀他的就是你们。"要驳斥这种类型的命题，我们只需指出，除了演讲者列举的这些人以外，其他人也可能是杀人凶手。比如，他说杀人凶手肯定是强盗、敌人或我们，我们就可以回答说也可能是被害者的奴隶，或者其他有部分继承权的人。一旦我们以这种方式

推翻了指控者的列举，那么我们就给自己开辟了辩护的广阔空间。这就是另一类应当在命题中始终加以避免的错误——我们以为自己已经把所有可能性都包括在内了，而实际上却忽略了某些相关的内容。

还有，如果我们以错误的列举为依据，我们提出的可能性比实际存在的可能性要少，那么这样的命题也是有缺陷的，比如："陪审员们，有两件事情在促使人犯罪：奢侈和贪婪。""爱情又如何呢？"有些人会说："野心、迷信、怕死、权力欲，简言之，还有其他各种各样的动机？"还有，我们提出来的可能性比实际的要多，这样的列举也是错误的，比如说："使人不安的情感有三种，恐惧、欲望、焦虑。"其实，在这里提到恐惧和欲望也就够了，没有必要在提到二者时还要提到焦虑。

【22】还有，把事情追溯得太远，这样的命题也是有缺陷的，比如说："愚蠢是一切恶行之母。她产生了无限的欲望。无限的欲望既无终结，又无限制。它们培育了贪婪。贪婪又进一步驱使人们去犯任何罪行。引导我们的对手去犯罪的就是贪婪。"只说这些话中的最后一句对于命题来说已经够了，省得我们去模仿恩尼乌斯①和其他诗人，他们习惯于这样说话："噢，在佩里翁的森林里，那时候大树还没有被砍伐，那里也还没有开始建造以阿耳戈之名命名的快船，后来在国王佩里亚斯的指挥下，阿耳戈的英雄从这里出发，狡诈地到科尔喀斯人那里去寻找金羊毛。那个时候，我的主人还从来没有离开过家乡。"②如果诗人只说"那个时候我的主人还从来没有离开过家乡"，这样说才合适。在命题中我们还必须小心提防把事情追溯到遥远的地方，因为命题像论证的其他部分一样，它之所以受到驳斥，乃是由于它自身的解释有缺陷。

【23】如果推论是弱的或是没有根据的，那么这样的推论是有缺陷的。

---

① 恩尼乌斯，全名昆图斯·恩尼乌斯（Quintus Ennius），拉丁诗人、悲剧家（公元前239年—前170年），写有18卷的诗体《编年史》，现存600余行残篇。

② 此处所引为一则希腊神话故事，阿耳戈英雄由伊阿宋率领，共乘快船阿耳戈号到科尔喀斯觅取由毒龙看守的金羊毛。

推论如果没有确证命题的正确性，这样的推论是弱的，就好像普劳图斯[①]作品中的那个例子："谴责理应受谴责的朋友的过错是一项吃力不讨好的任务，但有的时候这样做却是有用的和有益的。"这是命题。现在让我们来看他做出了什么样的推论："例如，今天，我将严厉地谴责我的朋友，因为他的过失完全应当受到谴责。"在这里他对有用性的考量依据的是他自己将要做什么，而不是他自己适宜做什么。推论若是建立在错误的推测之上，那么这样的推论没有根据，比如："人一定不能摆脱爱情，因为它会产生最真实的友谊。"或者："人必须摒弃哲学，因为它会使人懒惰。"如果所有这些推论都不是虚假的，那么我们必须承认这些产生推论的命题也是正确的。

还有，如果为命题所提供的理由不是非信不可的，那么这个推论是弱的。例如巴库维乌斯[②]说："有些哲学家认为，幸运女神是疯的、瞎的、蠢的。他们声称她站在一个旋转的石球上；他们说，要是偶然性推动了这个石球，那么幸运女神就摔倒了。他们重复说她是瞎的，因为她根本不知道自己应该依靠什么。还有，他们宣布说她是疯的，因为她残忍、变化无常；说她愚蠢乃是因为她不知道什么东西有价值，什么东西没有价值。但也还有另外一些哲学家正好相反，他们否认我们悲惨的生活还有幸运可言；他们说，只有盲目的偶然性存在。这种说法更接近真理，可以用生活的实际经验来证明；哪怕像俄瑞斯忒斯这样的人也一会儿是国王，一会儿是乞丐。发生这种事情是因为他遭到海难而失去财产，不是由于机遇或幸运。"巴库维乌斯在这里使用了一个弱的推论，因为他说，与其用幸运，不如用偶然性能够更加真实地描述事件的导向，无论你拥有什么样的哲学家的理论，国王变乞丐这样的事情确实会发生。

【24】如果在推论中说的话与命题完全一样，那么这样的推论是弱的，

---

① 普劳图斯（Plautus），全名提多·马西乌斯·普劳图斯（Titus Maccius Plautus），罗马喜剧诗人（公元前 254 年—前 184 年）。

② 巴库维乌斯（Pacuvius），全名马库斯·巴库维乌斯（Marcus Pacuvius），拉丁悲剧诗人（约生于公元前 220 年），是拉丁诗人恩尼乌斯的侄儿。

比如：“贪婪是人类的大敌，因此人们不得不与大量灾祸搏斗，这些灾祸都是从对金钱的无限贪欲中产生的。”在这里，推论仅仅是在重复命题中已经说过的话。

还有，如果所提供的理由对于主题的需要来说不恰当，那么这样的推论是弱的，比如：“智慧是有用的，因为聪明人习惯于培养义务感。”或者：“拥有真正的朋友是有用的，因为这样一来就有人与你开玩笑了。”这样的推论没有用一个普遍的或绝对的理由支持命题，而只是在用一个虚弱的理由这样做。

还有，一个推论若是可以选作其他命题的推论，那么这个推论是弱的，就好像在巴库维乌斯的例子中一样，他从幸运女神是瞎的和幸运女神是蠢的这两个命题中做出了相同的推论。

关于推论的证明，我们在演讲中有许多过错要加以避免，也要注意我们的对手在这方面的过错。这方面要给予更多的关注，因为准确的证明会给整个论证提供最有说服力的支持。

因此，修辞学校的学生们在进行推论的证明时使用了下述二难推理：“父亲啊，你不应当这样对待我。如果你认为克瑞司丰特是坏人，那么你当初为什么还要我嫁给他？如果他是好人，那么你现在为什么要违背我们的意愿，让我离开他？”相反的则有：“女儿啊，我并没有对你不公正。他若是好人，那么我已经把你嫁给他了；他若是坏人，那么我就要你离婚，使你摆脱灾祸。”对待这样的二难推理，只要驳倒其中一个可以替换的部分，那么整个推理也就驳倒了，比方说：“你说‘要是克瑞司丰特是坏人，你为什么还要我嫁给他为妻？’但我当时认为他是好人。所以我错了。我认识他太迟了，一旦我认识他，我就离他远远的。”

【25】对这种类型的二难推理的驳斥是双重的：第一重比较充分，第二重比较容易建构。

还有，如果我们把一个泛指各种事物的词误用来表示某件专门的事情，那么这个推论的证明是错误的，比如说，“由于他脸色苍白，因此他肯定病了”，或者说，“她肯定是个母亲，因为她怀里抱着一个孩子”。这些陈述本身并没有提供确定的证明，但若我们同时提出其他相似的陈述，那么这样的指证所增添的可能性就不是一点点了。

还有，如果指向对手的证明也可以适用于其他人，或适用于演讲者本身，那么这也是一个错误，比如说：“结婚娶妻是邪恶的。”“然而你却已经第二次结婚了。”

还有，提出平庸的辩护是错误的，比如说：“他是由于愤怒、年轻、爱情才犯罪的。”如果这样的理由也可接受，那么罪大恶极的罪犯也可以逃避惩罚了。

还有，把一件仍有争议的事情当做“普世赞同”的事情来肯定，这是一种错误，比如说：“嘀，你瞧！诸神指引着天上事物的和谐运动，以及地下事物的和睦相处。”恩尼乌斯笔下的塞斯普罗图以他自己的权威使用了这个例子，就好像他已经用充分的理由证明了这一事实似的。

如果在事情已经得出结论以后再提出推论的证明，那就太迟了，这也是一个错误，比如说：“同胞公民们，如果我想到过这件事，那么我一定不会允许这样的事情发生，因为我会这样做或那样做，但当时我确实没有想到。”

还有，用话语掩饰明显的过失，这是一种错误，比如说：“当所有人都在投靠你，而你拥有最繁荣的王国时，我抛弃了你；而现在，所有人都在抛弃你，只有我冒着最大的危险，打算让你复位。”

【26】还有，如果提出来的理由可以在其他意义上加以理解，而非止于演讲者的意图，那么这是错误的。比如，某些有影响的政客在公民大会上说：“宁可服从国王也不服从坏法律。”而实际上，这些话虽然可以用夸张的方式来表达，而不一定有阴险的意图，但由于演讲者的影响，它确实会引起可怕的怀疑。

还有，使用错误的定义或太宽泛的定义也是错的，好比有人说，除了殴打和骂人这些形式以外就没有别的伤害了。所谓定义太宽泛就是说某个定义也可以用于其他事情，好比有人说：“总之，告密者应当处死，因为他是邪恶的、危险的公民。”演讲者所提供的这个定义不仅适用于告密者，也适用于盗贼、杀手、叛徒。

还有，把有争议的东西当做证据提出来是错误的，好比指责他人是盗贼，同时宣称他是邪恶的、贪婪的、擅长骗人的——这里所提出的证据是他从演讲者那里窃取来的。

还有，用一个有争议的要点驳斥另一个有争议的要点，这样做是错的，比如说：“监察官们，这个被告说他不可能像先前发誓的那样到场，对此你们不会满意。我要问的是，如果他没有履行上战场的义务，那么他是否也要向士兵们的保民官提出相同的理由？”这个证明是错的，因为它并没有把问题说清或解释清楚，而是与其他难点纠缠在一起，把同样有争议的要点用做证明。

还有，还没有弄清关于某事的尖锐争论，就把它放过去，当做已经取得一致意见的事情来对待，这样做是错误的，比如说：“如果你弄懂了，那就把神谕说出来吧。他下令说，要是我们应当马上占领帕伽玛，那么应该把武器给这位勇士，让他来携带。我承认这位勇士。只有让他来使用我堂兄的武器才是公平的，他们之所以把武器奖给我，因为我是他的亲戚，或者要是你们愿意的话，也可以说是因为我的力气可以与他匹敌。”

还有，如果与自己前面说过的话不一致或自相矛盾，那么这是一种错误，比如有人问自己：“凭什么我要检举他呢？”然后他又根据下列思考做出回答：“如果他有良心，你为什么要检举一名高尚的人？如果他是一名无耻之徒，那么你检举这样的人又有什么意义呢？因为他即使听到了，也会无动于衷的。”

【27】在这里，他似乎给自己提供了一个强有力的不检举的理由。接下去他该怎么说呢？“但最后我会跟你算总账的。”

提出的观点与法官或听众已经确信了的事情相反，这样的证明是错误的——如果他们忠于某个党派，或者他们害怕某人，那么这样的证明会受到攻击，或者说这样的错误会激起听众的愤怒。

还有，若不能证明你在表述命题时许诺要加以证明的一切，这是错的。

还有，必须小心，不要去讨论那些尚且处在争议之中的难题——关于这种错误，必须注意不要添加或省略这个主题中的任何内容，不要改变或停止有争议的问题，转向另一个问题；就像在巴库维乌斯剧中泽苏斯和安菲翁的争论，从音乐这个主题开始，而以智慧的理论和美德是否有用结束。

还有，一定要注意这样的情况，控方的指控落在某个要点上，而被告开脱罪责落在另一个要点上。许多处在被告地位的演讲者在表述复杂案例时经常故意将问题引入歧途。例如，如果一个人被指控贿赂地方行政官，他就会说在军队里他经常接受将军们的礼品。如果我们小心注意我们的对手言论中的这种错误，我们就会察觉到他说的内容与问题没有关系。

还有，由于某些人在从事技艺、科学或职业时所犯的错误而毁谤这些技艺、科学或职业，这样做是错误的，就好像有些人指责修辞学，因为有些演说家的生涯应当受谴责。

还有，当你证实了某个罪行，并因此相信由此也可证明它是由某人犯下的时候，这是错误的，比如说："已经证实这具尸体扭曲、肿胀、变色；所以这个人是被毒杀的。"然后，演讲者若是像许多人一样把精力集中在证明是否使用了毒药，那么他就犯了一个不小的错误。因为问题并不在于这桩罪行有无犯下，而在于是谁干的。

【28】还有，在进行比较时提出问题，但要么是压制其他人提及这件事，要么是非常奇怪地对待这件事，这样做是错误的。例如，在决定为了大众是否要接受小麦的时候，演讲者一方面确实会列举许多这样做的好处；但另一方面也会忽略不利之处，同时不希望别人提起这些不利之处，或者希望他们仅仅提出最轻微的不利之处。

还有，在做比较时，认为必须贬低一件事情才能赞扬另一件事情，这是错误的。例如，面对这样的问题：谁在为罗马共和国服务方面拥有更大的荣誉，是阿尔巴人还是彼奈斯的维斯提奈人？演讲者在这种时候会攻击其中的一方。如果你毁损一方而赞扬另一方，这样做确实没有必要；因为你可以把握，在热烈赞扬某一方时，也把某些部分的赞扬给予另一方，这样一来别人就不会误以为你在党派性的影响下歪曲事实真相。

还有，就一个名字或名称挑起争论，而实际上依照惯例就能很好地解决这个问题，这样做是错的。例如，苏皮西乌[①]否决了恢复流放的提案，因为提案者想以此为自己的案子辩护；但是后来他改变了主意，提出了内容相同的法律，并声称自己提供了一项不同的动议，因为他把名称改了。他说，他所说的不是“流放者”，而是“被暴力驱逐者”——就好像争论涉及的只是如何称呼这些人，或者说只涉及那些被水与火驱逐的人不能称做流放者。如果苏皮西乌有理由这样做，那么我们也许可以原谅他。然而我们要明白，提出一项仅仅涉及改变名称的争论是错误的。

【29】由于修饰是由明喻[②]（simile）、举例（examples）、彰显（amplification）、前判（previous judgements），以及其他可以扩大和丰富论证的方法组成的，所以让我们考虑在这样做的时候会产生什么样的错误。

如果有某些方面不准确，或者比拟缺乏恰当的依据，那么这样的明喻是有缺陷的，或者说这样做对使用者不利。

如果举例虚假，受到驳斥或鄙视，因此不能起到举例的作用，或者所举的例子超过或少于论证的需要，那么这样的举例是有缺陷的。

如果援引以前的判决，但这件事情与以前的案例不同，或者当前的案例并无争议，或者以前的判决不可信，或者我们的对手也可以提供大量的或更多的更为恰当的前判，那么这样的引用是错误的。

我们的对手已经承认这是事实，而我们却还在努力对此做出证明，在这种时候这样做是错误的，因为此时我们应当做的是彰显。

彰显应当加以证实的事情是一个错误，例如，某人指控别人杀人，在提出总结性的论证之前，他彰显罪行，声称没有什么事情比杀人更可耻。而实

① 苏皮西乌，全名普伯里乌·苏皮西乌·鲁富斯（Publius Sulpicius Rufus），罗马政治家（公元前121年—前88年）。

② 或译“直喻”，例如“像狮子一样勇敢”、“闪电般的迅速”。

际上，问题不在于行为是否可耻，而在于有没有犯下这桩罪行。

如果不能按准确的秩序包括所有提出过的要点，如果不能使结论简洁，如果所做的总结没有留下什么准确的和稳定的东西，以至于不能说清命题的意思，不能使人明白通过推论、推论证明和整个论证到底有什么确定的东西，那么这样的概述是有缺陷的。

【30】结论（在希腊人中间称做 epilogoi）分为三部分：总结（summing up）、彰显（amplification）、恳求怜悯（appeal to pity）。我们可以在四个地方用到总结：在开门见山的开场白中、在对事实进行陈述以后、在最有力的论证之后、在演讲的结论部分。

总结汇聚和回忆我们已经提出过的要点——总结要简要，不可对已有内容完全加以重复，只要能提醒人们回忆已经说过的事情；我们要按照前面的顺序再次提出所有要点，从而使听众，要是他还能记得的话，重新把它们回想起来。还有，我们必须注意做总结一定不要返回开场白或对事实的陈述。否则的话，演讲就会显得虚假或是精心虚构的。演讲的目的为的是证明演讲者的技艺，炫耀他的智慧，展示他的记忆力。因此，做总结必须从“划分”这部分开始。然后我们必须简要地按顺序提出在证明和驳斥中已经讲过的要点。

所谓“彰显”，就是使用警句[①]的原则来激励听众。要彰显一项指控，按照下述十条准则去做是最有利的。

第一条，警句要来自权威，我们可以回想我们正在讨论的事情是否与不朽的诸神、我们的祖先、国王、国家、原始的民族、圣贤、元老院有关，尤其要注意法律是如何批准这些事情的。

第二条，警句应在下列情况下使用，要考虑有哪些人受到我们所指控的行为的影响，是否所有人都受影响，如果是这样的话，那么这件事太令人震

① 此处的拉丁原文为“locus”，英译文为“commonplaces”，有“平常话”、“平凡的事”、“常规”、“确定无疑的事情”等含义，本书译为“警句”。

惊了。要考虑受影响的人的地位是否都比我们高，例如那些我们引用他们的话语作为警句的人；或者与我们地位相同，例如那些处境和性格都与我们相同的人；或者地位比我们低，我们在各方面都胜过他们。

第三条，使用警句时我们要问，如果把相同的特惠赋予所有罪犯，那么会是一种什么样的状况；如果对这一罪行无动于衷，那么肯定会带来巨大的危险和不利。

第四条，使用警句时我们要说明，如果我们纵容这个人，就会给其他许多人壮胆，鼓励他们犯罪，而我们迄今为止考察的司法判决实际上可以起预防作用。

第五条，使用警句时我们要说明，如果不按照我们所敦促的那样做出判决，就没有任何办法弥补伤害并矫正陪审团的错误。在此处我们可以与其他错误进行比较，以便说明其他错误的后果可以由时间来减弱或有意识地加以矫正，而当前这个错误既无法减弱，又无法修正。

第六条，使用警句时我们要说明这个行为是有预谋的，并且要宣布明知故犯不可饶恕，尽管为那些没有预谋的行为乞求怜悯是对的。

第七条，使用警句时我们要说明这是一件愚蠢的罪行，非常残忍，亵渎神明，专制霸道，比如奸污妇女，或者说这一罪行会引发战争或者引起与国家公敌的殊死搏斗。

第八条，使用警句时我们要说明这一罪行不是普通的，而是独特的、卑鄙的、罪大恶极的、闻所未闻的，因此一定要及时给予严厉的惩罚。

第九条，使用警句时我们可以拿这一罪行与其他错误行为做比较，比如我们可以说使自由民堕落之罪胜过盗窃圣物，因为前者出于放纵的欲望，后者是由于生活贫困。

第十条，使用警句时我们要敏锐、公正、准确地考察案发现场的所有细节，以及通常与此行为相关的所有情况，以便列举与罪行发生相关情形，从而把罪行展现在我们眼前。

【31】我们应当使用回忆的方法，用说明运气的变化无常来引起听众的

怜悯。我们可以比较我们一度拥有的繁荣和当前的逆境，可以列举和解释要是我们的案子输了会给我们带来什么样的后果，可以恳求人们的同情，说我们自己的命运就掌握在他们手中，可以告诉他们要是我们受到污辱会给我们的父母、孩子、亲朋好友带来什么样的影响，同时还可以告诉听众，我们的悲哀不是由于我们自己的污点，而是考虑到他们的焦虑和不幸。我们还可以说明我们以往曾对他人表现过仁慈、人道和怜悯，说明我们一直或长时间处于困境，说明我们的命运或厄运，说明我们的心是勇敢的，尽管身处逆境，但仍然十分耐心。恳求怜悯一定要用语简洁，因为没有比眼泪干得更快的东西了。

在本卷中，我主要处理整个修辞学技艺中的最困难的论题，因此本卷必须到此结束。其他的规则，那些似乎是最好的规则，我会纳入第三卷。如果你像我收集这些材料一样努力地学习它们，那么无论你是否与我在一起，我这一方都已采摘到了我的劳动成果，因为你分享了我的知识，而你自己也会赞扬我的勤奋，在你自己的学习中获取快乐。你对修辞学的规则将有更多的了解，而我则要更加急切地去完成我的剩余任务。对此我很有信心，因为我对你非常了解。现在让我马上转入其他规则，以便满足你恰当的愿望——你的愿望使我的工作有了极大的快乐。

第三卷

【1】如我所相信的那样，在前两卷中我已经相当充分地说明了如何把各种题材的开题运用于任何审判性的案例。至于用什么办法寻找与议事性的和展示性的案例相适应的题材，我要放在本卷中加以讨论①，以便能够尽快完成我的任务，向你解释关于开题的所有规则。

---

① 参见本文本卷第 2、6—8 章。

留给我们考虑的还有修辞学的四个部分。① 其中三个部分要在本卷中加以处理：布局 ②(arrangement)、表达 ③(delivery)、记忆 ④(memory)。由于文体（style）这个部分似乎需要更加充分的处理，所以我宁可放到第四卷，⑤ 我希望能够很快地完成这一卷送给你，使你在学习修辞学的技艺时不会缺少任何东西。同时要是你愿意的话，你可以和我一起学习我最先提出来的所有原则 ⑥，而在你独处的时候，你同样也可以通过阅读来取得进步，直至掌握这门有用的技艺。现在请你注意，我要概括一下为了实现我们的目标我们已经取得的进展。

【2】议事性的演讲与行为的选择有关，要么是对相关的两个行为过程进行选择，要么是对多个行为过程进行选择。在两个行为之间做选择的例子有：摧毁迦太基，或者让它继续存在，哪一个行为更好？在多个行为之间做选择的例子有：迦太基要把汉尼拔 ⑦ 从意大利召回，汉尼拔要考虑应该留在意大利，还是返回家乡，或是入侵埃及、占领亚历山大里亚。

还有，商议问题有时候要依据对问题本身的解释来考察。例如，元老院商议要不要从敌人那里赎回自己被俘的将士。或者说，商议问题有时候要依据与问题无关的因素。例如，元老院商议是否允许西庇阿 ⑧ 不受年龄限制而

① 参见本文第一卷第 2 章。

② 参见本文本卷第 9—10 章。

③ 参见本文本卷第 11—15 章。

④ 参见本文本卷第 16—24 章。

⑤ 文体这部分通常放在表达和记忆之前处理，参见本文第一卷第 2 章。

⑥ 指本文第二卷中的审判性演讲，它是演讲中最困难、最重要的种类，参见本文第二卷第 1 章。

⑦ 汉尼拔（Hannibal），迦太基名将（公元前 247 年—前 183 年），多次打败罗马人。

⑧ 罗马共和国名叫西庇阿（Scipio）的政治家有好几位，此处提到的西庇阿是小西庇阿（Publius Cornelius Scipio Aemilianus Africanus Minor，公元前 185 年—前 123 年），为了对付迦太基，罗马元老院允许他在 36 岁时就不受年龄限制担任执政官，而当时的规定为至少 43 岁。本书作者的习惯是，提到小西庇阿时仅称其为西庇阿，提到大西庇阿（Publius Cornelius Scipio Africanus Major，公元前 234 年—前 183 年）时称其为阿非利加努（Africanus），意为阿非利加的征服者。小西庇阿是大西庇阿的养子。

成为执政官。有的时候，依据对问题本身的解释来决定问题会由于依据了与问题无关的因素而引起更多的争论。例如，元老院在意大利战争期间商议要不要赋予盟友公民权。在那些主题本身就会引起商议的案例中，整个讨论会围绕主题本身进行。而在那些无关的因素介入其中的时候，这些因素就会得到强调或轻视。

提供咨询意见的演说家以利益[①]为目标是恰当的，他的全部演讲要定位于此。

在政治性的商议中，利益有两个方面：安全与光荣。[②]

考虑安全就是提供某些计划或措施以确保避免当下的或紧迫的危险。在安全这个名目之下的还有实力（might）与技巧（craft），对此我们将分别加以考虑或综合予以考虑。实力是由军队、战船、武器、战争器械、人力征集等因素决定的。技巧是用金钱、诺言、掩饰、提速、欺骗等方法来实施的，我要是想要撰写战争艺术或国家的行政管理，那么我会在比较恰当的时候讨论这些题材。

光荣的事情可以分为正确的（right）和值得赞扬的（praiseworthy）。[③]所谓正确的就是按照美德和义务去做。在正确的名目之下又有智慧、正义、勇敢、节制。智慧就是按照某种判断方法能够在理智上区分善恶；一门技艺的知识同样也被称做智慧；还有，良好的记忆，或处理各种事务的经验也被称做智慧。正义就是公平，即给予每一事物与其价值相称的东西。勇敢就是追求伟大，轻视卑微，还有在期待利益时忍受艰辛。节制就是自我控制，使我们的欲望趋于合理。

【3】在下述讨论中我们会谈到智慧：在商议追求某一目标、回避另一目标、比较利弊的时候；在某个自己拥有关于方式和方法的专门知识的领域内极力主张推进某个进程的时候，我们会要求实施每个细节；在处理某项事务

① 参见亚里士多德：《修辞术》1358b。

② 亚里士多德将光荣隶属于安全，参见亚里士多德：《修辞术》1358b。

③ 参见亚里士多德：《尼各马科伦理学》1108a。

时推荐某项政策，而这项政策的历史我们凭直接经验或传闻就能回忆起来的时候——在这种情况下，我们通过援引先例，很容易说服我们的听众进入我们所希望的境地。

在下述场合我们会谈到正义：我们说自己必须怜悯无辜者和乞援者；我们说抱着感恩之情进行补偿是恰当的；我们解释说我们自己必须惩罚罪恶；我们敦促说我们必须坚定地恪守信念；我们说国家的法律和习俗必须特意加以维护；我们表示应当无所顾忌地把荣誉赋予结盟和友谊；我们说自己明白自然赋予我们的对待父母、诸神、祖国的义务必须虔诚地加以遵守；我们坚持说必须珍惜客居关系、保护关系、亲属关系、姻亲关系；我们说一定不能让报酬、恩惠、危险、敌意引导我们走上歧途；我们说在各种情况下都应坚持用一个原则处理所有事情。使用上面这些关于正义的题材以及其他相似的题材，我们将证明我们在公民大会或公民议事会里提出来的事情是正义的，与此相反的事情则是不正义的。作为其后果，我们可以得到相同的警示，既能用于说服，也能用于劝阻。

在下述场合我们会谈到勇敢：当我们呼吁要采取某项勇敢行为的时候，我们要说清楚人们应当追随和追求高尚和崇高的行动；与此同理，我们也要说明勇敢者一定会轻视卑鄙的行为，认为这样做有辱尊严。还有，无论多么危险和艰苦，都不能使我们放弃高尚的行为；我们宁死不愿受辱；没有任何苦难能够迫使我们放弃义务；为了捍卫真理，任何人的敌意都不能使我们恐惧；为了国家、父母、朋友、亲属，为了正义要求我们所敬重的一切，我们不怕面对任何艰难险阻。

在下述场合我们会谈到节制：当我们批评追求地位、金钱等过分的欲望的时候；当我们把每一事物限制在它确定的天然边界时；当我们明白每一具体事物的尺度，建议人们不要过分，为每一事物提出确定的限制的时候。

当我们就这一类美德提出建议时，它们会得到重视；但当我们敦促人们轻视它们，以便使我在上面提到过的要点得以削弱的时候，我们就要贬低它们。当然了，没有人会提议抛弃美德，但演讲者可以说这件事不会由于我们添加了某些杰出的美德而得到解决，或者说所谓美德是由与它们相反的一些品德组成的。还有，若有可能，我们要说明我们的对手的所谓正义其实是胆怯、懒惰、吝啬；他所说的智慧我们称之为不得要领、唠叨、狡诈；他所说的节制我们称之为极度冷漠、无动于衷；他所谓的勇敢我们视之为一名格斗士不顾后果的蛮干。

【4】所谓值得赞扬的，就是在事发之际与事发之后会产生光荣的回忆的东西。之所以要区别值得赞扬的和正确的，不是因为我在正确这个名称下列举的四个范畴通常不会产生光荣的回忆，而是因为值得赞扬的东西在正确的东西当中有其自身的根源，然而在讲话中我们一定不要把二者截然分开。我们确实不应当仅仅为了赞扬的缘故而追求正确，但若赞扬自然而然地增长了，那么追求正确的欲望也就加倍了。因此，当一件事情显得正确时，我们要说明它也是值得赞扬的，无论这是某些范围内的人的看法（例如，较高等级的人感到有些事情是光荣的，而较低等级的人则没有这样的看法），还是我们的同盟者、全体同胞公民、外国人、我们的后代的看法。

这就是对议事性的演讲中的题材的划分，我必须简要解释一下，这种演讲作为一个整体应当如何展开。

这一类演讲的开场白可以使用开门见山的办法或者使用所谓巧妙的方法，也可以说它使用的方法与司法性案例相同。如果需要有对事实的陈述这个部分，那么在叙述中使用与司法性案例相同的方法也是恰当的。

由于该类演讲的目标是有利，而有利又分为对安全的考虑和对光荣的考虑，若要证明两个都需要得到满足的目的，那么我们应当许诺要在我们的发言中做出这个双重的证明；若要证明其中一个需要得到满足的目的，那么我们应当简洁地表明我们想要对这一目的加以确证。现在，要是我们说我们的目标是安全，那么我们就要使用它的各个部分：实力与策略。因为在进行开导的时候，为了能够说清和强调所谓的技巧，我们在讲话中应当使用策略这个比较高尚的名称。要是我们说我们的建议旨在正确，以及旨在所有四个在其之下的范畴，那么我们就要全部使用它们。如果这些范畴并非全都适用，那么也要在讲话中尽可能多地加以运用。

当我们要确立上面已经解释过的、我们喜欢的这些题材时，我们要使用证明和驳斥，对与其相反的题材进行驳斥。在第二卷中可以找到有意识地展开这一论证的规则。①

【5】但若我们在讨论中提出的建议一方面出于对安全的考虑，另一方面出于对光荣的考虑，就好像那些被迦太基人包围的人在商议怎么办一样，在这种时候，那些呼吁安全的发言者就会使用下列题材：没有任何事情比安全更有用；一个人要是不把他的计划建立在安全的基础上，那么没有人能够使用他的美德；连诸神也不能帮助那些轻率地去冒险的人；不能带来安全的事情没有一样可以视为是光荣的。而那些宁愿考虑光荣而不愿考虑安全的人会使用下列题材：一定不能抛弃美德；如果说痛苦与死亡是可怕的，那么耻辱和丢脸比它们更加难以忍受；必须考虑到耻辱既不能使人不朽，也不能使人获得永生；无法证明回避了一个危险，另一个危险就不会到来；美德会发现自己是高尚的，它甚至可以超越死亡；运气往往青睐勇敢者；不是当下安全的人，而是光荣地活着的人，才会有平安的生活，而可耻地活着的人不能永远平安。

除了要尽可能多地从历史上引述适合当前的例证，作为一般的规则，我们基本上可以使用那些与司法性的演讲相同的结论。

【6】让我们现在就转到展示性的演讲。由于展示包括赞扬和责备，因此通过其对立面找到的用于赞扬的题材可以用来作为我们责备的依据。下面这些主题可以用于赞扬：外部环境（external circumstances）、身体属性（physical attributes）、性格特点（qualities of character）。

那些凭着机遇或运气——无论是好运还是厄运——发生的事情属于外部环境：出身、教育、财富、权力、名声、公民权、友谊，等等以及与其相反的东西。身体属性是那些自然赋予身体的优点或缺点：灵敏、力气、美貌、

① 参见本文第二卷第 18 章。

健康，以及与其相反的东西。性格特点基于我们的判断和思想：智慧、正义、勇敢、节制以及与其相反的东西。所以在这类演讲中，我们要加以证明与反驳的就是这些东西。

这类演讲可以从我们自身、我们正在讨论的人本身、我们的听众本身，或者主题本身引出开场白。

从我们自身引出开场白：如果我们是在赞扬，那么我们要说我们这样做是出于义务感，因为存在着友谊；或者说出于善意，因为这就是被讨论的那个人的美德，而每个人都希望有美德；或者可以指出，按照他人对他的赞扬来说明他的性格，这样做是恰当的。如果我们是在责备，我们要说，由于我们所受到的对待，我们这样做是公正的；或者可以说我们这样做是出于善意，因为我们认为谴责邪恶或无与伦比的卑鄙是有用的；通过对其他人的责备，可以显示我们喜欢什么样的行为。

从被讨论者本身引出开场白：如果我们是在赞扬，我们要说我们担心自己无能，不能用话语描述他的行为；所有人必须宣扬他的美德；他的每个行为都超越了所有颂扬者的口才。如果我们是在责备，我们显然可以通过改变一些用语的方法，就像我在上面证明过的那样，来表达我们的情感，使之达到相反的效果。

从听众本身引出开场白：如果我们是在赞扬，我们就说，因为我们并不是在不熟悉这个人的民众中间赞扬这个人，所以我们只需要简单地提到他，使他们的记忆复苏就可以了；或者说如果他们不认识他，我们将试图使他们产生认识这位杰出人士的愿望；由于聆听我们颂扬的听众对美德有过或现在有着与被颂扬者同样的热情，我们希望赞同我们这种愿望的人能够轻而易举地认可他的行为。与此相反，如果我们是在责备，那么我们就说由于我们的听众认识这个人，所以我们仅对这个人的卑鄙略加揭示；但若他们不认识他，我们就试图使他们了解他，为的是让他们能够避免像他一样邪恶；由于我们的听众与我们责备的那个人不同，所以我们希望他们能够否定他的生活方式。

从主题本身引出开场白：我们要说自己不知道该赞扬什么，我们担心在讨论许多这样的事情时会忽略更多的事情；我们还可添加一些表达情感的话语，无论是什么样的都可以。如果我们是在责备，则可添加表示与此相反的情感的话语。

【7】如果按照刚才提到的方法做了开场白，那就没有必要紧接着就陈述事实了；但若有陈述的必要，当我们必须对被讨论的那个人进行赞扬或责备时，那么在第一卷中可以找到关于陈述事实的指导。①

下面就是我们将要做出的区分：提出我们打算进行赞扬或责备的事情；描述这些事件，准确地观察它们的后果和时间顺序，由此可以明白被讨论的那个人干了些什么，他的行为是何等的谨慎。但我们首先有必要提出他的美德或性格缺陷，然后再解释他如何使用身体或外部环境方面的有利条件和不利条件。在描述一个人的生活时，我们必须遵循下列秩序。

（1）外部环境：如果他出身显赫，那就赞扬他的出身和祖先，说他与他的前辈一样杰出或者比他的前辈更加优秀；如果他出身低贱，那就说他的生活依据的不是他的祖先的美德而是依据他自己的美德。在责备的时候，如果他出身显赫，就说他是他的前辈的耻辱；如果他出身低贱，就说他甚至比他的祖先还要卑劣。在教育方面，如果是赞扬，就说他童年的时候在高尚的学习中接受过良好的训练。如果是责备……②

（2）接下去我们必须涉及身体的有利条件：如果他生来相貌俊美、仪表堂堂，人们对他颇有好感，而不像其他有些人一样，相貌就会给他带来伤害或耻辱；如果他格外强健和灵敏，那么我们要指出这些都是通过勤奋练习得来的；如果他身体一直都很健康，那就说他通过养护和控制欲望得来的。在责备的时候，如果被讨论者的身体条件很好，我们就说他像一名最卑劣的格斗士一样滥用他幸运得来的天生的身体条件。如果他缺乏这些有利条件，

---

① 参见本文第一卷第 8—9 章。

② 此处拉丁原文残缺。

我们就说那是由于他自己的缘故，缺乏自制使他失去了有利的身体条件和美貌。

(3) 然后我们再返回外部环境，考虑他的美德和性格缺陷是否与下列方面有关：他曾经富贵或贫困过吗？他曾经执掌过什么样的权力？他有过什么样的名声？他有什么样的朋友？他有什么私人的宿怨，在处理这些宿怨时他有过什么样的勇敢行为？他结下怨仇的原因是什么？他在对待友谊方面抱有什么样的忠诚、善意和义务感？他对富裕和贫困怎么看？他以什么样的态度使用他的特权？如果他死了，他是怎么死的？他的死有什么后果？

【8】还有，在人性得以养成的所有环境中，上面提到的四种德行都应当加以运用。这样一来，如果我们是在赞扬，我们就说某个行为是正义的，某个行为是勇敢的，某个行为是有节制的，某个行为是聪明的；如果我们是在责备，我们就宣称某个行为是不正义的，某个行为是不节制的，某个行为是怯懦的，某个行为是愚蠢的。

按照这样的安排，我们无疑明白应当如何处理关于赞扬和责备的三个范畴——有了这些附加条件，我们不一定要在赞扬或责备时全部加以使用它们，因为在通常的情况下只需要用到一部分，而且它们用处不大，没有必要全都提到。因此我们需要选择能起到最大作用的范畴。

在发言结束时的总结部分，我们的结论应当简洁；而在发言本身，我们要使用简洁的引经据典的方式不断地塞入我们强调的内容，使它们得以彰显。

这种案例① 不如其他类型的案例那样得到强烈的推荐，这只是因为这种演讲在生活中较为少见。确实，当一项任务呈现出来，但仅仅是偶然的，那么似乎需要尽可能熟练地做这样的演讲。展示性的演讲很少独立进行，而司法性的和议事性的演讲的延伸部分经常会用到赞扬和责备。因此，让我们相信做这样的演讲也必须要有某些分寸。

---

① 指展示性的案例。

我已经完成了修辞学的最困难的部分——彻底处理建构题材的问题，并将其运用于各种演讲——现在是开始处理其他部分的时候了。因此，接下去我要讨论布局。

【9】我们通过布局来确定我们已经建构了的题材的秩序，以便使之有一个确定的位置可以发表，所以我们必须明白在进行布局时应当遵循什么方法。布局的方法有两种：一种是从修辞学的原则中产生的；另一种是适应具体环境产生的。

遵守我在本书第一卷中已经提出的教导①——开场白、陈述事实、划分、证明、驳斥、结论，并在表达时乐意遵循这一顺序，那么我们的布局就建立在修辞学原则的基础之上。同理，以这门技艺的原则为基础，我们的布局不仅针对整个案例的辩护，而且按照我在第二卷②已经解释过的命题、推论、推论的证明、修饰、概述这样的顺序，也针对个别的论证。所以，布局有两重，一重用于整个演讲，一重用于个别论证，都建立在修辞学的基础之上。

但是也还有另外一种布局，这就是当我们必须离开由这门技艺的规则强加于我们的秩序，转而适应环境，以便与演讲者的判断一致的时候所采用的布局。③ 例如，当我们从陈述事实开始我们的演讲，或者从某些非常强大的论证开始，或者从宣读某些文件开始，或者在开场白之后直接进行证明，然后再陈述事实，或者对常规的布局秩序做出诸如此类的改变的时候。但若不是出于演讲的需要，那么这些变化没有一样是必须做的。要是我们听众的耳朵似乎已经聋了，他们的注意力已经被我们的对手吸引过去了，那么我们的发言可以省略开场白，直接从陈述事实或提出某些强有力的论证开始，这样做是有利的。如果这样的改变是有利的——因为它并非始终必要——那就以后再重提原先打算用在开场白里的意思。

---

① 参见本文第一卷第 3 章。

② 参见本文第二卷第 18 章。

③ 即不按常规的布局。

【10】如果我们的案例显得非常困难，无人能够耐心聆听开场白，那么我们就应当从陈述事实出发，然后再提到原来打算在开场白里说的意思。如果对事实的陈述不是非常有理，那么我们就从某些强有力的论证开始。当演讲本身迫使我们修改由这门技艺的规则决定的布局时，做出这样的改变与过渡经常是必要的。

在证明和对论证的驳斥中，采用下面这种布局是妥当的：(1) 最强大的论证应当放在呼吁的开头和结尾。(2) 那些力量中等的论证应当放在中间，还有那些既不是对演讲来说无用的，又不是对证明来说必要的论证，这样的论证如果单独或个别使用，那么它们的力量是弱小的，但若与其他论证一道使用，那么它们就会变得强大和有理。这是因为，在听了事实陈述之后，听众们马上就在等待，看你用什么办法证实这个案例，这就是我们必须直接提出某些强有力的论证的原因。(3) 至于演讲的其余部分，由于最后说的最容易被记住，所以在快要停止演讲时把某些非常强大的论证留在听众心中是非常有用的。就好比士兵在战斗中列阵，在演讲中对论题做出了这样的安排，就能做到稳操胜券了。

【11】许多人说过，对演讲者来说，表达的能力用处最大，对于说服听众最有价值。在我看来，我不打算说在这五种能力①中哪一种最重要，而只想大胆地肯定：表达有着巨大的有用性。因为若无表达，娴熟的题材建构、优雅的文体、演讲各部分的精心布局、细密的记忆等，其独立的价值都不能得到体现。由于无人曾就这一主题精心撰写过什么东西——他们全都认为对这个题材进行描写只能谈谈发音、风度、姿势，而我们凭着感性经验就能知道这些内容——又由于掌握表达的方法对演讲来说至关重要，不可或缺，所以我相信这整个主题值得严肃考虑。

表达包括声音质量（voice quality）和身体的动作（physical movement）。声音质量有其自身特点，可以通过某些方法和训练来获取。它有三个方面：

① 参见本文第一卷第2章。

音量（volume）、稳定性（stability）、灵活性（flexibility）。音量主要是一种天赋，但后天的练习可以使音量增强，不过主要还是起维护作用。发音的稳定主要通过练习来获得；朗诵训练可以起一些作用，但主要还是起保护作用。发音的灵活性——在演讲中随心所欲地使用各种语调的能力——主要通过朗诵训练获得。至于音量，它在一定程度上也和发音的稳定有关，因为它一方面是天赋的；另一方面又可通过后天的教养习得，所以我们除了说应当向那些擅长这种技艺的人学习发音方法以外，提不出其他任何建议。

【12】然而，就其能够通过朗诵训练来习得而言，我似乎又必须讨论发音的稳定性，也要讨论发音的灵活性（这对演讲者来说尤其必要），因为它也是通过朗诵训练习得的。

所以，我们在演讲时要保持声音的稳定，在开场白中我们的发音要尽可能镇静。如果气管里充满剧烈迸发出来的声音，而又不能用柔软的语调来加以缓减，那么气管就会受到伤害。我们要使用我们的嗓音，而不是长期不用——嗓音靠呼吸来更新，气管靠沉默来休息。在连续高声说话以后要松弛一下，转为平常说话的语调；因为，从练习的后果来看，你若在不经意间即可改用其他任何语调，那么你就完全掌握了这一技巧。还有，我们必须避免刺耳的喊叫，过分尖锐颤抖的声音会伤害气管，圆润的发音也会由于一声吼叫而全部丧失。讲话结束时的深呼吸是适宜的，因为这样一来嗓子又变得温暖，发出各种语调的气管以及语音又会恢复原先那种单一连续的语调。我们确实要经常向自然谢恩，就像此时此刻一样！我们所说的这些对保护嗓音有利的方法确实也适用于悦耳的表达，结果就使我们的嗓音也能觅得听众的爱好。在开场白中使用镇定的语气有利于声音的稳定。还有什么事情能比在开场白中使用高亢的语调更为不妥？短暂的停顿可以强化嗓音。暂停也可以使思想要点变得清晰，给听众留下时间思考。在连续使用高亢的语调后松弛下来可以保护嗓音，语调的多变也会给听众带来极大的快乐，因为娓娓动听的、谈话式的语调可以吸引听众，而高亢的语调更能激起听众的关注。尖锐的叫喊会伤害嗓音，也会使听众感到不悦，因为尖锐的喊声总是与某些卑劣的事情有关，女人可以尖声叫喊，而男人在演讲中尖声叫喊就会有损尊严。在讲话结束时使用持续音对嗓子有好处。在整个演讲的结论部分，使用持续音也同样能够深深地打动听众，不是吗？在这种时候，这种方法既有利于嗓音的稳定，又有利于表述的悦耳，我在当前的讨论中同时处理二者，看它如何既对声音的稳定有利，又与表达的悦耳有关。其他内容则放到后面恰当的地方再谈。①

【13】由于嗓音的灵活完全取决于修辞学的规则，因此值得我们考虑得更加仔细。灵活包括谈话的语调（coversational tone）、争论的语调（tone of debate）、增强的语调（tone of amplification）。谈话的语调是松弛的，非常接近日常讲话。争论的语调是精力旺盛的，适用于证明和反驳。增强的语调可以激起听众的愤怒，或是激起他的怜悯之情。

谈话的语调包括四种：庄严的（dignified）、解释的（explicative）、叙述的（narrative）、诙谐的（facetious）。庄严的（或严肃的）谈话语调的标志是给人留下某种程度的深刻印象和严谨的用语。解释的语调以镇定的嗓音来解释能不能做某事。叙述的语调提出已经发生的事件或者将会发生的事情。诙谐的语调在某些场合激起听众有节制的笑声。

争论的语调可以分为持续的（sustained）和断续的（broken）。所谓持续的争论语调就是高昂快速的表达。所谓断续的争论语调就是断断续续，有许多停顿，声音尖锐。

增强的语调包括提出劝告的（hortatory）和哀婉动人的（pathetic）。提出劝告的语调，通过彰显某些过错，激起听众的义愤。哀婉动人的语调，通过彰显某些不幸，赢得听众的同情。②

由于嗓音的灵活变化，语调分成三种，而这三种语调又可再细分为八种，所以，我们似乎必须解释每种语调适宜用什么嗓音来表达。

---

① 作者接下去马上就这样做了，参见本文本卷第13—14章。

② 彰显和恳求怜悯在本文第二卷第30章处是分开的。

【14】（1）庄严的谈话语调适宜使用声音洪亮而又最沉稳、最和缓的嗓音，但不像有些演说家训练的那种类似悲剧演员的腔调。（2）解释的谈话语调必须使用柔和的嗓音向听众传递我们的解释，间有频繁的停顿与中断，这样的表达方式本身就能把解释要点植入他们心中，铭刻在他们心里。（3）叙述的谈话语调必须使用多种嗓音，以便栩栩如生地叙事。讲述事件激烈的场面，我们可以加快语速，而讲述事件缓慢的场面，我们可以放慢语速。所以，与演讲的实际内容相应，我们要用各种嗓音来修饰我们的表达，有时尖锐，有时温和，有时悲哀，有时欢快。如果在陈述事实时需要声明，提出某些需要，做出某些回答，或者对我们讲述的事实表示震惊，那么我们应当谨慎地选用最恰当的嗓音来表达情感和每个人的思想。（4）诙谐的谈话语调要使用带有温和的颤动的嗓音，演讲者做出令人发笑的暗示，但没有任何不节制的大笑。他的嗓音会平滑地从严肃的谈话语调转为温和的诙谐语调。由于使用争论的语调要用到持续的或断续的嗓音，（5）所以在使用持续的争论语调时，演讲者必须限制他的音量，而为了保持话语的连续，他也要使嗓音与话语保持和谐，相应地变化语调，高声快速地讲话，使声音能适应流畅的话语。（6）使用断续的争论语调，我们必须用胸腔发出最深沉的语调，尽可能说得清楚些。我的建议是，每讲一个惊叹句，就停顿与此相同的时间。（7）关于劝告的增强语调，我们要使用非常清晰的嗓音，声音不要太响，要抑扬顿挫，要用最快的语速。（8）关于哀婉动人的增强语调，我们要使用有节制的嗓音，声音要低沉，要有频繁的间隙，要有较长的停顿，要有明显的变化。

【15】关于声音的质量我们已经说够了。现在最好来讨论身体的动作。

身体的动作包括对姿势（gesture）和风度（mien）的某些控制，从而使讲述的事情显得更为有理。面部表情应当显得稳重和有活力，所采取的姿势不应当由于过分雅致或粗俗而引人注目，免得给人留下我们是演员或雇工的印象。所以，规范身体动作的规则似乎必须与嗓音的各种语调相匹配。举例来说：（1）使用庄严的谈话语调，演讲者在讲话时必须保持身体的姿势，轻轻地移动他的右手，用手势表达一种与主题内容相应的情感——快乐、悲伤，或一种介于二者间的情感。(2) 使用解释的谈话语调，我们的上身要略微前倾，当我们希望证明某个观点并吸引听众的注意时，这样的姿势当然就是距离听众最近的。(3) 对于叙述的谈话语调，我刚才说过的使用庄严的谈话语调时采用的姿势对它也是适用的。(4) 使用诙谐的谈话语调，我们应当用面部表情来表达某种快乐，但不必改变姿势。(5) 对于持续的争论语调，我们可以使用快捷的手势、灵活的表情、热烈的眼神。(6) 对于断续的争论语调，演讲者必须快速地挥动手臂，来回走动，偶尔也可跺跺右脚，同时眼睛紧盯着听众。(7) 对于劝告的增强语调，适宜使用比较缓慢含蓄的手势，要么就采用持续的争论语调所用的手势。(8) 对于哀婉动人的增强语调，我们必须拍大腿和捶脑门，但有的时候也可使用镇定的单一手势来表达悲哀和困顿。

我并非不明白，试图用语言来描写身体的动作和刻画嗓音的变化是一项多么艰巨的任务。说实话，对于有无可能把这些东西写下来，我并不自信，然而我也不做相反的假定。要是这样做是不可能的，那么我在此所做的一切都是徒劳的，因为我的目的仅仅在于提出建议，说明哪些是必须做的。剩下的事情就让实践去解决。不管怎么说，你必须记住，良好的表达会使演说家所讲的内容显得发自内心。

【16】现在让我们转向由开题所提供的思想宝库，转向修辞学各个部分的卫士——记忆。

关于记忆具有某些人为的性质还是完全来自天赋的问题，我们会有另外一个更加适宜的场合讨论。当前，我只要把这些问题当做已经证明了的观点来接受也就可以了。这是一种极为重要的技艺和方法，因此这个主题是应当处理的。在我看来，有这样的记忆术，就足以令我满意——我会在别处解释我的这一信念的基础。① 而现在我要说明的是记忆属于哪一类事情。

① 我们无法证实作者有无在别处做过这一解释。

记忆有两类：一类是天然的；另一类是技艺的产物。天然的记忆就是埋藏在我们心里的记忆，与思想同时产生。人为的记忆是那些通过某种系统的训练和练习得以增强的记忆。但正如在其他一切事情上天生的禀赋经常与习得的技能相匹配一样，技艺转过来又强化和发展了这种天赋的优点，在记忆的问题上情况就是这样。如果一个人的记忆力生来就特别强，那么他的天然的记忆经常与这种人为的记忆相仿；而反过来，这种人为的记忆又通过训练的方法得以保持和发展。因此，一方面，天然的记忆必须通过训练才能得到增强，变得格外优秀；而另一方面，这种通过训练得来的记忆也获得了天然的能力。这一例子比其他技艺更能说明知识在天赋能力的帮助下才能繁荣，而天赋能力的兴旺要靠技艺规则的帮助。因此，我在这里提供的训练对那些生来记忆力就很强的人也是有用的，你自己很快就能明白这一点。① 哪怕这些依赖天赋能力的人不需要我们的帮助，我们仍旧公正地希望能够帮助那些记忆力不那么强的人。现在我就来讨论人为的记忆。

人为的记忆包括背景（backgrounds）和形象（images）。所谓背景我指的是天然或人为地确定一些小型的、完整的、显著的场景，用来衬托要记忆的对象，以便用生来就有的记忆力轻易地把握它们。例如，房子、柱廊间的空地、壁龛、拱门，等等。所谓形象就是我们想要记住的对象的形状、标志或肖像。例如，要是希望回忆起一匹马、一头狮子、一只老鹰，我们必须把它的形象放在一个确定的背景中。现在我来说明我们应当创建什么样的背景、我们怎样发现形象并将形象置于背景之中。

【17】认识字母表的人能够把字母听写出来，也能把他们写下来的东西大声朗读出来。同理，那些学会了记忆术的人能够把他们听说的事情置入背景之中，并依据这些背景回忆这件事情。因为背景很像蜡板或莎草纸，形象就像字母，形象的安排和布置就像抄写，表达就像朗读。因此，我们若想记住大量的事物，就要配置大量的背景，以便在其中安排大量的形象。我同样

---

① 参见本文本卷第 22 章。

也认为必须使这些背景成为一个系列，这样我们就不会由于混淆它们的次序而不能追随其中的形象——我们希望能从任何背景开始，而无论它处在这个系列中的哪个位置，是要向前还是向后——也不会因此而无法把我们放入背景之中的形象表达出来。

【18】比如，要是我们看到一大群熟人排队站在那里，那么从队伍的开头、尾巴，或是从中间开始说出他们的名字，这对我们来说没有什么区别。对背景来说也一样。如果背景是有序的，那么结果就会是我们在背景的提醒下，口头复述出我们放在背景之中的形象，只要我们喜欢，无论从背景的哪一头开始都没有关系。这就是最好把背景排成一个系列的原因。

我们需要特别小心地学习我们已经采用了的背景，以便使之持久地存在于我们的记忆中，因为形象就像字母，当我们不用它们的时候，它们就会被忘却，而背景就像蜡板一样会保存下来。在背景的数量上犯错误是不允许的，每隔五个背景应当有明显的标记。例如，我们可以用金手作为第五个背景，用某个名叫狄西摩斯的熟人作为第十个背景，用这样的方法很容易确定后续的每五个背景所选用的标志。

【19】还有，选用沙漠做背景比选用人口稠密的地方做背景要好，因为来来往往的拥挤的人群会混淆和削弱形象的显现，而不毛之地却能使形象轮廓清晰。进一步说，背景必须在形式和性质上有差别，要清晰可见，以便我们区分不同的背景。如果一个人采用了许多柱廊间的空地作为背景，那么它们之间的相似性就会令他困惑，以至于不知道自己放置在背景中的东西是什么。这些背景的大小要适中，如果背景过大，就会使形象模糊；如果背景太小，就无法容纳形象的安排。背景一定不要太亮，也不要太暗，这样的话，阴影不会使形象模糊，光泽也不会使形象炫目。我相信，背景之间的间隔应当适中，大约是 30 步。因为思想的内在之眼就像外在的眼睛一样，如果你把观看的对象放得太近或太远，它的力量就会减弱。

经验丰富的人很容易按照自己的愿望给自己装备许多适宜的背景，哪怕是认为自己找不到恰当背景的人也可以成功地按自己的愿望塑造背景。因为想象可以随心所欲地把任何领域包含在内，建构所需要的背景。因此，要是我们不满意那些现成的、日常经历所提供的背景，那么我们可以在想象中为自己营造一个区域，在其中安排最有用的、恰当的背景。

关于背景这个主题我们已经说够了，现在转向关于形象的理论。

【20】由于形象须与对象相似，我们必须在所有相似的物体中进行选择。相似限于两种：一种是事情的相似，另一种是语词的相似。当我们列举人们对正在讨论的问题的一般看法时，事情的相似就构成了；当某个形象保存着对名字或称号的记载时，语词的相似就建立起来了。

我们常用一个标志或者形象来囊括整件事情。比如，原告说被告下毒杀人，指控被告犯罪的动机是争夺继承权，并声称这一行为有许多从犯和证人。如果我们想要为之辩护，为便利起见我们希望记住这第一个要点，于是我们首先就在我们的第一个背景中构成一个关于整件事情的形象。如果我们认识这个被指控的人，那么我们可以把他刻画成在床上生病的模样。如果我们不认识他，那么可以取某个其他人的形象作为我们的病人，但这个人不应当是最低等级的，以便我们在心里可以马上回想起他的形象来。我们可以把被告想象为坐在床边，右手握杯，左手拿着毒药，第四个指头上挂着公羊的睾丸。以这种方式我们可以记住被毒死的人，以及继承权和证人。以同样的方式，我们将把指控的其他内容置于后续的背景中，按照这些背景的次序，每当我们想要记住哪个要点，只要恰当地安排各种类型的背景，并且小心地把形象置于背景之中，我们就能很容易地回忆起我们想要记住的事情。

【21】当我们想要用形象再现语词的相似时，我们是在从事一项更加重大的任务，并且会有更多的机会锻炼我们的独创性。要产生这样的效果，我们必须使用以下方式：

I am domum itionem reges Atridae parent.

（现在他们的国王回来了，阿特柔斯的子孙们做好了准备。）

如果我们希望记住这句诗，那么我们可以用多米提乌作为形象来代表

"I am domum itionem reges"（现在他们的国王回来了），他在被马库斯家族的人鞭打的时候双手伸向天空。在第二个背景中，伊索普斯[①]和西姆柏[②]要穿得像《伊菲革涅亚》[③]剧中的角色阿伽门农和墨涅拉俄斯，以此形象代表"Atridae parent"（阿特柔斯的子孙们做好了准备）。但只有在用我们的形象标志刺激了天生的记忆时，这样的形象安排才会成功，我们首先会把给定的诗句读两三遍，然后用形象来代表这些词。以这样的方式，技艺补充了天赋。因为无论是技巧还是天赋，仅凭其自身都是不够的，虽然我们必须注意到相比而言，理论和技巧更为可靠。要是不担心偏离原有的计划，我会毫不犹豫地对此做出具体证明，但这样一来也就表明我对自己要进行的教导不能保持清晰的意识。

在一般情况下，有些形象非常强烈和鲜明，适宜用来唤醒沉睡的记忆；而有些形象非常微弱，以至于难以成功地唤醒记忆。因此，我们必须考虑产生这些差别的原因，以便在知道了这些原因后明白应当避免使用哪些形象，要寻求什么样的形象。

【22】 自然本身在教导我们应该做些什么。我们看到日常生活中的事情是平凡的、琐碎的、粗俗的，这种时候我们一般不可能记住它们，因为并非任何新奇的事都会激动心灵。但若我们看到或听到某些格外卑鄙、无耻、超常、巨大、不可信或可笑的事情，那么我们就会长时间记住它。同理，亲眼看到或亲耳听到的事情我们一般会忘记，而童年的事情经常记得最牢。个中原因正在于普通的事情容易从记忆中滑过；而深刻、新颖的事情会在心中逗留较长时间，此外不会再有其他原因了。日出日落和太阳的运行不会使任何人感到惊奇，因为这样的事情每天都在发生。但是日食是惊诧之源，因为日

---

① 伊索普斯，全名克劳狄·伊索普斯（Clodius Aesopus），西塞罗的朋友，公元 1 世纪上半叶最伟大的悲剧演员。

② 西姆柏（Cimber）仅在此处提及，但无疑也是当时的名演员。

③ 这部悲剧的作者是希腊悲剧诗人欧里庇得斯（Euripides，约公元前 484 年—前 407 年）。伊菲革涅亚（Iphigenia），阿伽门农之女。

食很少发生，比月食显得更为神奇，而月食比日食要频繁得多。这样，自然本身说明了哪些普通事件不会使她激动，哪些新颖深刻的现象会使她激动。所以，让技艺模仿自然、寻找自然想要的东西、遵循自然的教导吧。[①] 在开题中，自然绝不是最后的，而教育也绝不是最先的；倒不如说，记忆起始于天赋的才能，而最后目标的达成则依靠训练。

所以我们必须建立一种能够长久存在记忆之中的形象。如果我们建立了非常深刻的相似性，如果我们建立的形象不很多、不模糊，确实能起作用，如果我们把这些形象设定得极为惊人或者奇丑无比，比如，给某些形象戴上王冠或披上紫袍，使相似性显现得更加明显；如果我们用鲜血、烂泥、颜料涂抹形象，使它丑化，让它更加触目惊心；或者给我们的形象添加某些喜剧效果，以便更容易记住它们，那么我们就能牢牢记住想要记的东西。真实的事物容易记忆，精心虚构的事物也不难记忆。但这才是最基本的——我们需要一遍又一遍地在心里快速浏览所有最初的背景，以便唤醒形象。

【23】我知道，大部分写过记忆术的希腊人都把对应于大量语词的形象列举出来，使有心学习记忆术的人可以知道这些现成的形象，而不必再耗费精力去寻找。出于下述理由，我反对他们的方法。首先，面对多得不可胜数的语词，要从中选取可以指代上千个词汇的形象是可笑的。离开这个无限的语词之库，我们一会儿需要记住这个词，一会儿需要记住那个词，在这种时候，这些形象所拥有的价值会有多么贫乏？其次，我们为什么要剥夺任何人的首创性，不让他自己去进行这样的寻求，而要把已经找到的现成的东西给他呢？还有，一个人会对某种相似性有深刻印象，而另一个人则会对另一种相似性有深刻印象。实际上，我们经常声称某一形式与其他形式相似，但在这样的时候却得不到人们的普遍赞同，因为相同的事物

① 这一思想为许多学派所共有，参见卢克莱修：《物性论》第5卷，第1102、1354、1361、1379行；亚里士多德：《物理学》192a。

对不同的人来说是不同的。对形象来说也是这样：在我们看来建构得很好的形象在其他人看来相当可疑。因此，每个人都应当用对他自己来说最方便的形象来装备自己。最后，把适用于每一情况的恰当的寻找方法教给学生是老师的责任，为了能够更加清晰地说明方法，他可以添加一两个例证，但不是把所有例子都列举出来。例如，当我谈到开场白的时候，我只给出基本的方法，而不去穷尽成千上万种开场白的实例。关于形象，我相信也应当遵循同样的过程。

【24】现在，为了不让你也许会以为语词的记忆太困难或没有什么大用处，于是就满足于比较容易、比较有用的对事情的记忆，我必须向你说明我为什么不赞同语词的记忆。我相信那些希望不费辛劳就能轻易做好事情的人必须先接受训练，去做那些更加困难的事。我也没有把语词的记忆包括在内，以为靠死记硬背就能精通诗歌，而是把它当做一种练习，靠它来强化另一种记忆，即具有实际用途的对事情的记忆。这样，我们就不难从这一困难的训练进到另一种记忆。在各门学问中，没有不间断的练习的技艺的理论是最无用的，尤其是记忆术的理论，除非你依靠辛勤的练习来精通它，否则它便毫无价值。你肯定能得到尽可能多的背景，它们也会尽可能与规则一致；至于安置形象，你应当每天练习。巨大的偏见经常会吸引我们的追求，而在这样的活动中，没有什么事情能够转移我们的兴趣。确实，绝对不会有我们不希望记住某些事情的时候，当我们的注意力被某些特别重要的事情吸引的时候，我们总是希望把它们记住。由于现成的记忆是有用的，所以你可以清楚地看到为了获得这一有用的能力，我们必须做出什么样的努力。一旦知道了它的用处，你就会赞同这一建议。我的意图不是在记忆方面进一步鼓励你，因为在你的热情面前我会显得缺乏自信，或者我对这个问题的讨论不如所需要的那么充分。

下面我将讨论修辞学的第五部分。你可以在心里复述一下前四个部分，通过练习来巩固你的知识——这样做是极为必要的。

第四卷

【1】赫瑞纽斯，由于我在本卷中要加以谈论的是文体（style），[①] 在需要举例的地方使用自己创造的例子，而在这样做的时候又不提对这一主题发表过看法的希腊作家的实践[②]，所以我必须简要说明我的方法是有道理的。做这样的解释完全必要，而非可有可无，事实上，我在前面几卷的开场白或离题话中没有对此做过任何说明。现在，经过这些必要的考察，我要完成我的任务，向你解释这门技艺的其他部分。当你知道这些希腊人[③]说过些什么以后，你会比较容易理解我的方法。

基于以下几个理由，他们认为在提出如何修饰文体的规则以后，必须给每一种修饰提供一个取自著名演说家或诗人的例子。他们的第一个理由是，他们这样做的动机是想要稳重，因为要是想要炫耀的话他们就不会满足于传授这门技艺，而会抱着由自己来创造范例的愿望。他们说，如果是这样的话就是在炫耀自己，而不是在说明这门技艺。因此，阻碍我们追随这种实践的首先是羞耻感，担心自己会显得只想证明自己、为自己赢得奖励而嘲笑别人。我们若是可以从恩尼乌斯或者革拉古的讲话中获取实例，那么放弃它们而使用自己的例子就显得自以为是了。

第二，他们说，例子要为证明的目的服务，它就像证人的证词一样执行规则提出的建议，但只会产生轻微的影响。如果一个人在审判或内部审议过程中应当以他自己的证词为基础提出抗诉，那么岂不是太可笑了吗？使用例子就像用证词来证明一个观点，因此只应该从具有较高名声的作家那里提取例子，免得用做证明的例子本身还需要证明。事实上，例子的建构者要么是

① 此处“文体”一词的拉丁原文为“elocutione”，英文译成“style”，本文在涉及演讲词时译为“文体”，在涉及演讲时译为“风格”。

② 参见本文本卷第 7 章。

③ 本卷导言部分只有最后的论证和某些例子是罗马的，表明本文具有希腊的起源。

喜欢自己超过喜欢其他所有人，对他们自己的作品最尊重；要么否认那些取自名声显赫的演说家或诗人的例子是最好的。如果他们认为自己超过其他所有人，那么他们无疑是自高自大的；如果他们把比自己高的地位赋予其他人，而又不相信来自这些人的例子超过他们自己的例子，那么他们无法解释为什么要把较高的地位赋予其他人。

【2】进一步说，古人的崇高声望不仅赋予他们的学说巨大的权威性，也激发了人们模仿他们的欲望。不是吗？是的，通过模仿就能获得革拉古或克拉苏[1]那样的技艺，这种希望一旦植入心田，所有人的雄心都被激励起来，热心也会大大增强。

最后，他们说，最高的技艺就在于能在众多的诗歌和演讲词中选择大量广泛散布于其中的不同段落，努力举出所有例子，按类别区分，各自附属于这门技艺的不同题材。如果凭着勤奋就能独立完成这一任务，那么我们不仅由于没有回避这样的任务而应当受到赞扬，而且由于要是没有最高的技艺这项任务实际上是无法完成的。唯有对修辞学的技艺有十分完善的把握，否则又有谁能够在如此浩如烟海的典籍中鉴别这门技艺所需要的东西呢？外行读了优秀的演讲词和诗歌会对演说家和诗人表示赞赏，但却不明白为什么要予以赞扬，因为他们不知道这些令他们愉悦的东西存在于何处，或者它是什么，是如何产生的。而对所有这些都很理解、能够选择最恰当的范例、并能将包含在演讲中的特别优秀的东西归结为某个原则，那么这样的人肯定是这一领域的专家。所以，这就是这门技艺的顶峰：在自己的演讲中也能成功地运用借来的范例！

当希腊人做出这样的论断时，他们更多的是在依靠他们的声望影响我们，而不是依靠他们的论证的正确。我所担心的实际上是有些人会更加在意那些与我给予恰当推荐的观点相反的看法，因为这些相反看法的支持者是发

---

① 克拉苏（Crassus），全名卢西乌斯·李锡尼·克拉苏（Lucius Licinius Crassus），罗马演说家，生于公元前 140 年。

明这门技艺的大人物，而现在他们又因为生活在古代而得到普世的尊敬。然而，要是能把古人的声望搁在一边不予考虑，又愿意逐一比较所有的论证，那么你就会明白我们不需要在所有的事情上都屈从于古人。

【3】所以，我们首先要当心，希腊人在谈论谦虚的时候提供给我们的论证太幼稚了。如果谦虚就是什么也不说，什么也不写，那么他们自己为什么要说和写？如果他们确实写过某些自己的东西，那么他们为什么要说谦虚使他们不创作、不写他们自己的东西？这就好比有人去奥林匹克赛会参加赛跑，他站在起跑的地方指责那些已经开始赛跑的人太冒失，而他自己则站在那里向别人解释拉达斯[①]曾经如何赛跑，或者波依斯库[②]如何在伊斯弥亚赛会上比赛。这些希腊修辞学家的做法与此相仿。他们已经进入我们这门技艺的比赛，但却指责那些实践这门技艺的人不谦虚；他们赞扬古代的演说家、诗人，或文字作品，但他们自己却不敢进入修辞学的竞技场。我也许不该大胆地这样说，然而我担心，哪怕他们拼命赞扬谦虚，想要有谦虚的表现，但他们仍旧是冒失的。因为有人可以对他们说：“喂，你们这是什么意思？你们正在写你们自己的演讲词，正在为我们创造新的规则，但你们自己不能加以确证，所以要向其他人借用范例。你们要当心，借用别人的劳动成果来彰显自己的名字，这样做太冒失。”的确如此，要是古代的演说家和诗人能从这些修辞学家的书中把属于他们的东西拿走，只留下修辞学家自己的东西，那么没有什么东西可以剩下来算做他们自己的了。

“但是，”他们说：“例子相当于证据，所以像取证一样，从声望最高的人那里取例是恰当的。”我要说的是，举例首要的不是为了确认或作证，而是为了阐明。例如，我说有一种演讲的修辞手段，用词尾相同的词组成句

---

① 拉达斯（Ladas），斯巴达人，约生于公元前450年，著名的长跑选手，奥林匹克赛会（Olympic games）的获胜者，罗马作家经常提到他。

② 此处原文有损，如果是波依斯库（Boiscus）的话，那么史书无记载。文中说他参加伊斯弥亚赛会（Isthmian games）。

子，然后举克拉苏的一句话为例：quibus possumus et debemus。[1] 在这里，我提出来的不是证据，而是例子。证据和例子的区别在于：我们用例子来说明我们所陈述的事情的性质，而用证据来证明事情的真相。进一步说，证据必须与命题一致，否则就不能确证命题。但修辞学家们的表现却与他们提出来的主张不一致。为什么会这样呢？他们许诺要写一篇关于这门技艺的论文，但几乎都到那些对这门技艺一无所知的作家那里去寻找例子。然而，除了遵照这门技艺写过一些东西的人，又有谁能使他的作品具有权威性呢？他们的表现与诺言似乎不一样，在撰写这门技艺的规则时，他们似乎说他们教给别人的东西是由他们自己发明的，而当他们真的写作时，他们告诉我们的实际上是别人发明的东西。

【4】"但是，"他们说："从大量的事情中做选择是困难的。"你们说的困难是什么意思？是指做这件事很辛苦吗？或者说，是指做这件事需要某种技艺吗？辛苦并不一定意味着卓越。有许多事情需要耗费大量的劳动，而你们对此不一定要自吹自擂——当然了，除非你们认为用自己的双手改写所有戏剧和讲话是一件丰功伟绩！或者说，你们认为这种事情需要超常的技艺？那么你们要当心，不要在大事情上显得缺乏经验，就好比你们要在一件微不足道的小事上找到与做大事相同的快乐。缺乏教养的人无疑不能以这种方式做选择，而许多缺乏这门最高技艺的人能这样做。毕竟任何人，只要听说过这门技艺的，尤其是听说过文体的，都能发觉与规则相一致的演说词，但只有训练有素的人才拥有创作这种演说词的能力。这就好比你们希望从恩尼乌斯的悲剧中选择格言，或者从巴库维乌斯的悲剧中选择信使的报告，然而，正是由于没有人无知到做不到这一点，而你们却假定做到了这一点你们就是最有教养的人，因此这样的假设是愚蠢的，因为任何有普通教养的人都能轻易地做到这一点。以同样的方式，要是依据这门技艺的确定标志从演说词或诗歌中选择范例，你们就假设你们的表现证明了

① 这句话的中文释义为：通过它们，我们能够，我们必须。

这门高超的技艺，因为无知者做不到这一点，那么你们就错了，因为按照你们提供的证明我们只看到你们拥有某些知识，但我们仍旧需要其他证明来使我们信服你们知识渊博。要是发现你们已经创作出来的东西就能证明你们掌握了这门技艺，那么你们自己的创作就是一项你们掌握了这门技艺的更好的证明，而且这种证明要好得多。尽管撰写这门技艺的作者很容易发现别人熟练地写出来的东西，但挑选范例的人自己在写作时不一定有这种技巧。哪怕这是拥有这门技巧的特殊标志，也要让他们在其他时间再去使用这种能力，而不是在他们自己应当体会、创作、建构的时候这样做。简言之，让他们把这门技艺的力量投入到这样的目标中去：赢得尊敬，就好像他们自己被他人选为范例，而不是做一个选择者，把其他人当做范例来选择。

这些人认为我们应当借用范例，而反对这种意愿的看法我已经说够了。现在让我们来看，从我自己特定的观点出发，我能说些什么。①

【5】相应地，我想说他们不仅在借用范例上犯了错，而且在借取范例来源众多这一点上犯了大错。让我们先来看第二点。假定我们要借用范例，我想要指出，我们只需在一位作者的作品中挑选。首先，我的对手们没有理由反对这样做，因为他们可以挑选和证明哪一位诗人或演说家能为他们提供适用于各种情况的范例，能依仗哪一位作家的权威性。其次，这件事涉及学生是否应当相信每个人都能获得全部素质，或者没有人能获得全部素质，或者一个人能获得这样的素质，另一个人能获得另一样素质。如果这个学生相信所有素质都可以在一个人身上存在，那么他就会去努力拥有所有素质。但若他认为要取得这样的结果没有希望，那么他会专注于获取几样素质，并对此感到满足。这种情况并不值得惊讶，因为这门技艺的教师本身也不能够从一位作者那里获取所有素质。这样一来，当我们从加图、革拉古兄弟、莱利乌斯、西庇阿、加尔巴、波喜纳、克拉苏、安东尼

① 以上驳斥了希腊作家的观点，然后作者开始建构自己的观点。参见本文本卷第 1 章。

乌斯[①]等演说家，以及向诗人和历史学家选取范例时，学习者一定会相信要获得全部素质只能向所有人，而不能只向一个人获得少许范例。于是他就会满足于列举来自所有这些人的范例，而不相信他自己拥有全部素质的总和的能力，而全部品质的总和是由全体作家拥有的。这对那个相信一个人不能拥有全部素质的学生是不利的，所以我说修辞学家只应从一个作者那里获取范例，那么没有人会接受这个观点。修辞学的作家既不提出自己的例子，也不提出某一个作者，甚至某两个作者的一些例子，而是向所有演说家和诗人借用例子，这一状况实际上标志着他们自己不相信任何个人能够拥有各种文体，并在使用各种文体时都能才华横溢。还有，如果有人想要说明修辞学的技艺对讲话没有好处，那么他蛮可以支持这一论证的使用，没有人能够掌握修辞学的所有部分。一名修辞学家本人用他自己的论断支持了那些彻底谴责修辞学理论的人的观点，这岂不是很可笑吗？

至此，我已经说明，如果例子总应该是借用来的，那么应当始终向一位作者借用。

【6】现在，从下面这些话中我们应当明白，例子根本不应当是借来的。

首先，撰写某一门技艺的作家引用的例子应当能够证明他自己在这门技艺中拥有的技巧。这就好比一位卖紫色衣料或其他商品的商人说："向我买吧，我从别人那里借些样品来给你看。"然后这些提供商品的人就去别处寻找样品，他们说："我们有成堆的小麦"，但却没有一把麦粒做样品。如果特

---

① 此处提到的名字都是罗马著名演说家，西塞罗在他的著作《布鲁图斯——论优秀的演说家》中赞扬过他们的雄辩：加图，全名 Marcus Porcius Cato（公元前 234 年—前 149 年），公元前 195 年任执政官；革拉古兄弟（Gracchi），罗马政治家和改革家，哥哥 Tiberius Sempronius Gracchus，弟弟 Gaius Sempronius Gracchus；莱利乌斯（Laelius），罗马军人，约生于公元前 186 年，公元前 140 年任执政官，西塞罗《论共和国》中的对话人之一；西庇阿，全名 Publius Cornelius Scipio Aemilianus Africanus Minor（公元前 184 年—前 129 年），常被称做小西庇阿，罗马将军、政治家，第三次布匿战争的罗马统帅；加尔巴，全名 Servius Sulpicius Galba，公元前 144 年担任执政官；波喜纳，全名 Marcus Aemilius Lepidus Porcina，罗马军人，公元前 78 年担任执政官；克拉苏，参见本文本卷第 2 章注；安东尼乌斯，全名 Marcus Antonius，公元前 99 年担任执政官。

利托勒莫[①]在把种子分发给人类的时候，他自己要向别人去借；如果普罗米修斯[②]希望把火种分给人类，而自己却要带着一只炭瓮去向他的邻居借一些木炭，那么他会显得非常可笑。这些向全世界传授演讲术的老师要向其他人借用自己所传授的东西，这岂非荒唐？如果有谁说自己发现了资源最丰富的地下水，但又缺乏资金打井取水、以平息极度的干渴，在这种时候他要是向人们报告这一发现，那么他难道不应当受到嘲笑吗？当这些作家宣布自己不仅是清泉的主人，而且就是雄辩的泉眼的时候，当用泉水滋润所有人的才能是他们的责任，而他们一方面许诺要这样做，而另一方面自己又渴得要命的时候，难道他们不认为自己可笑吗？卡瑞斯[③]向吕西普斯学习雕像制作不也是这样吗？吕西普斯没有把密戎制作的雕像头拿给卡瑞斯看，也没有把普拉克西特勒制作的雕像胳膊拿给卡瑞斯看，更没有把波吕克莱托制作的雕像胸脯拿给卡瑞斯看。他要卡瑞斯用自己的眼睛观看这些大师作品的所有部分，如果卡瑞斯希望以他自己的首创精神去学习，那么他能够掌握其他雕塑家的作品。这些作家相信用另一种方法可以更好地教导这门技艺的学生。

【7】进一步说，借用范例不适宜用来作为这门技艺的规则，因为在讲话中每一主题都会有所涉及，所以这门技艺不会是显而易见的。但另一方面，教修辞学的时候又必须引用一些与这门技艺的类型一致的范例。后来，演说家的技巧在演讲时盖过了他的技艺[④]，所以这门技艺对大家来说就不那么具有强制性，也不那么明显。以至于到了最后，使用自己创造的例证才能更好地用来理解这门技艺。

---

① 特利托勒莫（Triptolemus），希腊神话人物，被视为农业的发明者。

② 普罗米修斯（Prometheus），希腊神话中造福于人类的神，从天上盗火种给人类，被宙斯锁在高加索山上。

③ 这里及以下提到的都是雕塑家，卡瑞斯（Chares），希腊人；吕西普斯（Lysippus），卡瑞斯的老师，是亚历山大大帝的同时代人；密戎（Myron），公元前 5 世纪的雕刻家；普拉克西特勒（Praxiteles），大约出生在公元前 390 年；波吕克莱托（Polycleitus），大约生活在公元前 5 世纪中期。

④ 这个观点在古代修辞学中很普遍，参见亚里士多德：《修辞术》1404b。

最后，出于另一方面的考虑我也想到了这种方法，这就是我从希腊文中翻译过来的那些专门术语的用法与我们现在的用法相距甚远。因为在我们中间没有的观念不可能拥有人们熟悉的名称。因此，翻译过来的术语一开始显得相当粗糙——这是这个主题的错，不是我的错。我的这本书的其他部分都是关于例子的。然而，我在这里提出来的观点如果是从别人那里借用来的，那么结果就会是任何适用于本书的东西都不是我的，而那些显得有些粗糙或奇怪的东西反倒可以被确定为我自己特有的贡献。所以我已经回避了这一不利之处。

出于上述理由，尽管把希腊人尊为这门技艺的发明者，但我不想顺从他们关于例子的理论。现在是转向有关文体的原则的时候了。

我把有关文体的学说分成两部分。首先，我要陈述文体的种类，演讲的文体应当始终把自己限制在这些种类之中；其次，我要说明文体始终应当具有什么样的性质。

【8】文体有三种，也就是说文体有三种类型（types），如果我没说错的话，演讲应当把自己限制在这些类型中：第一种我们称做庄严的（the grand）；第二种我们称做中等的（the middle）；第三种我们称做简洁的（the simple）。平稳而又讲究地安排那些给人深刻印象的语词，由此组成庄严的文体。中等的类型由比较低级的语词组成，然而不是最低级的和最通俗的。简洁的类型甚至可以使用标准语言中最流行的俚语。

如果使用能找到的、最讲究的语词来表达每一个想法，无论用的是朴实的语词还是象征性的语词，如果我们选择了给人深刻印象的思想，比如在“彰显”和“恳求怜悯”中使用的内容，这些内容我晚些时候再谈[①]，如果我们使用了思想的手段和庄严的语词手段，那么我们就是在按照庄严的文体创作一篇演讲词。下面就是这种文体类型的一个例子。

“陪审团，请问有谁能够提出一项建议，足以严厉惩罚这个阴谋出卖祖

① 参见本文本卷第 13 章。

国的叛国贼？有什么罪行可以和这种罪行相比，我们能找到什么样的惩罚来制裁这种罪行？对那些向年轻的平民施暴的人，对那些凌辱家中母亲的人，对那些伤害或者犯下最卑劣的罪行杀人的人，我们的祖先已经穷尽了各种极端的惩罚，而对这个最野蛮、最邪恶的无赖，他们并没有给我们留下什么专门的惩罚办法。确实，其他罪行产生的伤害只涉及一个人或一些人，但这一罪行的参与者试图把最可怕的灾难一举施予全体公民。啊，这些蛇蝎心肠的人！啊，如此残忍的阴谋！啊，这些丧失人性的人！他们想要干什么？他们在策划什么？他们要引导我们的敌人掘我们的祖坟、拆我们的城墙，然后带着胜利的咆哮冲进城里来，他们要洗劫诸神的神庙，屠杀抵抗者，把其他所有人掳走做奴隶，在奸淫蹂躏了贵妇和平民的少女之后，他们要把整座城市付之一炬！这些恶棍，如果看不到我们最神圣的祖国化为灰烬，他们的欲望就不能得到满足。陪审团，我无法用言语准确描述他们的可耻行为，但我对此并不焦虑，因为你们并不需要我的帮助。确实，你们充满爱国主义的心会告诉你们要把这个人从这个国家赶走，因为他会出卖全体人民的幸福，把这个国家埋葬在敌人最愚蠢、最邪恶的统治之下。”

【9】如果我们的演讲属于前面所说的中等类型，我们的文风就要松弛一点儿，但不要降为最平常的、平铺直叙的文体，举例如下：

“陪审团，你们明白我们在向谁开战，我们在反对那些同盟者，他们不愿与我们并肩作战，用他们的勇敢和激情与我们一道保卫我们的帝国。不仅是他们自己、他们的资源、他们的人力，而且是他们与我们的亲近、在所有事情上与我们结盟，也使他们肯定不会不知道、不会不赞扬罗马人民在各方面的力量。现在他们决定要对我们开战，因此我要问你们，当他们明白我们的盟友中有许多仍旧对我们保持忠诚，当他们看到自己手头没有大量的兵源，没有胜任的指挥官，没有财政经费，简言之，没有战争所需要的一切的时候，他们会假定自己有能力进行这场战争吗？哪怕他们是为了边界问题而向邻国开战，哪怕在他们看来一场战斗就可以决定胜负，他们都会遇到每次战争都会遇到的问题，而以往的任何战争都比他们现在准备得充分，装备得精良。假定要用如此贫乏的军力来挑战这个所有开化的民族、国王、野蛮的民族都接受的统治全世界的主权，而这种接受部分是因为武力的逼迫，部分是由于被罗马的军队或罗马的仁慈所征服，那就更不可信了。有些人会问：‘福莱格赖人怎么样？他们就没有做过什么尝试吗？’是的，他们做过，但这些盟友并不打算做这样的尝试，因为他们看到了福莱格赖人的遭遇。缺乏经验的民族不能从历史上找到前车之鉴，容易冒冒失失地犯错误，而那些了解其他民族遭遇的民族则能从中吸取教训，以制定自己的政策。那么，他们拿起武器是出于其他动机吗？他们是在没有成功希望的情况下这样做的吗？有谁会相信有这样的疯子，在没有军力依靠的情况下，竟然敢向罗马人民的主权挑战？因此他们必定有某种动机，而除了我说的这一动机，还会是什么呢？”

【10】文体的简洁类型使用日常最普通的语言，下面的话可以作为一个例子。

“我的朋友正要去洗澡，洗完之后再做按摩。正当他要下到澡池里去的时候，那个家伙突然转过身来。他说：‘喂，小子，你的奴隶刚才打了我，你必须赔偿。’这个年轻人面红耳赤，因为在这样的年纪他还不习惯与陌生人打招呼。那个家伙又喊了一遍，声音更响。年轻人面带难色地回答说：‘好吧，让我看看是怎么回事。’但这时候那个家伙狂叫起来，那粗糙的声音足以使任何人脸红。我要说的是，哪怕是站在日晷旁也不会用这样的腔调，而这样的声音只会出现在戏台后面或类似的地方。① 这个年轻人十分为难。无疑，他的耳边仍旧回响着他的老师的教训，不能用这种骂人的语言。而这个无赖认为自己不怕丢脸，因此他可以为所欲为，而不会毁坏自己的名声。遇到这样的无赖，这个年轻人除了红着脸离开又能怎么办呢？”

上述例子本身就足以表明文体的类型。一个例子的语词安排属于简洁的

① 指罗马广场上安放的日晷，这里常是民众聚会聊天的地方。罗马公民一般瞧不起演员，演员通常由平民或奴隶担任。

类型，另一个属于庄严的类型，还有一个属于中等的类型。

但是在努力使用这些文体时，我们必须避免陷入与它们接近的文体。例如，在使用值得赞扬的庄严文体时，有一种文体要加以避免。把这种文体称做夸张的文体（the swollen style）是正确的。正如浮肿经常与健康的身体相似，因此对那些缺乏经验的人来说，在用最新的或古代的语词，或者用笨拙的比喻或超过实际需要的语词表达思想时，在他们看来夸张的或言过其实的用语是庄严的，例如："这个背叛祖国的大阴谋家尽管已经被掷入尼普顿①的深渊，但还没有得到应有的惩罚。所以我们要惩罚这个挑起无数战争、摧毁和平之原的人。"陷入这一文体类型的人都偏离了他们开始时的文体，被这种文体庄严的外表误导，不能察觉这种文体的浮夸。

【11】那些一开始使用中等文体的人要是不成功，就会偏离这种文体而陷入另一种相似的文体，我们称之为松散的文体（the slack style），因为它没有肌肉和关节。同样我也可以称之为放任自流的，因为它来回漂移，不能走上果敢和雄浑的正道。下面举例说明："如果在这里没有许多同谋者，没有那些恶棍和胆大妄为的家伙，那么我们的这些同盟者在想要对我们开战的时候，肯定会反复精心算计他们能做些什么。他们习惯于长久思考，全都想做一番大事。"这样的演讲不能吸引听众的注意，因为它非常松散，不能提出完整的思想，也不能自圆其说。

那些不能娴熟地使用上面讨论过的优雅而又简练的格言的人，会使用一种干巴巴的、苍白无力的文体，这种文体可以恰当地称做贫乏的。下面举例说明："这个家伙朝着在澡池中的年轻人走来。后来他说：'你的奴隶在这里打了我。'后来这个年轻人对他说：'让我想一想。'后来这个家伙辱骂他，不停地大声叫喊，当时有许多人都在那里。"当然了，这样的语言是平淡无奇的，不符合简洁文体的目标，简洁的文体要求在讲话中正确使用精心选择的语词。

---

① 尼普顿（Neptune），古意大利的水神，后来等同于希腊海神波赛冬。

庄严的文体、中等的文体、简洁的文体，各自从修辞手法中获取特征，这一点我晚些时候还要讨论。① 像使用颜料一样有节制地使用这些手法，就可以使文风凸显，但若一连串地使用修辞手法，就会使文风偏离正道。但在讲话时，我们应当使文体的类型多样化，可以在使用了庄严的文体后再用中等的文体，或者在使用了简洁的文体以后再使用中等的文体，然后再交替使用，等等。这样，通过多样化，过度使用修辞手法的问题就可以避免了。

【12】由于我已经讨论了这些自身有所限制的文体的类型，现在让我们来看一种恰当的、完美的文体应当具有什么样的性质和特点。为了能够最大程度地实现演讲者的目的，这样的文体应当具有三种性质：品味（taste）、艺术的创作（artistic composition）、特色（distinction）。

品味使每一个论题都能表达得非常纯洁和清晰。品味又包括正确地写和说拉丁语（correct latinity），包括清澈（clarity）。

正确地说写拉丁语可以使语言保持纯洁，避免错误。会损坏拉丁语品质的语言错误有两种：语法错误（solecism）和不规范（barbarism）。如果在一句话中后面这个词与前面这个词不配，语法错误就发生了。如果语词说得不对，不规范的错误就发生了。如何避免这些错误，我会在我写的语法手册中给予清楚的解释。②

清澈使语言明白易懂。通过两种手段可以使语言清澈：使用流行的术语和使用恰当的术语。流行的术语就好像日常生活中的习惯用语。恰当的术语指的是能够指称我们演讲主题专门特色的术语。

艺术的创作由排列语词组成，它使整个演讲的每一部分始终如一。为了确保这种品质，我们要避免元音的频繁碰撞，因为它会使文风变得粗糙和脱节，比如说："Bacae aeneae amoenissime inpendebant." ③ 我们也应当避免相同字母连续出现，下面这些诗句很能说明这一缺点——因为我现在是在考虑

① 参见本文本卷第 13 章。

② 我们不清楚西塞罗有无写过这样的语法手册。

③ 这句拉丁文的意思是"铜色的浆果最诱人地挂在树上"，在文体上是亚细亚的。

错误，所以没有什么东西可以禁止我使用取自他人的例子："O Tite, tute, Tati, tibi tanta, tyranne, tulisti." [①] 出自同一位诗人的另一句诗："quoiquam quicquam quemquam，quemque quisque conveniat，neget." [②] 还有，我们应当避免同一个词的过分重复，比如："Nam cuius trationis ratio non extet，ei rationi ratio non est fidem habere admodum;" [③] 还有，我们不应当使用一连串词尾相同的词，比如："Flentes，plorantes，lacrimantes，obtestantes." 还有，我们应当避免打乱语词的正常位置，除非这样做能起到很好的作用。关于这一点我晚些时候再讨论。科厄留斯坚持这一错误，就像下面这个例子所能说明的那样："In priore libro has res ad te scriptas，Luci，misimus，Aeli." [④] 长句同样也应当避免，否则对听众的耳朵和演讲者的呼吸都不好。

避免了创作中的这些缺点，我们所做努力的其他部分必须献给怎样使文体有特色。

【13】使文体有特色就是使它变得华美，用多变的手法来装饰文体。在"特色"之下又可分为语词的手法和思想的手段。如果装饰就是对语言本身进行修饰，那么它就是语词的手法。思想的手段则是从观念派生出来的特色，并非来自语词。

* * *[⑤]

当同一个词在段落开头的地方反复出现，用来表达相同的或不同的

---

① 这句话取自恩尼乌斯的《编年史》第 1 卷，见残篇 108，意为"僭主提多·塔修斯，你自己给自己找来了这些可怕的麻烦"。提多·塔修斯（Titus Tatius），古萨宾人的国王，曾领导萨宾人抵抗罗马人，后来与罗马人调解，并入罗马，与罗莫洛共同统治约五年。

② 这句诗的出处不详。

③ 这句诗的意思是"当一个理由的合理性不明显的时候，没有任何理由去相信这个理由"。

④ 科厄留斯（Coelius）在有些辞书中拼写为"caelius"，全名 Lucius Coelius Antipater，公元前 2 世纪的罗马历史学家。这句话的正常词序应为"In priore libro，Luci Aeli，has res scriptas ad te misimus"。

⑤ 此处的过渡性段落已佚失。

观念时，所谓“句首反复”（epanaphora）就出现了。[①] 例如：“Vobis istuc adtribuendum est, vobis gratia est habenda, vobis ista res erit honori.”（“这一信誉必须归你，这一感谢必须给你，你的这一行为将给你带来荣誉。”）还有：“Scipio Numantiam sustulit, Scipio Kartaginem delevit, Scipio pacem peperit, Scipio civitatem servavit.”（“西庇阿铲平了努曼提亚，西庇阿摧毁了迦太基，西庇阿带来了和平，西庇阿拯救了国家。”）还有，“Tu in forum prodire, tu lucem conspicere, tu in horum conspectum venire conaris? Audes verbum facere? Audes quicquam ab istis petere? Audes supplicium deprecari? Quid est quod ppossis defendere? Quid est quod audeas postulare? Quid est quod tibi concede putes oportere? Non ius iurandum reliquisti? Non amicos prodidisti? Non parentimanus adtulisti? Non denique in omni dedecore volutatus es?”（“你敢进入广场吗？你敢在光天化日之下露面吗？你敢进入这些人的视线吗？你敢说一个字吗？你敢对他们提出要求吗？你敢祈求免除惩罚吗？你在辩护中能说些什么？你敢提什么要求？你认为应当给你什么？你没有违反你的誓言吗？你没有背叛你的朋友吗？你没有举手反对你的父亲吗？我要问的是，你没有沉迷于各种可耻的事情吗？”）这种语词手法不仅非常迷人，而且也给人深刻印象，显得极为朝气蓬勃。因此我相信，必须将这种手法用于文体的修饰和夸张。

在“句尾反复”（antistrophe）中我们也在重复，但重复的不像句首重复那样是一段话中每句话的第一个词，而是每句话的最后一个词，例如：“Poenos populus Romanus iustitia vicit, armis vicit, liberalitate vicit.”（“依靠罗马人民的正义，迦太基被征服了；依靠罗马的军队，迦太基被征服了；依靠罗马的仁慈，迦太基被征服了。”）还有：“Ex quo tempore Concordia de civitate sublata est, libertas sublata est, fides sublata est, amicitia sublata est, res

---

① 为了取得修辞或诗歌的效果，在两个或多个连续的从句或诗句的开头，重复选用一个或几个词。亦译为“首语反复”或“行头反复”。

publica sublata est.”（“这个时候，我们国家的统一消失了，自由消失了，好的信仰消失了，友谊消失了，共同的幸福消失了。”）还有：“C. Laelius homo novus erat, ingeniosus erat, doctus erat, bonis viris et studiis amicus erat; ergo in civitate primus erat.”（“盖乌斯·莱利乌斯是一个白手起家的人，一个才华横溢的人，一个知识渊博的人，对好人和努力的人来说，他是一个友好的人，所以他在这个国家成了头号人物。”）还有：“Nam cum istos ut absolvent te rogas, ut peierent rogas, ut existimationem neglegant rogas, ut leges populi Romani tuae libidini largiantur rogas.”（“由这些人宣判你们无罪，这是你们要求的吗？那么他们发假誓是你们要求的，他们忽略了他们的名声是你们要求的，让罗马人民的法律屈从于你们的任性是你们要求的。”）

【14】交织（interlacement）就是两种手法的结合，就是上面解释过的句首反复和句尾反复的结合，在一段话中句首和句尾都重复，例如：“Qui sunt qui foedera saepe ruperunt? Kartaginienses. Qui sunt qui crudelissime bellum gesserunt? Kartaginienses. Qui sunt qui Italiam deformaverunt? Kartaginienses. Qui sunt qui sibi postulant ignosci? Kartaginienses. Videte ergo quam conveniat eos impetrare.”（“是谁经常撕毁条约？是迦太基人。是谁发动残暴的战争？是迦太基人。是谁破坏了意大利的和平？是迦太基人。是谁在请求宽恕？是迦太基人。你们这下可以明白他们的请求有多么恰当了。”）还有：“Quem senatus damnarit, quem populus damnarit, quem omnium existimatio damnarit, eum vos sententiis vestries absolvatis?”（“这个人是元老院谴责过的，这个人是罗马人民谴责过的，这个人是公众舆论谴责过的，你们想用投票来赦免这样一个人吗？”）

位移（transplacement）是同一个词在句子中频繁地使用，这样做不仅不会影响良好的品味，而且可以使文体变得更加优雅，比如：“Qui nihil habet in vita iucundius vita, is cum virtute vitam non potest colere.”（“一无所有的生活比不能培养美德的生活更可取。”）还有：“Eum hominem appellas, qui si fuisset homo, numquam tam crudeliter hominis vitam petisset. At erat inimicus. Ergo inimicum sic ulcisci voluit, ut ipse sibi reperiretur inimicus?”（“你称他为人，他曾经是个人，决不会残忍地追索另一个人的生命。但他是他自己的敌人。因此，他想用这样的方法报复他的敌人，这不就只能证明他是他自己的敌人吗?”）还有：“Divitias sine divitis esse. Tu vero virtutem praefer divitiis; nam si voles divitias cum virtute conparare, vix satis idoneae tibi videbuntur divitiae quae virtutis pedisequae sint.”（“把财富留给富人，至于你，要美德胜过要财富的人，财富在你眼中只能是美德的仆从。”）

当同一个词起先用于一个功能，然后用于另一个功能，这种情况也属于同一类型的手法，例如：“Cur eam rem tam studiose curas, quae tibi multas dabit curas?”[①]（“你为何如此热心地关注这件引起你极大关注的事情?”）还有：“Nam amari iucundum sit, si curetur ne quid insit amari.”[②]（“与你亲近会给我带来快乐，只要我的亲近不会痛苦地白费。”）还有：“Veniam ad vos, si mihi senatus det veniam.”[③]（“我会离开这里，只要元老院让我离开。”）

在迄今为止我已经提出过的四种手法中，同一语词的频繁出现不能视为词汇贫乏，倒不如说，语词的重复给演讲增添了一种耳朵能够比较容易区别的优雅，胜过语词本身所能做出的解释。

【15】 如果文体建立在对照的基础上，那么就出现所谓的对偶(antithesis)[④]，例如：“Habet adsentatio iucunda principia, eadem exitus amarissimos adfert.”（“奉承有愉快的开端，也会带来最痛苦的结束。”）还有：“Inimicis te placabilem, amicis inexorabilem praebes.”（“对敌人你百般安抚，对朋友你毫不宽容。”）还有：“In otio tumultuaris, in tumultu es otiosus; in re frigidissima cales, in ferventissima friges; tacito cum opus est, clamas; ubi

---

① 这句话中重复的是 curas（关注）这个词，在第一处做动词用，在第二处做名词用。译文为了通顺，只译出句意，无法做到词性与原词的词性一致，以下均同。

② 这句话中重复的是 amari（亲近）这个词，在第一处做形容词用，在第二处做副词用。

③ 这句话中重复的是 veniam（离开）这个词，在第一处做动词用，在第二处做名词用。

④ 在修辞学中亦译为“对语”、“对句”。

loqui convenit, obmutescis; ades, abesse vis; abes, reverti cupis; in pace bellum quaeritas, in bello pacem desideras; in contione de virtute loqueris, in proelio prae ignavia tubae sonitum perferre non petes."（"当一切都很平静的时候，你慌乱；当一切都混乱不堪的时候，你平静。形势要求你冷静的时候，你热情；形势需要你热情的时候，你冷漠。需要你安静的时候，你大声咆哮；需要你讲话的时候，你哑口无言。需要你在场的时候，你缺席；不需要你在场的时候，你偏要在场。和平的时候，你不断挑起战争；战争的时候，你祈求和平。在公民大会上你谈论勇敢，在战场上你胆怯得不能忍受号角的声音。"）用这种修辞手法装饰我们的文体，我们就能使它印象深刻，富有特色。

呼语（apostrophe）是用来表达悲哀或愤慨的修辞手法，对着人、城市、地方或物体讲话，例如："阿非利加努啊，我现在要对你说，你的名字即使在你死后也意味着国家的辉煌与荣誉！残忍的敌人吸食着你那些出名的子孙的鲜血。"还有："背信弃义的福莱格赖人啊，由于你们犯下的罪，你们衰败得多么快啊！结果就是，这座昨天还光芒四射的意大利城邦，如今仅存点点残垣断壁。"[①] 还有："无赖们，你们是反对善良公民的阴谋家，你们在追索每一个高贵者的生命！你们以为由于正义的败坏，自己就拥有诽谤他人的权利吗？"如果我们在恰当的地方使用呼语，在重要的演讲主题需要的地方使用呼语，那么我们就能往听众心里灌输我们所希望的愤慨。

并非所有疑问（interrogation）都是印象深刻的或优雅的，但是为了反对对手已经做出的总结，或是为了加强已经提出来的论证，使用疑问就会给人留下深刻印象。比如："当你们在做、说、管这件事的时候，你们是否疏离了我们共和国同盟者的感情？是否有必要用某些人来阻挠你们这些计划的完成？"

【16】通过自问自答的方式来进行推论，借助这种修辞手法向自己提问，由此寻找我们所做的每一陈述的理由，寻找每一连续确证的意义。比

① 福莱格赖人反叛罗马，他们的城邦福莱格赖（Fregellae）于公元前 125 年被毁。

如：“我们的祖先在给一位妇女定罪的时候，他们认为一次审判就表明她犯了许多过失。为什么会这样呢？判她淫荡，她也就是投毒杀人的罪犯。为什么呢？因为在把她的肉体出卖给最卑鄙的情欲以后，她不得不生活在对许多人的恐惧之中。这些人是谁呢？她的丈夫、她的父母，以及她会见面的其他与她的丑事有关的人。那又怎么样呢？既然她害怕这些人，那么她肯定想要杀死他们。为什么能肯定呢？因为没有任何高尚的动机可以约束这个深深地陷入恐惧之中的犯罪的女人，无视法律使她大胆，女性特点也使她不顾一切地鲁莽行事。好吧，我们的祖先又会怎样看待一个投毒犯呢？她肯定也是淫荡的。为什么呢？因为没有什么动机能比卑鄙的情爱和不加约束的肉欲更能轻易地使她淫荡。进一步说，如果一个女人的灵魂腐败了，他们就不会认为她的肉身是贞洁的。那么他们明白相同的原则也适用于男人吗？一点也不明白。为什么？因为男人在不同欲望的驱使下犯下各种不同的罪行，而女人在一种欲望的引导下会犯下所有罪行。”还有：“不处死任何用武力俘虏的国王，这是我们的祖先制定的一项很好的原则。为什么要这样做呢？因为利用命运赋予我们的便利条件来惩罚这些最近被同一命运置于高位的人是不公平的。但是他们曾经带兵攻打我们，这件事又怎么办呢？我拒绝回想这件事。为什么？因为把获取胜利的对手当做敌人是勇敢者的特点，但在对手被征服以后就可以把他们当做同胞，为的是让他的勇敢可以用来终止战争，让他的人性有助于和平。但若那个国王成功了，他不也会这样做吗？不，他无疑没有那么聪明。那么你为什么还要赦免他？因为嘲笑而不是仿效这样的傻瓜是我的习惯。”在对话式的文体中采用这样的修辞手法，通过它的文体的风采和听众对推论的期待，可以很好地吸引听众的注意。

【17】格言（maxim）来自生活，它能准确地表明生活中发生或必定发生的事情，例如：“万事开头难。”“乐于依赖好运的人最不敬重美德。”“自由民就是没有任何卑劣习惯的奴隶。”“像不富裕的人一样穷的就是穷人。”“要选择最高尚的生活方式，习惯会使它成为幸福的人。”这种简洁的格言是不能抛弃的，因为无须说明理由，格言的简洁性就具有巨大的魅力。但是我们

也喜欢那种有推理相伴，作为其支撑的格言。例如："高尚生活的一切规则应当基于美德，因为只有美德才处在她自己的控制之下，而其他一切都服从运气的摆布。"还有："那些为了谋求他人财富而交友的人，一旦朋友的财富没有了，那么他马上就会离开朋友。因为此时他们交友的动力消失了，没有任何能够保持友谊的东西留下来。"

也还有一些格言以双重形式出现。有些没有推理，比如："处在繁荣时期的人认为逃避一切运气的摆布是错误的，处在顺利时期的人害怕倒退，他们是聪明的，有预见的。"有些有推理，比如："那些认为应当纵容年轻人犯罪的人受骗了，因为生命的这个阶段并不构成对健康的学习活动的障碍。有些人用特别严厉的手段惩罚年轻人，这样的行为是聪明的，他们这样做为的是在这个最恰当的年纪谆谆教导年轻人，希望他们获取美德，让他们能凭着美德规范他们的整个生活。"我们在演讲中只能偶尔塞入格言，我们可以用格言来为案件辩护，但不应当视为传播道德。当我们用格言点缀演讲时，它们就能增添许多特色。再说，当听众明白这是在把来自实际生活的一项无可争辩的原则用于案例时，那么他一定会加以默认。

【18】通过对比来进行推论，这种修辞手法就是使用两个对立的陈述，用其中的一个陈述巧妙而又直接地证明另一个陈述，比如："现在，你怎么能够期待一个向来敌视自己权益的人重视他人的权益呢？"又如："如你所知，你怎么会认为一个不可信的朋友能够成为一个高尚的敌人呢？你怎么能够期待一个在私生活中骄奢淫逸得令人无法容忍的人在掌权的时候能够令人愉快，不会忘了他自己呢？你怎能期待一个在日常交谈和在朋友中从来不说真话的人能在公众场合不说谎？"再如："我们已经把他们赶下山，难道我们还害怕与他们在平地上交战吗？当他们的人数超过我们时，他们无法与我们抗衡；现在我们在人数上超过了他们，难道我们还害怕会被他们打败吗？"使用这样的修辞手法要尽可能简洁，要在一个不间断的、完整的句子中完成。进一步说，它不仅由于简洁和完整令听众的耳朵感到愉悦，而且通过对比，强有力地证明了听众需要证明的东西。它从一个与问题无关的陈述引出一个

与正在讨论的问题有关的思想，以这样的方式作出的推论不容驳斥，或者说想要加以驳斥会遇到极大的困难。

【19】冒号（colon）或从句（clause）[①] 是整个句子的一部分，它简洁而又完整，但它不表达完整的思想，要由整个句子中的另一个从句来加以补充，意思才能完整，比如："一方面，你在帮助你的敌人；"这就是所谓的从句，它必须由第二个从句来补充："另一方面，你正在伤害你的朋友。"这种修辞手法由两个从句组成，但若由三个从句组成那就最巧妙、最完整了，比如："你正在帮助你的敌人，你正在伤害你的朋友，你没有考虑你自己的最佳权益。"还有："你没有考虑共和国的福祉，你也没有帮助你的朋友，你更没有抵抗敌人。"

所谓逗号（comma）或短语（phrase）就是在不连贯的讲话中可以停顿并分开的某些词，比如："凭着你的勇气、声音、相貌，你把你的对手吓坏了。"[②] 又如："你用妒忌、伤害、影响、叛卖摧毁了你的敌人。"这种修辞手法与前面那种修辞手法有差别：前者朝着目标前进得比较缓慢，也不那么频繁；而后者做出的打击比较快捷和频繁。同理，第一种修辞手法就好比手中拿着兵器挥舞，要把刀剑指向对手的身体；而在第二种修辞手法中，对手的身体已经被快捷的突刺穿透了。

环形句（period）[③] 就是用一组关系密切的、不间断的语词表达一个完整的思想。它最好用在下列三处：格言、对比、结论。用在格言中，比如："命运女神不会对那些坚定地依靠美德而不是依靠运气的人造成很多的伤害。"用在对比中，比如："一个人要是不把很多的希望寄托于运气，那么运气又怎么会给他带来很大的伤害呢？"用在结论中，比如："如果命运女神对那些

---

① 关于冒号、逗号和句号的理论是逍遥学派最先提出来的，参见亚里士多德：《修辞术》1409a。

② 中译文中用顿号之处在拉丁原文和英译文中均为逗号，以下相同。

③ 此处拉丁原文为"continuatio"，英文译为"period"，语法上的意思是句号、整句（尤其是指复合句），修辞学的意思是环形句，或译"掉尾句"、"圆周句"。

把他们的计划全部托付给运气的人拥有最大的权利，那么我们就不能完全相信运气，省得她对我们取得太大的支配权。”在这三种类型中，紧凑的文体对使用环形句显得非常必要，如果演讲者不能在格言、对比和结论中使用能给人留下深刻印象的语词，那么演讲者的能力就显得不足。但在其他情况下，这样做经常是恰当的，因为使用这种环形句来表达某些思想并非绝对必要。

【20】我们所谓“对偶”（isocolon）这种修辞手法就是用相同数量的音节构成从句（上面讨论过）。为了说明这种修辞手法的效果，我们不必去数音节——这样做就太幼稚了——只要凭着经验和实践使从句中的音节在数量一致，我们就能直觉到它的效果，比如：“父亲在战场上牺牲，儿子在家中结婚。这些咒语带来令人悲伤的灾难。”又如：“那个人的幸福是命运的馈赠，这个人的声誉是辛苦的结果。”使用这种修辞手法，音节数量不完全相同的情况是常见的，所以一个从句会比另一个从句少一个或两个音节，或者说一个从句包含较多的音节，另一个从句包括一个或多个发音较长的音节，以便能够使它与音节数量较多的从句匹配，保持二者间的平衡。

所谓词尾重复（homoeoptoton）就是两个或多个有着相同词尾的语词出现在同一环形句中，比如：“hominem laudem egentem virtutis, abundantem felicitates?”又如：“Huic omnis in pecunia spes est, a sapeintia est animus remotus; diligentia conparat divitias, neglegentia corrumpit animum, et tamen, cum ita vivit, neminem prae se ducit hominem.”

尽管语词本身没有变格，但它们的词尾相同，这时就产生词尾相同（homoeoteleuton）的修辞手法，比如：“Turpiter audes facere, nequiter studes dicere; vivis invidiose, delinquis studiose, loqueris odiose.”（“你胆敢下流地行事，你努力卑鄙地说话，你充满仇恨地生活，你狂热地犯罪，你唐突地讲话。”）①

① 这句话中的所有副词结尾相同，译为英文时所有副词亦以“-ly”结尾，中文无词尾，故中译文只能通过在副词后面加“地”来表示。

又如："Audaciter territas, humiliter placas."（"你狂暴地恐吓，你卑躬屈膝地奉承。"）

两种修辞手法，一种是词尾相同，一种是表示变格的词尾相同，它们在很大程度上是一回事。由于这个原因，那些擅长此道的人一般会在演讲的同一段话中同时使用两种手法。看了下面这段话你就会明白："Perditissima ratio est amorem petere, pudorem fugere, diligere formam, neglegere famam." 在这个例子中，有变格的词以相同的词尾结束，没有变格的词也以相同的词尾结束。

【21】双关语（paronomasia）① 这种修辞手法通过声音的修饰和字母的改变，利用某个给定的动词或名词的相似性，从而用相同的语词表达不同的事情。要达到一语双关的效果有许多不同的方法：（1）字母的缩短或缩约，比如："Hic qui se magnifice iactat atque ostentat, venit antequam Roman venit" ②（"这个举止高雅的人在来到罗马之前卖身为奴"）；（2）扩张相同的字母，比如："Hic quos hominess alea vincit, eos ferro statim vinciit" ③（"他马上用铁链捆绑这些掷骰子赢来的人"）；（3）延长同一字母的发音，例如："Hinc avium dulcedo ducit ad avium" ④（"鸟儿甜蜜的歌声把我们引到这个无路可寻的地方"）；（4）减少相同的字母，比如："Hic, tametsi videtur esse honoris cupidus, tantum tamen curiiam diligit quantum curiam?"（"尽管想要得到公共荣誉，但这个人对库里亚（元老院）的热爱能像他热爱库里娅一样多吗?"）；（5）增添字母，比如："Hic sibi posset temperare, nisi amori mallet obtemperare"（"如果不屈服于爱情，这个人能够规范他自己"）；（6）省略字母，比如："Si lenones vitasset tamquam leones, vitae tradidisset se"（"如果他能躲避这些像狮子一样的拉皮条的人，那么他就能投身于真正的生活"）；（7）字母的换位，

---

① 中文亦译为"文字游戏"。

② 句中"venit"是"veniit"的缩约形式。

③ 句中"vinciit"是"vincit"的扩张形式。

④ 句中第二个"avium"中的"a"在原文中是长音。

比如："Videte, iudices, utrum homini navo an vano credere malitis"（"瞧，陪审团，你们愿意相信一个任劳任怨的人，还是一个追求荣誉的人"）；(8) 改变字母，比如："Deligere oportet quem veils diligere"（"当你想要爱的时候，你必须选择这样的人"）。

这些方法都是些文字游戏，依赖于字母的轻微变化、延长、换位，等等。

【22】还有另外一些文字游戏中的语词的相似性不那么强，但并非没有相似性。下面是这种文字游戏的一个例子："Quid veniam, qui sim, quem insimulem, cui prosim, quae postulem, brivi cognoscetis."（"我为什么要来，我是谁，我指控谁，我帮助谁，我提的这些问题你们马上就能知道。"）在这个例子中，某些语词之间有某种相似性，但并不完全，不如上面提到的那些例子中的相似性那么强，但有时候毕竟还是起作用的。另一种文字游戏的例子是："Demus operam, Quitites, ne omnino patres conscripti circumscripti putentur."（"让我们来看，同胞公民们，元老院的议员们不能被认为是完全受骗了。"）在这一双关语中，语词的相似性比上一个例子强，但仍旧不如前面那些例子，因为它在添加了某些字母的时候也减少了某些字母。

也还有双关语的第三种形式，依据一个或多个专有名词的变格（polyptoton）。依据一个名词变格的例子，比如："马其顿的亚历山大①，从童年起就经历了千辛万苦，在他心中养成了美德。亚历山大的美德随着他的名声和荣誉远播全世界。亚历山大被所有人畏惧，然而人们又深深地热爱他。亚历山大要是能够比较长寿，那么马其顿人的长矛就会穿越大洋。"②这里发生变格的只有一个名词。使用几个名词的各种变格也会产生双关语，举例如下："当提比略·革拉古正在指引共和国的时候，有人用暴力杀害了他，使

① 亚历山大大帝（Alexander the Great），马其顿帝国的创建者（公元前356年—前323年），马其顿国王腓力二世之子，在其父被刺以后继承王位，有卓越的军事才能。

② 与英语的一般词序不同，拉丁语允许各种变格的专有名词置于句首。中文名词无变格，译文中的词序有调整。

他不能继续治国。盖乌斯·革拉古也落得个相同的命运，突如其来的阴谋使国家失去了这位英雄和爱国者。萨图尼努斯[①]在恶人中间是信仰的牺牲品，被一桩叛国罪剥夺了生命。啊，德鲁苏斯[②]，你的鲜血飞溅在你家中的墙壁和你母亲的脸上。当时只有他们对苏皮西乌[③]做出了各种让步，然而很快就被他迫害至死，乃至于死无葬身之地。”

最后这三种修辞手法——第一种依赖于相同的变格词尾，第二种依赖于相同的词尾，第三种依赖于双关语——很少用于实际场合，因为没有苦思冥想，要做出这样的发明似乎是不可能的。

【23】确实，这样的努力更加适用于娱乐性的讲话，而不是用于实际的案例。因此，把这些修辞手法放在一起使用会削弱演讲者的可信、感人和严肃。再说，除了摧毁演讲者的权威性外，这样的文体会引起冒犯，因为这些修辞手法具有风采和优雅，但缺少感人和美。宏伟的和瑰丽的东西能够提供长时间的快乐，而贴切的和优美的东西能很快地吸引听众，在所有感觉中听觉是最挑剔的。所以，我们要是把这些修辞手法放在一起使用，我们就好像是在用一种幼稚的文体逗乐；但若我们偶尔加以使用，多样化地零星散布在整篇讲话中，那么就可以给我们的文体增色，并且与主要的美化文体的手段保持一致。

当我们向对手提问，或者向自己提问，道出我们的对手喜欢说什么，或者能说出什么东西来反对我们，这种时候反问（hypophora）就发生了。[④]我们把自己必须说什么和一定不能说什么连在一起，说出怎样对我们有利，或者怎样对我们的对手不利，例如：“因此，我要问的是，被告变得如此富有的来源是什么？他得到丰厚的遗产了吗？但是他父亲的财产已经出售了。有

① 卢西乌斯·萨图尼努斯是残暴的罗马政客和政治谋杀者，全名 Lucius Appuleius Saturninus，公元前 103 年任保民官。

② 德鲁苏斯，全名马库斯·李维乌斯·德鲁苏斯（Marcus Livius Drusus），罗马演说家、改革家，公元前 91 年任保民官，公元前 90 年遇刺。

③ 苏皮西乌，全名 Publius Sulpicius Rufus，罗马政治家。

④ 有些罗马修辞学家把反问列为思想手段，而不是修辞手法。

人把遗产留给他了吗？这是不可能的，相反，他从来没有从他的任何亲属那里得到继承权。他由于履行公务而得到奖赏了吗，无论是过去还是最近？不仅不是这么回事，而且他本人最近还因为法律担保[①]而损失了一大笔钱。因此，众所周知，他不可能通过这些手段致富，他家里没有金矿，也不可能由于干违法的勾当而发财。”

【24】另外一个例子：“陪审团，我一次又一次地看到，无数的被告用某些高尚的行为来为自己辩护，连他们的敌人也不会对这些行为提出异议。我的对手不能这样做。他难道能用他父亲的美德来做自己的挡箭牌吗？正好相反，你们已经起誓判他死刑。或者说，他还能再回归他自己的原先的生活吗？什么生活，是高尚的生活吗？噢，这个人以前过着一种什么样的生活你们全都看到了。或者说，让他列举一下他的亲属，提到他们也许会使你们感动？但他什么亲属也没有。他会有朋友吗？只要想到这件事的可耻，就不会有任何人愿意被称做这个家伙的朋友。”又如：“你们无疑认为你们的敌人有罪，想把他召来审判，是吗？不，你们已经杀了他，而他还没有认罪。法律禁止这种行为，你们敬重这些法律吗？相反，你们决定说这样的法律甚至不能在律书中存在。当他提醒你们，他和你们有长久的友谊，你们为此而感动了吗？不，你们还是杀了他，甚至更加迫不及待地杀了他。当他的子女跪在你们面前时，你们感到怜悯了吗？不，你们表现得更加残忍，甚至不允许他们为父亲举行葬礼。”这种修辞手法充满活力，给人留下深刻印象，在提出“我们必须做什么”这样的问题之后，又接着说这件事还没有做。这就非常容易凸显这一行为的卑鄙。

反问这种修辞手法的另一形式是向自己提问，比如：“我被强大的高卢人包围了，现在我该怎么办呢？逃跑吗？但这样一来我们就只能分成小部队前进。再说，我们会处在最不利的位置。仍旧留在营地里吗？但我们既无增

① 这里的拉丁原文为“sponsio”，指民事诉讼的当事人之间的协议，官司打输了的一方要支付一笔钱。

援，又无军粮。抛弃营地吗？但我们的去路已被阻断。牺牲士兵们的生命吗？但我想我已经接受了约定，为了他们的祖国和父母，我要尽一切可能保全他们的生命。拒绝敌人的条件吗？但是士兵们的安全应当优先于辎重来加以考虑。”这种反问累积的结果就是使一切可能性变得明晰，使人明白没有其他更好的办法了。

【25】递升（climax）是一种修辞手法，演讲者一步步地推进，最后达到高潮，例如：“如果他们想要为所欲为，如果他们能够为所欲为，如果他们胆敢为所欲为，如果他们正在为所欲为，如果你们任随他们为所欲为，那么自由还有什么幸存的希望？”又如：“不去了解我就不明白这件事，我自己没有做过这件事我就不会去了解，我没有做过这件事也就不可能做完这件事，我没有做完这件事当然不会赞同这件事。”又如：“希腊帝国属于雅典人，雅典人被斯巴达人征服，斯巴达人被底比斯人征服，底比斯人被马其顿人征服，马其顿人在短短的时间里用战争征服了亚细亚，把亚细亚纳入希腊帝国的版图。”对先行词的不断重复是这种手法的一个特点，具有某些迷人的地方。

定义（definition）用简洁明晰的字眼把握事物的特点，比如：“所谓共和国的主权就是由国家的尊严与伟大组成的东西。”又如：“所谓伤害就是对某人施暴，侵犯他的人格，用下流的语言污辱他，或者用谎言破坏他的名声。”又如：“你的问题不在于节约，而在于贪婪，因为所谓节约就是小心地保存自己的财物，而贪婪则是错误地觊觎他人的财物。”再如：“你的行为不是勇敢，而是鲁莽，因为所谓勇敢就是为了达成一个有用的目标而在权衡利弊后不怕辛苦和危险，而鲁莽则是像角斗士一样去冒险，未经思考就承受痛苦。”定义被认为是有用的，其理由如下：它简洁明了地指出了事物的完整意义和特点，以至于用更多的语词来表述就会显得多余，而用较少的语词来表述则被认为是不可能的。

【26】简略回顾已经说过的话，或者简要说明下一步将要阐述的内容，这样的修辞手法称做过渡（transition），比如：“你们刚才已经知道他对自己

的祖国干了些什么，现在可以想一想对他的父母来说他是一个什么样的儿子了。”又如：“你已经知道我怎样帮助这位原告，现在你要了解一下他是怎么报答我的。”相对于两个目的来说，这种手法并非没有价值：它提醒听众演讲者说过些什么；它为演讲者下面要讲的话做准备。

修正（correction）就是订正已经说过的话，代之以更恰当的，比如：“但若被告问过他的主人，或者说哪怕是得到过暗示，那么这件事也就很容易完成了。”又如：“在我们所说的这个人征服，或者倒不如说被征服以后——因为一场征服要是给征服者带来的灾难多于好处，我怎么能够称他为征服者呢？”还有：“噢，美德的伴侣，妒忌，有谁不愿追随好人，对，乃至于逼迫他们。”这种修辞手法给听众留下深刻印象，因为用普通语词来表达观念是相当平淡的，而在演讲者自己做了修正之后，借助于更加恰当的表达，它就变得深刻了。有些人会说：“那么为什么不在一开始就选择最好的语词呢，尤其是在写作的时候，这样做不是更可取吗？”有时候这样做并不可取，开始的时候用普通的语词来表达思想，然后再用精选的语词使这个思想表达得更加深刻。但若你一开始就使用这个词，那么这个思想或语词的风采就不会被人注意。

【27】当我们说自己只是附带提一下，或者说我们不知道，或者拒绝现在就准确地说出想要说的意思，这样的修辞手法叫做省略（paralipsis），比如：“确实，你把你的童年归诸各种放纵，这一点我会在恰当的时候再加以讨论。但是现在，我建议还是不提了。我也偶尔听说，保民官说你没有按规定服兵役。还有，我听说你在伤害了卢西乌斯·拉贝奥[①]以后给了他满意的赔偿，但我认为它与我们当前要讨论的事情无关。这些事情我就不说了，现在让我们回到审判的这个问题上来。”又如：“我不提你从我们的盟友那里收取金钱的事，也不关心你掠夺了城市、王国和所有的家庭。你所有的盗窃和抢劫我都省略不提。”这种修辞手法，如果用于一件与当前讨论的事情关系

① 此处所指何人不详。

不十分密切、无须引起他人特别关注的事情，那是非常有用的，因为仅仅间接地提一下反倒有好处，或者说直接提起这些事会显得十分冗长，或者有损尊严，或者说不清楚，或者很容易受到驳斥。实际的结果是，用省略的手法引起一种怀疑比直接坚持一个会受到驳斥的陈述更加有利。

离散（disjunction）就是两个或多个从句中的每一个从句各以某个不同的动词结尾，比如："努曼提亚被罗马人摧毁（delevit）了，迦太基被铲平（sustulit）了，科林斯被破坏（disiecit）了，福莱格赖被推翻（evertit）了。努曼提亚人得不到体力上的帮助，迦太基人得不到军事上的帮助，科林斯人得不到计谋上的帮助，福莱格赖人与我们在习俗和语言上的亲缘关系也毫无用处。"还有："由于疾病，身体的美貌衰退（deflorescit）了；由于年迈，身体的美貌死亡（extinguitur）了。"在这个例子中，我们看到两个从句，以及在前面那个例子中，几个从句，都以不同的动词结尾。

聚合（conjunction）发生在用一个动词置于两个前行和后续的短语之间，比如："要么由于疾病，身体的美貌衰退了，要么由于年迈。"

把句子联系在一起的动词不是置于短语中间，而是置于句子开头或末尾，这就是添加（adjunction）。置于开头的，比如："Deflorescit formae dignitas aut morbo aut vetustate."（"身体的美貌衰退了，由于疾病或年迈。"）置于末尾的，比如："Aut morbo aut vetustate formae dignitas deflorescit."（"由于疾病或年迈，身体的美貌衰退了。"）①

"离散"适用于优雅地展示，所以我们可以有节制地使用它，不要过度；"聚合"适宜简洁，因此可以较为频繁地使用。这三种修辞手法是从同一种类型中产生的。

【28】重叠（reduplication）就是为了彰显和恳求怜悯而重复一个或多个词，例如："你在助长暴乱，盖约·革拉古，是的，你在助长内部的暴乱。"又如："当你的母亲抱着你的膝盖时，你难道不感动吗？你真的不感动吗？"

---

① 这里的中译文不能兼顾原文的词序。

又如："卖国贼，你现在竟然还敢进入这些公民的视线？我要说，卖国贼，你竟敢进入这些公民的视线？"相同的词重叠会给听众留下深刻印象，给对手造成重大伤害，就好像用一件武器反复刺穿身体的同一部分。

同义词并用（synonymy）或用同义词作解释（interpretation）是这样一种手法，它不是重复相同的词，而是用另一个意思相同的词来替代原有的词，比如："你从根本上颠覆了共和国，你从根基上铲平了这个国家。"又如："你邪恶地殴打你的父亲，你对你的父母伸出了罪恶的双手。"前一个表达法所体现的力量为后一个解释性的同义词更新，这个时候听众必定会感受到它的力量。

以互换的形式来表达两个有差异的思想，后者追随前者，尽管在意思上与前者不同，这种手法称做互置（reciprocal change），例如："吃饭是为了活着，但活着不是为了吃饭。"又如："我不写诗，因为我不能写我希望写的东西，也不希望写我能写的东西。"又如："能告诉的人没有告诉，不能告诉的人告诉了。"又如："一首诗必须是一幅能说话的画，一幅画必须是一首沉默的诗。"又如："假如你是个傻瓜，那么你应当沉默，然而，尽管你应当沉默，但你并不会因此而成为傻瓜。"不能否认，把这些对立的观念并列，并且变换位置，效果是很好的。

【29】当我们在讲话中说明我们在整件事情上屈服或顺从另一方的意愿，这种手法称做顺服（surrender），比如："我现在已经被剥夺了一切，只剩下灵魂和肉体，甚至连它们也将随着我的许多财富一道离开了我，所以我把自己交付给你和你的权力。你可以用你所认为的最好的方式使用我，甚至可以滥用我；你可以不受惩罚地对我做出任何决定；只要你说句话，做个手势——我都会服从。"尽管这种手法也经常在别的环境中使用，但它特别适合用来乞求怜悯。

无决断（indecision）发生在演讲者似乎在问自己，在两个或多个语词中最好用哪一个，比如："在那个时候，共和国受到极大的伤害，或者是由于——我必须说——元老们的愚蠢，或者是由于他们的邪恶，或者是二者兼有。”又如：“你竟敢这样说，你这个人——我该怎么叫你才好呢?”

排除（elimination）发生在这样的时候，我们就某事列举了几种谈论的方式，然后除了要加以坚持的那一种外，其他的全都放弃，比如：“事情已经很清楚，这块地是我的，而你说是你的，所以你必须说明你是怎么把它当做无主人的空地占有的，或是根据时效权[①]使它成了你的财产，或是通过购买，或是通过继承得到这块地。由于我是这块地的主人，所以你不可能把它当做无主的空地占有。甚至现在也不能根据时效权使它成为你的财产。土地买卖已经禁止。由于我还活着，所以我的财产不可能通过继承落到你手里。剩下唯一可能的就是你强行夺走了我的地产。”这种修辞手法会给推测性的论证提供最强有力的支持，但与其他手法不一样，它不是我们可以任意使用的，因为一般说来只有在事情的性质给我们提供了这样的机会时我们才使用它。

【30】无连接词（asyndeton）就是用几个不同的部分做出表述，不用连接词，比如：“孝顺你的父亲，服从你的亲属，满足你的朋友，服从各种法律。”又如：“进入一个完整的辩护，不要提出反对意见，严格审问你的奴隶，渴望得到事情的真相。”这种手法显得很活泼、很有力，适宜简洁的表达。

突然中止（aposiopesis）发生在这样的时候，演讲者说着说着，但某个意思还没有说完就停止了，比如：“你和我之间的竞赛是不公平的，因为，就我所关心的事情来说，罗马人——我不愿意再说了，免得有人会认为我骄傲。但你们罗马人经常可耻地考虑问题。”又如：“你竟敢说那个人最近在别人家里——我一点都不敢讲，免得这些事牵连到你的身上，我应该说的是这件事与我无关。”在这里，一种怀疑，不愿表达的意思比详细的解释更有说服力。

结论（conclusion）要用简洁的论证从已经说过的或从前做过的事情中推导出必然的后果，比如：“如果神谕启示希腊人，没有菲罗克忒忒斯的利

① 时效权（right of prescription）指通过长期使用而得到的权利。

箭就不能占领特洛伊，而这些利箭又只用来杀死阿勒克珊德，那么杀死阿勒克珊德也就相当于占领了特洛伊。”①

【31】剩下来的还有十种语词的修辞手法，但我不想任意地分布这些内容，而是把它们与上面的那些手法区分开来，因为它们全都属于同一类。它们确实拥有这样的共同点，语言脱离了语词的日常意义，并带着某种风雅在另一种意义上使用。

这些修辞手法中第一种是拟声构词（onomatopoeia），一样事物没有名字或者有一个不恰当的名称，这种时候就需要由我们自己来确定一个适当的词，要么是为了模仿，要么是为了印象深刻。为了模仿，例如，我们的祖先说“roar”（咆哮声）、“bellow”（公牛的吼叫声）、“murmur”（低语声）、“hiss”（蛇的嘶嘶声、嘘声）；为了印象深刻，例如：“这头畜牲攻击了共和国以后，这个国家起初一片喧嚣（hullabaloo）。”这种手法要尽量少用，免得新造词的频繁出现引起人们的反感；但若偶尔恰当地使用，那么人们会感到新鲜而不会感到冒犯，从而给文体增加了特色。

转换称呼（antonomasia）或用代词指称（pronomination）就是在某个对象不能用它的专名加以称呼的时候使用某种外在的称号。比如，假定有人提起革拉古兄弟，他会说：“当然了，阿非利加努的孙子不会像这样行事！”又如，要是有人讲起他的对手，他会说：“陪审团，你们瞧，这个虚张声势的流氓在这里是怎样威胁我的。”以这样的方式，我们可以在赞扬或批评的时候并非不优雅地用某些与身体形态、性格特点、外部环境有关的外在称号来代替确定的专名。

【32】转喻（metonymy）是这样一种修辞手法，用一个与之关系密切的事物的名称或与之相关的表达法来表示某个事物，而不是用它的本名。用一个较大事物的名称来代替较小事物的名称就算完成了转喻，好比有人谈到

① 句中的“希腊人”原文为达那奥斯人（Danaans），指阿尔戈斯王的后代，在荷马史诗中泛指希腊人。阿勒克珊德（Alexander），特洛伊王子帕里斯的尊称，菲罗克忒忒斯（Philoctetes），希腊神话中的著名弓箭手，他参加特洛伊战争，用箭射死帕里斯。

塔尔佩亚悬崖[①]时称它为“卡皮托利山”[②]；或者用被发明的事物的名称指代发明者的名字，比如可以用“酒”来称呼“利伯尔”[③]，用“小麦”来称呼“刻瑞斯”[④]；或者用所有者的工具来指代所有者，比如在提到马其顿人的时候说：“长矛不会那么快就占领希腊”，同样的说法也可以用于高卢人，“阿尔卑斯山那边的长矛不那么容易被赶出意大利”；或者用事情的原因来指代结果，好比讲话者希望某人在战争中做某事，他会说：“玛斯[⑤]强迫你做这件事”；或者用事情的结果来指代原因，好比我们把某种技艺称做懒惰的，因为它在人民中产生懒惰，或者说令人失去知觉的寒冷，因为寒冷使人失去知觉。内容可以用载体来指代，比如：“意大利不会在战争中灭亡，希腊也不会在学习中灭亡。”在这里指代希腊人和意大利人的是承载他们的土地。载体也可以用内容来指代，就好像有人想要给财富起个名字，就称它为金子、银子或象牙。在教原理的时候区别这些转喻比寻找它们更加艰难，因为人们大量地使用转喻，不仅在诗人和演说家那里，而且也在日常语言中。

迂回（periphrasis）这种讲话方式就是曲折地表达一个简单的观念，比如：“西庇阿的预见摧毁了迦太基的力量。”在这里，如果讲话者不想对文体做修饰，那么他可以简单地说“西庇阿摧毁了迦太基”。

倒置（hyperbaton）就是用倒装（anastrophe）或互换（transposition）的方法颠倒词序。所谓倒装的例子有：“Hoc vobis deos immortals arbitror dedisse virtute pro vestra.”[⑥]（“对此我把它视做不朽的诸神对你的恩赐，以奖赏你的美德。”）所谓互换的例子有：“Instabilis in istum plurimum fortuna valuit.

---

① 塔尔佩亚悬崖（Tarpeian Rock），位于罗马卡皮托利山。古罗马时，被判处死刑的罪犯在此被推坠崖。

② 卡皮托利山（Capitoline），罗马七山丘之一，最高处建有诸神庙宇。

③ 利伯尔（Liber），意大利古老的神祇，后来混同于希腊酒神。

④ 刻瑞斯（Ceres），谷物女神。

⑤ 玛斯（Mars），罗马战神，相当于希腊神祇阿瑞斯。

⑥ 最后三个词的正常词序应当是“pro vestra virtute”。

Omnes invidiose eripuit bene vivendi casus facultates.”[①]（“变化多端的命运女神对这个生灵实施了最大的权能。出于妒忌，他的所有生计都被夺走了。”）[②]这种类型的互换不会使意思变得晦涩，在我上面讨论过的环形句[③]中很有用；在环形句中我们必须把词序安排得接近诗歌的韵律，以便使环状句成为最圆满的。

【33】夸张（hyperbole）就是夸大真相的讲话方式，无论是为了强调事情的重要，还是为了削弱事情的重要。这种方式可以独立使用，也可以在比较中使用。独立使用的例子有：“如果我们想要保持国家统一，我们就要用日出和日落来衡量我们庞大的帝国。”在比较中使用夸张既可以表示相同，也可以表示更加优越。表示相同的例子有：“他的身体像雪一样白，他的脸像火一样红。”表示更加优越的例子有：“从他嘴里说出来的话比蜜还要甜。”同类型的例子还有：“他的兵力如此强大，与之相比，太阳的光芒都黯然失色。”

举隅（synecdoche）[④]发生在用部分喻指全体或者用全体喻指部分的时候。用部分喻指全体的例子有：“那些婚礼的笛声不是在提醒你他的婚姻吗？”在这里，整个结婚仪式是用一个象征，即笛声，来喻指的。用全体来喻指部分的例子，我们可以对一个用奢华的袍服或装饰品来炫耀自己的人说：“你向我们炫耀你的宝库，自夸你的富有。”在使用这种方法的时候，单数可以理解为复数，比如：“迦太基人的援助来自西班牙人，来自那锋利的长矛。在意大利也是这样，许多穿‘托袈’的人拥有相同的情感。”[⑤]复数也可以理解

---

① 句中的形容词与它修辞的名词分离，正常的应当是“fortuna valuit”和“casus facultates”。

② 此处例句的中译文仅为释义，无法体现词序。

③ 参见本文本卷第 19 章。

④ 或译“提喻”。

⑤ 句中的西班牙人、高卢人、穿托袈的人均为单数，托袈（toga）是罗马人的便服上装，种类繁多，罗马贵族子弟一般穿紫红色，帝王穿绛色，公职候选人穿白色。穿托袈的人指有公民身份的人。

为单数，比如："可怕的灾难用悲哀打击着他的胸膛，所以从他那积聚着深仇大恨的肺里发出阵阵喘息。"① 在前一个例子中，指人的地方可以理解为不只一个西班牙人、高卢人、罗马公民，而在后一个例子中只有一个胸和一个肺。在前一个例子中为了修辞优雅而减少了数量，在后一个例子中为了印象深刻而夸大了数量。

误用（catachresis）就是生硬地将语词用在不恰当的地方，比如："人的权力是短的"、"小小的高度"、"人的长长的智慧"、"巨大的语言"、"从事小小的谈话"。很容易理解这些词在这里有相近的含义，但却不是同义词，它们的意义由于用法不准确而发生了转移。

【34】比喻（metaphor）发生在把用于某个事物的语词移用到另一个事物，而由于相似性可以认为这种移用是正确的。使用比喻是为了创造一幅生动的精神图景，比如说"这场暴动用突如其来的恐怖唤醒了意大利"；也可以是为了简洁，比如说"最近抵达的这支部队突然抹去了这个国家"；也可以是为了避免猥亵，比如说"有谁的母亲会因为每天结婚而感到高兴"；也可以是为了夸大，比如说"人的悲伤和灾难都不能减轻这个畜牲的敌意，也不能舒缓他可怕的残忍"；也可以是为了缩小，比如说"他吹牛说可以在我们困难的时候给予巨大的帮助，但他只不过是在说风凉话"；也可以是为了修饰，比如说"总有一天，由于这些邪恶之徒而消退了的共和国的繁荣昌盛会由于元老们的美德而再次到来"。有人说过，使用比喻必须加以约束，比喻和被喻的事物之间要有相似性，不能无限地、鲁莽地、仓促地跳跃到一个不相似的事物上去。

讽喻（allegory）是一种讲话的方式，有些是用语词来表现一件事，有些是用词义来表现一件事。讽喻有三个方面：比较、论证、对照。在使用这种讲话方式时把一些相同的比喻放在一起，这个时候讽喻就要通过比较来进行，比如说："当狗在起着狼的作用时，请问，我们应当把我们的牛群托付

---

① 句中的胸和肺均为复数。

给什么样的看护者？”当比喻的相似性取自人、地方、物体，以彰显或削弱言说的对象时，讽喻就以论证的形式进行，比如，称德鲁苏斯为“革拉古兄弟的褪色了的再现”。讽喻也可以取自对照，比如嘲弄地把某人称做挥霍者和骄奢淫逸的吝啬鬼。基于对照的讽喻和基于比较的讽喻都可以通过比喻来进行论证。通过比较产生讽喻，比如“这个国王在说什么？说他是我们的阿伽门农，或者考虑到他的残忍，称他为我们的阿特柔斯[①]？”出于对照产生讽喻，比如我们可以称某个殴打父亲的不肖之子为“埃涅阿斯”[②]，称某个荒淫无耻的通奸犯为“希波吕特”[③]。

关于语词的手法我必须说的在上面基本上都已经说了。现在主题本身引导着我转向思想的手段。

【35】在一系列事情或人物中间确定某些专门的角色，这时候发生的就是配置（distribution），比如：“陪审员们，你们中间无论是谁，只要热爱元老院这个好名称，都必须痛恨这个人，因为他对元老院的攻击始终是最傲慢无礼的。你们中间无论是谁，只要希望骑士这个等级在国家中是最光彩的，都必须要求这个人接受最严厉的惩罚，使他不会用他个人的可耻行为玷污和羞辱这个最荣贵的等级。你们这些有父母的人，必须用你们对这个畜牲的惩罚来证明你们决不会认同不孝的人。你们这些有子女的人，必须树立一个榜样来表明我们的国家对这种人的惩罚会有多么严厉。”还有：“元老院的功能就是用咨询意见帮助国家；地方行政官的功能就是积极地执行元老院的意志；民众的功能就是通过投票选择和支持最佳的法律尺度和最适宜的人。”又如：“检举人的责任就是提出指控；被告的律师的责任就是对指控进行解释和驳斥；证人的责任就是说出他所知道的或听到的事情；法官的责任就是主

① 阿特柔斯（Atreus），迈锡尼国王，阿伽门农之父。

② 埃涅阿斯（Aeneas），特洛伊英雄，特洛伊王安喀塞斯（Anchises）之子。特洛伊城被攻陷时，埃涅阿斯冒着大火背着父亲逃出城去。

③ 希波吕特（Hippolytus），雅典王忒修斯（Theseus）之子，忒修斯的第二个妻子淮德拉（Phaedra）勾引他，被他拒绝。

持审判，使各方都能履行他们的责任。因此，卢西乌斯·卡西乌斯[1]，如果你允许证人争辩，用推测来进行攻击，超过了他所知道的和听到的范围，那么你就混淆了原告和证人的权利，在那些不诚实的证人的偏见的影响下，你会命令被告再次为自己辩护。”这种思想手段包含的内容很少，但含义非常丰富，因为通过确定各自的责任，每一方都得以严格的区分。

【36】面对那些我们心存敬畏或恐惧的人讲话，但是仍旧能行使自己的权利，大胆地讲出自己的见解，因为我们能正确地理解他们的错误，或者说我们的出发点是为他们好，这就叫做坦率（frankness）。例如：“尊敬的公民，你感到困惑，为什么每个人都在剥夺你的权益？为什么没有人为你辩解？或者说没有人声称要为你进行辩护？不要感到困惑，还是责备你自己吧。为什么他人就不应该回避和脱离你造成的这种局面呢？再想想那些曾经为你辩护过的人吧，想想他们的忠心，然后再想想他们最后的结果。正确地说，正是由于你自己的无动于衷，或者倒不如说由于你的胆怯，所有这些人都在你面前被杀害了。这都是由于你自己支持他们的敌人，从而造成了这一惨状。”还有：“陪审员们，你们犹豫不决，不知道该不该对这个恶人做出审判，或是允许他接受新的审判，你们的动机到底是什么？这些审理过的事实难道不像大白天一样清楚吗？它们不都已经有了证词吗？另外，他的答辩不都显得那么虚弱和琐碎吗？在这一点上，你们是否担心给他定罪会被人们误认为是残忍？而你们要是不敢给残忍的行为定罪，你们自己就会面临谴责，会被当做胆小鬼。你们已经遭受巨大的损失，私人的和公共的，而现在更大的损失迫在眉睫，你们却坐在这里打哈欠。白天的时候你们等天黑，天黑的时候你们等白天。每天都有麻烦事和不幸的消息宣布，而你们却还在与这些灾难的制造者妥协，以共和国的毁灭为代价喂养他，你们想要尽可能长时间地把他留在这个国家里吗？”

---

① 这里提到的这个法官是地方行政官，全名卢西乌斯·卡西乌斯·朗吉努斯·拉维拉（Lucius Cassius Longinus Ravilla）。

【37】如果这种坦率的语言显得太尖刻，那么会有许多缓和的方法，因为在坦率地发表意见以后，马上可以再加上一些这样的话："在此，我向你的美德祈祷，我向你的智慧恳求，我向你以往的习惯呼吁。"这样一来，赞扬的话就能舒缓由坦率激起的反感。其结果就是，赞扬使听众的愤怒和厌恶得以解脱，坦率使他们认识到自己的错误。这种友好的、警告式的讲话如果用在正确的场合，那是特别有效，它使听众认识到错误，而演讲者则显得既对听众友善，又忠于真理。

还有一些坦率的讲话是通过技巧来实现的。当我们对听众做出规劝，而听众也希望我们规劝他们时，这是一种讲法。或者当我们说"我们担心听众会如何接受"某些我们知道他们全都会接受的东西，"然而在真理的推动下，我们无论如何也要说出来"的时候，这是另一种讲法。我还要添加一些例子来说明这两种坦率。前一种坦率的例子有："同胞公民们，你们头脑太简单，性格太温和，你们对每个人都过于相信了。你们认为每个人都在努力做他向你们承诺过的事情。你们错了，你们长时间地抱着虚假的、毫无根据的希望，昏庸地到其他人那里寻求掌握在你们自己手中的东西，而不是由自己来实现它。"关于后一种坦率可见下例："陪审员们，我和这个人友谊深厚，然而这种友谊——尽管我担心你们会误解我的话，但我还是要说——被你们剥夺了。为什么呢？因为，为了得到你们的同意，我宁可把攻击你们的人当做我的敌人，而不是当做我的朋友。"

我已经说过，这种被称做坦率的思想手段要以两种方式处理：如果用词太尖刻，那就要用赞扬来加以舒缓；如果是后一种坦率，那么它不需要舒缓，因为这种坦率是虚假的，与听众的心智一致。

【38】当我们想说凭着本性、幸运、勤劳，我们，或者我们的当事人，得到格外丰厚的利益，但为了避免给人留下傲慢的印象，于是对想要表达的意思加以节制或软化，这个时候发生的就是打折扣（understatement），比如："陪审员们，我有权利这样说，凭着我的勤劳，我已经非常积极地掌握了军事技能。"如果讲话者在这里说他自己是"最好的"，那么他也许说的是真话，

但却会被误认为太傲慢。为了避免妒忌，或者为了确保得到赞同，他在表述时打了折扣。还有：“他犯罪是因为贪婪还是贫困？贪婪？他对朋友是最仁慈的，那是慷慨的标志，是与贪婪相反的德行。贫困？他的父亲给他留下的遗产——我一点儿也不希望夸大——绝不是一笔小数字。”在这里，“巨大的遗产”或者“一大笔遗产”的说法被回避了。我们从中可以得到提示，凡是在提到我们或我们的当事人所拥有的非同寻常的财产时要谨防妒忌。这种事情，如果你不小心处理，那么在生活中就会引起妒忌，而在讲话中就会引起反感。因此，正如在生活中要小心地避免妒忌一样，我们在讲话中也要谨慎地避免反感。

【39】生动（vivid）这种思想手段包含着对行为的后果做清晰明了、印象深刻的描写。比如：“陪审员们，如果你们投票赦免原告，那么这就好比马上从囚笼中放出一只狮子，或者像给其他野兽解开了锁链，他会逃离广场，然后磨利他的牙齿，攻击每个人的家园，咬死每一个生灵，无论是他的朋友还是他的敌人，无论是他认识的还是不认识的。他会到处践踏和杀戮，毁坏家园，从根本上动摇共和国。因此，陪审员们，把他赶出这个国家吧，让大家摆脱恐惧吧。最后，想想你们自己。如果你们不加惩罚地释放了这个畜牲，那么相信我，先生们，这头野兽下一步要攻击的就是你们。”

又如：“陪审员们，如果你们要重罚被告，你们马上就会用一道判决夺走许多生命。他年迈的父亲把晚年所有的希望寄托在这个年轻人身上，如果他死了，他的父亲也没有理由活在世上。他年幼的子女，由于没有了父亲的抚养，就会成为他父亲的仇敌嘲笑的对象。如果遭受这不应有的灾难的打击，他的整个家庭就要崩溃。而他的敌人，一旦赢得了这一最残忍的胜利，取得了沾着鲜血的棕榈枝①，就会对这些不幸者的悲惨命运欢呼雀跃，就会在行动和言语上目空一切。”

又如：“同胞公民们，你们中没有人会不明白一座城市沦陷后通常会有

---

① 棕榈枝象征胜利。

什么样的灾难。那些手拿武器抗击胜利者的人必定会遭到极端残忍的屠杀。而其他人，那些能承受苦役的青壮年会被掠去当奴隶，那些老弱病残者则会被杀戮。简言之，房屋会被敌人付之一炬，王亲国戚也会被拉出去。至于孩子们，有些会被当父母的用兵器杀死，有些就死在父母的怀抱里，还有些会当着他们的父母的面受到敌人的凌辱。陪审员们，后果不可言喻，这种巨大的灾难没有人能够用语言来描述。"

用这样的手法可以唤起人们的耻辱感和同情心，当一个行动的各种后果被当做一个整体来考虑时，后果就以一种清晰的文风准确地表述出来。

【40】划分（division）就是把一个问题的多种可能性区分开来，并用附加的理由分别加以处理，比如："我现在为什么要以某种方式责备你？如果你是一个正直的人，那么你不应该受到指责；如果你是一个恶人，那么你会无动于衷。"又如："我现在为什么要夸耀我的功劳？如果你们还记得，那么我的夸耀会让你们厌烦；如果你们已经忘了，那么我再做什么都没有用，更何况再讲一遍又能起什么作用呢？"又如："有两样东西会刺激人们去获取违法的收入：贫困和贪婪。我们知道你在和你的兄弟们分家时十分贪婪，我们现在又看到你十分贫困，一贫如洗。因此，你能说你现在没有犯罪的动机吗？"这种划分与我在第一卷中已经处理过的、构成演讲第三部分的、位于陈述事实之后的那种划分[①]有下列差别：前面讲的划分通过列举或阐释要在整个演讲中加以讨论的主题来进行，而在这里，划分只是展开自身，通过为两个或多个组成部分简洁地添加理由来修饰文体。

堆积（accumulation）发生在把散布在各处的要点收集在某处，使讲话显得印象更加深刻或尖锐，或者具有更多的责难意义。比如："我要问的是，有什么样的恶是这个原告没有的？要赦免他你们有什么理由？他是他自己的自尊的叛卖者，也是他人的自尊的伏击者。他淫荡、纵欲、暴躁、傲慢、对父母不孝、对朋友不义、对亲属不利。他冒犯长者，蔑视同辈，欺凌弱小。

---

① 参见本文第一卷第 10 章。

总而言之，任何人都无法忍受他。”

还有另一类堆积在推测性的案例中非常有用，有些意思如果分开来表达，就会显得比较弱，如果能把这些意思集中在某一个地方，就会使主题凸显，而且不会引起怀疑。比如：“因此，陪审员们，不要单独考虑我说过的这些事，而要把它们联系在一起考虑，把它们结合起来。”

【41】“如果原告从被害者的死亡中获利；如果原告的生活充满耻辱；如果他有一颗贪婪的心；如果他的家境十分贫困；如果这一罪行只会给他带来好处；如果没有其他人能用相同的技能犯下这一罪行，或者说他本人不能用别的更隐秘的方法犯罪；如果他完全没有否认犯罪的事实，完全没有做那些对犯罪来说不必要的事情；如果他不仅找了一个最恰当的犯罪地点，而且也选择了犯罪的最佳时机；如果他不仅处心积虑花了很长时间去完成这一罪行，而且也想尽一切办法隐瞒事实……此外还有，如果被害者在被杀之前只有原告一人在案发现场；如果在案发时有人听到被害者的声音；如果可以确定在凶杀发生以后原告在黑夜中回家，而第二天他在讲到被害人时又前言不搭后语——如果所有这些迹象，通过证人也好，通过拷问也好，都已经确证，而公众的看法也都认为这是事实，那么，先生们，综合考虑所有这些迹象以推导出明确的结论，而不是停留在怀疑上，就是你们的责任了。当然了，这些迹象中有一些也许是偶然的，出于对原告的怀疑，但把这些迹象从头到尾综合起来看，那么他肯定是作案者。这个结论不会是偶然的结果。”这种手法很有力，在推测性的案例中几乎总是最基本的，而在其他案例或几乎所有演讲中，也可以相机使用。

【42】优雅（refining）就是字斟句酌，讲述同样的论题，但显得像是在讲新的内容。完成它有两种方式：通过重复相同的意思；通过详细表述。我们不要完全一模一样地讲述同一件事——这样的话会使听众感到厌烦，不能做到优雅——而要有所变化。我们的变化有三种：语词的变化，表达方式的变化，论述的变化。

在首次表达了某个想法之后，我们可以用含义相同的术语再次或多次加以表达，这就是语词的变化，比如："当祖国处在危难之中的时候，聪明人不会认为有任何危险是必须加以回避的。当国家的平安有问题的时候，生来奉行善的原则的人无疑相信，为了捍卫共和国的幸福他绝对不能逃避生命的危险，为了祖国他必须下定决心投入战斗，无论这会给他的生命带来多大的威胁。"

表达方式的变化就是一会儿用谈话的语调，一会儿用充满活力的语调，伴以多变的语音和姿势，用不同的语词重复相同的意思，用这些手段，我们的表达方式就会变得引人注目。对此我们虽然不能完全有效地加以描述，但它的意义还是非常清楚的。因此在这里就不需要举例了。

第三种变化是论述上的变化，我们可以把某个思想转用对话的形式来表达，或者用鼓动的方式来表达。

【43】对话（dialogue）——我很快就会更加充分地讨论对话，[①] 在此仅简略涉及，只要能满足当前的目的就可以了——就是用不同人物的口吻来说话，保持他们的个性，比如（为清晰起见，我们延续上面的主题）："聪明人会想，为了祖国必须甘愿冒任何危险。他会经常对自己说：'我生来并非仅仅是为了自己，而且也要为祖国，并且更多的是为了祖国。总而言之，为了我的国家的解放，我愿意奉献命运赋予我的生命。祖国养育了我。直到现在，她仍旧在抚育我，给我安全和光荣。她用良好的法律、最好的习俗、最体面的教育保护着我的利益。对于我所得到的种种幸福，我该如何报答她呢？'聪明人经常对自己说这样的话，所以当国家有难时，他决不会逃避危险。"

还有，把表达的形式转换为鼓动（arousal）也是论述的变化，它不仅使我们自己的讲话显得充满激情，而且还起着激励听众的作用，比如："有谁拥有的推理能力如此虚弱，有谁的灵魂因妒忌而变得如此狭隘，以至于不肯热烈地赞扬这个人，不能明智地对他下判断，这个人为了祖国的解放、国家

---

① 参见本文本卷第 52 章。

的安全、共和国的繁荣，不怕任何艰难险阻，而无论情况有多么危险，在我看来，我恰当地赞扬这个人的愿望大于我这样做的能力，我肯定你们大家也都拥有这种不一定很恰当的情感。”

用语词、表达、论述这三种变化方式讲话时的主题各不相同。我们在使用论述的变化时，可以用两种办法使主题多样化：通过对话和通过鼓动。

当我们评论相同的主题时，可以使用多种变化。确实，我们在简洁地表达了主题之后，可以添加理由，然后再以另一种形式表达这个主题，此时可以有推理，也可以没有推理；① 再接下去，我们可以提出对立的陈述②（所有这些我都在讨论语词的手法时讨论过了）；然后，我们还可以使用比较和例证（对此我会在恰当之处再说）。③

【44】 最后是结论（主要的细节在第二卷中已经讨论过了，④ 当时我说明了如何结束众多论证；而在本卷中⑤ 我已经解释了作为语词手法的结论的性质）。由多种语词手法和思想手段组成的这种优雅文风可以是非常绚丽的。

所以，下面我们举例说明论述（treatment）的七个部分⑥，为了让你知道按照修辞学的规则用多种方式论述一个观念是非常容易的，我继续沿用上面那个例子中的主题。

“为了共和国的利益，聪明人不会逃避危险，因为一个人要是不愿意为他的国家牺牲，那么他必定会和他的国家一同灭亡，这种事情是经常发生的。进一步说，由于国家是我们全部利益的来源，所以国家给我们带来的任何不利都不能视为苛刻。⑦

---

① 参见本文本卷第 17 章。

② 参见本文本卷第 18 章。

③ 参见本文本卷第 45—49 章。

④ 参见本文第二卷第 30 章以下。

⑤ 参见本文本卷第 30 章。

⑥ 这里讲的七个部分就是上面两段中提到的：简洁地表达主题、添加理由、以另一种形式表达主题、提出对立的陈述、使用比较、使用例证、结论。

⑦ 这里使用推论。

“所以，我要说那些不顾国家利益而逃避危险的人是非常愚蠢的[①]，因为这种不利是他们无法逃避的，他要是这样做就犯下了对国家不感恩的罪过。[②]

“从另一方面来说，甘冒危险、愿意为国牺牲的人被认为是聪明的，因为他们报答了他们的国家，愿意为众多的同胞去死，而不是和他们一起死。在受到自然逼迫的时候，你把源于自然的生命还给自然，而在你的国家召唤你的时候，你不肯把你由于国家才得以保存的生命献给国家，那是极为不公正的。当你可以带着最伟大的英雄气概和荣誉为国捐躯的时候，你却宁可苟且偷生；你愿意为朋友、父母、其他亲属冒险，却拒绝为共和国冒险。而共和国这个名称包含祖国这个最神圣的名称在内。[③]

“航海的旅行者宁可考虑自己的安全，而不顾航船的安全，这样的人应当受到轻视。处在共和国的危难之中的人只顾自己的安全而不顾公共安全，这样的人更应当受到谴责。因为航船失事，还会有某些乘客脱险，而国家这艘航船一旦翻了，那就无人能够安然无恙。[④]

“在我看来，德修斯[⑤]非常明白这个道理，为了拯救军团，他舍身冲入敌阵，献出了自己的生命。他虽然献出了自己的生命，但并没有抛弃它，因为他以微小的代价拯救了大量的生命。他虽然献出了自己的生命，但换来的是他的国家的安全。他虽然失去了生命，但他得到了荣誉，人们世世代代赞扬他，他的英名与日月同辉。[⑥]

“如果理性已经说明应当誓死捍卫共和国，如果例子已经证明为了捍卫

---

① 这里用一种新的形式表达主题。

② 这里用了推论。

③ 这里用对立的陈述做论证。

④ 这里用对照做论证。

⑤ 德修斯，全名普伯里乌·德修斯·穆斯（Publius Decius Mus），罗马民族英雄，与他的父亲同名，在公元前295年抗击萨莫奈人（Samnites）的珊提伦（Sentinum）战役中为国捐躯。而他的父亲在公元前340年与拉丁人的战斗中也有同样的行为。这个故事成了罗马爱国主义的历史典范。

⑥ 这里在用举例的方式进行论证。

共和国不能逃避任何危险，那么在祖国的安全受到威胁时不避艰险的人应当视为聪明人。”①

所以，优雅的文体就是由上述类型组成的。我对它的讨论已经相当详细，它不仅使文章有力，讲话有特色，而且是迄今为止我们的文体技巧训练的最重要方式。因此，平时脱离真实场景进行这种训练是有益的，而到了真正的申辩时就可以把这些手段用于论证的修饰，对此我在第二卷中已经讨论过了。②

【45】长时间地停留或经常回复到整个案例所依赖的最强的论题，这就是滞留（dwelling）。这样做非常有好处，是优秀演说家的特点，因为它使听众没有机会把他们的注意力转移到其他论题上去。我不能给这种手法添加一个非常恰当的范例，因为这个问题不像肢体一样可以与整个案例分割，而是像血液一样渗透在整个演讲中。

通过对偶就会碰上对立的陈述。我在上面已经解释过，它既属于语词的手法，比如“你自己已经表明，你对敌人抚慰调和，对朋友毫不留情”；又属于思想手段，比如“当你们探究他遇到的麻烦时，这个无赖对国家的毁灭兴高采烈；当你们对命运感到绝望的时候，只有这个恶棍对他自己的前景充满信心”。这两种对偶之间有这样的区别：前一种对偶由语词的尖锐对立构成；后一种对偶则是相反的思想通过比较而相遇。

比较是一种把相同成分贯穿于不同事情之中的讲话方式。这种手法也可以用于修饰、证明、澄清、生动。还有，与这四个目标相应，它有四种表现形式：对照（contrast）、否定（negation）、细节并行（detailed parallel）、节略对比（abridged comparison）。在使用比较时，我们可以针对要实现的目标采用相应的表现形式。

【46】在对照的形式中，为了修饰，可以这样使用比较：“与体育场上发

① 这里在做结论。

② 参见本文第二卷第 18 章、第 30 章。

生的事情不一样，在那里举行骑马火炬接力赛的时候，递送火炬的人要跑得比接受火炬的人快，而执掌一支军队的新将军不会优于卸职的老将军。因为在前一种情况下，递送火炬的骑手在竭尽全力把火炬递给下一位新骑手，而在后一种情况下，一位富有经验的指挥官把军队交给一位没有经验的指挥官。”如果不用比较，这段话可以说得非常简单、清晰、合理，只要说“他们说较差的将军从较好的将军手中接管军队是常有的事”。但是比较可以用于修饰，使文体具有某种特色。它还可以用对照的形式来表现。因为，在否认其他事情与我们断定为真的事情相同时，我们就是在用对照的形式进行比较。

为了证明而进行的比较也可以用否定的形式，比如：“一匹未经驯服的马，无论天性多么优良，不可能适合役使；一个未经教养的人，无论天赋多么优良，也不可能获取美德。”这个思想在这里被表达得更为合理，因为当我们看到要是连一匹马未经驯服都不能役使的时候，就更容易相信没有文化就不能确保美德。在这里，使用比较的目的是为了证明，而且又以否定的形式出现，这一点从这个比较一开始就可以看得很清楚。

【47】进行比较的目的也可以是为了更加清晰，并以节略的形式出现。比如：“保持友谊就像赛跑一样，你必须训练你自己，不仅要按实际需要尽可能跑得远，而且要凭着意志和体力竭尽全力，这样你就比较容易跑过终点。”这一比较所起的作用确实能使那些原先由毁损者提出来的贫乏推论变得清晰，这些人好比说是朋友遗孤的监护人，一名参加赛跑的选手必须尽快跑到终点，而有着善良意志的朋友为了忠于友谊，他的所作所为甚至可以超过他的朋友能够接受的范围。还有，这个比较以节略的形式出现，它所使用的术语并非毫不相干，而是相互交织在一起。

为了增强生动性也可以使用比较，并以细节并列的形式出现。比如：“让我们想象有位弹竖琴①的演员在台上表演。他衣着华丽，身穿镶金边的

① 此处竖琴的原文为“lyre”，音译“里拉”，古希腊的一种七弦竖琴。

绣花上衣，披着紫色绣花披风，头戴镶着硕大明亮珠宝的金冠，手持饰有黄金和象牙的竖琴。另外，他人长得非常俊美，一举手、一投足都显示出雍容华贵。但他若是在用这些手段激起公众对他巨大的期盼，那么他应当保持沉默；如果他突然发出刺耳的声音，伴以令人厌恶的姿势，那么他身上的饰品越多，激起的期盼越大，他受到的讽刺和嘲笑也就越多。以同样的方式，一个身居高位的人，要是生来就拥有丰富的资源，又得到幸运女神的垂青和自然的馈赠，然而，他要是缺乏美德和教导美德的技艺，那么他在其他方面越富裕，他的优越性越明显，他激起的人们对他的期望越高，他在与好人打交道时会受到的讽刺和嘲笑就越多。”这个比较，通过修饰两个做比较的对象，并通过并列的方法描述一个人的愚蠢和另一个人的无教养，使二者发生联系，从而生动地把他们呈现在众人面前。还有，这种比较以细节并列的形式出现，因为一旦确定了二者有相似之处，那么其他所有成分也就联系在一起了。

【48】我们在使用比较的时候要小心，我们必须明白自己引入那些表现相似性的恰当语词为的是表达相应的想法。下面就是一个例子："正如燕子在夏天会和我们待在一起，而在严寒的逼迫下会离我们而去一样……"如果我们继续同一比较，并使用比喻的手法，我们就说："所以，假朋友在我们平安的时候会和我们在一起，一旦看到我们命运中的冬天，他们就一个接一个地全都飞走了。"要是能够经常注意眼前一切事物之间的相似性——有生命的和无生命的、无声的和有声的、野生的和家养的，天上、地下、海里的，技艺、机遇或自然带来的，平常的或异常的——能从这些事物中找到某些相似性，用于文体的修饰、证明、澄清和生动，那么要发明一个比较是容易的。两样事物之间的相似性不需要完全相同，但我们必须把握可以用来做比较的那个确定的地方。

【49】举例（exemplification）就是引用某些已经完成的事情或者过去说过的事情，伴以行为者或作者确定的名称。举例的某些动机与比较是一样的。当举例是为了美而并非为了其他目的时，它可以把一个思想表达得更加

鲜明；举例可以照亮原先晦涩的东西，使思想变得比较清晰；举例可以使思想更加逼真，从而使它更加可信；举例把事情表达得非常清澈，就好像可以用手触摸一样，从而使思想变得生动。要是我在讨论文雅的时候没有证明举例的性质[①]，也没有在讨论比较时说明举例的动机，[②]那么我在这里就会添加每种类型的举例的个别样品。但我不愿意使我对举例的讨论变得过于简洁，以至于难以理解，也不愿意使它过于冗长。

直喻（simile）[③]就是用两个事物之间的某种相似性进行比较，既可用于赞扬，也可用于谴责。用于赞扬的例子有："他像最强壮的公牛一样投入战斗，他像最狂暴的雄狮一样迅疾。"用于谴责以激发仇恨的例子有："这个恶人每天都像一条头上有冠毛的毒蛇似的溜到广场上来，嘴里长着弯曲的毒牙，眼里放射着毒光，口里嘶嘶作响，环顾四周，伺机从喉咙口喷出毒汁——用他的嘴唇涂抹，用他的牙齿注射，用他的舌头溅洒。"用来引发妒忌的例子有："这个炫耀富有的家伙全身珠光宝气，就像库柏勒女神的、被阉割过的弗里吉亚祭司[④]，或者像一个占卜者。"用来激起轻视的例子有："这个家伙就像一只蜗牛，静静地躲藏在壳里，要走的时候就驮着房子一起走，要是被吞吃了，就得连壳一起吃。"

描述（protrayal）就是用语词足够清晰地描写某些人的身体相貌，达到很容易辨认的地步，比如："陪审员们，我说的这个人粗鲁、矮小、驼背，有点儿卷曲的黄头发、灰眼睛，面颊上有一个很大的疤。你们也许能想起他来。"如果你们想要指证某人，那么这种手法不仅有用，而且可以做到简洁和清晰。

【50】性格描述（character delineation）就是用具体的特点来描写一个人的性格，就像做标记一样。例如，你要是希望描写一个并非真的富有但又非

---

① 参见本文本卷第 44 章。

② 参见本文本卷第 45 章。

③ 亦译为"明喻"。

④ 库柏勒（Cybele），最初为弗里吉亚女神，后来对她的崇拜于公元前 204 年引入罗马，有时被当做众神之母，有时被等同为大地女神。

常喜欢夸耀自己富有的人，那么你可以这样说："陪审员们，这个所谓的富人认为自己应当受到尊敬，那我们就先来看一看他给我们带来了一幅什么样的景象。他似乎在对你们说：'如果你们不想试探我的耐心，那么我会给你们一些好处！'是的，当他用左手托着下巴的时候，他在想自己佩戴的闪闪发光的金银珠宝会令所有人眼花缭乱。当他转向他在这里的小奴隶时——在场的只有一个，我认识他，而你们不认识——他一会儿用这个名字叫他，一会儿用另一个名字叫他，然后又用第三个名字叫他。他说：'喂，萨尼奥，上这儿来，瞧瞧这些野蛮人，别把东西打翻了。'这样一来，不知真相的听众会以为他在这里有许多奴仆，而他正在召唤其中的一个。他贴近那个奴才的耳朵，吩咐他去安排家中的晚餐，把吃晚饭用的躺椅放好[①]，或者说要他的叔父给他召一个埃塞俄比亚人来侍候他洗澡，或者要他在门前备好阿斯图里亚人制造的华丽的车子，或者准备其他可以炫耀富有的奢华物品。然后他大声叫喊，让所有人都能听到，'要是可能的话，在天黑以前把钱仔细数一数'。那个熟知主人性格的奴才应声说道：'你要是想今天就数完，那么你最好派更多的仆人去那里。'他回答说：'那你就带利巴努斯和索西娅一起去吧！''遵命，我的主人。'

"然后，要是有客人突然到来，是他过去在国外旅行时邀请过的，你们要知道，这个人在这种情况下是相当窘迫的，但他仍旧不会停止他与生俱来的恶习。他会说：'来得好，但你们最好直接去我家。'客人们会说：'要是我们知道你家在哪里，我们当然会去。''无论谁都知道我的家在哪里，很容易找。不过，还是跟我一起去吧。'

"这些人就跟着他去了。这时候，他一边走一边吹牛。他会问：'田野里的庄稼长得怎么样？'他会说由于他的一些庄园最近失火被毁，所以他不能带他们去庄园，暂时也还不敢重建，'当然了，我在图斯库兰的庄园已经开始一项庞大的建设计划，就在原先的废墟上重建'。

---

① 罗马贵族举行宴会时，倚靠在躺椅上吃喝。

【51】“说着说着，他们来到一所房子前，那里正在准备举行宴会。就好像认识这家的主人似的，这个无赖带着他的客人走了进去。他对他们说：‘这就是我现在住的地方。’他查看了摆放好的银餐具和宴会用的躺椅，并表示满意。一个小奴仆走过来，大声对他说主人就要到了，请他们离开。这个无赖说：‘没错，让我们先离开吧，我的朋友们。我的兄弟刚从法勒尼亚人的国家回来，现在我要去接他。请你们四点钟一定到这里来。’客人们走了。这个无赖也赶紧跑回家去。到了下午四点钟，客人们如约来到这里。他们询问这个无赖在哪里，问这座房子的主人是谁，结果发现自己上当受骗了，这里原来是一家酒店。

“第二天他们看见这个无赖，于是就把事情经过告诉他，并且埋怨和指责他。他向他们保证说，是他们迷了路，两个地方太相似了，而他昨天不顾自己的身体健康，一直等候他们到半夜。然后他吩咐他的仆人萨尼奥去借餐具、桌布和侍仆，而他的小奴才也相当机灵地答应照办。这个无赖领着他的客人回家。他说自己暂时住在这里，因为他把自己最大的庄园借给一个朋友举办婚礼了。仆人萨尼奥回来报告说这位朋友不愿归还银餐具，害怕丢失。这个无赖大声吼道：‘你给我滚出去。我给了他庄园，给了他所有的家奴。难道他还想要我的银餐具吗？不过，尽管我有客人，还是让他用吧，我们用萨弥亚人造的瓷器也就可以了。’

“我还有必要往下说吗？这就是这个吹牛皮说大话的人在一天里发生的事，就是花一年时间也说不完。”

这种性格描述很有吸引力，适宜用来描写每个人的天性，因为它栩栩如生地揭示了一个人的整个品性——我举的是一个吹牛者的例子，描述的对象也可以是妒忌者、浮夸者、守财奴、野心家、情人、酒色之徒、盗贼、告密者——总而言之，用这样的描写可以把人心中占主导地位的欲求揭示出来。

【52】给人物确定某些能体现性格特征的语言也就构成了对话[①]，例如：

---

① 参见本文本卷第 43 章。

“城里布满了士兵，市民们充满恐惧，待在家里不敢出来，而这个家伙就在这个时候出现了。他身着军服，手持大刀和标枪。三个与他同样装束的年轻人紧跟其后。他突然冲进这所房子，大声吼叫：‘这所房子的主人在哪里？这个富人在哪里？为什么不站出来？你们都哑巴了！’这家人全都惊呆了。这个不幸者的妻子流着眼泪，跪在这个畜牲的脚下说：‘求求你，可怜可怜我们吧，放过我们吧。毁灭不能使被毁者复生。善用你的好运吧。我们也会有好运的。请记住你是一个人。’‘别在我面前掉眼泪，把他交出来。他逃不掉的。’

“这家的主人听到这个家伙闯进来，也听到了他发出的死亡威胁。听了这些话，他对孩子的仆人说：‘哈克，高尔吉亚，把他们藏起来，保护他们，尽力把他们抚养成人。’还没把这些话说完，那个家伙出现了，说：‘你还在这里？你这个笨蛋，我的声音把你吓死了？用你的鲜血来平息我的仇恨和愤怒吧！’主人带着自尊的神情说：‘我怕你不能真正地征服我。现在我明白，你不希望在法庭审判时与我对责，但只有在法庭上的失败才会带来耻辱，法庭上的胜利才会带来荣誉。你想杀了我。没错，我会被你杀死，但我就是死了也不会被你征服。’‘你死到临头还在装模作样！你现在已经无处可逃了，你难道不肯向我讨饶？’主人的妻子说：‘不，他实际上已经向你讨饶了。我求求你，可怜可怜我们吧。我的天哪，他不是已经抱着你的膝盖在求饶吗。过去他控制你。过去他占了上风，但是现在你占上风了。’主人说：‘我的妻子，不要再说这些无益的话。不要说了，做你自己的事去。至于你，你怎么不动手，来吧，杀了我！我死了，你难道就不会失去享受生活的所有希望？’那个闯入者相信了这个流泪的妇女，我敢肯定，当房主开始说一些其他高尚的事情时，他把大刀收了起来。”

我想，在这个例子中，每个人说的话都与他的性格相合，这一点在对话中必须坚持。

还有一种类似的假设性的对话，比如说：“如果你们真的做出这一判决，那么让我们想一想这些人会怎么说。每个人都会说：……”这个时候就可以添上他们要说的话了。

【53】拟人（personification）就是把不在场的说成在场，或者赋予不会说话的事物、人造的事物以某种与其性质相合的、确定形式的语言和行为。比如：“要是这座战无不胜的城市现在能说话，那么她难道不会说：‘我，远近闻名的城市，有无数的胜利纪念碑装扮，无条件的胜利使我富有，使我繁荣昌盛，但是我现在非常苦恼，噢，公民们，这是因为你们的纷争。迦太基的阴谋诡计、努曼提亚久经考验的军队、哥林多精美的文化，都不能使我动摇，然而你们现在却由于自身的虚弱而被人踩在脚下？’”又如：“如果伟大的卢西乌斯·布鲁图[1]能够复活，在这里对你们讲话，那么他难道不会对你们说：‘我驱逐了国王，你们带来了暴君。我创造了自由，但现在已荡然无存，我创造的东西你们并不想保存。我冒着生命危险解放了我们的祖国，而你们在没有任何危险的时候也不关心自由。’”拟人可以用于各种不会讲话的无生命的事物。在“彰显”和“恳求怜悯”名目下的那些部分中[2]最有用。

通过夸张可以起到强调（emphasis）的作用，在这种时候对事实的言说超过事实真相，以便引发更大的怀疑，比如：“在如此短暂的时间里就放弃了如此巨大的遗产，这个人甚至还没有来得及为自己购置一个用来生火取暖的瓦盆。”

通过歧义（ambiguity）也可以起到强调的作用，在这种时候一个词可以取两种或多种含义，但却旨在演讲者想要表达的意思，比如，你要是提到一个有很多遗产的人，就可以说：“Prospice tu, qui plurimum cernis.”[3]（“你们只要看一看就行了，这个格外精通如何继承遗产的人。”）

【54】正如我们必须避免那些使文体晦涩的、意义不明确的话语，我们

① 全名卢西乌斯·朱尼乌斯·布鲁图（Lucius Junius Brutus），罗马首任两名执政官之一。罗马废除王政后实行执政官制，由两名权力相等的执政官统治，任期一年。

② 参见本文第二卷第 30—31 章。

③ 这句话中的“cernis（原形 cernere）”一词有两个意思：一是“看、识别”；一是在法律用语中表示“继承遗产”。

必须寻找那些能够起到强调作用的话语。如果我们了解并且注意语词的双重或多重含义，那么这样的话语很容易找到。

从某个特定境遇中推论出某些事情，从而引起怀疑，这时候就是在通过逻辑推论起到强调的作用，比如对一个鱼贩子的儿子说话，你就可以说："你给我住嘴，你父亲用袖子擦鼻子。"①

要是我们开始叙说某事，然后短暂地停顿一下，让我们已经说过的话有足够时间激起疑心，这就是通过突然中止②来起到强调的作用。比如："他那么年轻，长得那么英俊，最近在一个陌生人的家里——我不想再多说了。"

当我们引用某些类似物，但并不夸大，通过它来表示我们正在想着的内容，这就是通过类比（analogy）来起到强调的作用。例如："萨图尼努斯③，你不要过分依靠这些暴民——他们欺骗革拉古兄弟的罪行不可饶恕。"

使用这种手法有时会产生极为生动的效果和特色，它确实允许听众本人去猜想演讲者没有提到的内容。

简要（conciseness）就是用非常少的基本语词表达一个思想。比如："他顺路占领了莱姆诺斯，然后在摧毁庇提尼亚的城市西乌斯以后离开了位于塔索斯的军营；接着在返回赫勒斯旁的途中，他又占领了阿卑都斯。"又如："在担任执政官以后，他成了这个国家的元首；然后他向亚细亚进发；然后他被宣布为公敌，遭到流放；此后他成了军队统帅，最后又第七次担任了执政官。"④简要就是用有限的语词表述许多事情，因此经常使用，要么是在事实不需要做长篇解释的时候，要么是在时间不允许演讲者停滞于陈述事实的时候。

【55】当某个事件被语词描述得好像事情就在眼前发生那样生动，这就

---

① 这种说法相当普遍，"用袖子擦鼻子"的人指自由民，参见第欧根尼·拉尔修：《著名哲学家的生平和著作》第4卷第46章。

② 参见本文本卷第30章。

③ 参见本文本卷第22章注释。

④ 这里讲的是罗马将军、政治家马略，全名盖乌斯·马略（Gaius Marius，公元前157年—前86年），公元前107年首次担任执政官，以后多次当选。

是直观演示（ocular demonstration）。要达到这一效果，我们可以把伴随事件始末的那些事情都包括在内，或者把事件的后果和相关境遇包括在内。比如："革拉古看到民众群情激愤，他们担心在元老院的敕令下革拉古会改变主意，于是革拉古就下令召集公民大会。就在这个时候，这个心里充满阴谋诡计的家伙向朱庇特[①]神庙扑来。他脸上流着汗，双眼冒着凶光，头发倒竖，斜披托袈袍。他加快了步伐，其他一些同伙紧随其后。当传令官提醒革拉古要注意的时候，这个家伙一屁股坐在板凳上，用右手折断一条板凳腿拿在手里，并命令其他人也这样做。在革拉古开始向诸神祈祷的时候，这些家伙从四面八方围上来，开始攻打他，这些人中有一个高声叫道：'逃跑吧，提比略[②]，逃跑吧！你看到了吗？看看你的背后！'然后这个变化无常的暴徒突然感到害怕，想要逃走。但是这个家伙嘴里吐着污言秽语，气喘吁吁地挥舞着兵器冲了上来，革拉古还没有反应过来，站在那里没有移动，结果就被刺中了。革拉古没有叫喊，而是无声地倒地，他没有失去他的男子汉气概。这个凶手身上溅着这位最勇敢的英雄的令人怜悯的鲜血，他看着革拉古，好像自己完成了一件最高尚的行为，他快乐地向他的追随者招手，然后进入朱庇特神庙，就好像他们在向他表示祝贺。"通过这样的叙述，直观演示可以有效地凸显事实，激起听众的怜悯，因为它把整个事件展示在我们眼前。

【56】在此，我已经仔细收集了所有修饰文体的原则。赫瑞纽斯，如果你能勤奋地加以练习，那么你的讲话会非常感人，富有特色和魅力。其后果，你会像一名真正的演说家一样讲话，你创作的演讲不会贫乏粗糙，也不会用语平淡。

现在让我们再次一道坚持我们的探索（因为这件事与我们双方都有关），通过长期的、坚持不懈的学习和练习，掌握这门技艺的理论。由于三个主要原因，其他人会认为这样做很困难：他们找不到人和他们一起快乐地练习；

① 朱庇特（Jupiter），罗马主神，相当于希腊主神宙斯，众神之父。

② 革拉古，全名提比略·塞普洛尼乌·革拉古。

他们缺乏自信；他们不知道需要遵循什么样的正确道路。而对我们来说，这些困难都不存在。我们乐意一起练习，因为我们有着深厚的友谊，这种友谊不仅源于血缘关系，而且还在学习哲学中得到增强。我们并不缺乏自信，因为我们并非没有任何进步，在我们的生活中也还有其他一些更好的学问要我们更加热心地追求。因此，哪怕在公共演讲方面没有达到我们的目标，我们的整个完善的生活所遭受的损失也很小。最后，我们知道应当遵循什么样的道路，因为这几卷书已经把修辞学的原则都包括在内了。

我确实已经说明了怎样在各种类型的案例中寻找想法。我已经告诉你应当怎样配置这些类型才是恰当的。我已经揭示了表达的方法。我已经教导你怎样才能有个好记性。我已经解释了如何确保文体优雅的手段。如果我们遵循这些原则，那么我们的开题会非常敏捷，我们的配置会清晰有序，我们的表达会感人而又文雅，我们的记忆会长期可靠，我们的文体会鲜明动人。除此之外，修辞学没有别的内容。如果我们用勤奋的练习来补充这些理论教条，我们就能获得所有这些能力。

论 开 题

提 要

本篇是一部不完整的修辞学著作，拉丁文的标题是“Rhetorici Libri Duo, Qui Vocantur De Inventione”，英文译为“Two Books on Rhetoric, Commonly Called on Inventoion”，意思是“修辞学两卷，通常称做论开题”，中文标题译为“论开题”。西塞罗时代的修辞学著作一般包括开题、布局、表述（或文体）、记忆、表达五部分内容。从本篇最初的题目“Rhetorici Libri”来看，作者的最初计划是写一本完整的修辞学。但他只完成了第一部分，所以用“论开题”这个名称可以较好地突出本篇的中心内容。

西塞罗在他后来的著作中提到过这篇。他说：“这些不完整的、粗浅的文章出自我少年时期而非青年时期的笔记本，几乎配不上我现在的年纪和我从亲身经历的许多重要场合得来的经验。”①除了西塞罗自己的这段陈述以外，人们对本篇的写作时间一无所知。仅凭这段话中提到的“青少年”难以推算准确的年代。由于篇中没有提到过晚于公元前 91 年的任何事件，而这一年西塞罗 15 岁，所以可能性最大的是，本篇是在公元前 87 年，即西塞罗 19 岁的时候发表的。西塞罗把这段时间称做“青少年时期”。

这个时候，西塞罗正在学习演讲术。这是一部不太成熟的作品，笔法比

① 西塞罗：《论演说家》第一卷，第 2 章。

较生硬，除了导言部分外，不像西塞罗的晚期作品那样文采飞扬和思想深刻。它实际上是一个详细的读书笔记或课堂记录，在当时能够发表是很偶然的。

本篇与西塞罗的其他修辞学著作的关系是学者们关心的另一个问题。题献给赫瑞纽斯的《论公共演讲的理论》是一本完整的修辞学著作，而本篇则是不完整的。在两本著作中都作了阐述的共同部分，二者具有高度的相似性。由此似乎可以推测这两本著作源于同一部希腊人的修辞学教科书，而西塞罗在学习修辞学的过程中或多或少地使用了一些在罗马已经开始流行的拉丁语的修辞学专门术语。

全篇分为2卷，共115章，译成中文约9万字。

正　文

第一卷

【1】我经常严肃地与自己争论，人和社团是否已经由于修习演讲术和醉心于雄辩术①而接受了较多的善与恶。因为，当我考虑国家大事、在心中回想那些古代的伟大城邦的灾难时，我看到没有任何灾难是雄辩家带来的；而另一方面，当我开始在文献记录中搜寻我们这代人还能记得起来的这个时期之前的事件时，我发现许多城市已经建立，众多战争的火焰已经熄灭，而最坚强的同盟和最神圣的友谊不仅要依靠理性来建立，而且也会在雄辩的帮助下变得比较容易。经过长期的思考，在我看来，理性本身已经引导我得出这样一个首要的看法，没有雄辩的智慧能给国家带来的好处微乎其微，而没有智慧的雄辩一般说来极为有害，不会有任何帮助。因此，如果有人忽略学习

① “雄辩（eloquence）”一词亦可译为“修辞”或“口才”。

哲学和道德修养——这是最高尚、最光荣的事业——把他的全部精力用于练习演讲，那么他的公民生活就被培育成对自己无用、对国家有害的东西；要是这个人用雄辩的武器装备自己，不是用来攻击他的国家的幸福，而是捍卫它，那么我想，他是一个最有用的公民，对他自己和国家的利益都是最忠诚的。

还有，如果我们希望思考所谓雄辩术的起源——无论它是一门技艺、一种职业①、一种技巧，还是一种天赋②——我们就会发现，它的起源是最高尚的，它的发展有最好的理由。

【2】曾经有那么一个时代，人像动物一样自由自在地在野外行走，靠野外的食物生活；他们没有在理性的指导下做什么事，而主要依靠体力；当时还没有宗教崇拜的体系，也没有社会义务；没有合法的婚姻，也认不出哪个子女是自己生的；他们也还不知道一部公平的法典有什么好处。由于无知和谬误，他们只能依靠滥用身体的力量来满足盲目的、非理性的情欲，所以身体是一个非常危险的仆从。

在这个关键时刻，有一个人——我敢肯定他非常伟大，非常聪明——明白了人的潜力，要是能开发这种力量，并通过教诲来改进它，那么人的心灵会给人提供广阔的领域，获得伟大的成就。于是他按照原定的计划把散居在野外、隐藏在山洞里的人召集起来，向他们介绍各种有用的、高尚的职业，尽管他们一开始叫喊着反对这些新鲜事，但由于理性和雄辩，后来他们也就非常注意地听，这样一来，他就把他们从野蛮人转变成了善良驯服的人。

无言无声的智慧能够改变人的生活习惯，让他们过一种不同类型的生活，至少在我看来这似乎是不可能的。请再考虑另一个要点，城邦建立以后，如何使人学会恪守信仰、遵循公正、习惯于自觉自愿地服从他人，而且相信不仅要为共同的利益工作，而且要为共同的利益献身，除非雄辩的话语

① “职业”一词的拉丁原文为“studium”。

② 修辞学的本质在古代是一个长期激烈争论的主题。

能够说服人，使他们的同伴能够接受他们用理性发现的真理。在那个时候肯定有一种强大的、迷人的语言能使身体强健的人服从正义而不使用暴力，所以他才能与那些体力不如他的人平等，自愿放弃一种大家都已经同意的习俗，尤其是，这种习俗是在漫长的时间里依靠自然权利的力量形成的。

这就是雄辩最初产生和进一步发展的方式，而在以后和平与战争的事业中，它服务于人类的最高利益。如果这种通过雄辩的力量获得的赞同——一种对美德的低劣模仿——并不伴随任何道德义务的考虑，那么在雄辩这种才能的支持下生长起来的低劣的狡辩就会腐蚀城邦，侵蚀人们的生活。

【3】现在让我们来寻找这种恶的根源，因为我已经解释了由雄辩带来的善端。在我看来，极为可能的是有过这样一个时代，那些缺少雄辩与智慧的人不习惯参与公共事务，另外那些伟大的雄辩家并不关心私人性的法律诉讼，而当那些最重要的事务在由最杰出的人管理的时候，我想，也不缺少那些只关心公民之间私人争讼的懦夫在场。在这些争讼中，人们已经习惯于站在错误的一边反对真理，持续的讲话练习引导他们假扮有着勇敢的外表；其结果就是比较优秀的阶级在受到同胞公民的伤害时被迫抵抗这些厚颜无耻的人，帮助他们自己的亲朋好友，这是不可避免的。由于那些口才好但忽视研究哲学的人经常在语言能力上与其他人相同，有时候甚至更加优秀，所以在这样的人看来，那些暴民才适宜统治国家。因此我敢肯定，每当这些鲁莽的厚颜无耻之徒在为国家这艘大船掌舵，巨大的灾难必然降临。这些事件给雄辩带来憎恨和厌恶，迫使那些在这方面颇有才能的人离开纷争和喧嚣，把雄辩术转变成某种安静的消遣，就好比水手离开暴风骤雨在港口中寻找庇护。由于这个原因，我想，在后来那个时期，其他高尚体面的职业被那些拥有最高美德的人健康地从事着，并取得巨大的发展，而对修辞的研究则被他们中的大多数人抛弃了，在一个原本需要更加热心地加以维护、并付出更大努力加以发展的时候，雄辩术沦为废物。因为一种高尚体面的职业越是可耻地被那些愚蠢的、不知羞耻的、未经训练的人滥用，给国家带来最可怕的灾难，比较优秀的公民就越是应当更加热诚地抵抗他们，为共和国的幸福着想。

【4】对我们的加图、莱利乌斯、阿非利加努，以及他们的学生革拉古兄弟来说——要是我可以这样正确地称呼他们的话，他们是阿非利加努的孙子——这是非常明白的。[①] 这些人拥有最高的美德和由他们的美德所增强的权威，还有雄辩术装点这些品质和保卫国家。因此，至少在我看来人们无论如何必须从事雄辩术的研究，哪怕它在私人事务和公共事务中都曾经被滥用。他们应当更加热心地研究它，为的是使恶人不能用这种力量来损害好公民，给国家的事业带来普遍的灾难；尤其是，这是唯一与公共和私人事务都有密切联系的事，它给生活带来安全、光荣、尊重，甚至带来统一。因为国家从雄辩术中可以得到许多好处，只要用智慧——人间一切事务的向导——伴随它。那些掌握了雄辩术的人可以从中得到荣誉、名声和高度尊重。雄辩可以为朋友提供最可靠、最安全的保护。还有，我认为人尽管在许多方面比动物还要低劣和虚弱，但由于有了语言的力量而胜过动物。因此在我看来，一个人在这方面的能力要是超过其他人，就能取得辉煌的成就，而人就是凭着这种能力超过动物的。如果说获得雄辩的能力不仅仅是由于天赋，也不仅仅是由于练习，而是来自某些系统的教导，那么让我们来看看那些给我们留下某些演讲术指南的人说过些什么，这样做就不算离题了。

但在我讲解演讲术的规则之前，我想我应当讲一下这门技艺本身的性质，谈谈它的功能、它的目的、它的质料和它的组成部分。如果读者能够理解这些内容，那么他们就能更加容易地把握这一主题的纲要和方法。

【5】政治学的科学体系包括许多重要部门。其中之一——非常重大的一

① 这里提到一些历史人物：加图，全名马库斯·波喜乌斯·加图（Marcus Porcius Cato，公元前234年—前149年），公元前195年担任执政官；莱利乌斯，全名盖乌斯·莱利乌斯·萨皮恩（Gaius Laelius Sapiens），公元前140年担任执政官，是西庇阿的亲密朋友；阿非利加努，全名普伯里乌·高奈留·西庇阿·艾米利亚努·阿非利加努（Publius Cornelius Scipio Aemilianus Africanus），公元前147年和公元前134年担任执政官，消灭迦太基，他和莱利乌斯是所谓“西庇阿小集团”的主要成员；革拉古兄弟，提比略·塞普洛尼乌·革拉古（Tiberius Sempronius Gracchus），公元前133年担任保民官，盖乌斯·塞普洛尼乌·革拉古（Gaius Sempronius Gracchus），公元前123年担任保民官，他们是改革家，是公元前202年打败迦太基名将汉尼拔的老阿非利加努（Scipio Africanus the Elder）的外孙。

个部门——就是建立在技艺规则之上的雄辩，被他们称做修辞学。我不同意那些认为政治科学不需要雄辩的看法，也坚决不同意仅在修辞学家的力量和技巧的意义上理解雄辩。因此我们把演讲的能力划分为政治科学的一部分。雄辩的功能似乎就是以适宜说服听众的方式来讲话，而它的目的就是用语言进行劝说。功能与目的之间的差别在于：讲到功能，我们考虑的是应当做什么；讲到目的，我们考虑的是要产生什么样的结果。例如，我们说医生的功能是以一种适宜治疗的方式处理病人，而医生的目的则是通过治疗治好病。所以讲到演说家，我们可以理解功能和目的是什么意思，当我们说他必须做什么的时候，我们讲的是他的功能，当我们说他为什么必须这样做的时候，我们讲的是他的目的。

所谓这门技艺的质料我指的是作为整体的这门技艺借以存在和产生力量的东西。比如，我们说医学的质料是疾病和创伤，因为医学就是处理这些东西的；以同样的方式，我们把这门技艺和演讲术的力量所涉及的主题称做修辞技艺的质料。然而，有多少这样的主题人们的看法不一。举例来说，林地尼的高尔吉亚[①]几乎是最早教演讲术的教师，人们认为这位演讲家能比其他任何人更好地就所有主题进行演讲。他显然给这个职业确定了巨大的——实际上是无限的——质料。另外，亚里士多德[②]为改进和完善这门技艺做了许多工作，他认为演说家的功能与三大类主题[③]有关：展示性的主题、议事性的主题、司法性的主题。展示性的讲话用来赞扬或责备某些具体的个人；议事性的讲话就是在国内参加政治辩论，表达见解；司法性的讲话就是在国内法庭上讲话，包括起诉、辩护，或者提出要求和抗辩。至少，按照我的看法，必须认为这门技艺和演说家的功用与这三重质料有关。

---

① 高尔吉亚（Gorgias），公元前5世纪著名的智者，出生于西西里岛东部的林地尼（Leontini）。

② 亚里士多德（Aristotle），古希腊大哲学家（公元前384年—前322年），柏拉图的学生，后创立逍遥学派，曾当过亚历山大大帝的老师。

③ 参见亚里士多德：《修辞术》1358b7。

【6】赫玛戈拉斯[①] 似乎确实没有注意到自己这样说是什么意思，他许诺说自己要把演说家的材料划分为“具体案例”和“一般问题”，并把“具体案例”定义为以开场白开头的个人讲话所引起的争论。（我们也给演说家确定了这样的主题，因为我们把上面已经提到的演讲术的质料的三个部分给了他：展示性的主题、议事性的主题、司法性的主题。）

他把“一般问题”定义为不以开场白开头的个人讲话所引起的争论。比如：“除了光荣还有其他善吗？”“能相信这些感觉吗？”“这个世界的形状是什么样的？”“太阳有多大？”我想每个人都完全明白这些问题远离演说家的事务。如果把这样的主题指定给演说家，让他们在这些问题上浪费时间，那就愚蠢到了极点，我们知道那些哲学天才已经在这些问题上耗费了无穷的精力。[②]

但若赫玛戈拉斯拥有处理这些主题的高超技艺——通过学习和训练获得——那么他似乎已经由于相信自己的知识而提出了关于演说家这种职业的错误原则，他描述的不是这门技艺能完成什么，而是他本人能完成什么。而实际上，人们更容易根据这个人的能力否认他是修辞学家，而肯定他对哲学很熟悉。我不认为他发表的教科书有很多错误，因为他在安排主题方面似乎做得相当好，他独出心裁地选择了这些主题，注意到了较早的作者，也添加了某些他自己的新内容；但对一位演说家来讲，谈论他的技艺和进行演讲一样不是一件难事；然而远为重要的事情是按照他的技艺原则来谈论，在这方面我们都看到他完全没有能力这样做。

【7】因此，修辞学这门技艺的质料在我看来就是我们已经说过的由亚里士多德改进过的东西。它的组成部分，如最具权威的人士所说，是开题、布局、表述、记忆、表达。所谓开题就是去发现那些有效的或者似乎有效的论

---

① 赫玛戈拉斯（Hermagoras），公元前 2 世纪的希腊修辞学家，生于特诺斯（Temnos）。

② 西塞罗在这里似乎误解了赫玛戈拉斯的观点，这位修辞学家主张修辞学的领域也可以归属哲学领域。这里提到的第一个和第三个问题是斯多亚学派提出过的问题，其他问题是伊壁鸠鲁学派的问题。

证，以便使一个人的理由变得比较可信。所谓布局就是论证的安排，并在恰当的秩序中做出发现。所谓表述就是选用恰当的语言对发现的事情进行陈述。所谓记忆就是对事情和语词的牢固把握。所谓表达就是以适合主题庄重程度和文雅的方式对声音和身体进行控制。

由于这些术语都已经有了简要的定义，因此我们就把解释这门技艺的性质、目的和功能的讨论推迟到其他时间进行，因为这些问题需要详尽的解释，而且与描写这门技艺和传送它的规则没有非常紧密的联系。但我们认为，撰写一本修辞学的教科书必须涉及另外两个主题：这门技艺的质料和质料的分类。我想我应当把质料和分类一道处理。因此让我们来考虑开题的性质应当是什么；开题是修辞学所有组成部分中最重要的，应用于各种案例。

【8】 把需要用语言和辩论来解决的争论包含于自身的每一个主题都是一个和事实、定义、行为性质、法律程序有关的问题。使整个案例得以产生的这个问题就被称做“争端”① 或“争论点”。争端就是诉讼中最初的冲突，产生于对我们的指控所做的辩护和回答，它以这样的方式表达：“你做了这件事”、“我没有做”，或者“我这样做是对的”。当争论涉及某一事实时，争端就被说成是推测性的，因为诉讼接受推测或推论的支撑。当争端与定义有关时，争端就被称做定义性的争端，因为术语的力量必须用语词来定义。然而，受到考察的若是行为的性质，那么争端就被说成是定性的（qualitative），因为此时的争论涉及行为的价值、类别或性质。但若案子取决于各种情境，要么是行为正当者没有提出诉讼，要么是行为正当者对行为错误者提出了指控，要么是他们面对一个错误的保民官，要么是他们处在一个错误的时间，错误的法律之下，要么是判决有错，要么是惩罚有误，这样的争端就被称做转移的（translative），因为这个诉讼似乎需要转移到另外一个法庭上去，要么需要改变诉讼的形式。各种案子总会有争端，要是没有争端就不会有争

① 争端的拉丁原文为“constitutio”，这个词是对希腊文“stasis”的拉丁翻译，在西塞罗后来的著作中写为“status”，指争论的起点。

论，因此也就根本不适宜用做案例了。

至于有关事实的争论，这是任何时候都会发生的。因为这种争论所提的问题可以是“发生了什么事”（比如“乌利西斯杀了埃阿斯吗?”），也可以是“正在做什么”（比如“福莱格赖人对罗马民众友好吗?”），也可以是将要发生什么事，比如说：“如果我们不去碰迦太基，对罗马国家会有什么伤害吗?”

有关定义的争论发生在对事实的看法一致，但问题在于要用什么样的语词来描述完成了的事情的时候。在这样的案例中一定有关于定义的争论，因为人们对基本点没有一致意见，这不是因为事实不确定，而是因为不同的人对这一行为看法不一样，因此不同的人就用不同的术语来描述这一行为。在这样的案例中，必须用语词来定义事情并做简略的描述。例如，从私人住所偷出一本圣书，这一行动应该判定为一般的盗窃，还是盗窃圣物?这个问题一旦提出，就必须给一般的盗窃和盗窃圣物下定义，以便按照某人自己的描述说明应该用对手使用的另一个不同的名称来称呼这一有争议的行为。

【9】 双方对已经发生的事情以及如何定义相关的行为看法相同，但对事情的重要性、类别、一般性质看法不同，这时候就会对行为的性质或特点产生争论，例如，它是公正的还是不公正的？它是有益的还是无益的？这种争论包括对行为的定义以及性质无争议的所有案例。赫玛戈拉斯把这个属（genus）分为四个种（species）[①]：议事性的（deliberative）、展示性的（epideictic）、公平的（equitable）、合法的（legal）。我认为必须批评他的这一错误——尽管这个错误不太重要——但只能简要地批评一下，免得我们要是对此保持沉默，别人会以为我们不遵循他的分类而又没有很好的理由，或者说我们要是在这一点上花费时间太长，就会妨碍或推迟我们在本书的其他部分陈述已经提出来的那些规则。

---

① 这里使用的逻辑概念涉及概念的从属关系（或属种关系），属概念是上位概念，种概念是下位概念。一类事物包含另一类事物，前者是后者的属，后者是前者的种。西塞罗在属与种之下还提到第三个划分层次，译为“类”（sub-heads, subdivisions, class）。

如果议事性的论证和展示性的论证是论证的属，那么就不能正确地认为它们也是论证的任何一个属中的种。因为同一事物相对于某事物来说可以是属，相对于另一事物来说可以是种，但相对于同一事物来说不可能既是属又是种。还有，如果议事性的论证和展示性的论证是论证的属，那么论证要么是没有划分过种类，要么只有一种辩论性的论证，要么有三种论证：辩论性的论证、议事性的论证、展示性的论证。在他已经说论证有许多种，并且把规则赋予论证时，再说论证没有划分过种类那是疯了。当议事性的论证和展示性的论证相互之间不同，并且与辩论性的论证差距甚远，各有其自身所指向的目的时，怎么会只有一个种，即辩论性的论证呢？由此可以推论，论证共有三种。议事性的论证和展示性论证不能正确地被视为任何一种论证的类。所以，他说它们是定性的案例的类，这样说是错的。

【10】要是说不能就把它们当做论证这个属下面的种，那么把它们当做一种论证下面的类（sub-heads）就更无道理了。但是“争端”不是别的，只是一类论证。因为不是论证从属于争端，而是争端从属于论证。所以，不能把议事性的论证和展示性的论证就当做一种论证中的类，因为它们本身就是论证这个属；而要是像这里说的那样把它们描述为这种论证的类，那就更没有道理了。再说，如果争端，无论是整体还是它的部分，是对指责的回答，那么不是对指责的回答的内容既不是争端，也不是争端的种。如果不是对指责的回答的内容既不是争端，也不是争端的组成部分，那么议事性的和展示性的讲话都不是争端或争端的组成部分。所以，如果争端，无论是整体还是它的部分，是对指责的回答，那么议事性的和展示性的讲话既不能是争端，也不能是争端的种。但他本人认为争端是对指控的回答。因此，他必定认为议事性的和展示性的讲话不是争端或争端的种。无论他把争端定义为原告对其案例所做的最初的论断，还是定义为被告的第一次请求，他都要承受这一论证。因为同样的困难会一直伴随着他。

再说，一个推测性的论证处在同一时间、按照同一观点、处在同一分类体系下，它不可能既是推测性的，又是定义性的；一个定义性的论证处在同一时间、按照同一观点、处在同一分类体系下，它可以既是定义性的又是转移的。一般说来，争端或争端的种不可能既有它自己的范围，又包括另一争端的范围，因为每一争端都可按其本性直接加以研究，如果添加了另一个争端，那么争端的数目加倍，争端的范围并没有增加。但是一个议事性的论证一般说来在同一时间、按照同一观点、处在同一分类体系下包括一个争端或争论点，它可以是推测的，也可以是定性的、定义的或转移的，可以是其中之一，有时也可以不止是其中之一。因此它本身不是一个争端或争论点的种。同样的事情在证明性的（或展示性的）讲话中则不会发生。所以，如前所述，它们应当被视为演讲术的属，但不能被视为争端的类。

【11】因此，这个被称为定性的争论在我们看来有两个类（subdivisions）：公平的争论和合法的争论。在公平的争论中，有一个关于公平和正义的性质或者奖赏与惩罚的合理性的问题。在合法的争论中我们考察什么样的法律符合共同体的习俗，什么样的法律符合正义。在罗马，负责这一主题研究的是法官（jurisconsult）。公平的争论本身又分成两个部分：确定的（absolute）和设想的（assumptive）。确定的公平的争论在自身中包含行为正确与否的问题。设想的公平的争论本身没有给相反的请求提供依据，而要向外部环境去寻求某些辩护。它可以划分为四个部分：承认与让步（concessio）、转换罪责（remotio criminis）、抗诉（relatio criminis）、对比（comparatio）。承认与让步用在被告不为自己的罪行辩护，而是请求宽恕的时候。它又可分为两部分：道歉（purgatio）和请求饶恕（deprecatio）。道歉就是承认行动，但否认意图。它又有三个部分：无知、偶然、必然。请求饶恕用于被告承认有冒犯的举动，并且承认这样做是故意的，但仍旧请求得到宽恕，这种情况很罕见。转换罪责就是被告试图转移所受到的指控，想把它转移到其他行为、意图或采取行动的力量上去，以推卸罪责。要做到转换罪责有两种方式：要么把案子归咎于他人，要么把罪行本身归咎于他人。把案子归咎于他人就是把其他人的权力或权威说成是行为发生的原因；而要是声称别的人也会这样做或者也能这样做，那么转换的就是行为。如果被告声称自己的行为是合法

的，因为有人在不合法地怂恿他，那么这个时候用的就是抗辩。如果在争辩中说其他一些行为是合法的、有益的，然后又说受到指控的不端行为之所以发生乃是为了使有益的行为成为可能，因此请求宽恕，这时候就是在使用对比。

在被我们称做转移的第四种争端中有这样一种争论：必须指控谁，以什么样的方式指控，向什么法庭指控，按什么法律审判，在什么时间审判，以及涉及一般的审判程序的改变或有效性的争议。赫玛戈拉斯被认为是这种争端的发明者，但这并不意味着在他之前没有演说家曾经使用过这种争端——许多人确实频繁地使用过——而是由于较早的教科书作家没有注意到，也没有把它包括在争端之中。由于他发明了这个在许多人看来是错误的术语，因此我想，许多人对那些完全清楚的案例也在不断地使用这种争端，这样做并非出于无知，而是反映了一种妒忌的精神和毁谤对手的愿望。

【12】我们已经解释了争端及其分类，但我们在论证每一类争端时要是能够提供例子那就比较方便了，因为论证的原则若能直接用于一般的分类和具体实例，情况就会比较清晰。①

案例中的争端一旦确定，就可以考虑这个案例是简单的还是复杂的，如果是复杂的，那么它要么包含多个问题，要么包含对比。简单的案例包含一个清晰的问题于自身，比如："我们要不要对科林斯宣战？"复杂的案例有几个问题，比如："要不要摧毁迦太基，或是应当把它还给迦太基人，或者说应当在那里建立殖民地？"这个案例包含几个问题，不同的行动相互比照，看哪个行动更可取，或最可取。同样的例子还有："应当派军队去马其顿抗击腓力②，以支持我们的盟国，还是应当让它待在意大利，以便用这支最强的军队来对付汉尼拔？"

其次，必须考虑这一争论是否针对一般的推论或书面文件。因为关于文

---

① 作者在本文第二卷中这样做了。

② 腓力（Philip），马其顿国王，亚历山大大帝之父，史称腓力二世（公元前 382 年—前 336 年）。

件的争论是从书面文件的性质中产生的。

【13】这样的争论有五种（kinds），与“争端”无关。在一个案例中会有实际的语词和作者的意图之间的差别；在另一个案例中会有两条法律或多条法律之间的不一致；还有，从成文的东西中可以发现不成文的含义；最后，语词会有歧义，也就是说应当依据这个词的哪一种意思，就好像在定义的争端中一样。因此，第一种争论与文字和意义相关，第二种争论与法律之间的冲突相关，第三种争论与文字的歧义相关，第四种争论与类比推理①（reasoning by analogy）相关，第五种争论与定义相关。另外还有一种涉及一般推理的争论，整个问题不是针对书面文件，而是针对某些逻辑证明。

在考虑了案例的性质、发现它是简单的或是复杂的、知道它讨论的是书面文件还是一般推理以后，你肯定明白这个案例中的问题（quaesito）、理由（ratio）、审判要点（iudicatio）、根据或论证的支撑点（firmamentum）是什么。为了确定争端，所有这些内容都应当给予阐述。问题就是争论的主题，产生于诉讼的冲突，比如说：“你这样做是不公正的”、“我这样做是公正的”。这就是对争端起决定作用的诉讼的冲突。从这一点产生了被我们称做问题的争论主题，比如：“他这样做是公正的吗？”理由就是使案例得以成形的东西，如果取消理由，那就不会有争论留在案例中了。为了说明我的意思，请允许我举例，用一个简单的、众所周知的例子：如果俄瑞斯忒斯被控杀害他的母亲，那么他没有办法为自己辩护，除非他说“我这样做是公正的，因为她杀了我的父亲”。如果消除了这个理由，那么整个争论也就消失了。因此这个案例中的理由就是她杀了阿伽门农。法官的审判要点从否定或肯定理由中产生。比如，假定我们刚才提到的这个理由被提出来。他说：“因为她杀了我的父亲。”反对者则会说：“但是你一定不能杀害你的母亲，因为你是她的儿子，她的行为会受到惩罚，而你无须犯杀人罪。”

---

① 或译为“推理”（reasoning,inference）。关于这种争论的定义参见本文第二卷第50章。

【14】争论产生于对这个理由的限定，我们称之为审判要点或法官裁决的要点。这个要点可以这样来表达："俄瑞斯忒斯的母亲杀了俄瑞斯忒斯的父亲，因此俄瑞斯忒斯杀了他的母亲，他这样做是正确的吗？"所谓根据就是被告最强有力的论证，与法官的裁决关系最密切。例如，俄瑞斯忒斯可以说他的母亲已经对他的父亲、对他自己、对他的姐妹、对他的国家、对她自己的子女的部落和家庭的好名声犯下了滔天大罪，人人得而诛之。

在其他所有案例中都可以按照这种方式发现法官的裁决要点，但是在推测性的案例中，由于被告没有提出理由——因为被告不承认罪行——法官的裁决要点就不能通过限定理由来产生。因此，在这样的案例中问题和法官的裁决要点是一回事："做了这件事"，"没有做这件事"，"做了这件事吗？"还有，我们必须为法官的裁决要点找到相同数量的问题，在这样的案例中，有多少争端或争论点，就要找到多少根据。

然后，在这种案例的所有要点都被发现以后，我们必须考虑整个案例相对独立的组成部分。首先说出来的东西不一定是最先被研究的东西，这是因为，如果你希望讲话的第一部分与案例的主要陈述有密切的关联和一致性，那么你必须从后面要加以讨论的事情中引出讲话的第一部分。因此，当我们按照技艺的规则努力发现裁决的要点和为裁决而发明出来的论证，并努力加以精心思考的时候，就可以按恰当的顺序安排演讲的其他部分了。这些部分在我看来只有六个：绪言（exordium），陈述（narrative），划分（partition），确证（confirmation），驳斥（refutation），结束语（peroration）。

由于绪言必须在最头里，所以我们首先提出相关的规则，对绪言做系统的处理。

【15】绪言就是一段话，能把听众的心灵带入一种状态，适宜接受讲话的其他部分。如果听众变得有聆听的意向，精力集中，乐意接受，那么绪言的任务就完成了。因此，希望自己的讲话能有一个良好开端的人必须事先仔细研究他要讲述的案例的种类。案例有五种：高尚的（honourable）、困难的（difficult）、普通的（mean）、模糊的（ambiguous）、晦涩的（obscure）。高

尚的案例可以马上赢得听众的心而无须我们的任何语言；困难的案例难以赢得聆听演讲的听众的同情。普通的案例会遭到听众的轻视，被他们认为不值得关注；模糊的案例就是那些裁决要点有疑问的案例，或者说是部分高尚、部分不可信的案例，听众对它既会产生善意，又会产生恶意；晦涩的案例要么使听众反应迟钝，要么涉及很难把握的事情。由于案例五花八门，因此必须用不同的方法给案例创作绪言。所以绪言分两种：开场白（introduction）和暗示（insinuation）。开场白就是直接用清晰的语言讲话，使听众有聆听的意向，精力集中，乐意接受。暗示则是间接地用带掩饰的话语，不知不觉地潜入听众的心。

在困难的案例中，如果听众不完全敌视，那么试图用开场白赢得他们的善意是允许的；但若他们激烈地反对，那就必须求助于暗示。因为要是向愤怒的听众寻求和好与善意，不仅不能获得意想中的结果，而且还会增加他们的仇恨，使他们更加愤怒。另外，在普通的案例中，为了消除听众的轻视，必须使他们集中精力。如果模糊的案例中的法官的裁决要点有疑问，那么绪言就必须从讨论这个疑点开始。但若案例部分高尚、部分不可信，那么试图赢得听众的善意，以便使案例转变为高尚的案例是恰当的。然而，案例如果确实属于高尚的种类，那么如果方便的话，开场白可以从叙述开始，或者从一条法律开始，或者从支撑我们请求的某些非常强有力的论证开始；与此相反的是，如果可以使用开场白，那么我们必须使用指定用来产生善意的题材，以便使已经存在的善意增加。

【16】在晦涩的案例中，必须使用开场白来使听众乐意接受。我们现在已经说明了演说家必须用绪言来达到什么结果，剩下要说的就是用什么样的方法可以获得各种结果。

善意有四个来源：它来自我们自己的人格、我们的对手的人格、陪审团的人格和案例本身。如果我们在提到自己的行为和服务时并不傲慢，如果我们削弱了受到欢迎的那些指控的效果，或者减轻了某些对我们的不那么高尚的怀疑，如果我们扩大了我们所遇到的不幸和困难，如果我们做了乞求和表现了卑微、顺从的精神，那么我们就能从我们自己的人格中赢得善意。如果使我们的对手被听众仇恨、厌恶、蔑视，我们就能从对手的人格中赢得听众的善意。如果把他们的某些行为说得卑鄙、傲慢、残忍、邪恶，听众就会痛恨他们；如果我们叙述他们的权力、政治影响、财富、家族关系，以及他们对这些便利条件的无耻滥用，使他们显得依赖这些条件而不是依据公正的原则，那么他们就会变得不受欢迎。如果我们揭露他们的懒惰、粗心、迟钝、消极、奢侈，他们就会被人们蔑视。如果把被告的行为说成是本着勇敢、智慧、仁慈的精神完成的，但不要有过分奉承之嫌，如果说明被告曾经得到过什么样的尊重，人们如何急切地等待对他们做出裁决和评价，那么我们就能从听众那里得到善意。如果我们赞扬和提升我们自己的处境，用轻蔑的暗喻贬低我们的对手的境遇，那么从环境本身我们也能得到善意。

如果我们说自己将要讨论的事情是重要的、新奇的，或者说它不可信，或者说它与所有人都有关，或者说它与所有听众都有关，或者说它与某些杰出人士有关，或者说它和不朽的诸神有关，或者说它与国家的根本利益有关，还有，如果我们许诺简要地证明我们自己的案例，简要地解释有待裁决的要点，如果要点不止一个，那就许诺解释几个要点，我们就能使听众精力集中。如果我们用清晰的语言简要地解释案例的本质，亦即争论依据的要点，那么我们就能使听众乐意接受。当你希望使听众乐意接受时，你同时也应当使听众精力集中。因为打算注意聆听的人也是最乐意接受的。

【17】我想我们现在应该接着讨论处理暗示的恰当方法。在困难的案例中，如我上面所说的那样，听众持有对立情绪，这时候就要使用暗示。对立情绪的产生主要有三个原因：案例中有某些丑恶可耻的事情；前面的演讲者似乎已经使听众相信了某些事情；听众已经感到厌倦。有时候，最后这个原因使听众的心灵产生厌恶，决不亚于前面两个原因。如果案例丑恶可耻的性质会引起听众的厌恶，那就必须用听众喜欢的人来替换听众厌恶的人，用听众认可的事来替换听众厌恶的事，或者也可以用人来替换事，用事来替换

人，为的是把听众的注意力从他们痛恨的对象转移到他们喜欢的对象上来。还有，你必须把你想要为某个观点辩护的意图隐藏起来。此后，听众变得比较温顺了，这时候你才可以一步一步地进行辩护，并且说使你的对手不悦的事情也令你感到不悦。在抚慰了听众，说明这些指控没有一样是针对你的，声称你自己不会提起你的对手，不会说三道四，不会公开攻击那些听众喜欢的人以后，你接下去就要通过微妙的努力，尽可能从你的对手那里消除听众对他们的善意。你也可以提出某个值得仿效的相似案例和裁决要点，然后指出在当前的案例中也有同样的问题有待裁决，或者说问题完全一样，或者说问题重要程度略有差异。

另外，如果你的对手的讲话似乎已经赢得了听众的信服——这样的结果对一个知道如何赢得听众信服的方式的人来说是容易获得的——你就应该许诺首先讨论对手自认为最强的论证和听众已经表示赞同的观点。或者说，你可以一开始就提及你的对手说过些什么，并特意提到他最近说过的某些事情。或者说，你可以一开始就表示对你的对手前面说过的话有疑问，或者要就哪段话当众做出回答，同时表示困惑与震惊。因为当听众看到他们认为已经被对手的讲话动摇了的人在充满自信地讲话，要对问题做明确的回答，那么他们一般会认为自己对前面的讲话赞同得太快，而不会认为后面讲话的人毫无理由地充满自信。再次，如果疲倦已经在疏远听众，不让他们对你的案子表示同情，那么许诺自己会讲得比原先准备的要简短，不像对手讲得那么长是有帮助的。

如果案例许可，以讲述奇闻轶事或开玩笑开始讲话是有益的，它既可以是即席的——能赢得听众的掌声和欢呼——也可以是有准备的，包含寓言、故事或某些可笑的事情在内。如果严肃的场合不允许开玩笑，那么在开始时塞入某些骇人听闻、闻所未闻、恐怖可怕的事情并非无益。因为，就如对无滋无味的食物的厌恶感可以被一些气味浓烈的佳肴冲淡，或者被甜食抚慰一样，由于长时间聆听而感到疲倦的心灵可以由于震惊而增强注意力，或者通过大笑而精神振作。

【18】关于绪言和暗示，我们必须说的似乎都已经分别说过了，现在陈述适用于两种演讲开头的简单规则似乎是可取的。

绪言必须高度简洁和严肃，一般说来，它应当包含有助于尊严的一切要素，因为这是听众最能接受的演讲者的印象。绪言几乎不应当包含辉煌、轻松或华丽的文采，因为这些东西会引起人们的疑心，以为你的讲话做过精心准备，因此不真实。由此带来的后果就是使整个讲话失去说服力，使演讲者失去权威。

下面列举的错误确实是绪言中最明显的，应当尽力加以避免：一般、普通、冗长、可替换、无关联、不恰当、与基本原则相违背。所谓一般，就是一个绪言能用于许多案例，也似乎都能适用。所谓普通，就是一个绪言对案子双方都适用。所谓可替换，就是一个绪言稍加变化就能被处在另一方的对手加以使用。所谓冗长，就是一个绪言大大超出实际需要、充满无用的语词或思想。所谓无关联，就是一个绪言不是从案子的环境中产生，与演讲的其他部分没有四肢与身体那样密切的联系。所谓不恰当，就是一个绪言会产生与案子所需要的效果不同的结果，例如：在案子需要善意时绪言使听众变得乐意接受，或者在案子需要暗示时使用了开场白。所谓与基本原则相违背，就是不能实现开端的规则赋予开端的各种目的，这也就是说，一个绪言既不能使听众变得有聆听的意向，也不能使听众精力集中和乐意接受，甚至产生相反的结果，没有比这更糟糕的事了。关于绪言我们就说这些。

【19】陈述就是讲解发生过的或假定发生过的事件。陈述有三种：第一种只包括案情和整个争论的理由；第二种包括一些超过案情本身严格范围的离题话，其目的是为了攻击某人，或者是做比较，或者是以一种与正在讨论的事情并不矛盾的方式逗听众开心，或者是为了扩大。第三种陈述与公共性的案例完全无关，记录或抄写下来只是为了逗趣，但同时也能提供有价值的训练。这种陈述又可分为两类：一类与事件有关；另一类主要与人物有关。与事件有关的这类陈述有三种形式：传说（fabula）、历史（historia）、杜撰

（argumentum）[①]。传说这个术语用于这样的陈述，其中的事情不真实，也无法证明，例如："长着飞翼的巨龙拉着车。"[②]历史是对那些与我们相距遥远的时代真实发生过的事情的解释，比如："阿庇乌斯下令对迦太基人开战。"[③]杜撰是对有可能发生过的事情的虚构式的解释。我们可以从特伦斯那里摘录一个例子："因为他后来离开了青年学校。"[④]但是与人物相关的陈述不仅要能看到事件，而且要能看到人物的对话和心灵状态。例如："他不断地到我这里来，叫喊着：'密西奥，你要干什么？你为什么要把这个孩子带来，毁在我们手里？这样做为什么合法？为什么要有这些宴饮？你为什么要花这么多钱，让他去过这种生活，把钱都花在裁缝手里？你真是愚蠢透顶。'而他自己极端贫困，简直不可思议。"[⑤]这种形式的陈述非常活泼，取材多样，包括人物对比、严厉、温和、希望、恐惧、怀疑、欲望、差异、幻想、命运的突然改变、未曾预料的灾难、突如其来的喜乐、故事的圆满结局。但这些修饰手段都要从后面将要谈到的文体规则中引申出来。

【20】现在有必要谈一谈包含法律争论在内的陈述。它必须具有三种性质：简洁、清晰、合理。如果陈述的时候需要说什么就说什么，而不去追溯那些遥远的事件，如果不提细节就已经足以说明事情的基本情况——通常说来，说清楚发生了什么事就够了，所以不需要说明事情怎样发生——如果陈述不需要超过必要的范围，不需要偏离正题而转入另外一件事，那么这样的陈述就是简洁的。如果以这样一种方式陈述，那些尚未提及的事情可以从已经说过的话中得出基本印象，不仅省略引起偏见的话，而且省略无益的话，

---

① "argumentum"的原意是命题、阐述、论证，此处译为杜撰。可参见作者下面的论述。

② 巴库维乌斯：《残篇》397，诗人全名马库斯·巴库维乌斯（Marcus Pacuvius），大约出生于公元前220年。

③ 恩尼乌斯：《编年史》第7卷，第223行。恩尼乌斯（Ennius），罗马诗人、悲剧家（公元前239年—前169年），写有18卷的诗体《编年史》，现存600余行残篇。

④ 特伦斯：《安德里亚》第51行。特伦斯（Terence），罗马喜剧诗人，大约公元前195年生于迦太基。

⑤ 特伦斯：《安德尔斐》（*Adelphi*），第60—64行。

如果每件事情讲一遍，并且只讲一遍，如果在停顿以后不把所有要点重新讲一遍，那么陈述就可以做到简洁。许多人被简洁的外貌欺骗了，他们以为自己是简洁的，而实际上他们是啰唆的。当他们试图在有限的范围内说许多事情，而不是说很少几件必要的事情时，这种情况就发生了。比如，许多人认为要简洁陈述就要像这样讲话："我去了他家，我召唤这个奴隶。他回答了。我问他的主人在哪里。他说主人不在家。"在这里，尽管有些事情已经不能说得更简洁，也已经说了必须要说的话，"他说主人不在家"，但由于细节太多，整个陈述还是太长了。因此在讲话的这个组成部分，也要避免虚假的简洁，必须约束讲述过多肤浅的事实，胜过约束过多的用词。

如果按事情发生的先后顺序讲述，保留事情发生的原有秩序，使整件事听起来确实像发生过一样，或者显得有可能发生，这样做就有可能使陈述清晰。此时一定要注意，不要用很容易混淆的复杂文体讲述任何事情，也不要转移到其他主题上去，既不要返回起点，也不要扯得太远，不要省略任何与案情有内在关联的事情。一般说来，关于简洁的规则也适用于寻求清晰。因为一个案子受到误解，更多的是由于叙述过于冗长，而不是由于叙述过于晦涩。语词也必须清晰，这个主题我们必须在讨论文体规则时再谈。

【21】如果陈述包含符合日常生活习惯的那些特点，能说明人物的恰当品质，能表明他们的行为的理由是清楚的，能说明他们有能力做这种事，也能表明时间、空间、地点都与要讲述的事件相合，整个事情适合行为者的本性，也适合普通民众的习惯和听众的信念，那么这样的陈述就是合理的。遵循了这些原则，陈述的逼真（verisimilitude）也就有了保证。

除了遵守这些原则，还必须提防在陈述中加入无益的内容，这些东西会成为障碍，也要防止陈述离题或使用案例并不需要的方法。当讲述的事件本身会带来极大的冒犯时，陈述会成为障碍，因此就有必要在论证和辩护时加以舒缓。一旦发生了这种情况，就有必要把整个陈述分散到整个讲话中去，在陈述的每一部分之后直接添加解释，使这样的疗法可以治愈伤口，使辩护可以直接减轻敌意。当事实已经由对手做出解释，把故事重新讲一遍或者用不同方式讲一遍对我们来说并不重要时，陈述就是无益的。当听众已经非常全面地掌握事实，若以不同方式再讲一遍也不会有什么好处时，陈述也是无用的。在这样的案例中，陈述必须完全搁置。如果陈述没有放在场景需要的地方，那么这样的陈述就是不恰当的。这个主题我们将在讨论布局时再谈，因为它会影响布局。当一个有助于对手的要点解释得非常清晰和优雅，而一个有助于讲话者的要点解释得非常晦涩和粗糙，这样的陈述就不是按照案情所需要的方式进行的。因此，为了避免这个错误，讲话者必须让一切陈述服从于他的案子的利益，放弃一切能够放弃的与之相悖的内容，对那些不得不提到的事情轻描淡写，小心而又清晰地讲述有利于他自己的故事。

关于陈述，我想，讲得已经足够了，现在让我们来讲划分（partition）。

【22】在论证中做出正确的划分会使整个讲话清晰和明白。划分有两种形式，对澄清案情和决定争论的本质都有很大的贡献。第一种形式的划分表明我们在哪些方面与对手一致，哪些方面有争论，这样划分的结果就是把某些确定的问题摆在听众面前，使他必须集中注意力。第二种形式的划分把我们打算讨论的问题简要地、有条有理地摆出来。这样做可以使听众在心里拥有确定的要点，明白这些要点讲完以后演讲就会结束。

我想，现在我必须简要地说明使用各种形式的划分的方法。说明哪些方面一致，哪些方面不一致的划分应当以下列方式进入和讲话者的案情利益相一致的主题："我同意我的对手的意见，这位母亲是被她的儿子杀害的。"案子的另一方也会以同样的方式说："大家都同意阿伽门农（Agamemnon）是克吕泰涅斯特拉（Clytemnestra）杀的。"在这里，每个讲话者都在说双方的看法是一致的，但都在意案子自己一方的利益。其次，在解释法官的裁决要点时应当把争论点提出来，如何发现争论点我们在上面已经讲过了。①

包括对主题的有条理的陈述在内的划分形式必须具有下列性质：简洁

① 参见本文本卷第 13 章。

(brevity)、完整(completeness)、简要(conciseness)。若无必要，决不多用词，这样就能确保简洁。简洁在这里是有用的，因为听众的注意力应当被案情的事实和论题吸引，而不是被文体的外在修饰吸引。划分的完整就是这样一种品质，我们通过它来把握案情中使用的所有论证形式，对此我们必须说，要注意不能省略有用的论证，也不能在讲完之后再添加不在计划之中的论证，如果这样做了，就会犯大错误。如果只列举事物的属(genus, genera)，并且不与从属于它们的种(species)相混淆，那么划分中的简要就有了保证。我们来解释一下：所谓属，就是包括几个种的类别，比如动物。所谓种，就是属的组成部分，比如马。同一事物相对于某一事物来说是属，相对于另一事物来说是种，这种情况是常有的。例如，相对于动物来说，人是种，相对于底比斯人、特洛伊人来说，人是属。

【23】我已经做了详细的描述，一旦对分类的理论有了清楚的认识，划分时的简要也就有了保证。如果一个在讲话中做出划分的人说，"我要指出，由于我的对手的欲求、鲁莽和贪婪，所有灾难都降临在这个国家"，那么他不明白他在划分中提到一个属，然后又将这个属与它的种并列。因为欲求或欲望肯定是所有情欲的属，而贪婪无疑是这个属的一个种。因此你们应当提防，在同一划分中不要在提到一个属以后又提到这个属的种，就好像它们是不同的两个属似的。但若一个属有几个种，那么在做了这样的划分后就在以后的讲话过程中按照这些属来解释具体要点，这样做是最方便的。它也有助于简要，即不说那些超过实际需要的话，比如下面这个例子："我将说明我的对手有能力犯下我们指控他们的这一罪行，他们希望这样做，他们也已经这样做了。"在这里，只要指出他们犯了这一罪行就够了。有些案例无须划分，因为争论的问题只有一个(这种情况非常罕见)，但在这种情况下仍旧要小心。

有些划分的规则与演讲术的训练没有那么密切的联系，它们在哲学中使用，我们已经从中选择了一些在其他教科书中找不到的有用的规则。

我们已经讲述了划分规则，现在必须提醒演讲者在心里记住通篇讲话要完成哪些部分，为的是能够像在划分中所规划的那样逐一完成，在此之后，他应当能够在结束讲话时做结论，而此后不要再补充任何事情。特伦斯的《安德里亚》中的那个老人讲他希望自由民知道些什么，他做了一个简洁的划分："以这种方式你们会知道我儿子的生活状态、我的打算、我希望你们在这件事上做些什么。"他按照在划分中做出的规划展开陈述：首先提到他儿子的生活状态，"因为他后来离开了青年学校……"；然后提到他的打算，"现在我非常忧伤……"；然后说他希望索西娅做些什么，这是划分的最后一个要点，也放到最后来陈述，"你现在的任务是……"。正如他的注意力首先指向已经提到的这些要点，然后在迅速处理完它们之后停止讲话，所以我也喜欢把我们的注意力首先指向每个论题，然后在把它们全部处理完以后结束讲话。

现在似乎应当谈一谈确证的规则，这是演讲的常规顺序所要求的。

【24】确证或证明是演讲的组成部分，通过论证来获得信任和权威，以支持我们的案例。在讲话的这个部分中，有一些确定的规则可用在不同种类的案例中进行划分。但我认为，不带任何排序或布局的企图，一开始就指出所有论证都可以使用的一般材料，然后再说明应当以什么方法从这个一般的库房中取出各种论证来支持各种案例，这样做也没有什么不便之处。

一切命题在论证中都由人的属性或行为的属性来支持。我们认为人的属性有下列这些：名字（name）、本性（nature）、生活方式（manner of life）、命运（fortune）、习惯（habit）、情感（feeling）、嗜好（interests）、目标（purposes）、成就（achievements）、偶然事件（accidents）、话语（speeches）。

名字就是赋予每个人的，可以用来称呼他的适宜的和确定的称谓。

本性很难下一个简单的定义。比较容易的方法是列举本性的某些组成部分，它们有助于我们在此制定规则，而且是必要的。这些组成部分中有些是神圣的，有些是凡俗的。本性的凡俗部分中又有一些是属人的，一些是属兽的。提到人，他们的本性首先要加以考虑的就是性别，男的或女的，还要考虑种族、出生地、家族和年纪。提到种族，看他是希腊人还是外国人；提到出生地，看他是雅典人还是拉栖代蒙人[①]；提到家族，看他的祖先和门第；提到年纪，看他是少年、青年、中年，还是老年。此外我们还要考虑本性赋予心灵和身体的长处和短处，比如，是否强壮或虚弱、高大或矮小、英俊或丑陋、敏捷或迟钝；是否聪明或愚蠢、记忆力强或健忘、文雅或粗野，是否谦虚、吃苦耐劳，或是正好相反。总之，我们要考虑所有这些由本性赋予心灵和身体的品质。一个人的事业所需要的品质必定与习惯有关，对此我们下面再加以讨论。

【25】在生活方式中要考虑的是：他由谁抚养成长，在什么样的传统中，在谁的指导下，在文学艺术教育中有哪些老师，在生活技艺中有什么指导，与谁结成友谊，有什么样的职业、行当，或从事什么工作，如何把握个人命运，在家庭生活中有什么特点。

在命运中要问的是：这个人是奴隶还是自由民，是富人还是穷人，是普通公民还是有职务的官员；如果他是官员，那么他得到这个职位是公正的还是不公正的，他是成功的、出名的，还是相反；他有什么样的子女。如果询问的这个人已经死了，还必须强调他是怎么死的。

所谓习惯，我们指的是心灵或身体在某些具体方面的稳定的、确定的构成，例如，某些能力或技艺的获得，某些具体知识的获得，某些不是由于天赋而是通过训练和实践得来的身体素质。

情感是心灵或身体由于某些原因而发生的暂时变化，例如：欢乐、向往、恐惧、苦恼、疾病、虚弱，以及其他一些属于同一范畴的东西。

嗜好就是长时间地热衷于某些精神活动，由此产生强烈的、无法减退的快乐。例如，对哲学、诗学、几何、文学的兴趣。

目标就是做某事或不做某事的精心规划。

成就、偶然事件、话语要在动词的三种时态[②]下加以考虑：过去他做了

---

① 拉栖代蒙（Lacedaemon），即斯巴达。

② 这里用的动词三种时态是过去时、现在进行时、将来时；中文动词没有时态变化形式，中译文用表示时间的副词来说明。

什么，过去有什么事对他发生，过去他说了什么；他现在做什么，现在有什么事对他发生，他现在说什么；他将要做什么，有什么事将要对他发生，他将要说什么。

【26】行动的性质一部分与行动本身一致，一部分与行动的完成有关联，一部分附加于行动，一部分是行动发生后产生的后果。

与行动本身一致的是那些似乎与行动始终联系在一起、无法与行动分离的事情。我们首先需要简要地总结整个行动，比如“谋杀父母”、“背叛祖国”。然后我们要问整件事情的原因，也就是这个行动用什么方式完成，为什么，出于什么目的。然后我们要问这件事发生之前有什么事，再问这个行动做了些什么，再问后来的情况。

与行动的完成(这是行动性质之下的第二个论题）相关，我们要问地点、时间、时机、方式、工具。在考虑行动发生的地点时，要解释这个地点为行动的完成提供了什么样的机会。这里的机会讲的是地点的大小远近，也就是说，它是非常遥远还是近在眼前，是人迹罕至之处还是人们常去的地方。最后它也是一个关于地点的性质的问题，是一个真实的地方，还是在近郊，还是整个地区。下面这些性质也要考虑：这个地点是宗教圣地还是世俗场所，是公共场所还是私人领地，是有关的这个人的地产还是其他人的地产。

时间的意思与我们现在的用法没有什么不同——因为要用一般的术语给时间下一个确定的定义是困难的——是某种有长度的、永恒的存在的一部分，可以区分为年、月、日，或夜晚。在这个范畴下不仅要考察过去的事件——过去那些由于年代久远而失去重要意义或显得不可信，以至于现在被当做虚构的事件；那些被认为发生在很久以前，已经从我们的记忆中消失，但仍旧要做正确报道，因为文件中有对它们的确定记录的事件；那些最近发生，乃至于大多数人都知道的事件，——而且还要考虑那些存在于当前时刻并且肯定还在继续的事件，因此，只要有可能，我们还要考察这件事会延续多久。同样，一般说来，在考虑时间的时候要具体考虑某一段时间。因为我们用时间的尺度来衡量行动，看这样重要的行动或这样一系列行为能否在给定的时间里完成，这样做是恰当的。还可以加以考虑的是年、月、日、夜、时辰、钟点，以及任何时段。

【27】时机就是给做或不做某事提供方便机会（opportunity）的一段时间。从机会的角度来看，时机不同于时间，二者似乎从属于同一个属，在时间的范畴下，一段时间的长度是确定的和有限的，行动被视为在此期间发生，几年、一年，或一年的一部分，而在时机的范畴下，我们在理解时间长度时还附加了完成行动的机会的意思。因此，尽管作为时间的时机所从属的属与时间一样，但它是另外一种东西，因为它与时间在某些方面不同，如我所说，它属于一个不同的属。时机有三类，共同的（public）、一般的（general）、具体的（particular）。共同的时机就是由于某些原因整个社团都可参与的时机，比如游戏、节日、战争。一般的时机就是能在大体相同的时间里影响所有人的时机，比如收割庄稼、采摘葡萄、寒冷的天气、炎热的天气。最后，具体的时机就是由于某些原因只影响个人的时机，比如结婚、献祭、葬礼、宴会、睡眠。

还有，方式（manner）是一个范畴，在此范畴下要问这个行动如何完成，在心灵的什么状态下完成。它的组成部分是意图（intention）和无意图（lack of intention）。我们现在通过使用武力或说服来考察一个人完成某个行动的意图。另外，无意图又和情有可原（justification）相关，属于情有可原的有无知、偶然和必然，还有情感，属于情感的则有厌恶、愤怒、爱，以及其他一些情感。

工具是完成某事的条件，可以使行动变得比较容易完成，或者说没有它就不能完成行动。

【28】所谓行动的附加属性（adjunct），我们指的是某些事情，它们大于或小于所说的行动，或者等于所说的行动，或者与所说的行动相似，也可以与所说的行动相反，或者是对所说的行动的否定，以及与其属、种、结果有某些关系的事物。有关规模的大于、小于或等于的观念源于对相关价值和数量的考察，源于行动的形式，就好比我们正在考虑身体的大小。决定是否

相同（similarity）的依据是可以比较的外观和能够加以并列的天然特点。相反（contrary）就是将某一事物纳入与之对立的类，但会被尽力消除的事物，例如热与冷、生与死。否定（negative）就是给某个术语添加一个表示“非”的前缀，表示与原来那个事物对立的事物，比如理智的（intelligent），非理智的（unintelligent）。属（genus）是包含几个种在内的术语，例如欲望。种（species）是属的组成部分，例如爱、贪婪。结果（result）就是行动的产物，在这种联系中，通常要问的是：每件事情过后发生了什么，正在发生什么，将要发生什么。为了能够事先准确地推测将要发生什么事，必须在这一标题下考虑什么是每件事的一般结果，比如，骄傲产生傲慢，傲慢产生仇根。

行动性质的第四个类是后果（consequence）。在这个范畴内可以寻找那些接着完成了的行动而来的事情。首先，用什么名称来确定这个行动？其次，主要的行动者是谁，是谁发起的，是谁赞同或仿效这个榜样或创意的？还有，关于这个行动有任何法律、习俗、契约、裁决、知识、规矩吗？然后是事件的性质，它会经常发生，或是很少发生，或是极为罕见？还有，人们是否习惯于认可或赞同这样的事情，或者会认为这是一种冒犯？其他所有事情是否也要马上或隔一段时间以后以同样的方式加以考虑？最后，要注意是否会有属于光荣或有益范畴内的事情作为后果产生。有关这些方面比较具体的解释与演讲术的精致文风有联系。我提供的这些内容已经最大程度地覆盖了行动的性质。

【29】从我们已经提到的这些论题引申出来的所有论证都必定是可能的或驳不倒的。因为，简要地说来，论证似乎就是用可能性或使它驳不倒来进行证明的手段。

所谓驳不倒的事情就是不会发生的事情，或者是需要另加证明的事情，例如：“如果她生了一个孩子，那么她肯定和男人睡过觉。”这种论证方式用于生动的证明，一般说来采用二难推理（dilemma）的形式，或者采用列举（enumeration）的形式，或者采用简洁推论（a simple inference）的形式。二难推理是一种无论你接受哪种选择都会受到驳斥的论证形式，比如说：“如果他是个恶棍，你为什么要与他亲近？如果他是个老实人，你为什么要指控他？”列举是一种论证形式，在其中陈述若干种可能性，当其他的可能性都被否定了的时候，仅存的可能性就得到了证明，成为驳不倒的，举例如下：“他肯定是被告杀害的，要么是因为被告对他有敌意，要么是因为被告害怕他，要么是因为被告有所期盼，要么是为了满足他的一个朋友的愿望；如果这些说法都不是真的，那么被告就不可能杀他。没有动机就不可能犯罪。如果没有敌意，没有恐惧，没有从他的死亡中得到任何利益的期盼，他的死亡不会给被告的朋友带来任何好处，由此可以推论被告没有杀他。”简单的推论是从必然的后果中产生的，例如：“你说我在某个时候干了这件事，但那个时候我在国外，由此可见我不仅没有干你说的这件事，而且不在事发现场。”你们必须注意这种论证是无法以任何方式驳斥的，所以这样的证明可以不包含论证的形式和必然结论的外观，但可以建立在严密推理的基础上。

这就是在大多数情况下通常会发生的事情的或然性，或者是作为人们日常信念的一部分的或然性，或者是在其自身包含某些相似性的或然性，无论这样的相似性是真还是假。在大多数情况下通常会发生的事情的或然性是这样的：“如果她是他的母亲，那么她爱他。”“如果他是贪婪的，那么他会反悔。”出自日常信念或看法的或然性是这样的：“惩罚在来世等着恶人。”“哲学家们是无神论者。”

【30】相似性大多数见于对照（contraries）、比喻（analogies），以及按照同一原则处理的事情。对照中的相似性的例子有：“如果我应当宽恕那些无意中伤害了我的人，那么我也一定不能对那些无意中帮助了我的人感恩，因为他们并不具备这种意图。”比喻中的相似性的例子有：“就好比没有港口的地方对船只来说不可能安全，不诚实的心灵不可能被朋友信赖。”在按照同一原则处理的事情中，可以用这样的方式考虑相似性：“如果罗得岛（Rhodes）人把他们的税务包出去不是可耻的，那么赫谟克瑞翁（Hermocreon）接受承包也不是可耻的。”这种论证有时候是严密的，比如“由于有伤痕，所以受过伤”，有时候只是或然的，比如“如果他的鞋子上有许

多泥，那么他肯定旅行过了”。

为了做出确定的划分，我们可以说所有用于论证的或然性要么是一个迹象（sign），要么是某些可信的事情，要么是判决所依据的要点，要么是某些提供做比较的机会的事情。迹象就是可以用一种感官来察觉，并且可以用来揭示其逻辑后果的事物；迹象可以发生在事件之前，或与事件有直接联系，或者紧随事件之后，然而需要进一步的证据和确证；这方面的例子有血迹、逃跑、脸色苍白、鞋子上的尘土，等等。可信的命题可以得到听众的支持而无须进一步的确证，例如：“没有人不希望他的子女安全与幸福。”判决就是由某个权威机构或某些人的法律裁决来批准某个行动。它可以分成三类，依据分别是有无宗教的认可、是否人类的共同实践、有无某些特许。一个由法官做出的判决如果按照法律的要求发过誓，那么它就有了宗教的认可。一个判例如果一般说来会得到所有人的赞同或遵循，比如要尊敬长辈、怜悯求助者，那么它就建立在人类共同实践的基础之上。所谓特许的行动，就是在一个案例中人们对如何看待某个事件有疑问，要由权威性的投票来决定，比如，大革拉古担任监察官的任期满了以后，罗马民众以选他担任执政官的方式批准了他的行动，因为他在任监察官时采取的行动都是他的同事知道的。① 最后，通过比较来寻找或然性包括贯穿于各种材料的相似原则。它可以再分为三种：比喻（similitude）、并列（parallel）、例子（example）。比喻就是一段话，把个体或性质的相似之处提出来。并列就是一段话，根据事物间的相似性把一件事情放在另一件事情旁边。例子诉诸先前的事件或经验来增强或削弱案情，引用历史上的人或事件。对这些原则的描述和举例将在讨论文体规则时提供。②

到此为止，我们已经相继揭示了起着确定作用的论证的来源，也按照这

① 大革拉古，全名提比略·塞普洛尼乌·革拉古，公元前 169 年担任监察官，公元前 163 年被选为执政官。与他同时担任监察官的是盖乌斯·克劳狄·浦尔彻（Gaius Claudius Pulcher）。

② 参见本文本卷第 43 章。

个主题性质的需要尽可能清晰地做了解释。在第二卷中，我们将联系每一类论证，讨论如何处理每一种案例、案例的每一组成部分或整个争论，无论它依赖一般的推理还是依据书面文件，此外还要讨论每一案例最恰当的论证形式。而当前我们仅仅以一种不规则的、随意的方式提到这些范畴、规则和论证的类别。以后我们会做出选择和安排，解释哪些材料适用于哪一类案例。

还有，在这些论证的分类下可以发现每一种论证，一旦看到论证的修饰和论证的安排可以增添讲话的吸引力，那么论证的严密就显得极为重要，然而修辞学这门技艺的作家们至今仍旧非常轻视它。由于这个原因，我们必须讲述论证的规则，使论证的开题这个主题可以与论证的理论结合起来。这个论题必须精心考虑，不仅因为它非常有用，而且因为要为它制定规则是非常困难的。

【31】所有论证都通过归纳（induction）或演绎（deduction）来进行。[①]

归纳是一种论证形式，引导争论者赞同某些驳不倒的事实，通过这种赞同赢得他对有疑问的命题的认可，因为他对这些事实间的相似性是同意的。例如，在苏格拉底的学生埃斯基涅斯[②]所写的一部对话中，苏格拉底说阿丝帕希娅[③]对色诺芬[④]的妻子和色诺芬本人做了这样的推论："女主人，请你告诉我，如果你的邻居拥有的金饰品比你的更好，那么你会喜欢她的金饰品还是你自己的金饰品？"她回答说："喜欢她的。""如果她的衣服和化妆品比你的贵，你会喜欢她的还是你自己的？"她回答说："当然喜欢她的。""那好吧，如果她的丈夫比你的丈夫好，那么你喜欢她的丈夫还是你的丈夫？"这个时候，这个女人脸红了。然后阿丝帕希娅转向色诺芬。她说："色诺芬，希望

---

① 作者在这里谈的是修辞学，而不是逻辑学，但他用了两个逻辑学术语。从他所举的例子来看，他称做归纳的实际上是比喻，而他所说的演绎也并非亚里士多德的三段论。所以作者是在非常松散的意义上使用这些术语的。

② 苏格拉底（Socrates），雅典哲学家（公元前469年—前399年）；埃斯基涅斯（Aeschines），苏格拉底的学生，哲学家和演说家。

③ 阿丝帕希娅（Aspasia），希腊雅典伯里克利时代的名妓。

④ 色诺芬(Xenophon)，希腊历史学家(约公元前430年—前356年)，苏格拉底的学生。

你能告诉我，要是你的邻居有一匹马比你的马好，那么你喜欢他的马还是你的马?”“喜欢他的”，这是色诺芬的回答。“如果他的庄园比你的庄园好，你喜欢哪个庄园?”他说:“当然喜欢比较好的。”“要是他有一个妻子比你的妻子好，那么你喜欢他的妻子还是喜欢你的妻子?”这时候色诺芬本人也沉默了。这时候阿丝帕希娅说:“既然你们俩都不能告诉我想要听到的事情，那就让我自己来说说你们在想些什么。你，做妻子的，想要有一个最好的丈夫，你，色诺芬，在拥有一切之外还想要有一个最好的妻子。因此，除非你们能够明白这个世界上没有更好的男人或更好的女人，否则你们就会始终缺少你们所谓最优秀的丈夫或妻子，也就是说，你已经是一位最好的妻子的丈夫，而她已经嫁给了一位最好的男人。”在这个例子中，由于已经对驳不倒的命题表示赞同，结果就是使这个或是直接发问会显得有疑问的要点通过比喻而成为确定的，这样的结果得益于提问的方法。苏格拉底大量使用这种谈话的方法，因为他不希望在对话中由自己来提出论证，宁愿从对话者已经提供的材料中得出结果，而这个结果按照谈话人已经认可的命题必然得到证明。

【32】对这种论证，我想要制定的第一条规则就是：作为比喻的基础引入的命题必须是真理，它的真理性必须得到承认。首先，因为我们希望借助一个命题的力量使一个有疑问的论点得到认可，因此这个命题本身一定不能是有疑问的。其次，将要通过归纳来加以证明的论点与先前已经提出来的驳不倒的论点必须相似，如果这些驳不倒的论点与我们希望得到认可的第一个论点不同，那么我们引用先前的论点就没有什么帮助。再次，一定不能让对话者察觉这些最初的例证的目的，或它们会导致什么样的结论。因为一个人要是明白自己如果对第一个问题做了恰当的回答，就必定要被迫承认一个他不喜欢的命题，那么他就会采用不做回答或不做正确回答的办法来阻止对方进一步的提问。

【33】有些人会以为，若不添加取自公共案例的范例，证明就不够清晰。应当说，提供这种范例的做法似乎也是可取的，但这样做不是因为原则不

同，或者谈话与讲演的类别不同，而是为了满足那些人的愿望，他们在某处找到一个要点以后在另一处就不能认识它，除非把它指出来。因此让我们采用希腊人中非常著名的底比斯将军厄帕米浓达[①]的例子。他没有把兵权交给合法地前来接替他担任军队统帅的官员，而是违反法律继续指挥军队，从而赢得了战胜拉栖代蒙人的决定性胜利。对他提出指控的人可以使用论证，可以用法律的字面含义去反对法律的实质内容。他可以这样说："陪审团的先生们，如果厄帕米浓达给法律添上他所说的法律条文撰写者的意思，加上限制性条款，'除非在一位指挥官为了国家的利益拒绝交出他的军队的情况下'，你们会允许吗？我想你们不会。或者说，如果你们自己——尽管这完全不符合你们的智慧和谨小慎微——未经向人民咨询就给法律添上这样的限制性条款，那么底比斯人民会允许这样做吗？肯定不会！尽管使这样的限制性条款成为法律的组成部分是错的，而你们却顺从这样的原则，仍旧把它当做法律的组成部分，你们这样的做法对吗？我知道你们是明智的。你们不会这样认为，陪审团的先生们。既然立法者的意图不能由他或由你们来用文字修正，那么你们要小心，用行动来更改法律，也就是说，用你们的司法行为来改变法律，就更加错误。法律甚至连一个字都不能改变。"

关于归纳，我想，现在已经说够了。下面让我们来考虑演绎推理（syllogism）的本质和特点。

【34】演绎或演绎推理是一种论证形式，它通过对事实的思考，从中得出可能的结论。这种可能的结论一经提出并被认可，它就用它自己的重要性和推理证明了自身。许多人认为这种论证形式值得精心思考，但他们在制定规则方面有差别，尽管他们在实际的演讲训练中都遵循同样的原则。有些人说它有五个部分，还有一些人认为它顶多可以分成三个部分。我想，在这里解释这种争论，提供双方的理由，没有什么不妥的。因为这样做并不需要太

---

① 厄帕米浓达（Epaminondas），底比斯著名将领（约公元前 418 年—前 362 年），文中提到的对斯巴达人的战争发生在公元前 385 年。

长时间，也不会给人留下双方都在胡说八道的印象，我们认为这个主题在教学中决不应当忽略。

那些认为演绎推理必须分成五部分的人说，首先应当说明论证的基础，比如“有筹划的事情比没有筹划的事情更容易管理”。他们把这算成演绎的第一部分。然后他们认为，应当使用各种理由和尽可能丰富的表达来支持这个基础，比如“这所房子按照一个合理的计划进行维护，在各方面都装修得比那所完全没有计划，随意建造和使用的房子要好。在一位精明的将军统率下的军队在各方面都要胜过在愚蠢和鲁莽的将军指挥下的军队。同样的推论还适用于海军，因为在最有经验的船长指挥下，航行能够取得最大的成功”。当大前提以这样的方式被证明以后，演绎推理的头两个部分就完成了，而在第三部分，他们说你应当把你想说的事情作为小前提，要与大前提的思想一致，比如说：“在一切事物中，没有比宇宙管理得更好的事物了。”然后在第四部分，引进另一个关于小前提的证明，比如说：“星辰的起降保持着严格的秩序，季节的变化不仅严格遵循固定的法则，而且适应一切自然物的利益，日夜的交替从来没有发生过改变，并带来任何伤害。”所有这些观点都证明了这个世界的本性不受普通理智的统治。在第五个地方他们放上结论，要么仅仅陈述从所有部分归纳出来的内容，比如，“因此宇宙是由理智来管理的”，或者把大前提和小前提结合在一起，用一个简洁的命题添加从二者中推论出来的结论，比如，“理智管理的事物比没有理智管理的事物要好，没有任何事物比宇宙管理得更好，所以宇宙是由理智来管理的”。他们认为要用五个部分来表达的论证就是这样的。

【35】然而，那些认为这种推理有三个组成部分的人认为，这种论证虽然可以用这样的方式处理，但把它分成五个部分是不对的。他们说，证明一定不能与大前提和小前提分离，如果没有证明的支持，大前提就没有完成，小前提也没有完成。因此被那些人算成两个部分的大前提和证明在他们看来是一个部分，如果大前提未经证明，就不能成为论证的大前提。同样，被那些人称为小前提和证明的部分，在他们看来也只是小前提。结果就是，以同

样方式处理的论证在一些人看来有三个组成部分，在另一些人看来有五个组成部分。由此带来的后果则是，这个问题在演讲术的实际训练中不如在教学方法中那么重要。

在我们看来分成五个部分似乎比较适宜。尤其是亚里士多德和塞奥弗拉斯特[①]的追随者采用了这种分法。[②]正如从归纳开始的前一种形式的论证在苏格拉底和他的学生那里用得特别多，这种以演绎推理的形式加以解释的论证形式在亚里士多德、逍遥学派和塞奥弗拉斯特那里用得最多，后来又被修辞学的教师们拿来当做他们这门技艺最精致、最完善的部分。但是我想，我应当解释我喜欢这部分内容的原因，免得被人认为我在无缘无故地盲从；这个解释应当简洁，我们在这方面所花的时间不要超过我们的计划和教学的需要。

【36】如果在一个既定的论证中，使用大前提就够了，不必要添加对这个前提的证明，而在另一个论证中，如果不加上证明大前提就很薄弱，那么对大前提的证明就是与大前提分离的东西。因为可以添加于某事物之上的东西和可以与某事物分离的东西不可能与该事物是同一事物。还有，一种形式的论证不需要对大前提进行证明，而另一种形式的论证，我们下面就会看到，如果不对大前提进行证明就会无效。因此，证明与大前提是分离的。我们要以下面这种方式来兑现我们的诺言：包含人人都必然同意的清晰命题的前提不需要证明。例如："如果在罗马发生凶杀案的那一天我在雅典，那么我就不可能在凶杀现场。"这样的命题显然是真的，没有必要再去证明。所以我们应当马上进到小前提，比如"但是那天我在雅典"。如果这一点没有得到承认，那么它需要证明，然后再得出结论。因此，有一种大前提不需要证明。但这岂不是也表明了有一种前提需要证明吗？这是人人都很容易看到

① 塞奥弗拉斯特（Theophrastus），希腊哲学家（约公元前370年—前286年），亚里士多德的学生，逍遥学派的重要人物。

② 西塞罗在这里搞错了，逍遥学派的演绎推理只有三个组成部分，分成五部分是当时采用演绎推理的修辞学家的分法。

的。如果是这样的话，从现在这个说法和前面那个说法中就可以推论，证明与前提是分离的。如果是这样的话，那么一个论证顶多只能有三个组成部分的说法就不对了。

以同样的方式也可以清楚地表明第二个证明也可以与小前提分离。如果在某个论证中，使用小前提就已经足够了，没有必要再对小前提做出证明，但在另一个论证中如果不添加对小前提的证明，小前提就很薄弱，那么这个证明就是与前提不同的东西。然而，有些论证的前提不需要证明，而有些论证的前提不加证明就会无效，这是我们在下面要说明的。因此，证明与小前提是分离的。我们要以下面这样的方式来兑现我们的诺言：包含着人人自明的真理的小前提不需要证明。这种论证具有这样的性质："如果一个人必须向往智慧，那么研究哲学就是恰当的。"在这里，大前提需要证明，因为它既不是清晰的，又不是人人都会同意的，有许多人认为哲学无用，也有不少人认为学习哲学肯定有害。然而，这里的小前提是清楚的，可以从"一个人必须向往智慧"中推导出来。因此它是自明的，被认为是真的，不需要加以证明。所以这个论证可以马上得出结论。既然说有的小前提不需要证明，那么很清楚，有些小前提确实需要证明。因此，证明是与小前提不同的东西。因此，说一个论证顶多只有三个部分是不对的。

【37】由此可以清楚地知道，有一种论证形式的大前提和小前提都不需要这种证明（提供简洁明确的例子来说明）："如果追求智慧比什么都重要，那么避免愚蠢也比什么都重要；现在追求智慧确实比什么都重要，因此避免愚蠢也比什么都重要。"在这里，大前提和小前提都是清楚的，因此都不需要证明。从上可以清楚地知道，有时候需要添加证明，有时候不需要。从中又可明白证明并不包含在大前提中，也不包含在小前提中，拥有自己位置的每个证明都有它自己的特点，这些特点，我可以说，对它自己来说是确定的和恰当的。因此，要是这样的话，那些人把这种论证形式分成五个组成部分，这样的安排是恰当的。

所以，演绎或演绎推理的论证有五个组成部分：通过大前提简要地提出原则，从中可以产生演绎推理的全部力量和含义；证明通过提出理由来支持大前提的简要命题，使之变得更加清晰和合理；小前提以大前提为基础，提出可以证明案例的相关论点；小前提的证明通过推理来建立；结论简要地陈述整个演绎证明了什么。演绎的论证到底有多少组成部分，最多的说它有五个组成部分，有人说它有四个组成部分，有人说三个，还有人说两个，但有争论；有些人认为它只有一个组成部分，这样想也是有可能的。

【38】我们下面就给这些人们一般会同意的看法提供例子，而对那些受到怀疑的看法，我们也要提供原因。

下面是一个认为有五个组成部分的例子："陪审团的先生们，把所有法律与国家利益联系起来，按照公共幸福而不是按照它们的表面文字来解释法律，这样做是对的。因为这才是我们的祖先立法时的正义和智慧，他们在立法的时候除了想到国家的利益，没有其他目的。他们自己并不想制定有害的法律，他们知道如果通过了这样的法律，那么人们一旦认识到它的缺陷，就会废除它。没有人希望为立法而立法，而是为国家而立法，因为每个人都相信依法管理国家才能得到最好的统治。因此，联系那些必须遵守法律的对象来解释所有法律的书面文字是必要的，也就是说，由于我们是国家的仆人，因此让我们带着国家利益的眼光来解释法律。这就好比，除了身体健康，医疗这门技艺不会谋求产生其他结果，医学的创立就是为了这个目的，所以我们也应当相信，除了国家幸福，法律不寻求产生其他结果，立法就是为了这个目的。因此我们在这场审判中要停止寻找法律的字面条文，要正当地把法律与公共幸福联系起来考察。对底比斯来说，还有什么事情比打败斯巴达更有用呢？除了底比斯人的胜利，厄帕米浓达，作为底比斯的统帅，还应该在心里想些什么呢？在他眼中，还有什么样的战利品会比底比斯人如此辉煌的胜利，如此荣耀和巨大的战利品更加亲切和珍贵？他显然忘掉了法律的字面含义而考虑立法者的意图。但这样的观点经过考察无疑得到确认，也肯定会被接受，除非为了国家的利益，否则没有任何法律会得到通过。因此他想，不用国家安全的眼光去解释为了国家安全而通过的法律是十足的疯狂。有鉴于此，如果一切法律都必须联系国家的利益，而厄帕米浓达对国家安全有贡献，那么他的这一行动肯定是为了促进共同利益，而不是违反法律。”

【39】我们陈述一个前提，无论是大前提还是小前提，但不提供证明，这种时候的论证由四部分组成。当大前提是自明的，或者小前提是一个明显的、不需要证明的命题时，论证可以这样完成。省略大前提的证明，由四部分组成的论证可以按照这样的方式处理：“陪审团的先生们，你们宣誓要依法裁决，你们必须服从法律。但是服从法律就是遵循写在法律条文里面的内容。除了立法者本人精心撰写的法律条文，还有什么东西能够更加明确地表明立法者的意图？因此，没有书面条文，我们就无从得知立法者的意图和法律的必要性；我们无论如何不能允许厄帕米浓达向我们解释法律的意思，哪怕他没有站在法庭上；再说，我们既然已经有了法律，为什么还要忍受由他来解释立法者的意图，不依据相当清楚的书面条文，而依据对他有利的东西。因此，陪审团的先生们，如果你们必须服从法律，那么你们就不能这样做。你们要是遵守写在法律条文中的内容，为什么就不肯裁决他的行为违法呢？”

省略小前提的证明，由四部分组成的论证可以这样进行：“我们一定不能相信那些经常用虚假的诺言欺骗我们的人说的话。因为我们要是受到他们的欺骗的伤害，那么除了责备自己，我们没有权利责备任何人。受骗一次是烦恼的，受骗两次是愚蠢的，受骗三次是可耻的。迦太基人在过去已经多次欺骗我们。因此，相信那些经常欺骗你们的人许下的诺言是极大的愚蠢。”

如果两个前提的证明都省略了，论证就成了三个组成部分，例如：“我们要么保存迦太基人的力量，不去消灭它，从而生活在对迦太基人的恐惧之中，要么必须摧毁他们的城市。但我们一定不要生活在恐惧之中。换句话说，我们一定要摧毁他们的城市。”

【40】还有一些人认为，当推理的结果完全清楚的时候可以搁置结论，在这种情况下论证也可以只有两个组成部分，比如：“如果她生过孩子，那么她不是处女；但她生过孩子。”他们说，在这里把大前提和小前提说出来

也就够了，因为这个演绎是完全清楚的，不需要再有结论。而我们认为每一推理都应当有一个正式的结论，所以应当用各种手段来避免他们所不喜欢的这个错误，除非我们把一个完全清楚的结果放入结论。如果能够理解结论的多样性，那么这样的结果可以得到保证。也就是说，我们可以把大前提和小前提合成一句话，用这种方式来表述结论，比如说“如果一切法律都应当与国家利益相连，而他对国家安全做出了贡献，那么他肯定不会以同一被视为以国家安全为目的的行动违反法律”。或者以提出反对命题的方式来表述结论，比如说“因此最大的愚蠢就是相信那些经常欺骗你们的人对你们许下的诺言”。或者也可以用只表述演绎结果的方式来完成论证，比如说“因此让我们摧毁这个城市”。或者表述演绎的必然后果，举例如下：“如果她生过孩子，那么她和男人睡过觉；但她生了孩子。”这里的演绎后果是“她与男人睡过觉”。如果你不希望以这样的方式表述结论，把下一步的逻辑推论“所以她是不贞洁的”说出来，那么你会结束论证，回避一个完全明显的结论。因此，在一个很长的论证中，必须用这样一些方法来表述结论：把大前提和小前提结合在一起、提出反对命题、只讲述演绎的结果、完全清楚地讲述演绎的必然后果。

如果有人认为论证也可以只有一个部分，那么他们同样也可以断言以下列方式提出论证通常也可以是充足的，“她生过孩子，所以她和男人睡过觉”。因为这不需要证明或结论。但是他们走上歧途似乎是由于语词的歧义。“论证”这个词有两种意思，一个有关任何事物的思想，可能的也好，确定的也好，被称做论证；另外这个术语也表示对这一思想的人为的修饰。因此，当他们提出“由于她生了孩子，所以她和男人睡过觉”这种思想时，他们提供的是一个思想，而不是对思想的修饰。而我们在谈论修饰的方法。

【41】所以他们的思路对这件事没有什么影响，按照这一区别，我们也可以反击其他似乎有损于把论证划分为五个部分的观点，好比说，有人认为小前提或大前提有时候可以省略。如果这种想法有任何可能性或说服力，那么它肯定会对听众产生某种影响。但若把论证中的赤裸裸的命题提出来是我

们的唯一目标，不需要阐述这个思想的变化与发展的后果，那么我们肯定不会认为伟大的演说家和普通演讲者之间有什么区别了。用多种手法讲话是极为必要的。因为在一切事物中，单调是厌烦之母。如果我们不是始终以相同的方式进行论证，那么多样性就有了保证。首先，使用不同种类的论证来产生多样性是可取的，也就是说，有时候使用归纳，有时候使用演绎；其次，在演绎论证中不要每次都从大前提开始，也不要始终使用五个可能的部分，或以同样的风格修饰这些部分，而要有时候从小前提开始，有时候从两个证明开始，有时候从两个前提开始，最后使用这种或那种形式的结论。如果把这一点完全搞清楚了，那么我们应当试着去写修辞学的作业。我们可以用上面提供的任何一个例子来做练习，任何人都可以证明这很容易做到。

我想，关于演绎推理的组成部分和划分已经说够了。然而，我希望你们能够明白，我非常清楚在哲学中演绎推理也用其他许多形式加以处理；实际上，这些形式是复杂的，相互纠缠在一起，对此已经建立了一个精确的体系。但是这些形式在我看来不适合用于演讲练习。至于和演讲相关的原则，我不想声称我对它们的研究比其他所有人的研究更完整，但是我要断言我在这方面的写作比他们更加详细和准确。现在我们要按照原有的规划继续讲述其他内容。

【42】驳斥是演讲的一个组成部分，在其中用论证来摧毁、否证、削弱我们对手讲话中的确证或证明。驳斥使用与确证相同的材料，因为任何用来支持一个命题的推理方法都可以用来攻击这个命题。所以，除了人的性质或行为的性质，我们在研究论证的时候不需要再考虑其他内容。因此，开题的规则和论证的修饰可以恰当地从前面已经说过的地方转移到演讲的这个部分中来。然而，为了使某些教导也可以用于这个部分，我们将提出驳斥的方法。那些遵循这些规则的人可以比较容易地摧毁或否证用来反对他们的论证。

每一个论证都可以用下列方法之一加以驳斥：不认可论证的一个或多个假设；虽然认可它的假设，但指出它的结论不能从假设中推导出来；指出它的论证形式是错误的；用一个同样强大或者更加强大的论证对抗一个强大的论证。

在下列情况下，可以不认可对手论证中的某个假设：他们说某事可信而实际上并非如此；他们认为案例相同但实际上并不相同；他们在另外一种意义上解释某个法律裁决；他们使用某个一般认为无效的法律裁决；他们把某些证据当做有效的而实际上并非如此；他们使用的二难推理中有一个或两个选择不真实；他们的列举不完整；他们使用的简单结论包含着错误。凡是在论证中使用的东西，无论是可能的证据还是有力的证据，都属于上述情况之一种，这一点我们在上面已经讲过了。[①]

【43】一个被假定为可信的陈述遭到否证，要么是因为它显然是假的，比如“每个人都宁要财富不要智慧”；要么是因为有另一个可信的陈述与其相反，比如“有谁不想履行他的义务，胜过获取财富”；要么是因为这个陈述完全不可信，好比有人非常贪婪，人人皆知，而他却说自己为了履行某些卑微的义务而放弃大笔金钱的回报；要么是把在某种境遇中发生或对某些人发生的事情说成是普遍真理，好比说“穷人宁要金钱不要义务”，“凶杀必定发生在人烟稀少的地方，一个人怎么会在人群中被杀”；要么是把很少发生的事说成决不会发生，好比库里奥[②]的演讲词《为伏尔维乌辩护》中的那句话，“一见钟情是不可能的”。

被假定为迹象的东西可以用证实它是迹象的同一论题来予以否证。说到迹象，首先，它必须真实；其次，它应当是有争议之事的一个恰当的迹象，比如说血迹是谋杀的迹象；再次，它表示某些不应该发生的事情发生了，或者表示某些必须做的事情没有做；最后，与有争议之事相关的人懂得法律和习俗。由于这些事都是要由迹象来证明的对象，所以当我们具体谈论推测性

---

① 参见本文本卷第 29 章。

② 库里奥是西塞罗的朋友，全名盖乌斯·斯利伯纽·库里奥（Gaius Scribonius Curio），公元前 76 年担任执政官。

的案例时，[1] 我们还会更加详细地加以讨论。在对迹象进行驳斥时可以根据这些方面指出它不是迹象，或者不是重要的迹象，或者指出它对另一方有利而不是对对手有利，或者指出它绝对是假的，或者指出它可以用到其他地方，引起人们的疑心。

【44】当某些事情作为并列的东西引入时，由于这个论题主要靠揭示相似性来处理，因此在驳斥它的时候否认对照物与被对照物之间有相似性是恰当的。指出它们在种类、性质、意义、重要性、时间、地点、人格、名声等方面不同，对它的驳斥也就完成了，尤其是要指出引来做比较的相同东西应当放入哪一类才适宜，被比较的东西属于哪一类才恰当。下面我们将要证明一件事物如何与其他事物不同，由此我们还将证明应当针对比较的事物和被比较的事物分别做出不同的判断。当我们的批判指向那些用归纳的形式来进行的具体论证时，我们尤其需要这样的能力。

在一个把裁决或判断当做论证提出来的案例中，如果事实真相或者合理性允许，可以用支持这个裁决的同一论题来攻击它。也就是说，通过赞扬裁决者，依据将要裁决之事与以往已有裁决之事之间的相似性来证明所引案例比当前案例更加困难或更加重要，从而不仅使先前的判决不受攻击，而且还使它得到普遍认可。一定要敏锐地发现原有案例的裁决与当前讨论的案例有无关联；一定要仔细观察，不要引用会引起人们反对的案例，不要使人误认为当前的裁决者就是以往案例的裁决者。有一种情况也一定要注意，不要引用那些独一无二的、奇特的案例，而人们对它有过许多裁决。因为这样的论证必定会极大地削弱裁决或判决的权威性。还有，被假定为可能为真的陈述肯定也能以同样的方式受到攻击。

【45】一个带有必然正确意味的陈述，如果仅在外表上像一个严格的论证，而实际上并非如此，那么就可以用下列方式加以攻击：首先，面对一个二难推理，无论你选择哪一种可能性都只能有一个必然的结果，如果它是

---

[1] 参见本文第二卷第 4—16 章。

真的，那么它是无法驳倒的；如果它是假的，那么可以用下列两种方式做出回答：可以用转换的方式，也可以用否定其中一种选择的方式。用转换的方式，比如有这样一个二难推理："如果这个人是有节制的，那么你为什么要攻击这样的好人？如果他的心灵状态是无耻的，那么你指控这样一个丝毫也不顾忌这种指责的人又有什么用呢？"这个推理在等着你，无论你说这个人有没有节制，你都要承认不应该指控他。这个二难推理可以用转换的方式来回答，可以这样说："正好相反，他必须受到指控。如果他是有节制的，那么他一点也不会在乎这样的指控；如果他的心灵状态是无耻的，那么你仍旧要指控他，因为他不是一个正直的人。"这样的二难推理也可以用否定其中一种选择的方式来回答，比如说："如果他是有节制的，那么你的指控可以改造他，使他改正错误。"

要是我们指出某些已经被省略掉的我们应当承认的事情，或者列举中包括某些可以否认的薄弱论点，或者指出某些论点没有理由不承认，那么就可以认为这样的列举是错误的。论点被省略掉的列举的性质可以用下面这个例子来说明："你拥有这匹马，所以你要么是买来的，要么是继承来的，要么是别人送你的礼物，要么是在你的农场里繁殖的，如果这些都不是，那么肯定是偷来的。如果你既没有买，又没有继承，也没有接受这样的礼物，也不是在你的农场里繁殖的，那么你肯定是偷来的。"要对这个列举做出恰当的回答可以说这匹马是从敌人那里缴获来的，不存在买的问题。一旦指明了这一点，整个列举的论证就无效了，因为被省略掉的要点出现了。

【46】第二种回答方法，也就是说，要是有什么论点能够否认，也可以举例说明。如果我们仍旧使用上面那个例子，那么我们可以回答说这匹马不是偷来的，而是继承来的。最后，如果承认某些论点也没有什么不光荣的，那么就可以用承认某些论点的方法来回答，好比说在一个案子中，如果对手指控说"你是想要谋反，还是想要对朋友谢恩，还是在贪婪的驱使下这样做"，这时候可以回答说自己是为了感谢朋友。

如果条件与结论并不具有必然联系，那么这样的简单结论是可以驳斥的。比如说，“如果他呼吸，那么他活着”，“如果现在是白天，那么现在天是亮的”，在这样的句子中，前提与结论的关系是必然的。但是有另一类陈述：“如果她是他的母亲，那么她爱他”，“如果他犯过一次罪，那么他永远不会改悔”，在这样的陈述中，条件与结论并不存在必然联系，所以要想恰当地给予回答，只要指出这一点就可以了。这样的论证和其他严格的论证，乃至所有关于论证和反驳的学问，比我们在这里说得更加重要，范围更加广泛。要在理论上把握这种技艺如此困难，以至于我们无法将它纳入修辞学的任何一章，它本身就需要长时期的深入的思考。因此要是有机会的话，我们会在其他时间和其他著作中处理。而现在我们必须满足于这些由修辞学教师提出来的供演讲者使用的规则。因此，若干假设中只要有一个不能得到认可，就会受到这样的驳斥。

【47】然而，当论证中的这些观点被接受，但从中并不能推出某个结论时，就必须考虑这个结论是否真实，是否需要提出另一个不同的结论。比如说，一个人说要去军队，他的对手可以用这样的论证形式来反对他：“如果你去了军队，那些军官肯定见过你。但是他们没有见到你，所以你没有去过军队。”在这里，你可以承认大前提和小前提，但必须否定这个结论。因为这里的推论不是必然的。

为了使主题更加清晰，我们已经提供了一个例子，其中明显包含着重大错误。但是把非常晦涩的陈述当做真理来接受是常有的事，要么是在你不能准确地记起你已经承认了什么的时候，要么是在你把某些可疑的事情当做确定的来接受的时候。你按照你所理解的意思提出一个可疑的论点，而你的对手希望以另一种不同的意思把它变成一个结论，这种时候这样的结论不能从你接受的前提推导出来，而只能从他假定的前提推导出来。下面是一个例子：“如果你想要钱，那么你没有钱；如果你没有钱，那么你是穷人；你确实想要钱，否则的话你就不会做生意了；因此你是穷人。”对此可以这样回答：你说“如果你想要钱，那么你没有钱”，我理解这句话的意思是“如果你处于极端的贫困，那么你没有钱”，对此我表示接受；而当你说“你确实想要钱”的时候，我理解它的意思是“你确实想要更多的钱”。从我接受的前提中推不出“你是穷人”的结论来。如果我一开始也承认“无论谁希望得到更多的钱，那么他确实没有钱”，才能推出这样的结论。

【48】还有，他们经常认为你忘了自己承认过什么，因此他们会在结论中塞入从前提中无法推论出来的内容，假装能够推得出来。比如说：“如果这块地产到了他手中，那么他可能犯了谋杀罪。”然后他们相当详细地证明这一点。然后他们陈述小前提，“但是这块地产确实到了他手中”，然后得出结论：“因此是他杀了这个人。”但是这个结论并不能从前提中推导出来。因此，必须注意前提是什么，从前提能够推导出什么。

另外，下列情况可以表明论证的基本性质是错误的：论证本身有缺陷，或者论证不适宜用来证明我们想要证明的东西。具体说来有：错误的论证、一般的论证、普通的论证、微不足道的论证、遥远的论证、坏定义、引起争议的论证、矛盾的论证、前后不一或前后相反的论证。

错误的论证就是包含着明显不真实的陈述的论证。例如：“对金钱漠不关心的人不是聪明人。苏格拉底对金钱漠不关心，因此他不是聪明人。”一般的论证就是对我们的对手的帮助不少于对我们的帮助的论证。例如：“陪审团的先生们，我已经做了简要总结，因为正义不在我这边。”一个普通的论证就是也可以用于其他场合并得到承认的论证，好比下面这句话中的论证：“陪审团的先生们，如果正义不在他那边，他就不会把自己交付给你们审判了。”微不足道的论证就是提供的论证不起什么作用。比如说：“如果他想过这件事，那么他就不会干了。”或者是辩护律师想要用烦琐的辩护来掩盖非常可耻的行为。比如说：“当你还在王座上繁荣昌盛的时候，所有人都来找你，而我离开了你；但现在所有人都抛弃了你，而只有我冒着巨大的危险，精心策划，使你能够复辟。”

【49】遥远的论证就是从过分久远的环境中取来的论证。比如下面这个案例中：“如果普伯里乌·西庇阿不把他的女儿高奈莉娅嫁给提比略·革拉古，如果他没有和她生下革拉古两兄弟，那么巨大的内乱就不会爆发了。因

此，这场灾难似乎可以归咎于西庇阿。”下面的挽歌也具有同样的性质：“神的利斧没有砍伐大地上的佩里翁的冷杉林。”因为这些论证中对事件的追溯已经超过了论证的需要。坏定义就是定义中指出的特点可以用于许多对象。比如：“煽动叛乱者就是一个坏的、无用的公民。”这样的定义并没有把煽动者的特点描述出来，而是适用于任何野心家、讼棍，也适用于任何恶人、说假话的人。坏定义的例子还有：“智慧就是如何获取金钱的知识。”在定义中包含一些细小的、微不足道的内容，这样的定义也是坏定义。比如：“愚蠢就是对名声的无限贪婪。”当然，对名声的贪婪是一种愚蠢，但只是愚蠢的一部分，因此这不是一个完整的定义。引起争议的论证就是提出一个可疑的理由来论证一件可疑的事情。比如说：“你们瞧，诸神如何统治和推动上面的天和下面的地，使之平安与和谐。”一个自明的论证不会产生任何争议，比如说，有人要指控俄瑞斯忒斯，就应该相当清楚地指出他杀害了他的母亲。而有争议的论证所强调的论点会引起争论，比如，最勇敢的人埃阿斯被一个最胆小的人杀害了，如果有人指责乌利西斯，说他应该一直待在出事地点，那么这样的论证对这一案例来说没有什么价值。一个论证之所以不可信是因为其中有些可耻的事情不适宜在某处讲，或者不适宜由某人来讲，或者时间不对，或者听众不适宜听，或者主题有疑问。会产生冒犯的论证伤害了听众的情感，比如，在罗马骑士面前说话的人都应当赞扬凯皮奥制定的陪审员法，否则就会冒犯他们，因为他们想要有担任陪审员的特权。

【50】矛盾的论证就是可以用来反对听众行为的论证。比如一个人在马其顿的亚历山大面前讲话，指责某人摧毁了一座城市，并且说没有比摧毁城市更加残暴的事情了，而此时亚历山大已经摧毁了底比斯。同一演讲者就同一主题发表相互冲突的陈述，这样的论证就是前后不一致的。比如，在说了一个有道德的人除了过一种善的生活以外什么东西都不需要之后，又否认没有健康也能过一种善的生活；又比如，说某人出于仁慈而帮助朋友，除非他能从中得益。一个前后相反的论证就是会在某些方面给讲话者自己带来伤害的论证。比如，一个将军鼓励他的士兵冲锋陷阵，但却夸大敌人的兵力和

好运。

如果论证的某些部分与它的目的不合，论证就必然会出现下述缺陷：讲话者证明的论点少于他许诺要证明的论点；讲话者必须证明整个一类事物，但他只谈到其中的一部分。比如这样说，“女人都是贪婪的，因为厄里费拉为了黄金把她的丈夫卖了”；讲话者的辩护不能回答针对他的指控，比如一个人被指控受贿，但他却用自己在战斗中勇敢来为自己辩护；或者像欧里庇得斯或巴库维乌斯悲剧中的安菲翁，用赞美哲学来回答对音乐的攻击；或者是把人的错误归咎于事，比如说由于某些有学问的人的错误而责备学问；或者是在赞扬某些人的时候不说他的美德而说他的好运；或者是在对两样事物做比较时，不责备其中的一样就不能赞扬另一样；或者是赞扬了一样事物而没有提到另一样；或者是在讨论某个确定的主题时把话转向一个一般的主题，比如在讨论要不要参加战争以解放某个国家时一般地赞扬和平，而不是证明这场具体的战争是无用的；或者就某事提出一个虚假的理由，就好像下面这个例子一样，“金钱是善，因为它最能造就幸福生活”；或者提出来的理由很弱，就好像取自普劳图斯①的下列诗句：“在朋友有过失的时候要严厉申斥他，这是他的过失应当领受的，尽管这是一件不会得到感谢的工作，但它还是一种有用的权宜之计。现在我要在这里严厉申斥一个朋友，这是他的过失应当领受的。”或者提出来的理由仅仅是用不同语词表达同一想法，比如说“贪婪是不好的，因为对金钱的追求给许多人带来了大灾难”；或者所提出来的理由不充分，例如“友谊是最高的善，因为友谊中有许多快乐”。

【51】驳斥的第四种方法是用一个同样强大的或更加强大的论证对抗一个强大的论证。这种方法尤其可以在议事性的案例中使用，我们可以承认已经提到的事情在某一方面是公正的，但又证明我们所捍卫的立场是必要的；或者说，我们可以承认对手所捍卫的行为是有益的，但又证明我们的行为是

① 普劳图斯（Plautus），全名提多·马西乌斯·普劳图斯（Titus Maccius Plautus），罗马喜剧家（公元前254年—前184年），据说写过130部剧本，现存20部。

高尚的。

以上就是有关驳斥的内容，我们认为这些内容必须提到。

赫玛戈拉斯在讲完驳斥以后就讲离题话（digression），最后讲结束语（peroration）。他认为在离题话这个部分可以添加一段与案例和实际有待裁决的论点无关的话；它可以包含赞扬自己或诬蔑对手，或者引述其他案例，为自己的陈述提供确证或驳斥，讲离题话并不依靠论证，而是使用某些增强的手段来达到强调的效果。如果有人认为这是演讲的一个恰当的组成部分，那么他可以遵循赫玛戈拉斯的规则。有关增强、赞扬和辱骂（vituperation）的某些规则已经提供，其他规则也会在恰当之处提供。但是，我们认为离题话不应该列为讲话的常规部分，除了涉及常识的案例外，我们不赞成偏离主题去讲离题话；这个主题我们晚些时候再讨论。还有，我认为赞扬和辱骂不应该成为讲话的一个独立的组成部分，而应当与论证本身交织在一起。现在我们就来讨论结束语。

【52】结束语就是整篇讲话的结尾和结论，它有三个组成部分：总结、义愤（或者称做恶意地贬损对手）、诉苦（或者引起听众的怜悯和同情）。

总结就是一段话，为了唤醒听众的记忆，演讲者在这段话里回顾讲话各处讨论过的事情，使听众可以一目了然。如果总结始终以相同的方式进行，那么每个人都很明白可以按照某些系统的规则来总结。但若以不同的方式进行总结，就可以避免由于重复而产生的疑心或厌倦。因此，及时按照大多数演讲者使用的方式进行总结是恰当的，因为这样做很容易，只要提到每个要点，简要回顾所有论证。然而，也可以在恰当的时候及时说明你在划分时提出并承诺要加以讨论的主题，使听众在心里想起你证明这些论点的推理过程，我们可以说："我们已经对此做了证明，这一点我们已经说清楚了。"我们还可以及时地向听众询问，了解他们希望证明哪些要点。这样的话，听众就会唤醒他们的记忆，也会认为没有必要提出更多要求了。

还有，如上所说，在总结中要在恰当的时候逐一回顾自己的论证，把对手的论证与你自己的论证放在一起做比较，这样做需要更加高超的技艺；在提出你的论证以后，可以及时说明你已经驳斥了相反的论证。通过这样简洁的比较，听众的记忆被唤醒，知道哪些事情已经确证，哪些事情遭到驳斥。通过改变陈述方式来产生多样性也是可取的。也就是说，有时候可以用你自己的人称来总结，提醒听众你已经说过些什么，以什么样的秩序讨论过这些论点；有时候可以把某些人物或某些事物搬上舞台，让它们扮演角色，以它们的口吻来总结整个论证。下面就是引入一个人物的例子："如果立法者在场，那么他会问你们：告诉我，你们还在犹豫什么，该证明的事不都已经向你们证明了吗？"在这里，就像以演讲者自己的人称说话一样，演讲者可以在某个时候简要回顾所有论证，在某个时候提到划分中的每一个论题，或者向听众询问想要听到什么，或者比较自己的论证和相反的论证。

在列举中也可以把某些事物，例如法律、地方、城市、纪念碑等等，当做一个角色搬上舞台，让它们说话。好比说："如果法律能说话，那会怎么样？它们难道不会抱怨说：'陪审团的先生们，这些事情都已经说清楚了，你们还要怎样？'"在同类总结中，可以使用相同的方法。作为总结的一条基本原则我们要说：由于任何论证都不能第二次进行，所以要精心选择最重要的论点，回顾每个论证都要尽可能简洁，以便总结看起来像是在唤醒听众的记忆，而不是在重复讲话。

【53】所谓"义愤"（indignatio）就是能够激起听众对某些人的巨大仇恨，或者是对某些行动提出激烈反对的一段话。在讨论这个论题时，我们希望大家一开始就能明白，义愤可以和我们作为确证规则提出来的所有论题联系起来使用。换言之，人和事物的所有属性都可以为使用必要的强调或者使用能够激起敌意的任何方法提供机会，但我们仍旧应当考虑关于义愤有哪些具体独立的规则。

产生义愤的第一个办法[①]是运用权威，引用那些最有分量的权威来表

① 这两章中的"办法"一词的拉丁原文为"locus"，英文译为"topic"，原意为"论题"、"细目"，意译为"办法"。

达自己对所讨论的主题有多么关心和热情，首先可以提到的是不朽的诸神（这方面的材料可以来自掷骰子、神谕、占卜、预兆、奇迹、神的回答，等等），还可提到我们的祖先、国王、国家、民族、贤人、元老、民众和立法者。第二个办法，带着由夸张而得以强调的激情来展示遭到我们申斥的行为影响了哪些人，可以是所有人或极大多数人（这是最可怕的），也可以是比某人地位高的人，比如那些为义愤提供依据的权威（这种情况最不可能），也可以是在心灵、运气、身体各方面与某人相同的人（这是最不公正的），或者是比某人低劣的人（这是最狂妄的）。第三个办法，我们可以问要是其他所有人都以同样的方式行事，那会是一种什么样的情况，同时要说明如果许可了某人的行为，很多人就会模仿他，走上犯罪的道路，要证明这样做会产生什么坏结果。第四个办法，我们要指出许多人在焦急地等待着裁决，如果某人的行为得到许可，那么他们就可以知道在类似的案例中自己也能这样做。第五个办法，我们可以指出在另一个案例中，在真相大白以后，错误的裁决得以纠正，但是在这个案例中，一旦做出裁决，就不会有任何机会来改正它，也不会有任何力量能纠错。第六个办法，我们可以指出相关的行动是有目的、有意图的，指出不能宽恕故意犯下的恶行，而那些出于无心的行为有些时候可以原谅。第七个办法，用于表达我们自己的尊严，我们可以说某个愚蠢、残忍、恶毒、专制的行为是用暴力完成的，或者是在富人的影响下发生的，这样的行为与法律和平等完全不符。

【54】第八个办法，我们可以说明正在讨论的罪行不是普通罪行，即使最鲁莽的人也不会常犯这种罪过，甚至在野蛮人、野蛮部落、野兽中间也不会发生。我们还可以指出罪犯用这样野蛮的行为来对付父母、孩子、妻子、同胞或求援者，然后再说这样不义的行为怎么能够用来对付长者、客人、邻居、朋友，对付那些与你生活在一起的人、抚养你的人、教育你的人，对付已经死去的人、最悲惨的人、最可怜的人，对付名声和地位都很高的人，对付那些不会伤害他人也不会保护自己的人，比如老弱妇孺。在这种情况下，听众会产生强烈的义愤，痛恨那些违反这些神圣关系的人。

第九个办法，对正在讨论的行为和其他公认的罪行进行比较，指出现在正在法庭上审理的案子有多么可怕和无耻。第十个办法，综述所有情况，既包括行为发生期间的事情，又包括行为发生以后的事情，伴以申斥式的叙述，强烈地谴责每一个行为，用我们的语言尽可能生动地在审理案件的法官面前展现这些行为，使可耻的行为真实地再现，就好像罪犯本人在犯罪一样。第十一个办法，指出这一行为是最不应该干的人干的，而本来人们还在期待他会去阻止别人做这种事。第十二个办法，表示我们的愤怒，指出在我们身上发生的事情决不能在其他人身上重演。第十三个办法，说明那些伤害带来的附带后果，激起人们对傲慢和狂妄的愤怒。第十四个办法，要求听众把我们受到的伤害当做他们自己受到的伤害来考虑，如果涉及孩子，就让他们想想自己的孩子；如果涉及妻子，就让他们想想自己的妻子；如果涉及老人，就让他们想想自己的爷爷或父母。第十五个办法，指出哪怕是敌人也不应当受到像我们这样的待遇。上述办法可以最有效地产生义愤。

【55】所谓诉苦（悲伤或抱怨）就是试图激起听众怜悯的一段话。在演讲的这一部分，首先必须使听众心灵温顺，富有怜悯心，使它可以比较容易被诉苦所感动。我们必须诉诸对所有人都有效的常识来诉苦，常识像命运一样控制着所有人，相信常识是人类的弱点。听到悲惨的诉说，人的心灵就会变得非常谦和，打算怜悯，因为听到他人的不幸，它就会考虑自己的软弱。此后，唤起怜悯的第一个办法是，指出当事人曾经享有过的繁荣昌盛，指出他们现在承受着什么样的痛苦。第二个办法是，按照时间划分，指出他们过去有什么麻烦，现在仍旧有什么麻烦，将来注定还要有什么麻烦。第三个办法是，阐述不幸的每一具体阶段，比如在悲叹儿子死亡时可以提到父亲得子的快乐、对儿子的爱、对儿子未来的希望、从儿子身上得到的慰藉、对儿子的精心培养，还可以说任何在相同的案例中唤起同情的事情。第四个办法是，谴责可耻、邪恶、卑鄙的行为，指出当事人过去承受的痛苦和将要承受的痛苦对他们的年纪、种族、从前的运气、地位或嗜好是不相宜的。第五个

办法是，逐一指出所有灾难，使听众像亲眼所见一样被真实的情景感动而产生怜悯，使他们感到自己就在现场，而不仅仅是在听取语言的表述。第六个办法是，指出处在困顿中的人与人们对他的期盼相反，当他期待某些帮助时，他不仅没有得到帮助，而是陷入了更大的灾难。第七个办法是，转向听众，请他们看着我们，想一想他们自己的孩子、父母，或者其他亲人。第八个办法是，指出有些一定不能发生的事情发生了，某些必然发生的事情没有发生，比如说："我不在场，我没有看见他，我没有听到他的临终遗言，我没有看到他咽气。"与此相同的还有："他死在敌人手里，可耻地躺在敌国的土地上，没有得到安葬，被野兽长时间地撕咬，他甚至在死的时候也被剥夺了所有人都应享有的礼遇。"第九个办法是，把讲话的对象转为无生命的不会说话的事物，比如你可以对一匹马、一座房子、一件衣服讲话，以此手法极大地影响那些热爱这些东西的听众的心灵。第十个办法是，揭示某人的无助、虚弱、孤独。第十一个办法是，对听众赞扬自己的孩子，赞扬自己的父母，说自己有义务给他们送葬，或者要承担其他义务。第十二个办法是，指出自己要和以往曾经快乐地生活在一起的人分开了，比如父亲、儿子、兄弟、亲朋好友。第十三个办法是，愤怒地抱怨，指出自己受到了极坏的待遇，而这样的事情是绝不应该发生的，因为虐待我们的人是我们的亲戚朋友，我们仁慈地对待他们，期待他们将来帮助我们；我们也可以说虐待我们的人是一些下人，也就是一些无耻的奴隶、平民、佃户、乞援者。

【56】第十四个办法就是哀求，在这里唯一要做的事情就是用卑微顺服的语言恳求听众给予怜悯。第十五个办法是，指出令我们悲哀的不是我们的不幸，而是我们的亲人。第十六个办法是，指出我们的心灵充满怜悯，但仍旧是高尚的、崇高的，我们耐心地承受着不幸，无论面临什么样的灾难都一如既往地忍受。我们经常看到，美德与高尚比卑微和哀求更容易产生影响，更容易引起同情。

一旦激起了听众的同情，那就不要再诉苦了。因为诚如修辞学家阿波罗尼乌斯[1]所说："没有比眼泪更容易干涸的东西了。"

我想，到现在为止，有关演讲的各个组成部分我已经说够了，这一卷也变得太长，我到第二卷再去说其他内容。

第二卷

【1】从前，克罗通是意大利最繁荣的城邦之一，她的公民极为富有，想用最美丽的绘画来装饰他们最崇敬的朱诺[2]神庙。因此，他们向赫拉克利亚的宙克西[3]支付了一大笔钱，请他来绘画，当时他被公认为最杰出的艺术家。宙克西画过许多画，有些直到现在还保存在神庙的圣地里。他还说自己希望画一幅海伦的肖像，尽管绘画没有生命，不会说话，但要让这幅画表现出惊人的美貌。这个愿望使克罗通人喜出望外，他们经常听说宙克西画女人的本事超过其他所有画家。他们想，要是他能把精力集中在最擅长的画上，那么他会给神庙留下一幅杰作。他们这个想法没有错。因为宙克西马上问他们，你们认为什么样的姑娘最美。他们马上带他去了摔跤学校，把许多俊美的年轻男子指给他看。那个时候克罗通人在力气和身体的健美方面无与伦比，在体育竞技中取得最为辉煌的胜利，享有极大的声誉。当宙克西对这些健美的身体赞叹不已的时候，他们说："这些男子的姐妹都在我们城里，从这些青年身上你就可以知道她们有多么美。""好吧，我答应给你们画最美丽的姑娘，但是请你们在我画画的时候，把最美丽的姑娘送来，使真正的美能够从活的模特儿身上转移到画面上去。"后来克罗通的公民就发布了一道命

---

① 此处所说的修辞学家阿波罗尼乌斯（Apollonius）可能是指阿波罗尼乌斯·莫隆（Apollonius Molon），西塞罗听过他的课。

② 朱诺（Juno），最初是意大利的一位女神，主掌妇女和生育，后来与希腊神话中的天后赫拉混同，成为罗马主神朱庇特之妻，战神玛斯之母。

③ 赫拉克利亚（Heraclea）的宙克西（Zeuxis），希腊画家，鼎盛期约为公元前 425 年—前 400 年。

令，把姑娘们集中在一起让画家挑选。他选了五位姑娘，许多诗人记下了她们的名字，因为这五位姑娘被他认定为长得很美，他是美的最高法官。他之所以要选五位姑娘，乃是因为他认为在一个人身上不可能找到可以组合成一幅美丽肖像的所有要素，自然女神并没有把某一个事物造就为完美无缺的。如果她把一切美都给了某一个人，那么她就没有必要再把美给予其他人，所以她把一些优点赋予这个人，把另一些优点赋予那个人，同时又赋予他们某些缺点。

【2】当我心中产生写一本修辞学教科书的愿望时，我的境况与此相同，我没有在面前摆上一个模特儿，认为据此就可以再造一切细节或内容，而是在收集了所有修辞学著作以后，从每本书中选取最恰当的规则，就好像采集了许多心灵的花朵。这是因为每个享有崇高声望的作家似乎都在某些问题上比其他人说得好，但都没有达到在一切方面超过他人的地步。因此，仅仅因为某个作家在他的著作中有某些错误而拒绝接受他的好思想是愚蠢的，仅仅因为某个作家提出来的某些正确规则吸引了我就追随他的错误也是愚蠢的。在其他学问上也一样，如果能够从多个恰当的来源吸取养料，而不是毫无保留地只追随一位大师，就不会变得傲慢、固执和无知。如果我的修辞学知识与宙克西的绘画知识相等，那么我的这本书也许会在修辞学领域中比他的画在绘画领域中更加著名。因为我有大量的模特儿可供选择，比他的模特儿还要多。他可以从一个城邦里当时活着的姑娘中选择，而我的选择范围是所有修辞学作家的智慧宝库，从修辞学诞生一直到现在。

亚里士多德收集了修辞学的早期著作，甚至一直追溯到提西亚斯①，众所周知，提西亚斯是这门技艺的创始人和发明者。亚里士多德精心考察了每一位作家提出来的规则，用清晰的语言把它们写下来，同时也提到作者的名字，最后努力解释困难的部分。所以他在吸引力和简洁方面超过了那些原创作家，想要了解他们思想的人不再通过这些人的原著，而是转向亚里士多

---

① 提西亚斯（Tisias），希腊修辞学的创始人，生平不详。

德，相信他的解释提供了极大的方便。亚里士多德后来发表了他自己的著作和他的先驱者的著作，结果就是通过他的著作我们熟悉了他，也熟悉了其他人。他的后继者，尽管把主要精力放在哲学的最高贵的部分，就像他们所追随的老师所做的一样，但无论如何他们在修辞学方面还是给我们留下了许多教导。

从另外一个来源产生了一大批修辞学教师，他们也为改进演讲术做了大量工作，至少在演讲术的规则方面。在亚里士多德那个时代，有一位伟大的、名声显赫的演讲大师，名叫伊索克拉底①，人们都知道他有一本教科书，但我没有见到。然而，我找到了他的学生和信奉他的理论的人写的许多修辞学论文。

【3】这两个对立的学派（如果我们可以这样称呼它们的话），一个忙于哲学，但也关注修辞学的技艺，另一个完全专注于演讲术的学习和教育，并与后来出现的一群修辞学教师会合在一起，这些人从两个来源吸取他们认为是正确的内容来撰写他们自己的著作。我要尽可能了解他们的思想和早先的权威，为这座公共宝库贡献我自己的某些思想。因此，我在这些书中所提出来的原则与这些热衷于修辞学的人所选择的原则价值相同，我不必对自己做了的事情感到后悔，其他人也肯定不会对此表示遗憾。但若能够证明我在把某些观点归于某些作者时显得太鲁莽，或者我对某些观点有点歧视而没有很好地理解它们，那么在我的错误被指正时，我很乐意改变我的想法。因为知识不完整并不可耻，固执地坚持不完整的知识才是可耻的；由于不确定而产生的无知是人类的普遍现象，但是固执己见是个人自己的错误。因此，我不急于认可任何具体内容，我要在不对任何事情做出积极肯定的状态下，带着一颗探索的心灵，带着某种程度的犹豫开始陈述，免得在为了写一本有用的书，在获取一点有用的材料时失去了主要的目标。这一原则我当然要尽可能

① 伊索克拉底（Isocrates），希腊修辞学家，雅典十大演说家之一，公元前436年生于雅典，卒于公元前338年。

热心地奉行，现在要，一生都要。然而现在，为了不使引言太长，我要叙述一下尚待解释的论题。

第一卷，在讨论了这门技艺的本质、功能、目的、材料和组成部分之后，我们讨论了争论的种类、开题的方法和案例的确定，最后讨论了演讲的组成部分和各部分的所有规则。由于第一卷已经清楚明白地处理了所有论题（确证和驳斥除外，对此需要用比较一般的术语来处理），所以我想，我现在必须提供用到确证和驳斥的每一类案例的具体例子。由于在第一卷中我比较关注清晰地展开论证，所以在第二卷中我要提供创造性的论证或者与每一案例有关的想法，而无须任何文字的修辞。你们在本卷中可以看到的是一些想法，而在前一卷中你们可以看到的是如何修饰这些想法。因此，读者应当把下面的建议视为适用于确证和驳斥的建议。

【4】每一篇讲话，无论是展示性的、议事性的，还是争论性的，都必定依据一个或多个争论点[①]，这是我们在第一卷中讲过的。这是真的，然而尽管有许多规则对它们来说是共同的，但也有一些不同的规则，仅仅适用于某一种讲话。这是因为，有的目的可以通过赞扬来达到，有的目的可以通过批评来达到，有的目的可以通过表述意见来达到，还有的目的可以通过指控或辩护来达到。在审判中，要探讨什么是正义；在展示性的讲话中，要探讨什么是光荣；而在面对议事团体的讲话中，我想，既要探讨什么是光荣，又要探讨什么是有利。然而，有些作家认为，有利应当作为一个政治尺度单独提出来予以强烈主张或反对。所以，有着不同目的和目标的不同种类的讲话不会有相同的规则。我现在不说不会有相同的“争论点”，而只是说旨在刻画某人生活或对某个政治问题表达意见的演说会产生相同的争论点，这是由演说的目的和主题的本性所决定的。因此，我本人当前关注的是解释在法庭上进行的这种演讲中的争论和适用于这种争论的规则。这些规则中也有许多可以毫不困难地转移到其他种类的讲话中去，因为这些种类的讲话包含着相同

① 参见本文第一卷第 8—14 章。

的争论点。然后，我再分别谈论其他种类的讲话。

现在让我们从推测性的案例（或关于事实的案例）开始，下面的事情可以当做一个例子。在一条大路上，一位旅行者与另一位行路的商人不期而遇。这位商人带着一大笔钱。很自然地，他们一边走一边攀谈起来，结果他们就作为好朋友结伴而行。他们在一家小客店歇脚，打算共进晚餐和住同一间客房。晚餐后，他们就进了房间，上床睡觉。后来，客店的伙计——这个真相是在他犯下另一桩相同的罪行时才被发现的——偷走了那位客商的钱，就是那个有钱的旅行者。这个伙计在夜深人静之时潜入房内。他知道客人们这个时候已经熟睡，就像人们疲劳时一样。他抽出那个没钱的客人携带的佩刀，杀死了另一位客人，拿了他的钱，又把沾上血迹的刀放回刀鞘，然后回到他自己的房间。黎明时分，那个佩刀被用来杀人的客人起了床，呼唤他的同伴，但没有听到回答。他以为对方睡得太沉，于是就拿上自己的佩刀和其他物品独自上路。没过多久，客店的伙计高喊有人被杀了，然后就和店里的某些客人一起沿着大路追赶那个较早离开的客人。那个伙计抓住他，从他的刀鞘中把刀拔出来，发现上面沾有血迹，于是就把他送往城里的衙门，指控他杀人。在这个案例中提出的指控是“你杀人”，做出的回答是“我没有”。由此产生的就是“争端”或“争论点”。它也是一个问题，与推测性的案例中法官要裁决的要点相同：“他杀人了吗？”

【5】现在我要对论证做解释，某些适用于各种争论的论证是用推论来决定的。但你们必须注意，对这些论证的解释以及后面的内容并不适合所有案例。这就好比每个词都要用某些字母来拼写，但并非所有词都要用这些字母来拼写，所以并非所有论证都适合所有的案例，而是所有论证必定只适合一部分案例。所以，每一推论都以论证为基础，而这些论证要依据行为的动机、当事人的特点、行为的性质。

行为动机可以分为一时的冲动（impulse）和事先的预谋（premeditation）。一时的冲动就是一个人在做某事时没有思考，只是出于某种感觉或情感状态，这方面的例子有爱、恨、悲哀、欣喜若狂。实际上，在每一种精神状态下，心灵似乎受到影响而无法仔细地思考行为，这时候发生的行为是在某种精神的激励下发生的，而不是来自心灵的反思。有预谋的行为则不同，它是一种关于做不做某事的精心推论。心灵出于某个确定的原因而避免做某事或者寻求做某事，这就是预谋，比如为了友谊，为了惩罚敌人，由于害怕，为了荣誉或金钱，或者用一般的术语来说，为了保持、增加、获取某些利益而采取行动，或者为了抛弃、减少、避免某些害处而采取行动。按照这样的类别划分，这些案例可以区分为：取小害而获大利或避大害、舍小利而获大利或避大害。

这个论题被有些人称做争论的基础或依据。因为不说明行为的动机，就没有人相信行为的必然性。因此，当指控者说某件事情是在一时冲动的情况下发生的，那么他一定会竭尽全力夸大情欲的骚动和心灵的纷扰，尽力诉说这种爱的力量有多么强大，这种由于愤怒而发生的精神骚动有多么强烈，或者夸大受到指控的罪行的其他原因。在这种地方，一定要努力说明心灵受到情欲的骚扰而犯罪并不奇怪。我们可以引用某些有相同情况的人作为例证，也可以收集某些相同的案例来解释精神纷扰的本质。

【6】另一方面，如果原告说被告的行为不是由于一时的冲动，而是故意的，那么他要说明这样做可以获取什么样的利益，可以避免什么样的害处。他会竭力夸大他的看法，以便在其谎言中可以说明有足够的动机在促使这一罪行的发生。如果是为了荣誉，那么他期待赢得多大的荣誉；同样，如果是为了权力或财富，如果是为了友谊或报仇，简言之，无论所指出的动机是什么，原告必定竭力扩大它。原告必须仔细加以考虑的不仅仅是真的会产生什么结果，而且是指出这些动机具体会对参加审判的人的意见产生什么结果。只要可以使被告被审判者想象成有这样的动机，那么这样的利益或损害与罪行有无联系并没有什么关系。意见会以两种方式骗人，要么是在事情的真相与人们对它的看法不同的时候，要么是在行为的结果并不像人们所期待的那样的时候。人对事物的看法与事物本身是不同的，人以为一样事物是好的，但它实际上是坏的；人以为一样事物是坏的，但它实际上是好的；人可以把

既不好又不坏的事物当做好的或坏的，也可以把确实好的或坏的事物当做既不好又不坏。如此看来，如果有人不认为财富比兄弟或朋友的生命更重要，甚至比他的义务更重要，那么原告不要去否认他的看法。他的看法真实地表达了我们的内心情感，如果原告对此加以否认，那么会遭到谴责和厌恶。但原告应当说，被告实际上并不这样想，而这一陈述应当以人格特征为基础，这一点我们晚些时候再讨论。

【7】如果情况变得与被告的期待不同，其结果就是受骗，比如说某人杀了人，但这样做并非他所希望的，因为他受到相似性、疑心、虚假的描述的误导，又比如说某人是在不能继承财产的情况下杀人的，但他以为自己是遗嘱的继承人，因此（原告会这样说）我们不应当依据事情的结果来判断行为者的意图，而要考虑被告带着什么样的意图和期盼采取行动，与此相关的是实施行动时的目的，而不在于获得了什么样的成功。

如果原告能首先说明除了被告其他人都没有这样的犯罪动机，然后说明除了被告没有人会有如此强烈的或充分的动机，那么在这个论题下会产生一系列相同的论证。如果其他人似乎也有这样的犯罪动机，那就必须说明其他人缺乏犯罪的能力、机会或欲望。关于能力，可以说他们不知道犯罪的可能性，或者说他们不在场，或者说由于身体条件他们不能够实施这样的行动。关于机会，可以指出这些人都缺乏计划、助手、工具以及与行动相关的一切要素。关于欲望，可以说他们心中不会有这样的犯罪念头或者说他们的心灵很纯洁。最后，原告会使用相同的推理步骤排除其他人犯罪的可能性，而把罪行确定在进行辩护的被告身上。但这样做的时候要快，要尽可能地压缩，省得被人以为他是为了替他人辩护才指控被告，而不是为了指控被告才为他人辩护。

【8】这些就是原告必须考虑的要点。与其相反，律师在为被告辩护时首先可以说被告没有动机，如果被告已经承认有动机，那么就把它说得轻一些，说那仅仅是一种虚弱的情感，并证明这种情感不是那种一般会导致犯罪的情感。在此之后可以恰当地指出能驱使被告犯罪的情感具有的力量和性

质。律师在这样做时必须提供例证和比较，小心地解释这种情感的性质，尽可能把它说得平稳和安宁，甚至把这桩残忍的暴行说得比较温和与平静，这样一来，听众的灵魂以及他们灵魂深处的情感就可以接受有关的讨论了。

如果指出被告通过这样的行动得不到什么好处，或者被告能够得到的好处比不上其他人，或者他得到的好处不如其他人大，或者他的损失大于他的所得，或者他绝无可能获得他要寻求的利益，或者指出他会面临危险，那么都可以削弱人们怀疑被告有预谋。在讨论避免损失的时候也可以同样的方式处理这些论题。如果原告指出被告遵循的原则是趋利避害，但有利或有害都是他自己所认为的，那么尽管他的看法是错误的，为他辩护的律师也必须指出无人会愚蠢到这种地步，以至于无视事情的真相，假如这一说法得到认可，那么其他观点就不成立了，被告对他自己在这件事上的权力不会产生怀疑，肯定会把虚假的东西当做虚假的，把真实的东西当做真实的。如果他连这一点都要怀疑，那么他肯定是疯了。他在抱着极为渺茫的希望冒险，而这种危险是非常确定的。还有，正如原告在排除他人过失时会使用被告的论题，被告也会使用原告提出的论题，把自己对罪行要负的责任从自己这里转移到其他人身上。

【9】如果精心解释人格特征，那么可以从被告的人格中产生推论。我在第一卷中已经解释了人格的所有特征。[①] 例如，人的名字有时候也会引起疑心[②]——你们要明白，当我说名字的时候也把别名(cognomen) 包括在内，我们谈论的是个人确定的和专有的称呼——比如我们把某人叫做“卡尔都斯”(意思是“热”)，因为他脾气暴躁；在这方面没经验的希腊人会受到愚弄，因为一个人既可以叫做克劳狄，又可以叫恺西留斯，又可以叫穆提乌斯。[③]

---

① 参见本文第一卷第 24—25 章。

② “疑心”这个词的拉丁原文为“suspicio”，这个词还有“暗示”的意思。

③ 古罗马人的姓名一般有两个、三个或者更多组成部分。例如，西塞罗（Cicero）的全名是“Marcus Tullius Cicero”。“Marcus”是本名或第一名字（praenomen），是父母给子女起的名字；“Tullius”是族名（nomen），整个部族的成员都有这个名字；“Cicero”是家族名或别号（cognomen）。希腊人只有一个名字，因此文中称希腊人为无经验的。

我们可以依据被告的本性提出某些怀疑。下面这些人格特征都和推论有关：这个人是男的还是女的？他是这座城市的人还是那座城市的人？他的祖先是谁？他有什么亲属？他的年纪、脾气、身体状况如何？问到他如何成长，由谁把他抚养成人，由谁对他进行教育，他和谁生活在一起，他的理想和人生目的是什么，他的家庭生活如何，可以依据他的生活方式提出许多怀疑。

根据一个人的命运可以做出许多推论，可以说明他现在或者过去是不是奴隶或平民，是穷人还是富人，是名人还是普通人，是成功者还是失败者，是普通公民还是公职人员，最后还可以就那些能够表示他的命运的任何情况提问。由于"习惯"是由一系列完整的、相互结合在一起的心灵或身体的构造组成的——体力、知识以及与它们对立的环境都属于这个部分——所以充分说明这方面的内容就可以产生许多怀疑。对爱、愤怒、厌恶这样的感觉或情感进行思考通常也会提出明显的推论，因为这些情感的力量是众所周知的，它们带来的后果也很容易被注意到。

嗜好就是忘我地、无节制地投身于某些活动并伴有强烈的快乐。从嗜好中可以得到案例所需要的论证。依据目的也可以提出某些怀疑，因为目的是经过考虑做或不做某事的理由。我们在讨论确证的规则时已经提到可以在动词的三种时态下考虑成就、偶然事件和话语，① 从中很容易看出它们能够提供哪些怀疑的依据，可以用来加强推论。

【10】这些就是人格特征，原告的任务就是从中选择内容加以论证，以削弱被告的可信程度。除非基于被告性格与犯罪动机一致之处提出怀疑，否则就无法说明犯罪动机的基础。如果对被告的性格不提出怀疑，就不能说明他有犯罪的动机，指责一个行为高尚的人有犯罪动机是愚蠢的做法。因此，原告必须依据被告以往的行为谴责被告的生活，指出他过去犯了许多同样严重的罪行。如果不能做到这一点，那么也应当证明被告曾被怀疑犯过同样的罪行，尤其是要在可能的情况下，指出被告在相同处境中，在同类动机的影

① 参见本文第一卷第25章。

响下，曾经犯有过失，无论事情的严重程度如何。举例来说，可以证明受到指控的被告有谋取钱财的愿望，因为他在其他某些场合的行为非常贪婪。

同样，在各种案例中，原告也可以指出引导被告行为的动机与被告的本性、生活方式、嗜好，以及任何人格特征之间的联系，并且就好像没有机会引用似的，对另外一个不同性质的行动进行推论，以此质疑被告的性格。如果你指控被告的行为动机是贪婪，但又不能证明他是个贪婪的人，那么你应当指出他的本性中还有其他邪恶的地方，因此一点儿也不奇怪，像他这样在其他方面行为卑鄙、性情暴躁、风流成性的人在这个案例中也会犯罪。一切有损于被告名誉和名声的事情都可以用来减少被告为自己辩护成功的机会。

如果能够指出被告一直和某些罪行有牵连，那么这样的论证就会使审判者认为被告长期拥有的名誉和案子没有什么关系。因为被告从前隐瞒了他的真实性格，而现在被当场抓获了；因此这个行动不能按照被告以往的生活来判断，而要用当前的行动来判断他过去的生活；他过去只是因为没有能力或动机才没有犯这样的罪罢了。如果这样的陈述一个都无法做出，那么应当诉诸最后的可能的论证，可以指出这种事情一点儿也不奇怪，这只是他的第一次犯罪，想要犯罪的人总会有第一次。但若对被告以往的生活一无所知，那么应当省略这个论题，可以在说明省略的原因后用其他论证来支持指控。

【11】另一方面，为被告辩护的律师，如果能做到的话，首先要说明被告的生活一直是极为高尚的。他只要指出众所周知的被告所做的贡献就可以做到这一点，比如说被告如何孝顺父母，帮助亲戚、朋友和熟人。同样，尽管这种机会极为罕见，律师可以指出被告为国家做过哪些贡献，为他的父母或刚才提到过的其他人做过哪些事，尽管没有人强迫他，但他仍旧出于义务感而这样做，因此很难说被告会犯这种罪，有这种看法也非常危险。最后，律师要能够证明被告从来没有犯过罪，也从来没有在情欲的驱使下放弃义务。如果能够指出被告以往曾经有机会可以做一件不诚实的事情，但他并没有去做，那么就能加强论证的力量。如果能够指出他过去被指控犯罪，但后来却被证明是清白无辜的，那么这种陈述的力量就更加强大了。例如，有个

人被指控犯了罪，原因是贪婪，原告说被告的一生在所有事情上都很贪婪。在这种时候，用一段富有情感的、带有某种抱怨的话来表达会极为有效；① 对此可以指出被告一生中从未做过任何错事，把这样纯洁的人说成会有这种犯罪动机实在是太鲁莽、太可悲了。这个论证也可以用这样的方式处理：如果一个人以往高尚的生活在这种时候不能为他提供最大可能的帮助，那么显然是不公平的和有害的，但是审判应当以指控为依据——尽管这个指控也许是凭空捏造的——而不应以他以往的生活为依据，提到他以往的生活既不能对当前的情况有所补益，也不会使当前的情况有任何改变。

但若被告以往的生活中有某些不可信的阶段，那么就可以声称他之所以错误地拥有这样的名声是由于少数人的妒忌，或者是有人在背后说三道四，或者是人们对他的看法是错误的。也可以说被告之所以有这些行为是因为愚蠢无知、迫不得已、受人诱导、年纪太轻，或者是由于某些并不邪恶的人格特征。也可以说这些恶行在其他地方也能看到，所以被告的性格尽管不是在所有方面都很完美，但与当前被指控的罪行并无什么联系。如果通过讲话不能减轻被告生活中的可耻与卑鄙，那么律师不得不说被告的生活和性格并不属于调查范围，只有用来指控他的罪行才是调查对象，因此被告以往的行为不应该讨论，应当争论的是当前的案子。

【12】如果从各个角度探讨事情的整个过程，那么行为本身也可以产生怀疑，这些怀疑一部分可以从单独加以考虑的这个行为开始，也可以把相关的人格和行为放在一起考虑。如果我们仔细考察行为的性质，那么就可以在行为中发现这些人格。② 人格的主要分类和大部分内容似乎都适合这种案例。首先必须看到哪些人格与行为本身有关，也就是说哪些人格与行为不可分离。在这个标题下可以详细地充分考察行为发生之前的事情，看有无成功的希望或实施行为的机会，也可以考察行为实施时真的做了些什么以及行为之

① 参见本文第一卷第 52、53、55 章。

② 参见本文第一卷第 25—28 章。

后又有什么事发生。

其次，应当考虑实施行为的实际状况。我们把行为的这种属性放在第二位。在这个标题下，我们考察地点、时间、时机和便利。我们在精心解释确证的规则时已经解释过这些术语的意思了。① 因此我们在这里讨论一下在每个标题下应当关注些什么，为的是不至于忽略它们。但我们要尽可能简洁，以免显得重复。在提到地点时我们要考虑地点为行为提供了场所，在提到时间时我们要想到时间持续的长度，在提到时机时要注意与实施行为有关的任何环境，在便利这个名目下，凡是使行动比较容易实施，或者离开它就无法实施行动的东西都属于这一范畴。

接下去我们要考察行动的附加属性，也就是看看有什么事情大于、小于或等于某个行动，或者与之相似，如果仔细考察较大的、较小的或相等的事情是如何发生的，相似的事情或同样重要的事情为什么不会发生，那么就可以据此做出推论。在这个名目下还可以考虑结果，也就是说必须考察每一行为，比如恐惧、欢乐、踌躇、鲁莽，通常会产生什么样的状况。行为的第四个附加属性是后果。在这个名目下我们考察一个行动实施后会发生什么事情，马上产生或间隔一段时间以后再产生。这样做的时候我们要看它与习俗、法律、契约、方法、习惯或实践有什么联系，无论是人类加以认可的还是予以否定的，依据这些要点就可以提出某些怀疑了。

【13】还有，从行为或人格特征出发，通常还有其他一些攻击的角度。因为人的命运、本性、生活方式、嗜好、行为、偶然属性、语言、目的，以及他的心灵和身体的特征，有许多地方与我们认为可信的或不可信的指控材料有内在联系，可以据此对罪行表示怀疑。在这样的争端中，最重要的问题是：第一，某个既定的行动能实施吗？第二，其他人会实施这个行动吗？第三，与我们前面讲过的便利有关。接下去，犯这种罪的人肯定会忏悔吗？或者说，犯这种罪的人有无可能隐瞒？下一个要点是必然性，在这个名目下的

① 参见本文第一卷第26—27章。

问题是，某个行动是否必然实施，或者必定要以某种方式完成。这些问题还有一部分与作为人格特征的目的或意图有关，这方面的举例可以用我们上面提到过的那个案子。[①] 行动发生之前与行动相关的情况是被告像熟人一样接近那个富人，寻找机会与他攀谈，并且一起在客店里住宿，共进晚餐。与行动直接相关的情况是那天晚上被害人睡下了。行动发生之后与行动相关的情况是被告独自离开客店，他无动于衷地抛弃了他的亲密朋友，他的佩刀上沾有血迹。

可以考虑的另一个要点是看这个行动有没有精心策划，或者说看这个行动的实施是否显得非常仓促，无论谁都不会如此鲁莽行事。在这样的关联中，可以问这件事是否有可能以别的方式完成得更加从容一些，或者说它仅仅是个偶发事件。因为一般说来，缺乏金钱、帮助、援手，不可能有这样的行动。如果我们以这样的方式仔细观察，就会发现行动的性质与人的性质密切相连。

我在前面部分说过，要在这个案子中区别原告和为被告辩护的律师如何处理各自的论证，既不容易也无必要。说它没有必要，因为案子一经陈述，事实本身就会表明有哪些论证适用于双方，至少对那些并不期待在本书中发现每一细节的人来说这一点很清楚，而如果进行区分只对锻炼理智有一些作用。说它不容易，因为逐一解释每一案例中的每一事实的论证是一项没有尽头的任务，再说，这些论证通常只适合案例的某个部分，在不同的场合下显然不同。

【14】因此，应当小心研究我们已经提出来的内容。进一步说，如果经常检查自己对事件的陈述，并与对手对同一事件的陈述进行对照，从中得到相关的线索，并对下列方面进行思考，那么“开题”就会变得比较容易：每一行动实施的原因、意图和行为者对成功的期待；这一行动为什么要以这种方式完成，而不是用其他的方式完成；为什么行动者是这个人而不是其他

① 指本文本卷第 4 章中所举的那两个旅行者的案子。

人；他为什么没有助手或者为什么要这个人当助手；为什么没有人知道这件事，或者为什么某人知道这件事，为什么知道这件事的是这个人；为什么在这个行动之前有另一行动发生；为什么在这个行动之前没有实施另一行动；为什么这一行动在事件发生之前发生，而另一行动在事件之后发生；这一行动的产生是有意图的还是某个事件的天然后果；对手所说的事情前后一致，或者说有自相矛盾的地方；有没有这样或那样的迹象；有没有出现这样的情况，一定不会发生的事情发生了，而一定会发生的事情没有发生。当心灵如此仔细地研究整个事件的每一部分时，上面提到的堆积在一起的论题就会自动显现；我们有时候可以依据一个论题来提出论证，有时候可以依据某些论题的结合来提出论证，有些论题可以划入可能性的论证，有些论题可以划为不可驳斥的论证。拷问、证词和谣言也经常在帮助或支持推论，每个律师都会歪曲使用这些东西，使之有利于自己的官司，尽管他也遵循相同的规则，但却把内容按不同的方向解释。从拷问、证词、谎言中必然产生怀疑，而谎言既可以来自案例，也可以来自人格和行动。

因此，有些人认为修辞学不需要系统处理这种怀疑，也有人认为关于这种怀疑的规则应当与那些把推论作为一个整体来处理时的怀疑的规则不同，但在我看来他们似乎错了。因为所有推论必然以相同的论证形式为基础。一个人在拷问之下陈述的原因或动机与他所说的事情的真相应当与其他论证中的原因或动机一样确定，对提供证词的人来说是这样，甚至对谣言本身来说也是这样。

在每一案例中，有些论证仅仅与正在争讼的案子有关，因此论证的适用性取决于案子的特点，论证不能与案子分离而转换到其他案子中去，而有些论证的性质比较一般，可以用到同类案例的所有案子或大多数案子中去。

【15】可以转移到大多数案子中去的论证我们称做普遍论题（common topics）。一个普遍论题既可以包含对一个不可驳斥的陈述的扩大——例如，一个人希望指出杀害父母的人应当处以极刑（这种类型的陈述仅仅用在已经审完并证实了的案子中）——也可以包含一些似乎有理的论证，例如指出从

某一方面看这些怀疑是对的，但从另一方面看这些怀疑是不对的。某些普遍论题可以与情感和抱怨联系在一起使用，用来支持双方某些可能的推理，对此我们在上面已经做过解释。① 然而，一篇讲话会因为引进普遍论题或某些听众已经信服的论证所支持的论题而变得优秀和无与伦比。在情况许可的地方谈论某些“普通的”东西，把和案子有某些特殊联系的段落加以精心阐发，使听众的心灵得以振奋，让其中包含的论证起到激励听众的作用，那么在这些场合使用普遍论题确实可行。还有，使文体显得富有魅力和庄严的所有修饰手段，还有那些在开题时有助于增添分量或庄严性的一切手段，在普遍论题中都可以大量使用。因此，尽管这些论题对许多案例来说是“普通的”，但对许多演讲家来说它们是不普通的。因为，除了那些经过长期训练获得丰富词汇和思想的人，其他人不可能按照它们的本性所要求的那样，优雅而又庄严地处理它们。关于各种普遍论题我们已经说够了。

【16】现在我要指出什么样的普遍论题适用于有关事实的争端：应不应该相信怀疑、谣言和拷问下产生的证词；应不应该考虑个人以往的生活；某人承认犯罪是自然的还是不自然的；应不应该特别考虑某个犯罪动机。从这些普遍论题以及其他一些普遍论题中可以做出适用于手头案例的论证，这些论证也适用于诉讼双方。

然而，有的普遍论题只适用于某一方，原告可以用来大讲特讲罪行的残暴，可以用来断言男性因素不应当怜悯，为被告辩护的律师可以用一个论题愤怒地谴责残暴的罪行，可以用另一个论题对被告表示悲哀，为他恳求怜悯。这些普遍论题以及其他普遍论题一样，需要服从和其他论证相同的规则。但是其他论证的处理要求有更多的约束、简洁和敏锐，而普遍论题的阐述需要更多的强调和修饰，需要高尚的语言和思想。因为论证的目的是使陈述的内容具有真理的外表，而普遍论题尽管也有和论证相同的目的，但它的主要目的是扩大。现在让我们转移到另外一个争论点上去。

---

① 参见本文第一卷第53—55章。

【17】对用来描述行动的名称有争议的时候，这个争论点被称做关于定义的争论（constitutio definitiva），因为语词的含义必须加以定义。我们要以下面的案例作为这种争论点的例子：盖乌斯·弗拉米纽斯[①]在第二次布匿战争期间作为执政官指挥过一场不成功的战役。他在担任保民官的时候煽动性地向民众提出要制定耕地法，以此反抗元老院的意志，也违反所有上层阶级的意愿。当他在公民大会上夸夸其谈的时候，他的父亲把他从讲台上拉下来。后来他的父亲被指控犯了不敬罪。这个指控是："你犯了不敬罪，因为你把一位保民官从讲台上拉下来。"他父亲回答说："我没有犯不敬罪。"这里的问题是："他犯了不敬罪吗？"被告的辩解理由是："我在对我的儿子行使权威。"对这一辩解的否定是："正好相反，他在用属于他自己的作为父亲的权威——这是一种私人权威——来削弱一位保民官的权威——这是民众的权威——所以他犯了不敬罪。"审判者的裁决要点是："他使用当父亲的权威来反对一位保民官的权威，他有罪吗？"所有论证必须指向这个要点。

为了不让任何人以为我们不明白在这个案例中产生的另一个争论点，我们要说我们谈论的只是我们必须现在要为之提供规则和原则的这个争论点。所有内容在本书中已经做过讨论，只要注意看，任何人处理任何案子都可以从中找到所有争论点及其内容，以及由此会产生的争论，无论它们是什么，而我们要做的是给所有这些内容指个方向。

关于原告的论证，第一个论题就是要给所寻求的语词的意义提出简洁、清楚、约定俗成的定义。比如不敬就是对尊严的蔑视，就是轻视某人的权威，或者是对那些由民众赋予权柄的人不尊重。这个定义的解释必须由详细的讨论来支撑，使它听上去像你说的那么回事。然后必须指出被告的行为与你的定义之间的联系，以你已经揭示的不敬的含义为基础，在这些语词所涉及的范围之内证明你的对手犯了不敬罪，然后再用一个普遍论题来支持整个

---

① 盖乌斯·弗拉米纽斯（Gaius Flaminius），罗马将军和政治家，公元前232年任保民官，公元前223年任执政官，公元前217年再次任执政官，在特拉西美涅湖（Lake Trasimene）战役中被迦太基名将汉尼拔打败。

论证，在其中你可以放大这个行动，指出它本身罪大恶极，非常恶毒，或者至少指出这样的行动是有罪的。这样一来，对手的律师以后提出来的定义就是无效的，因为只要指出他的定义是假的就行了。考虑民众在日常写作和讲话中如何使用这个词，或者他们与这个词有什么关系，也就把一个论证建立在共同信念的基础上了。如果我们能够证明对手的定义是可耻的、不适当的，指出民众要是接受这个定义（这样做以荣誉和利益的观念为基础，对此我们将在讨论在议事团体面前的讲话规则时加以解释①）会带来哪些害处，那么也就可以攻击对手的定义。我们还可以把我们的定义与对手的定义做比较，证明我们的定义是真实的、高尚的、恰当的，而他们的定义正好相反。我们还可以寻找相似的或同样严重的案子来支持我们的定义，与我们的案子相比，这些案子或大或小。

【18】一个案例有时候需要给几个语词下定义——比如从私人家中偷走神圣的器皿是普通盗窃罪还是盗窃圣物罪的问题——因此就要使用几个定义，然后根据已经确定的方式开始处理案子。另一个普遍论题是对一个人的邪恶进行攻击，说他极为傲慢，不仅声称自己有权控制行动也有权控制言语，说他为所欲为，愿意把他自己的行动叫做什么就叫做什么。

用于辩护的第一个论题同样也要简洁、清楚，要有语词的约定俗成的定义，比如说："不敬就是无视权威地处理某些公共事务。"然后再用例子和那些在指控中使用的相同论证来确证这个定义。然后可以指出这个行动与定义不合。然后可以用一个普遍论题来扩大从这个行动中产生的利益和荣誉。然后使对手提出来的定义无效，用我们刚才说的原告使用的所有相同的论证就可以做到这一点。在此之后，除了普遍论题，控方使用的所有论证在这里也都可以使用。对被告有效的普遍论题是，他对原告想要强加给他的伤害表示蔑视，原告对他的指控不仅歪曲事实，而且更换语言的含义。证明原告的恶意、恳求怜悯、谴责罪行、敦促审判者仁慈，都在于夸大案情的危险，而不

---

① 参见本文本卷第 52—58 章。

在于案子的种类。因此这些规则不会因案子种类不同而各异，而是适用于每一种案子。我们在讨论有关事实的争论时已经提到过这些规则。案情需要时我们就会加以使用的归纳推理则是另外一回事。[①]

【19】如果有必要把诉讼（action）转移到另外一个法庭，或者需要改变审判程序，因为特定的人没有提起诉讼或没有对特定的人提起诉讼，或者没有在适当的法令下审理，或者对惩罚有专门的要求，或者要有专门的指控，或者要在恰当的时候审理，这样的争论称做转移性的（或程序性的）。如果我们寻找每一种转移或改变，那么我们需要大量的例子，但由于所有规则所遵循的原则是一样的，所以我们必须搁置大量的例子。为什么与转移有关的演讲非常罕见，可以从罗马的法律程序中找到许多原因。有许多诉讼被执法官同意的抗辩（exceptiones）排斥掉了，我们的罗马法条文规定那些不能以恰当形式提起诉讼的人败诉。因此，这样的问题一般是在执法官面前提出来的。因为在这里需要有抗辩，提起诉讼的权利也得到认可，并且已经有一套指导民事诉讼审判的完整规则。请求转移在真实的审判中是罕见的，如果仅仅是提出转移的要求，那么这样做本身也没有什么力量，但是可以通过其他争论的帮助来予以支持。比如在一场审判中，某人被控下毒，由原告签名的起诉书说被告谋杀父母，案情重大，因此马上就被法庭接受了，但在审判的时候，相关的证词和论证却只证明了他的其他罪行，而谋杀父母却几乎没有提到。此时被告的律师应当抓住这一点进行强调：没有证据表明被告谋杀父母，因此不能按谋杀父母给被告定罪；他接下去还必须紧接着说，要给被告定罪又必须按照起诉书上所指控的罪行，因为法庭由于这个原因才受理这个案子；所以一定不能惩罚被告，也不能给他定罪，因为惩罚必定要和定罪一致。在这里，这位被告的律师通过在辩护中提出改变惩罚的要求，在辩护中转移争论点，使整个指控失效。但不管怎么说，有关事实的争论也会有反对其他指控的辩护，会有提出改变程序的要求。

---

① 参见本文第一卷第 31 章。

【20】下面这件事可以成为转移性的法律案件的一个例子：有人拿起武器想要干坏事，另外一些人拿起武器准备抵抗。一位罗马骑士进行了抵抗，但被一个武装暴徒用刀砍断了他的手。手被砍断的这个人提起诉讼，指控对方犯了个人伤害罪（iniuriae）。被告对执法官声称要抗辩，他说："除非这么大的指控可以不审而判。"在这里，原告要求进行一场关于简单事实的审判，而被告说应当加上抗辩。问题是："同意被告进行抗辩吗？"支持被告进行抗辩的论证是："在由即决法庭（recuperatores）[①]进行的审判中，对被告不应当不审而判，这种罪行应当由处理谋杀案的法庭来审理。"对这一请求做出的答复是："这一罪行如此严重，不尽快审理是不妥的。"有待法官裁决的要点是："对指定的法庭来说，罪行的严重性是对一桩大案不审而判的充足理由吗？"这是一个例子。但在各种案例中，双方都可以考虑这样一些因素，由谁、通过谁、以什么方式、什么时候提起诉讼、进行审理、做出判决才是适宜的。我们必须依据晚些时候要加以讨论的民法原则[②]研究相同案例中的一般情况，考虑某个恶人是否已经做了某事，而另一件事情是否属于捏造，进行这一审判或者提出诉讼的方式是否非常愚蠢，或者说这样做完全必要，因为除此之外别无他法提出诉讼，或者说为了便利起见要加快案件的审理，或者说这些情况都不存在，原告的起诉是恰当的。

用普遍论题来反对某些提出改变程序的人可以这样说：他拒绝面对审判和惩罚，因为他对他的案子缺乏自信；而在为改变程序进行辩护时可以这样说：如果不以恰当的方式审理案子和进行判决，也就是说如果错误地起诉，或者对被告做出错误的惩罚或错误的谴责，或者在一个错误的时间这样做，那么这样的审判一团糟，这样的诉讼会搅乱整个法律程序。

不可再分类的三种案例[③]都可以按照上述方式处理。现在让我们来考虑

① 此处"即决法庭"的拉丁原文为"recuperatores"，这个词的意思是一个由三人或五人组成的审判委员会，进行即决审判。

② 参见本文本卷第 22 章。

③ 参见本文本卷第 6 章，指展示性的、议事性的、司法性的案例。

定性的争论及其分类。

【21】当人们就要不要起诉，用什么罪行起诉取得一致意见，对程序问题也无争论，剩下要解决的问题仅仅是事情的重要程度、事情的性质和本质时，我们就把这种争论称做有待定性的争论。我们已经说过，这种争论可以分成两类：法律的和公平的。①

法律的争论只涉及一个民法要点。下面就是一个例子：有人把一个未成年人立为继承人，然而这个未成年人很早就死了。双方就这个未成年人已经继承的财产发生争讼，一方是这个未成年人的父亲的享有继承权的继承人，另一方是这个未成年人的男方亲属。这些有继承权的继承人占有了他的财产。而男方亲属抱怨说："我们才应当拥有他的财产，因为我们是他的男方亲属，只不过他没有留下遗嘱。"对此做出的答复是："不对，这些财产属于我们，按照父亲的遗嘱，我们是这些财产的继承人。"问题是："谁有权取得遗产？"原告的论证是："这位父亲为他自己和为他尚未成年的儿子立下了遗嘱，因此按照这位父亲的遗嘱，这个儿子的财产必须归我们所有。"对这一论证的回答是："这位父亲为他自己立下了遗嘱，为他自己指定了继承人，但没有给他的儿子指定继承人，因此除了这位父亲拥有的东西可以按他的遗嘱归你们之外，其他财产不能归你们。"有待法官裁决的要点是："能否把财产遗赠给未成年的儿子？或者说，只有这些有继承权的人是这位父亲的继承人，而他的小儿子不是继承人？"

一个案例会有多处有论证的支撑，在这一点上不能错误地接受不能完全省略或到处重复的警告，这一警告适用于许多案例。这种情况发生在已经提起诉讼的时候，或者发生在所做的辩护似乎正确的时候，或者发生在可能有几条理由的时候，就像在这个例子中一样。假定这些继承人提出了这样的论证："一样财产不能因为有几条理由而有几个继承人，在一个案子中也不能有人按照遗嘱继承财产，而有人按照法律继承财产。"回答如下：

① 参见本文第一卷第6章。

"这不是一样财产，因为这个小儿子的财产在他死的时候有一部分是附带的，遗嘱没有提到属于小儿子的这部分财产该如何处理，而按照现在已经死去的父亲完全有效的遗嘱，小儿子的其他财产在小儿子死后应当归这位父亲的其他继承人所有。"有待裁决的要点是："只有一样财产吗？"或者说他们这样回答：一样财产由于不同的理由可以有几个继承人，有关的争论围绕这个问题展开，有待裁决的要点则是："同一财产由于不同的理由能有几个继承人吗？"

【22】通过这个例子我们已经指出与一个争论相连可以有几个论证、答复、裁决的要点。

现在让我们来看支配这种争论的规则。双方（或者所有各方，如果与诉讼有关的不止两方）必须考虑法律得以产生的源泉。法律似乎源于自然。某些在我们看来明显的或晦涩的原则由于利益关系而成为习俗；后来某些原则又被习俗证明或者敬为真正有益的东西而用法令加以确认。自然法是某些植根于我们自身的东西，不是由于意见，而是由于某种内在的天性而得以产生。自然法包括宗教、义务、感恩、复仇、崇敬和真理。宗教是用来表示对诸神的恐惧和崇拜的一个术语。义务警告我们要对我们的国家、父母、亲人履行职责。感恩就是要牢记他人对你的服务、尊敬和友谊，并做出回报。复仇就是通过防卫和报复来击退施加于我们和我们的亲人的暴力和骚扰，惩罚他人对我们犯下的罪行。崇敬是一种行为，我们通过崇敬来表示对长者的尊敬和珍视，这样的长者既可以是年龄方面的，也可以是智慧方面的，可以是荣誉方面的，也可以是地位方面的。真理是一种性质，无论是过去、现在，还是将来，我们借助真理努力避免我们的陈述和事实之间的差异。然而，自然权力本身对这种争论来说不那么重要，因为它们与民法无关，而且有点远离普通人的理解，但它们可以频繁地用于某些论题的比较和扩大。

习惯法被认为是经过一个时期由民众共同认可的东西，但并无法律的批准。习惯法中有某些法律的原则，通过一段时间而绝对固定下来。习惯法中最主要的部分是执法官们的习惯，用他们的法令来体现。[①]还有，某些法律观念现在已经被习惯确定下来；它们中间有契约、衡平和裁决。契约就是一个协议，对订立契约的各方有约束作用，是正义原则最明显的表现。衡平就是对所有人都公平。裁决就是以前依据某人或某些人的意见决定了的事情。成文法必须从法律中习得。为了使用这些不同的法，演讲者必须学习各种案例的阐发，要么是某个案例本身，要么是相同的案例，要么是更加重要或不那么重要的案例，然后通过精心研究各种法，提出恰当的论证。

至于普遍论题，我们前面说过，[②]由于有两种普遍论题，一种包含着对可疑陈述的放大，另一种是不可驳斥的事实，所以我们要考虑这个案例提供了什么，有什么内容能够或者应当用一个普遍论题来扩大。因为一个确定的普遍论题不能适用于所有案例，但普遍论题在许多争论中必定为司法权威说话，或者可以用来反对司法权威。还有，在当前的争论以及其他所有争论中都必须考虑，有无其他普遍论题比我们提出来的普遍论题更加适合案例本身事实的需要。现在让我们来考虑定性争论中的那个被称做公平的部分，以及这个部分的划分。

【23】“公平的”这个术语覆盖包含正义本性和奖惩原则问题在内的那些案例。它可以分成两类：确定的和假定的。确定的案例包含对错问题，它不像在法律争论的案例中那样混乱和晦涩，而是比较清楚和明显。它可以用下面这个案例来说明：希腊人有一种近乎普遍的习俗，在相互厮杀以后，胜利者要在国内建立一座胜利纪念碑，但仅仅保存一段时间，而不是对战争的永久记录。底比斯人在战争中打败了拉栖代蒙人，建立了一座青铜纪念碑。他们在希腊人的宗教集会[③]上，也就是在希腊人的共同议会上受到指控。这项

① 罗马的执法官在任职期间公布有关法律程序的规则。随着时间的推移和司法经验的积累，逐渐发展成一部民法典。

② 参见本文本卷第 15 章。

③ 此处原文为“Amphictyons”，是希腊人宗教会议的名称，第一次宗教会议在泰莫比列召开，以后在德尔斐召开。

指控是："这样做不对。"答复是："这样做是对的。"问题是："这样做对吗？"被告的理由是："由于我们的勇敢，我们在战争中赢得了如此辉煌的胜利，因此我们希望给我们的子孙后代留下永久的纪念。"与此相反的论证是："建一座永久性的纪念碑来纪念希腊人与希腊人之间的争执仍旧是不对的。"裁决的要点是："如果允许希腊人建立纪念碑来纪念他们之间的争执，目的是把他们无与伦比的勇敢传扬到国外去，这样做是对还是错？"我们已经把这一点作为被告的理由，为的是能够弄清我们正在讨论的这类案例的基本性质。由于我们已经提供了这个理由，或者用他们自己的话来说，"你们发动了一场违背正义和宗教原则的战争"，所以我们应当继续反诉，这一点我们下面就会讲到。[1] 很清楚，两种争论在这个案例中都适用。争论的论证必须从上面讨论过的法律争论中的相同论题引出。[2] 如果案子本身包含许多表达义愤或抱怨的理由，那么从中采用许多有分量的普遍论题是允许的和正确的，如果案子的重要性需要普遍论题，那么可以从法律的本性和便利中采用普遍论题。

【24】现在让我们来考虑公平争论中的假设部分。当采取的行动本身不能被认可，而某些依据外在情况提出来的论证却在为它辩护时，这种争论被说成是假设性的。这样的争论又可以分为四种：对比（comparatio）、反诉（relatio cirminis）、推卸罪责（remotio criminis）、避重就轻（concessio）。

所谓对比就是案例中的某些行动本身不能取得认可，但是通过指出行动的目的可以为之辩护。它是这个样子的：某个指挥官带领的部队被敌人包围了，无法突围，于是指挥官和敌人订立协议，交出武器和辎重，带着他的士兵撤退。这项协议执行了。他失去了武器和辎重，但却把他的士兵从无望的绝境中拯救出来。他被指控为犯了"不敬罪"。这个案子包含定义的争论，但在这里我们仅仅考察正在讨论的这个论题。这里的指控是："抛弃武器和

---

① 参见本文本卷第 24 章。

② 参见本文本卷第 22 章。

辎重是不对的。”回答是：“这样做是对的。”问题是：“这样做对吗？”理由是：“我之所以这样做，乃是因为若非如此所有士兵都会死。”否定这个理由既可以涉及一个事实，说“他们不会死亡”，也可以涉及另一事实，说“这不是你这样做的理由”（根据这两种否定，有待裁定的要点就是“他们会死吗？”或者“他这样做的理由是什么？”），或者使用我们当前正在讨论的对比，“失去士兵肯定比抛弃武器和辎重要好”。从这一否定产生的有待法官裁决的要点是：“如果认可不按照协议去做所有士兵都会死，那么失去士兵和履行协议哪一样做法比较好？”

处理这一类案例应当采用专门的论题，也可以采用在其他争论中奉行的原则和规则。尤其是可以通过推论来攻击由被告提出来的相关行为的对比。只要指出被告律师所说的不实施受到指控的行动就会发生的后果是不成立的，或者指出这项受到指控的行动应当以其他方式完成，或者指出被告实施这一行动有其他原因，就可以做到这一点。对手用来支持这种辩护性的陈述的论证以及其他用来消除指控的相同论证可以从推测性的争论中产生。还有，如果被告就像这个案子中一样被带上法庭，接受关于某一具体罪行的审判——指控他犯了不敬罪——那么就应当使用关于定义的争论以及相关的规则。

【25】在这种案例中既要使用推论又要使用定义，这是常有的事，如果其他争论也在使用定义，那么按照相同的方式把它的规则转移到手头的案子中来是允许的。因为指控者的主要任务是使用一切可能的手段攻击这个行动，而被告认为这些事情可以承认。如果指控者能够使用较多的争论来使被告的承认失效，那么指控的任务就容易完成了。

如果无法说明拿来比较的行动是高尚的、有益的、必要的，或者无法说明它们在一定程度上不高尚、有害、不必要，那么可以把对比的争论与其他争论分开，只考虑对比本身的长处。其次，指控者应当区分他控诉的罪行和由被告的律师提出来对比的行动。如果指控者能够说明，按照这种方式处理这种事情是不平常的，或者说明这样的处理方式是对的，而为什么要如此处理是没有理由的，那么指控者就完成了区分，举上面这个例子来说，为了士兵的生命安全只能把武器装备交出去。然后指控者应当对比行动带来的伤害和好处，把这一罪行与被告的律师所赞扬的行动做一总的比较，或者说明这样做的必要性，并且通过弱化这一行动的意义来放大反对者的敌意。如果能够说明被告回避了的行动比他实际采取的行动更加高尚、更加有利、更加必要，也可以做到这一点。但是指控者需要联系议事性讲话的规则[①]来考察高尚、有利、必要的本质和本性。然后他还必须解释对比的整个问题，就好像在议事性的案例中一样，按照议事性的讲话规则来讨论它。例如，以我们上面讲过的问题为例："如果承认若非按照协议去做，所有士兵都会死，那么失去士兵和履行协议哪一样做法比较好？"指控者应当按照议事性的讲话规则去处理它，就好像在讨论一项政策一样。

【26】在指控者以其他争论形式提出控告的地方，辩护律师同样会以这些争论为基础提出他的辩护，而他要加以讨论的不属于对比的其他所有论题都可以转为反诉的论题。

这部分的普遍论题有：当被告承认某个行为是卑鄙的、有害的，或者既卑鄙又有害，然而还在寻求某种辩护，指控者可以指出被告的做法是一种权宜之计，或者指出被告在承认行为卑鄙时满不在乎，对被告进行申斥；辩护律师可以指出没有一样行为可以判断为不利的，或者卑劣的，也没有一件事情可以称做有益的或高尚的，除非了解行为者的意图、知道事情发生的时间和原因。这个论题的适用性非常广泛，如果很好地加以处理，就会在诸如此类的案例中产生巨大的说服力。第二个普遍论题是说明某人做出过巨大贡献，指出正在讨论的这个行动的有利、高尚和必要性，以此证明和扩大这种贡献。第三个普遍论题是用语词栩栩如生地把事件展现在听众眼前，使听众感到自己要是身临其境也会这样做。

被告承认了所犯的罪行，但指出自己的行为是正义的，因为他受到了另

① 参见本文本卷第 52—58 章。

一方的违法行为的伤害，这种时候反诉就发生了。下面举例说明：霍拉提乌杀死了库里亚提乌两兄弟。他自己也失去了两个兄弟。当他胜利地返回家中时，看到他的妹妹并没有为自己兄弟的死亡感到伤心，反而一遍遍地喊着她的未婚夫库里亚提乌的名字，痛哭流涕。霍拉提乌愤怒地杀死了妹妹。后来他被人告上法庭。对他的指控是："你未经批准便杀了你的妹妹。"他的回答是："我杀她是正义的。"问题是："霍拉提乌杀他的妹妹是正义的吗？"被告的理由是："她对我们的敌人的死亡感到悲痛；她对自己的兄弟的死亡无动于衷；她对我和罗马人取得的胜利感到伤心。"指控者的回答是："不管怎么说，这个姑娘不能未经定罪就被她的哥哥杀死。"有待裁决的要点就从这里产生："就算霍拉提娅对她哥哥之死无动于衷，而对我们的敌人之死伤心欲绝，对她的哥哥和罗马人民取得的胜利一点儿都不高兴，她的哥哥可以未经定罪就杀死她吗？"

【27】在这样的案例中，首先，从其他类型的争论中采取有用的论证是恰当的，就像我们在谈到"对比"的时候指出过的那样，① 然后，要是有机会，可以使用某些争论来为转移罪行的这个人辩护；其次，可以指出被告的违法行为并不像他所受到的指控那么严重。接下去，可以用反诉的形式，指出由谁，通过谁，如何，何时指控这一行为和审判这个案子才是恰当的；同时可以指出不能在判决之前就进行惩罚。还可以向法律和法庭指出，被告行使自己的权威进行报复，这样的罪行应当按照习俗和司法程序来惩罚。然后，指控者应当否认被告提出来反对另一方的指责，指出不愿意服从法庭的就是被告本人，然后宣称没有经过法庭认可的行动应当视为无效。② 在此之后，指控者应当提醒人们注意受审者在法官面前的无耻表现，而受审者自己在没有法官在场的情况下就已经对他人进行惩罚。此后，指控者可以争论说，如果法官同时对被告和被告指责的人进行裁决，那么就会扰乱司法程序，法官也

① 参见本文本卷第 24 章。

② 这里的意思是说法庭从来没有对霍拉提娅为库里亚提乌伤心的事做过什么决定，因此她这件事不能作为证据。

会丧失他们的权威；然后他可以指出，如果裁定这个人可以用犯罪来报复罪恶，以伤害来报复伤害，那么会带来灾难性的后果；如果指控者也愿意这样做，那么就根本不需要这场审判了；如果每个人都以同样的方式行事，那么根本就不需要任何审判了。在此之后，指控者还可以指出，即使被告曾经谴责过犯罪者，他本人也不能对她施加惩罚；因此这个无权实施惩罚的人即使谴责过犯罪者也不能滥用私刑来惩罚未经审判的人，这样的行动是不能饶恕的。然后指控者可以要求被告提出他的行动所依据的法律。然后，正如我们在讨论"对比"的时候所建议的那样，指控者应当尽力用对比的方式申斥被告的行动，所以在这个案子中，指控者可以对比提出反诉的这个人的错误和认为这种罪行是正义的人的错误；然后可以指出这个行动并不正义，另外一种做法才是正义。最后，如同在对比的案子中一样，裁决的要点得以确定，并且按照议事性的讲话规则得以扩大。①

【28】辩护律师将对这些论证做出回答，这些论证是从已经提出来的这些论题中产生的。他会用各种方式来支持他责备他人的企图。首先，他会夸大他受谴责的这个人的罪行和鲁莽，带着强烈的意愿把当时的情景生动地展现在陪审团的面前，如果有机会的话，还伴有强烈的抱怨；其次，他会通过对比来证明他对这种罪行的惩罚比犯罪者应受的惩罚轻得多；最后，他会利用指控者提出来的论证做相反的推论，指出这些论证是可以驳倒的，可以转变为对另一方有利的论证。辩护的最后三步就是这样。通过这样的办法可以削弱指控者的最严厉的攻击的力量，指控者指出，要是认可被告未经定罪就惩罚犯罪者的特权，那么整个司法程序就会被扰乱，而辩护律师则可以指出：首先，如果这种违法行为具有这样的性质可以证明，那么它不仅对好人来说是无法容忍的，而且对任何自由民来说都无法容忍；其次，这件事情的性质如此明显，即使犯罪者也没有提出什么问题，因此惩罚者有义务必须对它进行惩罚；再次，把这样的惩罚者告上法庭还不如惩罚者对犯罪行为的惩

① 参见本文本卷第25章。

罚那么正确与高尚；最后，案情如此清楚，因此没有必要再由法庭来审理。辩护律师在此还必须通过论证以及类似的手段来说明有许多罪行非常愚蠢，无可争议的是对这样的罪行进行惩罚不仅是必要的，而且连等候法庭判决都是不便的。

指控者会使用普遍论题来对付不能否认所控罪行，但无论如何想要通过扰乱特定法律程序来给自己带来某些希望的人。在这个地方，指控者可以说明有序的法律审判有好处，可以为那些未经定罪便受惩罚的人鸣冤叫屈，可以斥责那些私自进行惩罚的人的可耻和残忍。辩护律师则会指出被告报复的对象有着可耻的罪行，对他的命运表示哀叹，指出不应当凭着行为的名称来判断一项行动，而要按照行动实施者的意图、原因、时间来判断。他还要说明从某人的恶行或罪恶中会产生什么后果，除非由被告来对如此明显的可耻行为进行报复，否则他的名声、父母、子女，以及某些对一切人都弥足珍贵的东西都会受到这种行为的影响。

【29】当指控者对罪行提出的指控被转移到其他人或其他事物身上，这就是推卸罪责。推卸罪责可以用两种方式完成：有时候转移责任，有时候转移行动本身。下面是一个转移责任的例子：罗得岛人指派某些人担任驻雅典的使节。财务官没有把他们应当领取的盘缠支付给他们，于是使节们就没有出发。他们被告上法庭，受到的指控是："他们应当出发。"他们的回答是："我们不应该出发。"问题是："他们应该出发吗？"被告提出的理由是："旅费通常是由公共资金支付的，而不是由财务官支付的。"驳斥是："无论如何，你们都要履行国家指派给你们的任务。"有待法官裁定的要点是："要是从公共资金中应当付给使节们的钱没有支付，那么他们可以放弃职责吗？"

这种案子和其他案子一样，首先需要看清能否从关于事实的争论或其他争论中得到什么帮助。其次，许多在对比和反诉中使用的论证也可以用于这种案子。

要是能做到的话，指控者首先要捍卫被告说对行动负有责任的人。如果做不到这一点，指控者会说本法庭不涉及其他人的错误，只涉及受到指控的人的错误。然后他会说，每个人都应当考虑他自己的职责，如果一位官员犯了错误，那么不等于其他官员也有理由犯错误。最后，如果财务官有失职表现，那么应当单独起诉他，就像单独起诉使节一样，对财务官的起诉不应当与为使节辩护联系在一起。

在处理了从其他争论中产生的要点以后，辩护律师会做出以下论证来推卸责任：首先，他要说明是谁的错误在导致事件发生；然后，由于这一事件是由其他人的错误引发的，因此他要说明他的当事人按照被告所说的那样去履行职责是不可能的，或者说被告不一定非要履行职责。在这里有无可能的问题可以按照有利的原则来进行考察，其中包含着一种必然的因素；而是否一定要履行职责的问题应当联系荣誉的原则来考察。这两个论题在议事性的演讲中会得到更加准确的处理。① 下一步，律师会断言被告已经尽力做了他能做的一切；正是由于另外一个人的错误，他们才不能恰当地履行职责。然后，在指出另外一个人的错误之后，律师必须说明被告有着良好的意愿，对国家忠诚，还可以用下面这样的证据来支持这个陈述：他在担任其他职务时的勤奋、他从前的言行举止；律师还可以指出这个行动对被告有利，不去则对被告不利，去了才与他以往的生活一致，但是由于别人的错误，他没有能够履行职责。

【30】但若罪责不是转移到某个确定的人身上，而是转移到某些环境，比如，就像在这个案子中一样，那个财务官死了，由于这个原因使节们没有拿到钱，因此在没有机会指责另外一个人或回避责任的时候，可以恰当地使用其他一切论证而无须改变，这样的论证可以从所谓避重就轻这个论题中产生，对此我们现在就要进行讨论。②

就像在已经讨论过的“设想的”争论中一样，相同的普遍论题对双方都适用。但下面这些做法则是荒谬的：指控者的讲话使听众听后感到受指控的

① 参见本文本卷第 28 章。

② 参见本文本卷第 31—36 章。

罪行没什么大不了的，而被告声称自己不应当受惩罚，因为罪责不在于自己而在于别人。

当被告否认归罪于他的那个行动与他或与他的职责有关，并且说这个行动并无罪责可言，不应当归罪于他时，那么被转移的是行动本身。这种案子可以举例如下：从前，在批准与萨莫奈人签订的条约时，一位出身贵族的青年在他的将军的命令下抓住了献祭用的猪。[①] 然而，元老院拒绝履行条约，指挥官投降了萨莫奈人，而某些在元老院里的人说这个抓了献祭用的猪的青年也必须投降。这里的指控是："他必须投降。"回答是："他一定不能投降。"问题是："他必须投降吗？"被告的理由是："这不是我的职责，也不在我的权力范围之内，因为我太年轻，只是个士兵，握有大权的指挥官才有权判断这是不是一个光荣的条约。"指控者的答复是："你在用庄严的宗教仪式批准这个最可耻的条约时起了作用，所以你必须投降。"有待裁决的要点是："假定他无权制定条约和参加神圣的仪式，他应当向敌人投降吗？"这种案子与前面的案子不同，在前面的案子中，被告承认自己不得不做指控者说的必须做的事情，但是把原因归于有某些人或事干扰了他的意愿，也没有做出避重就轻的请求。我们知道，这样的请求有很大的影响。但是在这个案子中，他一定不要指责另一方，也不要把罪责转移到其他人身上，而要证明这个行动与他个人、与他的权力或他的职责并没有什么关系。在这个案子中，这一点是新的。哪怕指控者在指控中也经常转移罪责，就好比在一个案子中有人指控另一个人，说他在有执政官在场的时候却听从执法官的命令，拿起武器参战。[②] 正如前一个例子中被告否认相关行动与他的职责或权力有关一样，在这个案子中，指控者否认这个行动与被告的职责或权力有关，用这样的推论来支持他自己的指控。在这个案子中，双方都必须使用高尚和有利的原则，引用历史上的有关例证，用类比的证据和推理来考察每个人的职责和权力是

① 关于这个历史故事的详情，参见李维：《罗马史》第 1 卷第 24 节。此处讲述的情况无疑是修辞学的虚构。

② 执政官和执法官都有权召集部队，但执政官的地位比执法官高。

什么、受审者有无这样的职责和权力。如果普遍论题为申斥或抱怨提供了理由，那么可以根据案子的境况来提出普遍论题。

【31】避重就轻是一种抗辩，在抗辩中被告虽然不否认行动本身，但是请求宽恕。它有两种形式：寻找借口（purgatio）和请求开恩（deprecatio）。寻找借口就是一种抗辩，为被告的意图辩护，而不是为他的行动辩护。寻找借口又有三种形式：无知、偶然、必然。

被告声称自己对某事不清楚，这种时候就是在用无知充当借口。例如，某个民族有一条法律，禁止向狄安娜[①]献祭公牛犊。有些水手在碰上暴风骤雨时发誓，如果能够平安返回已经看得见的港口，他们要向那里的神庙献上一头公牛犊。但是那里的神庙正巧是狄安娜的，向她奉献公牛犊是违法的。由于不知道这条法律，他们上岸以后向神庙献了一头公牛犊。于是他们被带去受审。指控是："你们违反法律，向这位神灵献了一头公牛犊。"他们的回答包括认罪和避重就轻。他们的理由是："我不知道这样做是违法的。"指控者的回答是："无论如何，由于你们已经做了违法的事，因此你们应当受到惩罚。"有待法官裁决的要点是："假如他做了不应该做的事情，但他不知道这件事一定不能做，那么他应当受惩罚吗？"

在辩护中指出命运女神的某些举动挫败了被告的意图，这就是在用偶然性做避重就轻的抗辩，比如下面这个例子：拉栖代蒙人有一条法律，不向某些祭仪奉献牺牲的缔约人要受到严厉的惩罚。献祭之日在即，有位缔约人赶着牲畜从乡下去城里献祭。突然来了一场狂风大雨，流经拉栖代蒙的尤洛塔河河水猛涨，使那个人根本无法赶着牧畜过河。为了表明心迹，这个缔约人把所有牲畜都放在河岸边，让那些想要过河的人都能看见。尽管人人都知道河水暴涨挫败了他所做的努力，但还是有某些公民把他告上法庭。对他的指控是："你有义务提供献祭用的牺牲，但你没有准备好。"他的回答是认罪和

① 狄安娜（Diana），罗马女神，相当于希腊女神阿耳忒弥斯，主掌狩猎、林地、生育、月亮等。

回避罪责。他的理由是："河水突然猛涨，因此牲畜无法渡河。"指控者的回答是："不管怎么说，你没有履行法律规定的义务，所以你要受到惩罚。"有待法官裁决的要点是："假定这个案子中的缔约者违反了法律，原因是河水猛涨挫败了他的努力，他应当受惩罚吗？"

【32】当被告在辩护中说自己之所以做某事是因为有某些力量超出了他能控制的范围时，就把必然性用到避重就轻的抗辩中来了。例如：罗得岛有一条法律，任何载有公羊的船只在港口中一经发现就要被没收充公。海上发生了一场暴风雨，狂风的力量迫使水手违反他们的意愿进入罗得岛的港口停靠。当地的财务官①宣布把船只充公，但船主对此表示不服。指控是："这艘载有公羊的船在港口被抓获。"回答是认罪和避重就轻的。船主的理由是："把我们逼近港口的是暴风雨的力量，这种必然性无法抗拒。"指控者的回答是："不管怎么说，按照法律，这艘船要没收充公。"有待法官裁决的论点是："法律规定要没收在港口中抓获的载有公羊的船只，假定这艘船是被大风刮进港口的，而船上的人并不想进港，那么这艘船应当没收吗？"

我们已经把三种避重就轻的例子放在一起，因为它们的论证规则相同。在所有这些抗辩中，首先，如果案情提供了某些机会，那么指控者应当从推测中引入论证，以便通过某些推论证明这些被说成是无意的行动实际上是有意的。然后他应当引入关于必然、偶然、无知的定义，伴以某些无知、偶然、必然在其中起作用的例子，把被告的事情与这些例子区别开来，说明它们之间是不同的，指出被告不可能不知道，或者指出被告做的事情不是由于偶然或必然。在此之后他应当说明这样的事情是可以避免的，或者指出用理性能够预见到事情的后果，或者指出要是被告采取某些措施，这样的后果是可以避免的。然后指控者还可以进一步使用这个定义来说明被告的行为不应当被称做无知、偶然或必然，而应当称做懒惰、粗心或愚蠢。如果对必然性

① 财务官的拉丁原文为"quaestor"，可能是希腊文"Tamias"的翻译，但在大多数希腊城邦中财务官的权力不仅仅限于财政事务。

的屈服在任何情况下都意味着行动的卑劣，那么可以提出一个普遍论题来进行反驳式的证明：忍受或忍耐命运，甚至死亡，而不是屈从于必然性是一种更好的选择。然后可以使用我们在法律的争论这个名目下描写过的论题[1]来考察法律和公平的性质，就好像这个案子属于有关公平的争论中的“确定的”部分，可以将其置于其中考虑，而无须提及其他事情。如果有机会，他可以在这个时候引用那些提出某些借口但仍旧没有得到宽恕的例子，然后进行比较，说这些例子更加值得宽恕。他还可以采用议事性的讲话中的论证，指出被告的借口是恶劣的，是权宜之计，指出这是一桩严重的案子，如果有权惩罚的人忽视了这个案子，将会带来极大的危害。

【33】另一方面，被告能够把所有这些论证转为己用，从中得出不同的结论。尤其是，他可以花一些时间为自己良好的意愿辩护，夸大阻碍他实现意图的环境，说自己已经做了该做的事，再要做其他事情是不可能的，在所有事情中都要考虑意图，不判他无罪无法令他信服，人们对他的软弱进行谴责，但软弱实际上是所有人都有的弱点；最后，如果对实际上无罪的他进行惩罚，那么没有什么事情能比这更令人震惊了。

现在来说普遍论题：指控者会对这种避重就轻的认罪和请求宽恕进行攻击，指出要是一旦认为需要考察的不是行动本身而是行动的借口，那么就会给犯罪提供机会。被告可以对并非由于他自己的过错，而是由于某种不可抗拒的力量而带来的不幸遭遇表示悲哀，夸大命运的力量和人类的虚弱，请求陪审团考虑是否要在他已经遭受的苦难之上再加上他的对手的残忍申斥。

如果看到在这些例子或其他例子中也有关于法律文字的争论，那么不应当感到奇怪。我们不得不把这个问题分开来谈，因为某些种类的案子可以直接考虑案情本身，而某些种类的案子包含其他形式的争论。因此，当研究了所有争论形式之后，不难把这种争论形式的内容[2]转换到每个案子中去，这

---

① 参见本文本卷第 22—27 章。

② 亦即关于法律文字的争论。

样做也是恰当的。这就好比所有关于认罪和避重就轻的例子都包含有关法律文字的争论，这种争论涉及文字的名称和意义。但由于我们正在谈论认罪和避重就轻，所以我们要提出这方面的规则，而关于文字的名称和意义则放到别处去讨论。[①] 现在让我们来考虑认罪和避重就轻的第二种形式。

【34】“请求开恩”是一种抗辩的名称，其中不包括对行动的辩护，而只有对宽恕的请求。这种形式几乎无法推荐在审判中使用，因为一旦承认了过失，就很难向以惩罚过失为职责的人请求开恩。但是部分地使用这种形式还是可以接受的，尽管你的案子不能依靠它。比如，要是你正在代表一位勇敢的或杰出的人讲话，他为国家做了许多事，你就可以用这样的方式为他求情：“陪审团的先生们，如果你们能让这个人重新为大家服务，让他对你们重表忠心，在这样的关键时刻，我向你们恳求，看在他过去立下的汗马功劳的份上宽恕他的错误，仅仅是因为你们宽厚的名声和他的美德，他应当能够从你们那里得到他所要求的宽恕。”然后还可以夸大他的功绩，用一个普遍论题引导陪审团进入一种容易宽恕的气氛。因此，尽管这种形式一般不在审判中使用，而只在少数场合起作用，但无论如何在元老院和公民大会上是可以经常采用的，所以我们也要提出请求开恩的规则。例如，元老院（或者公民大会）举行一次时间很长的会议，审议有关叙法克斯[②] 的问题。在由卢西乌斯·奥皮米乌[③] 主持的公民大会上，人们发表很长的讲演，谈到昆图斯·努米托尔·浦鲁斯[④]。在这个案例中，恳求怜悯的呼吁超过了采取法律行动的要求。演讲者没有发现，使用有关事实的争论证明他对罗马人怀有深厚的感情是很容易的，就好像在为他恳求宽恕时强烈主张人们念在他以往的功劳上宽恕他一样。

---

① 参见本文本卷第 42—48 章。

② 叙法克斯（Syphax），罗马一个非洲行省的名字，在第二次布匿战争期间，当地人先与罗马人结盟，后来又和迦太基人结盟。

③ 卢西乌斯·奥皮米乌（Lucius Opimius），罗马贵族军人，公元前 121 年任执政官。

④ 昆图斯·努米托尔·浦鲁斯（Quintus Numitorius Pullus），福莱格赖人的将领，后来背叛母邦，向罗马将领卢西乌斯·奥皮米乌投降。

【35】因此，要求得到宽恕的人必须讲述自己的良好行为，要是有可能，还要说明它们比当前的错误具有更大的分量，所以人们应当保护他而不是伤害他。然后，要是有的话，他还可以提到他的先人的功绩，指出他做这种事不是出于仇恨或残忍，而是由于愚蠢，或者受了某些人的怂恿，或者是出于某些高尚的或合理的原因。然后他可以做出保证或许诺，要接受这一错误教训，牢记宽恕者对他的仁慈，永远不再犯这样的错误。然后他可以指出，如果他们能够帮他的忙，他也许会在处理某些重大危机时出大力。此后，如果事实允许，他可以说明他是国家的某些大人物的亲属，或者说他的家庭很早就是这些大人物的朋友，指出他热诚的志向和家庭的高贵，说那些地位很高的人希望他得救，悲哀地而不是傲慢地指出自己拥有所有其他各种光荣而又伟大的品格，所以他应当得到的是荣誉而不是惩罚。然后他可以引用某些犯了大错，但得到宽恕的例子。还有，要是他能说明自己在掌权时倾向于宽恕，那么也会对他的案子有很大帮助。他还可以把罪行说得很轻，说这一罪行几乎不会带来什么不良后果，证明对他这样的人实施惩罚是可耻的，不合时宜的。然后他必须按照本书第一卷中提到的规则，① 用普遍论题来激起人们的怜悯。

【36】另一方面，对手会夸大罪行，说这些事情没有哪一样是无意中干的，而是全都出于残忍和恶意。他要指出被告十分傲慢，不值得怜悯。要是可能，他会指出被告一直不友好，没有可能成为我们的朋友。如果已经提到被告的某些良好行为，他会证明这些行为的完成都是出于某些卑劣的动机和恶意，或者指出后来发现被告怀有深仇大恨，或者指出被告做的这些好事与他做的坏事相比微不足道，或者指出应当对被告做的坏事进行惩罚，因为被告做的好事已经受到奖赏。然后还可以说宽恕是卑劣的、不合时宜的，早就应当对被告进行惩罚，如果不利用这个机会，那是极端愚蠢的。最后他还会指出必须记住人们以往对他是一种什么样的感觉，如何否定和仇恨被告。

① 参见本文第一卷第 55 章。

普遍论题可以用来申斥罪行，但对另一方来说，也可以用来使人们对那些由于碰上噩运而不是由于自身邪恶而遭遇苦难的人表示怜悯。

现在，由于类别众多，我已经在“定性的争论”上停留很久，现在似乎必须提醒读者关于这种争论还有哪些内容没说，使他的心灵可以不被这个主题所包含的内容的多样和差别所吸引而误入歧途。

我们说过，公平的这个术语用于包含正义和非正义的本质、奖赏与惩罚的原则这样一些问题的案子。我们已经解释了包含正义与非正义的问题的案例。

【37】现在剩下要解释的还有奖惩。事实上，有许多讲话是由要求某些奖励组成的。例如，有人经常在法庭上提出奖励指控者的问题，也经常在元老院或公民大会上提出奖励的要求。没有人会认为引用了在元老院发生的某些事为例，我们就放弃了与法庭审判有关的原则。因为只要是对某人表示满意或不满意，那么尽管这样的讲话可以归类为政策辩护，但它根本不像商议性的讲话，也不像宣布政策那样提出，所以它可以被当做司法性的或争论性的讲话，因为要对某个人做出裁定。但是一般说来，勤奋学习所有讲话的功能和特点的人会发现它们在大的方面和一般的排列上有差别，也能看到在对讲话做更小的划分时它们全都相互联系在一起。

现在让我们来考虑奖励。卢西乌斯·李锡尼·克拉苏①在担任执政官的时候摧毁了山南高卢的一些匪帮。这些土匪没有什么杰出的领袖，甚至连个像样的领导人也没有，在知名度和人数上也还不够资格被称做罗马人民的敌人，然而由于他们经常搞突然袭击，因此使整个行省很不安全。克拉苏返回罗马后要求元老院认可他取得的胜利。在这样的案例中和在要求宽恕的请求中，我们不会对通过提供或驳斥理由来达到这样一些裁定的要点感兴趣，因为除非有某些争论或某个争论的一部分与案子相关，这里判断者要决定的问

① 卢西乌斯·李锡尼·克拉苏（Lucius Licinius Crassus），罗马杰出的演说家，公元前95年任执政官。

题仅仅或完全包含在这样的问题中。在要求宽恕的请求中，问题是："他应当受惩罚吗？"在这个案例中，问题是："他应当受到奖励吗？"

【38】现在我要提出适用于奖励问题的论题。奖励问题可以分成四部分：要给予奖励的贡献、接受奖励的人、奖励的种类、给予奖励的能力。

考察贡献要联系贡献的特点、做贡献的时间、贡献者的意图以及相关的机遇。联系贡献的特点考察贡献举例如下：贡献是大还是小，要做出这样的贡献是困难的还是容易的，贡献是独特的还是一般的，这些有贡献的人得到尊敬和荣誉是由于他们的功劳还是仅仅由于虚假的伪装？联系做贡献的时间：做贡献的时间是在我们需要的时候吗？是在其他人不能或不愿提供援助、受援者已经放弃希望的时候吗？联系贡献者的意图：他这样做是否为了他自己的利益，是否竭尽全力做了一切能做的事情。联系相关的机遇：贡献者做这些事是有意识的还是偶尔为之，有没有偶然因素在激励他的动机。

在接受奖励的人这个名目下可以做以下考虑：贡献者的生活方式；贡献者为了这件事付出了什么样的努力；贡献者在其他时间有无做过类似的事情；贡献者有无利用别人的劳动来为自己赢得奖励或者获得诸神的赐福；贡献者他有无否认过这样的贡献应当得奖；贡献者做出的贡献是否已经得到足够的荣誉；贡献者是否有义务做这些事；贡献者之所以这样做是否因为要是不做就会受到惩罚，而不是想要通过完成这件事来获奖；贡献者从前是否寻求过奖励，有无用模糊的希望来换取确定的奖赏；贡献者有无为了避免惩罚而声称得过奖，从而使整个案例显得好像已经做出了对他有利的决定。

【39】在奖励的种类这个名目下应当考虑提供什么样的奖励、需要提供多大的奖励、为什么要提供奖励、每一行动应当得到什么样的奖励和得到多大的奖励。然后可以问，在我们祖先的时代人们是否得过这样的奖励，为什么？还可以强烈主张不要把这样的奖励弄得太普通了。在这里，反对进行奖励的人会使用普遍论题：首先，英雄的表现和对职责的忠诚必须视为神圣的行为和诸神的馈赠，既不能为低劣者享有，诸神也不会不加区别地将这种品

质赐给所有人而使之变得很普通；其次，如果对美德的奖赏非常普遍，人们就不会那么渴望成为有美德之人，只有美德非常罕见、获取美德非常困难的时候，对美德实施奖励才是公平的、令人快乐的；再次，在我们祖先的时代，有过英雄表现的死者被视为配得上这样的荣誉，要是他们看到现在连这样的人也能得到同样的奖赏，他们难道不会认为他们的荣誉被削减了吗？然后可以指出这些古代英雄的名字，拿来与你们反对的人做比较。可以被寻求奖励的人使用的普遍论题是夸大他自己的行动，把那些得过奖的人的行为与他自己的行为做比较。然后他会强烈主张说，要是他这样的行动也不能得到奖励，那么其他人就不敢去追求美德了。

当有人要求给予某些重大奖赏的时候，就要考虑给予奖励的能力。在这个案例中要考虑的是有无足够的土地、税收、金钱用做奖品。普遍论题：国家的资源应当增加，而不是减少；当事人是一个无耻之徒，竟然要求国家对他做出的贡献支付工资，而不是因此而对国家感恩。另外，可以强烈主张说，在奖励多少钱的问题上争论不休是很卑鄙的，当事人并没有要求对他做的工作支付工资，而只是要求对他的良好表现给予常规的荣誉。

关于“争端”已经说够了，我想我们现在应当讨论涉及书面文件的争论。

【40】如果对文字有怀疑，那么争论就转向书面文件。这种争论产生于文字的歧义、文字和意义的差异、法律之间的冲突、类比推理和定义。由于书面表述有两种或两种以上的意思，因此不知道作者到底是什么意思，在这种时候争论就从文字的歧义中产生了。这种争论大体上是这样的：一位父亲立下遗嘱，让他的儿子做他的主要继承人，要儿子把一百磅银盘留给他的母亲。遗嘱写道：“让我的继承人按照意愿给我的妻子一百磅银盘。”父亲死后，母亲要她的儿子给他一百磅精美、昂贵的银盘。儿子说，只有当“他”愿意的时候他才有义务把银盘给她。在这里如果可能的话，首先可以指出这个表述并无什么歧义，因为在日常对话中人人都习惯这样使用这个词或短语，讲话者会证明它是在什么意义上使用的。其次可以指出必须阅读它的上下文，只要读了，疑点也就清楚了。如果孤立地考虑语词本身，那么每个词，或者

至少大多数词会显得有歧义，但在考虑了整个上下文以后还把它们看做有歧义的，那就不对了。再次，必须从作者的其他文字、行动、言语、气质，乃至于整个生活来估量这个词的含义，考察包含歧义在内的整个文件，考察它的每个部分，看有无任何内容与我们的解释相反，或者与我们的对手理解的意义相反。根据整个语境、作者的性格、与某些性格相关的品质，很容易做出这样的估量。

其次，要是有机会，应当指出我们的对手做出的解释比我们的解释会带来更大的不便，因为他的解释不能贯穿到底，而我们提出的解释可以很容易、很方便地加以把握。例如，为了更好地解决问题，我们不妨设想有这样一条法律："妓女不得戴金冠；如果她戴了，将给予没收充公的惩罚。"提起诉讼者争辩说，按照法律要把戴了金冠的妓女抓起来充公，另一方可以极力主张说，把妓女当做公共财产根本没有办法管理，更何况抓了妓女也没有满足法律的要求，但若没收金冠就容易管理了，也满足了法律的要求，这样做不会引起什么不便。

【41】另一个值得注意的要点是，如果接受由我们的对手提出的解释，那么书面文件作者似乎并没有变得比较方便、比较体面，或者更有必要轻视某些事物。要提出这一论点，我们可以说我们所做的解释才是体面、方便、必要的，而对方的解释并不具有这样的性质。如果争论产生于法律条文的歧义，那么我们必须说我们的对手所提供的解释就好像是在讲另外一条法律。如果能够指出法律条文的作者要是采用我们的对手的解释，那么他会怎样写，这样做会有很大的帮助。例如，在这个关于银盘的案子中，这个女人可以说要是立遗嘱者把选择权留给他的继承人，那么加上"按照愿望"这几个词没有任何意义。因为不写这几个词，继承人无疑也会按照他自己的意愿分赠遗产。因此，立遗嘱人要是为了继承人的利益而想添加这几个并没有限制继承人利益的词，那么他简直是疯了。在这类案子中必须使用这样的论证："他会以这样的方式写"、"他不会使用这个词"、"他不会把这个词放在这个地方"。这些考虑尤其揭示了作者的意图。然后可以问，这个文件是什么时

候写的，以便可以知道他当时为什么这样写。最后可以使用商议性的演讲论题，我们必须指出对于立遗嘱者的书写和对于我们的对手的核准来说，什么样的理解才是比较方便的、比较体面的，如果有机会扩大这些陈述的基础，双方都可以使用普遍论题。

【42】要是一方遵循文字的准确含义，而另一方在整个诉讼中都以他对作者含义的解释为依据，那么有关文字和意义的争论就发生了。把他的辩护建立在作者含义基础之上的人有时候会指出作者的意思始终如一，可以取得同样的结果，而有时候则会指出作者的意图是对文字的原有含义做一些修饰，以适应特定的场合，以便实现某些行动或事件。他可以按照下面的方式证明作者的意思始终如一：有一户人家的家长，有妻子但是没有孩子，写下这样的遗嘱："如果我生了一个儿子或几个儿子，他或者他们要继承我的财产。"然后是那些套话。接下去写道："如果我的儿子未成年就死了，那么这些东西都归我的继承人。"结果他没有生儿子。于是他的亲属就与那个具有未来所有权的继承人发生了争论，在立遗嘱人假定的儿子未成年就死去的情况下他享有财产所有权。在这种情况下我们不能说，立遗嘱人的意思必须符合某些时间或事件，因为这里唯一可能的意思是反对那些诉讼者对遗嘱做字面解释，捍卫他们自己的继承权。但是，坚持要从意义上理解遗嘱的人会提出另外一种论证，在其中说明立遗嘱人的意思不是绝对的，也就是说并非在任何场合和任何行动中都有相同的分量，所以应当在某些行动或事件的启发下进行解释，使之适合具体的场景。这种论证要由公平论证这个名目下的假设性的论题来支撑。有时候用对比。例如，尽管法律禁止夜晚开启城门，但某人在战争期间为了让援军进入城内还是在晚上打开了城门，这样他们就不会被敌人消灭，因为敌人就在城墙边上驻扎。有时候用"反对指控"。这方面的例子是：有位士兵杀了向他施暴的军官，尽管人类的一般法律禁止杀人。也可以使用"推卸罪责"。这方面的例子是：尽管法律给一位使节确定了赴任的具体时间，但他没有启程，因为财务官没有给他提供旅费。还可以使用"认罪和避重就轻"，以无知为理由恳求宽恕，就像前面举过的那些例

子一样：用公牛犊献祭、藐视权威、那艘战船、尤洛塔河涨水。[①] 我们小结一下：文字的意义既可以用来表示文字作者希望实现的一件确定的事，也可以用来证明他希望在这样的情况下和这样的时间里实现他的愿望。

【43】为文字的字面含义进行辩护的人可以在大部分时间里使用下面的所有论题，其中又有一大部分论题可以在任何时间使用：首先要高度赞扬文件作者，与此相关的一个普遍论题是，法官应当注意成文的东西，而其他的东西都不要管；如果能提供某些法律文件，也就是提供整部法律或部分法律条文，那么这一点可以得到更多的强调；此后，可以使用最有效的论证来比较反对法律条文字面含义的人的行动和目的，指出哪些是成文的，哪些是已经实施的，法官宣誓过要做些什么。最好以多种方式使这个论题多样化，首先表达自己心中对另一方的言论的惊讶，然后转向法官的职责，问他们除了聆听或期待以外他还能怎么想。然后可以向对方发问，就像对待证人一样，问他是否否认法律是这样定的，或者是否否认他的行动违法，或者努力想要违法，并且在对方敢于做出否认时要他停止讲话。但若对方不否认这些论点，而是继续争论，那么就说任何人都没有理由认为自己曾经见过比对方更加可耻的人。在这一点上进行纠缠是明智的，就好像已经没有必要或不再可能说什么似的。可以频繁地读文件，拿对方的行动与法律文字做比较，频繁地转向法官。与此相连，还应当向法官指出他们立下的誓言，指出他们必须遵守什么样的程序，指出有两个原因在使法官犹豫不决：文件写得晦涩不清；被告否认任何指控。

【44】在文件清晰、被告也承认了一切的时候，法官必须遵守法律而不是解释法律。一旦明确了这一点，那就是攻击对方能够提出的论证的时候了。在对两种情况做出答复的时候要进行论证，也就是在已经明确作者的真正意思与文件的字面意思不一样的时候，就像我们上面已经引用过的那个关于遗嘱的争论一样，或者说要引入一个假设性的论证来说明遵守文件的字面

① 参见本文本卷第 29—31 章。

含义为什么是不可能的或不需要的。

如果断言作者的真正意思与字面意思不一样，那么拘泥于字面意思的人会说：为了做到无可争议，这个人已经给我们留下了清晰的文字来表达他的意思，继续对此进行争论是不对的；要是把离开书面文字当做一条原则建立起来，将会带来极大的不便。因为这样一来，那些写下书面文件的人就不会感到他们已经写下来的东西是确定的和不可更改的，而要是变得习惯于偏离书面文字，那么法官也会感到无所适从。因此，如果目的在于执行文字作者的意愿，那么律师会强调说是他而不是对方在坚持作者的意愿；如果一个人对文字的解释依据作者自己的话，而另一个人并不根据作者本人给我们留下的书面文字去了解作者的意愿，那么前者的理解要更加接近作者的本意，可以说，这些书面文字如同一幅画，表达了作者的意愿，据此方可做出自己的推论。

如果诉讼者提出辩解或借口来坚持作者的本意，那么可以采用下列方式进行驳斥：首先，不否认犯法，但却虚构某些犯法的理由，这样做是极为荒谬的；其次，要是能够这样做，那么整个世界都会颠倒。指控者一般会说服法官，使他们相信被告卷入了一桩罪行，还会提出驱使被告犯罪的原因；但现在则是被告本人提供了犯下过错的原因。然后诉讼者会做出下述划分，每个名目之下都有许多适用的论证：首先，没有任何法律会接受这些违背法律条文的辩解或借口；其次，如果有其他法律允许这样的行为，那么当前的案子与这样的法律无关；最后，哪怕有法律允许这样做，至少这条理由也是绝对不能接受的。

【45】上述第一个名目之下可以用这样一些论证来支撑：法律条文的作者并不缺乏理智、勤奋或机会来清楚明白地说明他的意思；要是他想到有什么例外，那么他要排除有可能提出来的借口并不困难。立法者习惯于在立法时考虑到例外的情况。因此可以阅读那些包括例外在内的法律来看这部法律有无任何章节允许相关的例外的地方，或者在同一位立法者制定的其他法律中弄清立法者有没有在涉及例外的地方更好地讲明了如何处理例外情况。另

外，应当指出接受一个辩解或借口无非就是排斥法律，因为一旦考虑到某个辩解，就把它看得比法律还要重了，因为这样的辩解并没有写进法律。如果建立了这条原则，一旦人们知道你们按罪犯的人品来断案，而不是按照你们宣誓要执行的法律来断案，那么人人都会提出辩解去寻找犯罪的机会。[①]还有，他可以说明，一旦偏离法律，使法官能够做出裁决，使其他公民能够生活的所有原则都会变得不稳定；法官如果偏离了法律条文，那么他们将无所适从，也没有任何方法使民众对他们做出的违反法律的裁决表示赞同；如果不按照整个国家共同遵循的法令办事，而是各行其是，按照个人的意见、念头和想象去处理他的所有事务，那么其他公民也不知道该怎么办事。然后，他可以对法官本人的兴趣提出质疑，问他们为什么要在处理其他人的事务上花费那么多时间，为什么要让公共职责阻碍他们为自己谋利益；为什么他们要做出确定的誓言；为什么要在特定的时间集合，又在特定的时间散去，但他们中间没有任何人提出辩解或借口不为国家服务，除非有法律中做了具体规定的原因。在如此众多令人讨厌的细节上受到法律的约束，他们认为公平吗？如果他们认为公平，那么还会允许我们的对手去违反法律吗？然后可以问法官另外一个问题，他们是否承认被告把他所说的与法律相违背的借口作为一个例外写进法律，而他们正在做的事情比添加到法律中去的例外更加鲁莽，更加无耻。或者再进一步问，如果法官想要用他们的权威给法律添加条款，民众会允许吗？但是，在不能更换或改变法律的书面文字的时候就在实际判决时做出更改，这样的做法更加胆大妄为。然后可以强调，在民众没有机会考察案情，对它表示同意或反对的时候，部分或全部放弃法律，或者改变它的任何条款，都是不恰当的，这样的行为肯定会给法官带来恶名；这里不是修正法律的地方，现在也不是改变法律的时候；这样的行动应当在民众面前进行，由民众来进行；如果民众现在想这样做，那么他想要知道修正案

---

① 注意西塞罗在这里突然改变讲话口吻，直接对陪审团（你们）讲话。同样的情况出现在本文本卷第 47 章。

是由谁提出来的，哪个机构会接受它；对此他看到的后果是产生党派纷争和想要抗拒修正案的愿望。有鉴于此，他要强调对方律师的建议不仅是极为不利的，而且也是非常恶毒的，所以法官现在只能不改变法律，无论法律有多么不合理，如果民众对法律有意见，那就留到以后由民众自己来修正法律。此外，要是手头没有书面文件，我们应当努力去获取，我们不应当相信被告，哪怕他并没有什么危险；但是现在我们有成文法，因此接受这个罪犯的论证，而不接受清楚明白的法律条文，是愚蠢的。依据这些论证以及其他相似的论证可以说明，与法律条文相违背的辩解或借口一定不能接受。

【46】第二个名目就是论证，哪怕其他法律允许接受这样的辩解或借口，但在这个案子中不允许。要做到这一点，可以指出这里讲的其他法律处理最重要、最有利、最高尚、最神圣的事情，不适用于当前这样卑劣、罪恶的案子。或者可以指出这条法律是精心制定的，其中的条款适用于一切情景，也已经考虑到了某些例外，要从这样精心制定的文件中去掉任何内容连想都不要想。

第三个名目之下的论证对那些坚持字面意思的人特别重要，在论证中他应当说明，如果接受与法律文字相反的辩解是恰当的，那么无论如何也不能接受由对手提供的辩解。这个论题对他来说必不可少，因为反对字面意思的人肯定会一直引证公平的原则。想要为某些与法律条文的字面意思相反的行为获得认可必须高度谨慎，不要试图借助公平原则的帮助来达到这一目的。如果指控者也能削弱这一论证，那么他的指控就会在各方面显得更加公正与合理。因为他的讲话的前面部分全都用来使法官相信，即使不愿意也要信服它是必要的，但现在要做的是，即使它不是必要的，也要使法官信服它是必要的。如果能够使用我们在上面已经详细提供过的规则，亦即那些用对比、反诉、推卸罪责、认罪和避重就轻的论证来为自己辩护的人使用的论题，① 可以用这样的论题作为案子所需要的论题攻击由我们的对手提供的辩解，那

① 参见本文本卷第 24—36 章。

么这一点是可以做到的。或者说，要在自己提供的原因和辩解中说明在法律或遗嘱中为什么要这样写，这样写有什么目的，从而使我们的案子显得也像是得到文字的实际意义和作者意愿的支持，而不仅仅是得到书面文字的支持。或者指出，使用其他争论要点无疑也可以证实罪行。

【47】另一方面，攻击字面含义的讲话者会首先提出一些论证，以证明自己提供的辩解的公正；或者指出他带着什么样的意图或计划这样做，这样做的目的何在；无论采用什么样的辩解，他都会用我们在上面已经讨论过的假设性的论证进行辩护。① 当他在这个论题上花费时间，使他的行动和他的辩解具有一个相当公正的外表，那么他会使用下述论证来反对他的对手，以证明他的辩解必须被接受。他会指出没有任何法律要求实施不恰当、不公正的行动；法律规定的所有惩罚都是为了惩罚邪恶；法律条文的作者要是能够复活，他也会认可这个行动，也会在相同的处境中做同样的事；法律的作者在特定的时代为出自某个阶层的法官提供裁决的依据，因为会有这样一个司法组织，不仅能够阅读他的法律（这是任何儿童都能做到的），而且也能用心理解法律和解释作者的意图；还有，如果立法者已经把法律赋予无知者和野蛮的法官，那么他会把一切细节都写得非常清楚；但是由于他知道将要审判这些案子的人的品质，所以他没有给那些完全清楚的条文再添加些什么。因为他不把你们当做在法庭上大声宣读他的法律条文的职员，而是当做他的意愿的解释者。

然后他会问他的对手："假定我做了这些事，而这些事情也已经发生了——在此可以提到任何有着最体面理由的行动或者提出肯定能够得到宽恕的请求——你还会对我进行指控吗？"但是法律不允许例外。已经用文字表达出来的例外情况不能覆盖所有案子，而有些不证自明的事情可以通过对例外情况的理解而不是通过例外的表达来覆盖。然后可以坚持，如果我们拘泥于条文的字面含义，而不是遵循演讲者的意图，那么按照法律或成文的规

① 参见本文本卷第 23—36 章。

定，什么事情都不能做，连日常对话也不能进行，家中的规矩也不能维持。

【48】然后依据有益和体面的原则，他可以指出反对者所说的必须遵循的行为有多么不恰当和卑鄙，而我们的行动或我们要求的行动有多么有益和体面。然后可以说，法律的价值不在于语词，因为语词只是苍白无力地表达了意图，而是因为语词所包含着的有益原则，以及立法者的智慧和关心。接下去他可以提到法律的真正本质，指出法律的本质是由法律条文的意义组成的，而不是由语词组成的，遵循意义的法官可以比遵循语词的法官更好地执行法律。还有，如果对那些胆大妄为的罪犯和那些以某些体面而又必然的理由犯法的人施以同样的惩罚是骇人听闻的，因为这些人虽然偏离了法律的字面含义，但没有偏离法律的意义。使用这些论证以及其他相似的论证，他可以证明按照一般的原则有时候必须接受一个理由，在这条法律下必须接受这条理由，他为自己的行动提供的理由必须被接受。

正如我们说过的那样，坚持法律条文字面含义的演讲者会发现，要是能够在一定程度上削弱对方所宣扬的正义或公平，那是有用的，所以反对字面含义的演讲者会把书面文字的某些内容加以转换，使之适应他的立场，或者指出它包含某些歧义，通过这样的办法来获得极大的好处。然后，他会以这些歧义为基础，为有助于他的立场的某些段落进行辩护；或者引入某个词的定义，解释这个不利于他的词的含义，用来支持他自己的立场；或者指出书面文字未能表达的意思，这就是类比推理的方法，对此我们将在下面讨论。① 简言之，无论以什么方式，无论有多少合理性，他可以借助法律文字来为自己辩护，一旦他的立场得到抽象正义的充分支持，他会得到极大的好处，因为要是能够消除对手的立场所依据的基础，他就能削弱和减轻对手的力量和效果。

来自其他假设性争端的普遍论题可以适合双方。此外，捍卫法律条文的字面含义的演讲者可以使用下述普遍论题：对法律做判断应当联系它们自己

---

① 参见本文本卷第 50 章。

内在的依据，而不应当联系违法者的利益；对法律的敬重应当高于一切。反对法律字面含义的人可以使用下述普遍论题：法律的价值取决于立法者和国家的意图，而不取决于语词；立法者想要保护正义和公平，但这样的意图却被语词阻挡，这有多么不公平啊。

【49】两条或多条法律要是不一致，就会产生有关法律冲突的争论。下面是一个例子。有一条法律规定，诛戮僭主者应当得到通常给予奥林匹克赛会胜利者的奖励，他可以向行政官提出任何要求，行政官应当满足他的要求。另一条法律则说：当僭主被诛戮时，行政官应当诛灭他的五族。亚历山大在帖撒利的费赖自立为僭主，他在夜晚睡觉时在床上被他的妻子蒂贝杀死。她要求保留她与这个僭主所生的儿子作为她诛戮僭主的奖励。有些人指出，按照法律这个孩子应当处死。于是，这个案子被提交法庭审判。①

在这样的案例中，同样的论题和规则适用于各方，因为每一诉讼者必定要维护他自己的法律，攻击与之相冲突的法律。所以，诉讼者首先应当对法律进行比较，看哪一条法律适宜处理最重要的事务，所谓最重要就是最紧急、最荣耀、最必要。从中产生的结论是，要是不能同时遵守两条（或者多条）相互冲突的法律，那么应当把其中的一条视为应当优先服从的法律，因为它要处理的事务是最重大的。其次，诉讼者应当考虑的是：哪一条法律是最近通过的，因为最近通过的法律总是最重要的；哪一条法律命令做某事，哪一条法律允许做某事，因为命令就是必须做的，而允许就是可由个人选择的；哪一条法律对违反者规定了惩罚，或者哪一条法律规定的惩罚最重，因为需要优先服从的法律所规定的惩罚最具体；哪一条法律是命令，哪一条法律是禁止，因为表示禁止的法律经常会以开列例外的方式来修正表示命令的法律；哪一条法律用于整个一类事务，哪一条法律只用于某一部分事务；哪一条法律的制定针对许多共同的案例，哪一条法律的制定针对某一个案例，

---

① 这件事情在希腊历史学家色诺芬（Xenophon）的《希腊史》（第6卷第4章第35—37节）中有记载，但细节有出入。

因为针对某一案例或某些具体情景制定的法律似乎更加贴近案子，与审判的关系更加密切；有无在一个案例中，一条法律要求对违法者马上采取行动，而其他法律允许某些推延或延期，因为必须先完成的事情应当首先完成。还有，诉讼者应当努力说明他引用的法律用语是准确的，而与之相反的法律是通过推理、类比、定义提出来的，显得模糊不清，因为有着清晰表述的法律似乎更加强大，更加有约束力。还有，他应当说明他使用的法律条文意义和文字一致，然后证明其他法律条文有着与字面含义不同的意义，所以，要是可能的话，可以视之为两条法律，而不仅仅是不一致的问题了。最后，要是情况许可，我们应当说清我们的原则，两条法律都是我们要加以坚持的，而我们的对手却认为必须放弃其中的一条。

可以很好地考虑由这个案例本身提供的普遍论题，也可以借用一些关于有利和高尚的更一般的论题，指出哪些段落是坚持法律所必须予以强调的。

【50】某人依据一个书面陈述得到一条在其他地方都找不到的原则，这种时候源于类比推论的争论就产生了。比如，有一条法律规定，如果有人疯了，他的亲属和族人都有权控制他和他的财产①；还有一条法律规定，家庭的主人无论以什么方式立下遗嘱，涉及他的家人和财产②，都应该从其所愿；另外一条法律规定，如果家庭的主人没有留下遗嘱就死了，那么他的家人和财产归他的亲属和族人所有。某人被确证为杀害了父母，没有任何机会逃避惩罚，他的脚上马上被戴上木枷，他的头被布袋蒙上，关进监狱，直到准备好另一只袋子把他装进去投入河中。③此时，他的一些朋友带着写字用的木板和见证人来到监狱，为他写一份遗嘱，记下他所希望的继承人，并让他在木板上留下签名。这个人后来被处决了。一场关于继承的争论在这份遗嘱上的继承人和犯人的亲属之间展开。与此案相关，没有任何法律明确规定要剥

① 此处“亲属”主要指父系亲属，“族人”主要指与事主拥有同一族名的人。

② 此处“家人”的意思是指“奴隶”，“财产”指无生命物。

③ 罗马人对弑父母的罪犯的惩罚是，把罪犯装入一只布袋，袋中装有狗、公鸡、蛇、猴，捆扎口袋后扔进河里，或掷入海中。

夺这种处境下的杀人犯立遗嘱的权力。但是依据其他法律，那些对罪犯实行处罚的人和那些与立遗嘱相关的人，都必须通过类比推理来考虑他是否有权立遗嘱的问题。

至于论题，我们认为这种风格的论证可以使用下列论题或其他相同性质的论题：首先，赞扬和支持你们引用的法律；其次，把当前的情况与法律已经接受的原则进行对比，以便说明二者之间的相似性；再次，比较两个案子，指出承认一个案子的公正不一定要否认另一个案子的公正，讲话者要对此表示惊讶，指出这个案子实际上也是公正的，或者更加公正。然后他可以争论说，这个案子没有法律规定，因为相关的规定是为另一个案子制定的，这是因为立法者认为这样的案子不会有任何人犹豫不决；再说有许多法律省略了许多具体规定，但是没有人会认为它们已经被省略，因为可以从其他有法律规定的案例中推导出相关的规定。最后，他应当指出他的立场是公正的，就像处理一个关于公平的争端的确定部分一样。

反对延伸法律的诉讼者不得不攻击两个案子的相似性，只要指出它们在种类、性质、方式、重要性、时间、地点、人格、名声等方面的不同，他就能做到这一点，尤其是要能够指出被视为同类案子加以引用的那个案例属于哪一类，而被比较的案例又属于哪一类，因此不宜对二者采取同样的立场。如果也能使用类比推理，那么他可以采用上面提到这些论证，如果不能使用类比推理，他可以指出除了法律条文，不能考虑其他因素；他可以说有许多法律与这些案例有关，但对一个案子只能使用一条法律，一切事情都可以证明为相同或不同。

普遍论题：喜爱类比推理的人可以说，从成文的东西推论出不成文的东西是恰当的，没有人可以做到用一条法律涵盖所有案例，立法者可以制定最恰当的法律，使未能涵盖在法律中的特例也能依据成文的法律进行理解。反对类比推理的人可以说，推论并不比占卜好到哪里去，不能为他想要处理的各种案子提供法律依据的立法者是愚蠢的。

【51】文件中的某些语词的含义如果有问题，那么在案子中就可以使用

定义的办法来处理。下面是一个例子。有一条法律规定："在暴风雨中弃船逃跑的任何人都将失去一切，船只和货物都属于那些仍旧留在船上的人。"有两个人在远海航行；一个人拥有这艘船，另一个人拥有船上的货物。他们看到海上有条船翻了，落水者在游泳呼救。出于怜悯，他们把落水者救了起来，又把那艘倾覆了的船拉上。稍后他们也遇上了狂风，暴风雨如此狂烈，迫使那位也是水手的船主登上大船拉着的小艇避难，尽其所能从小艇上指挥大船前进。那位货主在船上跌倒，被他自己的佩刀碰伤。那个被救上来的水手掌起了舵，尽其所能拯救这艘船。后来天气变好了，海浪把这艘船送进了港口。那位跌倒在自己佩刀上的商人只受了一点轻伤，很快康复。这三人都要求得到这艘船和货物。在这个案例中，各方都去法庭寻求法律根据，对语词的意义产生了争论。他们想要给"弃船"、"留在船上"和"船"下定义。这个案子可以使用那些适合定义争端的论题来进行论证。①

现在，我已经解释了适用于争论性讲话的论证形式，下面我要提供适用于在议事性和展示性讲话中进行论证的论题和规则。每一讲话总会围绕某些争论点，某些论题特别适用于这些讲话。这些论题与"争论点"并无什么区别，但尤其适用于这些类型的讲话想要达到的目的。例如，人们一般同意，争论型的讲话的目的是公平，亦即"高尚"这个更大的论题下的一个组成部分。然而，亚里士多德接受"有益"作为议事性讲话的目的，而我宁可把高尚和有益二者都当做目的。而议事性讲话仅以高尚为目的。因此，某些形式的论证要以适合各种类型讲话的共同方式来处理，而另外一些形式的论证要特别提到整个讲话的目的。如果我不明白讨论可以弄清晦涩的问题，清晰的案例也会被过多的语言弄得晦涩，那么我会毫不犹豫地给每一种争端都提供一个例子。所以，现在让我们开始提供议事性的演讲的规则。

【52】有三类事物值得寻求，另外，也有与之相反的三类事物需要加以避免。有些事物吸引我们，凭的是它们的内在价值，而不是因为拥有了它们

---

① 参见本文本卷第 17—18 章。

就可以获利，属于该类事物的有美德、知识和真理。但有另外一些事物值得寻求，不是因为它们自身的价值和天然的本善，而是因为从它们可以产生出某些利益或好处。金钱属于这一类。还有，某些事物兼有两类事物的品质，它自身的价值在吸引我们，而得到它们也能给我们带来某些利益，因此该类事物更加值得我们追求。该类事物的例子有友谊和好名声。无须我们多说，就可以知道这三类事物的对立面。但是为了更加准确地陈述这条原则，所以我们要非常简洁地提到这三类事物的名称。属于第一类的事物可以称做高尚的，属于第二类的事物可以称做有利的。由于第三类事物拥有某些高尚的特点，又由于高尚是一种较为高级的品质，因此我们也可以把它们称做高尚的，尽管我们明白它们无疑是一个复合体，既是高尚的，又是有利的。由此可以推论，高尚和有利是我们想要寻求的事物的品质，卑劣和无益是我们想要加以回避的事物的品质。这两种事物——想要追求的和想要躲避的事物——与两种重要处境相连：必然的和暂时的。必然的处境要结合力量来考虑，暂时的处境要结合事件和人来考虑。我们在本卷晚些时候还会比较具体地写下这两种处境的细节。[①] 现在让我们来解释高尚事物的本质。

【53】我们把所有因其自身的原因而被我们寻求的事物称做高尚的，或者是全部由于其自身的原因，或者是部分由于其自身的原因。现在，由于高尚的事物有两个部分，一部分是简单的，另一部分是复合的，所以让我们先来考虑简单的。属于该类的每一事物都可以用一种意义或名称涵盖，这就是美德。美德可以定义为与理性和自然秩序相和谐的心灵习惯。因此，当我们开始变得熟悉美德的所有部分时，我们将考虑高尚、纯洁、简单的事物的全部范围。美德有四个部分：智慧、正义、勇敢、节制。

智慧就是关于什么是善、什么是恶、什么是不善不恶的知识。它的组成部分是记忆、理智、预见。记忆是心灵回想已经发生过的事情的能力。理智是心灵确定某事物是什么的能力。预见是事先知道将要发生的事情的能力。

---

① 参见本文本卷第 42—43 章。

正义是在保存公共利益的时候给予每个人应得的一份心灵习惯。它的第一原则产生于自然，后来由于利益的原因，人们的某些行为规则成了习俗，然后，源于自然的原则和由习俗批准的原则都得到了宗教的支持和法律的维护。自然法就是那些并非来自意见，而是植根于我们的内在本性的东西，它包括宗教、义务、感恩、复仇、崇敬、真理。宗教就是使人们事奉和崇拜一种较高的自然秩序，人们把这种自然秩序称做神。义务就是能够使人尽到某种职责、乐意为亲人和国家做贡献的这样一种情感。感恩包括记住友谊和由他人提供的服务，并想要对这些恩惠做出回报。复仇就是抵抗暴力、伤害或者会引起伤害的事情，以保护自己的行为。崇敬是一种使人对那些处在崇高地位的人表示尊重并荣耀他们的情感。真理是一种品质，被视为真理的事情在过去、现在和将来都是不能更改的。

【54】习惯法可以是一个原则，在很轻微的意义上它源于自然，以后又被习惯——比如宗教——所滋养和加强，它也可以是我们前面已经提到过的从自然中产生但被习俗所增强的法律，也可以是随着时间的流逝而得到公众的批准、已经成为共同体的习惯的任何原则。属于习惯法的有契约、公道[①]和先例。契约就是某些人之间的协议。公道就是正义的事情，对所有人都公平。先例就是从前根据某人或某些人的意见决定的事情。成文法就是写成书面文件向民众公布、要民众遵守的事情。

勇敢是一种品质，凭着勇敢人们可以承担危险的任务和忍受艰难困苦。它的组成部分有：高昂（highmindedness）、自信（confidence）、忍耐（patience）、顽强（perseverance）。高昂指的是思考并带着伟大的想象去执行重大的任务。自信是一种品质，在执行重要的光荣任务时带着必胜的希望，对自己非常相信。耐心是一种为了实现高尚有用的目的而连续承担困难而又艰巨的任务时的意志。顽强就是在执行一项精心安排的行动计划时的坚定和

① “公道”（Equity）一词在《论公共演讲的理论》中译为“衡平法”。衡平法是法律用语。衡平法在罗马是执政官的法律，用以补充、辅助或取代原有范围太窄而又太刚性的法律。

执着。

节制就是用理性对欲望和其他不恰当的心灵冲突进行坚决而又审慎的控制。它的组成部分是克制（continence）、宽厚（clemency）、羞怯（modesty）。克制就是在理性的指引下控制欲望。宽厚就是对心灵进行温和的约束，使之不趋向于低劣的人格。羞怯就是一种羞耻感，或者是一种可以确保服从权威和荣誉的情感。所有这些品质都因其自身的原因而被人们追求，尽管没有什么利益与它们相连。对这一点的证明与我们当前目的无关，也和教科书所要求的简洁不符。另外，由于其自身的原因要加以回避的品质不仅包括这些品质的对立面——比如胆小是勇敢的对立面，不义是正义的对立面——而且还包括表面上与这些品质相似，但实际上相差甚远的品质。例如，缺乏自信是自信的对立面，因此是一种恶；鲁莽不是勇敢的对立面，而是与勇敢相似或相关的品性，但它也是一种恶。以相同的方式，每一种美德都可以发现与其相邻的一些恶，这些恶要么有着确定的名称，比如鲁莽与勇敢相邻，顽固与顽强相邻，迷信与宗教相邻，要么没有确定的名称。所有这些恶的品质，加上善的品质的对立面，都应当归入要加以回避的品质。关于完全由于其自身的原因而应当加以追求的高尚事物我们已经说够了。

【55】现在，我想我应当谈谈同时也伴有利益的事物，不管怎么样，我们也把它们称做高尚的。有许多事物吸引我们不仅由于它们内在的价值，而且也由于从它们中间可以产生利益；这类事物包括荣耀、地位、势力、友谊。荣耀就是拥有广泛的名望，并且伴有赞扬。地位就是拥有高贵的职务，可以带来尊重、荣誉和敬畏。势力就是充分拥有某种力量、尊严或资源。友谊就是某人仅仅出于对他所爱的人的利益而为之做好事的欲望，同时也有一种情感上的回报。由于我们在这里讨论的演讲涉及公共问题，所以我们把友谊和从友谊中产生的利益联系在一起，由此可知人们之所以向往友谊，既是因为有这些利益，也是因为友谊本身的缘故。我之所以要这样说，为的是不让有些人误认为我在谈论各种友谊。事实上，确实有人认为人们寻求友谊仅

仅是为了利益的缘故，而有些人认为寻求友谊是为了友谊本身，还有人认为寻求友谊既是为了友谊本身，又是为了利益。哪一种观点有着最坚实的基础，这个问题我们可以在另外的时间加以讨论。当前在演讲训练的范围内，我们就说人们寻求友谊有双重原因。由于有些友谊与宗教方面的顾忌相连，有些则没有，有些友谊是老的，有些友谊是新的，有些友谊产生于他人对我们的仁慈，有些友谊产生于我们对他人的服务，有些友谊会有较多的利益，有些友谊会有较少的利益，因此对友谊性质的考察就要考虑寻求友谊的原因的价值，还要考虑寻求友谊的时间和场合是否恰当，还要考虑道德责任、宗教义务和时间长度。

【56】利益可以存在于身体之中，也可以存在于身体之外。然而，就大部分外在利益而言，它们会带来身体①的利益。以国家为例，一个国家有许多事物，比如田地、港口、金钱、舰队、水手、士兵、同盟者，这些都是国家保证其安全与自由的工具，另外一些事物对国家的伟大做出或大或小的贡献，比如城市的宏大，城市惊人的美貌，城市格外的富有，拥有大量友好邻邦。这些事物不仅使国家安全和稳定，而且也使国家变得重要和强大。因此，利益似乎有两部分：安定与力量。安定就是合理、不间断地保持安全。力量就是占有充分的资源，以保存自身而削弱他国。还有，可以恰当地联系上面提到过的这些事情，问哪些事情可以完成，哪些事情可以很容易地完成。我们把可以在最短的时间内完成而无须做出巨大努力、不需要庞大开支、不会遇上很大的麻烦或没有麻烦的事情称做容易的。一项任务尽管需要付出很大的努力，需要很大的开支，还会遇上麻烦，或者需要长时间的连续工作，从各方面来考虑都是困难的，或者从最重要的方面来考虑是困难的，然而尽管面临这些困难，还是能够完成和达到目的的，这样的任务就称做可能的。

---

① 这里“身体”一词的英译文为“body”，既有身体的意思，也有团体组织的意思，所以作者接下去就以国家（body politic）为例。

我们已经讨论了高尚和利益，剩下来要说的就是与此相伴的性质，亦即必然的和暂时的。①

【57】在我看来，所谓必然就是没有力量能够抗拒和阻碍某些可能完成的任务的某些事情，这样的必然性不能替换或消除。为了把事情说得更加清楚些，我们可以举例说明它的性质和影响范围。任何木头做的东西必然能够被火燃烧。可朽的肉体必然会在某个时候死去。我们刚才所说的必然就需要这种必然的力量。当这种必然性在演讲中出现，那么这种力量当然也可以称做必然的；但若出现的仅仅是其他难事，那么我们就在上面讨论过的“这件事能完成吗”② 这个问题的名目之下考虑它们。还有，我似乎看到有些必然带有某些限定，而有些必然是简单的和绝对的。例如，当我们说“卡西利努姆（Casilinum）人必然投降汉尼拔”的时候，我们在一种意义上使用“必然”这个词；而当我们说“卡西利努姆必然在汉尼拔的力量下沦陷”时，我们在不同的意义下使用“必然”这个词。在第一种情况下有这样的限定，“除非卡西利努姆人宁可饿死”。他们要是宁可饿死，就不一定要投降了。但是第二个陈述的情况不一样，无论卡西利努姆人选择投降还是饿死，卡西利努姆在汉尼拔的力量下沦陷是必然的。对不同种类的必然做这样的区别有什么用呢？我可以说，一旦遇上和必然性有关的主题，用处可大了。如果碰上的必然是简单的必然，那么我们没有理由说它有用，因为它已经完全没有加以修饰的可能。然而当我们使用“必然”这个词的意思是我们希望回避或者得到某些事物时采取的某个行动是必然的，那么我们必须考虑在什么范围内这个限定是有益的或高尚的。要是你在某种条件下看到你要寻求的事物处在有益的状态，那么你会发现没有任何事情是必须做的，除非有某些被我们称做限制的原因。以同样的方式可以指出，有许多必然的行动没有相同的限定。说可朽的人必死就属于这类没有限定的必然。除非加上限定“他们宁可饿死”，

① 参见本文本卷第 52 章。

② 参见本文本卷第 56 章。

人要吃东西才不是必然的。因此，如我所说，一定要始终考察限定的性质。限定的性质始终与必然的范围有关，要么与高尚联系起来考虑，好比说“如果我们希望高尚地生活，这是必然的”，要么与安定联系起来考虑，好比说“如果我们希望安定，这是必然的”，要么与便利联系起来考虑，好比说“如果我们希望生活便利，这是必然的”。

【58】最大的必然就是做那些高尚的事情，其次的必然是安定，第三种，也是最后一种必然是便利，这种必然无论如何比不上另外两种必然。衡量这些必然经常是有必要的，所以，尽管高尚高于安定，遵循高尚还是遵循安定也还是一个问题。从这个问题似乎可以提出一个确定普遍的规则。尽管在考虑安定时可以暂时不考虑高尚，但是至少可以在将来凭着勇敢和努力重新发现高尚。如果这是不可能的，那么就应当首先考虑高尚。在这种情况下，当我们似乎只思考安定的时候，我们也可以真实地说我们关心的是高尚，因为没有安定我们就绝不可能获得高尚。我们在这样的情况下注意安定，或者适应安定的需要，或者当前对此保持沉默以等待另一个机会，除非我们看到，为了荣耀和高尚我们值得抛弃我们的利益。在我看来，在这个名目下讨论的主要事情是这样一个问题：如果我们希望获得或回避某个事物，那么使我们所采取的行动成为必要的是什么？换句话说，什么是限定。弄清了这一点，我们就可以把我们的精力花在与真实状况相一致的地方，可以判明每一情况下的最重要的原因就是最大的必然。

所谓暂时的性质指的是事情的某些方面由于时间、行动的结果、行动的实施、人的兴趣与欲望等方面的原因而发生变化，因此不能再按照过去的样子来对待它们，或者不能再按照一般的情况来对待它们。例如，到敌人那边去是一种卑鄙的行动，但若带着乌利西斯那样的目的去敌人那里，① 那就自当别论了。把钱扔进大海是无用的，但若带着像阿里斯提波那样的目的，那

① 参见荷马：《奥德修纪》第 4 卷，第 242—264 行。乌利西斯（Ulysses），荷马史诗中的英雄奥德修斯，他进入特洛伊城做间谍。

就有用了。[①] 所以，有某些事情必须联系时间和意图来考虑，而不能仅仅考虑它们确定的性质。在所有这些事情中，必须考虑这样的场合需要什么，当事人关心什么，必须加以考虑的不是正在做什么，而是这件事是带着什么样的精神、有什么样的联系、在什么时间、持续了多久完成的。根据这些划分我们再来考虑从人们表达的意见中得出来的看法。

【59】从论及人格特征时使用的论题中会产生赞扬和责备，这些内容我们在上面已经讨论过了。[②] 如果希望更加系统地处理这个主题，可以把人格特征划分为心灵状况、身体状况和外在状况。心灵的德性就是我们最近讨论过的那些组成部分。[③] 身体的德性就是健康、美貌、力量、速度。外在的德性就是公职、金钱、联姻、高贵的出身、朋友、国家、权力，以及其他所有被人们认为属于这一类的东西。必须应用于这些事物的原则可以在任何地方使用；这些品质和性质的对立面是大家都明了的。

还有，在赞扬和责备中，一定不要过多地关注讲话的主题所涉及的身体的天赋条件，或者把外在的善的作用说成是产生这些身体状况的原因。因为，赞扬一个人的好运是愚蠢的，指责一个人的好运是傲慢的；但是，赞扬一个人的心灵状态是荣耀的，责备一个人的心灵状态是非常有效的。

现在，我已经说明了在各类演讲中进行论证的原则，我想，关于开题我已经说够了，这是修辞学的第一个组成部分，也是最重要的部分。由于修辞学的这个部分已经在本卷和上一卷中完成，本卷又已经很长，所以我们在以后各卷中再讨论其他论题。

---

① 阿里斯提波（Aristippus），希腊哲学家（约公元前 435 年—前 366 年），昔勒尼学派创始人。这则佚事记载于第欧根尼·拉尔修的《著名哲学家的生平和著作》第 2 卷第 77 节。"阿里斯提波有一次航海旅行，发现自己上了一艘海盗船。于是他拿出钱来点数，然后好像是不经意地让钱掉进了海里，还很自然地装出悲伤的样子。"

② 参见本文第一卷第 24—25 章、第二卷第 10 章。

③ 参见本文本卷第 53—55 章。

论最好的演说家

提　要

本文是一篇修辞学短论，大约写于公元前46年。拉丁文标题是“De Optimo Genere Oratorum”，英文译为“The Best Kind of Orator”，意思是“最好的一种演说家”，中文标题译为“论最好的演说家”，因为西塞罗在文中指出，按照作品类型可以区分诗人的种类，但不能按照演讲风格区分演说家的种类，演说家只有一种。

根据文中提供的证据，这篇短论原来是西塞罗翻译希腊演说家德谟斯提尼[①]的作品时写的导言。作者在文中针对当时罗马的一些所谓“阿提卡风格”的演说家提出批评意见。这些演说家主张，演说要像早期希腊的阿提卡演说家那样简洁，不需要讲究修饰。

全文分为7章，译成中文约0.7万字。

正　文

【1】 人们常说，诗人有许多种类，演讲家也有许多种类。然而事实并非如此。因为诗歌（peotry）有许多形式，也就是说，每一种韵文（verse）

① 德谟斯提尼（Demosthenes），希腊最著名的演说家之一，约生于公元前384年。

作品，悲剧（tragedy）、喜剧（comedy）、史诗（epic），还有抒情诗（melic）和酒神赞美歌（dithyrambic）——这种形式更多地由希腊人而非罗马人采用——都有自己的个性，相互之间都有区别。所以，喜剧风格在悲剧中是一种瑕疵，在其他不同种类的韵文中也一样，学者们承认它们各有自己的语调和讲话方式。但对演说家来说，如果有人以同样的方式列举一些种类，把某些演说称做宏伟的、庄严的、词汇丰富的，把某些演说称做清楚的、节制的、简约的，把某些演说称做处在中间位置的，即前述两种演说之间的一个中介，那么他提供了某些关于演说者的信息，却没有告诉我们多少关于演讲术这门技艺的信息。因为在一门技艺中我们要问的是，它的完善状态是什么，而对一个人来说，我们只需要描述他的现实状况。因此，一个人可以称恩尼乌斯[①]为最好的史诗诗人，如果他认为这是真的话，称巴库维乌斯[②]是最好的悲剧家，也许，称凯西留斯[③]是最好的喜剧家。我不想把演说家分成不同的类型，因为我正在寻求的是演讲的完善典范。只有一种完善的演说家：那些不属于这种演说家的人与这种演说家的差别不像特伦斯[④]所属的类别与阿西乌斯[⑤]所属的类别之间的差别，他们尽管也可以称做演说家，但在成就上不能相提并论。所以，最好的演说家是这样的人：他的讲话教导、振奋、打动听众的心灵。演说家有教导的义务，快乐只是赠给听众的一件小小的礼物，感动他们则是必不可少的。我们必须承认，一位演说家可以做得比其他演说家好，但他们之间的差别是程度上的，

---

① 恩尼乌斯，全名昆图斯·恩尼乌斯（Quintus Ennius），拉丁诗人（公元前 239 年—前 170 年），著有史诗体的《编年史》。

② 巴库维乌斯，全名马库斯·巴库维乌斯（Marcus Pacuvius），拉丁悲剧诗人（约生于公元前 220 年），是拉丁诗人恩尼乌斯的侄儿。

③ 凯西留斯，全名斯塔提乌·凯西留斯（Statius Caecilius），罗马喜剧诗人，死于公元前 168 年。他在同时代人中得到高度赞扬，但他所写的 40 部戏剧均佚失，只留下一些残篇。

④ 特伦斯，全名普伯里乌·特伦斯·阿菲尔（Pubius Terentius Afer），罗马喜剧诗人，大约公元前 195 年生于迦太基。

⑤ 阿西乌斯，全名卢西乌斯·阿西乌斯（Lucius Accius），罗马悲剧家，生于公元前 170 年。

而不是种类上的。有一位最好的演说家，也有其次一位最好的演说家，他离最好的演说家最近。由此也可推论，最差的演说家与最好的演说家差距最大。

【2】就像雄辩由语言和思想组成一样，我们必须在保持我们的措辞无误和纯洁——也就是使用良好的拉丁语——的时候，能够选择既“恰当”又有文采的语词。所谓“恰当”，就是要选择最优雅的语词；所谓有文采，就是要适度使用比喻，小心避免不着边际的对比。另外，就像有许多种思想一样，我在上面说过有许多种演讲风格。比如为了快乐，阐述和解释就应当是欢快的和诙谐的，为了激励情感，它们就应当是有分量的和给人印象深刻的。除此之外，有一种把语词放在一起的方式——一种结构——用来产生节奏和流畅这两种效果；还有一种安排观点的方式和一种最适宜证明某个案例的秩序。但所有这些都只是一座建筑物的组成部分，而它的基础是记忆，有了记忆才有可能表达。

最优秀的演说家在各方面都是最完善的，获得中度成功的演说家是中等的演说家，获得最小成功的演讲者是最差的演说家。他们仍旧可以称做演说家，就像很差的画家也被称做画家一样，但这是能力上的差异，而不是种类上的差异。因此没有哪位演说家会不愿意像德谟斯提尼，但是米南德①不希望像荷马②那样写作，因为他要写的作品属于不同的种类。但是这种情况对演说家不适用，尽管有些演说家追求庄重和尊严，避免简洁，而有些演说家宁可做到观点清晰而不要华丽的辞藻。尽管作为一名演说家他的做法是可以容忍的，但若最好的演讲风格就是包括一切演讲手段在内的风格，那么他不是最好的演说家。

【3】我已经做了这个简洁的开场白，比这个主题应有的开场白还要简洁，就我们当前的目的来说，无须更加详细的陈述。因为只有一种演讲术，我们

---

① 米南德（Menander），雅典新喜剧诗人，生于公元前 342 年，死于公元前 292 年。

② 荷马（Homer），传说中的希腊盲诗人，公元前 8 世纪的两部希腊史诗《伊利亚特》和《奥德赛》的作者。

正在思考它的本质。这种演讲术是在雅典兴旺起来的。阿提卡（Attica）的演说家在风格上的差别是众所周知的，但无人知道他们的基本特点。有许多人看到了一面，从他们的演讲中挑不出什么毛病，但是很少有人看到另一面，他们的演讲有许多值得赞扬的地方。如果一个观点是荒谬的，或者是不相干的，或者无意义，或者单调，那么这是一个错误；如果一个语词不地道、拙劣、不妥、刺耳，或者不着边际，那么这个语词是错误的。所有这些讲阿提卡方言、被称做阿提卡演说家的人都非常好地避免了这些错误。但是那些仅仅做到这一点的人可以被认为到此为止做得还不错，但这些人可以比做适宜在运动场上炫耀一番的运动员，而不是适宜在奥林匹克赛会上寻求奖品的人。那些赢得奖品的人，尽管没有各种疾病，但他们不会仅仅满足于健康良好，而是还要取得力气、肌肉、血液，甚至还想拥有一身吸引人的黑皮肤。如果可以的话，让我们模仿他们；如果不可以，那就让我们模仿那些纯洁性没有受到污染的人，而不要模仿那些风格华丽但却充满错误的人；后一种风格在亚细亚盛行。在这样做的时候——要是我们能做到的话，因为哪怕是做到了这一点也是一项非常大的成就——如果可能的话，就让我们模仿吕西亚斯①，他在简洁方面超过所有人。他的有些段落确实试图体现出一种比较庄严的风格，但由于他的演讲词几乎全部都是私人性质的讲话，哪怕是那些为其他人所写的演讲词也一样，只涉及一些琐碎的小事，由于他有意降低格调以适合这些琐碎的诉讼，所以他的演讲显得极为贫乏。

【4】如果有人以这种方式讲话，而不能够在需要的时候使用更加丰富的演讲风格，那么可以把他当做演说家，但只是一个小小的演说家。大演说家在处理这种案例的时候也要经常用这种方式说话。换句话说，德谟斯提尼肯定能够平静地讲话，而吕西亚斯也许就不能在需要的时候充满激情地讲话。如

---

① 吕西亚斯（Lysias），希腊演说家（约公元前 445 年—前 378 年），他的演讲风格非常简洁，没有什么修饰。

果他们认为，在审判米罗[①]时，当广场和周围的神庙都有军队的时候，也要使用与我们在私人诉讼中仅仅面对一个证人时使用的讲话风格，那么他们[②]是在用自己有限的能力衡量雄辩的力量，而不是在按照技艺的本性进行衡量。

因此，我们必须对某些人的主张做出回答，有一群人说他们自己的演讲风格是阿提卡式的，这种主张现在已经相当流行，而其他人则说没有一个罗马人的演讲风格是阿提卡式的。第二种意见我们可以忽略，因为事实足以否定他们的看法。这些人没有应邀参加审判，或者说即使受到邀请，他们也是受嘲笑的对象。如果能够引发陪审团的笑声以表现他们的才智，那么这就是他们具有阿提卡风格的基本证据。但是有些人否认自己按阿提卡风格讲话，但又承认他们自己不是演说家，这些人的听力和理智判断能力受过训练，我们向他们咨询就像一名画家向前来观看作品的人咨询一样，他们虽然没有绘画能力，但有某些批评的技能。另外，他们的理智在演讲术中若有挑剔的嗜好，对任何崇高和庄严的东西都不感兴趣，那就让他们说自己宁可采用简洁与克制的风格，而轻视宏大与华美的风格。但是要让他们不再声称简洁的演说家是唯一的一种以阿提卡风格讲话的人。所谓简洁，就是指他们用词吝啬，但却准确无误。宏伟、华丽、词汇丰富，是阿提卡演说风格的标志，它同样也是准确无误的。我们希望我们的雄辩不仅仅是为了被接受，而且同时也要得到敬佩，对此还有什么疑问吗？因为我们正在问的不是什么是阿提卡的演讲方式，而是什么是最好的演讲方式。由此可以推论，由于大多数杰出的希腊演说家是那些生活在雅典的人，而德谟斯提尼又很容易被确定为他们的首领，模仿他的人会以阿提卡的演讲方式讲话，同时也就是在用最好的演讲方式讲话，所以，由于他们把阿提卡风格的演说家确立为我们模仿的榜样，那么用阿提卡风格讲话也就意味着很好地讲话。

---

① 米罗，全名提多·安尼乌斯·米罗（Titus Annius Milo），公元前 52 年，他被指控为谋杀克劳狄（Clodius）的凶手。西塞罗曾试图为他辩护，但由于文中所说的非同寻常的情况而气馁。他为米罗写的辩护词在审判以后发表，并且保存下来。

② 此处的“他们”指那些自称坚持“阿提卡风格”的罗马演说家，文中此前尚未提及。

【5】由于人们对这种演讲风格的本质误解极大，所以我想承担这项任务[①]是我的责任，它对学生来说是有用的，尽管对我本人没有什么必要。也就是说，我翻译了两位雄辩的阿提卡演说家的两篇最著名的演说词，一位是埃斯基涅斯[②]，一位是德谟斯提尼，这两篇演说词针锋相对。我不是作为一个翻译者，而是作为一名演说家来翻译它们的，我保留了它们原有的思想和形式，或者也可以说保持了原来思想的"形象"，但在语言上使它们符合我们的习惯。这样做的时候，我没有坚持逐字对译，但我保留了原文的一般风格和语言力量。因为我并不认为应当像数钱币一样把它们交给读者，而是用它们的分量来进行交付。我的劳动成果会使罗马人知道，我们从那些自称是具有阿提卡风格的人那里可以学到些什么，他们的语言规则是什么样的。

"但是修昔底德[③]会站起来反对你，因为人们敬佩他的雄辩。"没错，但这与我们正在寻找的演说家无关。因为在历史性的陈述中阐述某些事件是一回事，而在实际案例中把你批评对手的论证变得确定无疑，或者对某项指控进行驳斥是另外一回事。在讲故事的时候吸引听众是一回事，激励听众是另一回事。"但他的文风很美。"能比柏拉图的文风还要美吗？我们正在寻找的演说家在法庭上必须以一种适宜教导、振奋和激励听众的风格来处理案子。

【6】因此，要是有人说自己曾经在法庭上按照修昔底德的风格进行诉讼，那么可以证明他对政治和法律生活一窍不通。但若他仅仅满足于赞美修昔底德，那就也算上我的一票吧。

伊索克拉底[④]在柏拉图的《斐德罗篇》[⑤]中得到苏格拉底的高度赞扬，几

---

① 指揭示阿提卡演讲风格的本质。

② 埃斯基涅斯（Aeschines），雅典演说家和政治家，生卒年代约为公元前397年—前322年。他是德谟斯提尼的政敌。文中提到的两篇演说词是埃斯基涅斯的《反克特西丰演说词》（*Oration against Ctesiphon*）和德谟斯提尼的《为克特西丰辩护》（*In Defence of Ctesiphon*）。

③ 修昔底德（Thucydides），公元前5世纪历史学家和演说家，《伯罗奔尼撒战争史》的作者。

④ 伊索克拉底（Isocrates），希腊修辞学家，雅典十大演说家之一，公元前436年生于雅典，卒于公元前338年。

⑤ 参见柏拉图：《斐德罗篇》278e—279b。

乎被神化，但实际上他是苏格拉底的同时代人，所有学者都把伊索克拉底当做完美无缺的演说家来引用，但即使是他，我也不把他算作完善的演说家。因为他的演讲没有参加过实战，也没有使用过铁剑，而是在用一把木头剑玩耍，我可以这样说。[①] 但是，为了比较伟大和渺小之间的差距，我现在宁可引进一对著名的角斗士来打比方，埃斯基涅斯就好比埃塞尼努斯，他不像鲁西留斯说的那样令人讨厌，而是勇敢的和能干的。这位埃塞尼努斯与人类有史以来最勇敢的角斗士帕西戴努斯搏斗，我认为，我已经想象不出还有什么事情能比聆听德谟斯提尼的演说更加激动人心了。[②]

对我目前从事的翻译工作人们会有两种反对意见。第一种："希腊原文更好些。"我可以向提出这种批评意见的人发问，他们自己能否用拉丁文创造出更好的东西来。第二种："我为什么要读你的译文，而不去读希腊原文?"但是这些人在这样说的同时已经接受了译成拉丁文的《安德里亚》和《青年的伙伴》，还有《安德洛玛刻》、《安提俄珀》、《厄庇戈涅》。[③] 在还没有翻译诗歌的时候，他们为什么要反对翻译希腊文的演讲词?

【7】但是，现在我要在对法庭案例做些介绍性的解释以后转向我们的任务。雅典有一条重要法律，担任行政官的公民在卸任前需提交账目，在此之前任何人都不能向他发出诉状；另一条法律规定，得到公民奖励的人应当在公民大会上受奖，得到公民议事会奖励的人应当在议事会受奖。德谟斯提尼是修复城墙的总负责人，他用自己的钱修复了城墙。克特西丰对他发出了诉状，尽管此时德谟斯提尼还没有提交账目，而凭他的贡献，他应当得到金

---

① 格斗士和士兵在训练时用木头剑。伊索克拉底由于嗓音不好，因此很少在公共场所露面，他的所有演讲词几乎都是写下来供人们阅读的。

② 鲁西留斯，全名昆图斯·鲁西留斯·巴尔布斯（Quintus Lucilius Balbus），罗马剧作家。西塞罗在这里随意引用鲁西留斯的讽刺剧的某些段落。埃塞尼努斯（Aeserninus），剧中的一个人物，与最勇敢的角斗士帕西戴努斯（Pacideianus）比赛。

③ 《安德里亚》（*Andria*）是特伦斯的作品，《青年的伙伴》（*Synephebi*）是凯西留斯的作品，《安德洛玛刻》（*Andromacha*）是恩尼乌斯的作品，《安提俄珀》（*Antiopa*）是巴库维乌斯的作品，《厄庇戈涅》（*Epigoni*）是阿西乌斯的作品。

冠，授奖仪式应当在举行公民大会的剧场里当众举行，在他接受金冠时对他的美德及其对雅典人民的仁慈进行表彰。埃斯基涅斯把这位克特西丰告上法庭，指控他对德谟斯提尼提起诉讼，违反了那条重要法律，德谟斯提尼要在那个在剧场里举行的仪式上接受金冠，然后才会提交账目；而且克特西丰还指控说，有关德谟斯提尼的美德和仁慈是不真实的，因为德谟斯提尼既不是好人，也没有很好地为城邦服务。

这个案子就其本质而言远离我们法庭的常规程序，但这一程序很重要。因为它包含双方对法律的良好解释，以及比较两位演说家对民众的重要贡献。还有，埃斯基涅斯已经受到德谟斯提尼的指控，说他在担任使者期间胡作非为，所以埃斯基涅斯有理由寻找机会报复他的政敌，他以攻击克特西丰作为伪装，要求法庭对德谟斯提尼的生涯和名声进行法律查证。因此，他没有更多地指责德谟斯提尼不交账目，就像他自己所做的那样，而那个时候他还是个乡下的无赖，却被赞扬为最优秀的公民。埃斯基涅斯发起了这场指控克特西丰的诉讼，时间比马斯顿的腓力去世早四年，但是审判却在几年以后举行，此时亚历山大已是亚细亚之主。① 来自希腊各地的许多人旁听了这场审判。经过长时间的努力准备，这两位顶尖的演说家抱着深深的敌意进行这场殊死斗争，在这场争论中有什么东西值得聆听或观看呢？我希望，要是能够得到他们的所有本事，亦即思想、思想形象、论题秩序，以及在不脱离我们语言习惯的范围内学习他们的用语，我也能成功地发表他们的演说——如果所有的语词不拘泥于对希腊文的字面翻译，那么我们至少要试图保留它们的词类和类型——我们会有一个标准来衡量希望以阿提卡方式讲话的这些人的语言。我已经讲够了。现在让我们来聆听埃斯基涅斯本人用拉丁语讲话。

① 这一诉讼提出的时间是公元前 336 年，审判时间是公元前 330 年。马其顿国王腓力被谋杀是在公元前 336 年，即埃斯基涅斯提出诉讼后不久。西塞罗的叙述有误。

论　题

提　要

本文是一篇修辞学论文，拉丁文标题是“Topica”，英文译为“Topics”。由于它和希腊哲学家亚里士多德的《论题篇》同名，所以我们将中文标题译为“论题”，以此避免混淆。

文章写于公元前44年，文章开头解释了撰写这篇文章的起因——应一位朋友、律师特巴提乌斯的多次请求而写。本文的主题是介绍论证中的论题，作者的思想以亚里士多德的《论题篇》为基础，同时也借鉴了其他希腊人的修辞学著作，并添加了许多罗马法学的例证。

全文分为26章，译成中文约2万字。

正　文

【1】亲爱的特巴提乌斯，应你的要求，我中断了我的写作进程，当时我在写一个更大的题目，与我最近发表的那些书的主题相同。① 你记得，在我的图斯库兰庄园里，我们一起待在图书室里，各自随意翻阅那里的藏书，你

① 西塞罗在这里提到已经开始写的书是《论义务》。这本书直到下文提到的他的旅行结束以后才完成。

正巧找到一本亚里士多德的《论题篇》，他用了好几卷的篇幅来阐述这个主题。你对这个标题感到新鲜，马上就问我这本书的主题是什么。我对你说，这本书包含着亚里士多德提出来的有关开题论证的一个体系，使我们能够合理地对待开题而不会迷失方向。这时候，你要我把这个主题教给你。你的请求措辞有节，但我很容易看出你的热切希望。更多的不是为了减少劳累，而是因为我认为这样对你更好，所以我敦促你自己去阅读这本书，或者去向一位我提到过名字的、非常博学的修辞学教师学习整个体系。你告诉我两种办法都试过了，但这本书的晦涩使你止步，而那位鼎鼎大名的教师的回答是他对这些书不熟，我想他指的是亚里士多德的著作。修辞学的教师不知道这位哲学家，对此我一点儿也不会感到惊讶，因为除了有限的几位哲学家外，他对其他哲学家一无所知。但若一名哲学家不知道亚里士多德，那就不能饶恕了，因为他们不仅应当对他发现和阐述的事情感兴趣，而且也会对他难以置信的魅力和华丽的风格着迷。

当你一次又一次地重复你的请求，同时又担心令我厌烦的时候——我很容易看到这一点——我无法再克制我的负疚感，免得你这位法律的解释者会受到无理的对待。考虑到你经常为我和我的朋友撰写大量的作品，① 我担心我的犹豫会被视为不感恩或不礼貌。但你本人可以最好地为我做证，当我们在一起的时候我有多忙。分手以后，我启程去了希腊，因为这个国家和我的朋友都不再需要我的服务，即便我在安全的环境中能够高尚地生活，我也无法在刀光剑影中体面地生存。到了达维利亚以后，我去了你家，见了你的家人。当时有人提醒我，说我曾答应撰写这篇论文，而我也不愿再次拒绝这项要求，哪怕偿还这项债务的要求是由你的客户提出来的。由于我在旅行中没有携带什么书籍，所以我就凭记忆把这些内容写下来，然后派专人送给你，为的是用我的勤奋来满足你的要求，也可以让你在心中

① 这里提到的可能是特巴提乌斯为西塞罗和他的当事人提供的法律意见，或者是特巴提乌斯题献给西塞罗的著作。特巴提乌斯是几本书的作者，这些著作均已佚失。

记得我托你做的事——尽管你不需要我的告诫。[①] 现在，我们该转入这项指定的任务了。

【2】系统处理论证有两个组成部分：一个涉及论证的开题，另一个涉及对它们的有效性进行判断。在我看来，亚里士多德是这两个部门的创建者，而斯多亚学派仅仅在两个领域之一做过工作。也就是说，凭着被称做辩证法（dialectic）的这门科学，他们勤奋地行进在判断之路上，而对被称做论题的技艺则完全忽视了，但是这门技艺更加有用，在天然的秩序上也肯定在先。由于二者都非常有用，所以要是有空，我们可以同时涉及两个方面，但应当从前者开始。让我们打个有益的比方：要是能够指出或标明藏匿东西的隐秘地点，那么要找到被藏起来的东西就比较容易；同理，要是我们希望跟踪某个论证，我们必须知道它的地点或论题，[②] 这是亚里士多德给“范围”（region）起的名字，论证就是从这里开始的。根据这一点，我们也可以把论题定义为论证的范围，论证则是一个推理过程，通过论证来明确某些存疑的事情。

论题包括论证在内，有些论证内在于所讨论的主题的本性，有些则来自外部条件。内在于主题本性的论证来自整个主题、部分主题或主题的意义，也来自以某些方式与被考察的主题紧密相连的事情。来自外部条件的论证则是那些与主题相距甚远、可以取消的论证。

有时候可以给正在考虑的主题下定义，把包含在主题中的内容揭示出来。下面就是这种类型的论证的一个例子：民法是在国家成员之间建立的公平体系，为的是确保每一成员的财产权；关于这一公平体系的知识是有用的；因此民法知识是有用的。有时候可以按下列方式列举各个组成部分：某某不是一个自由民，除非他曾经以人口统计时的登记、触摸王杖、主人的遗

① 特巴提乌斯显然正在受西塞罗之托做某事。

② 希腊文“topos”的意思是地点或范围，形容词“topikos”，论题（topic）从这个词派生出来。亚里士多德把心灵的某些范围称做“topos”，相同的论证存放在这里，另外他也用这个词表示相同论证的类型。

嘱等方式得到解放。他不具备这些条件，所以他不是自由民。当论证从某个语词的力量或者意义中产生时，可以用下列方式使用词源学：由于法律规定一名纳税人（assiduus）可以代表另一位纳税人，也规定了一名富人可以代表另一位富人，所以这就是纳税人这个词的含义，如埃利乌斯[①]所说，“纳税人”这个词源于付钱（aere dando）。

【3】从那些与正在考察的主题有密切联系的环境中也可以引出论证。但这些论证有许多类别。因为我们看到有些论证来自同一词根，还有一些论证则来自属（genus）、种（species）、相同（similarity）、差异（difference）、对立（contraries）、附加（adjuncts）、前因（antecedents）、后果（consequents）、矛盾（contradictions）、原因（cause）、结果（effect）、对比（comparison），亦即与较大、较小或同等重要的事情进行比较。

“同词根的”（conjugate）这个术语用来指称以词根相同的词为基础的论证。同词根的词有相同的词根，但有不同的语法形式，比如 sapiens（聪明的）、sapienter（聪明地）、sapientia（聪明）。这种类型的词根相同称做“直线状的”[②]，由此产生这样的论证：如果这块地是公共的(compascuus)，那么可以合法地把它当做公共牧场（compascere）来使用。

从“属”中产生的论证以下述方式产生：按照遗嘱，所有的银子都归妻子所有，因此家中留下的银币也必须归她所有。只要还保持着它的专名(proper name)，“种”就决不会与它的“属”分离；银币保持着银子的专名，因此银币似乎也包括在遗产中。

从一个“属”的“种”中产生的论证以下列方式产生（为了清晰起见，我们有时候可以把“种”称做部分）：如果法比娅的丈夫在遗嘱中给她留下

---

① 这里提到的埃利乌斯可能是指卢西乌斯·埃利乌斯·斯提罗·赖柯尼努斯（Lucius Aelius Stilo Praeconinus），他是西塞罗的老师，一位著名的语法学家和修辞学家。

② “直线状的”一词在原文中是希腊文“suzugia”（联系、连接），英文译成“syzygy”，它的天文学意思是在一个引力系统的作用中三个天体形成近于直线形状，此处意译为“直线状的”。

一笔钱，条件是她应当是一位“主妇”，如果她不是“在夫家的”，她就不能得到这笔钱。因为“妻子”是一个属，这个属有两个种：第一，主妇，就是那些已经在夫家的人；第二，那些仅仅被当做妻子的人。由于法比娅属于第二种妻子，所以她的丈夫没有把遗产留给她。①

基于相同或类比的论证以下列方式产生：如果某人通过遗嘱已经得到了一所房子的“用益权”②，而这所房子坍塌了或者已经无法修理，那么继承人（即地产的指定继承人）没有义务重建或修理它；但若一名奴隶死了，继承人就有义务用另外一名奴隶来代替死去的奴隶，给那个通过遗嘱获得用益权的人使用。

基于差异的论证以下列方式产生：某人在遗嘱中把他现在拥有的钱留给他的妻子，因此他没有把他过去拥有的钱留给他的妻子。因为已经放进钱箱里的钱和记在账本上的钱有很大区别。

来自对立的论证以下述方式进行：一位妇女的丈夫在遗嘱中给她留下了他的财产的用益权，但不能因此就认为她有权消费地窖里的酒和油。因为她得到的遗赠是使用权而不是消费权。使用和消费是对立的。③

【4】从附加的推论中产生论证：如果一位从来没有改变过身份的妇女立下遗嘱，那么她的遗赠物不能由执政官的法令来给予，尽管执政官的法令与相关的法律条款相一致。因为我们据此可以推论，这样一来，这笔遗赠的财产就会成为由执政官的法令给予的财产，符合有关奴隶、流放者、未成年人的遗嘱条款了。

从前因、后果、矛盾中产生论证以下列方式进行。从前因中产生论证：如果由于丈夫的过失而发生离婚，尽管妻子已经送出离婚信，但仍旧不应把

① 在罗马人的原始婚姻形式中，妇女按照父亲的意志嫁入丈夫家，成为丈夫所属家族的成员，这样的妻子称做“主妇”（matres familias），被说成是“在夫家的”（in manus）。另外还有一种婚姻形式是出嫁的妇女仍旧保持原有家庭成员的身份。

② 指在不损害产业的条件下使用他人产业并享受其收益的权利。

③ 按罗马法律，享有用益权的人有义务归还良好状态下的使用物，消费品没有用益权。

丈夫给妻子的财礼的一部分留给子女。[①]

从后果中产生论证：如果一位妇女与一个她没有结婚权（conubium）的男子结了婚，而后来又离了婚，那么他们生的子女不随父亲，也不留财礼给子女。

从矛盾中产生论证：如果一位主人（pater familias）在遗嘱中把奴仆的用益权留给他的妻子，作为指定他的儿子为继承人的附带条件，而他在指定一位具有未来所有权的继承人时没有提出这样的附带条件，那么在他的儿子死后，这位妻子没有失去她的用益权。因为，通过遗嘱形式给予的东西一旦付出，没有立遗嘱人的同意就不能取回。“合法地得到”和“不自愿地交出”是矛盾的。

从有效的原因中产生论证以这样的方式进行：任何人都有权建一堵墙，成直角与通墙[②]相连，这堵新墙可以是实心墙，也可以建在拱门之上。但是保证不会损坏通墙的人没有义务赔偿由拱门引起的损失。因为通墙遭到毁坏的原因不是建墙者的任何过失，而是以这种方式建造拱门时的缺陷，没有通墙，拱门就无法得到支撑。

从结果中产生论证如下：当一位妇女嫁入丈夫家，成为丈夫家庭的一员时，她婚前以财礼的名义从丈夫那里得到的一切财产也都属于丈夫。

如果能具有下述特点，从比较中产生的所有论证都是有效的：在较大的事情中适用的规定在较小的事情中应当有效，例如在城市里不得侵占房屋的边地（ambitus），所以在城市里也不得在他人土地上埋设水管。反过来，在较小的事情中适用的规定在较大的事情中也应当有效，我们把上面这个例子反过来说也适用。还有，两件事情相同，在一件事情中有效的规定在另一件事情中也有效。例如，农场可以在使用两年以后获得财产权，城里的房屋同

① 这里的规矩是，如果一位妇女或主妇与她的丈夫离婚，而责任不在丈夫一边，那么此次婚姻所生的每个子女都要得到丈夫给妻子的财礼的六分之一，但留下的财礼不能超过总数的一半。

② 通墙的原文是“party wall”，指两个建筑物之间的共同墙。

样也可以在使用两年后获得财产权。但是在法律中没有提到城里的房屋，而是把房屋包括在其他使用期为一年的东西中。应当奉行公平的原则，亦即相同的案例需要相同的法律。

外在的（extrinsic）论证主要依靠权威。所以希腊人把这样的论证方式称做“非技艺”（atechnoi），也就是说，不是由演说家的技艺发明的。如果你以下述方式回答你的对手，这样的回答就是外在的论证：普伯里乌·斯卡沃拉[①]说过，一所房屋的边地就是为了保护通墙所建的墙顶所覆盖的空间，饮用水就从这个地方流入修建通墙顶的人家，这似乎就是边地的意思。

以我已经提出来的这些论题为基础可以去探索任何论证，这些论题我已经下了定义，做了描述。到此为止足够了吗？对你来说，我想是的，你很善于把握要点，又如此忙碌。

【5】但对我来说，有你这样食欲旺盛的客人赶赴这场学习的盛宴，我要提供的食品应当非常丰盛，宴会过后还会有剩余，而不会让你吃不饱。所以让我们进一步探讨这些论题的细节，因为它们中的每一个都可以再分类。

首先，让我们考察定义本身。定义是解释被定义的对象是什么的一个陈述。定义有两个基本类别，一类定义存在的事物，另一类定义只能由心灵把握的事物。所谓存在的事物，我的意思是那些可见可触摸的事物，例如农场、房屋、墙壁、雨水、奴隶、动物、家具、食物，等等。有时候你不得不给这类物体下定义。另外，所谓不存在的事物，我指的是那些不可触摸或指出，但毕竟可以用心灵来接受和理解的事物，例如，你可以用长期占有、监护权、氏族、父系亲属来定义“获取”，这些事物没有形体，但可以在心灵中留下清晰的类型和理解，我称之为观念。在论证过程中，这种观念常常需要定义。

其次，一部分定义可以用列举的方法，另一部分定义可以用分析的方

---

① 普伯里乌·斯卡沃拉（Publius Scaevola），罗马著名法学家，他的法律观点对陪审团有重要影响。

法。用列举来下定义可以按事物的本来面貌指出事物的各个组成部分，例如给民法下定义可以指出它由元老院的成文法、司法判决、法学家们的意见、行政官的法令、习俗、衡平法组成。用分析来下定义要包括被定义的“种”之下的所有“属”，例如：财产转移，要么是按照法律规定的义务，要么是按照民法诉讼中的割让。在民法规定的当事人之间进行。

【6】还有其他种类的定义，但与本书的目的无关，因为我们只描述定义的方法。古人制定了下列规则：当你掌握了你想要定义的事物与其他事物共有的所有性质时，你应当继续分析，直到你发现该事物的某些特性是其他事物无法具有的。举例如下：继承物是财产。这是共性，因为有许多种财产。然后继续说，继承物是一个人死的时候转移给另一个人的财产。但这仍旧还不是定义，因为死者的财产可以按照多种方式拥有，而不需要继承。此时再加上“合法的”这个词。到此为止已经可以与那些拥有共性的事物区分开来了，所以这个定义可以这样说：继承物就是一个人死的时候合法地转移给另一个人的财产。但这个定义仍旧不能令人满意。还可以再加上这样一些话：它不是通过遗嘱来遗赠的，也不是通过恶意的霸占而被拥有的。这样一来，这个定义就是完整的了。第二个例子如下：“异邦人”是那些共同拥有这一名称的人，但这样说还不够；那些祖先是自由民的人，但这样说也还不够充分；他们的祖先没有一个曾是奴隶，但这样说也还有某些缺陷；那些从未失去民事能力的人，这样说可能够了，因为我看到大祭司斯卡沃拉①也没有再给这个定义添加其他内容。还有，这个方法在两种定义中都有效，无论我们必须定义的是存在的事物，还是用心灵来理解的事物。

我们已经解释了列举和分析的性质，但我们必须说得更清楚些，它们有什么区别。在列举中，我们指出被定义事物的组成部分，例如，一个身体有头颅、肩膀、双手、身子、双腿、双脚，等等。

---

① 这位斯卡沃拉，全名昆图斯·穆西乌斯·斯卡沃拉（Quintus Mucius Scaevola），公元前 95 年任执政官、最高祭司团大祭司，西塞罗曾是他的学生。

【7】在分析中我们有“类”（classes）或“种”（kinds），希腊人称做eide，而处理这个主题的拉丁作家称做“属”（species），这个译法肯定不坏，但若我们在一个句子中使用这个词的不同的格，这时候会很不方便。哪怕拉丁语的用词习惯允许这样说，我也不愿意说specierum（species的属格复数形式）或者speciebus（species的与格或夺格的复数形式）。[①] 尽管我们不得不经常使用这些格，但我宁可用formis（种类，与格复数）和formarum（种类，宾格单数）。我想，既然两个词含义相同，谁都会去使用方便的词。

他们把“属”和“种”定义如下：“属”是用于几个不同类别的概念；“种”是一个它的具体特点可以用“属”中的某个部分和源头来表示的概念。所谓概念，我指的就是希腊人一会儿称做ennoia（思想），一会儿称做prolepsis（观念）的东西。这是一种关于任何事物的内在的知识，它先要被心灵理解，然后需要表示出来。“种”是“属”完全划分而来的类别，不省略任何部分，例如，把法理学划分为成文法、习俗、衡平法。如果有人认为“种”和“部分”是一回事，那么他就是受到一种偶然的相似性的误导而混淆了主题，不能区分这两样明显有差别的东西。演说家和诗人经常用对比来定义事物，用比喻来产生一种令人愉快的效果。但是我除非被迫这样做，否则除了由你们法学家提供的例子外，我不会使用任何例子。一个恰当的例子是阿奎留斯[②]，我的同事和亲密朋友。当时有一场关于海岸的讨论，你们律师声称所有海岸都是公共财产，而那些对这件事感兴趣的人追问什么是海岸，阿奎留斯按照习惯把海岸定义为海浪玩耍的地方。这个定义就像有人把青年定义为人的年龄的鲜花期，把老年定义为人生的日落，在使用比喻的时候，他抛弃了适合被定义对象和他的职业的用语。关于定义，我们已经讲够了，现在让我们考虑其他问题。

【8】你在使用列举的时候一定要小心，不要省略任何组成部分。例如，

---

① 拉丁语名词有六种格：主格、呼格、属格、与格、宾格、夺格。

② 阿奎留斯，全名盖乌斯·阿奎留斯·伽卢斯（Gaius Aquilius Gallus），是一位杰出的律师，于公元前66年与西塞罗一同担任执法官。

如果你希望列举监护权，那么你一定不要愚蠢地忽略它的任何内容。如果你在列举契约和行为的形式，那么在这个无限大的类别中省略某些内容就不算过错。但是，这种程序用在分析中就是错误。因为每个“属”中都有确定数量的“种”。但是划分成部分，部分的数量就不那么确定，就好比从井中打水似的。所以修辞学的教科书在讨论“争论的主题”这个“属”的时候，可以添加一个有关它的“种”的数量的精确陈述。但在给修饰风格的手段确定规则或者思考被他们称做纲要（schemata）的东西时，就不能使用同样的办法，因为这个主题没有限制。由此看来，我们希望弄清楚的列举和分析之间的差别也就清楚了。尽管这两个词指称的对象几乎相同，但它们各自所需要的过程的名称不同，这两种过程有差别。

许多论证产生于词源（notatio）。也就是说，在进行论证的时候使用词的意义。希腊人称这种方法为 etymologia（词源学的），如果译为拉丁文就是 veriloquium。但是为了避免使用一个不是非常恰当的新词，我们称之为 notatio，因为语词是事物的标记（notae）。所以亚里士多德使用 symbolon（符号）来表示拉丁文 nota（标记）所表达的意思。但是，在意义清楚的时候，我们不需要对表达意义的语词特别关注。在争论中，如我所说，有许多论证可以从一个词的词源开始。有一个例子是 postliminium（恢复或回归某人原有状态）的词义问题——我指的不是“回归”这个词的主语是什么，因为这样的话这个案例就是一个分析的案例，而是凭着回归权，下面这些事物回归原处：人，船、驮驴、公马、习惯上要用缰绳的母马——在寻求回归这个术语的意义时，对这个词本身使用词源学的方法。与此相关，我想，我们的朋友塞维乌斯认为，这个词中的 post（在后面）是唯一决定词义的部分，而 -liminium 仅仅是一个形式上的后缀，就好像 finitimus（邻居）、legitimus（合法的）、aeditimus（看守庙宇的人）这些词一样，后缀 -timus 拥有的意思不会比 meditullium（中间）这个词中的 -tullium 更多。但是普伯里乌之子斯卡沃拉把它当做一个复合词，由 post（在后面）和 limen（门槛）合成。就好像我们对某些财产失去了控制权，落到敌人手里，这些财产就好像离开了它们自己的门槛，因此，当它们后来（post）返回到这个门槛边的时候，它们有权 postliminio（回归）。按这种方式可以为曼昔努斯[①]的案子辩护，就回归权提出争论：国家没有把他当做俘虏交出去，因为敌方没有接受他。没有接受，投降和赠送就没有意义。

【9】下一种论题是与正在考察的主题有这样或那样密切联系的环境。如上所述，[②]这个主题有许多组成部分。第一个组成部分是同词根的词，希腊人称做 syzygia，与词源学有密切关系，对此我们在前面已经讨论过了。举例来说，如果我们把雨水仅仅定义为通过下雨而产生的水，那么穆西乌斯可以争论说，雨水（pluvia）和下雨（pluere）词根相同，因此所有因为下雨而产生的水都应当（从邻居的地产中）排出去。

然而，从“属”中引出一个论证时，就没有必要追溯它的起源。常见的是，如果被假定为“属”的东西比假定为处在这个“属”之下的东西更高，那么可以稍微涉及一下。例如，雨水归根到底是从天上掉下来的水，由于下雨而增多，但按照较为直接的分析（排放雨水的法律原则依据这一点），这里的“属”是“造成损害的雨水”。这个属有两个种：一个是由于土地的过错而造成损害的雨水，另一个是由于人的过失而造成损害的雨水。法律规定这两个种中间的一个要由仲裁人来加以管束，但另一个种不需要。你要是能够说出某个“属”的各个部分，就能很好地处理从“属”中产生出来的推论，举例如下：如果把“欺诈”定义为做某事的时候把它伪装成另一件事，那么可以列举这样做的各种方式，并且把你认为是欺诈的行为纳入这些名目之一。这种论证一般说来似乎很有说服力。

【10】下一个是从相同中产生的论证。这个论题范围很广，演说家和哲

① 曼昔努斯，全名盖乌斯·霍斯提留·曼昔努斯（Gaius Hostilius Mancinus），公元前 137 年任罗马执政官。公元前 136 年，他带领的罗马军队被努曼提亚人打败，缔结了一个和约。元老院不仅拒绝接受和约，而且把曼昔努斯送往努曼提亚当战俘，被努曼提亚当局拒绝接受。曼昔努斯回归罗马，在元老院复职，但受到指控，说他由于被送往敌方而失去公民权，不能再有回归权。此案后经专门审判确认了他的公民权。

② 参见本文第 3 章。

学家对它的兴趣大于你们律师对它的兴趣。因为，尽管所有论题都能用来在各种争论中提供论证，但仍会有些论题在某些争论中频繁出现，在有些争论中极为罕见。那么好吧，你要了解论证的类型，在使用它们的时候案子本身就会给你指导。例如，有某些依据相同产生的论证，旨在用几个对比来达到预期的证明：如果诚信是监护人、合伙人、保释人、受托人需要的品质，那么代理人也需要这种品质。通过引述几个相同的可供比较的对象来达到预期的证明，这种论证形式称做归纳，希腊文是 epagoge。苏格拉底在他的对话中频繁使用归纳。另一种从相同中产生的论证也建立在对比的基础上，把一件事情与另一件事情做比较，把相同的事情做比较。例如：要是有一场关于城市地产边界的争论，那么你不需要相关的仲裁，因为地产划界的规定适用于乡村而不适用于城市；根据相同的原则，如果雨水在城里造成了损害，你不需要关于排水的仲裁，因为整件事情就是关于乡村地产的。在从相同中产生论证这个论题下还有引用例证或引用相同事例，如克拉苏[①]在为库里乌斯辩护的时候引用了很多案例，有许多人出生不到十个月就被定为继承人，但却在取得遗产前就死去，这样的遗产该如何处理。引用相同事例也多得不胜枚举，你们律师在辩护时频繁地使用它。事实上，虚构的相同事例也有它们的价值，但它们属于演讲术，而不属于法理学，尽管连你们也不会使用虚构的论证，但它们的论证方式如下：假定某人已经通过仪式转让了不能转让的财产，[②]那么这些财产能够成为接受者的财产吗？或者说，那些通过仪式转让了财产的人还有任何义务吗？在这个有关相同性的论题下，为了增添或削弱论证的力量，演说家和哲学家有权谈论一些模糊的事情，或者让去了另外一个世界的人活过来说话，或者讲一些不可能发生的事情。这在希腊文中称

---

① 这位克拉苏，全名卢西乌斯·李锡尼·克拉苏（Lucius Licinius Crassus），罗马著名演说家，公元前 92 年成功地为库里乌斯辩护。

② “通过仪式转让”的原文是“mancipation”。这是罗马根据民法正式转让财产的一种早期形式，包括一架天平、青铜钱、天平架和五个作证的公民，通过仪式把土地、奴隶、驮兽，等等，从一个罗马公民的权力与控制下转给另一个罗马公民。

做 hyperbole（夸张）。他们还做过许多奇怪的事情，但他们拥有广阔的领域。我在上面说过，[①] 问题无论是重要的还是微不足道的，对这个问题所做的论证来自与“相同”有关的论题。

【11】相同之后是相异，差异确实是相同的对立面，但寻找差异和相同属于同一精神过程。下面就是这种论证的一个例子：尽管你可以恰当地直接向一位女子偿还债务而无须她的监护人的核准，但你不可以直接取消你对未成年人欠下的债务，无论这个未成年人是男的还是女的。

下一个论题被称做“从对立中产生的”。但是对立有几种。一种对立是两个事物属于同一类，但相互之间却是绝对对立的，比如智慧和愚蠢。如果说出来就像面对面地相遇，那么可以说这些对立面属于同一类事物。例如，“慢”是“快”的对立面，而“弱”不是。从这些对立面可以发展出一些论证来，比如：如果我们要禁绝愚蠢（我们当然要这样做），那就让我们追求智慧；如果我们要禁绝邪恶，那就让我们追求善良。这些对立面都属于被称做“对立”的同一类事物。还有别种对立我们在拉丁文中可以称做 privantia（反义的），而希腊人称之为 steretica（相反的）。因为要是加上前缀 in，一个词就会失去它原有的力量，比如 dignitas（尊严）和 indignitas（非尊严），humanitas（人性的）和 inhumanitas（非人性的），等等。可以按照被我称做“对立面”的前一种对立同样的方式来处理这种对立。还有别种对立，比如涉及事物之间的对比，双与单、多与少、长与短、较大与较小，等等。也还有一种强烈的对立被称做否定，希腊文是 appophatica，与肯定相反，可以这样来表示：如果这件事是这样的，那么那件事就不是这样的。我还需要提供实例吗？你只要明白，在进行论证的时候，不是每个对立面都是相反的也就够了。

我前不久提供了一个依据附加推论进行论证的例子，[②] 说到要是我们认为执法官的命令与遗嘱的用语相一致就可以决定一个没有立遗嘱能力的人的

① 本章开头处。

② 参见本文第 4 章。

遗产的归属，那么我们就不得不承认有许多附加的推论。但要是涉及什么是真的、什么发生了、什么将发生、什么能发生这类问题，这个论题对审判中的推测性案例更有价值。

【12】这只是这个论题的一个纲要。然而，它建议人们要问：在一个事件之前有什么事情发生，在这个事件之后又有什么事情发生？当有人把一个转向事实问题的案子交给我们的朋友伽卢斯①的时候，他曾经说过："这不是法律的事，而是西塞罗的事。"然而，你不会允许我省略我已经开始撰写的教科书的任何部分，免得你显得自私，把只有你感兴趣的事情包括在书中。就像我说的一样，这个论题主要对修辞学家有价值，它不仅对法理学家无用，而且对哲学家也无用。举例来说，事件发生之前的环境因素有准备、对话、场所、合约、宴饮；与事件发生同时的因素有脚步声、人们的呼喊声、身影等等；事件发生之后的事情有脸色苍白、脸红、颤抖，以及其他焦虑或内疚的标志；此外还有熄灭了的篝火、沾有血迹的刀剑，以及其他一些会引起怀疑的事物。

下一个论题是逻辑学家的专门领地——前因、后果、矛盾。因为我们刚刚讨论过的附加推论并非一定会发生，但是肯定会有后果。当然了，所谓"后果"我指的是那些尾随某事物必然产生的东西，前因和矛盾也具有必然的特点。无论何种追随某事物而来的东西必然与该事物有联系。而与某事物矛盾的事物必定具有某些该事物不具有的性质。

【13】如我所说，这个论题分成三部分——前因、后果、矛盾——从发现论证的角度来说它们是一个论题，但对它的处理是三重的。从下面这个假设的案例你可以得出结论，我们这样说的差别在哪里：一位妇女得到"所有银子"作为遗产，那么银币包括在内吗？②你可以用这样的方式论证：如果硬币是银的，那么它应当作为遗产由这位妇女继承。银币是银子，因此银币

① 参见本文第7章注。

② 该案例参见本文第3章。

是遗产。或者按这样的方式论证：如果硬币不是遗产，那么硬币不是银的；但是银币是银的，所以银币是遗产。或者以这样的方式论证：银子是遗产而银币不是遗产，这样说是不可能的；银子是遗产，所以银币也是遗产。逻辑学家把这种论证的推论方式起名为“推论的第一式”，在这个论证中你假定了第一个陈述，并视后继的第二个陈述为真；你否认第一个陈述，那么也要否认后继的陈述，这种推论方式称做“推论的第二式”；然而当你否认某些事情是相连的，并且假定了一个或多个陈述的真实性，所以其余陈述的真实性也要排除，这种推论方式称做“推论的第三式”。修辞学教师接受从矛盾中产生的这些结论形式，他们自己给它起名为省略三段论（enthymemata）。并非任何思想的表达都可以恰当地称做论证（enthymema），但是正如在希腊人中诗人的称号属于所有诗人，而荷马凭着他的卓越功绩使“诗人”这个名称专属于他一样，[①] 所有思想的表达虽然可以称做论证，但是以矛盾为基础的论证似乎是最确定的论证形式，因此它适宜把论证这个共同名称据为已有。下面举例说明这种论证：你害怕这件事，所以你不怕那件事！你给这位妇女定罪，却没有对她进行指控，所以你相信这个配得上得奖的人应当受惩罚吗？你知道的东西是无用的，所以你不知道的东西是一种障碍，对吗？

【14】当你回答法律问题的时候，这种论证无疑与你的讨论有关系，但它与哲学家的关系更为密切，哲学家与演说家共享这种推论的方法，即从一个被逻辑学家称做第三式、被修辞学教师称做推论的相互对立的陈述中推出结论。逻辑学家还使用其他一些方法，由一些选言判断组成：两样事情只有一样是真的；这是真的，所以那不是真的。同理，两样事情只有一样是真的；这不是真的，所以那是真的。这些结论是有效的，因为在一个选言判断中只有一样事情是真的。在上面提供的推论中，前者被逻辑学家称做“第四式”，后者被称做“第五式”。然后他们还添加了对相互关联的两个陈述的可能性的否定：二者不能同真；这是真的，所以那不是真的。这就是“第六式”。

① 在希腊典籍中，“诗人”一词若不加任何限定指的就是荷马。

"第七式"是：二者不能同真；这不是真的，所以那是真的。从这些形式可以产生无数的结论。事实上，整个辩证法几乎都是由它们组成的。但我已经解释过的内容对这篇论文不一定是必要的。

下一个论题涉及所谓原因的有效性以及受原因影响的事物。就像前不久提到的其他论题一样，我从民法中提供一些例子，但它们有更加广泛的用途。

【15】原因有两种：第一种原因凭其自身的力量必定能够产生依赖于这种力量的结果，例如火燃烧；第二种原因并不具有产生某种结果的力量，但若没有这些原因就不能产生结果，例如某些人把青铜称做雕像的"原因"，因为没有青铜就不能产生雕像。在这种一旦缺乏就不能产生某些事物的原因中，可以说有些原因是不活跃、不活动、无活力的，比如地点、时间、质料、工具，以及其他同类的事物；而其他一些原因则为产生某些事物做了准备，尽管它们不一定是必要的，例如相遇给爱情提供了机遇，爱情则给犯罪提供了机遇。依据一系列前后相连的无限的原因，斯多亚学派编织了他们的命运学说。

还有，就像我已经区分了缺了就无法完成某事的这类原因的不同种类一样，我们也可以对有效的原因加以区别。也就是说，即使没有其他来源的帮助，有些原因显然也能产生结果，而另一些原因则需要这种帮助。例如，无须其他帮助智慧也能使人聪明，但要是说智慧无须其他帮助就能使人幸福，这就有问题了。因此，在讨论中要是碰上一个肯定会产生结果的原因，那么可以毫不犹豫地从这个原因推出它的结果。

【16】但若你碰到一个不会必然产生结果的原因，那么就不能推出必然的结论。还有，会产生必然结果的原因一般不会导致错误。但是不一定会产生结果的原因经常导致混乱。例如，从儿子都有父母不能推论出父母是生育的必然原因。

因此，一定要小心区分不一定会产生某种结果的原因和必然产生某种结果的原因。前一种原因可以用一句诗为例："佩里翁的树林里不一定会发生这种事。”[①] 因为，要是没有“火烟落到大地上”，阿耳戈[②]就无法建造；但火焰并不是必然的。然而，当“霹雳劈开天空落在埃阿斯的船上时”，这艘船就不可避免地着火了。

还可以对没有心灵的渴望、没有欲望、没有意见，凭自身就能发挥作用的原因做进一步的区分，例如事物有生必有死这条法则。还有一些原因通过欲望、心灵的纷扰、性情、本性、技艺、偶然性来发挥作用。通过欲望起作用，就好比你读这本书；通过纷扰起作用，就好比某些人对当前危机的后果感到恐惧；通过性情起作用，就好比有些人很容易发火；通过本性起作用，就好比邪恶与日俱增；通过技艺起作用，比如一个人应当很好地绘画；通过偶然性起作用，比如一个人成功地航行。这些事情都有原因，原因并非事情本身，但这种性质的原因产生的影响是无法避免的。

观察所有原因，我们发现某些原因有一种运作上的一致性，但在其他原因中则没有这种一致性。通过本性和技艺起作用的原因有一致性，通过其他因素起作用的原因则没有一致性。

【17】但是运作不一致的原因有些是明显的，有些是隐藏的。明显的原因影响着我们的冲动和判断；而那些受命运控制的原因是隐藏的。由于任何事情的发生都不会没有原因，所以这就是命运，一个事件是一个模糊的、不可见的原因的结果。还有，这些原因所产生的结果有一部分是无意的，有一部分出于我们自己的意志。无意的东西是必然性的产物，而出于我们自己意志的事情通过设计来完成。举例来说，掷出武器是有意的行为，但它在无意中击中某人是命运的作用。这个区别可以为你在诉讼时加强较弱的论证提供力量：“他也许没有掷出武器，而是脱手了。”心灵的纷扰属于因为无知而发生的行为，或者属于无远见。尽管这样的心灵状态是有意的——因为这些状态服从校正和告诫——但它们仍旧会产生情感的激烈动荡，因此这种有意识

① 这是希腊悲剧家欧里庇得斯的《美狄亚》（*Medea*）中的一句诗，由恩尼乌斯译成拉丁文。

② 阿耳戈（Argo），希腊神话中伊阿宋等英雄觅取金羊毛时乘的快艇。

的行为有时候也就变成必然的和无意的了。

我们现在已经圆满地解释了原因这个主题。各种各样的原因至少为演说家和哲学家的重要讨论提供了大量论证；而在你从事的这种职业中，这种论证尽管较少，但它们也许更为精致。不管怎么说，我认为包括重大争论的私人诉讼都依赖于法理学家的智慧。因为他们经常关注审判，应邀成为陪审团的成员，为那些勤奋学习律师技艺的人提供武器。所以，在所有以“真诚”、“诚信待人”为原则的诉讼中，尤其是在以“越公平越好”为原则处理归还寡妇嫁妆案件的时候，法理学家必须准备好（他们的建议）。是他们在给欺诈、真诚、公平、合伙人的义务、代理人对委托人的义务、托管人与被托管人相互应尽的义务、丈夫对妻子和妻子对丈夫应尽的义务下定义。因此，详细研究论证这个论题不仅能使演说家和哲学家，而且还能使法理学家熟练地讨论人们向他们提出的问题。

【18】与原因这个论题密切相连的是结果。正如原因说的是受什么东西的影响，所以受影响的东西可以指出原因是什么。演说家和诗人无法对这个论题做出圆满的表达，甚至哲学家（那些不能文雅而流畅地说话的哲学家）在宣称每一状况会有什么结果时也经常不能做出圆满的表达。关于原因的知识产生关于结果的知识。

剩下的还有对比这个论题。关于这个论题，我们在前面[①]讨论别的论题时也一道给出了它的定义和例子。现在我必须更加充分地解释它的用法。对比就是比较事物的大小或相等。在这样的联系中要考虑下列要点：量、质、价值，以及某些事物的具体关系。

事物可以从量上进行对比，比如善行多的比善行少的可取；恶行少的比恶行多的可取；延续时间长的比延续时间短的可取；广泛传播的比限制在某处的可取；产生较多善行的比产生较少善行的可取；有较多民众模仿的比有较少民众模仿的可取。

---

① 参见本文第 23 章。

在对事物的质进行对比时我们更加注意事物自身的因素，正是因为有了这些因素而使别的事物的出现成为可能。我们宁可要那些内在的和天然的质，而不要那些获得的和后天的质；宁要纯洁的，不要肮脏的；宁要快乐的，不要痛苦的；宁要高尚的，不要卑劣的；宁要方便的，不要困难的；宁要必要的，不要不必要的；宁要自己的善，不要他人的善；宁要稀罕的，不要普通的；宁要值得向往的，不要那些缺之亦无妨的；宁要完善的，不要不完善的；宁要整体，不要部分；宁要合理的行动，不要缺乏理性的行动；宁要自觉的行动，不要无意的行动；宁要有生命的存在者，不要无生命的物体；宁要自然的，不要非自然的；宁要艺术的，不要非艺术的。

关于价值，可按下列方式在对比中做出区分：有效的原因优于非有效的原因；自足的事物优于需要外来帮助的事物；我们宁要自身的力量，不要他人的力量；我们宁要稳定的，不要不确定的；我们宁要那些不能从我们自身取消的东西，不要那些可以从我们身上取消的东西。

与其他事物的关系具有这样的性质：引导公民的利益比引导其他人的利益更加重要；那些比较快乐的事物，那些由大多数人批准的事物，那些受到全体有道德的人赞扬的事物，具有相同的价值。正如那些在对比中被视为较好的事物一样，这些事物的对立面被视为较差的事物。

两个相同的事物进行对比没有优劣之分，它们处在同一个平面上。有许多事物拿来对比是因为它们具有相同的性质。这种论证的方式是这样的：假定提出城防建议和实际参与城防同样值得赞扬，那么提建议的人和实际参与城防的人应当得到同样的荣誉。第一个陈述为真，所以结论也为真。

关于论证开题的规则到此结束。我们已经探讨过了定义、划分、词源、同词根、属、种、相同、相异、对立、附加推论、后果、前因、矛盾、原因、结果、事物大小和相同的对比，所以论证这个领域已经没有什么地方值得再探讨了。

【19】但由于在本文开头的地方我们把论题分成两种，说有些论题是内

在的，或者说是内在于所讨论的主题的本性之中（我们已经详细讨论过这些主题），有些论题是外在的，或者说是无端产生的，所以我们要说一说这些无端产生的论题，尽管这些论题与你们讨论法律没有关系。我们既已开始，那就让我们阐明整个主题。你不是一个只对民法感兴趣的人。这本书是为你写的，但它也会以这样的形式落到别人手里，所以让我们努力给那些以高尚的学习为乐的人提供所有可能的帮助。

论证的这种形式，亦即不属于技艺规则的主题，依赖于证据。出于我们当前的目的，我们把证据定义为：为了取得确信而从某些外部条件引入的一切东西。并非任何人都有资格当证人。取得确信要寻找权威，而权威是由一个人的本性决定的或由环境提供的。由人的本性或性格决定的权威很大程度上取决于美德；而外部条件有许多事情会提供权威性，例如才能、财富、年纪、好运、技能、经验、必然性，乃至于在某个时间同时发生的偶然事件。人们一般认为，那些有才能的人、富裕的人、品性经受长期考验的人，值得相信。这种看法不一定正确，但普通民众的信念很难改变，进行司法判决和做出道德判断的人都会利用民众的信念来证明他们自己的论断。如我所说，在这些事情上极为优秀的人似乎在道德上也是杰出的。

至于我刚才列举的其他性质，尽管它们本身无美德可言，然而要是指出一个人拥有技艺或经验，那么有时候就可以增强人们的信念。知识对信念有很大影响，人们一般会相信那些富有经验的人。

【20】必然性也可以赢得信服，这种必然性既可以是身体方面的，也可以是心灵方面的。每当人们说自己受到鞭笞、拉肢①、火烤，这是在用事实本身说话，而他们所说的心灵困顿——悲哀、淫欲、愤怒、恐惧——也会提供某种权威性和信服，因为这些情感似乎都具有必然的力量。

这一类别也包括那些从中有时候可以发现真相的状态或条件，比如幼年、睡眠、疏忽、酗酒、疯狂。幼儿经常不知利害地提供某些消息，即所谓

① 一种刑罚，拷问犯人时用一种刑具拉其四肢使关节脱离。

童言无忌，许多人在睡眠、酗酒或疯狂的时候也会口吐真言。许多人由于疏忽而陷入可耻的境地，就像斯塔厄努斯一样，他口无遮拦地谈论一些机密的事情，岂知隔墙有耳，被躲在墙外的公民听到了。事情败露以后他被告上法庭，受到重罚。我们也已经听说了拉栖代蒙人鲍桑尼亚类似的故事。

同时发生的偶然事件也要举例说明一下。某句话或某件事需要保守秘密，但却偶然地泄密了。帕拉墨得斯蒙上了一大堆通敌的罪证。[①] 连真相本身有时候都难以驳斥这样一类证据。我们也可以把公共舆论纳入这一类，公共舆论就是由多数人提供的证词。

通过美德产生信服的证据有两类：一类通过本性产生效果；另一类通过艰苦的工作获得效果。也就是说，诸神卓越的美德是它们本性的产物，但人的美德是艰苦工作的结果。诸神的证据大约包括以下这些内容：第一，话语，因为神谕（oracles）这个名称来自神谕包含着诸神的话语（oratio）这一事实；第二，包含诸神某些运作在内的事物。首先，天空本身及其秩序和美丽；其次，鸟类在天上的飞翔及其歌声；再次，来自天空的声音和火焰、地上许多事物提供的征兆，以及由(献祭动物的）内脏所启示的事件的预兆。睡梦中的幻觉也能揭示许多事情。为了赢得信服，可以不时地从这些论题中引入诸神的证据。

就人来说，人们对美德的看法最为重要。因为对美德的看法不仅涉及那些真正拥有美德的人，而且也涉及那些好像拥有美德的人。所以，当民众看到一些生来拥有天才、勤奋、好学品德的人，看到他们的生活善始善终，就像加图、莱利乌斯、西庇阿等人一样，就把他们当做榜样。他们不仅对这些拥有公职、受到民众爱戴的人有这种看法，而且对演说家、哲学家、诗人、历史学家也有这种看法。这些人的言论和著述经常被当做权威来引用，以赢得信服。

---

① 帕拉墨得斯（Palamedes），特洛伊战争期间希腊联军的成员，参见维吉尔：《埃涅阿斯纪》第 2 卷，第 81—85 行。

【21】关于论证的所有论题现在都已经提出来了。我们首先必须明白，任何一场讨论都包含至少一个论题，但是所有论题在一个考察中全都出现这种情况是极为罕见的，有些论题会比其他论题更加适宜某些考察。考察有两种：一种是一般的考察；另一种是具体的考察。具体的考察就是希腊人称做"hypothesis"（假设）而我们称做案件（cause）或案子（case）的东西；一般的考察就是他们称做 thesis（命题）而我们称做陈述（proposition）的东西。案子的标志就是它涉及具体的人、地点、时间、行动，或者事务，这些内容全部涉及或者部分涉及；命题涉及其中一项或多项内容，但不是最重要的。因此，命题是案子的一部分。但是，每个考察都会涉及构成案件的若干主题，也就是说，每个考察都会涉及一个或多个主题，有时候会涉及全部主题。

对"任何可能的主题"进行考察（也就是一般的考察）有两种：一种是理论的；另一种是实践的。理论的考察以知识为目的，比如可以考察法律起源于自然、某些约定，还是人们之间的契约。下面是一个实际考察的例子：哲学家应当参与政治吗？理论问题有三种，它们分别问某事物是否存在？是什么？有什么特点？对第一种问题可以用推论和推测来回答，对第二种问题可以用定义来回答，对第三种问题可以用区别正误来回答。

处理推测或推论有四种方式：第一，问某事物是否存在或是否真实；第二，问它的起源是什么；第三，问它产生的原因是什么；第四，问事物会发生什么样的变化。关于存在可以这样问：真的有荣誉、公平这样的事物存在，或者说它们仅仅是一种意见？关于起源可以这样问：美德是天生的还是通过教养产生的？关于事物产生的原因可以问：什么产生雄辩？关于变化则可以问：雄辩会转变为缺乏雄辩吗？

【22】当问题涉及某事物是什么的时候，必须解释该事物的概念、特有或专门性质，分析和列举它的组成部分。因为这就是定义的基本内容。我们还把描述包括在定义中，而希腊人称之为"char-acter"（性质或标志）。考察

概念的方式是这样的：正义就是强者的利益吗？[①] 下面这个问题是考察事物特有或专门性质的一个例子：只有人会悲伤，或者动物也会悲伤？分析与列举也可以按同样的方式处理："善"共有三种吗？描述可以按下列方式进行：守财奴是哪一种人，奉承者是哪一种人，等等，既描述这种人的性格，也描述这种人的生活方式。

如果问题是关于某事物的本性的，那么可以简单地提出来，也可以进行对比。所谓简单地提出来，就好比问：一个人应当追求荣耀吗？进行对比可以问：荣耀比财富更可取吗？简单问题的主题有三种：寻求什么或避免什么、什么是对的或什么是错的、什么是高尚的或什么是卑鄙的。包括对比在内的问题有两种：一种与相同或相异有关；另一种与优秀或低劣有关。与寻求什么或避免什么有关的问题是这样的：财富应当追求吗？贫困应当避免吗？与对错有关的问题是这样的：对伤害你的人进行报复是正确的吗？与高尚或卑鄙有关的问题是这样的：为国捐躯是高尚的吗？我们把另一个类别分成两部分。第一部分用于相同或相异，例如问朋友和奉承者之间的区别是什么？国王和僭主之间的区别是什么？第二部分用于优秀或低劣，例如可以问口才或法理何者更为有价值。理论问题我们就谈到这里。

剩下的还有实践问题，实践问题也有两类：一类与我们的义务有关；另一类与某些情感的激励、平静或完全消除有关。与义务有关的问题是：应当养育子女吗？与情感相关的则有鼓励人们保卫祖国，鼓励人们寻求名誉或荣耀。怨言、鼓励的话语、痛哭流涕的哀悼，都属于这类问题，还有用来克制愤怒、消除恐惧、约束或转移欢乐、减轻悲伤的话语也都属于这一类。所有这些类型都在考察一般性质时使用，因此也可以转移到具体案例中使用。

【23】我们的下一个任务是考察什么样的论题适宜某个问题。事实上，所有论题都适宜，而不是只有一个论题适宜，但如我所说，某些论题比较适

① 智者塞拉西马柯（Thrasymachus）提出的正义的定义，参见柏拉图：《国家篇》338c。

宜这个问题，某些论题比较适宜那个问题。可以从原因、结果、附加推论中产生的论题最适宜推测和推论。确定的知识和学问对定义最重要。与此紧密相关的则是被我称做相同和差异的主题，这也是一种定义。如果有人问顽固和顽强有什么区别，这个问题就可以用定义来解决。从前因、后果、矛盾中产生的论题也适宜这一类问题，还可以加上从原因和结果中产生的论题。如果某件事情尾随某个行为产生，但不会尾随另一个行为产生，如果某件事情先于某个行为，而不会先于另一个行为，如果某事物与一个事物对立，而与另一个事物不对立，如果某事物是某一行为的原因，但不是另一行为的原因，另一行为有其他不同的原因，如果某事物是从这个事物中产生的，另一事物是从那个事物中产生的，上述种种对立，我们从中可以发现解决我们的问题的办法，也就是说明我们在这里讲的事物是相同的还是相异的。

第三种类型的问题把考察直接引向事物的性质，前不久我们已经在涉及对比这个论题时列举了对进行对比有用的观点。涉及寻求什么和回避什么的问题，我们使用的论题是心灵的有益和无益、身体的或外部的条件。与此相仿，当讨论转为高尚或卑鄙时，整个讲话必须指向对心灵的美德和缺陷的考虑。然而，当讨论到正确与错误的时候，公平的论题应当引入。公平问题有两种，以自然和习俗为区别。自然法有两部分：每个人都有权拥有自己的财产；每个人都有权报复。习俗对公平的影响是三重的：第一与法律有关，第二与合约有关，第三以长期连续的习俗为基础。公平也可以说有三部分：第一部分与天上的诸神有关，第二部分与死者的亡灵有关，第三部分与人有关。第一部分称做虔敬，第二部分称做尊敬，第三部分称做正义或公平。

【24】关于一般的命题就说到这里。下面我们必须处理专门的案子，但是更加简洁，因为它在许多地方与一般的命题有共同点。

关于具体主题的演讲有三种：司法性的、商议性的、赞扬性的。这三种演讲的“目的”已经表明了要使用什么样的论题。司法性演讲的目的是正义，司法性的（judicial）这个名称也是从正义（justice）这个词派生出来的。我们在讨论公平的时候列举过正义的组成部分。商议性演讲的目的是利益，这个主题的划分我们刚刚列举过。赞扬性演讲的目的是荣誉，这一点我们在上面也已经讨论过了。① 但是具体的考察由专门的论题组成，这些论题就好比每个演讲的私产。[第一个具体考察是诉讼，] ② 可以分为指控与辩护两部分。诉讼有下列类别：原告指控某人有罪，被告的辩护律师做出回答。他的回答是下面三种回答之一：指出被告没有犯罪；承认被告犯了罪，但说被告的行为有另外一个名称；说被告的行为是正义的。第一种回答称做否认（infitialis）或推断（coniecturalis），第二种回答称做定义（definitiva），第三种是识别正误（iuridicialis），尽管这个词令我生厌。

【25】这些针对具体案例的专门论证选自我们已经列举过的论题，它们已经在演讲术的规则中得到阐发。由否定指控构成的对指控的回答在拉丁文中可以称做 status（争端），因为希腊人称它为 stasis。这是被告表明自己立场的地方，就好像站在反击的边缘。③ 商议性的和赞扬性的演讲也会有争端。某人提出他的看法，说某件事将要发生，这个时候对手会否认这是真的，会提出自己的论证来说明这些事情根本不会发生，或者说这样的事情要发生是极为困难的。在这一论证中产生了推测性的争端。或者说，讨论的问题涉及利益、荣誉、公平，以及它们的对立面的时候，我们就有了证明无过失和定义的争端。这种情况在赞扬性的演讲中也会发生。因为一个人可以否认受到赞扬的功绩根本没有完成，或者指出这些功绩不值得赞扬，因为它们是不道德的或不合法的。凯撒在攻击我亲爱的朋友加图时厚颜无耻地使用了所有这些论证。④

从争端中产生的争论被希腊人称做 krinomenon（有待决定的事情），但

---

① 参见本文第 23 章。

② 拉丁原文此处有中断，方括号中的文字是英译者添加的。

③ 拉丁文“status”和希腊文“stasis”的词根都是“sta”，意思是“站立”。在《论开题》中，西塞罗用的是另一个较早的术语“constitutio”（争端）。

④ 凯撒，全名盖乌斯·朱利乌斯·凯撒（Gaius Julius Caesar），罗马政治家、历史学家、独裁者，死于公元前 48 年。西塞罗写过赞颂词，赞扬马库斯·波喜乌斯·加图（Marcus Porcius Cato）。

我宁可称之为 qua de re agitur（存亡攸关的问题），尤其是在为你写作的时候。用来支持这种“存亡攸关的问题”的论证叫做 continentia（证据）[①]，它们是辩护的基础，要是消除了证据，也就没有辩护。

但由于没有比法律更加坚实的解决争端的基础了，所以我们必须小心地求助于法律，让法律来为我们作证。在这里又会产生某些新的“准争端”，不过让我们还是把它们称做关于法律的争论。例如，被告有时候说了法律没有说的事情，而这是对手试图让他说出来的与法律不同的事情。当法律条文模糊不清，可以有两种意思的时候，这种情况就发生了。还有，法律条文的作者意图与法律条文的字面含义相反，这时候应当遵循字面意思还是它的意义的争论就产生了。还有，引用的法律条文与其他法律条文有冲突。这就是会对书面文件产生争论的三种情况：模糊不清、文字和作者的意图有歧义、不同的法律条文之间有冲突。

【26】当然了，从法律中产生的这样的争论不会多于从遗嘱、合同，以及诸如此类的书面文件中产生的争论。处理这些争端的方法我们会在其他书中提出。

不仅是整个演讲，而且是演讲的若干部分，都可以从这些论题中获得帮助，有些论题适宜某个部分，有些论题适宜所有部分。为了使听众有聆听的意向，乐意接受，精力集中，开场白中必须使用专门的论题。为了达到简洁、清晰、合理、可信、适度、尊严的目的，陈述也必须接受同样的处理。尽管这些性质应当贯穿整个演讲，但它们更应当是陈述的特点。按照演讲组成部分的划分，陈述后面是证明。由于证明是通过说服来完成的，这个主题——也就是对说服特别重要的论题——被演讲术的整个理论所覆盖。[②] 在其他论题中的结束语尤其要使用夸大，这种办法的效果是激励听众的心灵，或者使他们的心灵安宁，如果他们已经受到这样的影响，那就使他们更加激

---

① 此处所使用的术语与《论开题》中不一样。

② 参见本文第 2—4 章。

动或者更加平静。演讲的这个激起怜悯、愤怒、仇恨、妒忌和其他情感的部分所应遵循的规则会在其他书中提供，你要是愿意的话可以和我一起阅读。但对你心里的目标来说，我们说的已经足够满足你的愿望，甚至已经超过你的要求。为了在探讨论证的时候不忽略任何部分，我在本文中包含的内容已经超过了你的要求，这是任何卖东西的人都不会这样做的。当他们卖一所房子或一个农场时，他们会把矿藏和树林保留下来，他们会对买家提出要求，允许他保留摆在某些恰当位置的当装饰品用的东西。所以，除了必须卖给你的东西以外，我们希望给你某些合约中没有规定的装饰品。

论 演 说 家

提 要

本文是一部对话体的修辞学著作，拉丁文标题是“Ad Quintum Fratrem Dialogi Tres : De Oratore”（献给弟弟昆图斯，对话三卷，论演说家），英文译为“On the Making of an Orators”（论演说家的塑造）。中文标题译为“论演说家”。

根据西塞罗在书信中提供的材料，本篇于公元前55年初冬完成，不久后即出版。

本篇采用对话的形式，但在方法上与柏拉图对话相比有一些差别。柏拉图的对话研究复杂抽象的问题，尝试性地朝着真理前进，但却又不能完全确定已经抵达真理。而西塞罗的对话正好相反，加以思考的事实是完全确定的，学说被当做真理来表达，通过对话展示主题的多重性质，系统处理主题的每个组成部分，在介绍不同的观点时，只采纳有效的部分，将它们纳入一个统一的体系。

对话的场景和时间在各卷导言性的段落中都有交代。在此仅集中介绍对话人的情况。

克拉苏，全名卢西乌斯·李锡尼·克拉苏，生于公元前140年，罗马政治家，公元前75年担任执政官。在这场虚构的对话发生时（公元前91年9月）他的年龄为49岁，实际去世时间在此后不久。他是西塞罗之前最杰出的罗马演说家，曾当过西塞罗的修辞学老师。在对话中，克拉苏的观点实际上反映了西塞罗本人的看法。

安东尼乌斯，全名马库斯·安东尼乌斯，是后来罗马三执政之一的安东尼的祖父。公元前103年，他在担任执法官期间平息西里西亚叛匪，获得褒奖。六年后他担任监察官。在这场假设的对话发生四年后，他在朋友家进晚餐时遇害，成为马略的牺牲品。

苏皮西乌，全名普伯里乌·苏皮西乌·鲁富斯，西塞罗青年时期最优秀的伙伴，时年33岁，中庸保守，追随德鲁苏斯进行有限的改革。但是鲁富斯后来投靠了马略。在这场对话发生十年后苏拉掌握了罗马大权，鲁富斯与马略受到通缉，很快遇害。

科塔，全名盖乌斯·奥勒留·科塔，与鲁富斯年纪相仿，追随安东尼乌斯，但从未参与极端的改革。因此，公元前82年他得到苏拉的允许，从流放中返回故里，并于公元前75年担任执政官，死于次年。

上述四人参加了整个对话。此外还有一些人参加了部分对话。

斯卡沃拉，全名昆图斯·穆西乌斯·斯卡沃拉，仅在第一卷中出现，时年70岁。他曾于公元前117年担任执政官。他是一位著名的律师，信奉斯多亚哲学，在政治上拒绝与苏拉合作。

卡图鲁斯，全名昆图斯·鲁塔提乌·卡图鲁斯，出现在第二卷中，罗马军人，公元前102年他与马略同时担任执政官。14年后，马略返回罗马，杀害了卡图鲁斯。

伏皮斯库，全名盖乌斯·凯撒·斯特拉波·伏皮斯库，是公元前90年任罗马执政官的卢西乌斯·凯撒的弟弟。伏皮斯库在这场对话之后担任市政官，后来也被马略杀害。

全文共分三卷，共213章，译成中文约19万字。

正 文

第一卷

【1】我的弟弟昆图斯，每当我想起往昔的日子，那些幸福的人总是在我面前浮现，他们生活在这个国家最美好的时代，享受着他们的成就给他们带来的崇高声望和名誉，终其一生，既能参与各种没有危险的活动，也能享受庄严的安息。我有时候想，我也拥有这样的权利，等到我的公务生涯[①]结束，而我的一生也开始趋向终结，无数的公共演讲和游说带来的无穷辛劳趋于停止，到那时候我就可以带着几乎所有人的批准，有机会享受闲暇的时光，我可以再次把精力用在我们俩共同钟爱的高尚追求上。然而，由于公共危机的频繁爆发，又由于我个人的多重不幸，我的希望、想法和计划受到了愚弄。因为，这个被应许为完全稳定与和平的时代已经被事实证明是灾难深重和动荡不安的。但是我没有完全放弃希望，尽管我的闲暇无法得到保证，我仍旧深深地期待着在你的陪伴下重操旧业，研究那些你我从孩提时代就已热衷的技艺。在我的早年，我正好碰上旧秩序被推翻的日子；[②]然后在我担任执政官的时候，我被卷入党争和危机的中心，自从担任执政官以后，我的全部时间都耗费在平息那些朝着我冲来的风潮，防止国家的毁灭。但不管怎么说，无论政务多么繁忙，时间多么有限，我都会倾听要我们学习的召唤。在防止敌人的出卖，完成我的朋友和我的政治义务对我的要求以后，剩下的每一刻闲暇我都会首先用来写作。弟弟，每次你鼓励我，向我提出这样的要求，我都不会令你失望，因为没有一个人的权威或期盼能与你对我的影响相

① 西塞罗成功地担任过一系列公职：占卜官（augur）、财务官（quaestor）、市政官（aedile）、执法官（praetor）、执政官（consul）、地方总督（proconsul）。

② 西塞罗 18 岁的时候正好碰上马略和苏拉之间的内战爆发。

提并论。

【2】现在我必须用心回忆一个很古老的故事。我承认，它在细节上已经不那么清楚，但我认为它很适合你的提问。通过这个故事，你可以明白那些在雄辩方面超过其他任何人的人对演讲术的整个主题是怎么看的。就相同的论题我应当出版某些更加精致和完整的东西，这是你的希望，就像你经常跟我说的一样，而这些不完整的、粗浅的文章出自我少年时期而非青年时期的笔记，几乎配不上我现在的年纪和我从亲身经历的许多重要场合得来的经验。在我们偶然讨论到这个主题的时候，你一般不同意我的意见，因为我拥有的口才依赖于高度有教养的人的训练技巧，而你认为，口才应当与精细的学问分离，它实际上依赖于某种天生的才能和练习。

每当我想起那些地位最高、能力最强的天才，我就认为这个问题值得考察：为什么这样的人比那些仅仅从事演说的人更应当在其他所有学问上取得成就。因为，你的心灵和思想无论朝着哪个方向，都能看到许许多多各种各样的卓越的事物，不仅有日常的技艺，而且也有这些几乎是最伟大的学问。例如，有些人想要根据有用性，或者根据成就大小来衡量杰出人物拥有的理智，他们中有谁不会把将军置于演说家之上？还有，又有谁会怀疑，我们从这个国家中可以列举无数有着赫赫战功的军事将领，但是在演讲术上出类拔萃的人却是屈指可数？进一步说，凭着他们的建议和智慧就能控制国家和指引这艘航船前进的人在我们这个时代就有许多，在我们的祖先乃至远祖的时代更多，然而在漫长的历史长河中难以发现优秀的演说家，有时候在整整一代人中间都很难找到一个差强人意的演说家。我们不能认为其他与抽象的研究部门有关的学问，或者被我称做拥有各种研究领域的学问，可以和演讲术相提并论，我们倒不如说，演讲术类似军队统帅的能力，或者元老院政治家的智慧。让我们把注意力转向各种技艺，环顾四周，看看有谁，有多少人在这个领域中是杰出的。以这样的方式我们可以很有把握地做出判断，当代的演说家有多么稀少，而以往的演说家又有多么罕见。

【3】你不会不记得，一些最博学的人认为，希腊人把“哲学”称做一切

著名技艺的创造者和母亲，哲学过去确实起过这种作用，然而即使在哲学领域也很难数出有多少人是杰出的学问家，有多少人有着广博的研究，因为那些献身于哲学的人并非献身于一个独立的知识部门，而是凭借科学的考察或者辩证法去掌握他们能够掌握的一切。提到所谓数学家，有谁不知道他们研究的学问有多么晦涩，他们所从事的技艺有多么深奥、复杂和精确？然而在这门学问中，有那么多人有着卓越的表现，只要真诚地在这个知识部门中辛勤工作，就能实现他想要达到的目标。有谁会不限制自己的知识与观察，把自己完全奉献给缪斯①的祭仪，或者完全献身于文学？这是那些所谓文人承认的，这些技艺的学问几乎是无边无际的。

我想肯定这一点才对，在那些从事无限冗长的学习和掌握了与这些技艺有关的知识的人中间，杰出的诗人和演说家数量最少；即使在这些少量的人中间——在一个很少出现天才的领域——要是你仔细比较一下我们国家贡献了多少，而希腊人贡献了多少，那么能够找到的优秀演说家就比优秀的诗人更少。这一点更加令人惊讶，因为其他技艺的学问普遍来自隐秘的、遥远的源泉，而演讲术的整个技艺却是完全公开的，与人类的共同实践、习俗和语言的某些标准相关。在其他所有技艺中，最优秀的技艺是那些没有经过理智和心智活动训练的人完全无法理解的，而在演讲术中，偏离日常语言和由整个共同体的感觉所认可的习惯用语就是主要的罪过。

【4】然而，说有比较多的人热衷于其他技艺，或者说有些人是在更大的快乐、更高的期盼、更丰厚的回报的激励下才献身于演讲术的，这样说都不对。实际上，不用提在演讲术上已经居于领先地位的希腊，也不用提一切学问的发现者雅典人——演讲术的卓越力量就在那里发明，在那里得到完

① 缪斯（Muses），希腊神话中九位艺术和科学女神的通称。她们都是主神宙斯和记忆女神摩涅莫绪涅的女儿，住在赫利孔山，其中克利俄主管历史，欧忒耳珀主管音乐和诗歌，塔利亚主管喜剧，墨尔波墨涅主管悲剧，忒耳西科瑞主管舞蹈，埃拉托主管抒情诗，波吕许尼亚主管颂歌，乌拉尼亚主管天文，卡利俄珀主管史诗。希腊文“mousikei”（音乐）一词出自艺术女神缪斯。广义的音乐包括艺术的多个分支。

善——就连我们自己这所城市，也肯定没有其他的研究者像研究演讲技艺的人这样有活力。

我们这个世界性的大国一经建立，持久的和平使我们的闲暇有了保证，几乎所有渴望成名的青年都把努力掌握演讲的技艺当做他自己的义务。确实，一开始的时候他们对于这种方法一无所知，因为他们以为没有什么确定的训练过程和技艺规则，他们自己曾经凭着天生的能力和通过反思就获得过某些技能。但是后来，在听说了希腊的演说家、熟悉了他们的文献，把他们称做希腊老师以后，我们的人民对演讲术焕发出极大的、难以置信的热情。那时盛行的各种类型的诉讼的重要性、多样性、频繁性，有效地推动着他们通过自身的努力去学习这门技艺，再加上大量的练习，其作用胜过所有大师的格言。在那些日子里，也像现在一样，学习这门技艺的回报是很丰厚的，以名望、财富、荣誉的形式表现出来。至于在能力上——有许多事情是能力的表现——我们的同胞在这个方面又一次远远地超过了其他所有民族。考虑到上述因素，又有谁不会对此感到惊讶，为什么在以往漫长的历史记载中，能够在各个国家找到的演说家少而又少？

然而这种演讲术事实上比人们想象的更加伟大，它的源泉存在于多门技艺和学问的分支之中。

【5】因为，在学生数量众多、能提供非常优秀的教师、天赋能力很强、案件纷繁多样几乎没有限制、演讲术的回报极为丰厚的地方，除了演讲术这个主题确实难以置信地广泛和困难，人们还能想到优秀的演说家如此稀罕的其他理由吗？首先，开始学习演讲术的时候需要掌握许多知识，否则，演讲术就是空洞、可笑、杂乱的空话；其次，要确立独特的风格，不仅要依靠对语词的选用，还要依靠对相同事物的排列；再次，对自然赋予人类的所有心灵的情感要有深刻的理解，因为演讲术的全部力量所起的作用就是平息或激发听众的感情。此外还应加上某些幽默、机敏、得体的绅士教养、向对手发起攻击时的镇定和言辞的精练，整个讲话都要拥有迷人的魅力和做到彬彬有礼。还有，对以往的历史和大量的先例一定要有清晰的记忆，并且不能忽略

我们一般的成文法（statute law）和国家法（national law）的知识。我为什么要继续描述演讲者的表达呢？它需要控制身体的仪态、姿势、面部表情和嗓音的变化。演员的表演和舞台对白自身就能完全表明表达的重要性，因为在这个领域，几乎所有人都在努力规范表达方式、声音和肢体运动。无论谁都知道有多少演员或者曾经有过多少演员是我们可以耐心看完他们表演的！我们需要谈论记忆这个万能的宝库吗？除非能像最卓越的演说家那样使用这种能力来控制重要的思想和词语，否则记忆就只能白白地浪费。

因此让我们停止对演说家的稀少表示惊讶，因为演讲术是所有这些事情的结果，任何人在这方面取得成功都是一项伟大的成就。让我们宁可鼓励我们的孩子，以及其他名誉和声望与我们密切相关的人，真正理解他们的伟大任务，不要相信依赖规则、教师和人人都在使用的练习方法就能实现他们渴望达到的目标，而要借助其他某些帮助来确信自己的目标能够实现。

【6】在我看来，要是不能掌握所有重要的学问和这门技艺的知识，那么一个人肯定不会成为十全十美的演说家。因为演讲术的美妙和圆满必然从知识中产生，除非演讲者完全掌握和理解了相关的知识，否则他在演讲中必定会显得空洞和幼稚。我不想把沉重的担子压在演说家的肩上，至少不想在罗马现有的生活娱乐中把这样的重担全都压在我们自己肩上，以至于认为演说家应当全知全能，否则就是不允许的，尽管“演说家”这个名称的意义和演讲的行为似乎在许诺演说家应当掌握任何学问，能够用丰富的知识体面地处理它们。但是考虑到掌握这些知识对大多数人来说显然过于艰巨，不仅要有天才，而且要有充分的闲暇，而热爱学习的希腊人已经对这门技艺做了划分，所以不是每个演讲者都要涉及全部领域，而是应当把他们的工作与演讲术的其他用途分开，从中去掉法庭的公共辩论，剩下的部分才留给演讲者。本文不想涉及所有类型的演讲术，而只想涉及由最杰出的人士在对演讲做了长期研究和争论以后一致认定的这种演讲术。我也不想回忆我自幼就已学过了的一长串教条，但要复述我听说的由我们国家最雄辩的演说家讨论过的某些事情，他们地位最高，名声也最响。我并不轻视希腊演讲术的艺人和教师

留给我们的东西，但这些书本是公开的，每个人都可以轻易拿到手，而我自己也不能把它解释得更好或者更清楚，所以，我的弟弟，你要原谅我，我确实相信那些在演讲术上得到我们自己的同胞夸奖的、享有最高声誉的希腊演说家的权威论断。

【7】记得有人告诉我，那个时候，尽管腓力普斯①是执政官，但他猛烈攻击一些领袖的政策，而当时的保民官德鲁苏斯②虽有元老院的支持，却开始显示出胆怯和软弱的迹象。克拉苏③在图斯库兰精心聚集自己的力量，在这场罗马权力之争的游戏中占据了自己的位置，后来随着事情的发展，曾经是克拉苏的岳父的昆图斯·穆西乌斯来到这里，与克拉苏关系密切的政治谋略合伙人马库斯·安东尼乌斯也来到这里。当时与克拉苏在一起的还有两位青年，他们是德鲁苏斯的朋友，他们的父辈对他们保持高贵等级寄予厚望：一位是盖乌斯·科塔，正在谋求国家的保民官职位；另一位是普伯里乌·苏皮西乌，人们都以为他会成为下一任地方行政官的候选人。这些人聚在一起，第一天他们谈得很晚，长时间地争论当前面临的危机和国家的一般性政治问题，这实际上也就是他们聚会的原因。科塔带着深深的懊悔讲述了许多事情，这些事情是三位执政官等级的讲话人在讨论中提到的。以这种激动人心的方式（这是科塔自己的话），科塔说这些人认为很久以前就笼罩着这个国家的邪恶并没有真正降临。这场谈话完全结束以后，克拉苏表现得极为彬彬有礼。他们冲了澡，然后在餐桌边就坐，早先的讨论带来的忧郁感一扫而光。这就是这个人的快乐时光，他的幽默具有很大的魅力，就好像在元老院开了一整天会，最后以在图斯库兰的晚餐结束。

然后科塔继续讲到，第二天，这些老人休息够了，就到户外散步，在花园里转了两三圈以后，斯卡沃拉提议说："克拉苏，我们为什么不能模仿一

① 全名玛基乌斯·腓力普斯（Marcius Philippus）。

② 德鲁苏斯，全名马库斯·李维乌斯·德鲁苏斯（Marcus Livius Drusus），罗马演说家、改革家，公元前91年任保民官，公元前90年遇刺。

③ 本章下面出现的参与对话的人物参见本文提要。

下苏格拉底，就像他在柏拉图的《斐德罗篇》中所做的那样？你的梧桐树使我产生了这个想法。它树叶茂盛，有大片树阴，就像苏格拉底想要寻找的地方[①]，尽管在我看来它还比不上柏拉图所描写的‘小河畔’的美景。我们可以像苏格拉底那样到树底下坐一会儿，苏格拉底的脚已经走得僵硬，他躺在草地上说话，就像沾了仙气一样。我想，我的脚更有理由得到休息。”克拉苏答道：“没问题，但我们还要弄得更舒服一点儿。”按照科塔的说法，这个时候，克拉苏要仆人搬来躺椅，然后他们都在梧桐树下坐着休息。

【8】据科塔说，就在那里，克拉苏想要让大家从昨天的讨论中摆脱出来，于是就提起了演讲术。他说，苏皮西乌和科塔似乎已经不再需要鼓励，而是需要评价了，因为他们那么早就掌握了这种技艺，他们的水平不仅超过同龄人，而且可以与他们的长辈相比。克拉苏继续说道：“在我看来，世上没有比演讲更加神奇的力量了，凭着演讲可以掌握民众，赢得他们的善意，指引他们的行动方向。在一切自由的国度里，在所有享有和平与安宁的共同体中，这种技艺总是比其他技艺更加繁荣，成为技艺之王。在众多的族类里，只有人类，或者只有极少数的族类，能够有效地使用这种天赋能力，还有什么事情能比这更加神奇？对于人的心智和耳朵来说，还有什么东西能比精心修饰、庄严得体的话语更加令人愉悦？由于一个人的雄辩而使民众的冲动、法官的良心、元老院的法令发生变化，还有什么成就能比它更伟大、更光荣？还有什么可以超过演讲术所起的作用，它使人自由，帮助乞援者，救人于水火之中，维护人们的权利？为了保护自己、挑战恶人、必要时进行报复，还有什么样的武器比它更加不可或缺？

“为了不让你们再去考虑公务、法庭、广场、元老院，我们来谈些别的事情。你们想，还有什么事情，或者还有什么更加有教养的事情值得我们谈论，还有什么话题能够比谈论这种优雅的、到处有人传授的技艺更加令人愉快？与动物相比，我们人类最大的优点在于我们能够相互交谈，用语词再现

---

① 参见柏拉图：《斐德罗篇》229a，230b。

我们的思想。因此，有谁不崇拜这种技能，把在这个领域里研习当做自己的责任，藉此可以在这个人优于动物的主要方面提升自己？除了在口才方面达到最高的成就，其他还有什么力量能够强大得足以把散居的人聚集在一起，或者带领他们脱离野兽般的生存处境，进入文明时代，成为真正的人，或者成为公民，或者说，在共同体建立之后制定法律、建立法庭、确定公民权？不用再提其他的例子了，这方面的例子多得几乎数不清。我要对整件事情做一个简要的总结。我的论断是：完善的演说家实施的聪明掌控主要不是为了自身的尊严，而是为了无数个人和整个国家的安全。因此，我的年轻朋友们，沿着你们现在的道路继续前进吧，把你们的精力用在这种学习上，使它成为你们的力量，使它成为你们的光荣，使它成为你们为自己的朋友和共和国的有益成员做贡献的力量源泉。”

【9】这时候，斯卡沃拉以他彬彬有礼的方式说：“克拉苏，你的许多观点我是同意的（我不想轻视这种技艺，也不想诋毁我的岳父盖乌斯·莱利乌斯①或者我在这里的这位女婿的名声），但有下面两个要点我无法苟同：第一，你认为最初建立共同体的人就是演说家，但他们的事迹很少能够完整地保存下来；第二，你宣布，哪怕我们不考虑广场、民众集会、法庭、元老院，演说家仍旧完全掌握着语言和文化。因为有谁会同意你这样的看法：人们把自己关进城墙环绕的城市，而起初他们散居在山区和森林里，不大会受到聪明人雄辩的语言的诱惑，或者说，与国家的建立和保存有关的还有其他一些有益的安排，国家并不是由聪明人或勇敢者，而是由雄辩者和善于言谈的人建立或保存？你也许会想，凭着雄辩，而不是凭着良好的建议和简单的智慧，伟大的罗莫洛把他的牧人和避难者聚集在一起，与萨宾人联姻，控制了周围的部落，不是吗？但是努玛·庞皮留斯②身上有什么雄辩的踪迹可

① 盖乌斯·莱利乌斯（Gaius Laelius），罗马军人和演说家，约生于公元前186年，公元前140年任执政官。

② 努玛·庞皮留斯（Numa Pompilius），罗马的第二位国王（公元前715年—前673年）。

寻？塞维乌斯·图利乌斯①有什么口才可言？或者说，在其他国王身上，他们的雄辩口才对国家建设真有那么大的贡献吗？这些国王后来被赶走（我们注意到这样的放逐本身也要用卢西乌斯·布鲁图②的心计，而不是用他的舌头来完成），我们难道还看不出这就是空洞的计划和空谈的后果吗？确实，我应当从我们自己的共同体和其他一些共同体中举例，我能够举出更多的例子来说明这种技艺带来的危害，而不是证明拥有一流口才的人是国家安全的原因，并把其他一切都束之高阁。克拉苏，在我听过他们讲演的人中间，除了你们俩，口才最好的是提比略·塞普洛尼乌和盖乌斯·塞普洛尼乌③，他们的父亲审慎而又富有个性，但绝不是一位演说家，这在他担任监察官的时候有明显的表现，尤其是在这个国家获得解放的时候。然而，他把自由民迁入城邦部落，这时候起作用的不是一连串流利的话语，而是他点了点头和说了一个字；要是他没有这样做的话，我们很久以前就已经失去了法律，留给我们的只有困难。另外，他的两个儿子是优秀的演说家，具有演讲的天赋，接受过演讲的训练，但是当他们由于父亲的推荐和家族的军功而掌管这个国家的时候，却由于使用这种雄辩而使这个国家翻了船，而按照你的说法，我们的国家仍旧还要寻求他们的指导。

【10】“我们的祖先创制的那些法规与习俗是干什么用的？克拉苏，你和我都会占卜，占卜术是干什么用的？我们的宗教祭仪和典礼是干什么用的？那些长期以来在家族中实行的私法（private law）规定是干什么用的，尽管我们并不享有雄辩的名声？这些东西是由演说家们发明、考察，或以

---

① 塞维乌斯·图利乌斯（Servius Tullius），罗马的第六位国王（公元前 578 年—前 535 年）。

② 卢西乌斯·布鲁图（Lucius Brutus），罗马首任两名执政官之一。罗马废除王政，实行执政官制，由两名权力相等的执政官统治，任期一年。

③ 这里提到革拉古兄弟，哥哥提比略·塞普洛尼乌·革拉古（Tiberius Sempronius Gracchus），公元前 133 年担任保民官，弟弟盖乌斯·塞普洛尼乌·革拉古（Gaius Sempronius Gracchus），公元前 123 年担任保民官。他们的父亲与这位哥哥同名，两次担任过执政官，一次担任监察官。革拉古兄弟俩的外祖父是公元前 202 年打败迦太基名将汉尼拔的老西庇阿（Scipio Africanus the Elder）。

任何方式得来的吗？我确实记得，说话像神一样的塞维乌斯·加尔巴[1]、马库斯·艾米留斯·波喜纳[2]，还有你在年轻时候就已经把他摧毁了的盖乌斯·卡玻[3]，他们全都对我们祖宗的成文法和制度一无所知，从来没有接受过罗马法的教育。只有你自己是个例外，克拉苏，但你这样做是因为热爱学习，从我们的家族中学习了罗马的法律体系，而不是因为有什么要雄辩的责任，我们这代人对法律的无知有时已经到了让人脸红的地步。

"至于你在讲话中宣布了某些论断，这是你的权力，无论讨论什么论题，演说者都可以对它做充分的处理。但要我们在这里受你的控制，那么我无法忍受。我会充当一群人的首领，联合起来与你搏斗，或者按照法庭程序传唤你，因为你如此荒唐地想要支配其他人的财产。

"从毕泰戈拉[4]和德谟克利特[5]开始，他们的所有门徒都会用法律程序来反对你，其他自然哲学家也会走上法庭进行裁决。与这些能言善辩的演讲者在一起，你无法挣脱险境。此外，以伟大的苏格拉底为源头的各个哲学学派也会围攻你。他们会证明，你没有学习生活中的善恶、心灵中的情感、人的行为、指导生活的真正理论，你没有对这些事情做过任何研究，因此完全不懂。在这样的一般性攻击以后，每个学派都会采取具体行动，从细节上来反对你。无论你做出什么论断，学园派[6]都会打击你的脚踵，迫使你否认自己的论断。然后，我们自己的朋友，斯多亚学派，也会用他们的争辩和问题来纠缠你。逍遥学派会证明，哪怕是这些你们认为可以由演说家提供的具体帮

① 全名塞维乌斯·苏皮西乌·加尔巴（Servius Sulpicius Galba），公元前 144 年担任执政官。

② 全名马库斯·艾米留斯·雷必达·波喜纳（Marcus Aemilius Lepidus Porcina），罗马军人，公元前 78 年担任执政官。

③ 盖乌斯·卡玻（Caius Carbo），公元前 131 年的保民官，公元前 119 年遭到克拉苏的指控，说他未经审判就处死公民，后来自杀。

④ 毕泰戈拉（Pythagoras），希腊哲学家，鼎盛年约为公元前 530 年。

⑤ 德谟克利特（Democritus），希腊哲学家，约生于公元前 470 年，原子论哲学的主要代表。

⑥ 学园派（Academics），由古希腊哲学家柏拉图创立的学派，即柏拉图学派。

助，人们也应当向他们寻求帮助，以增强雄辩的能力；他们会告诉你，关于这些主题，亚里士多德[①]和塞奥弗拉斯特[②]不仅撰写得更好，而且他们写的这方面的著作比所有修辞学教师所写的东西加在一起还要多。关于数学家、文人、缪斯的忠诚追随者，我就不说了，你们的修辞的功能与这些人的技艺之间的联系并不是最遥远的。所以，克拉苏，我认为你不应该做出如此广泛和巨大的表白。你能保证的只有一件大事，亦即在法庭上，无论为什么案子辩护，你都能把它陈述得比较好，使它显得比较合理，在公民大会和元老院里，你的演讲术在进行投票时能发挥最大的作用，最后，有了演讲术，你既能对有理智的人流利地言说，也能与无知者真诚地交谈。如果你除此之外还取得过什么成就，那么在我看来，这不是因为你是演说家，而是因为你是克拉苏，你发挥了自己某些特有的才能，不是运用了一般的演说家都具有的才能。”

【11】然后，克拉苏回答说：“斯卡沃拉，我非常明白，你的这些观点在希腊人中经常提出来讨论。当我作为一名财务官，从马其顿出发到达雅典的时候，在那里我有幸听到最优秀的希腊人的演讲。那个时候，学园处在它的最佳时期，由卡尔玛达斯[③]、克利托玛库[④]、埃斯基涅斯[⑤]掌管。还有梅特罗多洛[⑥]，他与其他人一道，一直是最杰出的卡尔涅亚得[⑦]最勤奋的学生。人们说卡尔涅亚得是一位最有活力、能言善辩的演说家，他的才能超过其他所

---

① 亚里士多德（Aristotle），古希腊大哲学家（公元前384年—前322年），柏拉图的学生，后创立逍遥学派，当过亚历山大大帝的老师。

② 塞奥弗拉斯特（Theophrastus），古希腊哲学家，生于公元前370年，原先是柏拉图学园派的学生，后来参加逍遥学派，任吕克昂学园的首领。

③ 卡尔玛达斯（Charmadas），柏拉图学园派哲学家，生平不详。

④ 克利托玛库（Clitomachus），公元前2世纪的希腊哲学家，追随卡尔涅亚得学习，公元前129年任学园首领。

⑤ 埃斯基涅斯（Aeschines），生平不详。

⑥ 梅特罗多洛（Metrodorus），生平不详。

⑦ 卡尔涅亚得（Carneades），希腊哲学家，生于公元前214年，原先信奉斯多亚学派，后来成为新学园派领袖，公元前155年受雅典人派遣，率领代表团出使罗马。

有人。涅萨库斯[1]也在那里，他是你们伟大的帕奈提乌[2]的学生，还有狄奥多洛斯[3]，当时在逍遥学派的克里托劳斯[4]门下学习。此外还有许多人享有哲学家的名声，从他们的话语中我察觉到，演说家被排斥在国家的领导岗位之外，不学习各门学问和更加重要的知识，他们的作用仅仅局限于法庭和公民的小型集会，就好像被关在磨坊里一样。但是我既不同意这些人的观点，也不赞同此类讨论的始作俑者的看法，他的话比所有哲学家的话更有分量，更加得体。我这里指的是柏拉图。我在雅典的时候，在卡尔玛达斯的指导下，我仔细阅读了他的《高尔吉亚篇》。关于柏拉图，我从这本书中得到的最深刻的印象是，在嘲笑演说家的时候，他本人就是一名成熟的演说家。事实上，关于语词的争论已经长时间地折磨着这些无足轻重的希腊人，他们喜欢论证胜过喜欢真理。如果有人认为演说家的唯一力量就是在监察官面前，或者在法庭、公民大会、元老院中侃侃而谈，进而给演说家添加一系列的限制，说他们不能广泛地处理各种公务，不能掌握法令、习俗和一般的法律，没有关于人的本质和性格的知识，那么他就不会带着必要的技能参与这些有限的活动。没有这些知识，当然不能恰当地确定这些主张的基本内容，但对于一个已经学习过这些知识的人来说，他还会缺乏属于这类最高事务的知识吗？另外，如果你把演讲术仅仅局限为有序而又优雅地侃侃而谈，那么我要问的是，你的演说家既然缺乏这些知识，而你们的人民也否认他拥有知识，但他为什么仍旧能够有很多的收获呢？如果对所谈论的事务缺乏充分的理解，那么演说家就不能清晰地谈论它。由此可见，著名的自然哲学家德谟克利特要是口才很好，那么他就能够像人们所说的那样优雅地谈论那些著名的、属于自然哲学家的主题，我也认为他

① 涅萨库斯（Mnesarchus），生平不详。

② 帕奈提乌（Panaetius），公元前 2 世纪的希腊斯多亚学派哲学家。

③ 狄奥多洛斯（Diodorus），罗马哲学家，生平不详。

④ 克里托劳斯（Critolaus），逍遥学派哲学家，公元前 155 年曾与卡尔涅亚得一道出使罗马。

曾经这样做过。但是他在措辞方面的优雅应当属于演说家的范畴。如果柏拉图用像神一般的声音谈论某些远离政治争论的事情，我会允许他这样说，如果亚里士多德、塞奥弗拉斯特、卡尔涅亚得以雄辩的口才谈论他们所处理的主题，展示出迷人的风格和文体，那么可以肯定，他们谈话的论题虽然可以在某些其他研究领域找到，但他们的实际风格只属于我们现在正在讨论和考察的这种学问，而不属于其他学问。我们看到，有些作者在处理同样的主题时显得没精打采和软弱无力，例如克律西波[①]，他被认为是最敏锐的争论者，他的失败不在于缺乏哲学知识，而仅仅在于他没有从一门外在的技艺中获得雄辩的口才。

【12】“那么，在我提到的这些讲话者的措辞和语言的优雅中，你认为有什么区别，或者用什么办法能够区分丰富冗长的或者软弱的？唯一的区别就在于优秀的演讲者会带着他们特有的和谐风格优雅地讲话，他们的演讲带有某些人为的和修饰过的标志。然而这种潜在于主题之下的风格要是不能被演讲者理解或掌握，那么它就不可避免地失去作用，甚至成为普遍争论的焦点。因为疯子在发出雷鸣般的吼声时决不会事先选择措辞和表达方式，那么由此推论，在他的话语后面就没有思想或知识吗？因此，无论什么主题，无论来自什么技艺或知识部门，演说家，就好像接受了当事人的委托一样，会比实际的发现者和专家把它陈述得更好、更得体。如果有人进一步肯定某些想法和主题专门属于演说家，关于某些事情的知识会被阻挡在法庭的栏杆之外，那么我要承认，我们在这个领域中的实施的演讲活动并不比其他领域更间接，但不管怎么说，这些论题确实有许多是修辞学教师既不能教授又不能理解的。有谁会不知道演说家的作用首先体现在激发人们内心的愤怒、仇恨、蔑视，或者使这些激情保持适度与温和？因此，除非演说者对人的性格、全部人性、使我们的灵魂产生冲动或退缩的那些动力有深刻的洞察，否则就不能用他的语词来实现他的目的。这些内

① 克律西波（Chrysippus），斯多亚学派哲学家（约公元前 280 年—前 207 年）。

容都被视为哲学家的领地，演说家（要是接受我的建议）也不会坚持他们的主张。但若演说家承认他们拥有关于这些事情的知识，这个时候由于他们已经把自己的全部精力只用于演讲术，所以他仍旧要肯定自己的主张，对这些事情进行演讲术的处理，当然，要是没有关于这些事情的知识，他也就根本无法对这些事情进行这样的处理了。这就是演说家最关注的问题——一种庄严、优雅、与一般思想和判断模式一致的文体，就像我以前经常说的一样。

【13】“我承认亚里士多德和塞奥弗拉斯特已经把这些东西都写了出来，然而，斯卡沃拉，请你考虑这样讲是否就对我完全有利，我并没有从他们那里借用那些他们与演说家共享的内容，他们承认自己对这些主题的讨论是演说家的事情，因此他们从他们自己特有的技艺中取来名字给他们所有其他的论文命名，而把这些具体的著作当做修辞学来处理。确实，当一个人讲话的时候——像通常发生的那样——会提到这些常识，会按照需要提到不朽的诸神、义务、和谐、友谊、公民的权利、一般人的权利、国家的权利、得到公平对待的权利、灵魂的中庸或伟大、各种各样的美德，等等。我确实相信，所有学园和哲学流派都会大声叫嚷，无论演说家有无涉及这些事情，对这些事情进行研究都是他们的领地。但是在我允许他们到处讨论这些问题以消磨时光的时候，不管怎么说我要把这样的任务托付给演说家，这就是把他们讨论这些主题时使用的苍白无力的风格发展为完善的、有说服力的。我在雅典时与哲学家有直接的接触，在和他们的争论中我曾经使用过这些观点，我这样做的动力来自我们的朋友马库斯·马尔采鲁斯①的敦促，他现在是市政官，要不是去参加运动会，他现在肯定也会参加我们的交谈。他在年轻的时候确实就已醉心于这些学习。

“但是现在涉及法律的创制，就像涉及战争与和平、同盟和义务、按不

① 马库斯·马尔采鲁斯（Marcus Marcellus），公元前3世纪的罗马著名将军，公元前222年抗击高卢人，公元前212年攻克叙拉古，公元前208年被杀。

同的等级和年龄给各阶层的公民规定合法权利一样，要是这些希腊人喜欢的话，就让他们说莱喀古斯[①]和梭伦[②]（尽管我认为他们应当算做是雄辩的）在这方面的知识比叙培里得斯[③]或德谟斯提尼[④]多，而只有这些演说家才是真正完善的、优秀的演说家；或者让我们自己人在谈到这个问题时以‘十位委员’[⑤]为例，他们制定了‘十二铜牌法’，必定也是拥有实际智慧的人，但与塞维乌斯·加尔巴和你的岳父盖乌斯·莱利乌斯相比，他们在雄辩方面的名声才是牢固的。我从来没有说过有些技艺只属于那些把全副精力用于政治和实践的人，我的看法是，完善的演说家能充分而又多样化地谈论他能够谈论的事情。

【14】“确实，在处理这些任何人都承认仅属于演讲术领域的问题时，需要使用或引进其他事情，这并不稀罕，但这些事情不是从公共演讲的实践中引来的，这是你们允许演说家从事的唯一的事情，而是来自知识的某些更加深奥的部门。比如，我要问，没有战争的经验，或者没有关于各种陆地或海洋的知识，我们能对一位指挥官进行攻击或者为他辩护吗？如果缺乏完善的政治学知识——实践的与理论的——我们能够在公民大会上讲话，使法案得以通过或遭到否决吗？如果不能精心研究由哲学家揭示的关于人类天性和行为习惯的所有理论，演说能够激起或压制听众的情感和欲望吗？而这是演说家首要的功能。

---

① 莱喀古斯（Lycurgus），传说中的斯巴达的立法者，在斯巴达被当做神明崇拜。

② 梭伦（Solon），雅典政治家和立法家（约公元前640年—前558年），公元前594年任执政官，实行改革。

③ 叙培里得斯（Hyperides），希腊阿提卡十大演说家之一，大约生于公元前390年。

④ 德谟斯提尼（Demosthenes），希腊阿提卡十大演说家中最伟大者，生于公元前384年。

⑤ 罗马最初实行习惯法，裁判和量刑的标准不一，执政官或其他高级官员可以任意解释法律。为防止滥用法律，公元前454年，罗马派遣代表团赴雅典考察梭伦制定的新法，并成立“十人委员会”（五人是贵族，五人是平民）立法，把罗马的习惯法改变为定型的律令。公元前450年左右制定第一部成文法典。这部法典被镌刻在十二块铜牌上，安放在罗马元老院前面的广场上，被称为“十二铜牌法”（Twelve Tables）。这是罗马“共和时期”唯一的一部成文法典。

“我宁可假定我的下一个观点不会令你信服，但我在想要说什么的时候不会犹豫不决。你的自然科学，你的数学，以及你刚才提到的属于其他技艺的各种学问，确实与教导这些技艺的教师的知识有关，但若有人希望轻松地谈论相同的技艺，那么他必须寻求演讲术这门技艺的帮助。还有，为雅典人建造武库的建筑大师斐洛①要是非常雄辩地向民众描述他的工作计划，那么他的口才一定不能归于他的建筑术，而要归于他的演讲才能。同理，要是马库斯·安东尼乌斯在这里受他的当事人的委托，代表赫谟多洛斯②谈论他的建造船坞的计划，那么他会讲述得非常优雅和得体，因为他对演讲术并不陌生。阿司克勒彼亚得③也一样，我们对他很熟悉，既是一位医生，又是我们的朋友，他的演讲才能超过他的其他职业技能，他的优雅演讲展示了演说家的技艺，而不是医生的技能。事实上，苏格拉底最著名的论断——一切人都有足够的口才谈论他知道的事情——似乎有理，但这句话并非真理；与此相近的真理则是，任何人对他不懂的主题都不会有口才，要是他非常了解这个主题，但不知道如何形成或修饰他的文风，那么他仍旧不能流利地说出他知道的事情。

【15】“同理，如果有人希望以综合的方式确定语词的全面的、具体的意义，那么在我看来他就是一名演说家，在谈话中无论提出何种论题，都能凭借他的知识、采用适当的方法、以极大的魅力和良好的记忆力对其进行谈论，把这些素质与某种独特的姿态结合在一起，他便配得上这样的称号。然而，要是有人认为我的说法‘无论提出何种论题’太宽泛，他可以按照自己的嗜好加以修剪，但有一点我还是要强调的，尽管演说家可以对其他所有技艺和知识部门的发现一无所知，仅仅知道如何参与争论和公共演讲的实践，但不管怎么说，他要是必须讨论这些主题，那么在向那些掌握了这些主

---

① 斐洛（Philo），希腊建筑师，生平不详。

② 赫谟多洛斯（Hermodorus），希腊建筑师，生平不详。

③ 阿司克勒彼亚得（Asclepiades），希腊医生，出生在庇提尼亚（Bithynia），后来赴罗马成为一名修辞学家。

题的人学习了各门技艺的专门术语以后，演说家谈论起它们来，还是要比那些有技艺的大师好得多。例如，要是我们的朋友苏皮西乌在这里必须谈论战争的技艺，他会向我们的亲戚盖乌斯·马略[①]咨询，在他得到马略的指点以后，他讲起战争来甚至连马略也会自叹不如。如果他的论题是有关私人权利的法律，那么他会向你咨询，尽管在你教给他的这些事情中你的知识和技艺是完善的，但是他会在解释这些事情上超过你。如果他面临的论题必须谈及人性、人的邪恶、人的情欲、节制或自制、悲伤或死亡，那么他要是认为适当的话——尽管一名演说家必须拥有这样的知识——可以接受在伦理学上有深厚造诣的塞克斯都·庞培[②]的建议。他肯定会有所收获，无论他的主题是什么，无论他的指导者是谁，他都会比他的老师本人都要更为优雅地表达自己。不管怎么说，要是他能听从我的建议，那么由于哲学分成了三个部门，分别处理自然的奥秘、辩证法的精巧、人生和行为，让我们放弃声称我们要涉足前两个部门，而是宣布它们是我们青年时期学习的内容，但我们要坚持说第三个部门是演说家的领地，否则我们就没有给演说家留下任何发挥伟大才能的空间。至于其他事务，尽管没有研究过它们，但他仍旧能够在必要的时候，在这些事情引起他的注意或有人把这些事情描述给他听的时候，用他的口才美化它们。

【16】“确实，要是文人圈里的人都同意，阿拉图斯[③]不懂天文学，但想要用完善优美的诗句歌颂天空和星辰，科罗封的尼坎得尔[④]对乡村生活一无所知，但能够很好地描写乡村事务，那么他们使用的是诗人的技艺，而不是农夫的技艺。既然如此，为什么演说家就不能用他专门的论证在特定场合鲜

① 盖乌斯·马略（Gaius Marius），罗马将军（公元前157年—前86年），公元前107年首次担任执政官，以后多次当选。

② 塞克斯都·庞培（Sextus Pompeius），罗马哲学家，生平不详。

③ 阿拉图斯（Aratus），斯多亚学派哲学家、诗人、星相家，生卒年代约为公元前315年—前240年。主要著作为《天象》（*Phoenomena*），西塞罗把这首长诗译成拉丁文。

④ 尼坎得尔（Nicander），希腊诗人、语法学家，大约生活在公元前2世纪，科罗封（Colophon）地方人。

明而又优雅地谈论他所涉及的主题？事实上，诗人是演说家的近亲，诗人更多地受到韵律的限制，但在选取词汇方面有更大的自由，而在使用各种修饰手段方面，诗人和演说家极为相似，或者说他们是同盟者。对于任何存在的事件，由于演说家没有给自己规定什么边界或限制，因此也没有什么东西会阻碍他，使他不能享有像其他人那样的自由和许可。关于你的评论，斯卡沃拉，要是你没有受到我的控制，那么你就不会忍受我的论断，演说家一定要掌握各种演讲方式，要能够谈论各种文化部门，如果我把自己当做一个努力进行描述的人，我肯定不会做出这样的论断来。但是，正如盖乌斯·鲁西留斯[①]常说的那样——他不太讨你喜欢，由于这个原因他也无法像他所希望的那样与我接近，但他确实是这个城市有学问的评论家和典型的绅士——我的看法是，如果不能掌握所有这些有助于教养的技艺，就算不上一名演说家；因为尽管我们在讲话中并非真的在实施这些技艺，但无论如何可以证明我们对这些技艺是陌生的或是已经学习掌握了的。正如打球的人没有在比赛时使用他们体育方面的灵巧身手，但他们的每一个动作都可以表明他们有没有受过这样的训练，或者他们是否对这种技艺一无所知；又比如绘画，尽管他们的动作不是在真的使用画家的技艺，但不管怎么说，通过这些动作，不难看出他们懂不懂绘画；哪怕是在法庭、公民大会、元老院讲话也一样，即使承认其他技艺不能在这里起作用，但仍旧可以比较容易地察觉讲话者对演讲仅仅是踉跄行事，还是在完成演讲任务之前已经在所有技艺上接受过训练。”

【17】这时候，斯卡沃拉微笑着宣布说：“克拉苏，我不想跟你再吵了。你的这番讲话是反对我的，你用了某些伎俩，即承认我说的那些事情不属于演说家，然后又不知不觉地把这些东西夺回来交给演说家，当做他们的固定财产。当我作为一名执法官抵达罗得岛的时候，我和修辞学这门科学

---

① 盖乌斯·鲁西留斯（Gaius Lucilius），罗马剧作家，大约生于公元前180年，死于公元前102年。

最卓越的大师阿波罗尼乌斯[①]谈论过这些主题，我还和他谈过我从帕奈提乌那里学到的东西，帕奈提乌曾经嘲笑哲学，表示过对哲学的轻蔑，他希望更加自由地以一种比较优雅的方式谈话，而不是采用严肃的方式；而你的论证却不仅约束了对任何技艺或科学的轻视，而且把它们全都说成演讲术的侍者和婢女。在我看来，如果一个人应当精通所有技艺，那么他也应当能够把它们全都与这种可以增添力量的优雅表达结合起来，我不否认这样的人是一位值得崇敬的能人；但若真有这样的人，或者曾经有过这样的人，从而使你认为自己就是这样的人，那么在我和其他人看来，你会使所有其他演说家——我要请他们原谅我的话——黯然失色。但若你本人，尽管丝毫也不缺乏从事法律和政治演讲的知识，但仍旧没有进一步掌握演说家的知识，那么让我们来看，除了那些案例允许你说的事实以外，你是否可以不把其他事情归于演说家。”

这时候克拉苏打断了他的话。克拉苏说：“请你记住，我谈论的不是我自己的技艺，而是演说家的技艺。像我这样的人已经学了这门技艺，或者已经有机会学习这门技艺，我在进行理论学习之前也已经有了实践，在竞选公职时，在政治活动中，在处理我们朋友间的事务时从事过公共演讲这种职业活动，对我们来说，由于参与这些活动而在心中产生的它们的重要性观念怎么会消失呢？但若你在我身上发现了这种优点——你也许会认为我并不缺乏能力，但肯定需要学习和闲暇，（说实话）需要有得到指点的必要热情——那么你认为一名演说家应当拥有什么样的品质和气度，他应当拥有我没有学到过的所有东西，能够把它们与像我一样的或比我更强的人拥有的能力结合起来吗？”

【18】这时候安东尼乌斯说话了：“克拉苏，在我看来，你已经陈述了你的看法，我不怀疑，要是有人已经掌握了这些原则，掌握了各种主题的性

---

① 阿波罗尼乌斯（Apollonius），希腊诗人、语法学家（约公元前295年—前230年），生于亚历山大里亚。

质，掌握了各门技艺，那么作为一名演说家，他会得到更好的武装。但是，首先，这样的知识很难获得，尤其是在我们的生活和我们从事的活动中；还有，存在着偏离我们讲话的传统风格的危险，而这样的风格是公众接受的，适用于辩护。在我看来，你刚才提到的这些人的雄辩口才完全属于另外一种口才，尽管他们可以优雅、有说服力地讲话，要么谈论自然哲学，要么涉及人类的事务，但仍旧有另外一种精致的、辞藻华丽的措辞，在训练学校及其相关地点，而不是在我们的政治喧闹或在法庭上，散发着它的芬芳。当我想到这一点的时候，我就回想起一件事，我很晚（或者说很少）才接触希腊文献，但在担任西里西亚的地方行政官前去赴任的时候，我途经雅典，由于海上的原因而在那里逗留数日，尽管我本人按照当时的说法属于最有学问的人，与你刚才提到的那些人所差无几，但是不知何故，那里兴起谣传，说我像你一样，通常担负着比较重要的事务，于是他们中的每个人都轮流前来跟我讨论演说家的功能和方法。

“就像你们的权威涅萨库斯[①]本人一样，他们中有些人认为那些被我们称做演说家的人其实只是一类比较高明、训练有素、有着能言善辩的口舌的工匠，但是除了聪明人，没有人能够成为演说家。演讲术被视为一门关于如何能言善辩的科学，但雄辩本身实际上是一种德行[②]，而拥有一种德行的人也就会同时拥有所有德行，因为所有德行都处在同等地位，相互平等，可见一位雄辩的人拥有各种德行，因此他是一个聪明人。但这是一种有争议的、抽象的说法，与我们的想法完全不同。不过，卡尔玛达斯说起这个论题来会使用更加丰富的词汇，他这样说不是想要表明他自己的看法——这是学园派的习惯，对所有在争论中站在另一边的人都要表示反对意见——而只是为了指出那些注重文体的修辞学家和那些关于雄辩的规则并不包含对任何事物的

① 涅萨库斯（Mnesarchus），生平不详，他的观点在西塞罗的对话中表示斯多亚学派的看法，他们对一切德行的统一性和相互之间的平等性的基本看法包含在只有哲学家能够成为演说家的论断中。

② 原文“德行”（virtue）一词亦有“功效”、“效能”、“优点”等意。

清晰理解，除非学习那些哲学家的发现，否则没有人能够通过讲话来获得技艺。

【19】“某些雅典人在政治集会和法庭上是优秀的、老练的演讲者。他们对这个问题的看法不同，其中有美涅得谟斯[①]，他后来作为我的客人来到罗马。他断言有一种专门考察城邦政治、城邦的建立与统治的智慧。但这个时候激怒了一个脾气急躁的人，他知识渊博，对各种事实的掌握也多得令人难以置信。他告诉我们，同一种智慧的每个部分都应当到哲学中去寻找，比如这个国家的风俗、不朽的诸神、青年人的训练、正义、忍耐、自制、中庸等，而那些所谓离开国家就不能存在或者不能获得幸福的原则，在修辞学的文章中都不能找到它们的位置，因此是毫无价值的。然而，要是在这些修辞学教师的书中找不到与这些主题相关的一个字，那么在他们的著作中那些与开场白、结束语相关的规则以及大量废话又如何能与考察国家的组织、法律的起草、公平、公正、忠诚、克制情欲、人性的教化相关的高尚主题相关呢？至于他们提到的实际规则，这个人会嘲笑它们，他的办法就是指出这些规则的创立者不仅躲避这种他们冒称拥有的智慧，而且他们对于雄辩的真正原则和方法也是无知的。他认为，演说家的主要目标是使他自己在他想要引导的人面前显得像那么回事(这一目的需要通过一种高尚的生活方式来实现，而修辞学教师在他们的教导中对此并没有留下什么建议)，使听众的心灵能够受到触动，就像演说家想要它们受到触动一样（这个目的只有那些考察了所有方式的演说家能够达到，在使用了各种措辞和诱惑以后，人们的判断会倾向于这一边或那一边）。但是按照他的说法，这样的知识存在于别处，埋藏在哲学的心脏之中，那些修辞学家凭借他们的口舌能够品尝到的东西并没有多少。美涅得谟斯的这些论断努力否定与之对立的看法，他使用的是引证而不是论证。当他复述来自德谟斯提尼的大量段落时，他要证明的是演说家

---

① 美涅得谟斯（Menedemus），希腊哲学家，大约生活在公元前 4 世纪末和公元前 3 世纪初。

在用他的口才影响民众的判断、使他们朝着演说家所希望的方向发展，这个时候他非常明白用什么样的手段可以达到卡尔玛达斯所说的这种若无哲学的帮助就无法取得的后果。

【20】“对此，卡尔玛达斯回答说，他不否认德谟斯提尼拥有完善的智慧和最高的雄辩力量，至于德谟斯提尼的这种能力是否如人们一般所说的那样是天赋的，那么作为柏拉图的一名忠实门徒，他认为当前的问题不在于德谟斯提尼能做什么，而在于那些修辞学家在教什么。他也不止一次地在他的谈话中提到根本就不存在雄辩术这门技艺，然后通过论证来证明这一点。因为，就像他所说的那样，我们生来都有一种相同的哄骗的能力，能用甜言蜜语来讨得某人的欢心以便从他那里谋取好处，用威胁性的语言吓唬我们的对手使他们感到气馁，能够解释一项行动应该如何完成，能够提出我们自己的指控、否定他人的指责、在讲话结束时表示某种抗议或悲哀（他宣称在这些活动中演说家的各种手段都会发挥作用），能够遵循习惯并通过练习来提高识别能力，流利地表达自己的意思，还能够用大量的例证来支持自己的立场。首先（他会说）修辞学的作家——就像为了确定目标似的——没有一个人讲话是得体的，他研究了以往所有修辞学家，一直追溯到科拉克斯[①]和提西亚斯[②]的时代，人们公认他们是这门技艺的创始人和最早的实践者；另外，他引述了无数的雄辩者，但这些人从来没有学过这些修辞学的规则，或者从来都没有费心去熟悉它们。无论他是在开玩笑，还是在表达他的真实想法，还是他听别人这样说过，他在列举这些人的时候提到了我，把我说成一个从来没有研究过修辞学，但又（按他的说法）拥有某些演讲能力的人。对他的这些观点之一——我从来没有学习过修辞学——我打算表示同意；但对他的其他观点，我想他要么是在和我开玩笑，要么是他自己弄错了。然而他说，‘技艺’都存在于知识和对事实的清晰感觉之中，知识与感觉都趋向于

① 科拉克斯（Corax），希腊修辞学的创始人之一，西西里人，大约生活在公元前5世纪。

② 提西亚斯（Tisias），希腊修辞学的创始人之一，生平不详。

同一结论，不会有大的误差，而演说家处理的事情都是可疑的、不确定的，因为所有演讲者都没有真正把握他们的主题，而所有聆听者又都不具有传达给他们的知识，只有某些暂时的既不真实又不清晰的意见。简言之，他看起来想要令我信服，除非掌握了最博学者的哲学方面的教导，否则就不能灵巧熟练、词汇丰富地讲话。克拉苏，卡尔玛达斯在这些讨论中没有对你的才能表示热烈的崇拜，而是做了一些解释，他发现我是一个思想上有准备的聆听者，而你却是一个最凶猛的反对者。

【21】“所以，受到类似观点的影响，我实际上写了一本小册子——我不知道是谁在我不知情的情况下，或者在没有征得我同意的情况下把它发表了，并在公众手中流传——我在里面说自己确实知道有些演讲者非常有才能，但至今没有一个人是真正雄辩的，因为我认为任何人其实都有这方面的才能，可以在日常生活中用必要的、清晰的观点表达他的思想，这一点与我所说的人的平均精神面貌相一致，而我所说的雄辩者只限于那些能够以一种更加令人崇敬和满意的风格夸大或修饰他所选择的主题的人，他的心灵和记忆能够包含与演讲术有关的一切资源。如果对我们自己来说这是一件难事，因为在进入这种必要的学习之前我们就在全力追逐公职和处理法庭上的事，但不管怎么说，让我们承认按其本性演讲术是可以习得的。就个人来说，只要我能构成一个陈述，我的各种才能中有下判断的能力，而我的同胞公民也都拥有这种才能，那么我就不会对我的过去表示失望，因为过去确实有过一些比我们更加热心学习的人，他们有更多的闲暇，他们开始学习比我们早，他们的学习机会比我们多，而从使用的角度看，那些更加勤奋的人会像我们所寻找的演说家一样热心地聆听、阅读、写作，他们确实不仅可以称做有造诣的，而且真的是雄辩的。毕竟，在我的心目中，克拉苏已经是这样的人，若有某些人拥有克拉苏这样的天生的能力，比克拉苏聆听、阅读、写作得更多，那么他的造诣能够得到进一步的完善。”

这时候，苏皮西乌喊道：“真没想到，太好了，克拉苏，这正是我和科塔热忱期待的事情，我的意思是你们俩刚才陷入的这场特殊的谈话。我们原以为在你和安东尼乌斯谈论一些事情的时候我们可以从你们的谈话中听到某些值得记住的事情，这就已经够愉快的了，但是你们就演讲术的整个问题——无论它是一种实践还是一种技艺，或是一种天然的能力——进行了一场宏大的、极为详尽的讨论，完全出乎我们的意料之外。实际上，我从很小的时候就开始热心地想成为像你们这样的人，对你克拉苏我忠心耿耿——因为只要一有机会我就陪伴在你的身旁——但一直没有机会听你谈论雄辩术的性质和理论，尽管我个人也参与过诉讼，此外还通过德鲁苏斯的帮助参加过一些审判。在这个主题上，你，安东尼乌斯——我说的是真话——从来没有对我的提问和质疑置之不理，而是多次向我解释在实际演讲中你不会遵守那些规则。现在，你们俩已经开辟了一条道路，使我们能够抵达我们探索的目标，因为克拉苏引导我们进入了这场讨论，仁慈地为我们解释细节，而你令人尊敬的讲话涉及演讲术的每一个部分。如果我们确实能从你们俩身上得到这种恩惠，克拉苏，我们无比感激你这所位于图斯库兰的学校，我们要把你这所郊区训练营视为比闻名遐迩的柏拉图学园和吕克昂学园更加优秀。”

【22】这时候，克拉苏说：“不，苏皮西乌，让我们还是问问安东尼乌斯吧，我明白你的意思，他们俩都有能力满足你的需要，也习惯于回答我们的问题。至于我，你自己刚才告诉我们，我不可避免地会逃离所有这类讨论，一而再再而三地拒绝顺从你的意愿和服从你的要求。我曾经这样做不是由于固执或粗暴，也不是因为我不愿满足你完全合理的要求和可敬的热忱——我一旦认识到你超过其他所有人的天赋能力和对演讲术的适宜，那就更是如此了——而是为了求得神圣的真理，你的要求缺乏某种论证，在处理那些关于技艺的理论时也显得笨拙。”

然后，科塔说：“我们已经确定了看起来最困难的事情，而你克拉苏应当有能力谈论它们，至于剩下的事情，如果我们在你还没有向我们解释已经考察过的全部内容的情况下就让你走，那就是我们自己的过错了。”克拉苏回答说：“我想，还是把我们的考察限制在我的知识和能力的范围之内吧，就像格言所说的那样，量力而行。”[①]科塔又说：“那没问题，超过你的能力或知识范围的事情，在我们中间又有谁能大胆地说在他的能力和知识范围之内呢？”克拉苏答道：“要是我可以否认那些我不拥有的能力，可以承认我不知道某些事情，那么你们爱怎么问就怎么问吧？”苏皮西乌说：“好吧，我们要问你的首先是，你对安东尼乌斯刚才提出来的观点有什么看法，你是否认为有演讲的‘技艺’这样的东西？”克拉苏大声说：“为什么要提这个问题？你以为我是满脑子学问但又愚蠢饶舌的希腊人，老是问一些微不足道的问题，你以为我愿意回答这样的问题吗？你想想看，我什么时候自找麻烦考虑过这样的问题，而不是去嘲笑这些人的好辩，他们坐在学校的椅子上，从听众中随意叫起任何人来提问，然后给予回答？林地尼的高尔吉亚[②]是这种练习的首创者，当他声称自己可以谈论听众所能想象到的任何主题的时候，人们认为他在从事或传授某些非常重要的事情。然而后来，他们到处这样做，直到今天还在这样做，结果就是没有任何主题有他们的主题那样庞大，那样不可预见，那样新颖，于是他们再也不宣布说自己准备好了，可以谈论所有要说的事情了。但是我对你，科塔，或者对你，苏皮西乌，要是我假定你们希望听取这种事情，那么我必须在这里谈到某些希腊人或其他人，让你们对这样的讨论产生兴趣，这一点甚至现在也很容易做到。因为与马库斯·庇索（一位年轻人，拥有很高的才能，对我非常忠心，但已经放弃了这方面的追求）在一起的还有一位逍遥学派的斯塔昔阿斯，我对他非常熟悉，据我所知，专家们一致同意他在这个方面是非常杰出的。”

【23】“斯塔昔阿斯！什么斯塔昔阿斯？你为什么要跟我说什么逍遥学派？”穆西乌斯说。“克拉苏，对年轻人的愿望做出回应是你的责任，他们不愿意每天去和一些没有实践经验的希腊人聊天，或者在学校外面听一些老人的陈词滥调，而是想听这个世界上最聪明、最雄辩的人讲话，这样的人不在

① 这句格言直译为“接受了遗产再走”。

② 高尔吉亚（Gorgias），公元前5世纪的希腊智者和修辞学家，出生于西西里岛的林地尼（Leontini）。

书本上，而在最重要的事件中，在这个伟大国家的权力宝座上占据着判断和雄辩的首席位置。他们急于想听到他们长期追随的那些人的看法。还有，正如我一直把你当做理想的演说家一样，尽管我还没有说你的雄辩比你的仁慈更值得赞扬，但仁慈的品质会使你利用眼前的机会尽力发挥。你可千万不要逃跑，因为这两位才能出众的年轻人正在期待着你的加入。”

克拉苏回答说：“对我来说，我急于满足你朋友的要求。以我简洁的风格，要谈论我对每个要点的看法并不难。对这第一个问题——斯卡沃拉，我不认为轻视你的论断有什么罪过——我会回答说：‘我认为根本就没有所谓讲话的技艺，或者说，即使有也非常空洞’，全都是学问圈里的人的语词之争。如安东尼乌斯刚才所解释的那样，如果有这样一门技艺可以界定为由彻底考察并清晰地加以理解了的事情组成，不受意见的控制，需要掌握精确的知识，那么在我看来，似乎就不存在所谓演讲的技艺。我们自己在公开讲话时使用的各种语言是变化的，要适合一般听众的理解。然而，要是那些掌握了讲话的技巧，富有讲话经验的人注意到了这些实际的讲话，并且记录下来，用术语来界定这些事情，然后通过分类进一步把它们弄明白，归入若干部分——我想这样做是有可能的——那么我就不明白这样的事情为什么就不能被当做一门技艺了，尽管这样说不完全精确，但至少按照民众的一般看法还是可以这样说的。无论这种事情是一门技艺，或者仅仅是类似技艺的东西，但我们肯定不能轻视它。我们必须明白，其他某些素质实际上是拥有口才以后产生的更大的后果。”

【24】这时候安东尼乌斯说他衷心赞同克拉苏的看法，既不像那些醉心于演讲术的人那样委身于这门技艺，也不认为演讲术的全部功效就在于它是一门技艺，所以就像大部分哲学家那样并不完全排斥它。他继续说：“但我认为，克拉苏，如果你能够谈一谈对演讲术的看法，那么你还是要帮助一下这两个人，这样做给演讲术带来的好处甚至超过这门技艺本身。”

克拉苏回答说：“一旦我开始谈论，我肯定会提到我的看法。但我恳求你们不要对外公布我的这些微不足道的见解。尽管我也会约束自己，不让自己显得像是一位大师或职业演说家，而只是作为无数罗马公民之一自愿提供我自己的某些观察，我由于处理公务积累了许多经验，在这方面也可以说是训练有素，但并非毫无局限，我只是偶然碰巧参与了你们的讨论。事实上，在竞选公职时我曾经劝说斯卡沃拉离开我，我对他解释说我打算装傻[①]，也就是说，要想成功地赢得公职，就要使自己变得很有吸引力，就需要装傻，然而在这里，在我们的一位朋友面前，我是最不愿意装傻的。然而，命运之神似乎指定了要由他来做我装傻的见证人和观察者。因为世上还有什么事比谈论讲话更愚蠢？讲话本身就是一件蠢事，除非在无法避免的时候不得不讲。”

穆西乌斯说：“不管怎么样，克拉苏，开始吧，因为我会消除你的担心。”

【25】于是克拉苏言归正传，他说：“我的意见是这样的。首先，天生的能力对演讲术的功效起着主要作用。确实，在这门技艺的作家那里，其中有刚才讲话的安东尼乌斯，主要缺乏的不是演讲术的原则和方法，而是自身的能力。因为某些活生生的理智活动和才能一样不可缺少，比如在开题时非常敏捷、在解释和修饰时语词非常丰富，在回忆时非常可靠和稳固。如果有人认为这些能力来自技艺，那么这种信念是假的——如果技艺能够增强或者削弱人的能力，那么这确实是件好事，然而能力都是自然的馈赠，某种确定的技艺不可能输入或赐予能力——他想要说的那些属性无疑内在于人本身：灵活的舌头、圆润的嗓音、强大的胸腔、朝气蓬勃、适当的体型、整个脸部和身体的样子，对吗？这样说，我的意思不是技艺不能在有些情况下起到修饰作用——因为我非常明白良好的能力可以通过教导变得更好，尽管不可能变得最好，但不管怎么说可以在一定程度上得到增强——但有些人的舌头就是那么不灵活，有些人的嗓音就是那么难听，有些人的体型和姿势就是那么粗

① 这里的拉丁原文为“ineptus”，英文译为“silly”。克拉苏感到由他来谈论演讲术非常愚蠢，就好像在竞选中与每个人握手似的。

俗，哪怕他们的才能是健全的，他们对这门技艺是在行的，他们还是不能进入演说家的行列。而其他一些人在这些方面都那么适宜，由于自然的恩惠而完全具备了各方面的条件，就好像它们不是凡人所生，而是由神塑造出来似的。

“这样的人要担负的责任和完成的任务是重大的，在同胞们集会的时候，他一旦挺身向前，人们就会安静下来听他讲述重要的事情。会场虽然静悄悄的，甚至连鬼都不会到场，但人们的热情期盼和穿透性的目光都会盯着演讲者的缺陷而不是他在演讲中的亮点。因此，任何惊慌失措的表现都会伤害那些值得赞扬的地方。我并不想用这些考虑来吓唬年轻人，阻止他们追求演讲术，但他们可能缺乏某些天生的才能。有谁看不到与我同时代的盖乌斯·科厄留斯在演讲术上取得了成功，他出自一个新的家族，经过合理的追求而取得很高的名望？又有谁不知道你们自己的同时代人昆图斯·瓦里乌斯，一个性格粗野、令人反感的人，通过这种练习，在公共生活中取得很大的声望？

【26】“但我们现在要寻找的是‘演说家’，我们在讨论中不得不为自己描绘一幅演说家的形象，去掉他身上的各种缺点，把他说成一个多才多艺的人。我们的公共场所有许许多多的诉讼、争论，还有乡下人的吵架，哪怕是最差的演讲者也有讲话的机会，我们不要由此而失去对我们想要研究的这个对象的关注。对于我们正在寻求的那些技艺——不是为了任何必然的用途，而是为了能够时不时地给理智带来愉悦——我们的评价有多么不满，我几乎要说有多么轻视啊！因为当人们在法庭上冷漠地对待演讲术时，法庭或争论并没有通过恶劣的行为迫使人们就范。因此我们的演说家必须小心地注意到这一点，他不仅必须使某些喜欢演讲术的人得到满足，而且要使自己在那些拥有自由判断权利的人眼中被视为极好的。如果你们想要了解这一想法，我会用简洁的语言在我最熟悉的朋友中间公布我的想法，对此我以往一直都保持沉默，并且认为在这个问题上保持沉默是适宜的。在我看来，哪怕是最优秀的演说家，那些能够以最轻松、最优雅的风度讲话的人，在如何展开演讲上是不同的，演讲的开头也不同，他们似乎丝毫也不知道什么是难为情，但

二者的界限不可逾越。演说家越是优秀，他对演讲的困难理解越深，对演讲的效果和听众的反应越是感到捉摸不定。另外，在创作和表达上无能，配不上演说家的称号，也配不上听众耳朵的那些人要是在讲话时也能毫不犹豫，那么在我看来他似乎也是不知道什么叫做难为情，因为这不是对那些可耻的事情感到难为情，而是在要不要做某事时产生的难为情，所以我们必须避免这种所谓不知羞耻的指责。至于讲话不知道脸红的人——我想大多数演讲者都属于这种情况——我认为他不仅应当受到惩戒，而且应当受到处罚。根据我自己的经验，在快要开始演讲的时候，我的脸色确实会变得苍白，四肢和全身都会发抖，而按我的一般判断，你们也会有这种情况发生。事实上，由于年轻，我曾经在开始讲话时惊慌失措，幸亏昆图斯·马克西姆及时帮了大忙，替我压住了阵脚，要听众们安静下来，这个时候他看到我已经吓坏了。”

这时候，在场的人开始面面相觑，或是点头赞同，或是相互攀谈起来。这是克拉苏表现出来的神奇的谦虚，他这样说不会对他的演讲术有所贬损，反而以提供见证的方式有益于他的演讲。

【27】这时候，安东尼乌斯说：“克拉苏，我经常注意到你和其他一类的演说家——尽管在我看来还没有人能够与你匹敌——在开始演讲的时候都感到深深的不安。考察这一现象的原因——为什么演说家能力越强，他就越是紧张不安——我发现有两种解释：第一，那些从经验中学习的人和那些对人性有深刻认识的人明白，哪怕是最杰出的演说家，从演讲者的期盼来说，语言有时候也不能满足他们的需要；因此，如人们常说的那样，他们的害怕是有理由的，那些可能发生的事情有时候会真的发生。第二，有些事情是我经常抱怨的，无论我们什么时候尝试改进技艺，我们付出的劳动总是与获得的成功不符，真正起作用的是人们的天生的能力，而不是他们关于如何做好这件事的知识，我们看到的缺乏幽默或者困窘都可以解释这种现象（人们说‘洛司基乌斯今天不在状态’，或者说‘他今天有点儿不高兴’）；如果把这种情况也当做演说家的缺点来批判，那么产生这种想法的原因就是愚蠢。但这种

愚蠢却找不到原因，因为没有一个人的愚蠢可以建立在他‘有点儿不高兴’或‘有某种倾向’的基础之上。所以在演讲中，我们遇到一种更加苛刻的要求。讲话就要下判断，一个行动错误不会始终不断地宣判某个无知的行动者有罪，但一个演说家就不同了，只要他的讲话中的某些观点受到批评，人们就怀疑他整个儿是个笨蛋，这样的印象至少会保存好几天。

【28】“至于你说演说家有许多素质必定来源于自然，或者说演说家通过教育得到的帮助不大，我完全同意你的看法。在这方面，我尤其要赞美一位杰出教师的做法，阿拉班达的阿波罗尼乌斯，尽管他受雇于人，但他决不愿忍受那些按照他的判断无法成为演说家的学生，为了不让他们白费力气，他会把他们打发走，敦促和鼓动他们去学习其他适宜的技艺。确实，能够获得其他技艺也就够了，做一个与其他人相同的普通人，能够在心灵中理解，能够在记忆中保存老师的教导也就可以了，哪怕是让他死记硬背，他也有机会超过那些不学习的人。不需要圆滑的舌头，不需要流利的语言，也不需要我们自己无法塑造的东西——天生的相貌、表情、嗓音。但是做一名演说家，我们必须要有逻辑学家般的精细，哲学家般的思想，几乎像诗一样的措辞，律师般的记忆力，悲剧演员的嗓音，最完美的演员的相貌。同理，没有比在人的儿子中发现了完善的演说家更为稀罕的事了。因为一个人只能获得中等程度的受赞扬的品质，而要是演说家具有这些受称赞的品质，就不能得到从事其他职业的工匠们的认同，除非这个演说家身上具备了所有品质。”

这时候克拉苏说：“请你注意，从事一门极为低劣琐碎的技艺所需要的练习要比这门最伟大的技艺多得多。我一次又一次地听洛司基乌斯宣称，至今为止，他从来没有成功地发现过一个得到他认可的学生；不是由于没有人可以接受，而是因为，要是他们身上有任何缺点，他本人就不能忍受它。世上没有什么事情需要像你讲得这样引人注目，或者要在心中牢牢记住。就像你讲述这些事情可以脱口而出一样。所以，我们可以拿这位演讲者作为我们衡量演说家的能力的标准，你们难道看不出他有多么完美、多么迷人、多么得体，以至于可以吸引每个人吗？同理，他很久以前就提出，一个人无论在哪门技艺中是杰出的，都可以称做他是这个行当的洛司基乌斯。而对我来说，在向演说家提出这种绝对完善的要求时，我本人已经远远够不上这个标准了。我这样做是不怕难为情的，因为我想原谅我自己，但我不能原谅其他人。简言之，没有能力的人要是犯了错误，有谁会声称这是他的耻辱，而根据我的判断，就像阿波罗尼乌斯所说的那样，我会让他去承担这样的工作，认为这是他力所能及的。”

【29】苏皮西乌说：“那么你能指导我和科塔学习习惯法或者士兵的技艺吗？有谁能达到你所要求的这种伟大而又普遍的完善？”克拉苏回答说：“我看是可以的，因为我知道你们俩非常优秀，拥有演讲术的天才，我虽然已经提出方方面面的考虑，但我对有能力的人从事演讲的鼓励不亚于使没有能力的人沮丧，这才是我讲话的目的。然而，尽管我已经注意到你们俩的极高的才能和勤奋，但仍旧把这些长处视为依赖于人的外貌，关于这一点，我也许说得太多了，而希腊人是不会这样说的，苏皮西乌，这你明白，那些希腊人真是神人。我想，我从来没有听到过有演说家的仪态比他们更优雅，或者有演说家的嗓音比他们更洪亮，而在这些方面天赋较少的人无法获得像他们一样恰当地使用这些天赋能力，无法表现得尽善尽美。缺乏演讲的天赋能力是首先要避免的错误，但要制定什么规则来避免它，不仅对我来说是困难的，我谈起这些事情来就像乡村老人立法，即便对伟大的洛司基乌斯来说也是困难的。我经常听人说，他肯定这门技艺中最主要的事情就是要注意文雅得体，尽管能否通过学习这门技艺来做到这一点，那是另外一回事。但是，请你们原谅，现在让我们把谈话转到其他主题上去，让我们用自己的风格讲话，而不要以修辞学家的风格讲话。”

科塔回答说：“怎么都行，因为你让我们继续考察这门技艺，而没有把我们打发到其他技艺上去。我们现在一定要请你为我们解释一下你自己的演讲能力，不管你能讲多少——我们不会太贪婪，我们对你所说的‘日常的口才’相当满意——（你的解释范围不必超过你所获得的演讲者的最基本的技艺），因为你告诉我们，我们不太缺乏那些源于自然的素质，但我们想要从你这里知道，有哪些素质我们需要进一步获取。”

【30】克拉苏微笑着对科塔说：“科塔，你认为还需要什么，不就是热情或者像爱情一样热烈的欲望吗？缺乏热情，人们在日常生活之外就不能取得任何成就，更不用说获得你们追求的这种成功了。我并不认为你们二位需要这方面的激励，从我自己的经历来看，你们在这方面惹来的麻烦比我还要大，因为你们的热情太高了。然而，无论要达到什么目的，你们都只能努力把握可以引导你们实现目的的事情。所以，你们给我压上的担子是比较轻的。你们不是在考察我的演讲术，而是要我讲一讲自己的能力，无论这种能力有多么弱小。我要向你们解释我的习惯方法，没有什么特别神秘或极端困难的东西，也没有什么特别重大的事情，而只是我以往曾经遵循过的计划，我在年轻的时候，也像你们一样随心所欲地求学。”

听了这些话，苏皮西乌大声说：“科塔，你要让我们白等了！我从来不敢保证我们通过恳求、埋伏、监视而听来的消息是可靠的——我指的是有机会听到克拉苏为了练习演讲术在做些什么，我们的消息尽管不是第一手的，但至少是从他的秘书兼读者狄菲卢斯那里得来的——这些事情你我已经听说过了，我们现在要从他的口中了解我们一直想要知道的事情。”

【31】克拉苏继续说道：“我想，苏皮西乌，听了他们的谈论以后，你对我的看法就不会感到那么神奇了，你会知道你们的期待毫无理由。因为我已经说了，我要告诉你们的事情没有什么秘密，也不值得你们期待，也没有什么是你们从来没有听说过的，或者说对某人来说是新鲜的事情。因为提起自由人的文化艺术教育，我不否认自己学过那些一般常识，也知道老师们的那些出名的规则：第一，一名演说家的任务就是以一种恰当的风格讲话，使听众信服；第二，每次讲话都必须考察某个一般的问题，但不要涉及具体的人和事，或者涉及与某个具体的人和具体的时间有关的某个问题；还有，在两种情况下，无论争论的主题是什么，通常要考察的是某个行动是否已经完成，如果是已经完成了的，那么它的性质是什么，或者这个行动的名称是什么，或者再加上这个行动是否合法；还有，从书面文件的构成中也会产生争

论，要么是含义模糊，要么是自相矛盾，要么是文件的字面含义与真实意图有出入；还有，确定哪些证明的模式是适宜的。我还听说，这样的问题与一般的争论不同，有些在正义的法庭上起作用，有些在商议事情的时候起作用，还有第三种与赞扬或批评具体的人有关。有些话我们可以用在法庭上，以公平为目的，有些话我们可以用在商议性的场合，为的是接受我们建议的人的利益；还有一些话是赞扬性的，这时候的唯一考虑就是被赞扬者的伟大之处。由于演说家的所有活动和能力可以分成五个部分，我学到了首先要说明自己的主旨，然后不仅要有序地把握和安排自己的各种发现，而且要全面地估量它们的分量，就像对待每个论证一样；其次，要以一种得体的风格把它们逐一提出来，然后牢记在心；最后要有效地表达，要能够吸引人。[①] 我还学到，在讲述某个事件时，我们首先要得到听众的善意，然后要陈述我们的案例，界定争端，然后确定我们自己的主张，否定对手的主张，在结论中尽力夸大对我们有利的东西，削弱或消除那些有助于我们对手的东西。

【32】“我还听说过如何修饰演讲本身的那些传统规则：在我们必须讲话的时候，首先，要使用纯粹的、正确的拉丁语；其次，要清晰明白；再次，要优雅；最后，要用与主题的庄重程度相宜而又得体的方法。关于这几个要点，我还学了具体的规则。还有，我看到这门技艺有助于增进那些天赋的能力和素质，例如，关于表达和记忆，我曾经尝试过某些规则，尽管很简单，但需要大量的练习。

“这些事情几乎就是你们的修辞学教师的全部学问。如果我把这种学问称做无用的，那么我是在撒谎。事实上，它包含某些对演说家的提醒，比如，在每个场合他必须运用什么样的标准，要是他不想信口开河，他必须记住什么。但在我看来，所有这些规则的作用不是演说家遵循了它们就可以赢得雄辩的名声，而是某些人注意到，或者回想起，有些人天生就有很好的口才，因此口才不是这门技艺的产物，而是倒过来，这门技艺是口才的产物。

① 作者在这里并非按照五个方面分别复述，而是以三个分句综合叙述五个部分。

即便如此，如我前面说的那样，我并不排斥技艺，尽管它对正确的讲话并非最根本的，但它对正确知识的帮助不容忽视。还有，某种实际的训练是你们必须接受的——尽管你们俩确实已经完全合格了——我指的是那些刚刚处在起跑线上的人，他们在参加比赛前要是事先能够接受某些训练，那么他们在比赛中就能取得较好的成绩，在法庭上也一样。”

苏皮西乌说：“我们希望了解这种训练，但不管怎么说，我们想听的是这门技艺的规则，你已经简要地提到了，尽管我们已经知道了这些内容。现在，我们想听听你对训练本身的看法。”

【33】克拉苏答道：“我肯定同意你们自己做事情的习惯，当你们思考某些问题的时候，你们也像在法庭上打官司一样，喜欢马上进行争论，就好像在现实生活中吵架。然而，大部分学生在训练时，仅仅是练习他们的嗓音（以一种错误的方式）和他们的体力，练习加快他们的语速，学会一整套冗词赘语。这种错误的根源在于他们听说，讲话才是成为演说家的捷径。但是另一句格言也是正确的——讲话讲不好的人最容易变成不好的演说家。由于这个原因，你们自己进行的那些练习，尽管具有锻炼即席讲话能力的价值，但要讲话前先进行考虑仍旧是可取的，准备得越仔细，讲得越好。但是说实话，我们做得最少的事情就是最主要的事情（因为这种事情需要我们付出极大的努力，令我们畏惧）——尽可能地写。笔确实是最优秀、最杰出的作者和演讲术的教师。如果说即席发言很容易被精心准备过的讲话击败，那么后者转过来肯定会被精心撰写下来的讲话击败。实际上，当我们带着天然的精确性探讨和考察某件事情的时候，所有演说词，无论来自技艺还是来自个人的才能与智慧，凡是与我们撰写的主题相关的，都会涌现出来，所有在它们所属的类型中最优秀的思想和表达也一定会接连不断地涌向我们的笔端。最后，在写作过程中，实际的修辞和语词的安排也会以一种适合演讲但有别于诗歌的节奏和尺度得到完善。

“在优秀的演说家那里，这些事情会引来听众的鼓掌和崇敬。一个人无论如何持久地锻炼讲话，若不接受这样的训练，无人可以取得这样的结果。

他也可以通过长期写作来接近演讲术，给他的演讲任务带来益处，只要他一说话，无论他说什么，都会像书面写下来的文字一样。还有，他要是在讲话中引用一段书面文字，那么他在谈到其他问题的时候，他的讲话的其他部分也会从一种固定的风格开始。好比一艘正在快速前进的船，水手们停止划桨，船本身仍旧会继续前进，尽管划桨提供的动力已经停止；同理，在一篇完整的讲话中，引用书面文字结束了，但讲话的其他部分仍会继续前进，讲出来的话会和书面文字相似，具有书面文字般的力量。

【34】“年轻的时候，我平时进行过演讲练习。我给自己规定了一项主要任务，这是我的死对头盖乌斯·卡玻不愿意做的事。我选了一些能够给我留下深刻印象的、可以像某些演说词一样朗读的诗歌，把它们牢记在心，然后根据所选的主题大声朗读，并且尽可能选用不同的语词。但是后来，我注意到这种方法有缺陷，因为这些语词有它们自己最适用的主题。如果我用恩尼乌斯的诗歌做练习，那么恩尼乌斯已经抓住了最优雅，实际上也是最优秀的语词；如果我用革拉古[①]的演讲词做练习，那么革拉古已经掌握了最优雅的词。因此我看到，使用相同的表达对我没有益处，使用其他人的表达方法对我来说肯定也有障碍，而这样做的结果就是养成了一种不太适宜的习惯。后来，我开始随意翻译最优秀的希腊演说家的演讲词——这种练习到我成年以后还继续保持。这样做的结果是，我读的是希腊文，然后把它们转换成拉丁文，我发现自己不仅使用了最好的语词——又是相当熟悉的——而且通过类比铸造了某些对我们的人民来说是新的语词，只要它们是恰当的。

“练习一开始，就是控制语音、呼吸、姿势和言语本身，我们宁可说它们是一种使用而非技艺。在这些事情上，我们必须仔细考虑我们应当以谁为榜样，我们希望像谁。我们必须向演员和演说家学习，这样的话，不好的训练才不会引导我们养成不良习惯。记忆力也必须训练，方法是尽可能地仔细

① 这位革拉古是指公元前123年任保民官的小革拉古，罗马帝国的修辞学校以他作为演说家的典范。

背诵那些选自我们拉丁作家和外国人的名篇选段。还有，要是你们习惯的话，我在这项练习中也不会完全厌恶和放弃使用记忆术，也就是把常识与符号联系起来。[①] 最后，我们在家中进行的不对外公开的演讲训练一定会投入行动，进入硝烟弥漫的公开争论的营地和战场。它一定会在这样的场合面临挑战，证明和考验它的才能，有计划的准备也必须在光天化日下使用。我们还必须阅读诗人的作品，熟悉历史，学习和掌握各门优秀的技艺，以练习的方式赞扬、阐释、修正、批判、驳斥它们。我们必须就每一问题的两种对立的观点进行争论，谈论每一个论题，无论这些论题中的观点是否合理。除此之外，我们必须精通习惯法，熟悉成文法，还要考察元老院、政治哲学、盟邦的权力、条约和契约、帝国的政策，等等。最后，我们必须从各种令人愉悦的形式中选取有吸引力的幽默添加到我们整个演讲中去，就像给菜肴加盐。

"好吧，我已经把我的想法都倒出来了，也许我就像一位族长，你们在集会中抓住他提问，而他能给你们的回答也就这样了。"

【35】克拉苏说完了这番话，这时候大家都沉默不语。尽管大家都认为他已经回答了要他解释的问题，但他似乎进行得比大家预料得更为快捷。斯卡沃拉说："喂，科塔，你们俩为什么哑巴了？你们有什么想法，不想进一步再向克拉苏提问了吗？"

科塔说："没错，我就是这么想的。他的讲话好极了，速度又快，就像长了翅膀似的，一个劲地往前飞，我几乎跟不上了。我就好像进了一所别墅，里面丰富的收藏品都是没有登记过的，银盘、绘画、雕塑都没有摆出来，所有宝贝都杂乱地堆放在一起。刚才克拉苏讲话的时候我已经察觉到他的巨大才能和富有，就好像被包裹起来的财宝，尽管我期待着想要亲眼看一看，但我几乎没有机会窥视一下。所以，我无法说我对他的财富的范围一无所知，也无法说自己清楚地看到了它们。"

---

① 这里谈的是记忆术，参见本文第二卷第 86 章。

斯卡沃拉说："要是你来到某个堆满艺术品的别墅或乡下的庄园，为什么就不能按照你的想法去做呢？像你所描述的那样，如果这些艺术品被收藏起来，而你又很想看到它们，那么你会毫不犹豫地要求房子的主人把它们拿出来，尤其你是他熟悉的朋友。所以，你现在也可以恳求克拉苏把他堆放在某处的丰富宝藏拿到光天化日下来，把每样藏品都摆放在恰当的地方，而我们刚才就好像是透过花格窗看到了一个影子。"

科塔答道："不，斯卡沃拉，我求求你别这么做（出于礼貌方面的考虑，苏皮西乌和我不太愿意向这位最杰出的人提这种要求，因为他总是轻视这种争论，这些事情在他看来是那些学校里的学生所关心的），还是问一些对你有益的问题吧，劝克拉苏把他刚才高度浓缩了的讲话再扩大一下。"

穆西乌斯[①]说："说真话，我一开始提的要求是为你着想，而我自己最想从克拉苏那里听到的并不是能给我带来愉悦的讲话，像他在法庭上的讲话一样。但是，克拉苏，现在我要为自己提一个要求，我们现在的闲暇比我们过去很长一个时期内的闲暇要多得多，所以不要认为提供一个你已经开了头的完整结构是件麻烦事。因为我明白，要是你能提供这样的整体结构，那么它肯定比我自己找到的更好，更广泛，我一定会衷心赞同。"

【36】克拉苏说："斯卡沃拉，你也会问这些事情，我实在不能不感到惊讶，我对这些事情的理解与那些教这些事情的人对它们的理解不一样，即使我完全理解，它们也不会就因此而变得配得上你们的智慧和耳朵。"斯卡沃拉回答说："你可别这么说！哪怕你认为这些平凡陈腐的规则几乎不值得我这样年纪的人注意，我们就能因此而忽略这些你告诉的演说家必须知道的事情吗？各种各样的人性、伦理、历史、遥远的古代、国家的统治、使人心情激动或平静的方法，最后还有我们自己的习惯法等。我知道在你的智慧中可以找到这方面的所有知识和各种事情，但我从来没有注意到一位演说家的装备有这么豪华。"

---

① 即斯卡沃拉。

克拉苏说："你们能不能问些别的事？事情那么多，又那么重要，好比说，谈谈你们最喜欢的习惯法吧。我参加过一次诉讼，在场的人一半在欢笑，一半在发怒，等候了好几个时辰，然后匆匆忙忙地开始一场殊死搏斗。叙赛乌斯声嘶力竭地与执法官马库斯·加图争论，他是为了克拉苏才出场的；而格乃乌斯·屋大维[①]尽管是一个执政官等级的人，也在用非常冗长的讲话表达反对意见。由于另一方的愚蠢，他在诉讼中击败了他的对手，使他自己的当事人摆脱了在担任监护人期间不诚实的指控，也摆脱了其他麻烦。斯卡沃拉，你认为这些人是演说家吗？"斯卡沃拉说："不是（我记得我从穆西乌斯那里听说过这个故事），这样的人我认为甚至不适宜出庭，更不用说享有演说家的称号了。"克拉苏继续说："然而，在诉讼中取胜凭的不是口才，不是讲话的技艺，也不是诉讼者的丰富词汇，而是关于习惯法的知识。他们中有一方提起诉讼的依据是成文法，而非十二铜牌法的条款。如果坚持这种立场，他的诉讼必定失败；而另一方认为，起诉他是不公正的，反倒是原告更应当被起诉；要是以这种方式界定争端，那么他的对手会输掉这场官司。

【37】"还有最后几天，当我们作为陪审团成员，与我们的朋友、城市的执法官昆图斯·庞培，坐在一起的时候，我们有一位很有口才的律师没有代表债务诉讼中的被告提出使用一项古代的人们熟知的限定条款的要求，'这样的钱应当按自然增长物来处理'。他不明白这一条款的设置为的是原告的利益。最后，一笔钱如果在它变得可以支付以前已经被认领，那么原告的要求不应当废止，而是可以根据一条专门的理由，'这件事已有争讼'，而提起新的诉讼，对吗？还有什么事比这种事更难想象，每个人都参加争论中的某一方，为他的朋友的利益争辩，成为他们遇到麻烦时的帮助者，成为他们受到苦难时的治疗者，成为他们堕落时的拯救者，但是他们反而在微不足道的技术细节上出错，引起一部分人的遗憾，另一些人的嘲笑。

"我确实认为我们的亲戚、绰号'雄辩家'的普伯里乌·克拉苏，在许

---

① 格乃乌斯·屋大维（Gnaeus Octavius），苏拉的支持者，公元前 87 年任罗马执政官。

多方面是一个很有品味和才艺的人，尤其值得称赞的是，作为普伯里乌·斯卡沃拉的兄弟，他曾经不断地告诉斯卡沃拉，按照习惯法绝不可能用技艺来行使正义，他没有掌握丰富的语词(而按照他的儿子的看法这肯定是一种恶，他的儿子与我一同担任执政官[①])，而他本人在开始处理他的朋友的事务之前已经掌握了习惯法。

“杰出的马库斯·加图又怎么样？生活在这个国家的伟大时代，他没有把他的口才与他很不相称的关于习惯法的知识结合在一起吗？这个论题我们讨论过很长时间，有一定的难度。现在，最伟大的演说家和我们在一起，我把他当做独一无二的演说家来崇拜，胜过其他一切人，但不管怎么说，他总是轻视习惯法。由于你们似乎也分有我的观点和判断，所以我就不想隐瞒我能说出来的任何内容，我要把我对每个要点的看法都摆在你面前。

【38】“安东尼乌斯在我看来可以称得上是一位神奇的、无与伦比的天才，哪怕没有这种法律知识的保护，他也能很容易地用其他的实际智慧来捍卫自己。所以对他我们就不要起诉了，至于其他人，我会毫不犹豫地投票，判他们‘有罪’，他们的罪名首先是懒惰，其次是厚颜无耻。这些人在法庭周围游荡，在执法官的法院和法官席周围闲逛，参加涉及重大利益的民法诉讼，但与此相关的争论主要不涉及事实，而涉及法律的公平。他们在‘百人委员会’[②]审理的案子中自吹自擂，争论长期使用者的权利、监护权、部族权、男性间的关系、淤积地上的收入、岛屿的形成、义务、买卖、公共墙、光线不受邻居阻碍、来自屋檐的雨水、契约的废除、遗嘱的订立，以及诸如此类的无数的事务，但他们不知道什么是他自己的，什么是别人的，甚至不知道公民和外国人的基本区别，或者奴隶和自由民的区别，这就是他们非同寻常的那种厚颜无耻的标志。

“他做出的推断肯定会受到嘲笑，因为他自己只是一艘只需要一名桨手

① 于公元前 95 年。

② “百人委员会”（the Hundred Commissioners）实际上是一个处理民事纠纷的法院，尤其是处理那些与遗产相关的案子，法官每届任期一年。

的小船上的船主，却声称自己能够给一艘五排桨的大船掌舵。当我看到你们被对手牵着鼻子参加那些私人会议，封存你们的当事人的契约，契约中包含着他被对手击败的记录，这时候我还能认为可以把任何真正重要的案子托付给你们吗？我发誓，他很快就会驾着停在港口的那艘双排桨的快船出海，像阿耳戈英雄一样在尤克昔涅海上航行！然而，假定案子并非微不足道，而是非常重要，与涉及习惯法的争论有关，那么我要问你们，在没有任何法律知识的情况下，这些辩护者有什么脸面，竟然敢于从事这些诉讼？比如，那个出名的士兵的案子，还有什么案子比它更重要？关于他的死讯的虚假消息从军队里传回他的家乡，他的父亲相信了这个谣传，更换了他的遗嘱，另立财产继承人，然后这位父亲也死了。然而这位士兵后来回来了，把官司打到'百人委员会'，要求按照成文法得到他父亲的遗产，而这些遗产已经按照遗嘱被另一个儿子继承了。这个案子的争论焦点确实是习惯法，也就是说，当这样的父亲在遗嘱中既没有把某个儿子立为财产继承人，也没有点名不让他继承，这时候他还有没有继承权。

【39】"还有马尔采鲁斯家族和贵族克劳狄家族之间的争讼，由'百人委员会'审理。马尔采鲁斯家族的人断言他们得到的遗产来自一位自由民之子的捐赠，而贵族克劳狄家族的人则宣称按照部族的权利，这宗遗产应当转移给他们。在这个案子中，双方律师不是都必须讨论有关后裔的全部法律和部族权利吗？我们听说过的在'百人委员会'发生的其他争论又怎么样？一个外国人在罗马被判处流放，但他有合法的居留权。按照法律不能做出这种审判，除非他已经成为某个当地人的附庸，受这个人的庇护，如果是这样的话，这个外国人令人厌恶，应当去死。然而在这个案子中，法庭上的律师并没有对附庸法，一项真正神秘的、人们不熟悉的法律做出解释。还有，最近我代理了一项民事诉讼，代表盖乌斯·塞吉乌斯·奥拉塔，我们在这里的一位朋友，安东尼乌斯，则代表另一方。我们的辩护难道就不会涉及法律事务吗？马略·格拉提狄亚努卖了一所房子给奥拉塔，但在买卖合同的条文中没有说明房屋的某些部分是附属部分，当事人敦促我们说，卖主要是知道财

产有缺陷，而又没有告诉买主，那么卖主要对已出售房产的任何缺陷做出补偿。

“我们的朋友马库斯·布库留斯也参加过这种诉讼。在我看来他并不是个傻瓜。他很聪明，热心学习法律，只是后来在某些问题上出了错。因为在把一所房屋出售给卢西乌斯·富菲乌斯的时候，他在转移所有权时提到了这所房屋的视线不受邻居阻碍的权利，‘视具体情况而定’。[①] 然而，在从城里的某个地方可以看到这所房子起，也就是从他的房子可以看到城里的其他房子起，富菲乌斯就对布库留斯提起诉讼，因为他感到他的视线权受到了影响，不管是什么东西挡住了他的视线，也不管它有多么远。

“最后，记住前不久在‘百人委员会’审理的那个案子，玛尼乌斯·库里乌斯起诉马库斯·科波尼乌斯，当时法庭上可以说是人山人海，群情激奋！当时昆图斯·斯卡沃拉也在场，他是我的同时代人和同伴，是所有人中最精通习惯法、最富有才能和经验、最擅长遣词造句的。确实，我常说，在律师中他是最优秀的演说家，在演说家中他是最优秀的律师。他在那里要论证这个案子中的遗嘱所用的术语所表示的权利，认为由遗嘱指定的第二继承人应当取代遗腹子的第一继承人的位置，假定遗腹子出生后又死去，无法真正成为继承人，除非这样的遗腹子在死去以前已经有自主权利。另外，我肯定，立遗嘱的人的真正意图就是让玛尼乌斯·库里乌斯在假定没有遗腹子出生的情况下成为继承人。在这些法律程序中，我们俩不停地做决定，心里想的则是各种先例、各种形式的遗嘱、提问、事实、习惯法，等等，难道不是吗？

【40】“我还要提出一些最重要的案子做例证，这样的案子多得数不清。有一种诉讼经常发生，涉及由法律规定的我们的公民权利。实际上这也是盖乌斯·曼昔努斯的经历，他地位很高，人品端正，曾经担任过执政官。元老

---

① 布库留斯在合同中使用了一些含义模糊的术语，使得富菲乌斯可以把这种保留解释为一种绝对的视线不受阻碍的权利。

院下令要随军祭司担任使者[①]把他押送给努曼提亚人，因为他与努曼提亚人签订了一项条约，然后率军投降。但是罗马人拒绝承认他们的投降合法，而曼昔努斯一返回家中就毫不犹豫地去了元老院。马库斯的儿子，保民官普伯里乌·鲁提留斯命令他离开，说他不是公民，因为按照传统规定，被其父亲或部族出售的人，或者被祭司使者递解出去的人，没有回归的权利。

"在整个公共生活中，我们能够看到什么样的司法争论？比较重要的问题可以涉及等级、国民的权利、卸任执政官的自由和完整的权利，尤其像这个案例，我们看到最后结果并不取决于对某些事实的指控（被告可以否认指控），而是取决于对习惯法的解释。在一个对地位卑微的普通民众有影响的类似案子中，如果有一位同盟国的公民在罗马成了奴隶，然后又获得自由，返回家乡，这就涉及一个我们的祖先争论未决的问题：按照回归的程序，他能否恢复他以前的国籍，或者说他是否已经失去了他的罗马公民的身份。至于自古以来最严重的自由问题，难道就和习惯法无关吗？一名奴隶的身份应当从他的主人同意把他登记在监察官的花名册上算起，还是应当从涤罪仪式[②]结束算起？在我们祖先的回忆中，发生过这样一件真人真事。有一位家族首领从西班牙来到罗马，离开了他的妻儿所在的行省。后来他在罗马又娶了一位妻子，但并没有把休书寄给第一位妻子。后来这位首领令人厌恶地死去，而他的两位妻子分别都有了儿子。这只是一件普通争讼吗？这件事确实与两个人的公民权有关，即第二位妻子和她所生的儿子的公民权。要是第一位妻子没有按照一般的方式离婚，而第二位妻子也没有再婚，那么第二位妻子的身份和地位就是妾。

"同理，要是有人对这些事情及其所属共同体的相同法律一无所知，但却在一大批人的跟随下从一个法庭到另一个法庭，狂吼乱叫，昂着头讲话，对一切都表示轻视，目光贪婪，言行举止都那么傲慢，既扮演当事人的保护

① 这里的拉丁原文是"fetialis"（古罗马随军祭司团成员），祭司团掌管司仪以及商讨宣战或媾和的决策。

② 涤罪仪式举行过后，每五年一次的公民注册登记开始生效。

者的角色，也为朋友提供帮助，向几乎每一个公民展示才能和为他们提供建议，这样的事情难道不会令人反感吗？

【41】"由于我已经谈论了这种厚颜无耻的人，让我们继续追踪他们的马虎和懒惰。学习法律实际上是一件非常困难的事，但它的巨大用途会敦促人们不辞劳苦地学。但是，天哪，有斯卡沃拉在这里听，我好像不应该这样说，他肯定想要掌握任何一种技艺，而又没有哪一门技艺是比较容易的。由于某些具体的原因，大多数人确实不这么想：首先，古时候掌管这类学习的人想要保持和增强他们自己的权威，因此不想把他们的技艺变成公共财产；其次，在法律公布以后，格乃乌斯·弗拉维乌首先确定了诉讼的形式，而当时还没有人能够把这些事情分类，并加以很好地排列。我们知道没有任何事情可以转化为技艺，除非已经掌握了某个主题的人把和该主题有关的内容组织成一门技艺，而他也已经具备使他能够这样做的必要知识，可以用这些还没有包含在技艺中的具体内容来创设一门技艺。我希望我的讲话能够简洁，我明白我已经讲得有点晦涩了，但我要试着用比较清晰的术语来表达我的想法，要是我能做到的话。

【42】"构成一门技艺的所有成分原先几乎都处于无序的状态，或者相互之间缺乏联系。例如，音乐中的韵律、声音、节拍；几何学中的线、图形、面、体；天文学中的天穹的旋转、星辰的升降、天体的运动；文艺中的诗歌、历史、词源、音韵；最后在演讲术的理论中有开题、风格、排列、记忆、表达，这些内容曾经对所有人来说都是未知的，相互之间也都是分离的。所以一门技艺可以从外部得名，从另外一个确定的范围内产生，而哲学家们对此表现得非常固执，想要为这些没有联系的事情提供一致性，把它们以某种纲要的形式组合起来。所以让我们把习惯法的目标确定为，在公民的关心和争论中维护以成文法和习俗为基础的公正。接下来，我们必须确定案例的一般类别，我们要把类别限制在很小的确定的数量上。所谓一般的类（a general class）可以包含两个或更多的种（species），这些种相互之间有某些共性，但又各有特性。种是部分，处在它们由之产生的那些一般的类之下。

而所有的名称，无论是一般的类的名称还是种的名称，必须予以确定以表明各自的意义。当然了，我可以把定义描述为关于我们想要加以界定的事物属性的一个简约的、准确的陈述。

“要是我不在意这场谈话的听众的性质，我会对我已经说过的内容补充一些例子；但现在我要简要地总结一下我的计划。要是允许我现在就来做我长期从事的工作，或者有别人也和我一样想做这件事，或者在我死后还在做这件事，那么首先可以把整个习惯法分成一般的类别，这样的类别很少；然后再把它们分成所谓的种；然后再用定义弄清每个种的恰当意义；然后你们就可以拥有一门关于习惯法的完整学问，它意义重大、词汇丰富，但不会是无法接近的，也不会深奥无比。然而，与此同时，当这些相互之间缺乏联系的材料被汇集在一起的时候，一个人就可以任意地对它们进行挑选，接受那些他们认为可以容忍的习惯法的知识。

【43】“你们认识罗马骑士盖乌斯·阿库莱奥吗？他是一个智力极高的人，但在一些技艺上修养不足。他一直和我住在一起，对习惯法掌握得很好，除了我们在这里的这位朋友，你们中没有人能比得上他。之所以如此，原因在于习惯法的所有内容都是公开的，存在于日常习俗中，存在于人们的相互交往中，存在于公共场合。习惯法没有被封闭在历史记载中，也没有被封闭在许多大部头的书中。有关习惯法的一些事情最初有许多立法者，他们把这些事情公布出来，在术语上有一些微小的差别，最后才由这些立法者确定下来。另外一件事对学习和理解习惯法有帮助（尽管大多数人都不相信这一点），这就是习惯法有它的迷人之处，学习习惯法能给人带来快乐。如果这些学习与埃利乌斯如何吸引人有关，如果埃利乌斯完全掌握了习惯法，那么在祭司使用的书中，在‘十二铜牌法’中，他可以看到一幅完整的古代图景，可以从中学到一种原始的古代语言，也可以看到某些诉讼形式和我们祖先的生活方式；如果他研究政治科学——斯卡沃拉不把它当做演说家的事情，有些人认为它属于一个不同的知识部门——那么他会发现整个政治科学的主题依赖于‘十二铜牌法’，其中描述了各种人的利益和国家的整个组

织；如果他热爱你们最伟大、最傲慢的哲学[①]——我要相当大胆地说——他能在其中找到他要讨论的问题的所有资源，因为这些资源都来自习惯法和成文法。从这些法律中，我们看到人们对荣誉的觊觎胜过其他东西，因为真正的、恰当的、可以获取声望的行动能赢得高位、奖励和荣誉，而人的恶行和欺诈会招致惩罚、降级、锁链、鞭笞、放逐和处死；我们也还了解到，不是漫无目的、充满反控的争辩，而是法律的权威决定，才能征服我们的激情，约束我们的欲望，我们的心思、眼睛和双手才会离开我们邻居的财产。

【44】“尽管整个世界都在抱怨，但我要说心里话。我要庄严地宣布，如果有人想要寻找法律的开端和起源，那么以权威性和实用性为衡量标准，小小的‘十二铜牌法’手册本身胜过所有哲学家的图书馆。如果在最根本的意义上，我们说自己的祖国就是我们的喜乐——这种情感所具有的力量和性质使一位非常审慎的英雄追求不朽，以至于‘忘记他的伊塔卡，身陷大海中央四面环水的小岛。’[②]——有了这种强烈的爱，我们一定会充满激情，为她悠久的历史和强大的力量感到骄傲，愿意为我们伟大的祖国做贡献！我们首先必须学习她的心灵、习俗和制度，既因为她是我们所有人的祖国，又因为我们需要她制定法律的完善智慧，这是建立一个强大的帝国不可缺少的。

“如果你把我们的法律与外国人莱喀古斯、德拉古、梭伦的法律做比较，那么你们会从法律学习中得到进一步的快乐和愉悦，你们会很容易理解我们的祖先在实际智慧方面远远地超过其他民族。因为其他国家的法律存在的难以置信的混乱，几近于荒谬，远甚于我们自己的法律。谈起这个主题，我曾经每天大讲特讲，赞美我们民族的智慧，反对其他民族的，尤其是希腊人的智慧。斯卡沃拉，依据这些理由，我已经宣布有一种关于习惯法的知识，而要想成为完善的演说家，这种知识是不可缺少的，是吗？

【45】“又有谁不知道这种学习本身给律师提供了多少显赫的职位、信

---

① “哲学”在这里的意思指道德哲学或伦理学。

② 此处“英雄”指荷马史诗中的奥德修斯，参见荷马：《奥德赛》第1卷，第55—59行；第5卷，第135、151—158行。

誉、权威方面的保证？因此，在最卑微的希腊人中间有那些在他们国家被称做‘律师’[①] 的人，他们仅仅为了得到一点儿小钱，就在法庭上为人帮腔，而我们国家正好相反，所有最高尚、最杰出的人都在做这项工作。例如，与这种关于习惯法的知识相关，最伟大的诗人对这些人做了描写，‘在最聪明能干的人中间有埃利乌斯·塞克斯都’[②]，此外还有一些人在获得了卓越的才能以后为人们提供法律咨询，他们的力气对他们的才能的帮助还不如他们的声望。

“还有，为了给老年增加伴侣和风雅，还有什么事比解释法律更有价值呢？我甚至从刚成年的时候就已经给自己做了这方面的准备，不仅注意法庭上的实践，而且也注意我的年纪给我带来的荣耀和显赫，以便当我体力开始衰退的时候（这个时候已经来临了），我可以待在家里而不感到孤独。对一名已经离开高位、不用再为国家大事操心的老人来说，还有什么事比这更好呢？我可以说出什么是正确的，就像恩尼乌斯诗中那个伟大的彼提亚人阿波罗一样，要是不能为‘民众和国王’提供咨询，也要能成为他们的同伴，‘人们怀疑他们的善意，我为他们提供了帮助，消除了人们的怀疑，确认了他们的计划，我使一切都变得顺理成章。’[③] 大律师之家确实是整个共同体的神谕宣示所。这一点可以由我们在这里的朋友昆图斯·穆西乌斯[④] 家杂草丛生的便道和前院来证明，他不顾年迈和体弱，每天会见大批公民，其中不乏最杰出的人士。

【46】“还有，我们不需要长时间地讨论并解释为什么我认为演说家也必须熟悉只与国家和同盟国有关的公共法（public law），以及以往事件的记录和古代的先例。因为在涉及个人利益的案子和诉讼中，他必定经常从习惯法

---

① “律师”原文是希腊文“praymatikoi”，该词指比较低级的辩护律师。在西塞罗生活的时期，律师从最杰出的法理学家那里得到法律依据。

② 恩尼乌斯:《编年史》第 10 卷，第 326 行。

③ 参见恩尼乌斯:《欧曼尼德斯》残篇，原文为诗歌体。

④ 即斯卡沃拉。

中借用语言。所以我们已经说过，习惯法的知识对演说家来说是不可缺少的，正因如此，涉及公共案件，与在法院里相似，在公民大会和元老院中，所有这些古代的故事、公法的先例、治理国家的方法和学问，都是有用的材料，可以供那些从事政治的演说家们使用。

“在我们的谈话中，我们不是在寻找某些讼棍、装腔作势的人、夸夸其谈的人，而是在寻找这门技艺的大祭司，尽管独立的自然赋予人类从事技艺的巨大能力，但是人们仍旧视之为神的恩惠，所以专门与人有关的才能似乎就不是我们自己的产物，而是由上天恩赐的。这门技艺的大祭司甚至在战场上也可以不受伤害，从这个方面看，我们感到他确实配得上演说家的称号，而不是一名传令官。他还可以进一步用他的口才揭露同胞中的卑鄙，审判他们的罪恶，用惩罚来约束他们。他也可以以他的才能为武器，把无辜者从冤案中解救出来。他能够使一个冷漠的、屡次犯错误的民族发生转变，或者引导他们远离谬误，点燃他们抗击罪恶的勇气，使他们反对好人的激情舒缓下来。最后，他还可以用他的口才激励或安抚人心，无论在任何环境、任何场合，也无论民众拥有何种激情。

“如果有人想象这种力量可以由撰写演讲理论的作家来解释，或者认为我可以在很短时间内解释清楚，那么他就大错特错了。他甚至没有察觉到这个主题的广泛，也没有注意到我对这个主题的无知。因为我本人，确实如你们所希望的那样，适宜向你们揭示这口清泉，告诉你们如何去接近它，但我本人不适宜做你们的向导（这是一项无穷无尽的、没有必要的任务），我只是给你们指指路，以通常的方式用我的手指指出那口清泉的方向。”

【47】穆西乌斯说：“在我看来，你确实已经讲得够多了，如果你的朋友确实太热情了，我们要请你原谅。就好比伟大的苏格拉底，他的工作非常完善，在他的长期鼓励下，某些人开始追求知识，理解美德（因为进一步的教导可以很容易地说服他们努力获取美德，胜过其他一切），所以我明白，如果你们俩同意进入克拉苏所说的这些训练，那么你们很容易穿越他已经为你们开启的大门，沿着他为你们指明的这条道路，抵达你们想要到达的目

的地。”

苏皮西乌又补充说：“我们确实非常感谢你的陈述，我们听了以后非常高兴。但是我们还想再听你讲一讲，尤其是那些涉及技艺本身的具体内容。尽管你克拉苏并不轻视这门技艺，而且甚至也已经学习了这门技艺，但你对此讲得非常简洁。如果你能更加随意地讲解这些内容，你会令我们长期以来的每一个愿望得到满足。因为，迄今为止我们听到的是我们必须追求的目标，不管怎么说它本身是伟大的，但我们渴望知道的是这些学问的方法和理论。”

克拉苏说：“我已经顺从了你们的愿望，而不是按照我自己的练习或天然倾向随意发挥。为了让你们更愿意跟我待在一起，为什么不可以请安东尼乌斯讲一讲他那本一直带在身边，但没有把它公布出来的书呢？他刚才还抱怨说，有一本小书一不小心溜出了他的手掌心，这本书揭示了演讲术的这些秘密。”苏皮西乌回答说：“随你的便，因为从安东尼乌斯嘴里我们也能听到你的观点。”克拉苏继续说道：“那么，安东尼乌斯，我请你接过这些年轻人放在我们这些老年人肩上的担子，说说你对这些事情的看法，你看，他们已经向你提出这种要求了。”

【48】安东尼乌斯回答说：“我明显地感觉到，并且看到自己将要身陷绝境，不仅要接受超越我的知识和经验范围的提问，而且还要忍受你的朋友，他们不会让我逃离，就像我以往总是尽力想要逃离法庭一样。克拉苏，我指的是跟在你后面讲话。但是我会鼓足勇气，尽力去理解你的选择，对此我希望在讨论中能够相当幸运。也就是说，你们不要指望从我这里听到什么文雅的措辞。因为我不会去谈论一门我从来没有学过的技艺，而只能谈谈我自己的实践。至于那些常识，我已经记在我的笔记本里了，它不是某些人教给我的传统，而是已经在处理某些事务时，或在法庭上使用过了的东西。如果他们不愿把自己完全托付给你这位取得完美成就的人，那么就请责备你自己的不公平，因为是你要我来讲这些我不知道的事情，如果我在回答你的问题时能够很好地提升我的良好品性，那么这也是由于你的热情，而不是由于我的

审慎。”

克拉苏回答说：“你就开始吧，安东尼乌斯。讲讲你自己不会有什么危险，你说自己没有这样的实际智慧，但我们中间没有人会因为敦促你参加这种讨论而感到后悔。”

安东尼乌斯说：“行，那我就开始。我先做我认为在每一场争论中首先要做的事，这就是清楚地确定讨论的主题，使谈话不至于漫无边际，使争论者不至于弄不清争论的焦点。

“假如要讨论的问题正好是将军的技艺的性质，我会一开始就提出谁是将军这个问题，这样做是恰当的。在把将军定义为负责战争行动的人以后，我们还应当添加一些具体内容，涉及部队、扎营、排阵、近战、围城、给养、伏击和逃离伏击圈，以及其他一切与军事有关的事情。那些拥有这些知识、从理论上掌握了这些主题的人可以称做将军，举例来说，就是西庇阿、法比乌斯·马克西姆[①]、厄帕米浓达、汉尼拔一类人。

“但若问把经验、知识和热情贡献给指导国家的人是谁，那么我会给这样的人下定义说：‘无论他是谁，只要他懂得并使用这些东西使国家的利益得到保证和发展，都可以称做这个国家的政治家和国家政策的发明者。’我会提到的杰出领导人有普伯里乌·伦图卢斯、提比略·大革拉古、昆图斯·麦特鲁斯、普伯里乌·阿非利加努、盖乌斯·莱利乌斯，以及其他无数的政治家，有些是我们国家的，有些是外国的。如果问题是谁可以称得上在法律方面有学问的人，我会说是这样一些人，他们在成文法方面是专家，在习惯法方面被人视为共同体的成员，他们有能力提出建议，指导法律诉讼，保障当事人的利益，在这类人中我会提到埃利乌斯·塞克斯都、玛尼乌斯·玛尼留斯、普伯里乌·穆西乌斯。

【49】“现在我们来谈论对比较微小的技艺的追求。如果有人醉心于

① 法比乌斯·马克西姆（Fabius Maximus），公元前 3 世纪著名的罗马将军，普罗塔克著有他的传记。

音乐[①]，那么我们可以考察语言学家或诗人，我可以按同样的方式解释他们的几项主张，说明他们各自最需要的东西。最后，关于哲学家本身，凭着他的特殊能力和智慧，似乎只有他可以声称自己无所不知。关于哲学家我们毕竟还有一个定义，说他是一个努力追求一切神的事务或人的事务的意义、性质和原因的人，力图掌握某种正确的生活理论，并以此得名。但是对演说家，由于我们正在研究演说家，我本人不愿像克拉苏那样去描述他们，克拉苏本人我想肯定也在演说家之列，在演说家这个职业和称号下，他们对各种论题和各门技艺无所不知。事实上，我把演说家当做能在法庭和公共事务的争论中使用悦耳的语言和令人信服的论证的人。这样的人我称之为演说家，除了说他有优美的语调、表达的能力和某些迷人之处外，还说他有天赋。

“在我看来，我们的朋友克拉苏所说的演说家的范围似乎太宽了，不是这门技艺涉及的范围太宽，而是他规定的演说家的才能几乎是无限的。凭着他的判断，他甚至要把政治家的称号授予演说家。斯卡沃拉，我认为你们赞同他的这个观点实在是太奇怪了，也许有一天元老院会在这些极端重要的事情上同意你们的看法，尽管你们的讲话是简洁的，不加修饰的。我听说拥有最高政治权威的马库斯·斯考鲁斯的别墅离这儿不远，确实，要是他正巧听到与他的价值和智慧有着天然联系的政治影响被你克拉苏作为演说家的权力认领了，那么我相信，他一定会马上怒气冲天地开始与我们这些喋喋不休的人决斗。尽管他不是一个低劣的演讲者，但他依靠的是他较高的政治知识，而不是依靠演讲术的技艺。那么，一个人要是在两方面都有能力，他可以作为一名元老院的议员而且是国家政策的制定者，但不会仅仅因为这个原因而也是一名演说家；一位完善的演说家也不能通过他在讲话时的流利口才而获得专门知识，因此在公共事务的管理上有杰出表现。这些才能之间有巨大差别，它们之间也是分离的，并没有任何统一的理论和方法能使马库斯·加图、普伯里乌·阿非利加努、昆图斯·麦特鲁斯、盖乌斯·莱利乌斯，以及

① 此处“音乐”一词应是广义的，包括语言文字、诗歌、历史，等等。

所有演说家，具有自己的风格并使他们在整个国家享有声望。

【50】“无论是事物的性质，还是任何成文法或习俗，都要求人们学习不止一门技艺。所以，尽管伯里克利[①]是雅典最擅长演讲的人，并且多年来也是那个国家的政治领袖，但并不能因此而设想这两种成就或技艺实际上是一种；也不能因为普伯里乌·克拉苏把演讲与学习法律结合在一起，就从中推论习惯法的知识包含在演讲能力之中。因为，要是一个人在某些技艺和能力上表现出众，而同时又掌握了其他技艺，我们因此就产生了这样的信念，认为有关这种技艺的知识是他所掌握的最杰出的一门技艺的专门部分，那么根据同一原则，我们可以断言，打球打得好，或者玩‘十二斜线’的游戏玩得好[②]，是普通律师的特长，因为普伯里乌·穆西乌斯非常擅长做这两件事。按照同一论证路线，那些被希腊人称做‘自然哲学家’的人也可以讨价还价地被称做诗人，因为有一位自然哲学家恩培多克勒[③]写过一首著名的诗歌。但实际上，甚至掌握了各种知识、占据统治地位的道德哲学家本身也不敢把几何或音乐说成是道德哲学家的技艺，仅仅因为人们普遍公认柏拉图擅长这些技艺。

“如果我们一旦决定把这些技艺都说成是演说家的技艺，那么这样的说法可能更容易被人们接受，因为讲话的能力一定不会像个饿死鬼，或者是赤裸裸的，而会被喷洒养料，包裹在各种各样迷人的外衣中，它是优良的演说家的才能的一个组成部分，演说家需要尽可能多听多看，需要反复思考和阅读，他不是要把学到的东西都变成自己的财产，而是要品尝属于他人财产的滋味。我同意演说家必定是一个精明强干的人，没有哪个地方是他不能去

① 伯里克利（Pericles），雅典著名民主派政治家、将军、演说家（公元前500年—前429年）。在他统治时期，雅典迎来了一个内部繁荣的时代。

② “打球”的拉丁原文是“pila”，在西塞罗时代，“pila”还不是一种确定的比赛项目，而只是一种体育活动；“十二斜线”的拉丁原文是“duodecim scripta”，是当时的一种游戏，用十二条斜线划分场地，然后掷骰子决定前进步伐。

③ 恩培多克勒（Empedocles），公元前5世纪古希腊多元论哲学家，著有长诗《论自然》和《净化篇》。

的，在任何行动领域中他也不是陌生人和旅行者。

【51】“还有，克拉苏，对你提到的这些演员，这些哲学家喜欢的手段，我并不感到有什么大的困惑。仅凭口头讲话，没有人能够点燃他的听众心中的情感，或者平息他们的激情（尽管这是演说家的功能，也是人们从演说家身上能够察觉到的主要作用），除非他能看到一切事物深藏的本质，包括人性和动机。与此相关，演说家必定需要掌握哲学，我们看到最有才能和闲暇的人的整个生命都耗费在这样的追求中。对于他们渊博的学问和多才多艺我决不轻视，事实上我反而极为崇敬，然而对我们自己来说，由于忙于这个国家的公共生活，只要能够了解和表达这些有关人性的事情，对人性不要一无所知，也就够了。

“因为，有哪位伟大的、能干的演说家在试图表达对他的对手的愤怒时，会由于不知道愤怒是心灵的发热，或者愤怒是一种强烈的报复愿望，而遭到失败呢？①有谁在凭借他的话语，面对保民官，或者在公民大会上，试图扰乱他人心灵中的情感时，会引用这些哲学家的陈腐话语呢？对此，有些人否认情感在心灵中有任何合法地位，认为扰乱保民官的心灵实际上是在犯罪，而另外一些人希望用某些比较宽容的方法接近生活事实，断言情感应当非常有节制，或者认为情感所起的作用是微弱的。

“然而，演说家凭着他的话语极力扩大或夸张悲哀，而这种事情在日常生活中被视为应当回避的邪恶和麻烦。演说家又用他的口才夸大或美化那些人们一般认为可以托付给他人的事情以及人们向往的价值；他不希望自己的出场完全像是出现在一群傻瓜中的圣贤，使他的听众要么把他当做一名手脚笨拙的、卑贱的希腊人，要么完全赞同他拥有的才能，对他的智慧表示惊愕，然而又因为他们自己是愚蠢的，所以把演说家也当做有病的。演说家以这样的方式思考人的灵魂，考察他们的情感和思想。他不需要哲学家们的定义，也不需要在他的讲话中考察‘至善’是主观的还是客观的，能否定义为

① 参见亚里士多德：《修辞术》1378a30。

美德或快乐，或者二者能否结合在一起，或者(确实如某些人所认为的那样)说这世上没有什么确定的东西是可以清楚地认识、理解和把握的。关于这些问题，我承认相关的学说丰富多彩，相关的理论也多得无法计算。但是，克拉苏，我们正在寻找的东西不一样，非常不一样。我们需要一个思想敏锐、生来足智多谋、经验丰富的人。他要能够热心地考察他的同胞公民的思想、情感、信仰和希望，也要考察其他人的思想、情感、信仰和希望，凭着他的话语，他就可以在任何问题上说服他们。

【52】“他必须能够感觉到属于不同等级的人在不同生活时间里的不同程度的情绪和意向，要能够察觉他为之辩护或他想要为之辩护的那些人的思想和情感。他应当搁置那些哲学书，到休息的时候再用，就好像我们在图斯库兰休假一样。所以，哪怕他必须谈论正义和公正，也不要引用柏拉图，因为柏拉图想的是如何写书，当他阐述正义的时候，他在字里行间描述了一个不知何种类型的共和国，与我们的日常生活，与人类社会的习俗完全不一样。但若他的思想在真实的民族和国家中得到认可，那么，克拉苏，他们就会因为你作为一名伟大的政治领袖享有崇高的威望而允许你表达你自己的看法吗，就像你从前在你的同胞举行公民大会时所做的那样？‘救救我们吧，让我们摆脱不幸；救救我们吧，让我们摆脱仇敌的牙齿，他们要喝尽我们的血；不要让我们成为任何人的奴隶，我们宁可服从你们，成为国家的奴隶。’我可以省掉‘不幸’这个词，因为按照哲学家的说法，勇敢者绝不会陷入不幸；我也可以省掉‘牙齿’这个词，因为你们想要从敌人的牙齿下得救，害怕你们的鲜血会由于不公正的审判而被吮吸，而哲学家认为聪明人决不会遇上这种事情；但是讲到‘奴隶’，你们敢说与自己无关吗？不光是你们自己，而且还有你们白天还在为其利益辩护的整个元老院，都有可能成为奴隶。

“克拉苏，你们把这些权威的格言列入演说家的知识范围，那么按照这些权威的看法，美德是奴隶吗？美德永远是自由的，只有美德是自由的，尽管身体有可能成为战俘或戴上锁链，但美德仍旧会牢牢把握自己的权利，不让自己受到任何约束！至于你们还宣布，元老院不仅‘能’而且‘必须’成为国家的奴隶，我想问的是，有哪位哲学家会如此懦弱，在决定了一切事物快乐与痛苦的标准以后赞同这个建议，国家本身已经把控制权和指导权交给元老院，就像驭手交出缰绳一样，这个时候还要把元老院置于国家的约束之下吗？

【53】“所以，尽管我个人认为你的这些话是激动人心的，但是普伯里乌·鲁提留斯·鲁富斯，一位有学问的、献身于哲学的人，曾经说过，他们不仅缺乏审慎，而且确实是不体面的、可耻的。他也曾经严厉地批评塞维乌斯·加尔巴，说自己记得很清楚，为了取得公民大会的同情，当卢西乌斯·斯里伯纽提出他的迫害动议时，加尔巴的最麻烦的政敌马库斯·加图以辛辣的语气向罗马人民发表了长篇演讲，加图本人则把这次演讲记录在他的《早期历史》中。

“如我所说，鲁提留斯曾经当面挑加尔巴的毛病，用他的手直指加尔巴的肩头，旁边站着他的卫士昆图斯、他的近亲盖乌斯·苏皮西乌·伽卢斯的儿子。后来，鲁提留斯动情地回忆他杰出的父亲，他的样子足以使参加公民大会的人痛哭流涕，因为这位父亲已经让自己的两个小儿子献身于保卫国家。（尽管没有天平或铜牌）但他像士兵在军队中宣誓一样宣布说，在失去父亲以后订立的婚约中，他指定罗马人做他们的监护人。结果，按照鲁提留斯的说法，加尔巴尽管在那个时候深受民众的厌恶和痛恨，但却使用这些演员的手段使自己被宣判无罪。我发现这一事件在加图的书中也有记载，还有评语说‘但对他雇用男童和使用哭泣的手段来说，被告应当受到相应的惩罚’。放逐和死刑可能比这样的凄惨还要好受些，而鲁提留斯到处使用这样的方法来宣判他人有罪。他不仅仅是说说而已，而且还要亲自动手执行审判。你们知道，尽管这个人是实施正义的典范，在这个共同体中没有比他更高尚、更清白的人了，但他不仅拒绝为他的判决请求怜悯，而且拒绝任何超过清楚明白的事实真相所允许的更加雄辩和精致的辩护。对在这里的科塔来说，尽管是一个很有修养的年轻人，是鲁提留斯的侄儿，但他在这个案子中也只留下一个讲话的片段。昆图斯·穆西乌斯也按自己的方式参与了争论，没有表现出有什么不诚实的地方，他的措辞简洁明了，像水晶一样透明。

“但是你，克拉苏，刚才还在说演说家必须为了他的演讲材料而参加哲学家们的日常争论，假如你也在那一天讲话，允许你为普伯里乌·鲁提留斯辩护，不是以哲学的方式，而是以你自己的方式，那么尽管那些法官是一些应该受到诅咒的该死的家伙，但你的雄辩的力量无论如何可以从他们心底里驱除他们的野蛮。但事实上，我们失去了一位具有这种品质的人，尽管对他的审判就好像是在柏拉图的理想国中进行的一样。他的律师没有一个发出呻吟或者尖叫，也没有人对任何事情表示痛苦或者抱怨，或是向国家提出请求，或者尽量表示谦卑。简言之，他们中没有一个人涉足这些诉讼，无疑，他们怕的是这些事传到斯多亚学派那里去。

【54】“这样，我们就有一位执政官等级的罗马人以伟大的古人苏格拉底为榜样。苏格拉底是全世界最聪明的人，过着一种最无可指摘的生活，在受到严重指控时为自己辩护，以这样的方式表明自己并非屈辱的囚犯，而是这桩案子中的教师和胜利者。一位训练有素的演说家吕西亚斯给苏格拉底带来一篇写好的、供背诵用的演讲词，要是苏格拉底感到合适，就可以在受审时用来为自己辩护。苏格拉底不那么情愿地读了一遍，然后说写得很好。他说：‘但是，就好像你给我买了一双西徐亚人的短统靴，不那么容易合脚，所以我应当把它们当做女人穿的鞋子抛弃，尽管我认为你的演讲词表现了娴熟的演讲术，但它不是一个勇士应当说的话。’所以，苏格拉底被判决有罪，不仅仅取决于法官对所控罪状的裁决，而且还取决于法律规定的进一步投票的结果。因为在雅典，在裁定被告有罪之后，对被告的惩罚是不确定的，有点像债务评估，在法官投票之后，要问被告以往有过什么功劳，愿意承担的最高惩罚是什么。当法官向苏格拉底提问时，他回答说自己为国家立下过汗马功劳，应当得到奖励，由国家公费供养，这在希腊人中被视为最高的荣誉。他的回答触怒了法官，使他们最后判处这个完全无辜的人死刑。如果他确实像我衷心希望的那样无罪——虽然这不是我们的事——但由于他是一位伟大的天才，我们怎能忍受你们这些哲学家的这位祖师爷仅仅因为不懂演讲

术而被判处有罪，然而却又告诉我们说这些雄辩的规则应当到他们那里去寻找？在我看来，我不会与他们就他们的能力是否更好或者更加真实的问题进行争论，我只想说他们的能力和我们的能力是两回事，离开哲学，完善的口才也能存在。

【55】“克拉苏，我知道你为什么如此热爱习惯法了，在你谈论习惯法的时候我就已经明白了。首先，你已经为斯卡沃拉提供了服务，我们大家都非常喜欢他的温文尔雅和彬彬有礼。他心目中的演讲术是完整的、无须修饰，而你们使用了丰富的措辞修饰手段。其次，由于让这门技艺承担了太多的工作和辛劳，由于你们在家里就鼓励和教导人们追求这门技艺，因此你们担心，除非你们用口才来荣耀这门技艺，否则你们的劳动就会白费。

“但我本人与你们的这种技艺没有什么争执。不管怎么说，就让它成为你们说的那个样子吧。因为它无疑是一门高尚的技艺，有着非常广泛的用途，有许多人对它表示关心，它一直拥有最高的名声，迄今为止有许多最杰出的公民成为这个领域里的律师。但是，克拉苏，在你想要给习惯法的知识也披上一件新颖外衣的同时，你不能糟蹋演讲术，不能剥去这门技艺已经穿上的外衣。要是你说精通法律的人是演说家，演说家也是精通法律的人，那么你就确定这两门技艺都是高尚的，并将它们放在同等地位，视之为从事同一工作的两名同伴。然而，由于你已经承认精通法律的人可以缺乏我们正在考察的这种演讲术，有许多人是这样的，同时你又否认有不懂法律的演说家的可能性，所以按照你的解释，有学问的律师、律师本身或者仅就律师本身而言，他其实什么也不是，只不过是一名谨小慎微的、精明狡猾的讼棍，一名在法律审判中又哭又闹的人，一名玩弄法律词汇的人，一名用语词设下陷阱捕捉猎物的猎人。但由于法庭上的演说家要经常借助法律提供的帮助，因此你就把你的法律知识和演讲术联系起来，就好像一名跟在演讲术背后的侍女。

【56】“至于有些律师对习惯法的细节一无所知，也从来没有研究过这些细节，然而竟然敢在法庭上讨论习惯法的最高论题，你对这种人的厚颜无耻

表示惊讶，但发生这种情况的原因其实很简单，很明显。这就好比有一名男子不知道如何办理买卖婚姻的手续，但他却能够实施这样的婚姻。又比如我们驾驶小船可以用一种技艺，也可以用这种技艺为一艘大船掌舵。由此可见，一名不懂遗产分配的技术细节的人也可以提出有关财产分配的诉讼。为什么？就以你们在‘百人委员会’面前引用的最重要的程序来说吧，我们在这里转向法律问题。请你们告诉我，在处理这些案例的时候，能够进行最精致的论证、有口才的人能够不精通法律吗？确实，在所有这些诉讼中——你不久前提到的关于玛尼乌斯·库里乌斯的案子、有关盖乌斯·霍斯提留·曼昔努斯的争论，还有涉及在第一位妻子还没有接到休书之前由第二位妻子所生的儿子的权利那件事情——涉及的法律即使在最精通法律的文人圈里也是众说纷纭。所以我要问的是，当一名有学问的律师受制于取胜的目的，不是凭着他们自己的机智，而是凭着一名陌生人的机智，也就是说，不是用法律知识，而是用演讲术的时候，法律知识在这些案子的诉讼中起什么作用？

“我也经常听人说起一件事，当普伯里乌·克拉苏还在竞选市政官，而他的上司，卸任的执政官塞维乌斯·加尔巴为了奉承他，安排了一桩他的儿子盖乌斯和某个名字也叫克拉苏的乡下人的女儿之间的婚姻，这个乡下人是前来向普伯里乌·克拉苏求教的。他把事情告诉克拉苏，然后带着从克拉苏那里得到的建议回家去。这些建议与其说比较正确，不如说更加符合他的利益。加尔巴注意到这个乡下人的懊恼，于是就走上去喊他的名字，与他说话，问他向克拉苏咨询什么问题。听了这位当事人的讲述，并注意到这个乡下人的焦虑心情，他说：‘我明白了，克拉苏在给你提建议的时候心事重重，精神错乱。’然后他用手抓住克拉苏本人问道：‘你脑子里在想些什么，竟然会提出这样的看法？’这时候，克拉苏用他确信的演讲知识重复了他先前的建议，并且重申他的观点是无可争辩的。然而加尔巴开玩笑似的提出了一系列类比，伴以各种各样的事例，敦促人们要从公平出发考虑问题，反对过分严峻的法律，而克拉苏由于在讨论中无法战胜加尔巴——尽管克拉苏也是很有教养的人，但在各方面都比不上加尔巴——于是就诉诸权威，指出自己的说法在他的兄弟普伯里乌·穆西乌斯的著作和埃利乌斯·塞克斯都的教科书中都可以找到，不过他还是承认加尔巴的论证在他看来似乎很有说服力，非常接近真理。

【57】“然而这些无可争议的、与法律相关的案例不能作为一个通则来遵守。有哪位家庭的主人在他的儿子出生之前就立下遗嘱，给他遗产？没有。因为根据后来的法律，有儿子出生会使原有的遗嘱作废。这样，在法律的这个部门就没有所谓司法判决。所以，演说家可以安全地藐视这个领域中的所有无可争议的法律，这肯定是迄今为止这门知识的一个较大的部分。至于在大多数文人圈中无法确定的法律，他们从中很容易找到某些有利于他本人看法的权威，可以从权威那里得到许多标枪，用来对付他的论敌。确实（由于我们这位朋友斯卡沃拉的仁慈和宽容，让我们说），你依靠你岳父的著作和格言为玛尼乌斯·库里乌斯的案子进行辩护吗？你难道不应当抓住这个机会，保卫正义，为死者伸张最后的意愿？

“不管怎么说，在我看来——我经常在你身边听你说话——你嘲笑斯卡沃拉过分精细的论证，对他的机智表示惊讶，因为他竟然能够做出一个人必须在他死之前出生这样的推论，你在这个时候能够征服大多数听众靠的是你的机智、迷人和幽默；而当你在机智幽默地开玩笑时，你从成文法、元老院的法令、日常言论中引用了大量的实例，这样一来，我们对文字的探讨，而不是对精神的探讨，也就被引向无结果的结局。所以法庭上充满了快乐和兴奋，但我看不到在这样的过程中你的习惯法的实践对你有什么作用，在这一过程中起作用的是你卓越的口才的力量，以及你的完美的快乐和风度。

“坚持传统知识，捍卫继承权的穆西乌斯在他反对你的那个案子中引进了什么论证？就像是从习惯法中借来似的。他读过什么成文法？他的演讲有哪些地方对不懂法律的人来说显得太晦涩？他的整个讲话确实有明显的意图，就是认为成文的东西必须具有最大的适用范围。然而这种事情是所有学校里的学生都要接受的训练，在嘲笑这种审判的时候，他们得到的教训是要坚持书面文字和追求真正的平等。

“我也假定，在那个士兵的案子中[①]，如果你为那位继承人或士兵当律师，你会依据霍斯提留的《诉讼判例》(*Precedents in Pleading*)，而不会依赖你自己在演讲术方面的能力！如果你已经向有关方面提出这个遗嘱，那么正好相反，你肯定会注意到几乎所有遗嘱都有程序方面的问题；如果你已经为这位士兵辩护，那么你需要按照通常的方式，用你自己的口才把他的父亲从坟墓里召回来，展示给所有人；而这位父亲也会热烈拥抱他的儿子，流着泪把他托付给‘百人委员会’来照顾；我敢保证，他的话会影响每个人，连石头听了都要流泪，由此也就展开整个一节辩论。这种时候人们讲的话与你们视之为高于一切法律文献的‘十二铜牌法’无关，而仅仅是只有某些教师承认的道德化的打油诗。

【58】“你判定年轻人懒惰，因为他们不愿意努力记住你的技艺。你的第一个观点是这种技艺非常简洁，我把这个问题留给那些由于实施这种技艺而变得非常傲慢的人去考虑，但你自己也明白，这门技艺同时又是非常困难的，你所谓的简洁的技艺根本不成其为技艺，而是要等到某一天学了其他技艺以后才能掌握这门技艺，也就是说要到这个时候这门技艺才成其为技艺；第二，你拼命地说这门技艺会给人带来很多快乐，希望人们都会任由你快乐，而他们自己则满足于不快乐，并且他们中间也不会有人学习某些作品，即使他们不得不学，不会为了这个目的而宁可选择巴库维乌斯的《透克洛斯》[②]，而不选择玛尼留斯的《买卖的条件》(*Conditions of Sale*)。以你的下一个观点为例，热爱祖国使我们有义务去掌握有关我们祖先的计谋，你难道没看到古代的成文法已经被湮没在久远的历史之中，或者已经被现代的立法所取代吗？你本人相信习惯法可以使人行善，因为习惯法有奖善罚恶的规定，而我肯定也认为美德可以传授给人类（假定从方法上来看美德是可教的），通过训练和说服，而不是通过恐吓、暴力，甚至恐怖。不管怎么说，我们甚

① 参见本文本卷第 38 章。

② 透克洛斯（Teucer），传说中的第一任特洛伊国王。

至可以不学习法律也能学到美德，也就是说，它是一件极好的驱除邪恶的美事。

“至于我自己，你只允许我拥有行使正义的权力而无须任何法律知识，克拉苏，对此我的回答是：我从来没有学过习惯法，而在面对执法官的诉讼中，我也从来就没有感到缺乏这种知识。因为在某个具体的行当和技艺中成为一名艺人是一回事，而在社会生活和人类的一般实践中是不是笨蛋或新手是另一回事。无论是进行有益的探讨还是在开玩笑，我们中有谁不能去调查他的家产，或者去看看他在乡下的庄园？没有人会在日常生活中完全忽视这一类事情，以至于完全不知道播种、收割、剪树枝、摘葡萄、季节、农艺。如果我们中间有人有机会去看一看他的家产，或者去巡视一下，给他的管家下命令，询问一些农业方面的细节，这种时候他有必要去阅读迦太基的玛戈的长篇巨著吗？我们自己天生的智慧不就可以满足我们的要求了吗？如果是这样的话，尤其是当我们在处理法律和其他公共事务时，我们为什么就不能很好地使用习惯法，至少不会使自己显得像是我们国家里的一名旅客或者陌生人呢？如果某天有一个极为可疑的案子交到我们手里，我认为我们可以很容易地向在这里的斯卡沃拉咨询；尽管他们事实上属于不同派别，但他们处理过的事情可以为我们提供所有行家和研究者的观点。还有，如果争论与某个事实有关，或者与我们缺乏具体知识的领域有关，或者涉及账本或契约，我们被迫要去处理某些非常细致和麻烦的事情，如果我们必须掌握成文法或法律大师的观点，我们会仅仅因为年轻时没有学好习惯法而害怕处理不好这些事吗？

【59】“所以，习惯法的知识对演说家无用吗？我不能断定任何知识是无用的，至少不能对一名必须用各种丰富的知识武装自己的演讲者说知识对他无用，但是一名演说家有许多重大的基本需要，这些需要很难说清，所以我不希望他的精力过于分散，学习的内容也不要过于广泛。

“有谁否认演说家在他的活动中必须像洛司基乌斯一样仪态端庄而优雅？但是没有人会敦促热衷于修辞术的年轻人像演员一样去学习各种姿势。对演说家来说，还有什么能比语调更重要？然而没有一位热衷于演讲术的人会按照我的建议变成他的声音的奴隶，去追随希腊悲剧家的榜样，在上台表演之前，日复一日，年复一年地坐在那里练习嚎叫，或者躺在那里练习提高嗓音，在演出结束后又坐下来从高音降到低音，以这种方式重新控制他的嗓音。如果我们想象着这样做，那么我们接手的这些案子，在我们反复演唱赞美诗或者单调地重复之前，就已经输掉了这场官司。

“如果我们不努力练习对演说家有很大帮助的姿势，或者唯一得到各方赞同的、无争议的、适用于演讲的语调，如果在这些事情上，我们的精通程度能够与我们处理日常事务之后拥有的闲暇相对应，那么我们还有什么必要一定要耗费精力背诵习惯法，因为即使没有专门的指导我们也能获得关于习惯法的一般知识。习惯法与其他事情不一样，语调和姿势不可能一下子获得，需要外在的帮助，而法律中的内容要运用于具体案例，它是可以获得的，哪怕再匆忙，也可以很快地从专家或教科书中得到！

“这就是那些最完善的演讲者①以及你前不久提到过的那些律师要用他们自己拥有的所有最精湛的技艺来帮助他们在法庭上演讲的原因。通过掌握成文法和那些由最杰出的人士所制定的法令，我们自己的人民在这个方面已经有了许许多多更为杰出的表现。但若希腊人认为有必要，那么在他们中间肯定也会出现用习惯法来训练演说家的想法，而不是请求律师的帮助。

【60】“至于你的理论，习惯法的知识可以解脱老年的孤独，要真是这样的话，那就太幸运了。然而我们现在考察的不是自己的利益，而是演说家的基本需要。由于我们正在从一位艺人那里取来一系列细节作为与此相似的一名演说家的细节，所以我们看到就是这位洛司基乌斯说过的，年纪越大，想要听的笛声节奏越慢，声音越轻。现在他若是想打破某种具体的衡量体系的羁绊，想出某些缓解老年孤独的方法，那么他要是完全改变而不是弱化这些方法，岂不是要容易得多吗？你不会看不到，克拉苏，演讲术有多少种风

① 指那些最雄辩的希腊演说家。

格，我实际上几乎要把你认做最早使用简洁风格的人，你一直以来都以一种极为轻松、镇静的风格讲话。尽管人们都认为平静庄严的讲话适宜老年人使用，但我们知道有许多演说家，包括著名的西庇阿和莱利乌斯，用他们略带强调意味的演讲达到了预期的目的，从来不像加尔巴那样扯着嗓子大喊。但若有一天你连这样的演讲都不愿意了，那么你会担心在这种屋子里的公民被共同体遗弃吗，尽管它已经不再是诉讼者的神龛？我确实没法同意你的看法，我不仅不认为老年生活的支柱是有大群人来向你咨询，而且我寻求你所害怕的孤独，就好像寻求避风港一样。因为我认为有闲暇是老年生活最好的支柱。

"但是其他学问——它们是有用的——我指的是历史、公共法律的知识、古人处理事情的方式、各种审判的先例，如果我需要它们，那么我会从我的朋友康古斯那里借用，他非常精通这些事情。我不会反对这些年轻人去阅读和聆听这些事情，也不反对他们忙于追求各种适宜的学问和一般的文化，就像你刚才所建议的那样，但我发誓，他们在我看来好像并没有那么多时间，除非他们希望有所成就并遵循你的所有告诫。克拉苏，因为我想你提出来的条件相对于他们的时间来说太严格了，尽管这些条件对于实现他们的愿望来说有可能是必要的。如何取得进步，如何精心思考，如何练习写作，这些事情你刚才说过是在修辞学校里做的事。做这些事确实需要付出许多辛劳，要比较学生自己的论文和其他人的文章，要在没有事先准备的情况下对其他作品进行评价，要运用赞美、否定、认同、驳斥这些方法，还要在记忆和模仿两方面付出格外的努力。

【61】"你进一步宣布的内容是相当可怕的，在我看来它起的作用阻碍多于鼓励。因为你想使我们中的任何人都成为洛司基乌斯，你说对演讲优点的认可与忍受由演讲的缺点激发的邪恶相比时间要短得多，而我认为对演员的批评比对我们的演讲术的批评更加吹毛求疵。这就解释了为什么我看到，即使是在吼叫，我们也会引来更多人的注意，而伊索普斯的嗓子只要稍微有点儿沙哑，就会被轰下舞台。因为在这些技艺中除了耳朵的谢恩外，你不能期

待得到任何尊敬，人们经常性的冒犯更是削弱了这种谢恩。但是演讲术有许多迷人的特点，哪怕并非所有特点都是完美的——有许多仍在发展之中——但那些真实表现出来的特点应当说是非常好的。

“所以，回到我们的起点上来，让我们像克拉苏所定义的那样，把演说家当做一个能够以精确的方式讲话，令人信服的人。但我们不要把演讲术限定在日常讲话和公共政治生活的范围之内。让演说家抛弃其他追求，而把演讲术视为高尚的、荣耀的，让他日以继夜地锻炼讲话，就像著名的雅典人德谟斯提尼，人们普遍承认他在演讲方面的崇高地位，他对演讲的热忱达到狂热的地步，用辛勤的锻炼来克服天生的缺陷。尽管他一开始甚至不能准确地发出他所热衷的这门技艺的名称的第一个字母，但通过练习，他终于使自己成为杰出的演说家。起初，他的呼吸比较短促，但他后来成功地做到了在演讲时运气自如，他在自己的作品中说，他吸一口气讲话，可以使音调升降两次。人们后来还传说，他把鹅卵石含在嘴里，然后高声朗诵诗歌，不仅站在那里练，而且在行走中练，甚至在上陡坡的时候也在练。

“克拉苏，我完全同意你的看法，应当鼓励年轻人通过诸如此类的方法去严格训练，而其他那些你们从各种各样的技艺和学问中取来的东西，尽管你自己已经获得了一切，但我从来都把它们当做外在于演讲术和演讲者的作用之外的东西。”

【62】对于安东尼乌斯通过观察得出的结论，苏皮西乌，还有科塔，显得非常怀疑，为什么这两位演说家的谈话会如此接近真理。克拉苏则回答说：“安东尼乌斯，你把我们演说家说得像某种机械一样；我宁可相信你的真实观点不是这样的，你只不过是想让我们喜欢你的观点，在这方面没有人曾经超过你。这种演讲能力的锻炼专门属于演说家，尽管到了今天哲学家也在使用，主要用于那些长篇大论，要么支持，要么反对某个推论。现在我认为描述那些仅在法庭上出现的演说家的性质不是我的责任，这样的演说家不会超过案子的具体需要展示更多的东西，特别是在我的这些听众面前。但是，当我阐述我对演说家的看法，尤其是在我们自己的共同体中，说演说家一定

要有很好的武装，这些东西不能缺少时，我有了一个更高的理想。另外，你把演说家的整个功能限定在一个比较小的范围之内，所以你更容易向我们阐述你对演说家的责任和规则进行考察的结果。但是我想，这方面的内容我们必须放到下次再谈。因为我们今天的谈话够长了。还有，斯卡沃拉也要休息一下，他已经安排好了去他的图斯库兰庄园，只等热气消退。让我们也考虑一下今天的时间，关心一下我们自己的健康。”

这个建议大家听了都很高兴。斯卡沃拉说：“我衷心希望我没有安排莱利乌斯今天到我的图斯库兰庄园里来，我只想听安东尼乌斯讲话。”等他站起来的时候，他又笑着说：“他把我们的习惯法驳得体无完肤，但对此我并不感到懊恼，因为他承认自己对习惯法一无所知。”

第二卷

【1】我的弟弟昆图斯，也许你还记得，当我们还是孩子的时候，人们普遍相信卢西乌斯·克拉苏除了少年时期接受的教育以外，没有进一步涉猎别的学问，而马库斯·安东尼乌斯绝对没有接受过任何教育，一无所知。有许多人认为这不是真的，但或多或少希望有更好的办法来阻止我们这些热心的学生通过追求学问来获得口才，所以他们并不顾忌对这些杰出的演说家提出这样的看法。而就我们自己的意图来说，看到这些不是学者的人在实践中达到了最高的成就，看到衡量他们的口才有不同的标准，于是也会反思我们自己的劳动，以为这些辛苦都白费了，并进而愚蠢地认为应当让像我们的父亲一般的、拥有丰富经验的杰出人士来指导我们的教育。我们曾经以幼稚的方式驳斥过这样的智者，并以我们自己的家人，也就是用我们的父亲、我们的近亲盖乌斯·阿库莱奥、我们的叔叔卢西乌斯·西塞罗为证；阿库莱奥与我们的姨母结婚，克拉苏对他的敬重超过所有其他人，而我们的叔叔与安东尼乌斯一起去过西里西亚，在安东尼乌斯离开那个行省的时候就和他在一起。

他们经常向我们提起克拉苏，谈到他的学习和他在理智方面取得的成就。在我们的堂兄，阿库莱奥和我们的姨母的儿子的陪伴下，我们不仅学了吸引克拉苏的这些科目，而且也得到那些老师的教导，他们是阿库莱奥的朋友，我们当时住在他家。我们感到——连我们这些孩子都能察觉到——他能讲一口娴熟的希腊语，就好像这是他唯一会讲的语言。此外，他还以询问的方式把这些论题解释给我们的老师听，并在他自己的讲话中讨论这些内容。他几乎无所不知，没有什么事能超出他的知识范围。至于安东尼乌斯，尽管我们经常通过我们那位卓有成就的叔叔了解他，知道这位演说家在雅典和罗得岛热衷于和那些最博学的人谈话，但我自己也很早就在我的礼貌所许可的范围内一遍又一遍地向他提过许多问题。我要写的内容对你来说肯定不是什么新闻，因为我曾经把许多次谈话的结果告诉过你。我和他的谈话涉及许多主题，给我留下了深刻印象，没有什么事情是他不熟悉或不知道的，至少在那些我能提出某些看法来的学科中是这样的。

不管怎么说，人们对这两个人的看法还是有些差别。克拉苏并不希望被人们视为没有学过任何学问，以至于落下藐视学问的名声，但他确实把我们自己国家的同胞在各方面的智慧看得比希腊人的智慧还要高；而安东尼乌斯则认为，要是人们认为他真的从来没有研究过学问，那么像我们这样的民族更容易接受他的讲话。因此，他们俩，一个希望通过藐视希腊人来产生影响，另一个则似乎从来没有听说过希腊人。这些看法具有什么样的价值现在还看不清楚，但它属于我手中的这篇论文的内容。现在，要是有人在演讲中没有取得什么成就，我不会认为其中的原因仅仅在于缺少演讲训练，而是会指出他没有获得这个领域中的全部知识。

【2】几乎所有技艺都有明确的范围，但是演讲术，也就是用知识、技巧和优雅的风度来讲话的这门技艺却没有明确的界限来确定它谈论的内容。一切事物，无论是什么，都可成为人的讨论对象，都适宜由那些自称有能力的人来处理，否则他们就不是雄辩的。所以，在我看来，我承认，在我们国家和在希腊，一直高度重视这些探索，涌现出许多这方面的天才，他们在演讲

中享有很高的声望，而无须拥有最全面的知识。然而，像克拉苏和安东尼乌斯这样的雄辩家，我认为决不能把他们成功的原因说成是无须任何知识，仅仅是演讲术的智慧和力量在他们俩身上的显现而产生的结果。所以我要把他们曾经进行过的有关演讲术的一场对话写下来，我的目的首先是消除那种流行的观念，说他们中有一个没有受过多少教育，另一个从来没有接受过教育；其次，把这些完善的演说家所表述的有关演讲术的思想保存在文献中，我希望能以这种方式成功地再现他们的观点；最后，我要放弃沉默，尽可能捍卫或拯救这些人已经开始衰退的名声。如果他们自己的作品就能使他们出名，那么我已经在做的这件事就不那么必要了。由于他们中有一个很少写（不管怎么说，保存下来的很少），仅在年轻时写过一些作品，而另一个什么也没留下，所以我想这是我为这些伟大的演说家做的一点儿贡献。当人们还能清楚地记得他们的时候，要是我能做到，我应当使这种记忆成为不朽的。我的希望如此之大，所以我要预先提出我正在逼近的论题。我要讨论的不是塞维乌斯·加尔巴或者盖乌斯·卡玻的演说（在这样的讨论中我应当能够愉快地开题，而能够活到现在、能够凭着记忆力来反对我的人已经没有了），而是把真的听过他们演讲的人提出来的批评意见告诉大家。有些人从来没有听过这两位演说家演讲，也没有听过与这些著名演说家有直接个人交往的人所做的见证，但他们仍旧活着，活在我们中间，所以我的目的是向这些人推荐这一对儿杰出的演说家。

【3】你是我试图用一大堆非常粗糙的书加以指导的最后一个人，我亲爱的、优秀的弟弟，难道还有什么东西能比你自己的措辞更加精确和优雅呢？但你的措辞是否符合你通常肯定的原则，或者还不够稳重，或者像我所说的那样，由于有了良好的教养反而显得不够自信，因而逃避公开演讲（就像杰出的演讲术之父伊索克拉底声称他自己曾经也有过这样的时候），或者像我开玩笑时说的那样，在家里能言善辩，而一旦面对整个国家你就张口结舌了？我还认为，你不会把这篇文章纳入适宜作为嘲笑目标的那些作品之中，因为在那些讨论演讲技艺的人中间没有学问很好的人。我没有忽略克拉苏和

安东尼乌斯之间进行的这场对话的任何内容，无论谁凭着他们最强的能力，通过最热情的实践，凭着他们最深邃的学问和最完善的经验都能理解他们的对话。这个看法你无疑是可以认同的，因为你已经通过你自己的学习掌握了演讲术，在我的帮助下有了实践，并进而决定要掌握演讲术的知识和原则。为了能够较快完成我们担负的这项重要任务，让我们现在就开始讨论摆在我们面前的这些演说家的谈话和论证，而我也就不再做什么开场白了。

那场讨论发生过后的第二天，大约早晨八点钟，克拉苏还躺在床上，苏皮西乌坐在他的床边，安东尼乌斯和科塔在柱廊里散步，这个时候，老昆图斯·卡图鲁斯[①]突然来到这里，和他一起来的还有他的弟弟盖乌斯·朱利乌斯。得知这个消息，克拉苏非常兴奋，马上起了床，而其他人则都有点儿惊讶，纷纷猜测这次来访必定有某种不同寻常的意义。在相互见面问候以后，克拉苏说："是哪股风把你们吹来了？有什么新闻吗？"卡图鲁斯回答说："什么都没有。你明白这场游戏仍在进行。你要是猜想我们遇到了什么危险或麻烦，那也随你的便。但是事实上，凯撒昨天晚上从他自己的家来到我在图斯库兰的庄园，告诉我他遇见斯卡沃拉了，斯卡沃拉当时正在朝着这儿来的路上，是他提到了你们的讨论和你的讲话，说你随意阐发了你对演讲术的看法，还以一种希腊人的方式与安东尼乌斯争论，就像在学校里一样。受到你的诱惑，我的兄弟要我陪他一起来，但我并不打算扮演一名令人讨厌的听众的角色。但是我发誓，我担心我们的到来会给你添麻烦。按照斯卡沃拉的说法，你们的讨论最精彩的部分是在今天。如果你认为我们的鲁莽行为是可疑的，那么你可以指责凯撒；如果你认为这是在滥用友谊，那么你可以责备我们俩。但在我们看来，我们是受到你的吸引才到这里来的，我们的到来并非总是带来伤害。"

---

① 老昆图斯·卡图鲁斯（Quintus Catulus the elder），全名昆图斯·鲁塔提乌·卡图鲁斯（Quintus Lutatius Catulus），罗马军人，著名的政治保守派，公元前 78 年担任执政官。他的弟弟盖乌斯·朱利乌斯·凯撒（Gaius Julius Caesar），罗马政治家、历史学家、独裁者，死于公元前 48 年。

【4】克拉苏答道："不管你们是怎么来的，我都很乐意在家里见到我亲爱的、最好的朋友。然而，说实话，我认为你们来有别的原因，而不是你提到的这个原因。讲心里话，我个人对我自己昨天说过的话很不满意，对年轻人讲些幽默的话是一项好品德而不是我的什么过错，但我忘了我已经老了，做了一件我年轻时都没有做过的事，就是去讨论那些包含某种程度的学问在内的主题。不过有件事还是使我很高兴，因为我的角色已经扮演完了，所以你们下面要听的是安东尼乌斯的讲话。"

凯撒说："克拉苏，我期待着听你用圆满的、不间断的争论风格讲话，但若你已经讲过了，那么我也可以改变，不再听你重复。然而有件事我肯定想要尝试，就是要阻止人们认为苏皮西乌和科塔受你的影响比我受你的影响还要大，当然，我还希望你能对卡图鲁斯和我表示一点友好。但若这个建议不能打动你的心弦，那么我不会强迫你。当然了，在你考虑自己的行为是否得体时，你不会认为我的做法也是不得体的。"

克拉苏说："没错，凯撒，我在想所有拉丁语词中没有一个像你刚才用的这个词含义那么广泛。当然了，被我们称做'不得体'（tactless）的人在我看来这个称号源于这些人缺乏得体，在我们的日常对话中有大量的例子可以说明这一点，比如有人不明白讲话的场合，或者讲得太多，或者吹嘘自己，或者无视对方的尊严或方便，总之，各种各样的笨拙或冗长都可以说成是'不得体'。希腊人尽管有各种各样的学问，但也不断地犯这样的错误，他们不明白这种灾难的含义，甚至不能给这种错误起一个名字。仔细想想，你找不到希腊人是如何定义'不得体'的。但是，尽管可以假定不得体有无数种形式，我宁可认为这个毛病是希腊人的习惯，在任何地点，不管有哪些人在场，他们喜欢一头扎进去，大谈特谈精致的辩证法，而无论谈论的主题有多么困难，或者说并不需要讨论。这就是我们昨天在我们这些年轻朋友的要求下被迫做的事，尽管我们拒绝过，但还是接受了他们的抗议，犹豫不决地这样做了。"

【5】这时候卡图鲁斯说："克拉苏，即使在希腊人中间，那些分属不同

共同体的伟大的名人，就像在我们自己的国家里一样，总是想把他们自己的话强加给我们，而我们全都希望自己不像希腊人，然而在休息的时候，希腊人并不反对这种讨论和争论。尽管你把这些人视为不得体的有一定道理，他们不注意时间、地点、人员，然而你并非真的认为这种场合是不适当的，就拿我们正在行走的这个柱廊来说吧，还有这个训练场，这些四处摆放的板凳，它们不都在某种程度上使我们联想起体育场和希腊人的讨论吗？或者说这是一个错误选择的时间，发生在一个难得的节假日，而我们又受到了特殊的欢迎？或者说我们对这种争论很陌生，我们全都需要有人告诉我们，不经过这样的训练，此生就虚度了？"

克拉苏说："你敦促的所有事情我都可以从不同的角度来看，因为，第一，卡图鲁斯，我相信哪怕是发明了训练场、板凳、柱廊的希腊人本身这样做也是为了进行体育锻炼和娱乐，而不是为了辩证法。因为他们进体育学校的时间早于他们开始与哲学家谈话。即使到了现在，尽管贤哲们也可以占据所有体育学校，然而他们的听众想要听的是讨论，而不是听大师讲话，只要铃声一响，他们全都会离开课堂去擦油①，准备参加体育锻炼，不管此时的演讲是否精彩，也不管演讲的题目有多么重要。所以，他们确实把微不足道的娱乐看得比哲学家们所谓最有益的事情还要重要。至于你说这是个节假日，那么我同意，但是节假日的娱乐不是心灵的辛劳，而是一种放松。

【6】"我经常听我的岳父说，他的岳父莱利乌斯去乡间巡视时总是带上西庇阿，一旦他们从牢狱般的城市来到乡间，这时候他们俩就好像又成了孩子。我不敢说这是一种值得尊敬的品格，但是斯卡沃拉可以告诉我们，在卡伊塔和劳伦图采集淡菜和贝壳，做各种各样的轻松的游戏，那时候他是一种什么样的感受。自然是有序的，我们看到甚至连鸟类也要建造它们的巢穴，为的是哺育后代和它们自己的舒适；然而，一旦这些任务完成了，它们就摆脱辛劳，自由自在地飞翔。我们人类的心灵也一样，在法庭和城市里的公共

① 希腊人在进行摔跤训练前往身上抹橄榄油。

事务中耗费心神之后，我们的心灵会变得疲惫不堪，想要休息，想要摆脱焦虑和紧张。出于这些我已经对斯卡沃拉说过的考虑，我在为库里乌斯辩护的时候心里怎么想嘴里就怎么说。我当时声称：'好吧，斯卡沃拉，如果遗嘱不一定要立，除非出于你的命令，那么我们全体公民都会带着我们的铜牌法到你这里来，只有你能知道所有人的意愿，但在这件事情上，'我继续说道，'你什么时候能够指导国家事务？什么时候能够指导你朋友的事务？什么时候能够指导你自己的事务？一句话，你什么时候能够无所事事？'我还做出这样的推论：'在我看来他不是自由人，因为他不能在某些时候什么也不做。'卡图鲁斯，我仍旧坚持这个观点，吸引我到这里来的正是这种松懈和懒散。

"至于你扔进来的第三个论证，你们是人，如果没有这些追求，你们就会感到此生毫无价值，这种考虑并不能鼓励我去参加争论，而肯定会把我吓走。正如学问很大、修养很高的盖乌斯·鲁西留斯，他不希望最无知的人读自己的作品，也不希望最有学问的人读自己的作品，因为前者什么也不懂，而后者可能比他懂得多。与此相关他还写道：'我不希望波西乌斯[①]读我的书。'（我们知道波西乌斯是我们同胞中最博学的人）他继续写道：'让莱利乌斯·德库姆斯读我的书吧。'（我们也知道这位莱利乌斯是一位杰出的人，有些学问，但与波西乌斯相比实在算不上什么。）我也一样，如果我现在必须参加这些探讨，否则的话在大批听众面前讲话就会有遗憾，那么当着这些人的面我就更加犹豫不决了，因为我宁可让我的讲话被误解，而不是让它遭到否定。"

【7】凯撒回答说："没错，卡图鲁斯，我到这儿来是为了受益，我自己也已经做了努力，在我看来，你对讨论的抗议本身也是一种讨论，与赞同讨论有一致性。但是我们有什么理由要安东尼乌斯讲话呢，他要自由地处理演讲术，我听说这是他应当起的作用，而科塔已经长时间地在等候，还有苏皮西乌？"克拉苏插话说："不，我一个字也不想听安东尼乌斯说，我本人会

① 波西乌斯（Persius），罗马剧作家，斯多亚学派哲学家。

当哑巴，除非你首先答应我一个条件。”卡图鲁斯说：“你说吧，什么条件？”克拉苏说：“你们要在这里待一整天。”卡图鲁斯有点犹豫不决，因为他已经答应要去他兄弟家，这时候朱利乌斯说：“让我来代表我们俩回答。我们同意你的要求，我会待在这里，哪怕你一个词都不愿贡献给这场争论。”

卡图鲁斯对他笑着说：“我不再犹豫不决了，因为我家里没什么事，而我的弟弟又在这里，我原来想去他家，既然如此，我也就留下来吧，不过我确实不想说什么。”这个时候，大家的眼睛都转向了安东尼乌斯，他在那里喊道：“请注意，大家请注意！你们马上就要听到一个人的演讲，他进过学校，受过专门训练，学过希腊文献。我将要用我更加坚定的风格讲话，因为卡图鲁斯也在聆听我的讲演，他讲话的精确性和对希腊语的精通是无人不晓的，不仅在我们这些讲拉丁语的人看来是这样，而且连希腊人也这样看。然而，由于这门技艺的缘故，无论它是什么，要是没有一点‘厚颜无耻’，就会一事无成。所以，我的门徒们，我要教你们一些我自己都没有学过的东西，也就是说，我要把我的演讲理论的所有内容都教给你们。”

等大家的笑声逐渐平息下来的时候，他继续说道：“演讲术在我看来是从能力中派生出来的，与技艺没有什么关系。因为，技艺与某些已知的事物有关，而演说家的活动涉及的是意见，而不是知识。我们自己要对无知者演讲，而我们谈论的事情又是我们自己所不知道的，由此产生的结果，一方面是我们的听众对同一事物在不同时间会形成不同的概念和判断，而我们自己则经常持有相反的看法，这种相反的意思不仅仅是克拉苏有时候反对我，或者我有时候反对他，而是我们中的某一个必须说出什么是错误的，而且也因为我们双方对同一事件在不同的时候会持有不同的看法，但在这种情况下，又只能有一个正确意见。因此，我将要谈论的主题建立在错误的基础之上，这个主题很少得到过证明，它设下了一个陷阱，吸引着人们的想象和人类的幻觉，当然了，除非你们认为还有什么理由听我讲话。”

【8】卡图鲁斯说：“我们当然想听，这一点无可置疑，更何况你并不打算自吹自擂。你的开场白没有表现出任何傲慢，你从案例的实际事实出发，

而不是从你设想的某个宏大的论题出发。”安东尼乌斯接着说：“那么好吧，我承认，一般说来，演讲术并非技艺的最高形式，然而我要提出下述论断：为了对人的情感起作用，使他们对你产生善意，可以设定某些非常灵活的规则。如果有人宣布有关这些设定的知识是一门真正意义上的技艺，那么我不会与他争辩。因为，就像许多人在法庭上的辩护毫无章法，而另一些人，由于接受过这样的训练，或者拥有这方面的经验，就能够娴熟地处理这些事情一样，那么无可争议的就是，任何人都可以用他的心智寻找有些人比别人讲话讲得好的原因，并且能够成功地发现这个原因。由此还可推论，把他的考察延伸到修辞学的整个领域的人会发现，尽管不能绝对地说它是一门技艺，但它确实类似一门技艺。

“因此我想用我心灵的眼睛，诚所谓我思故我见，考察法庭的审判过程，聆听诉讼，以便我能栩栩如生地把我的想法告诉你们，就像这些事情真的在我们面前发生一样！但对我自己来说，我提出的这个命题已经有了令我自己满意的证明，尽管演讲术不是一种技艺，但仍旧没有比完善的演说家更加杰出的人了。撇开演讲术的实际作用不谈——演讲术是国家安宁和自由的支配性力量——演讲的能力确有迷人之处，没有比聆听演讲更能使人们的耳朵或者理智感到愉悦了。有什么音乐能够创作得比一篇美妙的讲话更加甜蜜？有什么诗歌能比演说家的散文更加圆滑？有哪位演员对真实生活的模仿比你们演说家在实际生活中主导某些事件时更加热烈？有什么事情能比演说家在既定时刻做出的反应更加精确？有什么事情能比演说家明快地提出论题，词汇丰富地进行阐述，多种多样的证明手段更加神奇？没有哪一个主题是演说家不能说的，也只有演讲才值得优雅的、感人的处理。

【9】“在给一些极端重要的事情提建议时，演说家表达他自己的意见，就像一位拥有权威的人，他的责任是激励倦怠的民族、约束各种放纵的欲望。演讲术的欺骗性在人类中会带来毁灭，而演讲术的正确使用则能带来拯救。谁能比演说家更有激情地鼓励人们的道德行为，或者怂恿人们更加疯狂地做恶？有谁能比演说家更加严厉地谴责恶人，或者更加热烈地赞美高尚

者？有谁的方法能够比演说家更加有力地克服不合理的欲望的力量？有谁的话语能够比演说家更加温和地抚慰悲哀？

“至于能够为往事做见证，使人回顾以往、反观现实、指导人类生存的历史，除了演说家，还有谁的声音能够使历史臻于不朽？如果还有别的技艺能够创造和选择语言，或者说唯有演说家能够赋予演讲以各种形式和多样性，使演讲高度重视思想和用语，或者说除了这门技艺，还有什么方法可以教会人们进行证明或思考，甚至教会人们分配和安排主题，那就让我们承认这门技艺拥有的技巧要么确实属于别的技艺，要么与其他某些技艺共享。然而，要是所有推理和教导确实只属于这门技艺，那么尽管其他技艺的教师已经成功地表达了他们的思想，但从中仍旧不能推论出这样的教导不是这门技艺独有的。但是（如克拉苏昨天所说），正因为演说家最有能力讨论同时也属于其他技艺的主题，因此人们总以为演说家本人也要精通这些主题，而其他技艺的大师要是已经从我们正在涉及的这门技艺中学到了某些东西，那么他们可以更加优雅地解释他们自己的论题。尽管有某些农夫能够写作或讨论国家大事，或者有某些医生能够谈论病理，有许多医生能够这样做，或者某些画师能够谈论绘画，但我们从中不能推论演讲术属于某一门具体的技艺。事实真相是，在这门演讲的技艺中，由于内在于人的理智中的理性具有巨大的力量，因此有许多人，无论他属于哪个阶层，从事什么职业，都具有某种程度的讲话能力，而无须任何规范的训练。尽管各门技艺特有的性质只能根据这门技艺的教师能教些什么来确定，但比这更加确定的是，没有演讲术的帮助，其他所有技艺的功能都会受损，而如果没有口才，演说家甚至不能得到这个独特的称号。所以这个世界上的其他人，如果他们是讲话流利的演讲者，那么他们可以从演说家那里学到一些东西，而演说家本人只能用他自己的私人库藏武装自己，否则就不能从其他任何地方取得装备，使自己成为一名演说家。”

【10】这时候卡图鲁斯插话说：“安东尼乌斯，尽管你流利的讲话不应当被打断，停下来接受检查，但我还是要请你容忍我、原谅我。就像《三文钱

的硬币》中的那个人说的，‘我无法不鼓掌’。[①] 我认为，你如此巧妙地描述了演说家的力量，把你掌握的丰富词汇都用上了。然而，一位雄辩家必定要比其他人更好地为演讲术唱赞歌，因为他必须完成他的任务，表现他所赞扬的演讲术的各种能力。但还是请你开始吧，我同意你的说法，你拥有完善地讲话的技巧，任何有能力谈论某种技艺的人只能使用从别处借用来的技能，这种技能不是他特有的，甚至不是他自己的。”克拉苏补充说：“一晚上的休息使你变得圆滑了，变得有人情味了，安东尼乌斯，根据我的看法，你在昨天的讨论中说演说家只有一种才能，用凯西留斯的话来说，‘只是一名画廊里的奴仆或搬运工’，演说家实际上是一名缺乏教养的乡巴佬。”

安东尼乌斯回答说：“我是这样说过，这是我昨天的计谋，因为我想成功地驳斥你的论证，让这些学生相信我。但是今天，我们的听众中有卡图鲁斯和凯撒，我想我的任务不是与你格斗，而是陈述我个人的看法。所以，我们现在已经把我们正在讨论的演说家带上法庭，接受公众的考察，我们的下一个任务就是考虑我们应当给他指派什么样的工作，我们认为他应当承担的各项功能中有哪些是要排除的。卡图鲁斯、凯撒，昨天你们不在的时候，克拉苏用简约的术语提到了这门技艺的类别，他用了大部分希腊人常用的说法，当然，他没有表达他自己的观点，而只是对他们的说法做了肯定。他的看法是，关于演讲术的问题有两类：一类是抽象的，另一类是具体的。所谓抽象问题我认为他指的是那些用一般术语来阐述的问题，比如：‘人们需要口才吗？’‘应当谋求公共职务吗？’与此相反，具体问题要针对具体的个人和具体的观点进行考察，法庭上的争端、法律诉讼的程序、公民之间的私人争论属于这一类。这样一来，演讲术的范围在我看来就被限定在诉讼和商议，至于也应当包括在演讲术之内的第三个类型，克拉苏几乎没有注意到，而我知道亚里士多德本人都提到过这一点[②]，对此他做了非常清楚的解释，

---

① 普劳图斯：《三文钱的硬币》（*Trinummus*）第 3 卷，第 2 章，第 79 节。

② 参见亚里士多德：《修辞术》1358b5。

这种类型相当有用，但与前两个类型相比肯定不会处在同等重要的位置上。”卡图鲁斯说：“你说的是什么类型？是展示性的演说吗？我注意到它已经被确定为第三个类型了。”

【11】安东尼乌斯回答说：“确实如此，提到这种类型的演讲，我知道我本人和所有在场的人都会非常高兴，你可以按这种方式赞美你的母亲波庇莉娅。我想，她是第一位在我们国家获得如此殊荣的妇女。但是，我认为并非我们所说的一切事情都要归结为理论和规则。因为出于相同的来源，在产生演讲规则的地方，我们也能够创作一篇葬礼演说词，而不会感到缺乏这些学者们的原理，因为，哪怕没有人教过这些原理，又有谁不知道人的优点呢？事实上，克拉苏在他那篇著名演讲的开场白中提到公理时似乎已经指出了这一点，这是克拉苏在担任监察官、反对他的当政的同事时发表的演讲，他声称自己能够很高兴地忍受自然或偶然性赋予人类的低劣才能，但不能赞同人能够为自己赢得信誉的看法。想要为任何人唱赞歌的人会明白，他首先要加以充分考虑的是命运的青睐。这就是种族、财富、亲朋好友、权力、健康、美丽、勇敢、才能，以及其他身体属性或外在属性给他带来的好处。如果一个人拥有这些东西，赞扬者就必须解释说，受赞扬的人正确地使用了这些好处；如果他原先不拥有这些东西，赞扬者就要说被赞扬者如何敏捷地获得了这些东西；如果他原先拥有的这些东西被夺走了，就要赞扬他如何体面地承受着损失；此后，演讲者会主动或被动地举出大量有关被赞扬者的事例，以此表现这个人的智慧、仁慈、勇敢、正义、心灵的伟大、义务感、感恩、温和，简言之，你们所喜欢的一切美德。这些美德以及其他相似的美德都是赞美者打算察觉的，而那些想要对某人加以贬斥的人同样也会找到证据来实行报复。”

卡图鲁斯插话说：“这种演讲显然内在于案例的本性之中，那么把它当做第三种类型你为什么还要犹豫不决呢？实际上，把它从分类中取消掉而不说明理由更容易做到。”安东尼乌斯回答说：“我的理由是，我不希望对时不时碰到的所有大大小小的事情做演讲术的处理，我也不想提与演讲术本身的具体规则无关的事情。例如，当我本人被迫起来反对塞克斯都·提提乌斯这个喜欢搞宗派、到处找麻烦的家伙时，我就经常要提供证据，寻找时机，这种时候说话还要比平常更准确。在提供证据的过程中，我要说明各种标准，为了捍卫这个国家，我作为执政官要批判他这个保民官的品性，我要用尽一切办法把我认为他有损于公共利益的恶行都揭示出来。我长期受到阻挠，我不得不聆听许多意见，还要对许多反对派做出回答。在制定修辞学规则时添加如何提供证据的内容，尽管仍旧处于这门技艺的范围之内，但这样做你认为恰当吗？”卡图鲁斯答道：“这样做没有必要。”

【12】“要是（像地位最高的人经常要做的那样）必须把将军的消息传给元老院的会议，或者从元老院把消息传给将军，或者传给任何王子或国家，那会怎么样？在这种场合，措辞的风格要比日常生活中使用的风格精致，那么由此是否就要推论这种讲话的风格应当算做演讲活动的一个独特的部门，或者说适宜制定它自己特有的规则？”卡图鲁斯回答说：“当然没必要，因为传递消息的人已经具有这种讲话的能力，他处理过其他主题和论题，在我们所说的这种情况下不会有误。”

安东尼乌斯继续说道：“所以，这些经常要求有流利表达的事情，以及刚才在赞扬口才时我还断定属于演说家的那些事情，在演讲术的形式分类中没有专门的位置，也没有任何具体规则，但是在法庭上，这些事情必须像论证一样得到娴熟的处理。我指的是反驳、鼓励、安慰，它们都需要使用最优雅的措辞，而这样的主题从理论中得不到什么指导。”卡图鲁斯说：“我完全同意你的看法。”

安东尼乌斯又说：“现在让我们做进一步的考虑。按照你的看法，何种等级的演说家，何种语言大师，适宜撰写历史？”卡图鲁斯回答说：“若想写得像希腊人的历史一样好，那么需要很高的才能。要是标准就像我们自己的同胞一样，那么根本就不需要演说家来写，只要有一个不撒谎的人就行了。”安东尼乌斯说：“但不管怎么说（我说这样的话，你们不要以为我轻视自己的同胞），希腊人一开始写历史也写得像我们的加图、庇克托尔、庇索一样。因为历史一开始就是编年史的汇编，记录一些杂事以保存一般的传说，从城邦的早期开始，一直到普伯里乌·穆西乌斯担任祭司长，每位大祭司都曾经写下他任职那一年的所有事件，把它们记在白板上，悬挂在家里，所有人都有自由去那里熟悉这些记载，直到今天人们还把这些记载称做大祭司的编年史。许多没有任何演讲术修养的人也采用相同的写作风格，他们留下来的仅仅是有关日期、人物、地点、事件的记录。在此意义上，斐瑞居德①、赫拉尼库斯②、阿库西劳斯③以及其他许多希腊人，与我们的加图、庇克托尔、庇索一样，不懂得如何修饰作品——因为文章的修饰是后来才传入这个国家的——只要他们的叙述能够被理解，他们就把准确性当做历史学家唯一的优点。可敬的安蒂帕特④是克拉苏的亲密朋友，他的水准要高一些，给历史添加了一种比较丰富的语调，而其他人则对事实不做任何修饰，仅仅是编年史，没有别的东西了。”

【13】卡图鲁斯说：“事情是像你说的这个样子。但是，连你的朋友科厄留斯（Coelius）在叙述历史的时候也没有做各种各样的反思，或者用丰富的词汇和平铺直叙的文风来完成他的名著，而是显得非常粗糙，就像一个没有学问的人，一个从来没有接触过修辞学的人写的。但不管怎么说，你说得对，他超过了他的前人。”

安东尼乌斯说：“这不奇怪，这个问题在我们的语言中还从来没有得到很好的处理。因为除了用眼睛观看法庭和公共集会上的演讲，我们自己的同胞还没有人追求过演讲术，而在希腊，最雄辩的人对于争讼是外行，他们主要献身于那些一般的学问，尤其是撰写历史。确实，哪怕是第一位给这样的

① 斐瑞居德（Pherecydes），公元前6世纪希腊哲学家。

② 赫拉尼库斯（Hellanicus），身世不详。

③ 阿库西劳斯（Acusilas），身世不详。

④ 安蒂帕特，全名卢西乌斯·凯留斯·安蒂帕特（Lucius Caelius Antipater），公元前2世纪罗马历史学家。

工作带来特色的著名的希罗多德[①]，我们也听说他从来不关心诉讼，然而他的雄辩口才能够给人带来强烈的愉悦，对我个人也一样，只要我能读懂他的希腊文。在他后面有修昔底德[②]，按照我的判断，他在创作的灵活性上很轻易地就超过了其他所有人。他使用的材料非常丰富，他的想法也和他的词汇一样多，还有他在表达上如此准确和清晰，使你无法说出他的文章到底是从风格中得到启示后的叙述，还是从思想中得到的措辞。然而，即使是他，尽管是一位公众人物，我们还是没有听说过他是一位辩论家，与此相关的就是他在撰写他的历史著作时远离城市生活，实际上被流放了，这是雅典对付杰出人士常用的办法。他的后继者有叙拉古的腓力司图[③]，他与僭主狄奥尼修斯[④]有亲密的关系，在闲暇时撰写历史，在我看来，他的水平高于其他所有修昔底德的模仿者。然而后来，在我所谓生产最著名的修辞学家的地方[⑤]出现了一对儿杰出的天才——塞奥波普和厄福鲁斯[⑥]，他们在他们的老师伊索克拉底的建议下撰写历史，但从来没有参加过诉讼。

【14】“有许多历史学家最初是哲学家。第一个是色诺芬，是苏格拉底的著名追随者；后来又有卡利斯塞涅，是亚里士多德的学生和亚历山大的密友。后者在方法上接近修辞学，而前者采用了一种比较温和的语调，缺乏演讲的刚毅和活力，但不管怎么说比较讨人喜欢。蒂迈欧在这些人中年纪最轻，但依照我的判断，他使用的材料和思想最丰富，他的文风已经有某种程度的修饰，他的文章已经具有雄辩的权威性，但他没有公开演讲的经验。”

安东尼乌斯讲完了这番话，凯撒喊道：“现在怎么样，卡图鲁斯？那些

---

① 希罗多德（Herodotus），公元前5世纪希腊历史学家，著有《希波战争史》，被誉为“西方历史学之父”。

② 修昔底德（Thucydides），公元前5世纪希腊著名历史学家，著有《伯罗奔尼撒战争史》。

③ 腓力司图（Philistus），公元前5世纪希腊历史学家，生于公元前440年，叙拉古人。

④ 这里的狄奥尼修斯（Dionysius），亦称老狄奥尼修斯，或狄奥尼修斯一世，生于公元前432年，西西里岛叙拉古城邦的代僭主。

⑤ 指希腊。

⑥ 塞奥波普（Theopompus）和厄福鲁斯（Ephorus），希腊历史学家，身世不详。

说安东尼乌斯不懂希腊语的人到哪里去了？他提到了那么多历史学家！你们看他的洞察和识别能力有多么强！”卡图鲁斯说：“令我惊讶的还不仅仅是这一点，我们的这位朋友尽管对这些事情一点儿也不熟悉，竟然也能如此有效地讲话。”安东尼乌斯说：“卡图鲁斯，这不是因为我在寻求演讲术的帮助，而只是为了寻找快乐。这是我的习惯，有时间就读一读这些人的书，还有其他一些作者。目的何在呢？我从中确实得到了一些好处，就好比在阳光下行走，尽管季节也许不对，其天然结果当然就是把皮肤晒黑了，但即便如此，在密塞努[①]相当仔细地阅读了这些书以后（在罗马几乎没有这样的机会），我发现在他们的影响下，我的讲话风格发生了变化，可以称做有了一种新的气质。然而，为了不使你认为这种说法太过分，我不再说我懂得希腊文献，而只说我懂得它的作者，他们自己也希望能够被大多数人理解。每次我偶然得到某些哲学家的书，它们的标题经常欺骗我，这些书名一般都非常醒目和出名，比如论美德、论正义、论诚实、论快乐，我不明白为什么对这样简单的语词要使用复杂的推理和辩证法。你们的诗人讲起话来与这些人的语言完全不同，但我不打算谈论诗人的语言。我潜心阅读（如我所说）那些故事书，读他们自己的演讲词，或者读他们为我们这些没有什么学问的人写的书，这些书的文风表明作者希望我这样的人能够看得懂。但是现在我要回到我的论证上来。

【15】“你明白演说家在撰写历史著作中有多大责任吗？我宁可认为文章的流利和措辞的多样性是第一位的。然而我在任何地方都找不到修辞学家对此做过独立的指导，它的规则确实是开放的。因为有谁不知道，撰写历史的第一条法则就是除了事实真相作者不能讲其他任何事情？它的第二条法则不就是作者必须大胆地讲述整个事实真相吗？他的作品一定不能有任何偏见，对吗？也不能有邪恶的东西，对吗？这种基础工作当然是每个人都熟悉的，然而整个文章的结构建立在故事和措辞之上。主题的性质需要按年代排列，

① 密塞努（Misenum），位于坎帕尼亚的海岬。

需要有地理方面的描写。由于人们在阅读时会不断寻找那些值得记载的重要事件、战役的计划、具体的行动、后续的结果，所以作者在涉及这样的计划时，也需要表示赞同，而在叙述成就时，不仅要讲述做了些什么，或者说了些什么，而且还要讲述做或说的方式。在评价后果时，为了解释所有与此相关的原因，要看它的源起是否出于偶然，或者是否随意，或者是否蛮干。至于个别的行动者，除了阐述他们的功绩外，也需要讲述他们的生平和性格，就好比我们在讲述某些杰出人物的名声和尊严。还有，要追随某种语言和风格是简单易行的，只要按着规定的方向前进，有一定程度的明晰，不要变化多端，避免使用我们在法庭上使用的粗鲁语言或律师使用的讽刺人的警句。关于所有这些大量的要点，你认为在修辞学家的体系中能找到什么指导吗？

“人们对于演说家要承担的许多其他义务，比如鼓励、抚慰、教导、警告，也都保持沉默，这些内容全都值得演讲术进行处理，然而在那些已经阐释过的体系中没有它们自己的位置。这个领域还有无限的论题之林，因为（如克拉苏已经指出过的那样）大部分作家把演说家谈论的主题确定为两类：一类是具体的或者有待决定的，分别涉及诉讼和商议，此外还可加上赞扬；另一类几乎每个作家都会谈到，但没有一个人做过解释，这就是抽象的探讨，与具体的时间和人物无关。在讨论这一类主题时，在我看来他们没有抓住它的本质和范围。因为，要是演说家的责任是能够用一般的术语谈论摆在他面前的任何主题，那么演说家就必须谈论太阳的大小和大地的外形。在承担了这项义务以后，他就不能拒绝处理数学或缪斯的祭坛。简言之，对一个声称有权力谈论一切问题的人来说——不仅谈论那些与具体时间和人物有关的问题（亦即全部司法案件），而且也能谈论有关抽象性质的命题——他是无法拒绝任何争论的。

【16】“但若我们要把演说家与那些无法确定的、不受约束的、无边无际的考察联系起来，并且认为讨论善与恶、嗜好与禁忌、美名和恶名、有用和无用，此外还有至善、公义、自制、审慎、伟大、仁慈、忠诚、友谊、良好

信仰、责任感以及其他美德与恶德，还有国家、主权、战争行为、政治科学、人类的道路，等等，都是演说家的责任，那就让我们也进行这种考察，但要仅限于合理的范围。当然了，我认为一切事情都与公民之间的交往和人类的道路有关，演说家必须掌握日常生活、政治体系、互助的社会、人类的共同情感、自然禀赋和道德；如果不能做到像哲学家一样，在能够对所有这些事情逐一提出建议的意义上把握这些事情，那么至少也要能够把这些事情娴熟地编织到讲话中去，还要能够像法律、法令、国家的创立者那样谈论这些事情，他们尽管没有接受过什么正式的论证训练和关于语词的争论，但他们能够坦率而又清晰地谈论这些事情。

"为了防止有人对我不就这个极端重要的主题提出任何规则感到惊讶，在此我宣布：'正如在其他技艺中一样，教过最难的部分以后，其他比较容易的部分或与之相似的部分就不需要再教了。比如绘画，完全学会了如何画人就不需要再去上课，学习如何画某个具体的人或某个年龄段的人；会画狮子或公牛的人画其他的四足动物也不会有任何危险（需要专门教育的事情中没有什么技艺，因为那些已经学会了做事情的一般原则的人能够毫无困难地做到这些事情而无须帮助）；我甚至认为在演讲术中，无论它是一种技艺还是实践的结果，获得这种能力的人能够任意支配听众的心灵，能够用权威处理有关国家事务的争端，能够确定事实，攻击或捍卫某些派别，这样的人对任何演讲的论题都不会比著名的波吕克利图①更加不知所措，他在讲到赫丘利②的英雄业绩时不知道如何描述野兽或水蛇的皮，尽管从来没有人教过他如何单独描述这些东西。'"

【17】这时候，卡图鲁斯插话说："安东尼乌斯，我想你已经把演说家必须学习什么，以及即使没有专门的学习也应当通过一般的学习吸取什么，清楚地摆在我们面前，令人佩服。你已经把演说家整个地限制在两类主

① 波吕克利图（Polyclitus），公元前5世纪希腊雕刻家。

② 赫丘利（Hercules），即赫拉克勒斯（Heracles），希腊神话英雄，有所谓十二项英雄业绩。

题上[①]，而把其他无数的事情留给实践和类比。但你要明白，你没有把水蛇皮和野兽皮包括在你的两类主题中，而赫丘利和其他一些更加重要的工作属于你忽略掉的事情。在我看来，讨论事物的抽象类型和谈论个别事物一样难，讨论诸神的本性甚至比人们之间的法律争论更难。”安东尼乌斯回答说：“不是这样的。因为对于你，卡图鲁斯，我会像一名经验多于学问的人那样讲话，与学问相比，经验是较大的事情。谈论其他任何论题，请注意我的话，对于一个不是傻瓜而是受过某些训练，不是对一般的文献完全无知而是受过一定程度教育的人来说，仅仅是娱乐。但是，我宁可认为法庭上的战斗包含着真正的巨大的困难，是人类从事的一切事业中最艰苦的；因为在这里，无知的民众通常用胜利的结果来判断一名演说家的能力，那些全副武装的反对者向你挑战，而你必须承受打击和冲突。那些裁决胜负的人常常脾气很坏，容易发怒，甚至对另一方友好，而对你敌视。当他受到约束或刺激，不得不信服或接受事实的时候，或者当他听取出于和时机或环境相适应的各种考虑而提出来的娓娓动听的建议的时候（在这个过程中善意常被转化为仇恨，而仇恨也常被转化为善意）他必须不断地改变自己的态度，从僵硬变得温和，从忧郁变得快乐。每一深刻的思想，每一有分量的语词，都必须用上。必须添加的还有表达，它不是千篇一律的，而应是有活力的，生机勃勃的，充满情感的，非常现实的。在这样的劳动中，如果有人能够坚实地掌握这门技艺，就好比能以斐狄亚斯[②]的方式，创作一尊密涅瓦[③]的雕像，那么他肯定在处理其他较小的细节时不会遇到任何困难，就好像这位大师在制造盾牌时遇到的情况一样。”

【18】对此，卡图鲁斯说：“你把这些成就说得越伟大，越神奇，我想知道获取这种强大力量的方法和指导的愿望就越强烈。这不是因为我个人受到了什么感染，对我这样年纪的人来说已经不缺乏这种力量了，我们这代人追求

① 即具体问题和抽象问题。

② 斐狄亚斯（Phidias），公元前 5 世纪希腊雅典的著名雕塑家。

③ 密涅瓦（Minerva），罗马智慧和技艺女神，混同于希腊的雅典娜。

一种风格完全不同的演讲，从来不使用任何演讲的具体力量来赢得保民官的信任，而是在可能的范围内尽力调和成员的感情，然后让保民官的判决自动呈现出来。但是不管怎么说，我要向你询问你的这些秘密，不是供我自己使用，而仅仅是出于对知识的热爱，为了增加我的知识。我也不需要任何希腊教师把一系列陈腐的公理告诉我，他们自己从来没有上过法庭或进行过法律诉讼，就像传说中的那位非常著名的逍遥学派的福米奥一样。汉尼拔遭到迦太基人的放逐，流放途中在以弗所遇到安提奥库斯①，那时候这位哲学家名扬四海，他作为主人接待了汉尼拔，并邀请汉尼拔前去听一位哲学家的讲演，要是他愿意的话。汉尼拔很高兴地去了，而那位说话唠叨的哲学家一口气讲了几小时，谈论军队统帅的功能和一般的军事问题。其他的听众听得非常高兴，有人转过头来询问汉尼拔对这位杰出的教师有什么看法，这位迦太基人用不那么地道，但还过得去的希腊语回答说，他见过许许多多的老疯子，但从来没见过比福米奥更加疯的人。在我看来，他说得对，这个希腊人从来没有见过一个敌人或敌人的营盘，甚至也从来没有担任过最轻松的公务，而他竟然面对多年来一直与作为全世界的征服者的罗马人作战的汉尼拔讲解军事问题，还有什么更好的例子能说明什么叫做目空一切的空谈？其他那些为演讲这门技艺制定规则的人在我看来也一样，他们教导别人的事情是他们自己不熟悉的。但是他们的莽撞可能不那么严重，他们在这样做的时候实际上并不打算教导你，就像福米奥对待汉尼拔，而只是像小孩或少年那样率性而为。”

【19】安东尼乌斯说：“你错了，卡图鲁斯，因为我自己和许多福米奥这样的人打过交道。实际上，在那些希腊人中间会有人相信我们中的任何人能理解他们的意思吗？他们为我着急，而我也乐意忍受他们的唠叨。因为他们的行为可以供我取乐，或者说可以减轻我没有成为他们的学生的懊悔。我轻蔑地打发他们上路，但比汉尼拔对待那个哲学家的态度要好些。也许是由于

① 安提奥库斯（Antiochus），生平不详。

这个原因，我跟他们待在一起的时候麻烦更多，然而他们的理论按照我的判断，是非常荒唐的。因为他们把整个主题划分为两个部门——讨论具体问题和抽象问题。所谓具体问题他们指的是诉讼双方发生争论或争执的问题，所谓抽象问题他们指的是包含无限的不确定性的事情。他们为处理具体事情制定规则，而对于演讲术的另一个部门，他们的态度则是保持沉默。他们又提出了修辞学的五重划分：选择要说些什么，对选择的材料进行安排，接下去是考虑如何优雅地表达，然后是牢牢地记住它，最后就是实际的表达——这里面确实没有什么奥秘可言。因为有谁不会直觉到，要是不确定说些什么、使用什么样的术语和推论，要是不把它们记住，就不能讲话？我没有抱怨这种分类，而是说这是显而易见的，还有些人把修辞学分成四重、五重、六重，甚至七重（不同的修辞学权威选择不同的分析），我说这些分法也是显而易见的，从他们的每篇演讲都能看得出来。他们吩咐我们要以这样的方式做开场白，以便赢得听众的善意，使听众乐意接受他的看法，关注他的讲话；然后在讲解案情时要使我们的陈述有理、清晰、简洁；在分割和界定手头的事情以后，要在否定另一方的观点之前用证据或推论建立我们自己的论断；在此之后有些人放上演讲的总结和所谓的结束语，而有些人则要求在总结和说出这样的结束语之前要有一段插话，用来增强讲话效果或夸张。我甚至认为这样的分法也没有什么错误，因为它很精致，尽管不那么科学，提出这样的划分对那些不熟悉实际演讲的教师来说是常有的事。他们找来限制开场白和案情陈述的规则必须在所有演讲中遵守。这样我在演讲开始以后比开始以前更容易赢得一位仲裁者的善意，我会使他乐意接受，不是在我许诺提供证明的时候，而是在我教导他，把一切都说明白的时候；还有，我们可以用我们的整个论证来确保他关注我们的演讲，而不是仅仅依靠我们在开场白中的保证。还有，陈述案情时要做到合理、明晰、简洁，他们的建议很好，但是由于他们认为这些性质适用于陈述案情，而非适用于整个演讲，所以我认为他们犯了大错。他们的莽撞无疑产生于演讲术是一种技艺的观念，他们认为演讲术和其他技艺没有什么区别，就像克拉苏昨天说的那样，可以按照习惯法的模式来建造，所以首先要建立这个主题的一般分类，忽略其中的任何一个类别都是一种错误；其次，每一个属下面的具体的种要是太小或太大也是一个错误；最后是所有术语的定义，下定义的时候一定不能省略必要的成分，也不能有多余的成分。

【20】“但是，即使比较有学问的人对习惯法，以及对其他较小的或不那么重要的事情达到这样的认识，我也不认为对演讲术有这种可能，因为这个主题的意义太重大了，它的范围太广泛了。然而，要是有人持不同看法，那么他们必定要向各门学问的老师学习。他们会看到这些内容都已经展示过了，都已经很好地完成了，因为关于这些论题有无数的书籍，既不晦涩又不难懂。但是，请他们考虑一下他们缺些什么，他们需要武装起来为的是运动还是战争，他们要进行的这场猛烈的战斗所需要的东西不是那些可耻的打斗或者我们自己训练场上的格斗所需要的东西。出于上述考虑，掌握如何使用武器对格斗者和士兵有价值，尽管这种把握也需要敏锐、稳健的理智；要有敏捷的身手和足智多谋，方能确保战斗的胜利，这些东西如果与技艺相连也不会因此而变得轻省。

“所以，要是我能做到的话，我现在要开始为你们塑造一位演说家，首先要发现他的能力范围。我要让他成为一个拥有某些知识的人，已经听过某些课，读过某些书；我要试着对他进行某些适当的训练，并对他的语音、体能、生动、流利下判断。如果我发现他能够达到最高水平，那么我不仅要鼓励他实现目标，而且会积极地请他这样做，只要我认为他的性格也是健全的。如果我看到一位杰出的演说家同时也是一位品德高尚的人，那么这对整个国家来说也是无上的荣耀。但若在做了这些尝试以后，他仍旧只能达到一般演讲者的水平，那么我会让他自己做决定，而不再为他多操心；如果最终证明他完全不适宜做一名职业演说家，或者说他不具备基本素质，那么我会建议他放弃当演说家的理想，去从事其他职业。我们一定不要让那些拥有最高能力的人未经我们的鼓励就放弃这方面的追求，也不能让有能力的人因为胆怯而止步，因为在我看来，由前者组成的国家在某种意义上就像神一样，而另一种情况，用那些你无法最完美地做到的事情约束一下你的向往，或者做一些你毫无疑问能够做好的事情，这对于一名绅士来说是很自然的。但是还有第三种情况，就是那些大声叫喊的人，他们无视礼节和演讲者自身的缺陷，有这种特征的人就像你一样，卡图鲁斯，大叫大喊，尽力做出愚蠢的指证，他的行为就像一名闹事者。这样的人，有谁认为配得上我们的鼓励和帮助，对这种人我们只能教他那些实践告诉我们的事情，所以在我们的带领下，他也许会达到某个阶段，这个阶段我们自己无须引导也能达到，因为我们不能给他更好的教导了。

【21】"所以，卡图鲁斯，从我们在这里的朋友开始，我首先听说的是苏皮西乌，那时候他还是个微不足道的孩子，说到语音、举止、相貌，以及其他基本条件，他非常适合起到我们现在正在考察的这种功能，但是他的表达语速太快，过于激烈——这是他的天赋才能产生的结果——他的措辞太具有鼓动性，有点太浮夸了，这是由他的年纪造成的。我并不低估他，而是对他相当满意，意气风发对于年轻人来说是应当赞扬的优点，就好像在葡萄长得很茂盛的时候进行修剪比在贫瘠的土地上种植葡萄要容易得多，即使是对年轻人，我也希望能够修剪他们，因为任何过早成熟的东西都不可能长期保持活力。我马上发现了他的素质，也没有错过机会，而是敦促他把法庭当做他受教育的学校，到那里去选择他喜欢的老师；如果他愿意接受我的建议，那就选择卢西乌斯·克拉苏。他听了这个建议以后向我保证，他愿意接受这个建议，并且说（我就不客气了）他也愿意拜我为师。在接受我的建议以后似乎还不到一年的时候，我们的这位朋友指控盖乌斯·诺巴努斯[①]，而我则在为诺巴努斯辩护。我看到此时的苏皮西乌与一年前的他简直判若两人。他的本性确实在引导他形成克拉苏那样庄严高尚的风格，但绝不可能使他成为精通这一行的专家，要是不全心全意地向克拉苏学习，不精心模仿克拉苏，他就不可能养成克拉苏这样的讲话习惯。

① 盖乌斯·诺巴努斯（Gaius Norbanus），公元前 103 年任罗马财务官。

【22】“所以，这是我的第一个建议：要告诉学生向谁模仿，用什么方式模仿，以便从他的榜样那里学到最优秀的品质。其次是实践，通过模仿，他可以再造他选择的模式，而不是像许多模仿者一样仅仅停留在模仿的地步。我知道有许多模仿者是这样的，他们甚至把不正常的东西或可能是错误的东西也模仿过来了。没有什么事情比模仿一个人的衣着、姿势、步法更容易了。还有，要是你模仿的对象有错误，那么你的模仿要恰如其分，这样做并不会有太大的麻烦，但要是像富菲乌斯似的卖弄式地模仿它——他甚至直到现在还在政界狂吼乱叫，但他的嗓音已经完了——那么他肯定不能获得盖乌斯·菲姆利亚[①]拥有的讲话的活力，尽管他能够用粗鲁的语言和雄浑的嗓音口无遮拦地讲话。种种现象表明，他不知道如何选择他最应该认同的榜样，他选择的榜样肯定是错的。而那些做出正确选择的人在开始选择时就必须十分小心，而做了选择以后又要十分谨慎地努力获得他认可的那个榜样的最优秀的品质。

“为什么现在几乎每个时代都会产生它自己独特的演讲风格，对此你是怎么想的？要对这个问题下判断比讨论我们自己的演讲家还要困难，因为这些演说家留下的可以作为我们判断基础的著作很少，而希腊人的作品就不一样了，从他们的作品中我们可以理解每一时代的演讲术的方法和发展趋势。在现存的希腊作品中，最早的有伯里克利、阿尔西庇亚德[②]，还有与他们同时代的修昔底德，他们的精确、敏锐、扼要、丰富与其说是措辞上的，不如说是思想上的。他们的后继者有克里底亚、塞拉美涅、吕西亚斯，我们现在有很多吕西亚斯的作品，克里底亚的作品留下来的不多，而对于塞拉美涅，我们只知道他的名字。如果他们的模仿对象不一，那么他们在风格上的一致性就不会出现。他们仍旧保留着伯里克利特有的活力，但他们的文章比伯里

① 盖乌斯·菲姆利亚（Gaius Fimbria），罗马政客，在反苏拉的内战中是马略的同盟者，以残暴著名，公元前 84 年自杀。

② 阿尔西庇亚德（Alcibiades），雅典政治家、将军（公元前 450 年—前 404 年），苏格拉底的学生。伯里克利于公元前 429 年死后，他成为民主派的领袖。

克利的文章多了一点浮华。然后，你们瞧！修辞学大师伊索克拉底诞生了，从他的学校里产生出来的演说家都是一些领袖人物，就像从特洛伊战争中的那匹木马肚子里出来的人一样，他们中有些人在仪式中追求荣耀，有些人在行动中追求荣耀。

【23】“确实，前一类人，像塞奥波普、厄福鲁斯、腓力司图、瑙克拉底以及其他许多人，尽管在天赋方面不一，然而在心灵方面相互之间都很相似，也和他们的老师相似；而那些参与法律诉讼的人，比如德谟斯提尼、叙培里得斯、莱喀古斯、埃斯基涅斯、狄纳库斯，以及其他一些人，尽管在能力上大小不一，但全都忙于对真实生活的模仿，只要他们还在继续模仿，他们的讲话就属于同一类型，他们的演讲技巧和训练过程也属于同一类。后来，这些人都死了，而人们对他们的记忆也在逐渐消退，最后完全丧失，某些不那么有活力的、比较松弛的讲话风格兴盛起来。这时候德谟卡瑞斯涌现出来，据说他是德谟斯提尼的侄儿，而继他之后又有法勒隆的德米特利乌，在我看来，他是他这个学派以及其他一些和他们相似的人中间讲话最优雅的。如果我们愿意一直追溯到我们自己的时代，我们会发现，正如今天所有的亚洲人都在模仿伟大的演说家——阿拉班达的美涅克勒和他的弟弟希洛克勒，我听说过他们俩，所以，总会有某些演讲者是大多数人愿意与之相似的。既然如此，那就让那些希望通过模仿来取得这种相似性的人通过大量频繁的练习来达到他们的目的吧，要是有可能，还可以通过创作演讲词的方法达到这一目的。如果我们的朋友苏皮西乌要这样做，他的措辞会变得更加简约。当前，我们的国人处在一个有闲暇的、富有创造力的时期，出现某些浮华之风情有可原，但应当用写作来消除这种浮华。”

这时候苏皮西乌插话说：“你确实向我提出了很好的建议，我向你表示衷心感谢，但是我想，哪怕是你，安东尼乌斯，也没有写过多少东西。”

对此安东尼乌斯回答说：“我当然不能把我自己缺少的东西教给别人，我甚至连记账都不会！但是在这方面我能做的就是根据我的财务状况做出判断，而别的人则可以参考我的话。我们确实看到，有许多人不模仿别人，而是依靠天赋实现他们自己的目标，不需要与任何模式相符。在你们俩身上可以看到这种情况的真相，凯撒和科塔，你们中有一个具备了一定程度的幽默和在演说家中少有的机智，至少在我们的演说家中是罕见的；另一个则养成了一种敏锐精致的演讲风格。你们的同时代人库里奥也一样，我想他的父亲是他那个时代最雄辩的演说家，库里奥在我看来似乎也没有专门模仿哪个人，尽管在语言的庄严、精美、丰富等方面，他给人们留下的印象可以称得上是已经有了他自己的专门的演讲风格和类型。他代表科西兄弟对我提起诉讼，在百人委员会面前做反对我的演讲，他的演讲真可以称得上是完善的，他在那样的场合并不缺少演说家应当具有的洞察力和丰富的词汇。

【24】“然而，在介绍到最后一个人的时候，我们提到了审判和诉讼，这样的案子有许多麻烦，我们首先要教导说，无论研究什么案例，都一定要谨慎小心。有些人也许会对这条公理发笑，因为没有必要如此审慎，尤其是提出这条建议的人虽然不是傻瓜，但也不是一名有学问的大师。我要说，这不是学校里的准则，因为给孩子们提供的案例都是非常简单的。比如，‘法律禁止外国人登上城墙，有一名外国人登上了城墙，打退了敌人，但他却受到指控’。研究这样的案例当然不会有什么麻烦，所以在提供这样的案例时不做什么指导是对的，因为这只是学校里提供的练习。但是涉及法律文件、证据、非正式协议、正式契约、血亲关系、姻亲关系、行政法规、元老院的意见，还有诉讼中的不同方面的以往记录，都必须进行考察，我们看到忽视这些材料一般会导致输掉官司，尤其是涉及个人权利的案子，这些案子经常是特别难的。这样，某些实践者希望人们把他们做的事情想得很伟大，而他们自己则从一个法庭转到另一个法庭，为那些他们还没有研究过的案子辩护。正因如此，他们受到了严厉的谴责，要是他们的服务是自愿的，人们就说他们粗心；要是他们收取报酬，人们就说他们存心不良。然而，这样的谴责可用于所有比较伟大的演说家，以至于要是不厚颜无耻，就没有人能够谈论他没有掌握的主题了。所以，在受到人们的嘲笑，说他们懒惰的时候，实际上比这更加严重的指责是说他们迟钝，而这正是他们自己小心翼翼地想要回

避的。

“根据我自己的实践，我小心地让每个当事人直接把他的案情告诉我，其他人都不要在场，使他可以自由地说话；我还把他的对手的情况讲给他听，使他自己就能为自己辩解，能够公开说明他自己的想法。等他走了以后，我自己不偏不倚地扮演三个角色：我自己、我的对手、仲裁者。我要决定讨论哪些事情是有帮助的而不会令自己窘迫，有哪些相关论题需要完全拒绝和排斥，不让它们带来危害。以这种方式我得到了思考的好处，哪些事情先说，哪些事情后说，两件事情中有哪一件是大多数人凭着他们的才能马上就会表示相信的。这些人要是认为自己适宜在一个场合思考，在另一个场合讲话，那么他们肯定也能比较成功地演讲。

“当我已经彻底掌握了这个案例的全部情况时，有疑问的争端马上就会在我心中浮现。因为在人们中引发争论的所有争端，无论是刑事犯罪，比如伤害；还是民事方面的，比如遗产问题；或者是在讨论政策，比如战争；或者涉及个人，比如对某人赞颂；或者是哲学的争论，比如生活方式。其中的要点无非都是什么事情已经完成了，什么事情正在进行，什么事情将要进行，或者是某事物的本质，或者是对某事物的描述。

【25】“在我们几乎所有的案例中，面对指控，最一般的辩护就是这样做无罪。因为，在审判勒索案——最重要的一类罪行时，几乎每一项指控都必然遭到否定，而在审判腐败案的时候，几乎无法区分慷慨的赠送和贿赂；谋杀、投毒、盗用等指控几乎不可避免地会遇到抗辩。这样，在法庭上，第一类案子就是事实有争议的案子，这样的争论一般会从将要发生的事情开始，很少从现在或已经过去了的事情开始。还有，争论的问题经常不是某件事是不是事实，而是这件事的性质是什么。例如，我听过盖乌斯·卡玻担任执政官时在公众面前为卢西乌斯·奥皮米乌所做的辩护，他不否认刺杀盖乌斯·革拉古的细节，但声称这样做是正义的，是为了公共安全。还有，普伯里乌·阿非利加努对这位卡玻（他当时是一名政治观点经常变化的保民官，向提比略·革拉古提出责问）的回答是，‘他的死似乎是合理的’。这样

一来，为任何行动进行辩护都可以说这样做是合理的，因为这是一种责任，这样做是允许的或者是必然的，或者说这样做不是故意的，或者说这是偶然性造成的。还有，用一个有争论的术语描述某个行为，这个时候就涉及定义。比如，在审判诺巴努斯的时候，我本人与我们的朋友苏皮西乌之间发生争论。因为在承认我们的朋友提出的大部分指控时，我根据阿普莱乌斯的法令[①]，仍旧坚持说被告的所谓‘通敌’行为是无罪的，而整个案子的裁决都取决于这个词的意思。在这样的诉讼过程中，有人提出一项规则，要求诉讼各方对那些有争议的术语提出准确的定义，我本人一直认为这种主张非常幼稚。因为术语的定义是另外一回事，而专家们的争论所涉及的问题才是最重要的。比如考察技艺、法令、共同体的性质，在这种情况下，科学方法就已经决定了无论你给什么东西下定义都要清楚明白，不能有忽略或多余。但是在我们的案子中，苏皮西乌没有做这种事，我也没有做这种事，因为我们俩已经尽可能流利地说明了‘通敌’行为的意思。我之所以不下定义乃是因为，首先，我们想要做的是增添或减少一个我们已经掌握了的词，而定义经常会脱离我们的把握；其次，你的建议在学校里就会被吞没，因为他们所接受的训练只比基本训练稍微好一点儿；最后，定义不能够抵达仲裁者的理智和理性，往往在他能够接受之前就悄悄地溜走了。

【26】“但是，在争论点涉及事物性质的案例中，引发争论的唯一的可能性就在于含义模糊，文件的结构则经常会产生进一步的争议。因为这是一个事实，在含义模糊的地方，字义与精神是有分歧的。这个问题可以通过补上缺失的语词而直接得到解决，在补充这些语词之后，文字的意思也就变得清晰了。如果从相互矛盾的段落中产生了不确定的地方，那么我们说这里出现的问题不是什么新问题，而是前一类问题的翻倍。通过复原缺失的语词，这种问题要么是无法解决的，要么是可以解决的，但无论我们坚持哪一种读

① 阿普莱乌斯（Appuleius）于公元前 100 年任命了一个委员会调查公元前 113 年—前 101 年西姆布赖人战争（Cimbrian War）期间的通敌罪行。

法，都应当补充完整。由此可以推论，涉及作者的语言只有一类问题，是由于表达模糊而引起的。

“尽管含义模糊有好几种（我想，所谓的逻辑学家能够比较好地理解这一点，而我们的那些朋友[①]是不知道的，但他们也应该弄懂），然而最普通的由于语词的缺失而引起的含义模糊存在于整个口头或书面的谈话中。他们在区分这两类案例时又弄错了：一类与文件结构有关；另一类涉及争论中的某一事物的本性。文件的结构问题与事实问题没有什么共同点，也还从来没有任何事情能像文件结构一样得到如此精确的考察。

“在引发争论或争执的所有事情中都有三个问题：过去、现在、将来做的事情是什么？事情的性质是什么？它的正确名称是什么？由那些思想健全的希腊人添加的进一步的问题是做某事是否合法，但这个问题可以完全被性质问题覆盖。

【27】“最后再回到我自己的计划上来。我一旦接受了教导、懂得了案例的分类，把握了手头的事务，我确定下来的第一件事就是，我必须把我的讲话中的所有这样的部分都专门归属于诉讼和裁决。其次，我非常仔细地思考了另外两个基本点：一是介绍我自己或我的当事人；二是朝着某个预期的方向影响或支配保民官的情感。因此，要实现演讲术的说服目的，完全取决于三件事：证明我们的辩解，赢得听众的善意，激发他们的情感，使之朝着我们的案例所需要的方向发展。然而，为了证明，演说家支配的材料有两类：一类材料不是由演说家自己想出来的，而是依赖于环境，需要按照规则去处理，比如文件、口头证据、非正式的协议、审问记录、成文法、元老院的法令、司法先例、行政官的命令、执政官的意见，以及其他不是由演说家制造出来，而是由案子本身或诉讼双方提供给演说家的东西；另一类材料完全就是演说家的推理的论证。所以，对前一类材料，演说家只要考虑如何处理他的证据，而对后一类材料就要考虑如何发明他的论证。确实，那些教师在区

① 即修辞学家。

别了案例的各种类型以后，为每一类型提供了丰富的证明方式。但即使是这样的计划也比较适宜用来训练年轻人，使他们最后在处理复杂的案例时能够从现成的证明中借用，然而这种做法是认识上的迟钝的一种征兆，只顾跟着小溪走，却不能发现最终的源头。在这种时候，我们这个年纪的人拥有特权，可以凭借我们的经验找到源头，明白众多的溪流是从哪里流出来的，从中汲取我们所需要的东西。

"对于那些提供给演说家的材料，我们从一开始就要经常不断地学习，要找出同类例证的一般用法。因为在攻击或捍卫文件、证据、审讯记录，在处理其他这样的材料时，我们的习惯是，既抽象地讨论整个一类案例，又具体讨论个别的场合、人物或环境。这些平常的事情（这话我是对你们说的，科塔和苏皮西乌），你们借助大量的学习和练习，必须做到胸有成竹。我要是现在就展示增强或削弱证据、文件、审讯记录的正确方法，说起来话就长了。要做到这些事不需要巨大的才能，而需要大量的实践，对这门技艺和它的公理的需要也仅限于这样的一个范围——用美好的、有效的语词来为你的讲话增添光彩。所以，要想出完全由演说家创造出来的其他类型的材料很容易，但需要有更加清晰、更加完善的阐述。这样，就我们当前的情况来说，我们有两个目标：第一，决定要说些什么；第二，决定怎样说。前一目标很简单，它似乎就是这门技艺，也确实无法与技艺分离，尽管只需要平常的技巧就能发现必须说些什么；但后一个目标可以表明演说家像神一样的力量和品质，也就是说，他要以一种优雅的、词汇丰富的、多姿多彩的风格表达他必须说的内容。

【28】"同样的道理，由于你已经一劳永逸地处理了所有问题，所以我不打算把前一部分内容[①]完全说出来（你会判断我成功的程度），不打算处理那些平常的事情，比如说有关如何才能赢得听众信任的三件事，我指的是赢得听众的善意、指点听众的心灵、激励听众的心灵。这些事就是所谓的三件

① 亦即开题，或者发现要说些什么。

事。但是，应该如何装饰我们手头的这些论证，才能教导这个世界呢？我们中间有一个人第一个养成了这个习惯，极大地改进了讲话的方式，完全掌握了这种技艺。因为我想，卡图鲁斯（我要大胆地这样说，尽管我担心会被你们怀疑为奉承），我经常关注我们时代的每一位比较优秀的演讲者，希腊人也好，罗马人也好。所以，要是我有什么东西可说的话（我希望自己有些东西，否则为什么你们这些有能力的人要不怕麻烦地在这里听我讲话），那是因为没有哪位演说家发表的演说没有被牢牢地记在我的心中的。我在听了所有的演说家讲话之后，作为我自己，在我有能力判断的范围内，我毫不犹豫地得出下列看法：他们中没有一个人能像克拉苏一样在措辞方面拥有那么多优秀的资源。因此，如果你们赞同我的这一估量，那么我想请克拉苏来分担一下我的劳动，这样做并无什么不公平的地方，我已经按照我的计划产下了一名演说家，抚育他，让他成长，使他变得强壮有力，现在我要把他交给克拉苏，让他给这位演说家穿上衣服，配上良好的装备。”

这时候，克拉苏说：“不，安东尼乌斯，你还是继续你的计划吧。拒绝做一名善良仁慈的父亲，给你产下并抚育的婴儿穿上衣服和配备武器不是一件好事，尤其是你不会对贫穷感到高兴。要是在包装案子的时候，一名演讲者能够毫不迟疑地请来一位执政官，解开他的外衣①，向保民官展示这位老将军胸膛上的伤疤，这样的辩护者在资源、情感、活力或伟大方面还缺些什么？在为一名闹派性的、狂热的当事人辩护时，又有谁会毫不犹豫地赞美国内的倾轧，并用最令人信服的术语去说明许多民众运动是正义的，这是苏皮西乌提出过的指控，在他们看来没有人能够对此做出任何回答。还有，国内的倾轧经常是由国家利益问题引发的，我们见证了驱逐国王和建立保民官的权威，而诺巴努斯暴乱的根源在于凯皮奥打了败仗，而民众的哀悼和羞耻感不能得到合理的约束和平息。除了用演说家的神奇力量和镇定自如，还有别的办法能够处理如此棘手、惊人、危险、陌生的情况吗？有关民众对格奈乌

① 原文为“tunic”，罗马人穿的长达膝盖的短袖束腰外衣。

斯·曼留斯和昆图斯·瑞克斯的[1]哀悼，我又该怎么说呢？还有关于你的许许多多案例，人们一般认为这些案子是你处理的，无论这个说法是否准确。它们虽然不具有最鲜明的特点，但你在处理这些案子时表现出来的品质始终是最优秀的，这些东西你现在能够让我来代表吗？"

【29】卡图鲁斯插话说："在我看来，你们俩最能使我不断地感到兴奋的事情是，一方面你们在风格上完全不同，另一方面你们各自讲起话来又都是那么天然玉成，没有任何人工雕凿的痕迹。所以，克拉苏，你不要吝惜你的魅力，以至于拒绝解释安东尼乌斯已经讲过或忽略了的任何内容。安东尼乌斯，我们也不认为由于有一位比你更受欢迎的演讲者克拉苏，因此你就可以省略许多要说的内容了。"

克拉苏继续说道："不是这样的，安东尼乌斯宁可省略你的计划中的那些我们在这里的朋友都不缺少的部分，也就是我们在处理案例时必须要说的那些平常的事情。尽管你对这些事情的讨论非常优秀，有原创的意味，但它们毕竟相当容易，并以格言的形式广泛流传。所以，请你还是讲一讲它们的来源，因为你经常以激动人心的方式处理这些案例。"卡图鲁斯说："我肯定会讲，但我想要更加准确地说明我想从你这里听到些什么，而无论你对我有什么要求，我都不会拒绝。在我的整个演讲术的体系和演讲的准备工作之中有三项基本原则，克拉苏刚才已经大声地对我们说过了，而我以前也说过，第一是赢得人们的青睐，第二是启发他们，第三是使他们激动。这三条原则，第一条需要温和的风格，第二条需要敏锐的风格，第三条需要充满活力的风格。将要做出决定的仲裁者要么会由于天然的倾向而袒护我们这一方，要么被另一方的论证说服，或者说，他的激情受到了约束。由于演讲的组成部分包括对事实的解释，辩护的方针似乎也包括在演讲术的整个学说中，所以我们要非常简要地说一下第一部分。我在实践中也许已经处理过某些要

---

① 格奈乌斯·曼留斯（Gnaeus Manlius），罗马官员，公元前 195 年在西西里任执法官，公元前 189 年任总督。

点，并在记忆中留下了深刻印象。

【30】“克拉苏，我要愉快地遵照你的好建议，放弃讲述仅仅适用于具体案例的辩护方针，这些内容通常是那些教师教给孩子们的，而开始谈论这个源泉，每一案例和演讲的整个论证都是从这个源泉派生出来的。正好比，当我们有某个词要写，我们不需要苦苦思索，找到构成这个词的字母，而当我们要论证某个案例，我们的正确办法不是回到为这个特殊类型的案例所建立的证明，而是使用一些已经准备就绪的平常的事情，它们会自动浮现出来形成这个案子的论证，就像写这个词的时候字母会自己跳出来一样。但是这些平常的事情仅仅对有实际经验的讲话者有效，他的年纪肯定会给他带来经验，通过聆听和反思，或者通过不断地学习。假定你给我带来一个训练有素的人，他的思想是清晰的、准确的，他的表达也像你喜欢的那样准备就绪了，尽管如此，要是他对社会事务、先例、传统、同胞的品格和气质完全陌生，那么那些从中可以派生出论证来的平常的事情对他也就不起什么作用了。我必须拥有能力，而这种能力需要培养，培养这种能力的土壤不能只耕种一次，而要耕种两遍，这样才能产出丰硕的果实。所谓培养就是实践、聆听、阅读和写作。

“首先要让学生明白案例的性质，它绝不是一件晦涩的事情，无论问题涉及行为的发生，还是涉及它的性质或正确的名称。一旦明确了这一点，那么，案例的本质，或者说没有这个本质就必定会使整个讨论崩溃的东西，马上会通过我所谓天生的直觉，而不是通过那些人所教导的衡量，浮现在心中。接下去，学生必须确定有待裁决的争端，老师们会要他按下面的方式考察争端。‘奥皮米乌谋杀了革拉古。这个案例的本质是什么？他这样做是为了国家的利益，他服从元老院对某个国家宣战的法令。去掉这个抗辩，整个案子就不存在了。然而，德修斯否认这条法令本身的合法性，说它与成文的法律相矛盾。所以这里的争端就是，元老院的法令和拯救国家是否能使谋杀行为成为正义的。’这些观点相当清楚，属于常识的范围，但要发现适合指控和辩护双方分别加以引用的这些证明，要确定这个争端，必须进行考察。

【31】“在这个地方，我们必须注意那些教师所犯的最大错误，因为我们把自己的儿子送到他们那里去学习。这种事情确实与如何讲话没有多大关系，而只是为了让你们明白这种人有多么迟钝和粗鲁，而他们还以为自己很有修养。在划分演讲种类的时候，他们提出案例有两类：一类被他们描述为一般性问题，与具体的人、具体的场合无关；另一类依靠具体的个人与场合。但他们不知道，任何争论实际上都可以说成是一般的观念和事情的性质之间的矛盾。因为，在我刚才提到的那个案子中，奥皮米乌的人格或德修斯的人格与演讲者的常识无关。这里面有一个非常一般的抽象问题，‘尽管成文法规定谋杀是非法的，但是为了服从元老院的法令，为了拯救祖国，被告谋杀了一名同胞，这样的被告应该受惩罚吗’？事实上，没有任何案例中的有待裁决的争端与诉讼双方的人格有关，但也不会与一般观念的抽象讨论无关。确实，哪怕是这样一个纯粹关于事实的问题，‘普伯里乌·德修斯拿走这笔钱是不合法的吗’？控方和被告所采用的证据必然涉及一般的术语和基本性质。为了确证挥霍，你必须提到奢侈；为了确证觊觎，你必须提到贪婪；为了确证暴乱，你必须提到骚乱和地方上的恶棍；要证明指控被告的人很多，你必须涉及民众的见证；与此相反，来自被告的证据都必须从具体的场合和个人转向一般的涉及处境与种类的一般观念。一个理智迟钝的人在生活中要能够理解一切，有待他决定的涉及事实的争端多得不计其数；但实际上，真正不计其数的是指控和辩护的方式，而不是常识。

【32】“但是，事实没有问题、仅对行为性质有怀疑的案子，要是按行为者来衡量，那么这样的案子是无数的、复杂的，要是按行为来衡量，那么这样的案子很少，也很清楚。如果我们在裁定曼昔努斯案①的时候只限于考虑曼昔努斯一个人，那么就会开始一场新的讨论，而当时担任使者的随军祭司送交出去的人质一次又一次地被敌方拒绝。但若这个案子的本质是‘担任使者的随军祭司送交给敌方的人质如果遭到拒绝，那么这名人质有无权利回归

① 参见本文第一卷第 40 章。

故土’这样一个问题，那么曼昔努斯这个人与讲话的技艺或辩护用的证据毫无关系。还有，一个人配得上什么样的帮助，或者一个人缺乏什么，与调查无关，然而演讲的相关部分也必须列为对一般命题的讨论。我提到这些事情不是为了反对那些有成就的人，尽管他们应该受到批评，因为他们在分类时，把这样的案例当做依靠具体个人和场合的案例。具体场合与个人确实进入了调查，但我们必须明白，这些案例并不依靠具体的个人和场合，而是依靠一般的问题。不过，这在我看来没什么，因为我们没有义务去和这些人争吵。只要知道他们在区分事物的类别时不那么成功也就够了。如果想要把它们描述得比较准确，那么他们有无限的闲暇，也能够这样做，尽管他们缺乏我们这样的公开实践。但我已经说了，这在我看来没什么。在我看来重要的是——对你们更重要，我的朋友科塔和苏皮西乌——在这些人所取得的造诣的当前阶段，案例的众多是一件可怕的事，如果要以个人来衡量，那么案例的多样性是无限的，因为每个人都有他自己的案例；但若把它们置于一般的条目之下来考虑，那么它们是平常的，数量也不多，每个谨慎小心，有一副好记性的演讲者都能很好地处理它们，不仅能在心中想起它们，而且能把它们讲述出来。除非你正好认为，卢西乌斯·克拉苏从玛尼乌斯·库里乌斯那里拿到了诉状[①]，他根据种种理由认为，尽管没有遗腹子出生，但库里乌斯有权做科波尼乌斯的继承人。其实，科波尼乌斯或库里乌斯的身份与论证是否丰富没有关系，与案子的基本特点没有关系。整个调查转向了一个抽象问题，它建立在事实基础上，但不依靠任何具体场合和个人。遗嘱中的话是这样写的：‘如果我又有了一个儿子，而这个儿子又死得早，那么就让某某人成为我的继承人。’事实上，后来并没有儿子出生，那么被指名为继承人的一方应当取代过早去世的儿子吗？对已经制定的法律的一般规定进行考察不需要涉及具体人的名字，而只需要有条理的讲述和充足的论据。

【33】“在这里，那些有学问的律师又使我们感到困窘和害怕，不敢接触

① 参见本文第一卷第 39 章。

更多的学问。因为我在加图和布鲁图的论文中看到，律师给两种性别的当事人所提的建议是有具体名字的，因此我们要想一想，诉讼双方征求这样的建议是有原因的，那些不针对具体环境的讨论是有原因的。最后，由于当事人多得不可胜数，我们一定会畏惧研究法律，一定会放弃我们学习和掌握法律的意愿。但是这些事情克拉苏用一天时间就能替我们理清楚，把它们分类排列，因为你必须知道，卡图鲁斯，昨天他向我们许下诺言，说他能够把现在散乱无序的习惯法收集起来，分类编排，使之成为一个很容易掌握的体系。”

卡图鲁斯说：“那当然了，这对克拉苏来说太容易了，他已经掌握了要学的法律，还会弥补他的老师的缺点，这样一来他就有可能对这种法律的内容做恰当的排列，并能够做出优雅的解释。”安东尼乌斯说：“那么好吧，我们要向克拉苏学习这些内容，等他这样做的时候他就会撤离喧哗的法庭，回到他安宁的躺椅中去。”卡图鲁斯说：“我经常听他说要撤离法庭的活动，但我总是对他说，他没有这样的机会，因为他本人很难忍受那些高尚的人向他请求帮助而不去满足他们的要求，这个国家也不能忍受这一点，而只会认为如果失去克拉苏的声音，就好像被强盗抢走了珠宝。”安东尼乌斯插话说：“如果卡图鲁斯说的是实话，那么你和我必须终身住在同一间磨坊里，在那里度过我们的闲暇（我很欢迎这种状况），打着哈欠、昏昏欲睡地使斯卡沃拉和其他一些幸运的人哲学化。”克拉苏微笑着说：“安东尼乌斯，把你已经开始编织的东西编完吧，但你打着哈欠谈论的哲学是你自己的哲学，一旦我找到哲学的圣殿，我就会宣布我自己的自由。”

【34】安东尼乌斯又说：“那么，这就是我刚刚才解开包装的这个论题的目标。我们明白了，可以争论的所有主题不能在无数的人和多种多样的场合中寻找，而应当在典型的案例和性质中寻找，案例的类型不仅在数量上有限，而且确实很少。我希望热心演讲的人思考几种演讲的构成，将具体案例都纳入这些类型，精心排列，并做相应的补充，我的意思是提供相应的事实和反思。这些事情，按照它们自己的天然力量就会产生语词，不管怎么说，我总认为，要是它们会从具体环境中生长出来，那么我们始终可以找到足够

的词汇。如果你想要知道真相，那么在我看来（我只能肯定我自己的意见和信念），在我们研究那些从中可以挖出我们的证明来的常识之前，我们必须把这些案例和类型带上法庭，不要等到我们已经接受了诉状再这样做。无需很深的考虑，任何人通过学习都能处理这些事情，但总的说来，心灵必定需要回复到那些标题和我已经提到的常识上去，各类演讲中的各种技巧都是从常识中产生的。还有，在技艺中，在观察和实践中，你们都熟悉那里的场地，你们要在那里展开追踪和捕捉猎物。当你在思想上已经包围了那个区域的时候，只要你努力实践，一切都难以逃脱，事件的每个细节都会冲着你跑过来，落入你的网中。

【35】"所以，在演讲术中有三件事情对于发现论证来说是必要的：第一是敏锐；第二是理论或技艺，我们可以按自己的喜好这么叫；第三是勤劳。我必须把光荣的位置赋予才能，尽管才能本身是通过勤劳才从懒惰中唤醒的，我要再重复一遍，勤劳总是有价值的，大多数案子都需要勤劳。我们尤其需要培养这种美德，我们永远需要它的帮助。有了勤劳，没有什么事情是做不到的。除了勤劳之外就是熟悉案情，我一开始就提到过这一点。要努力倾听我们对手的讲话，不仅要听懂他的意思，还要听懂他的每个词，最后还要注意到他的面部表情的变化，这种变化可以为我们把握他的思想提供线索。但在这样做的时候要小心，不要让对方以为自己占了上风。然后，我们的注意力要放在我现在就要提出来的常识上面，要像虫子钻入树根一样深入了解整个事件，要全面地思考，这仍旧是勤劳。还需要补充的是记忆的火炬，还要有讲话的语调和活力，这也是勤劳。确实，在才能与勤劳之间给技艺留下的空间已经很小了。技艺仅仅指出在什么地方探索，什么位置是你急于要发现的，而其他的一切都依赖于小心谨慎、精力集中、精心思考、注意观察、持久而又艰苦的工作。我要用我已经在经常使用的一个词来总结这些意思，也就是勤劳，其他一切美德都依赖于这种美德。因为我们注意到哲学家滔滔不绝地使用着丰富的词汇（尽管你，卡图鲁斯，在这些问题上比我更清楚），但没有制定什么讲话的规则，然而无论把什么主题摆在他们面前，

他们都能用滔滔不绝的丰富词汇来进行讨论。”

【36】这时候，卡图鲁斯说：“安东尼乌斯，你说得对，大多数哲学家没有给讲话制定什么原则，但他们已经准备就绪，能够谈论任何事情。然而，我本人最崇敬的亚里士多德提出过某些确定的规则，我们在他的著作中可以找到各种论证方法，不仅适用于哲学争论，而且也适用于我们在法庭上的争论。安东尼乌斯，这样说起来确实话长，因为你自己的风格违背了他的原则，但由于你和这位神一般的天才有相似之处，所以你的风格也和他的风格相似，或者更加可能的是，你仔细阅读和使用过这些规则。因为我察觉到，你在希腊文献上花费的精力已经超过我们的文献了。”安东尼乌斯说：“卡图鲁斯，我要把事实真相告诉你。我总是认为，一名演讲者要是能够表现得完美，第一，尽可能不要有任何不自然的痕迹；第二，不要有任何希腊人的东西。那么对我们这样的民族来说，他比较讨人喜欢，容易被接受。同时我也考虑到，由于希腊人声称他们的事业取得了神奇的成就，并许诺要向全人类揭示理解最深刻的奥秘的方式、正义地生活的方式、词汇丰富地讲话的方式，要是我们一点儿都不听，那就太野蛮、太不人道了。尽管你也许不敢公开地听，害怕因此而削弱你在你的同胞中的影响，然而你却偷听了他们的一些讲话，但表面上还要装着对他们的讲话敬而远之。卡图鲁斯，我自己也这样做过，我还尝试过你所有朋友的案例和各种类型。”

【37】卡图鲁斯说：“用我的话来说，你像一名舵手，驾着船小心翼翼地朝着危险的礁石前进，这是塞壬们居住的小岛。[①] 而你在指引着你的心灵朝着哲学前进，这个国家从来没有对哲学表示过轻蔑！即使在古代的意大利，也到处都有毕泰戈拉主义者，意大利半岛那个时候有一部分是希腊人的，他们称之为‘大希腊’。所以有人甚至把我们的国王努玛·庞皮留斯也称做毕泰戈拉主义者，尽管他生活的年代比毕泰戈拉本人要早得多。我们必须把努

① 塞壬（Siren），希腊神话中的人身鸟足的美女神，有好几名，住在地中海的一个小岛上，用美妙的歌声引诱航海者触礁毁灭。

玛看做一位更加伟大的人物，因为他掌握了建设城市的知识，比希腊人知道有这么一门知识存在要早两个世纪。这个国家产生的名人没有人能比普伯里乌·阿非利加努、盖乌斯·莱利乌斯、卢西乌斯·富里乌斯在名声上更加辉煌，在影响上更加深远，在品格上更加完善，他们是我们这个共和国所有时代最有修养的人了。还有，我经常听说那些雅典人的著名演讲给他们自己和许多国家的领导人带来巨大的快乐，雅典人曾经派遣一个使团到我们的元老院来商谈极为重要的事情，成员中有三位当时最著名的哲学家，卡尔涅亚得①、克里托劳斯②和第欧根尼③，他们在罗马逗留期间，我向他们了解了许多情况，还有许多人也成为他们的听众。有这么多证据摆在你面前，安东尼乌斯，我不明白，你为什么就像巴库维乌斯所描写的泽苏斯一样，什么都有了，但就是要向哲学宣战。”安东尼乌斯回答说：“根本不是这么回事，我已经决定要哲学化了，不过就像恩尼乌斯诗歌中的涅俄普托勒摩所说的那样，‘只是在某些事情上，不想在各方面都这样做’。我想我已经弄清楚了，我的全部意见是这样的：如果保持在一定的限度内，我不反对这样的研究，尽管我认为这种研究的名声，或者任何人为的建议，都像是在审判和歧视演讲家，因为这样做马上就会削弱演说家的可信度和他的演讲术的说服力。

【38】“但是，言归正传，还是来谈演讲术。按你的说法，三位杰出的哲学家访问罗马，其中的第欧根尼声称也能传授讲话的技艺，辨别真伪，他用希腊人的名称把这门技艺叫做辩证法，是吗？这门技艺，如果确实是一门技艺，那么它并不包括如何发现真理的教导，而只有如何检验真理的教导。因为对每一个命题，我们都要通过肯定它的真伪来加以阐释，如果没有做出肯

① 卡尔涅亚得（Carneades），希腊哲学家，公元前214年出生于昔勒尼，新学园派的领袖，死于公元前129年。

② 克里托劳斯（Critolaus），希腊逍遥学派哲学家。

③ 第欧根尼（Diogenes），公元前2世纪希腊斯多亚学派哲学家，别名“巴比伦的第欧根尼”。

定，那么辩证法家就要来决定它的真伪；如果这个命题是假设性的，有一些附加的与之并行的命题，那么他们就要决定这些附加的命题是否恰当，从中得出的结论和推论是否正确；最后，他们又会用他们自己的刺来扎他们自己，通过广泛的考察，不仅发现他们自己无法解决的困难，而且也发现他们的论证之网尽管没有破损，但已经由于受到攻击而重新纠缠在一起。在这个方面，这位杰出的斯多亚学派哲学家对我没有什么帮助，因为他没有教我如何发现该说些什么，由于发现了许多被认为是无法解决的困难，引进了一类不清晰的措词，尽管很丰富，但意思很模糊，缺乏活力，难以识别，价值不大，所以他实际上阻碍了我的进步；如果有人赞扬这种风格，那就只能加上一条限定，它不适用于演说家。因为我们的演讲必须适应大众的耳朵。要能够吸引他们，敦促他们的心灵赞同我们的提议，金匠的杆秤不能称出它的分量，但我说的这种公众的天平可以做到这一点。

“因此，让我们完全抛弃这种技艺，涉及证明它说得太少，而涉及评价它又说得太多。我想，按照你的回忆，与第欧根尼一起来访问的克里托劳斯在我们的讨论中可能更有用。因为他是你的亚里士多德的追随者，根据亚里士多德的学说，你认为我的观点与他没有什么差别。在这位亚里士多德（我也读过他那本提到他的所有修辞学理论先驱的那本书，以及其他包含他本人对这门技艺的完整看法的著作）和那些真正的这门技艺的教师之间，在我看来似乎有这样一种区别：他考察了与修辞学相关的一些内容，而他本人对此是予以轻视的，以同样敏锐的目光，他识别一切事物的基本性质；其他那些修辞学教师考虑的只是值得培养的事情，他们着重对这一主题进行处理，还有更多的实践和更加密切的应用，但没有亚里士多德在这方面的倨傲之情。至于卡尔涅亚得，他的演讲拥有的非凡力量和多样性极为适合我们的喜好；在他参与的争论中，没有什么是他不能证明的，也没有什么是他不能推翻的。而这才更应当是这些规则的制定者和教师追求的目标。

【39】“要是刚才我想要说的只是给演讲新手一个完整的训练，那么我更

应当把他托付给这些不知疲倦的人，他们夜以继日地讨论，以此为他们的唯一要务。他们会给演讲新手的嘴里填上都已经嚼得很细的、最精美的食物，就像奶妈给婴儿喂食。但是，在理论方面已经接受我的自由教育的新手，这个时候已经有了某些实践，并表现出有足够的天生的敏锐，对这样的人我会催促他去那源泉。那里没有封闭隔绝的池塘，而会从那里流淌出涓涓溪水。在那里，教师无须把所有论证的来源逐一指给他看，也就是简要地举例说明各种论证，用术语给它们下定义。因为演讲者已经对演讲中要用到的一切都做了思考，为的是证明或者否证，或者从案例的基本性质中推论出结论，或者采用一些与案例本身无关的内容，他还会在什么地方不知所措吗？所谓内在的论证，就是问题来源于整个主题的性质，或者是主题的一个部分，或者是拥有主题的名称，或者是一切与主题相关的东西；另一方面，所谓外在的论证，就是论题来自外部，与案例的性质无关。

"如果问题涉及整个主题，那就必须用定义来弄清它的一般意思，例如：'如果主权就是国家的伟大和荣耀，那么把这个人送交给罗马军队的敌人，而不是把他送交给罗马人民，就违反了主权。'要是问题只涉及一部分主题，那就必须用划分来解释它的性质，比如：'在对国家利益有影响的情况下，正确的方法是服从元老院，或者是建立另一个咨询机构，或者是按他自己的意见行动；但是建立另一个机构太无礼，按自己的意见办事太傲慢，因此他应当接受元老院的建议。'如果论证集中在一个词上，那么记住卡玻的话，'如果说一名执政官的责任就是考虑祖国的利益，那么奥皮米乌还干了些什么？'如果论证转到与主题相关的某些事情，那么证据会来自几个来源或常识；因为我们将要考察相关的术语、一般的分类标题以及再次划分、相同和相异，以及相反、相应的和同时性的环境，所谓的先例、矛盾；我们将要追溯事物的原因、从原因中产生的结果，考察意义相对较大、相等、较小的事物。

【40】"从相关的术语中推导出证明来的例子有：'如果最高的赞扬应当归于忠诚，那么你就会在看到昆图斯·麦特鲁斯忠诚地哭泣时受感动了。'

从一般的术语进行推导的例子有：‘如果行政机构必须置于罗马人民的控制之下，为什么控告诺巴努斯担任保民官期间的行为，反而违反了国家的意愿呢？’

“从一般的分类标题之下的再次划分进行推导：‘如果我们必须尊重所有为国家谋利益的人的愿望，那么我们首先就要尊重我们的统帅的意愿，依靠他的战略和勇气，凭着他所冒的危险，我们自己的安全和我们国家的伟大才有了保障。’然后，从相同中进行推导：‘如果野兽也会珍惜它们的后代，那么我们对我们的孩子应当何等温柔！’另外，从相异中进行推导：‘如果只为今天的生活着想是不开化的民族的标志，我们自己就应当思考所有的时间。’在既涉及相同又涉及相异的案例中，可以在其他人的行为、语词、命运中找到可比之处，还必须经常引用虚构的故事。还有，从相反中进行推导：‘如果革拉古的行为是邪恶的，那么奥皮米乌的行为就是高尚的。’还有，从相应的环境中进行推导：‘如果他被一把剑所杀，而你作为他的敌人，在现场被抓获，那里有一把血淋淋的剑，除了你，在那里没有别人，其他人也没有杀人的动机，而你一直是个强暴的人，所以你就是杀人凶手，这还有什么可怀疑的吗？’还有，为了说明从同时性的环境、先例、矛盾中进行推导，我们记得，克拉苏在他年轻的时候论证说：‘卡玻这位保民官不会把你看做一位爱国公民，因为你替奥皮米乌辩护；你显然是在伪装，心里有其他目的，因此你在夸夸其谈的时候，多次对提比略·革拉古之死表示哀悼；你是杀害普伯里乌·阿非利加努的凶手之一，你在担任保民官期间制定了这条法律，并始终与爱国者有分歧。’从事物的原因进行推导：‘如果你想要消灭浪费，就要消灭它的母亲——奢侈。’依据从原因中产生的结果进行推导：‘如果我们使用国库的资金打仗或粉饰太平，那就让我们成为税收的奴隶。’为了说明我们如何比较意义相对较大、相等、较小的事物，从‘较大’可以做出这样的推导：‘如果名望高于财富，而金钱值得热烈地追求，那么对名望的追求不就应当更加强烈吗？’从‘较小’可以做出这样的推导：‘仅仅为了一名初识的女孩，他对她的死亡就如此伤心！什么事情使他爱这个女孩？他的父亲，也就是我，要是死了，他会有这么悲伤吗？’[①] 从‘相等’可以做出这样的推导：‘攫取国家财富和对国家造成伤害的是同一个人。’

“最后，从外部采取的证明就是那些不依靠它们自己内在的力量，而依靠外部的权威的证明，例如：‘这是真的，因为昆图斯·鲁塔提乌这样说过’；‘这个证据是假的，因为使用了刑罚’；‘这个结论是不可避免的，因为我读了这些文件’，等等。

【41】“我已经尽可能简洁地概述了这些论题。因为我要是希望告诉某人某个地方的地底下藏有金子，那么我只要把那个地方的标志和金子所在的位置告诉他也就够了，知道了这一点，他就可以自己去挖，找到他想要的东西，不会有什么麻烦，也不会犯错误。所以我知道这些证据的标志，在我寻找它们的时候就可以找到它们，剩下要做的事情就是谨慎小心地把它们挖出来。但是，什么类型的证据最适合哪一种案例是不需要完善的技艺来说明的，只要平凡的才能就可以决定。因为我们的直接任务不是展示演讲的体系，而是让那些受过高等教育的人，这是我对他们的称呼，从我们自己的实践中取得某些教训。同理，带着那些在他的心灵和记忆中牢固地建立起来的常识，在每一个提出来讨论的论题的激励下，没有什么事情会使演说家感到迷惑，无论是在我们自己的法庭上争论，还是在其他任何需要的地方演讲。然而，他要是能够成功地出现在听众面前，让听众喜欢他，要是以这样的风格他能触及听众的心灵，引导或拉着他们朝着他所希望的方向前进，那么他在演讲术方面的修养肯定是完善的。

“还有，我们看到，仅仅发现应该说些什么是很不够的，除非你在发现的时候能够处理它。但是处理应当多样化，使你的听众既不会察觉到这种技艺的存在，而且又不会由于你的处理千篇一律而感到厌倦。你必须提出命题，提供相关的理由，你有时候可以从那些相同的常识中得出结论，有时候则抛弃常识转向别处。提出一个命题不一定要使它非常深刻，而只要使它清

① 特伦斯：《安德里亚》，第110—112行。

楚，通过肯定潜在于命题中的原则使听众明白这个命题。如果就某事提出了并行的情况，那么你首先要说明它们为什么相同，然后添加手头的事情。作为一条规则，你应当消除相关证明之间的间隔，使人们把它们当做连在一起的，这样一来，尽管它们事实上是分离的，但在陈述中看起来仍旧结合在一起。

【42】“我匆匆忙忙地把这些事情讲了一遍，就像一个受过某些训练的人面对专家，这样做，为的是使我们最后可以涉及那些更加重要的事情。卡图鲁斯，在演讲术中，没有什么事情比赢得听众的欢心更加重要了，赢得欢心要依靠某种精神上的推动或情感，而不靠判断或沉思。因为人们做决定更多地依据仇恨、热爱、欲望、脾气、悲伤、喜乐、希望、恐惧、幻想，或其他内在的情感，而不依据真相、权威、法律标准、司法先例或成文法。所以，除非你有不同的想法，让我们开始谈论我讲的这些事情。”

卡图鲁斯说：“安东尼乌斯，你的阐述似乎仍旧漏掉了一些事情，在开始进入你说的这个必须进入的领域之前，你应当说清楚。”安东尼乌斯问道：“请你告诉我，我漏掉了什么？”卡图鲁斯说：“你对证明的正确排列和分布的看法，你在实践中对这个问题的处理堪称典范。”安东尼乌斯回答说：“哎哟，卡图鲁斯，你要注意我在什么范围内可以称得上典范，这只是你的建议，我自己从来没有想过！你可以把我看做在这些道路上奔跑的人，尽管时不时地我似乎显得很有效，但只在讲话过程中如此，或者说我的成功是偶然的。尽管很难说人们从来没有注意到我，把我当做一个陌生人，认为我在演讲的成功方面几乎等于零，但不管怎么说，我认为你要求我提出我的命题排列和分布的理论是过早了。要是我过去把演说家的基本力量完全建立在他的证明之上，建立在他在实际案例中的人格表现上，那么现在倒是时候讲一讲证明的排列和分布。但由于我已经设定了有关发现的三个要素，并且只讨论了其中之一，[①] 那么在我讨论了剩下的两个要素之后，才有时间考察整个演

① 参见本文本卷第 35 章开头处。

讲的安排，并得出结论。

【43】“所以，获得成功的有效因素是生活的特点、原则、行为和过程，既涉及那些得到赞同的律师和他们的当事人，也涉及受到谴责的他们的对手。要尽可能赢得保民官对提出诉讼的律师和他们的当事人的同情和善意。用一个人的功德、成就、名声、品质很容易赢得同情，只要它们是真实的，而不是虚构的，根本不存在的。但是温和的语调、优美的姿势、文雅的语言，以及对你确实急于想要证明的事情显得勉为其难或不得已而为之，对律师是有用的。展示良好的本性、温顺、镇静、忠诚，以及不急于攫取或不贪婪的气质，对律师有帮助，这些品质都属于正直和光明正大的人，但不要表现出仓促、固执、好斗、苛刻。这样做才能赢得善意，而缺乏这样的展示则会使人误以为根本不具备这些品质；同样的道理，与此相反的品质都必须说成是我们的对手的品质。如果仲裁者的感情是强硬的、缺乏同情心的，那么在处理这样的案例时这样的行为是最好的。因为人们并非总是缺乏有力的语言，人们经常缺乏的倒是那些冷静温和的语言，这种语言最容易被诉讼各方接受。所谓‘各方’，我的意思不仅是指提出指控的人，而是所有与之有利害关系的人，古时候的人就是在这个意义上使用这个术语的。用语词把他们的性质描述为正直的、没有缺点的、有良心的、有节制的、长期受到不公正对待的，确实具有神奇的效果；这个论题，无论是在开场白里，还是在陈述案情时，或是在结束的时候，都使人非相信不可，经常比案子本身还要有价值。还有，讲话的品位与风格我们已经谈了许多，而讲话似乎也能表现出演讲者的性格。借助于某种具体类型的思想和措辞，借助平静的表达和雄辩的口才，演讲者显得正直、有教养、有美德。

【44】“但是与此紧密相关的是另一种风格与方式很不一样的演讲，它激励和敦促保民官的感情朝着仇恨或喜爱、恶意或善意、恐惧或希望、好感或反感、欢乐或悲伤、同情或想要惩罚的方向发展，或者靠着这种演讲，无论什么情感都被推动着朝着这个方向发展，与灵魂的这些情感接近和发生联系，或者变得像这些情感一样。

"对律师来说，另一件值得向往的事情是，保民官原有的心灵情感，出于他们自己的意愿，在上法庭时就已经与律师的利益所需要的情感相和谐。诚如俗话所说，驱使一匹心甘情愿的良马，比鞭策一匹驽马容易得多。但若这样的情感没有出现或觉察不到，那么律师会像一名谨慎的医生，在给病人开药方之前，不仅检查他想要治愈的这个病人的疾病，而且还要了解病人健康时的生活习惯和他的身体素质。

"确实就是由于这个原因，在处理复杂而又重要的案子时，为了明了保民官的情感，我集中精力仔细思考，尽可能敏锐地发现他们的思想、判断、预见、希望，以及在雄辩的口才引导下，他们最容易朝着什么方向变化。如果他们像我前面说过的那样，自愿地倾向于我，按照我的敦促推进整个进程，那么我会接受他们的恩惠，轻而易举地达到目的。但若仲裁者是中性的，没有什么偏爱，我的任务就比较艰巨，因为这种时候我的讲话就不得不提到所有事情，而我从听众的性格中得不到什么帮助。但是，风格正确的雄辩口才确实有力量，有位优秀的诗人称之为'一切事物的灵魂'，[①] 不仅能够扶持弱者、平抑强者，而且像一名勇敢的指挥员，甚至能使囚犯成为勇敢的抵抗者。

【45】"刚才克拉苏奉承我的事情的细节就是这些，他开玩笑似的说我总是能够理想地处理这些事情，他认为处理得很好的事情指的就是玛尼乌斯·阿奎留斯的案子、盖乌斯·诺巴努斯的案子，以及其他各种各样的案子。克拉苏，现在我要把我的看法告诉你，当你自己在法庭上处理这些案子时，我的心总是在颤抖，因为你的力量，你的激情，你的义愤，你的风度、特点、姿势，甚至你的手指头的摆动，都在牵动我的心；你的措词那么鲜明、巧妙，你的感情那么健康、真实、纯朴，毫无矫揉造作，在我看来，你不仅点燃了仲裁者，而且实际上还点燃了你自己。

"还有，除非律师用来激励仲裁者的所有这些情感都生动地印在或烙在

---

① 出自巴库维乌斯的悲剧《赫耳弥俄涅》。赫耳弥俄涅（Hermione），希腊神话人物。

律师本人的脸上，否则要想使听众感到义愤、仇恨、恶意、恐惧或者同情得流泪是不可能的。要是不得不刻画某些虚假的义愤，而同类演讲所提供的又只是赝品和模仿，那么也许就需要比较高尚的技艺。克拉苏，事情就是这样，我不知道你自己或其他人会怎么处理，但对我来说，我没有理由要对经验丰富的人撒谎，他们也是我最好的朋友。我要告诉你，我从来没有尝试过以讲话为工具激励保民官的心灵，使他们产生义愤或同情、恶意或仇恨，在我对他们的心灵施加影响的时候，我用来推动他们的情感实际上也在使我自己激动。如果你自己在处理事情时无动于衷，那么就不容易成功地使法官对另一方表示愤怒；或者说使他仇恨对方，除非他首先看到你义愤填膺；他也不会产生同情，除非你已经用话语、情感、音调甚至哭泣来表达你自己的悲伤。正如没有什么东西会准备着火，不用火苗就不能把东西点着，也没有心灵准备接受演说家的影响，如果发起攻击的演讲者本人没有充满激情，那么听众也不会激动。

【46】“还有，一个人要是很容易被激怒，或者经常发火，以及表现出各种内在感情，那么这种情况似乎只能视为伟大的奇迹，对待别人的事当然也一样；在演讲中讨论和处理这些思想和常识的力量足以用来使人们相信或者上当，因为用来激发他人情感的措词的各种性质对演讲者本人的激励甚至比他的任何听众更加深刻。这种情况发生在诉讼中，或者发生在仲裁者面前，或者发生在我们的朋友的责问中，或者发生在一大群民众中，或者发生在政治生活中，或者发生在公开争论中，都不会令我们惊讶。当我们的能力不仅处在批评之下（这虽然不是大事，但由于你声称自己已经精通了这种少数人才能获得的才能，所以这一点还是不能忽视），而且我们的其他更加重要的品质也都处在审判之下，我指的是我们的忠诚、责任感和审慎，在这样的影响下，甚至在为完全陌生的人辩护时，要是我们仍旧把自己算做好人，那么我们仍旧不能把他们当做陌生人。然而，如我所说，要是不把这种事情当做奇迹，那么还有什么事情会像诗歌、剧场或演员那样不真实？在这一类事情中，我本人经常是一名观众。我看到演员在说出庄严的台词时，他的眼睛在

他的面具后面闪闪发光，‘你竟敢离开你的兄弟，独自进入萨拉米，你难道就不怕他父亲的那副样子吗？’① 还没有等到他说出‘样子’这个词，我就看到忒拉蒙由于失去儿子而近乎疯狂的样子。演员放低声音以一种哀怨的语调说：‘老年失子，眼泪和悲伤使我难以平息，忘了你兄弟之死，忘了他的小儿子吧，尽管他已经托付给你，你已经成了他的监护人。’② 这时候，我想我从他的声音中听到了悲哀的啜泣。如果说演员，尽管每天都在演出，没有情感就无法表演，那么你真的认为巴库维乌斯在写剧本的时候，心里头能够十分平静，无动于衷吗？决不可能。因为我经常听说——人们说德谟克利特和柏拉图已经记载过这样的话——缺乏情感，受到激励而不疯狂，绝不能成为一名好诗人。

【47】“尽管我本人不关心诗歌和如何用语言再现英雄们的不幸和传说中的悲哀，尽管我只表现自己的人格，而不表现他人的人格，但不要以为我在给那个著名案件做总结时没有表现出剧烈的情感，在那个案子中，我的任务是维护玛尼乌斯·阿奎留斯③ 的公民权利。他是一个曾经担任过执政官、军队统帅，受到元老院尊敬的人，在向卡皮托利山行进的时候，他从马上摔下来成了残废。看到这件事情的发生，尽管我感到遗憾，也知道这样的事情会给他的亲人带来危险，但在我试图让其他人振作精神的时候，我还是克制了怜悯心。当我传唤我的不幸的、年迈的当事人出庭的时候，我感到法庭确实深深地受到了影响，他当时穿着破烂的衣裳，而我撕开他的上衣，露出他的伤疤。我这样做得到了你的批准，克拉苏，这不是一种技巧，我本人也不懂什么技巧，而是在强调一种深刻的情感和义愤。盖乌斯·马略在法庭上用他的眼泪进一步增强了我的呼吁，我反复地呼唤他的名字，要他关心他的同

①② 出自巴库维乌斯悲剧《透克洛斯》。透克洛斯（Teucer），希腊神话人物，他是忒拉蒙（Telamon）之子，埃阿斯的异母兄弟。埃阿斯死后，透克洛斯没有为他报仇，被父亲赶走，后来在塞浦路斯建国。

③ 玛尼乌斯·阿奎留斯，于公元前 101 年担任执政官。曾率兵镇压西西里岛的奴隶起义。公元前 98 年他受到指控，安东尼乌斯成功地为他进行辩护。

事，[1] 要他发言支持军队统帅的一般利益；我向神灵和凡人，向每一位公民发出悲哀的呼吁，它们与眼泪一道表达了我的极大的义愤；在那样的场合，如果从我的讲话中去掉我个人的义愤，那么我的演讲不要说激起听众的同情了，它一定会成为听众的笑料。我之所以要把这一点告诉你，苏皮西乌，那是因为我作为一名天生的有教养的教师，我要帮助你学会在演讲时表达义愤和悲哀。

“但是，我为什么一定要把这一点告诉你们呢？你们指控过我的同事和财务官 [2]，不仅用口才，而且用更加猛烈的激情和义愤点燃了听众的怒火，我甚至不敢靠近它、扑灭它。因为那个案子中的所有好处都是你们的。你们告诉法庭，暴力、打斗、扔石头，以及保民官的鲁莽，造成了凯皮奥的灾难和不幸；然后又认定马库斯·艾米留斯，元老院和国家的领袖被石头打伤了；而不可否认的是卢西乌斯·科塔和提多·狄底乌斯，由于试图行使否决权，被武力赶出庇护所。

【48】“结果就是，你当时仅仅是一名毛头小伙子，人们认为你非常成熟地引导了这场公诉，而我作为一名卸任的监察官，却被认为是在为一名闹派性的公民辩护，举止不那么光彩，更不要说他过去毫不怜悯一位处于困境中的卸任的执政官。名声最好的公民担任保民官，法庭上也不乏受人尊敬的人，所以在我的当事人是我过去的财务官的情况下，要使他们勉强接受我的抗辩是困难的。在这样的处境下，我怎么能说自己使用了任何具体的技巧呢？如果你认为适宜的话，我可以说明自己做了些什么，而你也可以告诉我这样的辩护在你的体系中占据什么位置。

“我的演讲的一个部分是给各种类型的内乱分类，指出公民们的弱点和危险，从我们国家历史的兴衰讲起；我在总结时断言，尽管内乱总是一种麻烦，然而有的时候内乱是合理的，几乎不可避免。接下去，我讨论了克拉苏

① 公元前 101 年马略第五次担任执政官。

② 指盖乌斯·诺巴努斯，公元前 103 年他担任安东尼乌斯的财务官。

提到过的那些考虑；驱逐国王、在民众中设立保民官制度、用公共法令频繁地限制执政官的权力、赋予罗马人民上诉的权利、国家的主要支柱和自由辩护，这些措施在实行时都不可能不受到贵族阶层的反对。如果这些内乱对我们国家有益，那么挑起民众运动这一事实不能马上就算做反对盖乌斯·诺巴努斯，不能算做邪恶的行为和巨大的冒犯。如果罗马人民的起义曾经促使正义让步——我要说明的是，这种让步经常出现——那么决不会还有比这更加公正的原因了。然后，我改变了我的演讲进程，把我的讲话转向斥责凯皮奥的逃跑和对他的军队的毁灭表示哀悼。除了用我的话语激发民众对同胞的悲痛之外，我以这样的方式点燃了罗马骑士们的情感，我讲话的那个法庭是由他们组成的，也使他们新增了对昆图斯·凯皮奥的痛恨，由于他的原因，一些骑士已经远离刑事法庭。①

【49】“等我感到自己在法庭上已经站稳了脚跟，我实行的辩护方针没有错，已经赢得了公众的善意，即使在提到内乱时也维护了他们的主张，这个时候我就把全部心思用于使保民官对我的看法产生好感，理由无非是国家的灾难、亲属的悲哀，或者是对凯皮奥的私人仇恨。然后，我开始把这种攻击性的、激烈的演讲类型与我已经讨论过的温和的演讲类型混合起来使用。我恳求说：我在为我的同志战斗，按照祖宗的传统他应当顺从我，站在我这一边，（我也可以说）这样做是为了我自己的良好名声和一般的利益；没有别的事情能更加深刻地损害我的名声，或者使我更加悲哀，这就是把我看做这样的人，竟然不能帮助自己的同志；而我想要拯救的人哪怕对我本人来说是陌生的，但只要他们是我的同胞也就行了。我向法庭求情，请他们看在我表现出来的公正、悲伤、忠诚的分上，请他们看在我的年纪、从政生涯、其他成就的分上，尤其是在其他审判中，我总是代表受到伤害的朋友说话，请法官宽恕我的当事人，但从来没有为我自己提出过什么要求。这样一来，我的

① 公元前 106 年，凯皮奥提议剥夺骑士阶层对法官职位的垄断，由骑士和由元老院议员担任的保民官平分法官职位。

整篇辩护词，还有审判本身，只用了很少的篇幅讲述了事情的大概，忽略或轻微地触及了那些似乎需要用知识来处理的问题，我指的是讨论阿普莱乌斯的法令和我对叛国罪性质的解释。用这两种演讲模式——一种是激励性的，另一种是颂扬性的，这门技艺的规则对两种模式都没有做很多解释——我处理了整个案子，在唤醒人们对凯皮奥的仇恨时我的讲话是最富有激情的，而在描述我自己对待亲属的行为时我的讲话是最温和的。所以，苏皮西乌，在那场官司中我能击败你，与其说靠的是获得知识，倒不如说是对保民官的心灵实行劝诱。”

【50】这时候，苏皮西乌说：“哎哟，安东尼乌斯，你对这些事情的解释是对的，我从来没有看到有什么事能以那天陪审团的判决从我这里错过的方式从我的手指缝里溜掉。因为，那一天（就像你告诉我们的一样）我离开你是因为发火，而不是因为办妥了一桩案子。我的天哪！你做了一个什么样的开场白！你当时看起来紧张不安，犹豫不决！你的表达结结巴巴，后语不搭前言！你一开始就依赖每个人都明白的这个独一无二的辩解理由——你正在为你的老朋友和财务官辩护！所以，首先，为了使听众倾听你的辩解，你做好准备了吗？其次，正如我当时判断的那样，你只是成功地使民众认为亲密的关系可以用来作为替一个邪恶的公民进行辩解的理由。你们瞧！这一点没有引起其他人的怀疑，但已经在我心里敲起警钟。然后，你开始非常隐蔽地蠕动着进入你著名的辩护，不是为搞派性的诺巴努斯，而是为愤怒的罗马民众，他们被你激起的愤怒不是错误的，而是正义的、应当的。在此之后，你忽略了什么反对凯皮奥的观点了吗？你使你的每个词都充满仇恨、恶意或怜悯！所有这些不仅表现在你的辩护词中，而且也表现在你对斯考鲁斯和我的其他证人的处理，你没有否证他们的证据，而只是斥责他们在那场国家的动乱中逃往庇护所。在你刚才用这些事情提醒我们的时候，我感到，用你自己的话来说，为了真实再现你的辩护方法，确实不需要任何规则，而在我看来，这些方法是最值得传授的。”

安东尼乌斯答道：“尽管如此，要是你喜欢的话，我们将继续提出我们在演讲中一般采用的原则，以及我们主要考虑的要点，因为漫长的生涯和从最重大的事件中获得的经验已经教导我们，在这种时候，要紧紧把握激发人类情感的方式。

【51】“我自己的实践始于思考这些案例是否需要这样的处理，因为这些修辞中的激情不应当用于微不足道的小事，或者用到某些人头上，这些人有这样的脾气，我们的口才根本无法影响他们的心灵，除非我们愿意被当做嘲笑，甚至厌恶的恰当对象，他们醉心于在争论中使用夸张的语言，或者就像蚍蜉撼树一样，不自量力。由于演讲必须激发保民官，或者其他各类听众心中的情感，所以最一般的情感是爱、恨、愤怒、妒忌、同情、希望、欢乐、恐惧或苦恼，如果你被认为是在维护你的听众的利益，或者是在为好人说话，或者是在坚持听众认为好的和有用的事情，那么我们看到你已经赢得了爱。因为这最后的印象比较容易赢得爱意和保护对正义之人的尊重。提出将会有希望得到的利益比复述过去的福利更加有效。你必须努力在你坚持的原因中揭示出某些价值或有用性，说清楚你要为他赢得这种爱意的那个人并不是在考虑他自己的利益，他所做的一切并非出自个人的动机。因为私人利益会培养妒忌，而热心为他人服务应当受到赞扬。

“在此我们必须警惕，不要显得是在赞扬对功绩和名望的无动于衷的态度——功绩和名望是妒忌最喜爱的靶子——对人们的善功我们应当热爱。然后，也是出于这些常识，我们也要学习如何使他人对我们自己和我们的当事人的仇恨发生转移。因为，要是你荣耀某些对你的具体听众来说是毁灭性的或者没有好处的事情，那就增添了他们的仇恨。但若发生的事情只是一般地反对好人，或者是那些具体的行为者决不应该做的事，或者是反对国家的事，那么就不会激起这样深刻的仇恨，而只会是非常类似恶意或仇恨的厌恶。还有，恐惧的出现要么是出于个人面临的危险，要么是所有人共同面临的危险。个人恐惧的根源比较深，而一般的恐惧也可以追溯到相同的源泉。

【52】“处理希望、欢乐、苦恼与此相仿，在所有案例中都一样。但是，我宁可认为妒忌是所有情感中最强烈的。克服妒忌和挑起妒忌一样，需要花

费更多的力量。当人们感到自己落后了，或者因为别人的晋升而感到烦恼，这种时候人们特别妒忌与他们地位相当的人，或者那些曾经一度地位比他们低下的人。妒忌比自己强的人经常也表现为愤怒，要是他们感到自己无法忍受，对先前的等级和成功不能拥有正确的看法，那么情况更是如此；要是这些东西都成为妒忌的燃料，那么我们首先应当指出它们不是功劳的结果；其次，要指出它们甚至有可能是通过作恶得来的，尽管这样的人有功劳，名声也相当显赫，但他的名声最终仍旧会被他居功自傲的态度盖过。另外，为了平息妒忌，我们可以强调这些东西都是通过艰难困苦和冒着巨大危险得到的结果，当事人这样做不是为了他自己的利益，而是为了其他人的利益；至于他自己，尽管他由此而获得的名望是名副其实的，但他从来没有因此而感到快乐，而是把它抛在一边，完全予以否认（因为大多数人善于妒忌，这是一种非常普遍、非常广泛的错误，杰出的成就会引发妒忌）。我们必须用各种方式纠正人们对成就的看法，我们可以设定，杰出的成就总是与艰苦和悲伤完全混合在一起。最后，要是能够把听众引向将心比心，就能唤醒他们的同情心，无论听众过去承受过类似的事情，或者仅仅是表示理解，对他人表示悲哀，或者说，听众在思考其他人的案子时多次回想起自己的经历。这样，具体场合下的当事人的困顿可以被听众深刻地感受到。如果演讲者用感人的语言描述这种困顿，那么听众尤其会对正义者的沮丧和毁灭表示悲哀。还有，正好比另一种风格应当温和（就像我已经反复说过的那样），要为演讲者的正直做见证，以保存高尚者的外表，所以这种风格应当充满激情和情感，以此转移或影响听众的情感，使之朝着演讲者所希望的方向发展。

【53】“但是这两种风格——对它们的要求分别是温和与激动——有某些共同之处，使我们很难把它们完全分开。使用温和的风格可以帮助我们赢得听众的善意，但这些流入听众心灵的话语必须抵达最强烈的情欲，而就在这个地方我们试图激发这些人的情感，因此除了温和之外我们还必须在这个方面花一些力气；也没有任何风格能够比这样的混合更好了，演讲者的温文尔雅可以减缓争斗的激烈，而某些严肃的争斗也会渗入演讲者的温和态度，使

之增强。

"在这两种演讲风格中，一种需要激情和争斗，另一种则适宜用来介绍演讲者的生平和性格，演讲的开场白不用仓促，而它的结尾也可以是慢悠悠的。因为，你一定不要以为富有激情的风格就一定是快速的，因为它可能与案例的特点完全不符。民众所期待听到的内容一开始只是在他们自己的认识范围内衡量，看有什么新奇的东西，而你一旦假定采用了这种风格，就一定不要急于改变它。你不可能在你刚开始讲话的那一刻就唤起同情、妒忌或愤怒，要做到这一点必须尽可能深刻地掌握证明，并且能够连续做出第二个和第三个证明。听众的心灵想要对这些证明做出确证，因此它们不会一说出来就马上被听众牢记。充满激情的风格寻求的是仲裁者的情感方面的东西，而不是他的理解，要使他理解只能依靠丰富的、多样化的措词，再加上与之相配的、富有生命力的表达方式。因此，简洁或平静的演讲者可以使仲裁者理解，但不能使他兴奋，而一切都取决于他的兴奋。

"讲到这里也就清楚了，对于每一个问题，相同的常识都可以为争论双方提供丰富的论证。但是你必须反对你的对手的证明，或者建立与之相对立的论证，或者指出从他们的前提推不出他们所期望的结论，这些前提不支持结论；换个说法，要是你不驳斥对手的结论，就必须从相反的方面引用某些具有更大的或相等的说服力的证明。最后的抗辩，无论是温和的还是富有激情的，无论是为了赢得青睐还是为了激发情感，都必须通过激发与之相反的印象来加以扫除，以便可以用仇恨来驱除善意，用妒忌来驱除同情。"

【54】"开玩笑和妙语横生是一致的，常常有效。哪怕其他所有事情都可以通过技艺来传授，但开玩笑和妙语连珠肯定是一种天赋，无须技艺。凯撒，在我看来，你在这个方面的才能远远超过别人，所以你可以更好地为我做证，根本不存在所谓逗趣的这门技艺，或者说，要是有这样一门技艺，那么最有能力把它教给我们的是你。"凯撒说："在我看来，富有幽默感的人比擅长批评的人更能机智地讨论世界上的任何事情。看了希腊人写的那些名为'笑话大全'之类的书，我非常希望能够从中学到某些东西，而且我确实

从中看到了希腊人生活中的那些可笑的事情和辛辣的语言，西西里岛人、罗得岛人、拜占庭人，尤其是雅典人，在这些方面都有杰出的表现。然而他们全都试图愚蠢地把开玩笑当做一种理论或一门技艺来传授，他们的愚蠢才是唯一可笑的事情。因此，我认为这种能力不可能通过教育来传授。机智有两种，一种贯穿演讲始终，而另一种尽管很尖锐，但却是断断续续的，古人把前者称做'反讽'（irony），而把后者称做'戏弄'（raillery），它们各自都有一个轻浮的名称，当然了，所有和开玩笑有关的事情都是微不足道的。就像你提醒我的那样，安东尼乌斯，我在法庭上经常看到这样的幽默和机智。但是在这种开玩笑的连续类型中并不需要技艺（因为自然造就了人类，产生出效颦者和机智的说书人，他们的姿势、语调和讲话的个人风格在帮助他们），所以请你告诉我，在戏弄中还有什么技艺存在的位置吗？而在另一种机智中，尖锐的话语必须命中目标，根本不可能有时间停下来思考。腓力普斯对我的兄弟说：'你在狂吠什么，小狗先生？'我的兄弟回答说：'我看见了一个贼。'这种时候他能从技艺中得到什么帮助呢？如果在百人委员会中回答斯卡沃拉的问题，或者在格奈乌斯·普兰库斯受到布鲁图的指控而克拉苏为他辩护时，克拉苏从技艺中能得到什么帮助？事实上，安东尼乌斯，你对我的称赞毫无疑问必须给予克拉苏。因为在演讲者中很难找到兼具两种幽默的人，一种连续贯穿于整个演讲，另一种是即刻的妙语连珠。在连续性的演讲中，通篇都是不会被误解的玩笑和诙谐，而那些突发的讽刺利刃不包括开玩笑。演讲者不宜伤害他的对手的名声，这样做也就是在维护他自己的名声，因为如何在涉及人格的场合恰当地使用机智和戏弄是最困难的事，那些带来最刻薄效果的玩笑要加以约束。各种爱开玩笑的人对这一点的解释（相当机智地）确实就像恩尼乌斯的说法一样正确。他说：'对一个聪明人来说，用他热烈争论的嘴引发怒火比在自己心中保存有价值的话语要容易得多。''有价值的'（worth）这个词在这段话中当然表示'尖刻'，这样的格言现在已经广为人知了。"

【55】"尽管在反对斯卡沃拉的时候，克拉苏实际上躲过了那些讽刺的利

剑，通过他的论证在另一种模式的审判中轻易取胜，没有发生恶劣的抨击，然而当他反对他所讨厌的、应当受到痛斥的布鲁图时，他还是使用了两种模式。关于他的对手最近出售浴室、挥霍遗产，他不得不说了那么多话！而对手那些巧妙的回答也一样！布鲁图声称自己白白地流了一身汗，而克拉苏反唇相讥道：'没错，因为你刚从你的浴室里出来！'这样的讽刺不计其数，但整个连续的风格还是令人愉悦的。布鲁图召来两个人，把克拉苏的演讲词交给他们朗读，一段涉及在那旁①的殖民，另一段涉及塞维留斯的法令，布鲁图自己在听的时候就注意发现它们在讲述国家事务时有什么不一致的地方；而我们在这里的这位朋友②极为幽默地把三篇由这位元老布鲁图论习惯法的三个小册子讲给这三个人听。对于出自第一个小册子的引文，'我们碰巧正好在普里维尔努姆地区'，他的评论是：'布鲁图，你的父亲可以做证，他已经在遗嘱里让你继承他在普里维尔努姆的家产。'接下去，在复述第二本小册子的时候，对'我和我的儿子马库斯当时在阿尔班山'这句引文，他说：'你们瞧，这个像我们国家里的任何人一样精明的人察觉到了这个毁灭一切的深渊的性质；他担心，要是他死无葬身之地，人们会以为他父亲没有给他留下任何遗产。'最后，读到'在蒂布尔③的土地上，我和我的儿子马库斯正好坐在一起'这句话的时候，出自第三本小册子或结论性的小册子（我听斯卡沃拉说布鲁图的原来的著作共有三卷），克拉苏喊道：'布鲁图，你父亲登记过的由你继承的这些地产到底在哪里？'他又说道：'嗨，要是你还没有到 14 岁，那就记下来，他还在他的儿子的陪同下在那些浴室里洗澡！'④

"有谁会否认，这种诙谐和机智对布鲁图产生很大的影响，就像我们这位朋友的故意做作所起的作用一样，那场审判正好碰上年迈的尤尼娅出殡？啊！不死的诸神啊！他表现出无限的活力！多么突然，多么意外！带着穿透

① 那旁（Narbo），高卢东南部的一个城市。

② 指克拉苏。

③ 蒂布尔（Tibur），拉丁姆地区的城市，罗马富人多在此地营建别墅。

④ 按罗马人的习惯，14 岁或年龄更大的男孩与父亲一起洗澡被视为不合礼节的。

一切的眼神、威胁式的姿势，他滔滔不绝地用苛刻的语调斥责说：‘布鲁图，你为什么坐在那里？你有什么消息可以让这位令人肃然起敬的老妇人带给你的祖宗？带给所有看着你出生的妇女？带给你的祖先？带给把这个国家从国王的暴政下解放出来卢西乌斯·布鲁图？她应该对他们说你干了些什么？你在忙些什么，有什么荣耀的行为和高尚的目的？你这样做能增加你的遗产吗？有着高贵出身的人不需要职业，但是——假定你有职业——你没有什么要增加的，耽于声色已经浪费了所有的金钱。你研究过习惯法吗，这是你父亲的领域？嗨，尤尼娅会报告说，在出售你的家宅时，你甚至连她的座椅都没有保存下来，供你自己使用，一起出售的还有已经挖掘出来的矿藏和伐倒的树木！[①]你服兵役了吗？你连军营都没有见过！你热衷于演讲吗？一点迹象都没有，你把你的语言能力都用来挣钱，恶毒地歪曲和咒骂正义！你敢在光天化日之下抬起头来吗？你敢抬起头来看看这个公民大会吗？你敢在法庭上证明你自己，在城市里你的同胞面前显示你自己吗？你看到这位亡故的老妇人不会颤抖吗？对于那些妇女，你甚至没有给她们留下容身之地，还会仿效她们的祖先吗？’

【56】“所有这些都以一种宏伟的、激动人心的风格进行着，但你在高谈阔论的时候也还是妙语连珠。自从我们在这里的这位朋友进行反对他的监察官同事[②]的那次讲话以来，没有任何演讲能够比我们在这里的这位朋友的这次演讲更加生气勃勃，对公众的影响更加有效，更加富有魅力和给人带来快乐。

“所以，安东尼乌斯，我向你保证两点：第一，诙谐在演讲中有巨大的、频繁的用途；第二，要从技艺中学习诙谐是绝对不可能的。有件事确实令我惊讶，这就是在这个方面你说了那么多我本人取得的成功，但却不像在其他方面一样褒奖克拉苏。”

---

① 根据罗马法律，已经开采出来的矿产和伐倒的树木在出售农庄时不包括在内，除非另有协议。

② 指格奈乌斯·多米提乌·阿赫诺巴布斯（Gnaeus Domitius Ahenobarbus）。

安东尼乌斯回答说："我肯定会这样做，我只不过是在这个方面有点儿妒忌克拉苏。你喜欢的诙谐与机智不一定会激起无限的妒忌，显然，所有演讲者最吸引人、最优美的地方同时也应当给人留下最深刻、最稳重的印象，我们的许多朋友都是这样做的，而这种风格我更能接受。"

这时候甚至连克拉苏也笑了，安东尼乌斯继续说道："朱利乌斯，尽管你否认有任何诙谐的技艺，但你所说的似乎正好证明这是一种值得教导的东西。因为你说必须关注人物、论题、场合，所以开玩笑不应当损害尊严。克拉苏当然总是像其他人一样严格遵守这条原则。要避免不必要的诙谐是一条规则，我们想要寻找的就是在需要的时候如何用诙谐来反对我们的对手，例如反对一个愚蠢的、有偏见的、不可靠的证人，当民众似乎倾向于听取他的证词时，我们要用讥讽来消除他的愚蠢。我们所说的那些令人恼怒的事情比我们一开始说的那些攻击性的话语更有说服力，在反驳中表现得更加锐不可当，反驳实际上是每个人都会做的事。要是我们不去激怒别人，那么人们会给我们留下平静的印象，就像在同一件事情中，我们在这里的这位朋友也几乎没有用反驳挑战的方式讲述那些我们认为特别可笑的事情。然而，一涉及多米提乌就有那么一种高贵的、独特的气氛，这种时候用诙谐来回答他的指控比用强硬的话语摧毁他的指控似乎更加合适。"

【57】苏皮西乌插话说："现在该怎么办呢？我们要允许凯撒否定我们对这种诙谐风格以及它的性质和来源做出的完整解释吗？尽管把机智的优先权让给克拉苏，然而朱利乌斯在这个领域做出的努力更大，尤其是他承认诙谐和幽默的力量和价值。"朱利乌斯说："假定我与安东尼乌斯的看法一致，根本就没有所谓诙谐的技艺，那又如何？"苏皮西乌没说话，克拉苏说："关于这些事情的技艺是安东尼乌斯一直在讨论的！像他自己告诉我们的那样，演讲者确实也要练习如何遵守健全的演讲惯例，但若这种练习能够与演讲分开，那么还有谁不会演讲？因为又有谁不能全部或部分地掌握这些惯例呢？然而我对这些规则的作用和好处的看法是这样的：我们并不依靠人为的技巧来发现该说些什么，但是在我们掌握了进行比较的真正标准以后，我们对自

己通过天生的才能、学习或练习获得的各种办法有了确信，或者明白了它们的弱点。所以，凯撒，要是你认为恰当的话，我也要请求你充分讨论一下这种诙谐的风格，在你的同意下，在这样的谈话伙伴当中，在如此严密的对话之中，陈述一下你的看法，免得人们认为我们忽略了这个部分，它或许是演讲术的一个部门。”凯撒答道：“当然可以，克拉苏，由于你正在收集好友们的‘利剑’[①]，所以我不会溜走，以免给你留下任何抱怨的机会，尽管我对那些竟敢在洛司基乌斯面前神气活现的人的厚颜无耻感到惊诧；[②]因为有什么人竟然如此放肆而不像这位演说家那样注意到自己的弱点？正因如此，有克拉苏作为我的听众，我要第一次讨论诙谐，但我就像是谚语中的那头猪想要教导这位演说家，[③]在听了他最近的讲话以后，卡图鲁斯声称‘其他所有人都得去吃干草。’”[④]克拉苏说：“卡图鲁斯是在开玩笑，更加清楚的是他自己的风格似乎使他自己完全有资格享用天神的食物。但是让我们还是先来听你讲，凯撒，然后再来看安东尼乌斯手里还有什么东西。”安东尼乌斯说：“我要说的实际上很少了，我已经厌倦了漫长、辛苦的争论，凯撒讲话的时候我想要休息一下，就像待在一家最方便的、路边的小酒店里。”

【58】朱利乌斯说：“那么好吧，我想你不会认为我是一个非常好客的、仁慈的人，因为我会把你赶出去，扔在路边。你马上就能尝到这是一种什么滋味了。现在，为了不让你等得太久，我要非常简略地叙述一下我对你们这个主题的一般看法。涉及笑，有五件事情要考虑：第一，它的性质；第二，它的来源；第三，演说家在讲话中要不要自觉地笑；第四，笑的限度；第五，可笑的事情的限度。

“现在来谈这些论题中的第一个，笑的基本性质，而笑的产生方式、笑声的处所、笑为什么突如其来地爆发以至于无法克制、笑如何在同一时刻占

---

① 原文为“shot”，有中肯的批评之意。凯撒在这里指克拉苏前面的谈话。

② 参见本文第一卷第 60 章。

③ 拉丁谚语说“野猪向智慧女神提建议”，类似中文成语“班门弄斧”。

④ 这里的意思是“与克拉苏相比，其他人都只不过是野兽”。

据肺部、声音、脉搏、眼神，我把这些内容都留给德谟克利特；[①] 因为这些内容与当前的谈话无关，哪怕有关，我也仍旧不怕难为情地承认自己无知，说自己甚至看不懂那些有关笑的专门解释。

“有关笑的领域或领地(这是我们的第二个论题)，也就是说可笑的事情，我们只能把它限制在一个不恰当的事情的范围之内，因为笑的主要目标，若非唯一目标的话，就是以清晰的方式表达或指出那些不恰当的事情。

“还有，我们的第三个论题，演说家可以笑，这样做有多种理由；比如，笑天然地为笑者博得善意；每个人都崇拜敏锐，而敏锐经常集中在一个词上，一般在表示拒绝时说出来，尽管有时候也在发起攻击时说出来；它动摇、阻止、削弱、警告、挫败对手；它显示出演讲者本人的完美、优雅和品位；但最妙的是，通过笑声或开玩笑可以摆脱沉闷而达到稳重，也能经常用开玩笑来排除那些不容易通过推理来削弱的讨厌的建议。

“但是，演说家需要把握的可笑的事情的范围，我们给自己提出来的这第四个论题，需要最仔细地加以考虑。极端邪恶的事情，比如犯罪，和极端悲惨的事情，都不适宜用嘲笑的方式来攻击，因为用一种更加正式的方法批评恶人更能使公众仇恨恶人，用嘲笑的方法则不能。嘲笑不幸者会使公众反感，除非公众本身十分傲慢。你们必须格外注意民众的敬意，这样一来在讲话中就不会不假思索地说那些深受民众爱戴的人的坏话。

【59】“这就是在练习诙谐时必须首先加以约束的地方。所以，最适宜嘲笑的事情是那些既不会引起强烈反感也不会引起最深刻同情的事情。这就是所有笑料都可以在人的有缺陷的行为中寻找的原因，这些人既不是民众敬重的对象，也不是全然不幸的人，更不是那些犯了大罪需要马上接受惩罚的人。灵活处理这些行为的缺点，就会产生笑料。丑陋和身体的缺陷也是相当好的笑料，但在这个地方也和在别处一样有一个合理程度的问题。开这种玩笑不仅有一条规则，不能说不得体的话，而且哪怕演说家可以说某些能够产

① 德谟克利特（Democritus），公元前5世纪希腊自然哲学家，别称“欢笑的哲学家”。

生很大喜剧效果的事情，也必须避免两个危险，一定不能让演说家的诙谐变成插科打诨或者仅仅是效颦。当我们进到对可笑的事情进行实际分类时，我们会更容易理解各种笑料的实例。

“诙谐有两种类型，一种建立在事实之上，一种建立在语词之上。建立在事实之上的诙谐，举例来说，就是讲述某些趣闻轶事。就像你做的那样，克拉苏，你在一篇反美米乌斯[①]的讲话中宣布，美米乌斯‘咬了一口拉尔古斯的胳膊’，当时美米乌斯在特腊契纳[②]和拉尔古斯为了一位情妇吵架。这是个下流的故事，但每个词都是你自己造出来的。你最后的结束语是这样的，特腊契纳的每一堵墙壁上都写着‘L. L. L. M. M.’这样一些字母，要问这些字母是什么意思，某些老居民就会回答说，‘Lacerat Lacertum Largi Mordax Memmius’（爱咬人的美米乌斯咬伤了拉尔古斯的胳膊）。你们看，优雅的、有选择的、非常适合演说家使用的就是这种笑话。要么有某些你可以讲述的事情，但顶多就是一些起点缀作用的无伤大雅的谎言，要么你完全是在虚构。这种玩笑的美妙之处就在于，你用这样的方式讲故事，故事中的英雄性格、讲话方式以及其他所有虚构的东西，都会栩栩如生地展现在你的听众面前。另一种建立在事实之上的玩笑一般来源于可以称做是粗俗的模仿，就像在另一个场合，克拉苏在抗辩中起誓说：‘我向你们的等级起誓，我向你们的亲属起誓！’还有什么事情能比这种做作的表达方式和语调更能令公民们发笑？当他继续说：‘我向你们的塑像起誓’，并且伸出胳膊做了一个强调的手势时，我们就笑得几乎喘不过气来了。属于这一类玩笑的还有洛司基乌斯模仿一位老人，当时他喊道：‘为了你，我的儿子安提福，我把这些东西种下去。’我想我正在听一位生气的老人讲话。然而，使用这种特殊的笑料都需要考虑具体场合。如果模仿过了头，那么就变成了小丑，粗俗下流的模仿也一样。它要求演说家仅仅是借用一点儿模仿的技巧，让听众自己

① 盖乌斯·美米乌斯（Gaius Memmius），公元前 111 年任保民官。

② 特腊契纳（Tarracina），意大利拉丁姆地区南部的城市。

去想象，而不需要亲眼看见；演说家也必须避免各种不得体的语言和令人作呕的姿势，证明他自己在礼貌方面受过的良好的教养。

【60】“这就是两种建立在事实之上的玩笑，它们适用于连续的讥讽，描述和刻画个人的性格，要么通过讲述某些趣闻轶事以理解他们的本性，要么通过某些微小的模仿来指出他们那些完全应当受到嘲笑的缺点。

“至于另一种玩笑建立在语词之上，通过指出话语中的某些事情，或者通过回想，引起听众的笑声。正像前一种类型一样，这种类型也有叙述和模仿两类，在使用它们的时候也都要避免过度和下流，所以在刚才讲的后一个案例中，演说家必须审慎地避免所有小丑式的嘲弄。那么我们应当如何区别克拉苏、卡图鲁斯，还有其他人，你们熟悉的格拉纽斯（Granius），或者我自己的朋友瓦尔古拉？嗨，我从来没有考虑过这个问题，他们全都那么机智，但没有一个能超过格拉纽斯。我想说的第一点是，我们不要感到每一次、每个场合，都必须说些逗趣的话。我马上想到了一个例子。腓力普斯说：‘我可以对他提问（examine）了吗？’法庭的主席匆匆忙忙地回答说：‘只要你讲话简短（short）一些。’腓力普斯说：‘你别抱怨，我和那个人一样矮（short）。’[①] 这样的对话极具喜剧效果。但是法官席上坐着卢西乌斯·奥利法克斯，他甚至比证人还要矮小。结果所有的笑声都朝着卢西乌斯去了，整个笑话变得就像小丑的插科打诨。所以，这些可以清楚明白地显示非故意的受害者的讥讽利刃无论飞得有多快，基本上都是一些小丑式的笑料。例如阿庇乌斯，他试图表现得机智诙谐。天哪！他成功了，尽管一不小心滑入了小丑的行列。他对我在这里的这位一只眼的朋友盖乌斯·塞克提乌斯说：‘我要和你一起吃晚饭，因为我看到你那儿还有空缺。’[②] 这是一个插科打诨式的玩笑，他攻击了并未触犯他的人。他说的这句话甚至也可以用于所有只有一只眼的人。这种笑话不能达到预期的效果。塞克提乌斯的反驳也十分巧妙，他

① 这里的玩笑利用一词多义。

② 这句话的英译文为“I will sup with you，for I see you have room for another one”，讽刺对方只有一只眼。

马上就说：‘晚饭之前，把你的手洗干净。’①

“然后是开玩笑的场合、实际使用诙谐时的控制和约束、警句和妙语的使用，这些方面都能区分演说家和小丑。实际上，我们讲话总有很好的原因，是为了得到某些好处，而不仅仅是为了听起来有趣。但那些人从早到晚都在开玩笑，似乎根本就没有什么原因。奥鲁斯·塞普洛尼乌外出游说，他的兄弟马库斯和他在一起。奥鲁斯拥抱了瓦尔古拉，这个时候瓦尔古拉喊道：‘你这个家伙，把那些嗡嗡叫的蝇子都赶走了吗？’②他的目的是为了搞笑，在我看来很难称得上机智。因此，我们要凭着我们自己的智慧和识别能力来确定讲话的正确场合，我们已经有了某些如何使用这些素质的理论，尽管直觉才是至高无上的指引者！

【61】“现在让我们来总结一下笑的主要来源的基本性质。让我们首先做一个区分，诙谐的讲话有时候要点放在事实上，有时候要点放在语词上，尽管当笑声是由这两种诙谐的结合引发的时候，听众们会感到特别有趣。但你们要记住，作为可笑事物的来源，无论涉及什么主题，它同样也可以是严肃思想的源泉，这是一条规则。唯一的区别就在于，涉及那些名声很好的事物要严肃，而拿那些微不足道的事物开玩笑可以不拘礼节，也就是说，可以使用粗鲁的语言。例如我们可以用相同的语言赞美一名小心的奴仆。也可以拿一名坏透了的奴仆开玩笑。尼禄评价一名偷东西的家奴时说的话很幽默：‘他是家里唯一可以接触任何东西的人，对他来说没有任何东西是贴了封条的或上了锁的。’这一描述也经常用于忠心的奴仆，一字不差。事实上，各种评价都来自相同的源泉。斯普利乌·卡维留斯因公负伤，他感到非常伤心，因此而羞于出门。他的母亲对他说：‘不，我的斯普利乌，出门去，让你迈出的每一步都提醒你，你是勇敢的。’这样的话语是高尚的、庄严的。

---

① 这是对那些不请自来的客人的答复，有句格言是“寻求公平的人自己必须清白无罪”。“清白无罪”的字面含义为双手清洁。

② “嗡嗡叫的蝇子”的拉丁原文是“musca”，意思是各种会飞的昆虫。奥鲁斯·塞普洛尼乌的家族姓氏也是“musca”。瓦尔古拉在这里讽刺正在游说的奥鲁斯像苍蝇一样。

但是格劳西亚关于瘸腿的卡维努斯说的话则完全是荒唐的，‘老话是怎么说的，他的腿被捆（hobbling）住了吗？不，他只是在摇晃（wobbling）’。然而，两种说法都源于对瘸腿这一事实所引发的思考。西庇阿的双关语，‘有比这位奈维乌斯更加天真的无赖吗？’[①]其用意还是非常严肃的。腓力普斯对一位有体臭的人说的话含有幽默的成分，‘我明白你想把我熏走’[②]。这两种双关语都和语词有关，改变了一个字母，意思也就变了。

“利用词义的模糊性而提出来的诙谐被人们视为最机智的，这些妙语尽管可以用来开玩笑，但也经常与最重要的事情有关。普伯里乌·李锡尼·瓦鲁斯对大西庇阿[③]说的话就是一例。在一个宴会上，西庇阿头上戴的花环一次又一次地滑落，怎么也弄不好。瓦鲁斯说：‘要是它不适合，你别感到奇怪，因为它正骑在一颗有着巨大能力的头上。’[④]这样的话值得赞扬，非常可信。然而属于同一种类的还有另外一些双关语，‘他秃得够厉害的，因为他讲起话来都是赤裸裸的’。所以，我不想进一步麻烦你们了，不存在这样的源泉，从中只产生笑料，不产生严肃的思想。

“还要注意的是有些笑话只有可笑，没有机智。因为还有什么事情像喜剧小丑一样滑稽可笑？他的可笑之处在于他的脸、他的怪相、他的模仿、他的腔调，事实上他的整个相貌都是可笑的。我可以称他为幽默的，但这只是一种低级的喜剧演员的幽默，而不是我说的演说家的幽默。

【62】“同样的道理，这种笑话尽管能引发许多笑声，但根本不是我们所想要的机智；它漫画式地讽刺了恼火、幻想、不信、浮夸、愚蠢，但这些性格由于其自身的原因就是可笑的，我们并没有给它们戴上面具，而是在攻击

---

① 奈维乌斯（Naevius），罗马人的一个著名的族名，拼写与“天真”（navius）相近。

② 这句话中的双关语主要在于“hircumveniri”（散发羊膻臭），“hircus”在拉丁语中不仅是指山羊，而且指动物的膻臭气。

③ 大西庇阿，全名普伯里乌·高奈留·西庇阿（Publius Cornelius Scipio），别号阿非利加的征服者（Africanus）。

④ 这句话中的拉丁语双关词“Caput”有两个意思，一是指人的头，另一是指政治实体的首领。

它们。另一种笑话是相当喜剧式的，由模仿组成，但我们只能偷偷地使用一点儿，而且是暂时性的，多用就不利于教养。第三种是做怪相，这有损我们的尊严。第四种是讲下流话，这样做不仅使演讲者的地位下降，而且在绅士们的晚宴上都几乎难以忍受。当所有这些模式都撤离演讲术的这个部门，那么机智的剩余部分显然要么依赖于事实，要么依赖于语言，与我所列出的特点相一致。因为仍旧保留在机智中的笑话，无论用什么样的语词包裹，它的萌芽都存在于事实之中；失去尖刻性的笑话，一旦用不同的话语表达出来，它的全部幽默就在于语言。

"使用模棱两可的双关语显得特别机智，它依赖语言，而非依赖事实；它很少会引起任何值得重视的笑，主要用做证据赞扬文雅的学问。例如，抨击臭名昭著的提提乌斯，他热衷于玩球，还被人怀疑在夜晚毁坏神像。有一次他没有到球场来，他的玩伴想起了他。维斯帕·泰伦提乌斯代表他道歉说：'他的胳膊断了。'[①] 还有鲁西留斯保存下来的阿非利加努讲的话，他说：'德修斯又怎么样？你们希望努库拉遭人唾弃吗？'还有，克拉苏，你可以用你的朋友格拉纽斯的话为例，他说'此人一文不值'。你们要知道，这种双关语是诙谐者在使用所谓'嘲笑'（raillery）的时候主要花费力气的地方，尽管其他种类的诙谐会引发更加响亮的笑声。确实，玩弄辞藻确实会赢得人们的欢迎，我在前面说过，把一个语词的含义从民众理解的意思转为另一个不同的意思，似乎可以表现人的才干；然而，除非玩笑也属于可笑的事情的某些别的种类，否则玩笑引来的惊诧多于笑声。

【63】"我肯定要省略这些种类。然而，你已经知道这些种类中最熟悉的是出乎意外，我们期待着听到某个短语，但说出来的是不同的东西。在这种情况下，甚至我们自己的错误都会使我们笑话自己。如果还有一种混合的双关语，那么玩笑就变得更加尖刻。比如，诺维乌斯剧本中的那个人显然动了同情心，他看到有一名债务人诚心诚意地请法官给自己定罪，然后被带走。

① 这里含义模糊之处在于："是他自己的胳膊还是神像的胳膊？"

法官做出的判决是：'一千个小银币。'[1] 要是法官接下去仅仅说'你可以把他带走了'，那么他的回答就属于出乎意外，但他真正想要说的是'我不会再提高了，你可以把他带走了'。在这里他添加了一种双关语的成分，属于可笑的事情的另一个不同的种类，在我看来，其结果更加完善和有趣。在辩论中，从对手那里抓过来一个词，然后当做飞镖攻击对手，这种玩弄辞藻是最赏心悦目的，就好像卡图鲁斯在反对腓力普斯。[2] 但由于双关语也有很多种类，相关的理论也有点儿深奥难懂，所以我们只好提高警惕，埋伏起来等待这样的词。在以这种方式避免较弱的反驳时（因为我们必须明白我们的妙语不够有力），我们仍旧要为自己找到一些表达确定观点的方式。

"另一种笑话利用拼法上的一两个字母的微小变化，希腊人称做 paronomasian（部分相似），例如，有个人姓 Nobiliorem（贵族），而加图在提到他的名字时故意把他叫做 mobiliorem（动摇）。[3] 又如，加图对某个人说，'让我们到各处去走走（deambulatum）'，然后又问他，'你有什么需要，De-[4]？'他接着说，'不，倒不如说，你有什么需要？''为什么老是摇摆不定，你这个肮脏的家伙。'还有一种办法就是根据一个人做的事情给他起名字，比如我提到过的军需官努米乌斯[5] 在选举处得到这个名字，就好像涅俄普托勒摩[6] 在特洛伊战争中得名一样。所有这些玩笑都和一个词相关。

【64】"利用一个短语或短语中的某个部分开玩笑也是常见的事，有时候直接引用，有时候略加变化。比如斯塔提乌对着生气的斯考鲁斯引用了一段话，源出于你克拉苏自己的'归化法案'（Nationality Act）：'嘘，别作声！

---

① 此处小银币（Sesterius）指罗马的辅币。

② 参见本文本卷第 54 章。

③ 这里讲的是伏尔维乌·诺比利俄（Fulvius Nobilior），曾于公元前 189 年任执政官，加图在讽刺他的动摇的个性。

④ 拉丁文"De-"是个前辍，表示分开、离开之意。

⑤ 凯撒在这里开玩笑说努米乌斯（Nummius）这个名字源于硬币（Nummi），主要职责是在选举中贿赂。

⑥ 涅俄普托勒摩（Neoptolemus），阿喀琉斯之子皮洛斯（Pyrrhus）的别名，意思是"新来者"。

有什么可吵的？鲁莽就是不孝！就是傲慢！’在凯留斯的那件事中，你安东尼乌斯的那个玩笑无疑有助于你的辩护，凯留斯当时提出了把钱分开的理由，因为他的儿子贪图酒色，而你对他留下的遗嘱盒评论说：‘你们看，这个老人要三十个米那！’①

“古谚也属于这个种类，例如，阿塞鲁斯吹牛说繁忙的军务使他的足迹遍布各个行省，这时候西庇阿引用一句谚语说，‘你可以赶上一头驴驹’，等等。②我们还可以推论，由于表达方式各异，这样的笑话必然失去它的直接魅力，所以应当视为依赖语言，而非依赖事实的笑话。

“还有一种依赖语言的笑话相当幽默，它来自你们对一个表达法的字面含义的理解模糊不清，而不是故意装作不理解。比如，‘Tutor’③这个词很古老，从中产生的笑话非常可笑。但是除了滑稽，我还希望用一些明显的例子来说明这一类笑料。克拉苏，你最近对某个人的回答也属于这一种。那个人问‘我要是黎明前来看你，你会不会感到讨厌’，你回答说：‘不会，你不是一个讨厌的家伙。’他又说：‘那么你会要求我来看你吗？’你说：‘我已经说了，你不是一个讨厌的家伙。’④人们常说的那个老笑话也属于同一类，著名的西庇阿·玛鲁吉奈昔斯在宣布自己的军团选举阿基狄努为执政官时，士兵们喊道：‘卢西乌斯·曼留斯怎么办？’西庇阿回答说：‘我把他当做最诚实的人，最好的公民。’卢西乌斯·纳西卡对监察官加图的回答也很滑稽。加图问：‘凭良心说话，你对自己是个结了婚的人满意吗？’纳西卡回答说：‘结婚当然满意，但是说老实话，我并非完全满意。’⑤这样的笑话有时可以变得很平淡，因为只有在对方的回答与通常很不一样时才显得幽默。因为如我前面

---

① 米那（minis），希腊货币名。

② 阿塞鲁斯（Asellus）这个名字在拉丁文中的意思是驴驹。西庇阿所引的整句谚语可能是“Agas asellum；cursum non docebitur.”（笨拙的马夫骑上小驴，被小驴带着到处跑。）西庇阿讽刺阿塞鲁斯的军务旅行都是被迫的。

③ 拉丁文“Tulor”一词有多种含义，意为保卫者、监护人、辅导人，等等。

④ “讨厌的家伙”原文是“molestus”。克拉苏实际上在说对方像蚊子一样讨厌。

⑤ 罗马有法律规定单身公民要缴纳一种特别税，加图作为监察官提出这样的问题。

所说，我们自己犯的错误会自然而然地改变我们自己的意思，所以，一旦我们所期待的东西受到阻碍，我们自己就变得可笑了。

【65】“依赖语言的笑话进一步还来自讽喻（allegory），来自语词的比喻用法（figurative use），或者来自字面含义的讥讽式的颠倒（the ironical inversion）。以讽喻为来源的笑话可以用鲁斯卡前不久的一件事为例。他提出‘年龄限制’[①]法案，反对这一法案的马库斯·塞维留斯对他说：‘告诉我，马库斯·庇那留斯，如果我表示反对，你在说服别人的时候会骂我吗？’鲁斯卡回答说：‘种瓜得瓜，种豆得豆。’伟大的大西庇阿对科林斯人说的话出现了语词的比喻用法，科林斯人许诺为他立一尊雕像，和其他伟大统帅的雕像放在一起。他说‘我与成群结队的雕像毫无共同之处’。当克拉苏代表阿库莱奥在仲裁人马库斯·培尔珀那面前说话时，卢西乌斯·埃利乌斯·拉弥亚——你们知道他是个瘸子——代表格拉提狄亚努反对阿库莱奥。他不断地插话，令人恼火，直到克拉苏说：‘让我们来听听这位小美人讲话。’听众哄堂大笑，而拉弥亚反驳说：‘我无法塑造我的身体，但我能够塑造我的能力。’这时候克拉苏说：‘让我们来聆听这位雄辩的演说家讲话。’这时候听众们笑得更加厉害了。

“无论潜在的思想是苍白的还是灰色的，这样的笑话总是令人愉悦。因为我在前面说过，[②]尽管玩笑的领域和严肃思想的领域相距甚远，然而严肃与开玩笑的思想方法是同一的。所以，反对语词中的矛盾就是措词的主要修饰手段之一。这种方法也经常是诙谐的，著名的塞维乌斯·加尔巴说的话很好地表明了这一点。他向保民官卢西乌斯·斯利伯纽提出建议，要让他自己的许多亲朋好友担任审判员。利伯评价说：‘加尔巴，你什么时候才能走出你自己的饭厅？’加尔巴的回答是：‘等你离开了其他人的卧室。’格劳西亚对麦特鲁斯说的话也属于类似的笑话：‘你的别墅在蒂布尔，你的牛棚在帕

---

① 规定担任公职的最低年龄。

② 参见本文本卷第 61 章。

拉丁。’

【66】“我想，我已经讲完了我所说的依赖于语言的各种类型的笑话。依赖于事实的笑话类型更多，激发出来的笑声更加热烈。这是我前面说过的。这类笑话包括叙述在内，确实是一个困难的主题。因为它必须把事情讲述得像事实真相一样，呈现给心灵之眼，这是叙述的专门功能，但它也有一点儿不礼貌，这就是玩笑的专门功能。这种玩笑可能最短的例子，你们可以取自克拉苏所说的关于美米乌斯的故事，这我在前面已经讲过了。①这类笑话也涉及传说的故事。故事材料也来自历史，好比塞克斯都·提提乌斯把他自己说成是卡珊德拉②，对此安东尼乌斯评论说：‘我可以为你的卡珊德拉指出许多像俄琉斯之子埃阿斯那样的人。’

“这种玩笑的另一个来源是相似性，包括对比或类比。对比可以用伽卢斯的那件事来说明。有一次，斯考鲁斯提出证据，指控庇索的副将玛吉乌斯收了一大笔钱，而伽卢斯则用描述玛吉乌斯的处境来说明斯考鲁斯的指控自相矛盾。伽卢斯说：‘斯考鲁斯，你误解了，我没有说玛吉乌斯仍旧拥有这笔钱，而是说他已经把它放在他的肚子里了，就像一个赤身裸体的疯子。’再举另外一个例子，我们时代最优秀的这个人的父亲，我们自己的朋友，杰出的老马库斯·西塞罗说我们的同时代人就像叙利亚市场上等待出售的奴隶，‘他们拥有的希腊人的知识越多，他们的性格就越卑贱’。

“滑稽的模仿也会引发响亮的笑声。作为一个规则，它们一般针对相貌丑陋或身体缺陷，包括一些不礼貌的对比。我对赫尔维乌斯·曼昔亚做的怪相就是一个例子。我说：‘我不想说明你是一个什么样的人。’他说：‘请你告诉我。’这时候，我扭曲自己的身体，凸出双眼，奋拉下巴，用手指着马略

① 参见本文本卷第 59 章。

② 卡珊德拉（Cassandra），传说中的特洛伊国王的女儿，女祭司，能够预卜吉凶。由于拒绝阿波罗求爱，所以无人相信她的特洛伊沦陷的预言。特洛伊沦陷后，她被埃阿斯（Ajax）俘获。

盾牌[①]上刻着的那个高卢人，这面盾牌挂在新商铺[②]下面。这个姿势引发了一阵哄笑，没有比这更像曼昔亚的样子了。另一个例子关于提多·庇那留斯的。他在讲话的时候老是歪着下巴，我说，要是他想讲话，那么等他把核桃啃完了再说。

"还有那些故意不充分表达实情或夸大实情的陈述，达到令人惊讶的、难以置信的程度，比如，克拉苏，你自己前不久在公民大会的讲话中有一个论断：美米乌斯认为自己很高贵，但在去市场的路上经过法比乌斯拱门的时候，他还得低下自己的脑袋。小西庇阿在努曼提亚说的话也属于这种类型。他对盖乌斯·麦特鲁斯十分恼火，说'要是麦特鲁斯的母亲生下第五胎，她一定会发现自己生了一头驴子'。

"用某些微小的细节来表达某些很难说清、非常微妙的事情，这种时候可以用恰当的暗示，经常用一个词。比如，人们一般把普伯里乌·高奈留[③]看做一个贪婪的、不诚实的人，但他却又是一名智勇双全的军事统帅。盖乌斯·法伯里修尽管不是他的朋友，但在这样一个战争的关键时刻却促成了高奈留当选执政官。高奈留对法伯里修表示感谢，但法伯里修说：'不用谢我，选择被抢劫胜过选择当奴隶。'可以和这个例子相比的还有阿非利加努的一段反驳。阿非利加努举行了一次不幸的涤罪祭，阿塞鲁斯要征他的税。阿非利加努说：'我不感到奇怪，通过献祭一头公牛而完成的涤罪祭，姆米乌斯已经恢复你被剥夺的公民权。'[④][这里表现出来的不信任感非常强烈，阿非利加努认为姆米乌斯通过取消阿塞鲁斯的降级而把整个国家置于宗

① 马略在公元前101年的高卢战争中获得的战利品。

② 这里提到的"新商铺"（the New Shops）位于古罗马广场的东北面。

③ 即小西庇阿，全名普伯里乌·高奈留·西庇阿·艾米利亚努·阿非利加努（Publius Cornelius Scipio Aemilianus Africanus Minor）。

④ 阿非利加努作为一名监察官把阿塞鲁斯的等级降为无投票权的纳税人，但他的同事姆米乌斯（Mummius）表示反对，由此恢复了阿塞鲁斯的公民权。阿非利加努认为姆米乌斯的行为给国家留下了污点。

教义务之下。] ①

【67】"当你的话语和你的真实想法不同时，讥讽也会提供快乐，但不是以我前面讲过的那种方式准确地指出矛盾之处，像克拉苏对拉弥亚说的话一样，②而是你讲话的整个要旨告诉你要严肃地进行讽刺，此时你的真实想法与你说出来的话的意思是不一样的，就像我们的朋友斯卡沃拉对臭名昭著的阿纳尼亚③的塞图缪莱乌说的话那样（悬赏盖乌斯·革拉古的首级的赏金给了塞图缪莱乌）。塞图缪莱乌请求斯卡沃拉带他去亚细亚，做斯卡沃拉的副将，而斯卡沃拉说：'你真是个疯子，你想要什么？我向你保证，罗马有一大堆邪恶的公民，如果你留在罗马，短短几年你就能发大财。'芳尼乌斯在他的《编年史》中记载了这位阿非利加努，亦即名叫艾米利亚努的这一位，说他擅长讥讽，并且用希腊语称他为 eirouna（讽刺家），但是依据对这些主题了解比我多的那些人提供的证据，我的看法是，苏格拉底在使用讥讽或假装不懂这方面远远超过其他所有聪明人。这是对多种幽默的选择，与严肃混合在一起，适宜公开演讲以及绅士间的谈话。我发誓，我所讲的各种类型的笑话都可以作为一般谈话的极好的调味品，就像律师辩护的调味品一样。加图说过的那句话在我看来说得好极了，这样的话他说过许多，我在举例时也引用过一些。他说盖乌斯·浦伯里修喜欢把普伯里乌·姆米乌斯（Publius Mummius）说成'一个八面玲珑的人'。讲到现在，我们确实认为没有任何生活场合不适宜展示完善的诙谐。但我还是要回到我还没有讲完的内容上去。

"用一个光荣的称号称呼某些可耻的事情，这种类型的讥讽就很接近笑话。比如阿非利加努在当监察官的时候撤销他的一名族人的百夫长④职务，因为这名百夫长在鲍鲁斯率领的军中作战时不肯上战场，尽管这名违反军纪

① 括号中的这段话通常被视为一段评注。

② 参见本文本卷第 65 章。

③ 阿纳尼亚（Anagnia），意大利拉丁姆地区的主要城市。

④ 百夫长（centurion），罗马军队的下级军官，又译"百人队长"。

者要求留在军营里守卫。他想知道监察官为什么要撤他的职，阿非利加努的回答是：‘我不喜欢过分谨慎的人。’还有一种做法是对他人的话断章取义，做出与其本意不同的解释，就像马克西姆[①]对萨利那托尔[②]说的话一样。在丢失塔壬同以后，李维乌斯不管怎么说仍旧占有城堡，并且以此为据点发起一些反攻，但是数年后重新夺回这座城市的是法比乌斯，当李维乌斯请他记住夺回塔壬同有他的一份功劳时，法比乌斯说：‘那当然，我会记得的，要是你没有失去它，我就绝不可能把它夺回来。’

“然后还有一些笑话，它们有点荒唐，但由于这个原因而带有喜剧色彩，不仅适宜喜剧演员，而且也在一定程度上适宜我们演说家，例如‘愚蠢的人啊，一变得富裕他就死了’。或者‘你是谁，来自远方的少女？——我的妻子！——好像是，我敢断言’！还有‘只要待在水里，他就决不会死’。

【68】“这种玩笑是微不足道的，我说过，适宜喜剧演员，但我们演说家也不时地在其中找到一些适用的东西，其结果就是，一个不是傻瓜的人可以用愚蠢的方式说一些事情，但不乏幽默。安东尼乌斯，这就像曼昔亚对你说的话一样，在听到你被马库斯·杜洛尼乌斯起诉，说你在担任监察官期间搞腐败的时候，曼昔亚说：‘你终于有时间管管你自己的事了。’这些笑话引发猛烈的笑声，所以聪明人说出来的讥讽式的话语肯定也会引发笑声，尽管有点荒唐，但不乏幽默。这类笑话中另外还有一种是假装完全不懂你的意思，比如有人问彭提丢斯对那些被捉奸在床的人怎么看，他说：‘他们太迟钝了。’还有，在征兵入伍时，麦特鲁斯拒绝了我免除兵役的请求，我视力不好。他对我说：‘你什么也看不见？’我答道：‘不，我可以从埃斯奎利门看到你的乡间别墅。’[③]另外一个例子是纳西卡的反驳，他去拜访诗人恩尼乌斯，

① 全名昆图斯·法比乌斯·马克西姆（Quintus Fabius Maximus），公元前 3 世纪的罗马将军，普罗塔克著有他的传记。

② 全名马库斯·李维乌斯·萨利那托尔（Marcus Livius Salinator），公元前 219 年和公元前 207 年两次任罗马执政官。“萨利那托尔”的意思是“制盐人”，这是他的绰号，因他征收盐税而得名。

③ 讽刺麦特鲁斯别墅的庞大与豪华。

到了诗人家门口，仆人说主人不在家。但纳西卡察觉到这是主人要他这样说的，恩尼乌斯实际上在家。几天以后恩尼乌斯造访纳西卡，在门口问纳西卡在不在家。这时候纳西卡从里头应声说他不在家。恩尼乌斯喊起来，‘你说什么？你以为我听不出你的声音？’纳西卡回答说：‘你这个无耻的家伙，我去你家的时候你的女仆人说你不在家，我相信了；而我现在直接告诉你相同的事情，你为什么不相信我？’

“一个开玩笑的人以同样的方式受到别人的报复，这种时候事情就变得很有趣。比如昆图斯·奥皮米乌，他担任过执政官，但青年时期名声不好。他对一位姓埃吉利乌的迷人的少女说（她看起来相当娇气，但实际上并非如此）：‘我亲爱的埃吉利娅你什么时候带着你的绕线杆①和羊毛一起来看我？’埃吉利娅回答说：‘我确实不敢来，因为我妈妈告诉我一定不要接近名声不好的女人。’

【69】“还有一类笑话是那些比较深层的戏谑语，那个西西里人的妙语属于这一类。一位朋友对这位西西里人说自己很悲伤，因为他的妻子吊死在一棵无花果树上。这个西西里人说：‘请你一定从你的这棵树上砍些枝条来让我扦插。’同一类的戏谑语还有卡图鲁斯对那位可怜的演讲者做的评论。他试图赢得听众的同情，在演讲结束后回到座位上。他问卡图鲁斯对自己的演讲怎么看，是否已经成功地赢得了听众的同情。卡图鲁斯说：‘噢，是的，你赢得了大量的同情，因为我无法想象有人心肠那么硬，竟然会认为你的演讲不值得同情。’我发誓，我本人也常被这些令人恼火的玩笑逗乐了，但这并不是由于它们是由一个坏脾气的人讲出来的。如果是这样的话，那么我们要笑话的就不是他的机智，而是他的性格。诺维乌斯的诗句很贴切地表达了我的这个看法：

‘先生，你为什么悲伤？’

‘我一个被判了刑的人不唱歌又有什么值得奇怪的！’

---

① “绕线杆”（colus）一词的另一个意思是“女人”。

“与此相反，有一种笑话比较温和，可以忍受，例如卡图的那个笑话。有个人扛着箱子靠近卡图，他喊道：‘小心！’卡图说：‘什么，除了这个箱子，你还扛着别的东西吗?’还有一种巧妙的方法指责愚蠢，例如监察官西庇阿指定一个西西里人担任由他主持的法庭的辩护人，这个人很有地位，但相当愚蠢。他说：‘监察官先生，请你指定那位绅士作为我的对手的辩护人，这样的话，我就不会要求你为我指定任何辩护人了。’对文件做出一种与真实含义完全不同的但却又是非常机智的推测性解释也很有效。例如，鲁提留斯受到斯考鲁斯的指控，说他在竞选执政官期间搞腐败，在这场竞选中，斯考鲁斯是赢家，鲁提留斯是输家。斯考鲁斯要大家注意鲁提留斯的选举账单上有一栏写着‘A. F. P. R.’，并且说这些字的意思是‘Actum fide P. Rutilii’（普伯里乌·鲁提留斯代理），而鲁提留斯说它们的意思是‘Ante Factum，post relatum’（先前分配，最近寄出）。代表鲁富斯[①]出庭的盖乌斯·卡尼乌斯先生喊道，这两种对这些缩略语的解释都是错的。斯考鲁斯说：‘那么它们是什么意思？ Aemilius fecit，Plectitur Rutilius.（艾米留斯偷东西，惩罚鲁提留斯。）’

【70】“句子的意思前后不连贯也会引起笑话：‘这位绅士缺什么——除了现金和品德?’另一种微妙的转折是善意地批评蕴涵着的错误，好比格拉纽斯指责阿庇乌斯，因为当阿布西乌为阿庇乌斯的辩解提供证明时，阿庇乌斯不仅对宣判斯卡沃拉无罪感到高兴，而且一点儿也看不出这个裁决与他自己的辩解是相反的。与此类似的还有以提建议的方式给予友善的暗示。例如，格拉纽斯给一位无能的律师提的建议。这名律师在讲话中提到自己回家要喝冷酒和蜂蜜，这样做会使嗓子变得嘶哑。他说：‘要是我这样做，我会毁了我的嗓音。’格拉纽斯对他说：‘毁了你的嗓音比毁了你的当事人要好。’指出某人的个人品性也是一个很好的转折。例如，斯考鲁斯受到怀疑，说他占有一名死前没有留遗嘱的富人庞培·斐利吉奥的财产。斯考鲁斯代表一位

① 即鲁提留斯，全名普伯里乌·鲁提留斯·鲁富斯（Publius Rutilius Rufus）。

名叫白斯提亚的被告出庭，担任财产评估员，此时正好有出殡的行列从旁经过。原告盖乌斯·美米乌斯说：‘你瞧，斯考鲁斯，那里有个死人被捆着抬出去了——要是你能得到他的财产的话。’但所有这些技巧引发的都是逗趣，而不是未曾预料的转折，这种转折也有无数的例子，例如老阿庇乌斯的评论。当时在元老院有一场争论，涉及公有土地和土地法，[①] 鲁西留斯受到一些议员的攻击，说他家的牲畜的来历有问题。有人说：‘不，这头牲畜不属于鲁西留斯，你们搞错了。（这话听起来像是在为鲁西留斯讲话。）我的看法是，这头牲畜是自由的，它想上哪儿吃草就上哪儿吃。’我也喜欢西庇阿对提比略·革拉古的评论。马库斯·福拉库斯[②]提出了许多毁灭性的意见，影响了作为法官之一的普伯里乌·穆西乌斯，这时候西庇阿说：‘我发誓要向他挑战，他有偏见！’人们唧唧喳喳，但是西庇阿继续说道：‘啊，先生们，我要挑战他，不是把他当做一个对我有偏见的人，而是把他当做一个对任何人都有偏见的人。’从这个观点来看，没有什么能比克拉苏的评论更机智的了，某个庇索的案子由于一位名叫西鲁斯的证人而受到严重伤害，西鲁斯说他听到了一些不利于庇索的话。克拉苏说，‘也许是这样的，西鲁斯，你说你听到他讲了这种愤怒的话’。西鲁斯点头表示同意。‘但也有可能你误解他了’。对此西鲁斯也明确地点头表示同意，结果就把自己交到了克拉苏手中。克拉苏继续说道，‘但也有可能你说你听到了这些话，而实际上你并没有听到’。这是一个完全未曾预料到的转折，整个法庭对这名证人发出一阵哄笑。诺维乌斯也有很多诙谐的语言属于这一类，大家都知道他那个笑话，‘哪怕是像你这样的哲学家，要是冷的话，也会发抖’，等等。

【71】“你也可以经常幽默地反对你的对手的观点。例如盖乌斯·莱利乌斯，当某些出身低微的人说他配不上他的祖先时，他反唇相讥道：‘但是你们配得上你们的祖先，我发誓，你们配得上！’以某人为笑柄的笑话也经常

---

① 这里“土地法”的原文是“De lege Thoria”，由索里乌斯（Thorius）提出来的土地法案。

② 福拉库斯，全名马库斯·伏尔维乌·福拉库斯（Marcus Fulvius Flaccus）公元前125年担任罗马执政官，革拉古兄弟的政治同盟者。

以警句的形式表达。例如有一天，马库斯·辛西乌斯拿着一张单子退还别人送来的礼物，盖乌斯·肯托走上前来很不高兴地说：‘我的好辛西乌斯，你在搞什么？’辛西乌斯回答说：‘盖乌斯，吃人家的嘴软，拿人家的手软！’① 对不可能实现的事情表达一种希望，这样做也很诙谐。例如，当其他人都在野外训练时，马库斯·雷必达自己趴在草地上，他说：‘我希望我正在做的工作是艰苦的。’要是有人向你提问，并且不断地重复提出，这种时候要是温和地做出一些他们不想得到的回答，那么这样做也是很机智的。例如，监察官雷必达从庇尔吉的马库斯·安提司提乌那里牵走了一匹马，安提司提乌的朋友大声喊叫起来，不断地问雷必达为什么要牵走这匹属于他父亲的马，他该如何向他的父亲，一位出色的农夫，一个非常节约、节俭、公道的人解释，为什么他的马在自己手中被牵走，雷必达说他的回答是：‘我不需要任何解释！’希腊人还把咒骂、惊讶、恐吓也包括在笑话的多种多样的类别中，但我感到我对笑话的分类已经过头了，因为包含在一个词的意思和作用中的观念通常是清楚的和确定的，如我在前面所说的那样，② 一般会引起更多的赞同而非嘲笑；而包含在实际事实和语词意义中的观点，虽然可以做无限的划分，但仅仅属于几个主要的类别。可以引发笑声的事情有大失所望、嘲笑他人品性、模仿卑劣之人、掩饰或说出愚蠢的事情、批评愚蠢的观点，结果就是一个想要讲话幽默的人必须具有某种适宜这种技巧的气质和性格，甚至连他的姿势也要适合各种各样的笑话。确实，就像你一样，克拉苏，一个人的表达越是严厉或悲观，他的话就越被认为是幽默。

“喔，安东尼乌斯，你说过，你在这个休闲的地方感到很快乐，我讲的这番话也是为了使你快乐，但你必须想象一下你曾经去过的庞皮留斯沼泽地，那里虽然不那么好玩，但是那里的空气非常有益于身体健康，所以我建议你在得到充分休息之后，继续完成你的旅行。”

---

① 这句话的字面含义：“如果你想要用某样东西，你就要付出代价！”

② 参见本文本卷第 62 章最后一段。

安东尼乌斯说："是的，你的讲话已经使我得到了很好的休息，我要谢谢你，你不仅变成了一名比较优秀的学者，而且变得比较会开玩笑了。我现在担心每个人都会认为我在这方面太轻浮，因为你已经给我提供了阿非利加努、马克西姆、加图、雷必达这样一些权威。我认为你实际上已经得到了想要从我这里听到的看法，这些看法并不需要更加详细地陈述和考虑，因为我们还没有说到的其他内容都比较容易，都可以直接从那些已经说过的内容中产生出来。

【72】"就我这一方来说，当我开始一个案子的时候，我必须尽自己的一切力量，考虑各种事实，发现属于这个案子的论证，确定有助于赢得法庭青睐的论题，采用可以激发听众情感的办法，然后我要决定对诉讼双方来说什么观点是有利的，什么观点是不利的——因为拿来进行讨论或争论的事情要是与双方无关，那几乎是不可能的——考虑诉讼双方与这件事情的牵涉程度有多大；但我自己在一篇讲话中的方法通常采用对我有利的观点，对这样的观点详细地加以陈述和修饰，夸大和坚持这些观点，而对我的案子中比较薄弱的地方我就尽可能搁置，但不要使它显出逃跑的迹象，而是要伪装它，通过修饰和夸大相关优点来完全覆盖弱点；如果案子转入论证，我就充分坚持其中所有最强的论证，无论是几个还是一个，或者说要是能够赢得青睐或激发情感，我就集中精力关注案子中最能影响人们心灵的那个部分。简言之，涉及这类案例中的要点，要是我的讲话能够比较强有力地驳斥我的对手而不是证明我自己的观点，那么我就会把所有投枪都拿来对付他；但若正好相反，证明我自己的观点比驳斥对手要容易，那么我就会把听众的注意力从我的对手的辩解中吸引过来，使他们关注我的辩解。最后，有两条辩护方针显得非常容易——其他比较困难的方针超出了我的能力——是我有能力加以贯彻的。一条方针是，遇到某些麻烦的或困难的论证或论题，我有时候根本不予回答，对此有人可能会公正地予以嘲笑，但又有谁不会采用这种方针呢？我拥有这种能力，其他我们正在讨论的人也拥有这种能力，所以我坦率地承认我会这样做；如果有些事情迫使我退却，只要不会显得像是在逃跑，哪怕

是把盾牌扛在背后，但只要没有扔掉它，那么我还是要在讲话中表现出某种尊严，使我的撤退显得像是战斗；当我停下来站稳阵脚的时候，我会使自己显得像是重新占领了某些新的阵地，而不是逃避敌人。另一条辩护方针是，作为一名演讲者不仅要小心谨慎，而且要做好大量的准备工作；我在这方面经常遇到大量麻烦，但我的做法不是努力推进我的辩护，而是在推进时注意避免给我的案子造成任何损害；这不仅是因为推进辩护也会给案子带来损害，而且是因为给一名演讲者的声誉带来较大损害的不是人们认为他没有推进辩护，而是认为他损害了这个案子。"

【73】"卡图鲁斯，你为什么在这个时候要交头接耳？你对我的看法就那么轻视吗？"卡图鲁斯说："我决无这种意思，但是我们认为，凯撒想要说的话就是你现在提到的这个看法。"

安东尼乌斯说："噢，那好啊，无论他是在驳斥我还是在向我提问，我都会感到高兴。"

朱利乌斯说："我没什么关系，安东尼乌斯，我宣布我始终采取坚持的方针，至于你作为一名演说家，我认为你特别注意自己的讲话，从来没有伤害过你为之辩护的当事人，这是你的特长。我清楚地记得，当我和克拉苏争论时，面对大量听众，克拉苏努力赞扬你的口才，而我说你在其他各个方面都非常优秀，其中最伟大的是你不仅谈论恰当的事情，而且回避不恰当的事情。我还记得克拉苏说过你的所有其他品质都值得赞扬。要是谈论不恰当的事情，给当事人带来伤害，这表明演讲者完全缺乏原则或忠诚。但这样的说法会带来一个矛盾的结果，如果演讲者不这样做，克拉苏就认为他不是一名优秀的演说家，要是演讲者这样做了，克拉苏就认为他是一个无原则的人。安东尼乌斯，我在这一点上要是同意你的看法，那么我希望你能解释一下，你为什么如此重视回避会给案子本身带来任何伤害的原则，因为你认为能够这样做是一名演讲者最重要的品质。"

【74】安东尼乌斯说："凯撒，我会把我的看法告诉你的，但我必须要求你和其他所有人记住，我现在讲的不是完善的演讲天才，而是通过练习达到

中等水平的演说家的习惯。克拉苏的答复当然是一个非常好的定论，基于至高无上的理智——他当然会把演讲者发现演讲术实际上会给他的当事人带来损害和偏见这种事情当做奇迹。这是因为，他是从自己出发做出这个判断的，作为一个有着最强大的理智的人，他无法想象任何人会说出伤害自己的话来，除非这样说是有意的。但我不是在谈论那些有着杰出能力的人，而是在谈论能力一般的普通人。例如，有人告诉我们，著名的雅典人塞米司托克勒天赋极高，他的智慧与才能令人难以置信。据说某个训练有素的博学者去看他，想把记忆术传授给他，这是记忆术第一次传入雅典。塞米司托克勒问他，学习这门技艺能获得什么样的确定的结果，那位记忆术的教师断言记忆术能使他记住一切。塞米司托克勒回答说，要是这位教师能够教会他如何忘掉想要忘记的东西，而不是教他如何记忆，那么会得到更好的款待。你们知道这个人拥有什么样的心力和洞察力？他的理智的力量和范围是什么？塞米司托克勒的回答告诉我们，任何事情一进入我们的心灵就不会消逝，因此他宁可希望自己能够忘掉某些他不希望记住的事情，而不是记住他听见或看见的一切。但是我们一定不要因为塞米司托克勒的这个回答而放弃记忆术的训练，我们也一定不要由于克拉苏拥有杰出的理智就在我们自己进行诉讼的时候不小心谨慎从事；因为塞米司托克勒和克拉苏都没有赋予我们任何能力，而只是展示了他们自己的能力。事实上，在法律诉讼中你不得不在你的讲话中的每一部分都采用大量的预防措施，这样才不至于摔跤，碰得头破血流。常见的情况是，证人要是不遇到挑战，那么他不会带来损害，或损害较少；被告会向我们提出恳求，原告的支持者会敦促我们攻击或辱骂被告，最后还要对他进行拷问，但我不会理睬他们的要求，也不会放弃自己的立场去服从他们——尽管我这样做从来没有得到过什么赞扬——因为拥有错误知识的人更有能力批评其他人的愚蠢论断，而不是他聪明地省略了的地方。在这种地方，要是你正好遇上一名证人控制不住自己的怒火——他并不是傻瓜，而是一名会考虑问题的人——那么会造成多么大的伤害！他的愤怒实际上满足了其他人伤害你的希望，而他有能力这样做，过去就曾经产生过这种影响。哪怕克拉苏不犯这种错误，我们也不能从中推论就不会有许多人犯这种错误；而我总是认为，一名演讲者的陈述、回答或提问，要是得到这样一类反映，‘他竟然这样说！他是在为他的对手辩护吗？’‘不，他是在为他自己和他的当事人说话。’那么没有比这更丢脸的事了，是吗？

【75】“克拉苏认为这种事情只会发生在有变节行为的时候，但我本人经常看到那些没有变节的人在法庭上也会带来具体的伤害。嗨，我前面已经说了，我采用回避的方法，或者说得更加明白一些，就是逃避那些将会给我带来严重伤害的观点。当其他人不这样做，而是在敌人的营盘里大吼大叫，解散他们自己的部队时，他们确实会给自己造成巨大伤害。他们要么是强化了他们的对手的立场，要么是使他们的对手恼火，但这样一来他们的对手岂不是更加听不进任何解释了吗？嗨，要是他们根本不考虑他们为之辩护的人的品性，要是不用弱化当事人的重要性的办法来掩饰他们身上的任何劣迹，反而予以赞美或颂扬，那么你们说，这样做会带来多么大的伤害？嗨，如果对自己的立场不做任何防御性的准备就发表一篇相当严厉的、攻击性的讲话，而攻击的对象又是德高望重的人或在法庭上相当受欢迎的人，那么这岂不是在引导法官反对你吗？嗨，要是你恶毒地辱骂你的对手，或者辱骂一位或几位法官，而你自己一点儿也没有意识到自己是在攻击法官，你犯下的这个错误还小吗？嗨，在代表一名当事人讲话时，要是你自己为他担负起道德上的责任，或者在讲话中控制不住自己的脾气，那么你不是在造成伤害吗？我自己认为这种事情是可以容忍的，但这不是因为我喜欢骂人，而是因为我不喜欢放弃我的案子。例如，我骂过你，苏皮西乌，但我骂的是你的助手，不是你的对手。这种方法也使我确信，如果有人辱骂我，那么他就像个流氓无赖，否则他就是个疯子。如果你的实际论证明显包括某些不真实的东西，或者包括与你已经说过的话或将要说的话不一致的地方，或者你的讲话内在地与法庭事务、公共生活不合拍，这还不是一种伤害吗？简言之，我的所有努力通常都是为了实现这样的目的：（我再重复一遍）要是有可能，讲话就要起好作用；要是不可能，讲话至少不应当带来伤害。

【76】“因此，现在我要回到原先那个要点，关于事实和论题的秩序和安排问题，卡图鲁斯，你刚才还在赞扬我。关于这个问题有两条有关演讲整个过程的规则，一条产生于案子的性质，另一条可以归于演讲者的判断力和智慧。首先做出某些预备性的评论，然后提出我们的案子，然后通过论证来建立我们自己的论点，以此证明我们的案子，赢得听众的青睐，驳斥我们对手的观点，最后对我们的案子进行总结，给出我们的结论，这是依据演讲术的性质所惯用的过程；但是在决定如何安排我们的陈述时，必须考虑提出和解释我们的论点这一目的，这是这门职业技能所要完成的最高任务。因为有许多论证会在我们心中涌现，有许多考虑似乎都对我们的讲话有用，但它们中有些不那么重要，不值得注意，有些尽管能提供一定的帮助，但含有某些缺陷，与它们有可能带来的确定的伤害相比使用价值不大。即使像通常所发生的事情那样，有许多强有力的论证会带来无数的好处，但依我的判断，它们仍旧是分量最轻的，或者说它们与其他我还没有讲到，但必须加以讨论的比较重要的论证差不多。我自己在收集论证以便处理案子的时候，不会把这样的论证看得那么重。

【77】“这是因为（我已经反复说过）使民众相信我们的看法有三种方法：教诲、说服、诉诸于他们的情感。我们必须公开使用这三种方法之一，以便使我们自己像是在教诲，而另外两种方法应当完全渗入我们演讲的整个结构中去，就像血液在我们的身体中流动。至于一篇讲话的开场白和其他部分，我们会在稍晚些时候提到，[①] 它们应当能够具有在扰动听众心灵时产生这种影响的力量，这一点是最基本的。涉及演说各部分内容的安排，尽管我无法用论证来证明，但它无论如何对于说服和激发听众的情感有巨大作用。尽管它们最恰当的位置在开场白和结论部分，但不管怎么说，为了激发情感而偏离一下已经提出来的主题还是常用的方法。出于同样的道理，在我们叙述了事实和观点以后可以说一段离题话，以激发听众的情感，也可以在我们建立

① 参见本文本卷第 80 章。

了自己的论证或者驳斥了对手的论证以后这样做，或者在这两种地方都这样做，或者要是这种做法对案子极为重要，那么在整篇讲话中都这样做也是可以的。分量最重的案子、需要充分夸大和修饰的案子可以有一个长篇的开场白，以便容纳这种离题话，以便激发或控制听众的感情。提到演讲内容的安排，我还要批评某些人把他们最弱的观点放在最头里，或者说在有几个支持者的时候把最弱的支持者先推出来，要他们中间说话最没有影响力的人先说。这也是一种错误，我自己决不会允许这样做，因为形势要求尽快满足听众所关心的事情，如果一开始不能满足，那么大量的工作就不得不放到讲话的其余部分去做，而一旦开始陈述案子的事实，就很难使一个对自己不利的案子变得较为有利了。由此可见，在选择讲话者的时候，要在每个具体场合中让最优秀的演讲者先讲，在安排演讲内容的时候，应当先讲最强有力的观点。除此之外，在这两种情况下还要把一个人最优秀的资源用于实际的结束语，把其他那些具有中等重要性的观点都安排在演讲中间部分，不好的观点则一定不能占有什么位置。在对这些事情都有所了解之后，我最后要考虑的就是在实际演讲中最先出现的部分——应当使用什么样的开场白。每当我开始考虑要用什么样的开场白时，我总是感到已有的开场白要么太鲁莽，要么太轻微，要么太陈腐，要么太普通。

【78】“但是，演讲一开始说的话，尽管应该精心构思，要有针对性，要简练，要恰当，但必须同时适合手头的案子，这是因为开头的段落包含着听众对演讲的第一印象，一定要能够马上吸引听众。关于这一点，一直使我感到惊讶的不是那些不关心演讲术的人，而是一位杰出的雄辩家腓力，他的习惯是在不知道自己要说的第一个词是什么的时候就开始演讲。他说他的办法是先活动一下他的二头肌，然后就开始战斗。尽管他的这个比喻来自运动员，但他甚至没有观察那些专业人士是怎么做的。运动员在投标枪的时候，第一次试投要温和一些，姿势要尽可能优雅，这样做也可以分配体力。无疑，我们一定不会把演讲的开场白当做有什么强制性的规则，而在真实的角斗士的搏斗中，在那里起决定作用的是铁，在一连串的打击结束之前，角斗

士似乎并不想真的给对手留下伤口，而是为了表演。按照这种思路来考虑演讲要恰当得多，为了娱乐并不需要如此大力！我们的结论是：自然界并不存在任何刚一出现就已经发育完整的事物，自然本身所提供的所有过程和极为快捷的行动都有一个比较温和的开始。但是，演讲中的开场白一定不能来自外部源泉，而应当来自案子本身的核心部分。因此，在考虑用什么样的开场白之前，我们首先要把案子作为一个整体加以彻底的考虑和考察。以这样的方式很容易确定该用什么样的开场白——因为它们来自主题，来自论证中最丰富的段落，或者来自我已经说过的我们必须经常进入的离题话——它也会成为整个演讲的一部分，就好像辩护的基本部分一样。我们会感到，它不是一般的开场白，能够转移到其他案子中使用，而是我们正在考虑的这个案子的天然产物。

【79】“每一个开场白必须包含对要提出来的这件事情的完整陈述，在开场白中逼近案子，做一些基础性的准备，还带有某些修饰性的内容和庄严的成分。但是案子一开始，开头的段落应当与事实的重要性相称，正如前院或入口要与它所属的别墅或神庙保持恰当的比例。因此，一个微不足道的、不太会引起人们注意的小案子经常可以开门见山地提出指控；而在适宜使用一个正式的开场白的许多案子中，可以从当事人、对手、指控、参与审判的法庭成员那里引出主题作为开场白。引自当事人的观点——所谓当事人，我指的是与案子有关的人——可以用来说明他是一个品德高尚的人，是一名绅士，是值得同情的倒霉的牺牲品，还可以列举有助于否定虚假指控的任何事实；引自对手的观点，或多或少会与出自同一论题的论断相对立；引自指控的观点，它们可以是野蛮的、残忍的、不可能的、冤枉的、令人同情的、不感恩的、低劣的、没有先例的、无法弥补的、无法补救的；引自法庭成员的观点，要考虑如何博得他们的青睐和善意，通过阐述我们的案子来取得这种效果比直接提出要求要好。抚慰听众确实应当贯穿于整个讲话，尤其是结束语，但不管怎么说，这种考虑也为开场白提供了大量的模式。希腊人建议我们使用讲话开始的段落来确保法官的注意力，使他乐意聆听，这样做是有价

值的，尽管它们更多地属于讲话的其他部分，而不属于开场白。还有，在开场白中这样说更加容易，因为听众在期待整篇演讲的时候注意力最集中，他们在开始的时候也是最乐意接受的，一开始就提出来的陈述无论旨在证明还是驳斥，都比那些在案子中间提出来的陈述显得更加清楚。但是我们的开场白一定要考虑到如何用包含在案子中的论题来抚慰或激励法官，尽管这些论题不可能一开始就得到充分的阐述。要是能在开场白中说一些能够感动法官的话，那么在我们讲话的其他部分，我们可以看到他已经偏向于我们这一边了。

【80】“但是开头的段落应当与讲话的后续部分有密切联系，而不应当像一个挂件。它应当像一首乐曲的前奏，是整个结构的内在部分。有些乐师在经过一段时间练习以后演奏序曲，但在进入作品的其他部分时的方式不对，就好像这不是人们要听的乐曲。预备性的段落也一定不能像萨莫奈人角斗士的小打小闹，他们在正式格斗前挥舞长枪，但在实战中并不会使用这些招数，所以我们要使开场白中提出来的各种想法能够真正用于实战。

“至于他们叙述案情必须简洁这条规则，如果使用了简洁的术语就不会有肤浅的语词，那么卢西乌斯·克拉苏的风格是简洁的；但若简洁的意思就是用词越少越好，那么这种简洁并不多见，常见的倒是在陈述事实时用词太少而带来实际的损害。之所以如此，不仅因为这样做会引起晦涩，而且还因为这样做实际上消除了陈述的最大作用，亦即使听众得到享受和使他们信服。让我们来考虑下面这个开头：‘自从他来的那天起……’[①] 多么冗长的故事啊！那个年轻人的性格、那名奴隶的要求、克律西斯之死、她姐姐的脸和样子、她的悲哀，以及其他的一切，全都需要用多种多样的风格加以叙述！但若他确实想要在这种风格中寻求简洁，‘葬礼——我们开始了，我们抵达了墓地，遗体安放在柴堆上——’，[②] 那么他可以用十个短语就把整件事

① 特伦斯：《安德里亚》（*Andria*），第 51 行。

② 特伦斯：《安德里亚》（*Andria*），第 117 行。

情讲完！‘葬礼——我们开始了’这个短语尽管非常简洁，但通过这个短语所获得的不仅是简洁，而且还有风格的优雅。假定诗中只说‘她被安放在柴堆上’，那么整件事情也容易理解，但是通过叙述可以生动地体现几个相关的人物。具体解释事情如何完成可以令人信服，如果这时候停顿一下，而不是为了简洁而直奔主题，那么这样做可以使人理解得更加清楚。陈述必须清晰，就像在讲话的其他部分一样，但在这个部分中需要更加努力地做到清晰，因为在陈述案子的事实时，避免晦涩比在开场白、证明、结束语中更加困难，在讲话的这一部分如果不能避免晦涩也比在其他部分更加危险，因为在讲话的其他部分晦涩的表达引起的只是部分观点的丢失，而陈述中的晦涩则会使整个讲话漆黑一团。之所以如此也还因为，要是你在某个地方晦涩地表达了某个观点，那么你可以在别的地方重新清楚地表达，但在陈述案情时这样的机会只有一次。如果在陈述中使用日常语言，保持事件的先后顺序，不讲离题话，那么陈述就可以获得清晰性。

【81】“但是，什么时候要用叙述，什么时候不用叙述，是一件要考虑的事情：如果事实是已知的，所发生的事情是确定无疑的，我们的对手也还没有提到过这件事，那么要用叙述，除非我们将要驳斥对手对这些事实的解释；间或有必要叙述的时候，我们不要着重强调那些会引起怀疑或指责的观点，要弱化会产生这种效果的任何事情，免得给我们自己的案子造成伤害。而按克拉苏的看法，这种事情一旦发生，原因必定在于背信弃义，而不在于愚蠢。叙述涉及整个诉讼的争论要点，涉及案子的提出是否慎重或者正好相反，因为叙述是源头，演讲的其他部分都由此产生。

“在陈述案情这个讲话的组成部分时必须正视有争议的观点，然后一定要用证据来支持自己的立场，把摧毁对手的论证和建立自己的论证结合起来，由此起到这种作用：尽管可以说在法律诉讼中采用证明的方式进行辩护只有一个原则，但它旨在证明与驳斥两个方面。由于不证明你自己的陈述就不可能驳斥反对你的陈述，而不驳斥你的对手的陈述也不可能证明你自己的陈述，因此这些过程是联系在一起的，这不仅是因为它们的性质，而且也因为它们对你的案子以及处理案子的方法有价值。作为一个规则，所有这些论证必须通过扩大你的论点、激发法官的情感或使他们冷静下来的办法来迂回地完成；所有论证都要放在讲话的较早部分，而到了最后必须能对法官的心灵产生直接的影响，使之尽可能朝着有利于我们的方向变化。

“还有，商议性的讲话和赞扬性的讲话有许多部分是共同的，把在这两种讲话中要贯彻的规则区分开来似乎是不合理的；但不管怎么说，在我看来，提供建议或反对某个行为，确实是性格十分稳重的人的任务，因为一个人要对一件非常重要的事情提出建议需要有智慧、能力和口才，这样才能提出合理的预见，提供权威的证明，做出雄辩的说明。

【82】“在元老院中可以用较少的办法达到这些目的，因为那是一个聪明的审议机构，在那里一个人应当留下时间让其他人讲话，这样做也可以避免炫耀才能的嫌疑，而公众集会允许充分使用有力量的演讲术，需要多样化。由此可见，在建议性的讲话中没有什么能比尊严更重要的了；因为一个仅仅需要权宜之计的人看不到他的建议人的主要目的，而只想马上得到帮助。没有人不认为道德价值是理想和抱负的最高目的，尤其是在像我们这样著名的国家里，但在大部分情况下，利益方面的考虑仍旧会占据上风，人们有一种隐藏的担心，要是忽视了利益，那么价值也不得不放弃。由于不知道这两种可以相互替代的选择哪一种更加便利，或者假定两者一样便利，因此人们不知道主要应当考虑庄严还是便利，因此就有了争论和分歧意见。这两种考虑又经常显得有冲突，把便利放在首位加以考虑会引出一系列我们可以用便利来加以衡量的事物的价值，比如和平、财富、力量、税收、军事力量，等等，还有它们的对立面的不利之处，所以在道德价值之路上敦促我们前进的人会收集我们祖先冒险取得辉煌成就的例子，会夸大那些传给后世不灭的记忆的价值，会坚持荣耀产生利益，会认为道德价值无疑应当与荣耀相连。但是，在这两个部分中最重要的是问什么是可能的，什么是不可能的，还要问什么是不可避免的，什么是可以避免的；一旦明白了某件事情是不可能的，或者证明了它是不可避免的，那么一切争论都会顿时烟消云散。教导这一真

理的这位哲学家[①]表现出最伟大的洞见，而其他人都没有察觉。针对国家事务提建议，其主要本质是一种关于国家形势的认识，而说服性的演讲的本质是一种对民族性格的认识。由于这些事情发生频繁的更替，因此也有必要经常更换所使用的演讲风格。尽管实际的演讲术的基本性质不会是多种多样的，但无论怎么说它们都着眼于激发民族的尊严、强调政治的极端重要性、激发大众的剧烈情感，因此一般说来，在这样的场合下使用的演讲风格要比一般的演讲更为庄严与辉煌。演讲的最大部分必须旨在激发听众的情感，通过鼓励或者某种提醒，激发他们的希望、恐惧、欲望和野心，也经常平息他们的鲁莽、愤怒、欲望、不义、妒忌和残忍。

【83】“由于演说家的主要舞台似乎是公共集会，其天然后果就是促使我们在演讲中使用更多的修饰手段。数量所产生的效果是，要是没有大量的听众，演说家就无法表现雄辩的口才，甚于要是没有笛子，吹笛子的演员就不能表演。由于民众中有大量不同的愚蠢表现，因此必须小心，不要激起民众反对的怒吼，演讲中的某些错误会引发这样的吼声，比如某个评论被认为太尖锐、太固执、太恶劣、太卑鄙，或者演讲者显示出性格上的错误，或者听众不喜欢或者厌恶演讲者，这种厌恶要么是演讲者应得的，要么来自谣言和诬蔑，要么是由于公众拥有某种欲望或感到惊恐而处于激动状态。演讲不受欢迎的这四种原因可以用许多方法来处理：要是拥有权威的人讲话，可以用斥责；有时候可以用告诫的方法，告诫可以称做斥责的一种温和形式；有时候可以用许诺的方法，要是听众愿意聆听或接受我们的意见；有时候可以用申辩，这种方法人们不那么愿意采用，但有的时候是有用的。在庄严的、吸引人的演讲中使用滑稽的转折、快捷的风格、警句式的评论，没有其他场合能比在这种场合这样做更有收获了，因为没有比使用漂亮的、简洁的、犀利的、有趣的短语使听众从忧郁和痛苦的情感中转变过来更容易的事情了。

【84】“实际上，我已经尽我所能向你解释了我习惯于遵循的规则、我试

---

① 指亚里士多德，参见《修辞术》1359a30。

图避免的错误、我考虑过的两类演讲的对象，以及我在法庭上采用的一般方法。关于第三类由颂词组成的演讲不存在任何困难，因此我在开始我的教导时就把它排除在外了。但是，有许多种演讲既是比较庄严的，在范围上又是比较广泛的，从来无人为它们制定过规则，我们罗马人也没有较多地发表这种颂词的习惯，这样一来就使我把这个部分完全搁在一边了。希腊人自己不断地抛出大量的颂词，用于阅读或娱乐，或者是对某些人做出赞扬性的解释，而不是为了我们所关心的公共生活的实际目的。有些希腊人的书中包含着对塞米司托克勒、阿里斯提德、阿革西劳、厄帕米浓达、腓力、亚历山大等人的颂词；而我们罗马人在公民大会上所做的赞扬性的演讲词汇贫乏，不加修饰，是对一个人的性格的简洁的证明。写出这样的演讲词也许是为了用于葬礼，但这种场合决不适宜用来展示一个人的修辞才能。但不管怎么说，就像赞颂性的演讲必须在恰当场合发表一样，有些时候这样的演讲是写下来的，就像盖乌斯·莱利乌斯为昆图斯·图伯洛写了一篇颂词，送给他的叔父阿非利加努；要是我们希望按照希腊人的方式，用一篇充满敬意的演讲词来荣耀某人，那么为了具备这种能力，让我们也来处理一下这个论题。那么好吧，很清楚，一个人值得向往的品质与那些值得赞扬的品质不是一回事：家庭、相貌、体力、财产、富裕，以及其他外在的或其本身并不包含任何值得赞扬的真正基础的个人的好运，这样的基础仅仅在于美德。然而，在使用和聪明地管理这些外在的东西时会大量地涉及美德，所以一篇颂词也必须处理这些事物的好处和幸运，但在这样做的时候最高的赞扬不是吹捧占据高位者，也不是蔑视财富。不能由于幸运带来的好处而把这些东西对立起来，使财产与富裕可以显得不是在为骄傲和奢侈提供机遇或机会，而是在为仁慈和节制提供机会。但是美德本身是值得赞扬的，它是任何值得赞扬的事物的一个必要成分；然而美德包含几个组成部分，有些部分比其他部分更值得赞扬。有些美德显现为人的行为品质，表现为仁慈，而其他美德由理智能力或性格中的敏锐和力量组成。所以，怜悯、正义、仁慈、忠诚、临危不惧是颂词中可以接纳的论题，因为所有这些美德都被人们认为是有益的，不仅对拥有这些美德的人有益，而且对整个人类有益。而使人的所有幸运相形失色、毫无价值的智慧和高尚，以及力量、理智的创造力，还有雄辩本身确实不那么受人尊重，它们是真的，但提供的快乐较少，因为它们似乎是在美化和保护我们颂词本身的主题，而不是在美化和保护聆听颂词的人。然而，这些种类的美德也应当以颂词的形式加以介绍，因为听众会接受引起尊敬的美德，也会接受那些能够引起快乐和感恩的美德。

【85】"由于具体的美德有它们自己确定的义务和功能，每一美德都有一种适宜的赞扬方式，所以在赞扬正义的时候必须复述我们所颂扬的对象表现出的忠诚和公平的行为，以及任何这种品性所引起的正确行动；同样，在其他美德的名目下，我们对他的行为的解释要适合后续美德的意义和名称。但是最受欢迎的赞扬应当给予那些由勇敢者在那些似乎没有利益或奖赏可得的情况下表现出来的行为；而包括辛苦和个人危险在内的行为也为颂扬提供了非常丰富的论题，因为听众最容易接受以极为雄辩的风格阐述的事情；因为美德对其他人是有益的，在辛苦、危险，或在一些无利可获的事件中，美德堪称人的品性的突出标志。明智地对待逆境、顽强地抵抗不幸、在困境中不失尊严，习惯上也被视为伟大的、可敬的优点；担任公职会带来荣誉，天赋才能可以得到奖赏，人的成就可以被人判断为光荣的；颂扬这些事情比较恰当的做法是把那些仅仅是由于好运而获得的东西归于神圣智慧的裁决。我们必须选择那些极为重要的、史无前例的、与行为者的实际能力无法比拟的成就来加以赞扬，因为微小的、司空见惯的成就不会得到特别的崇敬，或者说根本不配赞扬。还有，把赞扬的对象比做其他杰出人士，这是进行赞扬的一条很好的方针。某种精神在推动着我越出我原先许诺的范围，进一步阐述这一类论题，我这样做不是为了在法庭上使用（我的整个讲话的主题就在于此），而是为了让你们明白，要是一名演讲者的功能包括颂扬（这一点无人否认），那么演讲者必须拥有关于一切美德的知识，这是建构颂词不可缺少的工具。所以很清楚，有关谴责的规则必须出自与这些美德相反的邪恶；同时也很明显，若无关于美德的知识，要想恰当而又充分地赞扬一个好人是不

可能的；若无关于邪恶的知识，要想以一种给人留下十分深刻印象的、致命的方式谴责恶人也是不可能的。我们在各类法庭上有大量的机会使用这些关于赞扬和谴责的论题。

“我已经向你提供了我的有关发现和安排论题的看法。我还会添加一些有关记忆的事情，为的是减轻克拉苏的负担，除了阐述这些主题的方法，其他就不让他再讲什么了。”

【86】克拉苏说：“噢，那你就继续讲吧，我很高兴看到你终于成了这门理论的大师，终于剥去了你原先假装无知的面具。最重要的是你不要再给我留下什么任务，我对你感谢不尽。”

安东尼乌斯说：“噢，至于我想要留给你的那些任务，还是由你自己来决定吧；如果你想要有公正的表现，那么我留给你的是一个完整的主题，但若你想要我继续自吹自擂，那么你应当考虑如何满足我们在这里的这些朋友们的要求。”他继续说道：“但是，回到这个主题上来，我本人不如塞米司托克勒①那么能干，以至于宁可想要遗忘，而不是想要记忆。我非常感谢开奥斯的西摩尼得，据说他是最先发明记忆术的人。有一则故事说，西摩尼得在一个富贵人家吃晚饭，这个人名叫斯科帕斯，家住帖撒利的克拉农。为了感谢他的主人，他演唱了一首自己创作的抒情诗歌。他遵循诗人的习惯做法，把一长段涉及卡斯托耳②和波吕克斯的装饰性的话包括在他的抒情诗中。在演唱进行到一半的时候，斯科帕斯非常吝啬地对西摩尼得说自己只能为这首诗歌支付一半的费用，要是西摩尼得愿意的话，西摩尼得可以为他演唱的廷达瑞俄斯的儿子③提出支付费用的要求。这则故事稍后讲到，西摩尼得走出屋去，因为有两个年轻人站在门口急切地要他出去，所以他离席而去，走到

① 参见本文本卷第 74 章。

② 卡斯托耳（Castor），希腊神话人物，常与波吕克斯（Pollux）并提，宙斯与勒达生的双胞胎。

③ 廷达瑞俄斯（Tyndareus），希腊神话人物，斯巴达王，卡斯托耳和波吕克斯都是他的儿子。

别人看不见他的地方。就在他离席以后，斯科帕斯举行家宴的厅堂的屋顶坍塌下来，把斯科帕斯本人和他的亲戚都埋在废墟中，压成了肉酱，以至于后来当他们的朋友想要埋葬他们的时候都无法认出他们谁是谁，而西摩尼得却凭着他的记忆力说出了他们当时坐在什么位置，使死者得以分别下葬。这件事给了西摩尼得一个提示，清晰的记忆力是发现事实真相的最佳助手，而这种记忆力是由有序排列构成的。他由此推论，想要训练这种能力的人必须选择地点，并构成他们希望记住的那些事实的心灵影像，把这些影像安放在这样的地点中，由此产生的后果就是地点的排列可以保持事实的秩序，事实的影像可以指称事实本身，我们可以分别使用地点和影像，就像蜡板和写在蜡板上的字母。

【87】“但是，我为什么要具体说明演说家的价值和记忆的有用性和有效性呢？不就是为了在你自己已经形成了简要的观点时保持它们吗？不就是为了把你自己的所有想法坚定地植入你的心灵，并且很好地安排你使用的词汇吗？不就是为了密切地关注你的当事人的看法，记住你的对手对你所说的而你又不得不做出回答的所有观点吗？因此，只有那些有着很强记忆力的人才知道自己将要说些什么，要说多久，要以什么样的风格说话，有哪些要点已经做过回答，有哪些观点有待回答。他们也能记住自己从前在其他案例中提出过的，或者从别人那里听来的许多论证。因此我本人承认，这种才能，以及我前面已经说过的各种才能的主要源泉是自然。但是整个这门修辞学的学问，或者我宁可说它是一门伪学问，并非某种在我们的心灵中毫无根基的东西，而是某种我们生来就有的某种东西的培养和强化。尽管很难说有什么人能够拥有强大的记忆力，能够保持一切语词和句子的秩序而无须排列或关注事实，但也不会有人如此迟钝，以至于这方面的习惯性练习也无法给他提供某些帮助。西摩尼得，以及其他一些人，聪明地发现在我们心中形成的最完整的图像是由感官来传递和在我们心中打上烙印的，但我们所有感觉中最敏锐的是视觉，因此，通过耳朵得到的感觉，或者通过反思在心中轻易地获得的感觉，要是也能以眼睛为中介传递到我们的心中，就能使那些看不见的

东西或者并不存在于视觉领域中的东西能以某种轮廓、影像和形状为标志，这样一来，我们就能够通过一个视觉行为来保持它们，而这样的东西依靠思想的行为是很难把握的。但是这些形式和物体，像在我们心中产生的一切事物一样，需要一个处所，就像一个物体若无处所就难以察觉。因此，（为了使我自己在谈论这个众所周知的主题时不至于显得过于累赘和冗长）必须使用大量清晰、明确、间距合理的处所，必须使用有效的、轮廓确定的、独特的影像，这样的影像在面对心灵时能够迅速地渗入其中。通过训练可以提供使用这些处所和影像的能力并养成习惯，这样的训练包括通过转换或替代来区别同义词、从属转换为种、通过词的影像再现整个观念，这样的体系和方法就像一位成熟的画家通过修饰画中的人物形象来区别对象的位置。

【88】“但是使用大量的影像来记忆词汇对我们显得不那么重要；因为有许多词汇[①]是用来连接句子的组成部分的，对这些词我们无法使用比喻——对这些词我们不得不塑造长期使用的影像，但记住事物是演说家的特点——但可以用一种能够再现它们的若干面具把它烙在我们心中，以便我们可以用影像来把握观点，用处所来把握这些观点的秩序。有些没有学问的人断言，记忆在影像的重压下会破碎，甚至连那些没有得到自然帮助而获得的影像也是模糊不清的，但这样的说法不对。我本人遇到过许多杰出人士有着超常的记忆力，比如雅典的卡尔玛达斯、亚细亚的司凯昔斯的梅特罗多洛，后者据说仍旧活着，据说他们各自都曾经使用影像和‘处所’写下他想要记住的事情，就好像在蜡板上书写字母。如果自然没有把记忆力赋予我们，我们就无法用这样的练习写下我们要记住的事情，但若我们的记忆力是隐藏的，那么这样的练习无疑就能唤醒我们的记忆。

“有一篇相当长的讲话在等着你们，我希望你们不要把这个人视为自负的！尽管不是过分谦虚，我敢肯定你们一定会认为这个人是我，因为我在一群不仅包括你，卡图鲁斯，而且包括卢西乌斯·克拉苏在内的听众面前，如

---

① 特别指介词和连词。

此详细地谈论修辞学理论，但我不愿给我们在这里的上了年纪的朋友添麻烦，这无疑是正确的。但我相信，只要我向你们解释了促使我非同寻常地夸夸其谈的动机，你们会原谅我。”

【89】卡图鲁斯说：“噢，就像我和我的兄弟在这种情况下也会做出这种回答一样，我们不仅要原谅你，而且还要高度赞扬你，向你表示衷心感谢。我们承认你的礼貌与温和，对你的知识和你表达知识时表现出来的流利心中充满敬佩之意。我自己感到有了进一步的收获，我所犯下的大错误被纠正了，我所谈论的疑惑得到了解答，[①] 至于你在法庭上展示的堪称为天才的能力是从什么地方来的，这个问题对我和其他人来说，始终是一个永久的谜。实际上，我曾经想象你从未处理过这些主题，但我现在明白你对这些主题付出过辛勤的劳动，收集了各方面的材料，并且使用你的经验对它们进行纠正或确认。对你的雄辩，我同样也感到敬佩，但令我更加肃然起敬的是你的勤奋和努力，同时，我也在确认自己一直持有的信念中得到欢乐，没有勤奋的学习就不会有超出常人的智慧与口才。尽管如此，我仍然要问，你说要是我们知道了促使你长篇大论的动机以后就会原谅你，你这样说到底是什么意思？除了满足我们的愿望，满足这些十分注意聆听你的讲话的年轻人的兴趣，你还能有什么动机？”

安东尼乌斯说：“噢，我想借此剥夺克拉苏推卸责任的所有理由，我看到前不久他在进入这样的争论时表现得太谦虚了，或者说太犹豫不决了——对这样一个令人愉快的人来说，我不愿意说他太爱挑剔。那么他能说些什么呢？他是一个曾经当过执政官和监察官的人，不是吗？我们可以再次向他提出同样的请求。或者说他会以他的年纪为借口？但他比我要小四岁。[②] 或者说他不懂这些主题？噢，我学习这些主题相当迟，只能在有闲暇的时候才涉猎一点，而我们这位朋友从小就在最好的老师的指导下学习这些主题。关于

① 参见本文本卷第 14 章。

② 参见本文提要，实际上是小三岁。

他无与伦比的能力，我不想做任何评价。事实上，在听了我对他的看法之后，没有人会不希望他可以讲得更好，或者说希望他会讲得最好，克拉苏讲话的时候，没有人会自负到相信自己能与克拉苏讲得一样好。因此，这些尊敬的先生到这儿来绝不是无目的的，克拉苏，最后还是让我们来听听你的讲话吧。”

【90】克拉苏说：“安东尼乌斯，就算你说得有几分道理，你今天留给我的，或留给其他人的，还有什么可说呢？我最好的朋友，让我把真实的想法告诉你：我‘经常’听那些有学问的人讲话。为什么我要说‘经常’，而不说‘偶然’，因为要是不像他们那样经常去酒吧，我怎么可能经常听他们讲话呢？我年轻的时候经常去那里，我不去那里的时间不会超过我担任财务官的时间。我昨天说过，我在那里听非常有学问的人讲话，其中包括我在雅典的时候，以及在亚细亚，在那里我听到你们的司凯昔斯的梅特罗多洛讨论这些主题。但我从来不认为有谁能在这类争论中比我们今天在这里的这位朋友讨论得更加详细和充分。哪怕不是这种情况，要是我察觉到安东尼乌斯忽略了某些要点，我也不会如此无礼，以免给满足你们的强烈愿望添加难题。”

苏皮西乌说：“克拉苏，你忘了安东尼乌斯给你安排的那个部分了吗？他自己揭示了演讲者的惯用手段，而把解释和修饰这些手段的任务留给了你，是吗？”

这时候克拉苏说：“我要问，首先，谁给了安东尼乌斯这样的权力，把这个主题分成几块，而他自己可以第一个选择？其次，我带着极大的快乐听他讲话，要是我对他的理解是正确的，那么他好像把两个主题都合在一起讲了。”

科塔说：“事实上，他没有涉及演讲术的修饰，也没有说明演讲术是如何得名的。”

克拉苏说：“要是这样的话，那么安东尼乌斯投机取巧了。”

凯撒插话说：“要是他把比较困难的部分留给你，那么我们有很好的理由听你讲话；如果他把比较容易的部分留给你，那么你没有理由拒绝。”

卡图鲁斯说："克拉苏，你的诺言到哪里去了，你说过，要是我们今天待在你家里，你会满足我们的愿望？你不认为这样做是一种光荣吗？"

科塔笑着说："克拉苏，我对你表示同情，但请你注意我们没有让卡图鲁斯向你提出这种道德责任，这是一名监察官会注意的事情。不过你要小心，在一名前监察官面前，承担这样的责任是恰当的。"

克拉苏说："好吧，要是你们喜欢，我就说吧。但是你们看现在是什么时辰了，我要去隔壁的房子休息一下。要是你们同意，我们可以下午再谈，除非你们愿意推迟到明天。"

大家都说想要马上听他讲，但若他自己愿意下午再讲，那就尽可能早地开始。

第三卷

【1】我的弟弟昆图斯，当我开始在第三卷中回忆并记录安东尼乌斯讲话以后克拉苏的后续谈话时，我承认我的回忆是痛苦的，因为它唤醒了我以往的悲痛。因为就在本卷和上一卷所记载的这一天之后还不到一周，这位堪称不朽天才的、充满仁慈和美德的卢西乌斯·克拉苏就被突如其来的死神夺去了生命。克拉苏在戏剧节结束的那一天返回罗马，他的内心被腓力在一次集会上的讲话深深打动。腓力在讲话中声称自己要义不容辞地提出某项行动计划，因为在他看来，要与现有的元老院一道继续统治下去已经不再可能。9月13日早晨，德鲁苏斯[①]召集了一群议员前往元老院，在那里发表了一通抱怨腓力的讲话，指责这位执政官在公共集会上发表演讲，猛烈攻击元老院的法令，然后提出了一项斥责动议，要元老院表决。在这样的时候，克拉苏

① 德鲁苏斯（Drusus），全名马库斯·李维乌斯·德鲁苏斯（Marcus Livius Drusus），罗马演说家、改革家，公元前91年任保民官，公元前90年遇刺。

发表了讲话，我知道这个有涵养的人在任何时候讲话都会给人们留下深刻印象，认为他的优秀演讲超过以往所有演说家，但是这一次，人们可以认为他甚至超过了他自己以往的演讲。克拉苏在讲话中对降落到元老院头上的灾难与死亡表示哀叹，指出世袭的元老院把尊严赋予执政官，执政官本应是元老院的养父母或忠诚的卫士，但这位执政官却像某些无法无天的盗贼一样到处抢劫。在他自己实行的政策使国家遭受灾难性打击之后，这位执政官却竭力想要剥夺元老院的智慧指导公共事务的权力。腓力为人十分固执，他是一名言语流利的演说家和勇敢的律师。克拉苏的讲话像火苗一样点燃了干柴，结果就不是他所能掌控的了。听了克拉苏的讲话，腓力勃然大怒，走上前去胁迫克拉苏，拿走了他的信物。据说，在这个紧要关头，克拉苏说了一大通极为明智的话。他抗议说，不承认他是元老院议员的执政官在他看来根本不是执政官。“你把我们整个元老院的权威都当做伪造的信物，在众目睽睽之下摧毁它，你能想象这些信物对我有什么威胁吗？如果你想要威胁卢西乌斯·克拉苏，那么你要摧毁的不是这些信物，而是割掉我的舌头；即使我的舌头被割掉了，我的气息也会为了我的自由而驳斥你的放肆。”

【2】克拉苏接下去又说了很多话，人们普遍认为他的讲话表现出卓越的能力、理智和力量。然后他用最精致、最庄严的术语提出一项动议，“国家应当确保人们所提的建议以及对元老院的忠诚都必须有利于国家”，这项动议在拥挤的元老院里得以通过。据说他本人见到了这一动议被记录下来，出现在动议清单上。

这番讲话是这位神灵附体的天才的绝唱，他去世以后我们曾经去过元老院，瞻仰他最后站立的地方，在那里我们似乎仍旧能够听到余音绕梁。有人说，在讲最后这番话的时候，克拉苏忍受着剧烈的疼痛。他全身颤抖，大汗淋漓，发着高烧回到家中，一周以后就被胸膜炎夺走了生命。啊，这真是天有不测风云，人有旦夕祸福！人的努力实在是徒劳的，许多事业都会半途而废，有时候胜利的港湾已经在望，却又会遇上巨浪而翻船！克拉苏终其一生，由于雄心勃勃而历尽艰辛。他高瞻远瞩，用杰出的才能服务于国家，而不是为了个人取得高薪或者出人头地。他出任公职的第一年就在民众的齐声赞誉中执掌了最高权力，而在卸任以后的第一年里，他的所有希望和生活安排马上就被死神打断。他的死讯让朋友感到悲伤，让国家感到悲哀，让所有好人感到遗憾。然而，这个国家接踵而来的灾难使我感到，上天的力量没有剥夺卢西乌斯·克拉苏的生命，而是把死亡当做一项礼物馈赠给他。克拉苏不必观看意大利饱受战争的蹂躏、元老院里燃烧着欲望的火焰、杰出的公民因为犯下滔天大罪而受审判、儿女们悲伤、丈夫们流放、盖乌斯·马略极为可悲地逃跑，及其返回罗马实施惨绝人寰的大屠杀，克拉苏也不必观看这个国家在各个方面的彻底腐败，而在繁荣昌盛的时期，这个国家曾经远远超出任何国家。

【3】我已经对命运的强大多变进行反思，我现在的讲话不应该继续漫无边际，而应当限制于我们已经开始记载的那场对话中出现的人物。许多人经常悲叹卢西乌斯·克拉苏的死亡，但若回想当时有幸与他进行最后一次交谈的那些人的命运，又有谁会不说这是一个幸福的结局！在我们的记忆中，昆图斯·卡图鲁斯这位杰出的先生提出的请求不是宣判他无罪，而是驱逐与流放，而最后他被迫自杀。下一个是马库斯·安东尼乌斯，作为执政官他无疑是国家无可争辩的栋梁，而作为监察官，他用战利品装饰了胜利纪念碑，为了使许多人能够活下来，他献出了自己的生命。确实，在离他不远的地方安放着盖乌斯·朱利乌斯的头颅，由于图斯库兰庄园主的出卖而被杀，与他的头颅并排安放的还有他的兄弟卢西乌斯·朱利乌斯的头颅。所以，盖乌斯没有目击这些事件，我们可以说他像这个共和国一样仍旧活着，而随着这个共和国的灭亡他也将死亡。他没有看见他的勇敢的同胞普伯里乌·克拉苏①用自己的双手杀死了自己，也没有看到维斯太②的神像上溅满了他的同事大祭

① 普伯里乌·克拉苏，全名马库斯·普伯里乌·李锡尼·克拉苏（Marcus Publius Licinius Crassus），罗马军人，政治家，公元前 70 年担任执政官，前三头同盟成员之一。他的父亲和兄弟都叫普伯里乌·李锡尼·克拉苏。

② 维斯太（Vesta），罗马灶神。

司长的鲜血——他是一位爱国者，要是能看到的话，他的死敌盖乌斯·卡玻在同一天也肯定会对邪恶的凶手表示哀悼。盖乌斯没有看到可怕的、令人遗憾的灾难甚至落到那些当时对克拉苏表示忠诚的年轻人身上，他们中间有克拉苏寄予厚望的科塔。由于私仇，科塔在克拉苏死后几天之内就被撤销了保民官的职务，几个月以后又被驱逐出这个国家；而苏皮西乌尽管也卷入同样的仇恨，他在担任保民官的时候开始剥夺那些荣耀官员的职位，这些人在他还没有从政之前与他有着最亲密的联系，然而当他在雄辩术中取得最高成就时，他被利剑夺走了生命，碰上了由于他的鲁莽而应受的惩罚，这当然也是国家的一大损失。

但是在我看来，克拉苏啊，赐予你辉煌的生活，及时结束你的生涯，这些都是明智的天意所为，因为你的勇敢和坚定也会使你坠入内战的罪恶深渊，或者说，要是有某些机会把你从可怕的死神那里拯救回来，同样的机会也会迫使你成为你的国家遭受沉重打击的见证人。那样的话，你一定会十分悲哀，不仅是由于恶人当道，而且是由于正义者的胜利，因为这种胜利包含着屠杀你的同胞。

【4】我的弟弟昆图斯，我一方面思考前面已经提到过的这些人的厄运，另一方面也想到推动我前进的不可思议的、无与伦比的爱国主义，这种时候我经常会想到你的判断是真实的、明智的，看到这些才高八斗的杰出人士所遇到的各种巨大灾难，你不断地敦促我要远离所有争论和竞赛。但这些事情对我来说已经不再是什么问题，已经不像过去那么激烈，而我付出的努力也已经由于享誉海内外而得到了补偿，所以你就让我继续寻求安慰吧。不仅是拥有这种能力可以减轻我的麻烦这一点让我高兴，而且这些麻烦仍旧存在也会让我振作。让我记下卢西乌斯·克拉苏最后一次讲话的剩余部分，以此向他致谢，这是他应得的奖赏。我的感谢虽然配不上他的天才，但却是我的努力所能取得的最佳成就。事实上，柏拉图的对话都是天才的作品，几乎每篇对话都包含着一幅苏格拉底的肖像，然而在阅读这些值得敬佩的作品时，我们中每个人都能在一个更大的范围内想象出作为这些对话主角的苏格拉底的

人格。我要提出一个与此相同的论断，不过确实不是针对你，因为是你使我拥有考虑这个问题的最大可能，而是针对其他一切会把这本著作捧在手中的人，他们都能在一个比我所限定的更大的范围内形成有关卢西乌斯·克拉苏的精神肖像。我本人没有参加那场谈话，而仅仅是从盖乌斯·科塔那里得到一个报告，据此记载这场争论中的一般论证和主要观点。而这正是在这两名演说家的交谈中我试图揭示的内容，也就是我实际上知道的演讲术的类别。如果有人受流行观点的影响，认为安东尼乌斯必定使用一种比较平实的风格，而克拉苏必定使用一种比较华丽的风格，而不是像我所描述的那样，那么这种批判权属于那些从来没有听过这些演说家讲话的人，或者属于那些对此缺乏判断能力的人。如前面解释过的那样，这两位演说家实际上不仅在热衷程度、天赋才能、学习演讲术等方面超过任何人，而且在他们所属的那一类演说家中也堪称大师，所以要讨论演讲中的修饰，既不能缺少风格平实的安东尼乌斯，也不能缺少风格华丽的克拉苏。

【5】科塔说，那天中午他们分头午休，他注意到克拉苏把整个中午的间隙都用于冥思苦想。这种表情是科塔所熟悉的，克拉苏在必须讲话时会陷入沉思，而在苦苦思索时，他的眼神就好像凝固了似的。科塔在法庭上也经常能看到这种表情，而此刻他在耐心地等候其他正在午休的人。科塔来到凉亭前，看到克拉苏坐在亭子里的一张躺椅上，察觉到克拉苏正在那里苦思冥想，科塔马上后退。就这样，大约两个小时过去了，克拉苏一语不发。午休过后，那些人又都来到克拉苏这里。朱利乌斯说：“现在怎么样，克拉苏？可以重新开始了吗？尽管我们来只是为了提醒你，而不是坚持要你这样做。”

克拉苏回答说：“你认为我还有可能放弃这项职责，而又能够避免耻辱吗？”

其他人说：“那么好，我们在哪里听你演讲？挪到庄园中间的某个地方去好吗？那里最阴凉。”

克拉苏说：“你的主意不错，那里实际上有椅子坐，很适宜我们谈话。”

这个建议得到一致赞同。我们去了庄园，大家坐了下来，急切地等待克拉苏讲话。

这个时候，克拉苏说："你们的友谊和对我的影响不亚于安东尼乌斯对我的催促，他剥夺了我拒绝承担这一义务的所有理由，尽管我有很好的理由拒绝。在安排我们各自在讨论中承担的份额时，他自己虽然承担了有关演讲术的恰当论题，把阐述修饰这些论题的恰当方法留给了我，但他把实际上不能真正分离的两样东西给分开了。任何讲话都要由事物和语词组成，如果你去掉了事物，语词就不能落到实处；而要是去掉了语词，事物就得不到说明。我认为，以往的伟大人物断言天上、地下、宇宙间的万事万物都是一个整体，都由于一种力量和自然的和谐而结合在一起，这表明他们拥有更加广阔的精神上的把握能力，也能比我们的心灵之眼更为深入地洞察事物；因为不存在任何可以独立自存的事物，能与其他事物分离，或者说无须其他事物就能保存它们自己的力量，永久存在。

【6】"但若这个理论对于人的感觉或思想来说过于巨大，以至于使人无法把握，那么还有柏拉图阐明的真理，对此，卡图鲁斯，你无疑听说过，人类各种知识的所有内容都具有统一性。当我们掌握了这个理论的意义，并用它来解释事物的原因和要点时，我们发现所有知识部门都具有神奇的一致与和谐。但若这一真理对于我们属尘世的视力也显得太崇高，以至于不能上升到这一真理，那么不管怎么说，认识和把握这个体系无疑仍旧是我们的责任，我们要承认它，接受它，坚持它。

"如我昨天所说，亦如安东尼乌斯在今天上午的讲话中的某些段落中所揭示的那样，演讲术有统一性，无论何种讲话都属于演讲术的范围。无论演讲的主题是天体或大地的性质，还是诸神或人的力量，无论站在法庭上，还是站在家中的地板上，或是坐在板凳上，或是站在讲坛上，无论演讲的目的是推动人们的行动，还是指导、威慑、激励、抑制、激怒、镇定他们，无论是讲给少数人听，还是讲给很多人听，无论是在陌生人中讲话，还是在朋友中讲话，或者是独白，流利的言语通过不同的渠道涌来，但并非来自不同的源头，无论它抵达哪里，都会提供相同的事情和装备相同的风格。但是现在，我们不仅湮没在大众的观念中，而且也湮没在没有受过全面教育的那些人的观念中。他们发现处理事情比较容易，而要是把这些事情划分开来，一小块一小块地接受，那么他们无法从总体上把握这些事实，把语词与思想分开就好像把身体与心灵分开，用身体服务于心灵，这样的过程肯定也是灾难性的。除了你们给我规定的内容，我不能在讲话中任意发挥。我只能简要地阐述我的看法：要是没有观念的产生，使之成形，就不可能有修饰性的风格；同时，没有清晰的风格，就不可能有任何具有特色的观念。

“这些性质使演讲变得华美，但在我试图处理这些性质之前，我要简洁地提出我对整个演讲术的主题的一般看法。

【7】“在我看来，任何一种自然物都包括大量的具体事物，它们相互之间不同，但又可以视为具有相同的价值。例如，我们的耳朵把许多感觉传递给我们，这些感觉由那些使我们愉悦的声音组成，频繁发生的这些感觉相互之间有很大不同，你会把你最后听到的那个声音当做最悦耳的；还有，我们的眼睛为我们收集了无数的快乐，视觉之所以迷人就在于一种视觉可以有许多表现方式，令人陶醉；其他感觉也有多种使人满意的方法，人们往往难以决断哪一种方法最能令人满意。还有，这种对自然物的观察也可以转移到技艺中去。有一门雕塑的技艺，密戎、波吕克利图、吕西普斯在这门技艺中有杰出表现，他们相互之间都有所不同，但我们无法得出结论说他们中的某一位不是雕塑家。绘画的技艺和方法只有一门，但宙克西、阿格拉俄封、阿培勒斯之间有极大的不同，然而我们又不能认为他们中的某一位缺乏这门技艺的任何要素。在不用说话的技艺中这些情况是真的，如果这也值得惊讶，那么在演讲和语言的技艺中又该如何！演讲也充满相同的观念和表达，然而演讲术的构成极为不同，这里讲的不同，不是指某些演讲者应当受到赞扬，某些演讲者需要受到责备，而是指人们认为值得赞扬的演讲者绝不可能用各种风格取得这样的成就。

“我们以诗学为例可以观察这种情况，诗人是演说家的近邻。恩尼乌斯、巴库维乌斯、阿西乌斯，还有希腊的埃斯库罗斯、索福克勒斯、欧里庇得斯，他们之间有什么区别，尽管他们全都以风格各异的作品赢得了相同的掌声？

“现在把你们的注意力转向考虑这样一些人，他们所属的部门是我们正在考察的[演说家的兴趣与性质之间的差别]①。伊索克拉底风格优雅，吕西亚斯精确，叙培里得斯尖锐，埃斯基涅斯洪亮，德谟斯提尼有力。他们中有谁不是杰出的，而又具有他自己的特点呢？阿非利加努有力，莱利乌斯平稳，加尔巴严厉，卡玻流利和悦耳，他们过去有谁不曾出人头地，而又具有自己独特的风格？

【8】“然而，有当今活生生的例子可用，我为什么要到以往的历史中去搜寻？还有什么能比我们的朋友卡图鲁斯的口才带给我们更大的享受？他的讲话风格如此纯洁，以至于他似乎是唯一能讲一口漂亮拉丁语的人，他讲话的分量很重，非常庄严，而又包含着文雅和魅力。简言之，听他讲话，我一般的论断是加一分嫌多，减一分嫌少，对他的讲话做任何改变都只能使它变差。

“还有，我们这里的朋友凯撒，贡献了相当新颖的演讲方法，引进了几乎是独创的风格，不是吗？除了凯撒，又有谁能够以一种几乎可以适用于喜剧的方式处理悲剧式的演讲题材，使沉重的话题变得轻盈，使悲伤的人们变得快乐，使法庭上的辩论变得像戏台上的演出一样迷人，但又不会削弱演讲主题的重要性而使之沦为玩笑，或者由于幽默而伤害风格的庄严。在我们现在的同伴中，想一想苏皮西乌与科塔吧，他们几乎处于同一水平。这两位演说家之间有什么重大差别？而他们的风格有什么更大的特点吗？他们中有一位以精确著称，总是用恰当的语言讲述事情，力求简洁，能够敏锐地发现必须在法庭上加以证明的论点，把其他事情都撂在一边，集中精力思考和论述这个论点；另外，苏皮西乌把大胆和力量结合在一起，他有非常洪亮的嗓音，他的相貌和姿势无与伦比，再加上流利和有力的语言，使我们认为他是

① 方括号中的字句可能是一处篡改。

一个天生的、完美无缺的演说家！

【9】“现在我要回过头来讲我们自己了。由于不停地在我们中间做比较，所以我们好像受到城市讲坛的召唤，让我们逐一亮相、竞争、展开批评。还有哪两种演讲风格之间的差异会比我与安东尼乌斯之间的差异更大？尽管他是一位不可超越的杰出演说家，我对自己的已有成就还远不能感到满意，但不管怎么说，我还是可以与安东尼乌斯结成一个对子来进行比较。你们看不出什么是安东尼乌斯的风格吗？它是大胆、勇猛、表达充满活力、精心准备、考虑周全、敏锐、有渗透力、准确，根据每一具体要点做出有礼貌的让步和勇敢的攻击、恐吓、恳求，用各种各样风格的讲话耗尽听众的胃口。另外，无论作为一名演说家我使用什么样的姿势——要是喜欢的话，你们可以做一些描述——无疑与我们在这里的这位朋友所属的那一类人的姿势有很大差距。这种差距的性质不是我要说的，因为每个人都非常熟悉自己，要形成对自己的看法极为困难，但不管怎么说，从我采取的行为的节制，从我几乎不变的立场和我从一开始就想要实现的目标，从我比他在挑选语词方面承受更多的折磨、遇到更多的麻烦来看，我和他之间的差别是可以察觉的。我担心我使用的风格过于陈旧，人们会认为我的演讲无法吸引听众的注意力。要是我们之间现在有这么大的差别，而各自又都有自己清晰的特点，要是在这种多样性中优秀者与低劣者的区别在于能力而不在于风格，任何按其自身风格表达的事物都会受到欢迎，那么我们要是选取古今各国所有演说家为例，会产生什么样的结果呢？你们难道不认为我们将发现，有多少演说家就有多少种风格吗？

“我这个论断可能向你们提出了一个反对意见：要是演讲术的理想类型虽然在形式上不同，但其自身都值得赞扬，而风格的数量几乎是无限的，那么就不可能用相同的规则来规范不同的事情，并使之隶属于同一个体系。然而实际情况并非如此，这样做是老师在训练学生时应尽的责任，当学生的要小心谨慎地遵守教导，而每一教导似乎都由其自身性质所决定。事实上，我们注意到来自同一学校的学生受到不同风格的专家和优秀老师的指导，他们尽管相互之间很不一样，然而都值得赞扬，只要他们所教的课程适合学生们的本性。这方面最典型的例子是（撇开其他体系不谈）杰出的教师伊索克拉底的故事，他对厄福鲁斯使用踢马刺，而对塞奥波普使用马勒，意思是他对一个人的鲁莽而又华而不实的风格加以约束，而对另一个人的犹豫不决、缺乏信心加以激励。他的做法不是要把他们变得一模一样，而是对一个人进行嫁接，对另一个人进行修剪，使他们都能在其本性允许的范围内适度成长。

【10】"我必须做出这些预备性的观察，因为我考虑到，我提出来的这些意见不一定适合你们所有人的胃口，也不一定适合你们特别喜欢的某种演讲术，但你们可以理解我正在描述的这种演讲术是我本人最认可的。

"嗯，论证安东尼乌斯已经列举过的要点，并用具体风格来表达它们，是演说家的事情。我们的用语应当准确、清晰、华美，适合正在考虑的具体事情，此外还有什么更好的风格可以用于表达呢？（关于表达我晚些时候再考虑）至于这两样最先提到的性质，我不想去解释语言的纯洁和清晰，因为教一个不懂语言的人演讲不是我们的任务。我们也不能指望一个连拉丁语都讲不好的人能够风格华美地讲话，或者一个我们无法听懂他讲话的人能够讲出一些令我们肃然起敬的事情来。因此让我们撇下这些性质不谈，这些性质其实很容易明白，而且是必不可少的。这两种性质中有一种可以通过书本和基础教育来传授，而另一种性质则使个人的陈述变得可以理解。它们一方面是必不可少的，但与此同时，它们又是最微不足道的。对所有措词做正确的选择尽管需要文学知识，但阅读了演说家和诗人的作品，无论如何都可以增加这方面的知识。古时候的教师并不拥有修饰讲话的能力，他们几乎全都拥有清晰的风格，那些熟悉语言的人除了讲一口纯正的拉丁语也不会讲其他语言，哪怕他们想这样做。情况虽然如此，但他们一定不能使用那些已经不常用的语词，除非出于修饰的目的偶尔为之，关于这一点我还会再做解释。勤奋阅读古书的人在使用流行用语时能够做出正确的选择。

【11】“为了能够正确地讲话，我们不仅不要去创造那些无人能够正确使用，也无法掌握它们的格、时、性、数，并会带来混淆或排列错误的语词，而且还必须规范我们的语音和语调。我想要的语音和语调既不是十分精确，也不是松松垮垮；既不是虚弱无力，也不是大声叫唤。关于嗓音问题，我还没有提到与表达有关的要点，而是谈论在我看来与发音有关的问题。有些错误是人们无一例外想要避免的，这就是嗓音柔弱或女子气，或者不悦耳、不合调。但有一个错误是某些人故意要犯的，他们喜欢使用充满乡土气的发音，目的在于使他们的讲话显得古朴，以便赢得更大的青睐。卡图鲁斯，你的朋友卢西乌斯·科塔就喜欢用沉重的语调讲话，他的发音带有一些乡土气。但若他的发音确实是彻头彻尾的乡土风格，那么人们会以为他的讲话带有古朴的风味。而我正好相反，我喜欢你们的语音、语调和精确性。我在这里指的不是语言的精确——尽管这个问题极为重要，但它是方法的产物，要从文学中学习，通过阅读和讲话的实践得到加强——而是讲话的实际魅力。在希腊，这个优点属于阿提卡，而在拉丁语中，这个优点是这个城市[①]的独特贡献。在雅典城，雅典人自己的博学早已衰退，而这座城市现在也仅仅作为一个做学问的场所延续下去，本地公民对这些学问感到完全陌生，而外国来访者在这座城市的名字和权威的魅力下享用着这些学问。但是不管怎么说，任何未受教育的雅典人都能轻而易举地超过最有教养的亚细亚人，但不是在词汇方面，而是在语调和嗓音方面，更多地不在于讲话的正确性，而在于讲话方式的迷人。我们的公民对文学的研究比拉丁姆地区的人还要少，然而你们熟悉的优秀人士——他们基本上没有接触过文学——在嗓音的平滑、语音语调的特点上，没有一个不能轻易地击败昆图斯·瓦勒留·索拉努斯[②]，他在拥有罗马公民权的人中间是最博学的。

【12】“我们罗马人和我们这座城市有一种特别的口音，所以我们讲话没

① 指罗马。

② 昆图斯·瓦勒留·索拉努斯（Quintus Valerius Soranus），公元前 1 世纪罗马作家。

有那种外省人的腔调，不会结结巴巴，不会引起冒犯、令人厌恶或遭到反对，因此让我们把这种口音作为榜样来学习，避免粗糙刺耳的乡音和外省人的语法错误。以我自己为例，我能听懂我的岳母莱利娅讲话——妇女们很容易保持她们原先的口音不走样，因为她们不会与很多人交谈，所以总是保持着原来的口音。我在听她讲话时有一种感觉，就好像在听普劳图斯和奈维乌斯讲话。她的嗓音天然纯朴，没有丝毫矫揉造作的痕迹。由此可以推论，她的父亲和祖先也是这样讲话的，不像我提到的那些人说起话来粗糙刺耳，乡音浓重，佶屈聱牙，而是圆润平滑、流畅悦耳。因此，我们的朋友科塔，我们在前面说过你偶尔也会模仿他粗糙刺耳的发音，[①] 还有苏皮西乌，你的发音经常用完整的‘E’音代替‘I’，在我看来，你们俩模仿的不是古代演说家，而是农夫。”

这句话连苏皮西乌都被逗笑了。克拉苏继续说道：“你们这些先生们想要我说话，所以我愿意用这种方式讲给你们听，让你们听到一些你们自己的错误。”

苏皮西乌说：“我希望我们可以听到这样的批评，这是我们想要听的，要是你能这样做，那么我敢肯定今天在这里我们将纠正许多错误。”

克拉苏说：“这么说来，我可以挑你的毛病而无须冒臆断的危险，因为安东尼乌斯说，他认为你和我非常相似。”

苏皮西乌说：“没问题，你可以挑我的毛病，就像他的建议那样，我们可以相互模仿对方最强的地方。不过，这样一来我倒有些担心，因为除了你的脚印、少许语言变化，或者某些姿势之外，我并没有模仿你什么。”

克拉苏说：“那么好吧，我就不去寻找你从我这里学到些什么了，省得搬起石头砸自己的脚。确实，这样的特点太多了，比你说的还要多。但若有恰当的场合，我还是要说一说那些完全属于你自己的或者你向别人模仿来的性质。

---

① 参见本文第二卷第 22 章。

【13】“因此，让我们放过有关正确拉丁风格的规则，这种风格通过童年的教育来灌输，通过更加强烈的系统化的文学来强化，或者在家庭日常谈话中养成，由书本和阅读古代的演说家和诗人的作品来确认。让我们也不要再停留在第二个论题上，讨论用什么方法可以确保我们的讲话能够被理解。因为很明显，使用正确的拉丁语，按照语词的习惯用法来表达我们想要说明的意思，把话说清楚，不要有语言和风格上的模糊不清，避免过长的句子结构，不要滥用比喻，不要使用错误的时态，不要混淆人称，不要颠倒语序，只要做到这些方面，就能保证我们的讲话能够被理解。简言之，律师对案子的陈述比当事人本人的陈述更难理解，整个事情就是如此简单，令我惊讶。事实上，把诉讼托付给我们的公众通常会就案情对我们做出满意的说明，而我们不可能把它说得更加清楚；而当富菲乌斯和你们这些先生的同时代人卢西乌斯·庞波纽斯[①]开始辩护的时候，除非我精力高度集中，否则我就不能很好地理解他们的意思。他们的讲话嗓音混浊，没头没尾，使用大量过时的语词，他们的讲话起不到澄清事实的作用，而只是增添了麻烦，他们的所作所为似乎只是在用他们自己的话语把自己打倒。我想你们这些人肯定会有比较高的要求，但考虑到这些风格方面的技巧有点令人厌烦、味道不正，所以请让我们继续谈论那些剩余的、相对比较实在的内容。”

【14】安东尼乌斯说：“不管你怎么说，当你还能诱导我们的时候，你看我们有多么全神贯注——从我自己的经验就可以做出推断——排除一切干扰，跟上你的思路。你的讲话是成功的，因为你给这些枯燥的主题增添了魅力，你使干巴巴的问题变得丰满，你使陈腐的东西有了一些新意。”

克拉苏回答说：“是的，安东尼乌斯，这是因为我刚才相当随意地经历了两个部门，或者倒不如说穿越了两个部门，我涉及的主题有风格的正确与明晰。但是剩下的问题更大，更加复杂多变，更加困难，而要在演讲中取得

---

① 卢西乌斯·庞波纽斯（Lucius Pomponius），公元前1世纪罗马喜剧家。

声誉和掌声，依赖于在这些方面取得成功。因为没有人会因为演说家语法正确而崇敬他，要是他语法不好，那么他们只会嘲笑他，不仅不会认为他是一名演说家，而且会认为他甚至不是人；也没有人会对一名成功地使听众听懂了他的话的演说家大唱赞歌，而只会藐视那些有这种能力缺陷的人。那么有谁能使人毛骨悚然？有谁能在讲话时使人全神贯注，惊叹不已？有谁的讲话会被掌声打断？有谁会被人们当做凡人中间的神？是那些在事情和语言两方面都非常清晰、准确、丰富、生动的讲话者，他们在实际讲话时有一种节奏和音调，也就是说，那些拥有我所谓艺术家风格的人。掌握了这种技艺的人知道事实和相关人物对于演说的重要性，由于拥有我称之为恰当风格的特点，他们应该得到掌声。安东尼乌斯声称他迄今为止从来没有遇到过这种人，他说只有这样的人才配得上演说家这个称号。因此，要是你们接受我的建议，那么你们必须嘲笑和轻视所有那些认为现在被称做修辞学家的人制定的规则能使他们掌握修辞学的全部力量，但迄今为止不明白自己要以什么角色出现，也不明白自己的身份是什么的人。因为天才的演说家必定考察、聆听、阅读、讨论、处理、争论过人类生活的所有内容，这是演说家的活动领域，是他研究的主题。口才只是最高美德之一，尽管所有的美德都是相同的或等价的，决不会有一种美德比另一种美德更美，也不会有一种美德比另一种美德外表更突出。美德作为一种能力包括有关事实的知识，它以某种方式用语词表达心灵的思想和目的，能够驱使听众朝着任何方向前进，这种能力越强，就越有必要与完整和高尚的智慧相结合，要是我们赋予那些缺乏这些美德的人讲话流利的能力，那么我们不会把他们变成演说家，而是把武器交到疯子手中。

【15】“我要说的是，这种获取和表达思想的方法，这种讲话的能力，被古希腊人称做智慧；这是古时候产生像莱喀古斯、庇塔库斯、梭伦这种人的源泉，继他们之后有科隆卡尼乌兄弟、法伯里修兄弟、罗马的卡图们和西庇阿们，他们的涌现也许更多的不是由于教导的结果，而主要是由于相同的目的和意志。其他一些人有着相同的智慧，但奉行不同原则作为生活的目

的，他们追求安宁和闲暇，例如毕泰戈拉、德谟克利特、阿那克萨戈拉[①]，还有一些人完全放弃统治，全身心地投入学习。由于学习的安宁和知识的内在吸引力是人类各种快乐中最甜蜜的，所以这种学习生活对人们产生的魅力胜过现实利益对全体国民的吸引力。因此，一些有着杰出理智能力的人献身于这种追求，耗费了大量自由的时间，这时候那些时间过分充裕和极为多产的理智的博学者形成了这样一种看法，他们认为投身于超过必要程度的、几乎是无穷无尽的考察是他们的责任。在古代，无论何种知识体系在教育中似乎既传授正确的行为，又传授良好的语言；教师们也不会分别属于两个分离的集团，而是同一批老师既教伦理学，又教修辞学，就好比荷马史诗中的福尼克斯[②]，他说受年轻的阿喀琉斯的父亲珀琉斯[③]的指派，他陪同阿喀琉斯一起上战场，为的是把阿喀琉斯造就为'一名演说家和一名行动者'。[④]但是正如那些从事日常劳作的人，一旦由于天气不好而无法工作，他们就会去打线球[⑤]、赌博、玩骰子，甚至自己发明一些新鲜的游戏消磨时间，所以当我们说的这些人由于环境不允许而不能参与政治活动，或者在休假时，他们中有些人就全身心地投入诗歌，有些人投入数学，有些人投入音乐，也有一些人自创了一些新的爱好和娱乐，去当辩证法家，从而把他们的全部时间和生命都耗费在这门旨在塑造年轻人的心灵而创立的学问上，培育年轻人的文化和美德。

【16】"有些人或者许多地位很高的人拥有双重智慧，既是行动者，又是演说家，二者密不可分。例如塞米司托克勒、伯里克利、塞拉美涅，以及其他一些人。有些人参与公共生活不多，但却是这种智慧的职业教师，例如高尔吉亚、塞拉西马柯、伊索克拉底。这些人自己有着丰富的知识和才能，但

---

① 阿那克萨戈拉（Anaxagoras），希腊早期自然哲学家（约公元前 500 年—前 428 年），公元前 480 年从克拉佐门尼赴雅典。

② 福尼克斯（Phoenix），希腊神话人物，阿喀琉斯的老师，与其一同去特洛伊参战。

③ 珀琉斯（Peleus），希腊神话中的英雄，埃阿科斯的儿子，阿喀琉斯之父。

④ 荷马：《伊利亚特》第 9 卷，第 443 行。

⑤ 线球（pila），罗马人的一种球类游戏。

奉行审慎的原则回避政治和公共事务，而在演讲术的实践中进行探索，取得成绩。这些人中最主要的有苏格拉底，所有博学者和全希腊人都确证了这一点，不仅是由于他的智慧、深刻、迷人、精致，而且也由于他的雄辩口才、多样化的风格、丰富的思想，无论参加什么争论都能轻而易举地占据上风。从事、追求或指导我们现在正在考察的这些主题的人原先有一个统一的称号，因为当时学习和实践的所有学问都被称做哲学。苏格拉底剥夺了他们的统一称号，在讨论中把聪明的思考与优雅的讲话区分开来，尽管二者在实际中紧密联系在一起。苏格拉底各种真实的谈话在柏拉图的创作中得以不朽，但苏格拉底本人没有留下一个字。无疑极为荒谬、十分无益、应受严责的舌头与大脑的分离就是从这里产生的，从而导致有一部分教师教我们思考，有一部分教师教我们讲话。从苏格拉底那里产生了许多学派，这是因为他参与各种各样的讨论，涉及方方面面的问题，一个学生继承了他的某个学说，另一个学生继续了他的另一个学说，他们就像一个内部很不团结的大家庭，相互之间有很大的差别，尽管所有哲学家都虔诚地声称自己是苏格拉底的追随者。

【17】"首先从柏拉图本人那里产生了亚里士多德和色诺芬，他们中一个创立了逍遥学派（Peripatetic），一个属于学园派（Academy）；其次从安提司泰尼①开始，先是有了昔尼克派（Cynics），然后有了斯多亚派（Stoics），他在苏格拉底的谈话中主要被忍耐和艰苦的理想所折服；然后从阿里斯提波②那里产生了昔勒尼学派的哲学，他主要对苏格拉底谈话中的快乐这个主题感到非常高兴，阿里斯提波和他的后继者坚持了苏格拉底的思想，未加修饰；而当代思想家把快乐变成价值的唯一标准，他们在这样做的时候，既不能满

① 安提司泰尼（Antisthenes），希腊哲学家（约公元前444年—前368年），苏格拉底忠实的追随者，昔尼克学派的创始人。

② 阿里斯提波（Aristippus），希腊哲学家（约公元前435年—前366年），昔勒尼学派创始人，主张感性的快乐是生活的恰当目的。一切快乐都有同等价值，但程度和持久性不同，应由理性来控制。

足他们并不藐视的美德的要求，也不能成功地为他们想要拥抱的快乐辩护。此外还有其他一些哲学家团体，他们几乎全都自称是苏格拉底的追随者：厄里特里亚派（Eretrians），他们是厄里鲁斯（Erillus）的学生；麦加拉学派（Megareans）；皮浪（Pyrrho）学派。但是这些学派在前面说过的那些学派强有力的挑战下早已不复存在。在现存的思想体系中，哲学仍旧占据快乐之首，虽然有些人会接受它，但不管怎么说这样的人与我们正在寻找的人距离相当遥远，我们希望这样的人能担当国家政治领导人，实施统治，有杰出的智慧，在元老院、公民大会和政治事务中能够雄辩。但不管怎么说，我们不会去伤害哲学，因为没有人禁止我们进入它鼓励我们要占据的位置，但是它希望我们能在它迷人的花园里安身，他在那里温和而又有策略地恳求我们放弃论坛、法庭和议会——这也许是一个明智的请求，尤其是在当前的形势之下。然而在我看来，我眼下要考察的不是哪一种哲学体系最真实，而是哪一种哲学体系与演说家最接近。因此让我们把我们提到的这些大师打发了，不加任何毁损性的评论，因为他们都是出类拔萃的人，坚定地相信他们自己的幸福。只不过要允许我们向他们提出一个告诫，尽管他们的想法极为真实，认为从政不是哲人的事情，但他们应当把自己的想法当做一个神圣的秘密，因为要是他们能够使我们和所有最优秀的人相信这个学说的正确性，那么他们自己就不能够过一种他们理想的闲暇生活。

【18】“还有，斯多亚学派，我对他们绝不否定，但还是把他们忽略了吧，我不怕他们发火，因为他们并不清楚什么是愤怒，我还要向他们表示感谢，因为在所有学派中，唯有斯多亚学派宣称口才是一种德行，口才是一种智慧。但很清楚，在他们身上有某些东西与我们正在描述的演说家很不相同：首先，他们断言一切不聪明的人都是奴隶、土匪、敌人、疯子，但同时又说没有什么人是聪明的——然而要是让这样的人来指导公共集会、元老院、任何公民大会，那都是非常愚蠢的，因为这样的人认为现在的人没有一个是心智健全的，是公民或者自由人。进一步说，他们的谈话风格，尽管可能是精致的，无疑是深刻的，然而从演说家的角度来看，连他们的风格也是粗鲁

的、陌生的、刺耳的，缺乏明晰、丰富、活力；而同时他们所具有的性格又使他们几乎不可能在公共演讲中有良好的发挥，因为斯多亚学派有一种与他们的所有同胞，或者倒不如说与所有民族都不同的善恶观，他们赋予'光荣'、'耻辱'、'奖励'、'惩罚'以不同的含义；他们的看法是否正确与我们现在的问题无关，但若我们采用了他们的术语，我们就无法合理地表达我们对任何事物的看法。

"剩下的还有逍遥学派和学园派，尽管后者实际上是两个思想派别共有一个名字。因为柏拉图的外甥斯彪西波①、柏拉图的学生塞诺克拉底②，以及塞诺克拉底的学生波勒莫③和克冉托尔④，在观点上与他们跟随柏拉图学习时的同学亚里士多德并无严重分歧，尽管在风格的丰富与多样性上他们比不上亚里士多德；然而，从波勒莫的学生阿尔凯西劳⑤开始，他们从柏拉图的各种著作和苏格拉底的对话中选择了感觉或心灵不能确定把握任何事物的教条；据说阿尔凯西劳曾经使用一种非常吸引人的谈话风格，完全排斥心灵的和感觉的判断，而诉诸于实践——这确实完全是苏格拉底的观点——他没有提出自己的观点，但是反对由其他任何人提出的观点。从这个源头开始，产生了与我们的时代相距较近的学园派，卡尔涅亚得⑥以其敏锐的理智和修辞学的流利而成为领军人物。尽管在雅典我认识一些他的学生，但我本人可以作为完全值得信赖的消息来源把我的岳父斯卡沃拉推荐给你们，他年轻的时

① 斯彪西波（Speusippus），学园派哲学家（约公元前 407 年—前 339 年），柏拉图的外甥，柏拉图去世后任学园首领。

② 塞诺克拉底（Xenocrates），学园派哲学家，死于公元前 314 年。斯彪西波死后继任学园首领。

③ 波勒莫（Polemo），学园派哲学家，约死于公元前 270 年。继承塞诺克拉底任学园首领。

④ 克冉托尔（Crantor），学园派哲学家，约公元前 300 年曾跟随塞诺克拉底学习。

⑤ 阿尔凯西劳（Arcesilaus），又拼写为"Arcesilas"，学园派哲学家，生于公元前 316 年，死于公元前 241 年。他于公元前 266 年担任学园首领，采取怀疑主义立场，被称为中期学园派（the Middle Academy）的创始人。

⑥ 卡尔涅亚得（Carneades），新学园派的创始人，生于公元前 214 年，死于公元前 129 年。

候在罗马听过卡尔涅亚得讲话，还有我的朋友——卢西乌斯之子、杰出的昆图斯·麦特鲁斯曾经说过，作为一个年轻人他在雅典有很多机会听卡尔涅亚得讲话，那个时候卡尔涅亚得已经显出衰老的迹象。

【19】“然而，从共同的智慧领域中流淌出来的学问之流分成了两部分，就像从亚平宁地区流淌出来的河流一样，哲学家流入了整个希腊的地中海东部的水域，那里有大量美丽的港湾，而演说家滑入了我们位于西部的图斯卡尼诸海，海岸峻峭，偏僻荒凉，连乌利西斯①本人在这种地方也会迷失方向。因此，要是我们满足于这种程度的口才，甘愿做这样的演说家，只知道必须否认指控，要是不能否认指控，就证明被告行为的正确性；或者说明被告犯错误是由于其他人的过失；或者被告的行为合法或不合法；或者说被告的行为出于无心；或者说被告的行为不可避免；或者说指控不正确；或者说审判程序不符合规定、不合法……要是你们的民众认为学了那些由你们的作家撰写的关于修辞学的教导就足够了，而安东尼乌斯不管怎么说已经用比这些作者更加优雅和丰富的形式做了阐述，要是你们满足于这些规则以及你们希望我加以陈述的规则，那么你们正在使演说家放弃一片无边无际的大平原，把他自己限制在一个狭窄的范围内。另外，要是你们决定追随古时候著名的伯里克利时代，甚至追随我们的朋友德谟斯提尼，他的许多作品使我们更加熟悉美好的事物和完善的演说家，要是你们热爱光荣的、高尚的理想，那么你们必须接受卡尔涅亚得的现代辩证法，或者接受亚里士多德较早的方法。因为，如前所述，到苏格拉底为止的早期的大师们曾经把他们的修辞学理论与有关道德、行为、伦理、政治的一切问题的研究结合在一起；但是后来，如我所解释的那样，苏格拉底以及所有苏格拉底学派的哲学家，轻视演讲术和演说家的智慧，两类学者分了开来，互不干涉对方的研究，除了有时候相互借用一些东西；而他们要是愿意保持早期那种合作伙伴关系，就应当不加区别地从同一源泉汲取养料。但是正如古代的祭司长要主持大量的祭

① 乌利西斯（Ulysses），即希腊神话中的英雄奥德修斯。

祀，因此决定组成一个有三位成员的委员会处理宴饮事务，尽管他们本人已经得到努玛的任命，有权在赛会期间主持盛大的祭宴，苏格拉底的追随者切断了与从事具体案例的律师们的联系，把相关的具体知识与哲学分割开来，尽管古代的大师想要保持演讲术和哲学之间的亲密联盟。

【20】“情况就是这样，现在我要代表自己发出一个简短的呼吁：你们要相信我，我指的不是我自己，而是这样的演说家。我本人年轻时受到我父亲极为精心的教育，以后又参与公共生活，具备了大量才能，尽管不如你们所相信的那么多。我不敢断言我的学习方式就是我所阐述的应有方式，因为我成为一名公共辩护人相当早，21 岁时就对一位名气很大、十分雄辩的人提出过指控[①]。实际上，公共生活就是我的教育，法律事务、国家制度、地方风俗就是我的老师。尽管我很少涉猎演讲术，缺乏我正在谈论的像你们这样的完善性，但我在亚细亚担任财务官时还是得到了一位来自学园的修辞学教授的指点，他的年纪和我差不多，名叫梅特罗多洛，安东尼乌斯记得他的名字；[②] 还有，我从亚细亚回家途经雅典，要不是对雅典当局拒绝重新举行秘仪庆典感到恼火，我可能会在那里多待几天，因为庆典开始时我迟到了两天。因此，要在我的讲话中包含这个广阔的、重要的知识领域实际上不仅不是我喜欢的，而且与我的看法相左。我不能完成要我谈论的主题，但某些演说家能够做到，他们极为愚蠢地反对这些修辞学的内容，因为他们只写过案例的分类、基本的规则和陈述事实的方法。但演讲术是一种有效的力量，可以把一切事物的起源、运作和发展、一切美德和义务、一切支配道德、心灵和人类生活的自然原则包括在内，还能决定人们的习俗、法律、权力，支配国家的统治，以优雅流利的风格表达各种主题。在这个范围内我的能力最强，这种能力来自我的天赋、来自我有限的学习、来自我的实际经验，尽管我实际上并不那么拒绝与那些终身在哲学领地中安营扎寨的人进行争论。

---

① 参见本文第一卷第 10 章，克拉苏指控卡玻。

② 参见本文第二卷第 88 章。

【21】“在这种演讲术的实践中，我们的朋友盖乌斯·威莱乌斯是新手，而我们中的每个人都是专家，要是我本人不能更加充分地维护快乐是最主要的善的论点，或者说要是我选择了对这个观点进行驳斥，那么威莱乌斯又能提出什么证据来说明快乐是最主要的善呢？关于美德这个主题我能说些什么，塞克斯都·庞培、两位巴尔布斯、与帕奈提乌在一起的我们的朋友马库斯·维吉留斯，这些斯多亚学派的人提出了这个主题，因此我或你们中的任何人就必须在争论中提出根据来吗？哲学与其他学问不同。一个人要是没有学过几何学，那么他能擅长几何吗？在音乐中又如何？没有学过音乐的人要么闭嘴，要么被当做疯子辱骂。而哲学的内容要由最敏锐的理智来发现，要对每一个问题提出各种可能的回答，还要用熟练的口才阐明结果。在这种情况下，我们普通的演说家尽管有可能接受过恰当的训练，有讲话的经验，但只能用日常经验来打败这些人，不允许这些人藐视他；但若真的有人能够按照亚里士多德的风格就每一主题谈论它的两个方面，或者按照亚里士多德的规则就每一案例滔滔不绝地讲述对立的两种看法，或者按照阿尔凯西劳或卡尔涅亚得的方式就每一提出来的陈述进行争论（他们给我们所说的讲话的方法添加了经验和实践），那么他确实是唯一真正完善的演说家。因为要是缺乏公共演讲所需要的活力，演说家就不能拥有足够的说服力；要是缺乏深厚的文化底蕴，演说家就不能恰当地修饰自己的讲话，不能做到深刻。因此，让我们允许你们的老拉文先生[①]在鸡窝里孵他自己的小鸡，让它们飞到国外去，令人厌恶地到处叫喊，让我们允许某位潘菲鲁斯[②]或其他人描述和记载这种事情的重要性，就像一场儿时的游戏，让我们就在昨天和今天的狭窄争论范围内揭示演讲术的全部功能，除非我们承认这个主题如此广泛，可以充斥哲学家们的全部著作，而这些先生从来没有阅读过这些书籍。”

【22】卡图鲁斯说：“克拉苏，我宣布，你拥有如此迷人流利的演讲风格

① 参见本文第一卷第 20 章。

② 昆提里安（Quintilian）在《演讲术导论》（第三卷第 6 章第 34 节）中提到过一位名叫潘菲鲁斯的修辞学家。

丝毫不足为奇。事实上，早在你发表这番高论之前我就认为你有演讲的天赋，你不仅是一名完善的演说家，而且是一位有造诣的哲学家。但是现在我明白了，你总是认为与哲学相连的事情更加重要，这些事情是流利的演讲得以产生的源泉。然而，当我回顾你的整个生涯的每一步，思考你的生活与事业时，我看不出有哪个时期你学习过我们说的这些事情，也看不出你什么时候关注过这些学习，以及相关的人或书。不管怎么说，我无法确定你是否熟悉你所从事的各种事务中的主题，而你却肯定我能够就这些主题提出各种有价值的帮助，或者说，你实际上做不到这些事情，但却有能力谈论这些事情。”

克拉苏回答说：“首先，卡图鲁斯，我确实希望你自己能够确定，要是我不得不提到演员，那么在我按照应当采取的方针讨论演说家的时候，我不会采用不同的方针。因为要是他没有上过摔跤课或舞蹈课，那么我不会断定他不可能做出某种姿势，但在说这种话的时候我本人不需要是一名演员，但我也许会是一个相当无能的评论者，对一门我不擅长的技艺做出一些不恰当的评价。你对我所谈论的演说家进行考察时，同样的道理也适用，我假定这是一种理想的演说家，就像对任何学问或技能一样，按照习惯我们可以考察一个完成了的作品或一个完善的标本。因此，在目前的情况下你要是把我当做一名演说家，甚至把我当做一名相当好的或非常优秀的演说家，那么我不会表示反对，因为在这种地方有必要谦虚吗？我知道我自己在想些什么。但无论如何我知道自己不是一名最好的演说家；因为实际上，人生没有其他任何事情会比演说更加困难，更加重要，或者需要更多的辅助训练。然而由于我们的争论是关于演说家的，因此我必须谈论最重要的演说家；我们不可能理解某种事物的性质与特点，除非有它的一个完善的样本放在我们面前。然而，卡图鲁斯，我承认迄今为止我并没有与我们提到的这些人一起，在书本中度日；还有，如你正确的回忆一样，我从来没有花过专门的时间学习，而只在童年和担任公职后的节假日里学过一些知识。

【23】“还有，卡图鲁斯，如果你问我个人对学习的看法，那么我认为一

个有能力的、对于公共生活、议会和法庭程序有着第一手经验的人，不需要在学习上花费和那些终生学习的人一样多的时间。因为把各种知识用于实践的人与那些追求这些知识，以此为乐，此外不再有从事其他职业愿望的那些人对待各门知识的方式是不一样的。我们在这里的这位角斗士教练员现在年事已高，但还是每天参加训练，因为这是他唯一的生活乐趣；而昆图斯·威洛西乌只在小时候上过一些击剑课，但他生来就具有这种天赋，据鲁西留斯的描写，他通过了全部课程，'是一名令人赏心悦目的好剑手，而其他任何人要想成为好剑手都要付出艰苦的劳动'，[①] 但是威洛西乌更多地关注公共生活，关心他的朋友和他的家产。瓦勒留生来爱唱歌，每天都要唱，后来成了行家；而我们的朋友努美尼乌·富里乌斯只在适当的时候唱，因为他是一家之主和罗马的骑士，只在童年时候学习了必要的技艺。在那些主要的学问中也是这种情况：我们看到极为精明的昆图斯·图伯洛先生长时间地向他的老师学习，而人们很难想象他的叔父阿非利加努也曾学习过很多技艺，但实际耗费的时间很少。要是仅仅学习那些确实需要的内容，又有一位可靠的老师，并且知道如何自学，那么我们所说的这些主题是很容易掌握的。要是一个人打算终生学习而不做其他事情，那么他会利用时间探讨那些从学习中不断产生的问题。因此，对于事实的探讨是无穷无尽的，只要他们的探讨在强化他们的学习，只要他们拥有一定的天赋，只要他们的记忆和兴趣能够持久，那么他们很容易获得知识。学习总是给人带来快乐，例如，要是我想在掷骰子时获胜，或者热衷于打线球，当然也有可能赢不了；但另外一些人是优秀的行动者，因此在这样的娱乐中，他们会比实际需要付出更多的热情，例如，提提乌斯打线球，布鲁拉掷骰子。因此，任何人都不必害怕这些学问的深奥，因为连老人都在学习，要么是到了老年才开始学，要么是把学习的兴趣一直延续到老年，要么是因为学得非常慢。实际上，我对这种情况的判

① 鲁西留斯残篇，参见 L. C. L.《古代拉丁典籍残篇集成》(*Remains of Old Latin*) 第 3 卷，第 58 页。

断是，除非一个人能够很快地学会一门学问，否则他就不可能完全掌握它。”

【24】卡图鲁斯说：“我终于明白你的意思了，克拉苏。我发誓，我同意你的意见。在我看来很清楚，你作为一名非常聪明好学、一丝不苟的学生，有足够的时间了解你所说的这些事情。”

克拉苏说：“你仍旧认为我所说的只涉及我本人而不涉及事实吗？不过，要是你乐意，让我们回到我们的主题上来。”

卡图鲁斯说：“那当然。”

克拉苏说：“那么好吧，这个冗长而又晦涩的谈话意义何在？对华丽的演讲风格这一演讲术的主题进行详尽的阐述，我剩下来还要讲到两部分内容，①一是语言的华丽，另一是语言的恰当；与此相应，演讲风格必须尽可能做到令人愉悦，才能吸引听众的注意力；还有，必须尽力提供事实。但是在我们的日常生活中，公共活动中所使用的观点充满竞争和批评，这些观点来自普通人的观念，非常贫乏，就像乞丐似的。还有，连你们这些修辞学教师所传授的风格也不比法庭上的普通讲话好到哪里；而我们要做的是详尽地解释演讲风格，会涉及一大堆晦涩的论题。凯撒，这是你一年内的任务，②而我在担任市政官的时候尽了最大努力去学习，因为我感到用日常风格讲话不可能令公众满意。选用恰当的语词，放在句中恰当的位置、构成复合句，这方面的理论没有什么难处，或者说你们宁可视之为纯粹的练习问题。有大量的观点希腊人自己都不再保留，而我们的青年学生在学习过程中基本上也没有学过这些观点，然而近两年出现了拉丁人的修辞学教师，真是老天保佑！对此，我曾经动用我作为监察官的权力下令禁止。我的动机不像某些地方的某些人所说的那样，是我不愿意让正在成长的新一代提高他们的智力，而是正好相反，我不愿意让他们的智力变得迟钝，也不愿意让他们变得自高自大。因为我明白，无论希腊的教师们有什么缺点，他们至少拥有某种与人性

① 参见本文本卷第 10 章。

② 凯撒此时当选市政官，任期一年。

相合的体系和知识，此外还要加上舌战练习，但是我看到的这些新教师，除了教人鲁莽放肆以外，没有能力教任何东西。哪怕他们教的东西伴有某些价值，我们都会谨慎小心；但由于这是他们唯一传授的事情，由于他们的学校是培养自高自大的温床，所以我决定，这是一名监察官的职责，采取措施防止这个运动进一步扩散。尽管我在这件事情上的信念和判断不会使我放弃讨论与完全优雅的风格相关的论题，因为我们已经习惯使用历经时间考验的希腊人的杰出智慧，这样做既得到语言的允许，又得到事情本性的允许，但我们要明白，这样做需要有深入的学习，而迄今为止我们在这个部门的各个方面都还没有这样的人，要是哪一天有这样的人出现了，那么他们配得上甚至高于希腊人的地位。

【25】“演讲术的修饰效果首先通过一般的风格来取得，也通过某种内在的生动和风趣来获得，因为讲话时的庄重、愉悦、博学、温和、吸引力、文雅、必要的情感和悲怆，都不是整个演讲术中哪一个具体部分的事，而是要在整个结构中才能看出这些性质来。还有，我们可以用语言的花朵和思想的珍宝修饰讲演，但没有必要在通篇讲演中遍布这种装饰，而是应当像佩戴珠宝一样把它们放在恰当的地方，使它们真正起到装饰作用。因此，我们必须选择最能吸引听众注意力的演讲风格，给他们提供快乐，但又不能过分。我无法想象你们需要我给你们提出下列警告：一定要避免使用贫乏的、不文雅的风格；一定要避免使用粗俗的、过时的语言。你们的才干以及你们的年龄要求我把更加重要的事情告诉你们。

“我们很难准确地说明，为什么能使我们的感官得到最强烈的满足或引起最激烈骚动的那些事物的第一印象，也会使我们很快产生一种厌恶感。一般说来，新画比老画更加美丽，更加绚丽多彩，然而新画尽管能够俘虏我们最初的眼光，但却不能够给我们提供后来的快乐；当然了，粗糙的、风格过时的老画也不能。在唱歌时，使用颤音比使用稳定的音符显得更加高亢和迷人，然而使用前者不仅会遭到那些喜欢严肃歌曲的人的反对，而且要是使用得太频繁，连大众也会产生反感。在其他感官中也可以看到类似现象。极为芬芳的复合型的香水沁人肺腑，但它给我们提供的快乐还不如那些中度芬芳的香水那么持久；有泥土的芳香气味的东西比有藏花油香味的东西更值得尊敬；触觉本身也有柔软和平滑程度的差别。在所有感觉中，甜味最容易引起味觉的欲望，味觉对甜味最敏感，然而连味觉也会厌恶和排斥太甜的东西！有谁能够长期喝糖水，吃甜食？而在这两类使感官产生快感的事物中，中度的事物更容易避免引起厌恶感。因此，在所有事物中，最大的快乐与厌恶只有一步之遥。语言中的类似现象就更不值得奇怪了，我们从诗人或演说家的讲话中就可以判断，一种匀称、优雅、迷人，但是缺乏生动、控制、多样性的风格不能持久地提供快乐，而丰富多彩的诗歌或讲话能够长时间提供快乐。演说家或诗人的卷发或胭脂很快就会使我们感到不舒服，由于快乐过度而产生厌腻感是一种本能，而非一种有意识的反应，写作和讲话中过分华丽的错误不仅要用耳朵来确证，而且更应当用心灵来确证。

【26】“因此，尽管我们希望尽可能赢得人们的欢呼，‘好极了！’但我并不想要得到过多的‘非常好，非常迷人！’我希望能经常听到的是，‘还能更好！’然而，在演讲中得到这种鼓励和无穷的赞美最好要有某些衬托和背景，以便使最精彩的部分能够凸显。当洛司基乌斯说出下列诗句的时候，‘对聪明人来说，荣誉是对勇敢的奖励，而不是勇敢的猎物’，他绝不会添加什么手势，而只是把它们念出来，这样他才能把重点放在后续的诗句中——‘但我看到了什么？一位佩剑的勇士坐在神龛前！’他带着惊讶的表情念出这两句诗，怒目注视着听众。还有，另一位伟大的演员平静而又温和地念道，‘我有什么救兵可搬？’因为他下面还要继续说，‘啊，我的父亲！啊，我的祖国！啊，普利阿姆①的王宫！’②要是他在前面的讲话中手舞足蹈，耗尽了力气，那么他就无法精神饱满地说出这几句话来了。演员不可能比诗人自己更快地看到这一点，他确实也不可能比音乐伴奏的作曲者更快地看到这一

① 普利阿姆（Priam），特洛伊城毁灭时的特洛伊王，荷马把他描写成一个悲剧人物。

② 恩尼乌斯：《安德洛玛刻》残篇。

点，因为诗人和作曲者都使用一定的降调、升调、低音、高音、变奏、停顿。因此我们要确保我们的演说家的演讲文雅而有魅力——尽管这些性质对他来说是必要的——与此同时，他的魅力必须来自严肃和真实，而不是来自甜蜜和华丽。有关修饰的实际规则应当具有这样的性质，任何演讲者，哪怕是缺陷最多的，也要能够使用这些规则。因此，如我前述，一个人开始演讲的时候要积累许多事情，这是安东尼乌斯已经讨论过的那些部分的内容；[①]而演讲的质地与风格会使这些事情成形，用措辞来修饰，通过思考而使演讲具有多样性。但是演讲术的最大特点是通过修饰手段来放大演讲的内容，放大（amplification）不仅可以增强演讲主题的重要性，而且可以把它提到更高的水平，但放大也可以削弱和伤害演讲的主题。

【27】“安东尼乌斯提到过，演讲中的各种论证方针都起着令人信服的作用，各种论证方针都需要这种放大，无论我们是在解释某些事情还是在唤起同情，或激发真情。但是在最后提到的这个领域中，放大是最有效的，擅长这样做是演说家最突出的标志。更为重要的是[②]安东尼乌斯在他讲话结尾处所说的那种活动，而他在讲话开始时曾把它搁在一边，[③]亦即赞美与批评。要发表和放大一篇演讲，充分的赞美或批评是最有效的方法。尽管赞美与批评必须适合手头的案例和演讲的基本结构，但不管怎么说，可以从古代作家或所谓的‘常识’中采用后续的论题。有一套论题由一种有活力的、充分发挥的攻击或抗议组成，针对具体的罪行或冒犯——人们对这种攻击通常不做回答，或者确实无法回答——例如有关贪污、背叛、凶杀的指控，使用这种攻击必须提供充分的证据，否则攻击就会失败；而另一套论题则由反对这种攻击组成，或者是恳求怜悯。与此相反，非法庭式的争论允许丰富的论证，在涉及一般问题时可以通过赞成与反对来推进论证。这种练习现在被认为是

---

① 参见本文第二卷第 16、29 章。

② 英译者认为文本在此处似乎有错乱。

③ 参见本文第二卷第 84 章以下。

我前面提到过的两个哲学流派的世袭领域，① 但在早些时候，它是某些个人所起的作用②，人们要求他们在公共事务的演讲中提供完整的论证和讲清事实。事实上，我们演说家必须拥有理智、能力和技艺，面对美德、义务、公平、善良、道德价值和利益、荣誉和可耻、奖励与惩罚，以及其他问题，既能表示赞成，又能表示反对。现在我们已经走出了我们自己的家园，我们原先拥有的家产微不足道但却遭到掠夺，我们捍卫了其他民族无法坚持的东西，保卫了我们自己的财产。所以让我们收敛我们的骄傲，从那些侵犯我们传统的人那里借用一些东西。

【28】“从那座城市的某个小地方或区域产生了逍遥学派或学园派这样的名称，③ 被称做逍遥学派或学园派的哲学家们断言，他们从前由于对重要的事务拥有卓越的知识，因此被希腊人称做‘城邦的哲学家’，由此产生了一个可以覆盖公共事务的整个领域的名称。④ 他们断言，整个政治性的谈话就属于下述两部分或两部分之一：要么是有确定的日期和具体的派别所限定的议题，例如是否同意与迦太基交换被俘虏的国民；要么是就某个一般的问题进行无限制的探讨，例如处理战俘的一般规则与意见。在这两类问题中，他们把前一类称做‘争端’（case）或‘争吵’（controversy），并把它限制在三种场合：诉讼（1aw-suit）、争论（debate）、颂扬（panegyric）。他们还用第二种划分法建立他们的体系，但他们的方式并不像通过法律程序索回失去的财产，而像是在用力辟开一棵嫩树苗，他们的划分实际上非常僵硬。他们的起点在于两类问题中的前一种，有时间、地点和派别的限制，而他们对这类问题的把握也仅仅是抓住了一些皮毛——斐洛⑤ 的学派现在也在研究和练习

① 参见本文本卷第 18 章。

② 例如在本文本卷第 15 章中提到的那些哲人。

③ 逍遥学派，即亚里士多德学派，位于雅典的吕克昂，学园派即柏拉图学派，位于雅典的阿卡德谟。

④ 此处英译文为“Political philosophers”，直译为“政治哲学家”，但在希腊文中，“政治”一词源于城邦，结合上下文故译为“城邦的哲学家”。

⑤ 拉利萨的斐洛（Philo of Larissa），学园派哲学家，生平不详。

这些争端，据说他在学园派里受到高度尊重——但对于后一类问题，他们只在传授体系的内容时提到，说它专门属于演说家，但没有阐述它的重要性、性质、部分、类别，所以，我们最好完全忽略这一类问题，这样做胜过刚刚涉及一点儿皮毛，然后又放弃。确实如此，他们之所以不对这类问题展开阐述乃是因为根本就不存在这样的类别，而对于其他争端，他们似乎有过深思熟虑。

【29】“因此，每一件可以当做考察和讨论主题的事情都包含着同类争端，无论相关的讨论属于抽象思考，还是政治与法律事务，其目标没有一个不是为了获得知识或采取行动；因为考察的目的既是为了弄清问题，又是为了获得相关事实的知识，比如，人们想要得到美德是因为美德具有内在价值，还是为了取得某些结果；又比如某些行动准则，好比问哲人从政是否恰当。至于获得知识，有三种模式：推理（inference）、定义（definition），以及第三种，我也许可以称之为演绎（deduction）。我们用推理去发现事物的基本内容，例如问：智慧是人类的一个基本属性吗？我们用定义来解释某个具体事物拥有的力量，例如问：什么是智慧？而演绎是我们考察某个具体事物的后果的过程，例如问：好人有偶然撒谎的义务吗？再回到推理上来，他们把推理分成四类：一类问的是什么东西真的存在，例如：正义真的天然地存在于人间，或者说它仅仅是一种意见？一类问的是某事物的起源是什么，例如：法律的起源是什么？统治的起源是什么？一类问的是事物的原因和理由，例如：为什么那些非常博学的人对那些极为重要的事情的看法有很大差异？一类与变化有关，例如争论美德会不会在人身上消失，美德会不会变成恶。

“涉及定义，我们争论这样一些问题：要么问什么是普遍盛行的信念，比如，假定正在讨论的要点是：正义是多数人的利益吗？要么问某些事物的最基本的性质是什么，比如：优雅是演说家的特性吗，或者说其他人也有这种力量？或者在一个事物被划分成为若干部分的时候，问事物划分为多少类别才是恰当的，比如说可以分为三类：身体之善，心灵之善，外在之善。或者涉及给某个事物的特有形式和天然标志下定义，比如，假定我们正在考察某个守财奴、反叛者、吹牛说大话的人的特性。

“关于演绎有两个主要的类别需要考察：演绎中所考虑的问题要么是一个简单的问题，比如争论名声是否值得向往，要么与比较有关，比如说，赞扬和财富，哪一样东西更值得向往？关于简单问题有三种模式：涉及某事物是值得向往的还是应当回避的，比如，荣耀是否值得向往，贫困是否需要回避；涉及正确与错误，比如，亲属之间受到伤害以后进行报复是正当的吗？涉及光荣和卑鄙，比如，为了荣耀而不惜牺牲生命是光荣的吗？另外，关于比较有两种模式：一种模式问两样事情——比如恐惧与敬畏、国王与僭主、奉承者与朋友——是否相同，或者两样事物之间有无差别；另一种模式问两样事物哪一样更可取，比如，名人的赞同与普通人的欢迎，哪一样东西更能吸引聪明人？这就是这些杰出人士对探讨知识的模式做出的分类。

【30】“关于义务的讨论与行为有关，在这个部分要询问行为正确和恰当与否。这个论题包含有关美德与罪恶的整个主题，或者用于产生、减轻或消除某些情感。这一类讨论包含的模式有鼓励、斥责、安慰、同情，以及进行激励的各种方法。还有，按照具体情况来区分，也包括减轻各种各样的情感。

“现在，我们已经解释了这些类别和每一种讨论形式的模式，如果我们的分类在任何要点上与安东尼乌斯的划分有什么不同，那么这显然是无足轻重的事。我们对这个主题的处理包含着相同的组成部分，但他和我在划分和排列上略有差异。现在我要继续阐述剩下的主题，并且回忆一下给我指定的具体任务。因为，与安东尼乌斯提出的论题有关的、适用于各类问题的所有论证我们都要涉及，但是不同的论题更加适合于不同的类别。然而，关于这一点无须再多说什么了，不是因为这是一件需要很长时间才能说清楚的事，而是因为它是非常清楚明白的。

“那么好吧，最华美的演讲是那些范围最广的演讲，是那些从具体事物转向解释一般争端之意义的演讲，这样的演讲使听众能够把他们涉及具体派别的判断，以及他们的指控与行为，建立在关于整件事情的性质与特点的知识的基础上。安东尼乌斯已经敦促你们年轻人进行这种锻炼，[①] 他认为，带领你们摆脱狭隘的、过分注重细节的论证，面对广阔的、多种多样的演讲是恰当的。因此，这不是用一些手册就能完成的任务，就像那些修辞学体系的作者所想象的那样，也不是我们在一个法定假日或者一早一晚在柱廊里散步时就能解决的问题；因为我们要考察的不仅是如何锻造一副锋利的口舌，而是要在我们的心灵中尽可能地装入大量的、令人愉悦的、丰富的、多种多样的事情。

【31】"我们属于，嗯，假定我们是真正的演说家，也就是有能力在国务活动、法庭审判、公开争论中担任领导者和占据主导地位的人，我要说的是，那么我们属于这个拥有广泛的智慧与学问的等级，然而当我们沉浸在具体事务中的时候，我们的智慧和学问就会消失，就会被抛弃。拥有过多闲暇的人进入这个领域，他们会以柏拉图的《高尔吉亚篇》中的苏格拉底的方式善意或恶意地与演讲家开玩笑，或者就演讲术的技艺写一些指导手册，把它们贴上修辞学的标签，就好像修辞学家的领地并不包括他们所宣称的有关正义、义务、国家的制度与统治这些主题似的，简言之，并不包括整个实践哲学的领地。由于我们现在不再能够从其他地方获得这些原则，所以我们不得不向那些掠夺我们的人获取。要是我们把这些原则用于他们所关心的这些原则所属的政治科学的领域，并且如我从前所说，不是把整个一生花在获取这些原则上，而是在我们已经找到源头之后，（不能很快掌握它们的人根本不能掌握它们）每当有必要的时候，就从这些源泉中吸取我们的主题所需要的东西。人并非生来就具有敏锐的理智，以至于任何人都能察觉到这些重大的事情而无须他人来告诉他。在卷入如此晦涩的问题时，连有敏锐理智的人也无法弄清问题的根源，除非他一直紧密地关注这些问题。因此当演说家有权在如此广阔、无边无际的领域里随意发表意见时，无论他站在什么地方寻找

---

① 参见本文第二卷第 31 章。

他自己的根据，演讲术的资源和修辞都是已经合用的；因为，充分提供事实导致充分提供语词，要是所讨论的主题本身具有令人振奋的性质，那么也会产生语言上的自然而然的鲜明性。由于童年时的人文艺术教育使得那些打算成为演说家和作家的人不仅热情洋溢，有良好的天赋，而且在参加了有关一般原则的抽象讨论以后，会选择最完善的作家和演说家进行学习和模仿。这样的人当然不需要到你们的教师那里去学习如何组词造句，如何掌握华丽的文风；天性本身一经接受训练，就能提供大量的素材，无须任何指引，就能找到演讲术的修饰之路。"

【32】这个时候卡图鲁斯插话了，他说："我的天哪，克拉苏！你的讲话覆盖了多么巨大的范围，包含多么重要的种种考虑，你勇敢地突破了狭窄的限制，拯救了演说家，把演说家重新提升到他的祖先拥有的宝座上去！据说，在远古时代，修辞学的教师和大师们不考虑他们领域之外的谈话种类，而是不断地思考演讲术的各种体系。他们中的一位，埃利斯的希庇亚，在那个每四年举行一次的著名赛会期间访问奥林比亚，面对来自整个希腊各地的听众，他吹嘘说，没有任何知识体系中的任何一项事实是他不熟悉的。他的成就不仅包括构成博雅教育之基础的那些科目，包括数学、音乐、文学知识和诗歌、自然科学、伦理学、政治学，而且他还亲手制作了他手上戴的戒指、身上披的斗篷、脚上穿的靴子。希庇亚无疑言过其实了，但这个故事本身使我们很容易猜想古时候的演说家对卓越成就的追求有多么强烈，即使他们不去激励那些愿望不那么强烈的人。关于开奥斯的普罗狄科、伽克敦的塞拉西马柯、阿布德拉的普罗泰戈拉，我又该说些什么呢？他们每个人既演讲又写作，讨论了他们那个时代思考的问题，以及大量有关自然科学的东西。甚至著名的林地尼的高尔吉亚也是这样，按照柏拉图的说法，他是一个演讲术的倡导者，但他在争论中输给了哲学家，① 这位对手要么在实际生活

① 在柏拉图的《高尔吉亚篇》中，高尔吉亚争论说修辞学是最高的科学，反对苏格拉底。

中没有被苏格拉底打败，柏拉图的著名对话是不真实的，要么他确实被打败了，所以苏格拉底显然更加雄辩和流利，用你自己的话说，[①] 他是一名更加成熟、更加优秀的演说家。在我们提到的柏拉图的这本著作中，高尔吉亚说他能详尽地谈论各种提出来供大家讨论和考察的主题，他也是第一个在讨论中大胆地询问参加讨论的各方面的人想听他谈论什么问题的人。他在希腊享有盛誉，在德尔斐[②] 所有的凡人塑像中，只有他的塑像不是镀金的，而是纯金的。

"但是我提到名字的这些人和其他许多杰出的演讲术权威都是同一时代的人；他们证明了你的论断是真的，克拉苏，希腊古代拥有'演说家'称号的人可能还不止这些。这就确实令我生疑，难以决定应该更多地赞扬你，还是更多地责备希腊人，因为你拥有另一种母语，出生在一个不同形式的社会，你生活的共同体极为繁忙，你几乎从事过各种私人事务，参与过对整个世界的统治，管理过一个巨大的帝国，成功地获取与掌握了大量的事实，你的知识和实践因此而加倍，你的智慧和演讲术对国家产生影响。而那些希腊人，尽管出生在一个学问的世界，热心地参与这些学习，但他们由于懒惰而士气低落，结果不仅不能有进一步的收获，而且甚至也不能保存传授给他们自己的遗产。"

【33】克拉苏说："那并非唯一的损失，还有其他许多人也因为把范围广泛的学问分成独立的科目而受到伤害。你能假定，在伟大的科斯的希波克拉底的时代，有些医生专攻医学，有些医生专攻手术，有些医生专治眼科疾病吗？或者假定数学在欧几里德或阿基米德手里，音乐在达蒙或阿里司托森手里，甚至文学在阿里斯托芬或卡利玛库斯手里，是完全独立的科目，没有人能够掌握整个文化，而只能为自己选一个不同的部分在其中工作？我自己经常听我的父亲和岳父说，我们这个民族也有人期望在哲学中取得卓越成就，

---

① 参见本文第一卷第 11 章。

② 德尔斐（Delphi），希腊宗教圣地。

无论怎么说，他们曾经在我们国家的某个时期掌握了各种学问。他们可以回忆埃利乌斯·塞克斯都，而我们确实看到玛尼乌斯·玛尼留斯走过广场，令人惊讶的是，他在这样做的时候用他的智慧为全体同胞服务。在古代，当人们向这些人请教的时候，他们就一起去散步，或者在家中就座，不仅向他们询问法律问题，而且也会谈起嫁女儿、买农庄、耕种田地，总之，他们会谈论各种各样的债务和事情。这就是老普伯里乌·克拉苏、提多·科隆卡尼乌和最聪明的人、我妻子的曾祖父西庇阿的智慧。他们全都当过祭司长，人们向他们咨询各种各样的事务，宗教的或世俗的。更为重要的是，他们愿意用他们的智慧和忠诚为他们的朋友效劳，在元老院或公民大会，在国内或国外。除了今天我们从海外输入的最优秀的文化，马库斯·加图还缺些什么吗？他学习法律会阻碍他在法庭上出现吗？作为一名辩护人，他的能力会使他轻视法律这门学问吗？不，他在两个领域都是热情的工作者，他在两方面都赢得了荣誉。处理私人事务所产生的影响使他远离公共生活了吗？没有人比他在公民大会上的影响更大，没有一位元老院的成员比他更优秀，同时，他也是我们最能干的军事统帅。简言之，在那个时期有可能知道的事情，没有一样是他没有学习、没有掌握、没有撰写过的。而今天正好相反，人们一般追求政府中的职位和地位，赤手空拳、毫无准备，不熟悉任何事务或知识。要是众人中有一人是个例外，他站出来时就会非常自豪，感到自己具有承担某种义务的独特素质，比如战士的勇敢或某些军事经历，这些事情无疑已经相当过时了，比如某些法律知识，更不用说整个法律了，因为没有人研究与民法相连的宗教法，又比如雄辩，他们以为雄辩就是狂吼乱叫和口若悬河。至于各门学问之间的相似性和联系，以及它们与美德本身的关系，则完全处于他们的知识范围之外。

【34】“再来谈希腊人。我们在这一类讨论中无论如何不能忽视他们，正如我们不得不到我们的同胞中去寻找美德的典范一样，我们也不得不转向希腊人寻找学习的模式。据说有这么一个时期，曾经有七个人被尊称为‘贤

人’；除了米利都的泰勒斯[①]，其他人都是他们城邦的首领。根据这些记载，在那个时期有谁能比庇西特拉图[②]更加聪明、博学和雄辩？据说是他第一个把先前杂乱无序的荷马书卷排列成我们现在拥有的这个样子。庇西特拉图确实没有为他的同胞公民服务过，但由于拥有杰出的口才，使他在文学和各门学问上成了名人。伯里克利怎么样？我们知道他的演讲能力，尽管在国家安全所需要的时候，他曾经不太符合雅典人的期待，非常严厉地讲话，批评那些颇有名气的、人人都能接受的领导人。在那个时候，雅典是允许批评领导人的。伯里克利尽管受到他们的诬蔑，但有一部古老的喜剧说，伯里克利的舌头充满魅力，他有这样的本事，能使他的话像刺一样扎在他的听众的心灵上。[③]但是伯里克利的老师不是一个上课对着学生大声吼叫的人，而是伟大的克拉佐门尼的阿那克萨戈拉[④]，他的名声在于他拥有关于最高学问的知识。后来伯里克利在学问、智慧和口才上也出人头地。整整四十年，在从事政治和指导战争两个方面，他都是雅典最杰出的领导人。克里底亚怎么样？阿尔西庇亚德怎么样？他们尽管不是他们的同胞公民的恩人，但他们无疑是博学的和雄辩的。他们难道不会把他们受到的训练归因于和苏格拉底讨论吗？是谁为叙拉古的狄奥尼修斯学习各门知识做了最后的指导？不就是柏拉图吗？[⑤]这位老师不仅拥有口才，而且拥有智慧和美德，他鼓励狄奥尼修斯争取国家自由，并为他完成这一任务装备了武器。柏拉图教育狄奥尼修斯，或者伊索克拉底教育那位最著名的指挥官科浓最优秀的儿子提摩修，还使用过其他科目吗？要知道，提摩修本人也是一位成熟的战士和博学的学者。伟大

① 泰勒斯（Thales），第一位希腊哲学家，米利都学派的创始人，希腊七贤之一。

② 庇西特拉图（Pisistratus），生平不详。

③ 参见《希腊喜剧残篇集》（T. Kock，*Comicorum Atticorum Fragmenta*，1880）第一卷，欧波利斯（Eupolis）残篇第94段。欧波利斯是雅典喜剧诗人，生于公元前446年。

④ 阿那克萨戈拉（Anaxagoras），希腊自然哲学家（约公元前500年—前428年），公元前480年从克拉佐门尼赴雅典。

⑤ 柏拉图（Plato），希腊大哲学家（公元前429年—前347年），苏格拉底的学生，亚里士多德的老师。他曾经赴叙拉古（Syracuse）给僭主狄奥尼修斯（Dionysius）当老师。

的毕泰戈拉学派的哲学家吕西斯教育底比斯的厄帕米浓达，他也许是希腊史上最出名的人物，或者色诺芬教育阿革西劳，或者菲罗劳斯教育塔壬同的阿尔基塔，或者毕泰戈拉本人教育从前被称做‘大希腊’的位于意大利整个希腊人占领区的人，还使用过其他科目吗？

【35】“这不是我个人的看法，因为我注意到，有一门具体的教育课程包含了对人的文化和政治雄心有益的所有主题，接受了这种教育就能够走上演讲的第一线，具有用语词进行表达的才能，他们自己就能进行这种实践，而不再留有任何天生弱点的痕迹。同理，亚里士多德注意到，伊索克拉底放弃法律和政治主题、专门讨论优雅的文风，从而成功地拥有了一批杰出的学生。于是，亚里士多德突如其来地改变了他的整个训练体系，并且稍加修饰地引用《菲罗克忒忒斯》[①]中的一句话。悲剧中的这位英雄说，要保持沉默并忍受野蛮人的讲话，这对他来说是一种耻辱。对此，亚里士多德稍做改动，把句子中的野蛮人改成了伊索克拉底。然后他以完善而又卓越的形式提出他的整个哲学体系，并用踏实的文风与那些有关事实的科学研究相联系。这件事确实也没有逃过极为明智的腓力国王的注意，他把亚里士多德召来当他的儿子亚历山大的老师，要亚里士多德向亚历山大传授有关行为和演讲的准则。

“在现阶段，对那些希望把演说家的头衔用在一位向我们传授了大量事实和语言的哲学家头上的人，我完全随他们的便；要是这些人宁可把我现在描述的那些把智慧与口才结合在一起的演说家称做哲学家，那么我也不会提出反对，只要大家同意，知道事实却不能用语言表达因而保持沉默的人，还有虽然不缺乏讲话的能力但对事实一无所知的人，都不配得到赞扬。如果不得不在二者中进行选择，那么我宁可希望拥有智慧但缺乏表达能力，而不愿意愚蠢地夸夸其谈；但若正好相反，要是我们试图在整个系列中找到一样列于首位的东西，那么这项荣誉必须归于有学问的演说家。如果他们允许他同

① 《菲罗克忒忒斯》(*Philoctetes*)，希腊悲剧家欧里庇德斯的作品。

时也是一名哲学家，那么争论就结束了；但若他们使二者保持分离，那么他们就会得到在这个系列中居于第二位的东西，亦即拥有所有哲学家的知识的完善的演说家。但是哲学家探讨的范围没有必要包括口才，尽管哲学家轻视口才，但口才至多只能视为在他们的知识之上添加一顶装饰性的冠冕。”

说完这番话，克拉苏本人沉默了一会儿，其他人也都不吭气了。

【36】然后科塔说话了。他说：“克拉苏，在我看来，我无法抱怨你讨论了一个不同的主题，它似乎并非你开始讨论时的那个主题，因为你做出的贡献已经远远多于给你指定的任务和我们的要求。但可以肯定的是，当你谈论文风的修饰时，你实际上已经开始把卓越的文风这个主题划分为四个部分，[①]尽管你已经处理了它们中的前两个部分（就我们考察的目的来说，这样做是恰当的，但确实如你自己所承认的那样，你只是快速地、小规模地做了处理），但留下了另外两个有待处理的部分：我们应该如何确保文风的优雅和恰当。然后，当你开始讨论这两个部分时，你突然被一股浪潮卷走，离开陆地直奔大海，几乎远离所有人的视线。你掌握着整个知识，尽管你确实没有把它传递给我们，在如此短暂的时间里确实也不可能做到这一点，但是，尽管我不知道你是如何成功地说服我们的朋友的，但就我的情况来说，无论如何，你还是迫使我完全转向了学园派。我应当感到高兴，你发表了诸多高论，在那所学校里耗费一生的时间不是必要的，粗略地看一下就有可能了解这个体系的完整范围。即使这是一个相当漫长的过程，或者说我本人是一个慢性子的人，但毫无疑问，我绝不可能停顿，或者由于筋疲力尽而放弃，无法全面掌握这个学派的双重方法，以及他们就每一命题提出两方面论证的体系。”

凯撒插话说：“克拉苏，你的讲话中有一件事情特别令我感动。你断言，一个人要是不能很快成功地学会一件事情，就绝不可能彻底掌握它。所以我需要的不是毫不犹豫地试一下我的运气，一劳永逸地完全掌握你提升到如此

---

① 参见本文本卷第 10 章。

高度的那些原则，或者说，要是我证明自己做不到，我也不用继续浪费我的时间，因为我对属于我们这个种族的其他能力感到相当满意。”

在这个时候，苏皮西乌说：“克拉苏，我正好相反，不会去使用你的亚里士多德、卡尔涅亚得，或其他任何哲学家。我欢迎你假定我不希望能够掌握你的这些学说，或者假定我对它们表示藐视，但事实上我正是这样想的。在我看来，我们平常熟悉的法律和公共管理事务对我们所谓的演讲来说范围已经相当广泛了。尽管其中包含着大量我不懂的事情，但我仍旧会只在某些我为之辩护的案例有某种需要时我才会去了解它。因此，要是你现在还不累，要是我们没有给你增添太多的麻烦，还是请你回到那些有助于演讲卓越的性质上来。这是我想从你这里听到的内容，我这样想不是因为我失去了拥有口才的所有希望，而是为了丰富自己的知识。”

【37】克拉苏说：“苏皮西乌，你问的这些事情大家都很熟悉，想必你也并不陌生，因为有谁没有上过课，甚至就你提到过的这个主题写过文章？然而，我会让你满足的，不管怎么说，我会就我熟悉的要点给你上一堂简要的课，虽然我的真实想法是，毫无疑问，追溯那些最初的权威才是最好的办法。

“那么好吧，一切讲话都是由语词组成的，所以我们必须首先考察语词独立存在或者语词结合在一起时的相关原则。风格的优雅有两种：一种来自分离的语词；另一种来自结合在一起的语词。所以我们使用的语词要么是事物恰当而又确定的名称，它们的产生几乎与事物的产生同时，要么是含有隐喻的术语，置于某种并不真正属于术语的关系之中，要么是由我们自己构造的新词。因此，就使用恰当的语词这一点来说，避免过于普通的、陈腐的语词，使用那些精挑细选的、发音比较洪亮的术语，这是演说家的特点。但对于这类语词，必须练习如何选择，必须用耳朵的批判能力来衡量这种选择，在这样的过程中，讲话习惯也具有很大的价值。因此，普通人对演说家的一般评价，‘某某用词用得好’，或者‘某某用词用得不好’，不是一个确定的科学判断，而只是一种基于直觉的常识性的意见。尽管避免措词错误很重要，但这样做并不会带来很大的优点，措词的基础是使用良好的、丰富的词汇。我们必须做出的发现似乎是演说家本人要以词汇为基础建造什么，他要把他的技艺用在什么地方？

【38】“为了装饰或修饰他的风格，演说家在词汇上做出的贡献有三样：罕见词、新造词、隐喻词。罕见词通常是古词，因为年代古老而在日常讲话中不再使用。罕见词在诗人那里可以自由使用，但要使诗人用的词在演讲中也具有尊严，那么很少有这样的情况发生。我确实不应当害怕使用科厄留斯的短语，‘Qua tempestate Poenus in Italiam venit’（迦太基人什么时候进入意大利），或者害怕使用‘prolem’（后代）、‘sobolem’（后裔）、‘effari’（说出）、‘nuncupare’（发音）这些词，或者害怕使用你卡图鲁斯的习惯表达法，‘non rebar’（我不认为）、‘opinabar’（我认为），或者其他许多表达法，要是在恰当的语境中使用，就会给文风增添庄严和古朴的色彩。新造词是那些由实际的讲话者发明和创造的语词，要么是把几个词拼在一起，例如，Tum pavor sapientiam omnem mihi exanimato expectorat（恐惧来自我苍白的意识，一切智慧出自我的内心）、Num non vis huius me versutiloquas militias？（你们肯定不会像这个家伙一样拐弯抹角地讲话？）。你们全都注意到‘versutiloquas’（拐弯抹角地讲话）和‘expectorat’（出自内心）这两个词是人为地结合在一起的，不是自然而然地产生的。也常有新词的产生不需要使用结合的方法，例如‘senius desertus’（被遗弃的上了年纪的人）、‘dii genitales’（掌管生育的神）、‘bacarum ubertate incurvescere’（采摘丰收的葡萄）这样一些表达法。

“在我们这个系列中的第三种办法是使用隐喻，它有着广泛的用途。词汇贫乏和不足所带来的压力使得使用隐喻这种办法的产生成为必然，由于隐喻具有令人愉快和有趣的性质，这种方法就变得非常流行。正如衣服一开始发明出来是为了御寒，而后来就开始用于装饰和表达尊严，语词的隐喻用法一开始是由于词汇贫乏，然后就被用于普遍的修饰。甚至乡下人也会说‘gemmare vites’（宝石般的葡萄酒）、‘luxuriem esse in herbit’（丰盛的牧草）、

‘laetas esse segetes’（欢乐的丰收）。对此，我们可以做一些解释。碰上那些很难用专门术语来表达的事物要用隐喻来表达，被表达的事物与作为表达手段的语词所表达的事物之间有某种相似性，通过这种相似性，我们弄清了我们想要表达的意思。因此，当你使用比喻时，你从中吸取到了你在别处得不到的东西，这是一种借用。但是也还有另外一种更加大胆的比喻，它的出现不是由于词汇贫乏，而是为了表现某种程度的优雅文风。然而，我不需要给你上一门课，告诉你如何发明比喻，如何给比喻分类。

【39】“[隐喻是直喻的一种简短形式，压缩到一个词；这个词被安放的位置似乎并非它本来应有的位置；如果它得到承认，那么就会提供快乐，但若它不包含相似性，那么就会受到排斥。][①]但是，使用隐喻的目的只能是使含义更加清晰，例如：‘大海颤抖，夜幕深沉，狂风怒吼，电闪雷鸣。突如其来的暴雨夹杂着冰雹直泻而下，来自四面八方的狂风形成了龙卷风，大海沸腾……’[②]其中几乎所有的细节都由于使用了以相似性为基础的隐喻而变得更加清晰，或者说，使用隐喻更好地表达了事件的完整意义，无论这个事件是由行动组成的，还是由思想组成的。就好像在某个剧本中，有人仅仅用了两个以相似性为依据的、带有隐喻的词，就指出有意识的隐瞒使人不可能了解所发生的事，‘因为他使用了语词的斗篷，罪恶的保护伞’。隐喻偶然地也可以用来获得简洁性，比如‘要是武器从他手中滑落’。[③]如果不用滑落这个带有隐喻性质的词，就无法更加简洁地表现投枪出手不是故意的。

“在这个标题下，如果有人问为什么每个人都会从带有隐喻性质的语词，而不是从属于事物的那些专有名词得到更多的快乐，那么我会感到这是一个奇怪的问题。

---

① 英译者认为括号中的这段话显然是一段插入语，是后来的篡改。

② 引自巴库维乌斯：《透克洛斯》（*Teucer*），参见 L. C. L.《古代拉丁典籍残篇集成》（*Remains of Old Latin*）第 2 卷，第 294 页。其中的隐喻主要在于动词。

③ 取自关于凶手的法律条文，参见《十二铜牌法》，L. C. L.《古代拉丁典籍残篇集成》（*Remains of Old Latin*）第 3 卷，第 492 页。

【40】“因为，要是某个事物没有得到专门的名称或它自己的称号，例如，一艘船的‘船’、由双方缔结的契约中的‘义务’、涉及妻子的‘分居’，那么必然会迫使人们去别处借用一个；但即使在有充分的专有名词时，带有隐喻性的术语仍会给人带来更多的快乐，只要这个隐喻是好的。我假定发生这种情况的原因在于，隐喻标志着使用者的能干，跳过那些非常明显的事情而选择那些遥不可及的事情；或者是因为听众的思想被导向别处，然而并没有使他们感到迷失，这就是一种极大的快乐；或者是因为在具体情况下用一个词就表明了这件事物，提供了整幅图景；或者是因为每个隐喻，只要它是好的，都会直接诉诸于感觉，尤其是最敏锐的视觉。当其他感觉也提供了诸如‘良好品性的芬芳’、‘人性的柔软’、‘波涛的怒吼’、‘讲话的甜蜜和风’这样一些隐喻时，取自视觉的隐喻是最鲜明的，而只能在我们心中看到的其形象的东西是我们的眼睛所看不见的。因为世界上没有什么事物的名字或称呼是不能用于和其他事物相联系的；用任何事物都可以做隐喻，隐喻可以取自任何事物，用一个包含着相似性的事物的语词就能提供隐喻，如果在隐喻的意义上使用语词，就能增添文风的卓越。

“在使用比喻时，首要的事情是避免那些没有真正相似性的比喻，比如‘巨大的天穹’。这个表达法确实把一个真正的球面安放在大地上，所以恩尼乌斯可以这样说；但同时我们要知道天空与球面不可能有什么相似性。‘乌利西斯，在你还能活命的时候，用你的眼睛抓住你最后的时光！’[①] 他没有说‘寻找’（seek）或‘取’（take），因为这些词的意思比较迟缓，可以表示那些有希望长时间活着的人的想法，而是用了‘抓’（snatch）这个词，这个词适合前面说的‘在你还能活命的时候’。

【41】“然而我们也必须明白，相似性并非那么遥不可及。比如说，‘他的遗产中的锡尔特’，[②] 而我宁可称之为‘海滩’（scopulum）；‘财富的卡里狄

① 可能引自恩尼乌斯的《埃阿斯》（*Ajax*）。

② 锡尔特（Syrtis），非洲北端的两个大海滩，一个叫做大锡尔特海滩，一个叫做小锡尔特海滩。

斯’,[①] 我宁可称之为‘漩涡’(voraginem)。我们看见的事物比我们听到的事物更容易抵达心灵之眼。使用比喻的最大优点可能是比喻性的表达法可以直接击中我们的感觉，所以必须避免会误导听众心灵的不包含相似性的比喻。我不赞成说阿非利加努之死‘阉割了这个国家’、格劳西亚是‘元老院的粪便’。这里头也许有某种相似性，但这些例子中的相似性都包含着某些丑陋的念头。我不赞成使用大于被比喻事物所需要的规模的比喻，比如‘暴风雨般的宴会’，或者使用那些规模小于被比喻事物的比喻，比如‘宴会般的暴风雨’。我反对使用那些在范围上比文字或专有词汇更加狭窄的比喻性的术语，比如说‘请你告诉我，这是什么？为什么我走过来的时候你要摇头？’在这种时候使用‘禁止’、‘威慑’、‘阻拦’会更好些，就好比作者在另一处说，‘站住，不要动！免得我的一举一动伤了义人’。[②] 还有，要是担心比喻显得太刺耳，那么就用一些前置词来软化它，就像人们经常做的那样。例如，古时候有人说元老院由于马库斯·加图之死而变得像‘孤儿’一样，这个比喻显得太刺耳，而说‘我也许可以称之为孤儿’就比较容易被接受。事实上，比喻必须要有一种申辩的气氛，而有了一个恰当的前导，就可以进入一个并不属于它的地方，使人不会觉得突如其来，而是得到允许才来的，不是自己闯进来的。但是，就使用单个语词来说，没有别的讲话模式能比使用隐喻更加有效，能给风格增添更多的卓越性质，因为这种方法有进一步的发展，不是隐喻性地使用一个词，而是使用相互联系在一起的一连串语词。所以除了要说明的那些必须明白的意思以外，还有其他意思。比如，‘要我去把船弄沉了，我受不了，就像从前阿该亚人经过时那样，第二次撞在同一块礁石上’，以及‘你错了，你错了；在你过分自信地竖起你的脑袋时，法律强有力的缰绳会制约你，将你置于权柄的轭下’。在这些段落中，作者把专门属于某些真实事物的词，就像我说的那样，比喻性地用于其他事物。

---

① 卡里狄斯（Charybdis），意大利和西西里岛之间的海中漩涡。

② 恩尼乌斯：《堤厄斯忒斯》(*Thyestes*)，参见 L. C. L.《古代拉丁典籍残篇集成》(*Remains of Old Latin*) 第 1 卷，第 352 页。

【42】“这是一种很有价值的修饰风格的方法，但一定要注意避免晦涩。事实上，所谓谜语就是以这种方式建构的，但是这种模式并不针对一个词，而是由某种一般的风格组成，也就是说，由一连串语词组成。然而，用一个词代替另一个词，或者所谓的转喻[①]，不包含新词的发明，比如‘粗重而朴实的阿非利加[②]由于可怕的混乱而颤抖’，不是一个已经发明出来的词，比如‘礁石激起浪花的（rockurpting）大海’，也不是使用含有隐喻的词，如‘大海被软化了’，而是出于修饰文风的目的，用某个事物的专有名词指称另一事物，例如：‘停下来，罗马，你的敌人……’‘伟大康帕尼亚是我的证人……’这种方法用来修饰文风是有效的，应当经常采用，同类的用法有‘战神的公正’这个短语，还有用‘刻瑞斯’[③]这个术语指称谷物，用‘利伯尔’[④]指称葡萄酒，用‘尼普顿’[⑤]指称大海，用‘房子’（House）指称元老院，用‘投票站’（the pulling booth）指称选举，用‘平民打扮’（civilian dress）指称和平，用‘武器’或‘枪’指称战争。属于同一类的用法还有用美德或罪恶的名称来代表拥有这些德行的人，比如，‘为奢侈开辟了通道’，又如‘邪恶在那里找到了缺口’，‘忠义盛行’。你们明白我的意思了，整个这一类表达法通过修饰或更换语词的办法，更加优雅地表达了相同的意思。与此相连的是，当我们希望用某个部分来表示整体的时候，就使用一种较小的但无论如何并非无足轻重的修饰形象，例如当我们表示‘房子’时，我们说‘墙’或‘屋顶’；或者用整体表示部分，例如我们可以把一队骑兵称做‘罗马的骑兵’；或者用一个事物表示几个事物，比如说，‘尽管打了胜仗，但罗马人（单数）的心在颤抖’；或者用几个事物表示一个事物，比如说，‘我们原先

---

① 转喻（metonymy），又译为换喻，比如说“水壶烧开了”，用“水壶”来表示烧开的水壶里的“水”。

② 此处用阿非利加（Africa）转喻阿非利加人，就好比下文用罗马转喻罗马人。

③ 刻瑞斯（Ceres），谷物女神的名字。

④ 利伯尔（Liber），意大利的古老神祇，后来等同于希腊酒神。

⑤ 尼普顿（Neptune），意大利水神，后来等同于希腊海神波赛冬。

是鲁底亚人，现在是罗马人'[1]；或者不管用什么形式使用一个词，但不是在这个词的字面含义上使用，而是在它暗示的意义上使用。

【43】"我们还经常不按一个词的字面意义，而是以一种不那么文雅的方式在隐喻的意义上使用这个词，尽管这是一种相当松散的用法，但有些时候仍旧是令人愉快的。例如，我们说一篇详尽的（grandem）[2]讲话，而不说一篇很长的（magna）讲话，我们说褊狭（parvo）的心灵，而不是说狭小（minutum）的心灵。如我所解释的那样，前面提到过的这些形象[3]由一系列隐喻性的术语组成，你们注意到了吗，不是出自一个词，而是出自一句话；而我们现在提到的形象由那些在转喻意义上使用的语词组成，或者说这些词不是在它们的字面意义上使用的，而是一种比喻。

"由此可见，使用语词的优点和特点来自三个因素：所用的语词可以是古老的，但同时又应当被习惯用法所接受；由两个词的结合组成新词或发明一个新词，在这里同样要考虑我们的耳朵是否能够习惯；在隐喻的意义上使用语词，这是一种引入亮点、增添文采的最有效方式。

"接下去的问题是环形句[4]结构，具体包含两点：第一是排列；第二是节奏与平衡。把语词安放在一起使之形成一个环状结构，没有任何刺耳的辅音的碰撞，或元音的连续[5]，而是语词之间平稳地联结。最擅长这种结构的一位作者[6]说过一个笑话，讲话的角色是我的岳父[7]。他说：'Quam lepide legeis compostae! Ut tesserulae omnes，arte pavimento atque emblemate vermiculato.'（他处理起这些短语来有多么迷人，排列有序，就像小径上铺设的马赛克，镶嵌得错落有致，蜿蜒缠绕。）在说了这些话以后，阿布西乌也没有闭嘴，

① 讲话者用复数第一人称"我们"来代替第一人称单数"我"，讲的是他自己。

② 这个词原先的字面含义是"充分成长"、"高"。

③ 亦即隐喻，参见本文本卷第41章。

④ 环形句（period），又译为掉尾句、圆周句。

⑤ 元音的连续，例如"he enters"中的"e"。

⑥ 英译者说古代的抄写员正确地标出这里讲的作者指鲁西留斯（Lucilius）。

⑦ 指斯卡沃拉。

而是说：‘我有一个女婿名叫克拉苏，所以对我讲话别太像是在演讲。’结果怎样？这位克拉苏先生有什么成就吗（鲁西留斯，当你硬把他的名字拉扯进来的时候）？只有一点，这就是克拉苏做的无疑要比阿布西乌好多了。这就是斯卡沃拉在诗中说的意思，也是我本人所希望的；然而我受到的打击是他的一个笑话，这是他的行事方式。但无论怎么说，重要的事情在于注意我正在说的语词的顺序，它能产生一种严密的风格，甚至产生语词之间的平稳和流畅。如果你能把一组词的结尾与后续词的开头很好地结合起来，避免生硬的辅音碰撞和笨拙的元音连续，那么你就能取得这种效果。

【44】“除了注意这件事以外，还要考虑节奏和词形，我担心卡图鲁斯可能会认为这个观点太幼稚；因为古代的希腊大师们认为在这种散文风格中，我们使用某些几乎相当于诗歌韵律的东西是恰当的，也就是说，使用某些确定的节奏。因为他们想，在演讲中环形句的结尾一定不能是我们喘不过气来的时候，而应当在我们可以吸气的时候，不应当以抄写员的标点为标志，而应当以语词和思想的排列为标志。据说伊索克拉底最先引进属于早期的有关演讲术的不规则风格的练习，所以他的学生瑙克拉底写道，用节奏这种元素可以给耳朵提供快乐。因为韵文与旋律这两种提供快乐的方法是乐师发明的，他们在古时候也是诗人，他们的意图就是用语词的押韵和音调的调式克服听众的厌腻。因此，这两件事情，我指的是声音的调节和语词的环形安排，他们认为适宜把它们从诗学中转到修辞学中来，只要它们与修辞学的严谨性质相容。

“在这件事情上，一个极为重要的观点是，要是语词的相连成了诗句，尽管演讲不是作诗，但无论如何我们同时又希望词序与诗句相似，有节奏感，能很好地适应并形成语调上的抑扬顿挫。在演说家的许多标志中有一点最能区分演说家和毫无经验、无知的新手，初学者总是急于把所有的话都杂乱无序、一股脑儿地说出来，断句时也不从艺术的角度考虑，在呼气时断句；而演说家把语词和意义联系在一起，使之能够以某种丰富而又自由的节奏展开他的思想。在这种丰富而又平衡的形式中通过变换词序轻松地讲话，既不用一种固定的韵律捆绑语词，也不让语词不受任何控制地漫游。

【45】“那么，我们该如何充满自信地进入这一领域，使我们的讲话富有节奏感？这件事的难处不像它的重要性那么大，因为世上没有任何东西能像言语那样微妙和灵巧，无论如何引导，都很容易追随。言语作为材料可以用来制造语句和不规则的韵律。还有，它也是制造各种风格的材料，因为谈话中的词汇和正式演讲中的词汇是一样的，我们并非选择了一类语词用于日常生活，选择了另一类语词用于正式的公开场合，而是在日常生活中掌握了这些词，让它们受我们的差遣，就像最柔软的蜡，我们可以随意塑造，使之成形。因此，我们有时候使用庄严的风格，有时候使用平实的风格，而在某些场合采用的风格介于二者之间。这样一来，我们演讲风格的变化遵循我们所采取的思想路线，以适合愉悦听众耳朵和影响听众心灵的所有需要。但是，就像众多用不可思议的技能发明出来的事物一样，演讲术作为最有用的一种事物拥有最大的尊严，同时也经常是最美的。我们注意到，为了整个宇宙的安全和稳定，这个有序的自然界是这样构成的：天空是一个圆形的苍穹，大地位于它的中心，凭它自身的力量驻留在那里，太阳围绕大地旋转，在冬天过了一半的时候逼近星座①，然后又逐渐朝着相反的方向升起。而月亮在前进与后退时接受太阳的光线；五颗行星的运行方向相同，②但它们的运动和路线不同。这个体系如此强大，对它的任何一处做一些微小的改变都会使得它们的聚合成为不可能；它是如此美丽，我们无法再想象比这更加美丽的景象了。现在你们可以思考一下人的样式和形象，甚至也可以想一想其他生灵。你会发现它们的身体从结构上来说没有哪个部分是多余的，它们的整个形态是一件完善的艺术品，而不是出于偶然。

【46】“以树为例，树干、树枝，最后是树叶，全都无一例外地有着精心设计，以便保存它们自身的本性，然而又没有一个地方是不美的。让我们离

① 太阳在冬至时逼近摩羯座。

② 五颗行星指金星、木星、水星、火星、土星，这里说的运行方向相同指的是它们像太阳和月亮一样围绕地球旋转。

开自然，转而思考技艺。以船为例，还有什么部分能像船舷、船舱、船头、船尾、甲板、船帆、桅杆那样必不可少？然而它们全都拥有优美的形态，显得它们被发明出来不仅仅是为了安全，而且也是为了提供快乐。在神庙和柱廊中，柱子是用来支撑整个结构的，然而它们在形态方面也被设计得非常庄严，就像它们被设计得非常有用一样。从远处讲，卡皮托利山上的神庙以及其他神庙的山墙不是美的产物，而是实际需要的产物，因为它是计算了如何使雨水从屋顶的两面流走以后设计出来的，而山墙设计上的庄严就是适合建筑结构需要的一项副产品。所以，哪怕有人要在天上造一座神庙，那里没有雨可下，但要是没有山墙，也会被认为完全缺乏庄严。

“涉及演讲的各个部分也是这种情况，由于实际需要而产生了作为结果的迷人风格，这一点从根本上来说是必然的。源于环形句结构和词与词之间的停顿是一种错误，或者说这是因为讲话时接不上气来，但这种情况一旦被发现，而它又是那么吸引人，所以哪怕有人能够有本事做到讲话不换气，我们仍旧不希望他不间断地说出一大堆话来，因为我们的耳朵只会满足于这样一种表达风格，这种风格不仅是耳朵所能承受的，而且也是人的肺部所能承受的。

【47】“因此，尽管我们一口气就能说出很长的一段话来——这是自然给我们提供的标准，但是技艺的标准与它不一样。卡图鲁斯，在各种各样的韵律中，人们常用的短长格（iambus）或短短短格（tribrach），但你们这个学派的大师亚里士多德禁止演说家使用它们。然而，它们渗透到我们罗马的演讲术中来，自动地成为一种演讲风格；然而这些格律有着非常明显的节奏，韵脚（foot）又太短。所以亚里士多德要求我们主要应当使用而且可以相当合理地使用双韵脚或多韵脚的英雄格，除非我们不想陷入直截了当的诗句或某些相似的诗句之中。例如，‘altae sunt geminate quibus……’（两位少女都很高，她们……）。这些三韵脚的诗句相当适宜用做一个环形句的开头。但是这位权威还特别称许派安格（paean），它有两种，要么以一个长音节开头，后续三个短音节，比如‘desinite’（停止做此事）、‘incipite’（接近

它)、‘comprimite’(按下它),或者是三个连续的短音节再加一个结尾的长音节,比如‘domuerant’(打败他们)、‘sonipedes’(响亮的脚步声)。这位哲学家提到,可以把前一种派安格的韵脚用于开头,把后一种派安格的韵脚用于结尾。但事实上,后一种派安格的韵脚与前一种几乎是相同的,但不是音节数量相同,而是在它影响耳朵的时间长度上相同,这是一种更加尖锐、更加可靠的考验,就好像诗歌中的长短长格(Cretic),例如:Quid petam praesidi aut exsequar? Quove nunc……(我可以上哪里寻求帮助?下一步该怎么办?在什么地方……)[1] 下面是芳尼乌斯在一篇演讲开头时用的节奏:‘Si,Quirites,minas illius……’(高贵的主人,要是威胁借此而来……)。亚里士多德认为这种韵脚更适合用做从句的结尾,他希望用长音节结尾成为一条规则。

【48】“然而这些观点没有引起人们密切的关注,诗人们也没有注意练习,因为对他们来说这只是一种实际的需要,也是韵律本身的需要,用语词构成的句子应当能够一口气说出来,而不应当太长。散文没有那么多约束,把它称做‘自由风格’是相当正确的,但这样说并不意味着可以松松垮垮或狂吼乱叫,而是说它没有什么约束,但有它自己的控制方法。我同意塞奥弗拉斯特的观点,精致的、系统的散文毕竟要有一种韵律,尽管不是僵硬而是相当松散的。事实上,正如他所预言的那样,不仅我们现在流行的诗歌的韵脚后来演变成一种更加适宜讲话的韵脚,抑抑扬格(anapaest),从中又演变出更加松散、更加豪华的赞美体韵脚,[2] 如同一位作者所说,它的组成和韵脚广泛地出现在所有内容丰富的散文中,而且要是所有的声音和讲话都包含着拥有某些节拍的节奏的成分,能够用它有规则的间隔来测量,那么把这种节奏算做散文的一个特点是适宜的,只要不把它用到无间断的连续讲话中。要是不认为连续的、不停顿的讲话是粗鲁的、粗糙的,那么还有什么理由可以排

---

① 恩尼乌斯:《安德洛玛刻》(*Andromache*),参见 L. C. L.《古代拉丁典籍残篇集成》(*Remains of Old Latin*)第 1 卷,第 250 页。

② 此处原文是“dithyramb”,意思是酒神赞美歌,也指狂热的诗歌、演讲、文章等。

斥这样的讲话，只要自然本身塑造出来的声音能满足人类的耳朵？而除非声音含有节奏的成分，否则是无法令耳朵满意的。但是连续的讲话没有节奏，节奏是划分的产物，也就是用节拍来表示相同长度的、频繁出现的各种间隔，我们在雨滴声中可以注意到节奏，因为它们的发生有间隔，但我们在一条飞速流淌的河流中不能察觉到节奏。但若按照关节把散文中的语词之流分成许多有间隔的、无法一口气说完的肢体，那么这样的肢体需要管理，这样划分了的散文会更加优美，更加令人愉悦；如果这些肢体在结尾时比较短，就会破坏语句的环形结构，因为'周期'这个希腊名称的意思就是这些演讲的转折点。因此后面的从句一定要与前面的从句相同，最后的从句要和最初的从句相同，或者说最后的从句要比最初的从句长一些，要是这样的话，效果更好，更能令人愉悦。

【49】"卡图鲁斯，这些就是最能吸引你的这些哲学家的论断，事实上，为了避免被你们指控为不恰当，我在提出证据时更多地诉诸权威。"

卡图鲁斯说："请你告诉我有什么不恰当？还有什么办法能够比你刚才给我们的解释更加优雅和精致？"

克拉苏说："噢，我是有些担心，怕我们的年轻朋友认为这些学说实行起来太困难，或者怕有人认为是我们想要使这些学说显得比较庄严、比较困难，因为这些学说并不是作为他们常规教程的一部分来传授的。"

卡图鲁斯说："克拉苏，要是你以为我或其他任何人希望你告诉我们的是些平凡陈腐的练习，那么你错了。我们想要听到的正是你告诉我们的这些内容，我们并不希望听到你认为我们希望听的东西，我也坚定地希望你对所有人做出这样的回答，而不是仅仅针对我个人。"

安东尼乌斯说："好吧，就这样，对我来说，我发现我在自己的书中曾经说过，我从来没有找到过一名雄辩的演说家。但是我不打断你的理由是使你在既定短暂的时间里能够完成你的任务，而不会因为我的插话而压缩。"

克拉苏说："好的，那我就继续说。我们必须通过练习讲话和写文章使我们的风格与这种关于节奏的法则一致，这是一件很好的工具，可以在其他类型的作文中提供风格和修饰，尤其是在演讲术中。毕竟，这不是一件繁重的工作，就像它看上去的那样，用诗人或乐师的那些最严格的规则来规范这些事情也是不必要的。我们所要达到的全部目标就是语言一定不能冗长和散漫，随意停顿，或者扯得太远，整个结构的各个部分应当清晰，呈现阶段性。同时也没有必要在所有时间里都使用长句或环形句。正好相反，讲话应当经常划分为较小的组成部分，尽管这些部分自身在整个统一的、有节奏的结构中占有一席之地。你们也不需要担心我们讲过的赞美诗或长短短格（dactyls），它们会自动地进入散文。没错，无须召唤，它们就会在散文中出现。我只希望你们能够习惯写作和讲话的练习，用语词表述思想，使语词的结合呈现一种良好的、长长的、自由的韵律，特别是长短短格、赞美诗的第一种韵脚、长短长格，它们虽然结尾形式不同，但有清晰的标志，因为结尾处的相似性最能受到人们的注意。如果按照这个原则去规范句子的第一个和最后一个韵脚，那么人们不会去注意各部分之间的韵律形态，只要实际的间隔不短于耳朵所期待的，或者长于呼吸所能延续的时间。

【50】“然而，句子的结尾在我看来甚至比前面的部分需要更多的关注，因为正是在这个地方，文风的完善受到主要的考验。因为在文章中即使对句子的开头、中间、结尾给予同等的注意，然而任何一点不足之处都会削弱它的力量，但是在演讲中，很少有人会去注意演讲的开头部分，而几乎每个人都会注意它的最后部分。所以，演讲的结尾特别受人关注，结尾一定要多变，免得被批判能力或耳朵所引起的厌恶情感颠覆。因为也许有两三种韵脚必须用来作为句子的结尾，然后换一口气，只要前面的节奏不太短和不拗口。这样的韵脚必须是长短格（trochee）或长短短格，或者是长短格或长短短格与亚里士多德所赞同的赞美诗的后一种韵脚和与之相当的长短长格交替。使用这些变化可以防止听众由于单调而产生厌烦，我们在为摆在我们面前的任务做准备时也可以省去许多麻烦。卡图鲁斯，你一定记得伟大的西顿的安蒂帕特，他有一个使用六韵步诗句和其他各种形式的诗句讲话的习惯，还能即席发挥，因为他机智敏捷，博闻强记，通过练习使自己成为内行。当

他有意识地要把他的想法变成诗句时，他使用的词汇也会自动地随之而来。因此，通过练习和训练，我们要在散文中做到这一点该有多么容易！

“这些事情怎么可能对那些无学问的听众产生印象，我们不要让任何人对此产生疑问，因为这个部分，就像其他性质一样，拥有巨大的、难以置信的力量。因为凭着某种下意识的直觉，每个人都能够在技艺和比例中区别什么是正确的，什么是错误的，而不需要懂得什么关于技艺或比例的理论。由于知道自己生来缺乏掌握理论的能力，对于绘画和雕塑，以及其他作品，他们就凭着直觉下判断，与此同时，在判断节奏和语词的发音时，他们更多地表现出这种倾向，因为这些直觉的能力深深地植根于一般感觉之中，自然不会让任何人完全缺乏直觉。因此，任何人不仅受到技艺所安排的语词的影响，而且也受节奏和发音的影响。因为懂得有关节奏和韵律知识的人能占多大比例？然而只要节奏和韵律出一点儿差错，某个句子说得太短，某个元音驻留太长，都会引发听众的抗议。有关发音不也一样吗？不仅因为合唱团或歌队成员之间有差别，而且因为演员个人的发音前后不一致，公众都会把他们赶下舞台。

【51】“作为评判者，行家与普通人之间的差别非常小，而作为实施者，行家与普通人之间有巨大差别，这是非常值得注意的。因为技艺起源于自然，如果技艺不能影响我们或具有给我们提供快乐的天然能力，那么一定会被人们视为一种失败。但没有什么东西能像节奏和语词一样与我们的心灵具有如此亲密的关系，它们令我们激动，使我们安宁，给我们抚慰，引导我们欢笑或悲伤。尽管节奏和语词强有力的影响更适宜诗歌与歌曲，有学问的君主，努玛国王，以及我们的祖先，没有忽视它，庆典宴会上使用的七弦琴和笛子，以及祭司团的诗句都可以说明这一点，① 但使用最频繁的还是古时候的希腊。我希望你们只选择这一点以及相同的论题作为我们争论的主题，而

① 罗马第二位国王努玛创建了十二人的祭司团（Salii），奉祀罗马人始祖农神与战神玛斯，每年 3 月 1 日，全团祭司在罗马街头举行游行，事后举行盛宴。

不是讨论有关比喻的幼稚问题!

“然而，正如公众心里明白韵律方面的错误，所以公众也会注意到我们在演讲中的失误，但是某些错误对诗人来讲是无法原谅的，而我们如果犯了错却可以原谅，所有听众，尽管他们没有说什么，但心里都明白我们的演讲并不那么精彩和完美。有些古代演说家不能建构完整的环形句，直到今天我们还能在某些演说家身上看到这种情况（这确实是后来才开始具有的能力，或者演讲者有勇气这样做），只用两三个词来构成从句，还有些演讲者只用一个词，虽然在没有什么公开演讲的时期他们仍旧有一种天然的练习，为适合人耳的需要制造出平衡的从句，而且也随着自然的呼吸在讲话中塞入有规则的停顿。

【52】“我实际上已经做出了结论，我已经尽我所能叙述了我认为对于演讲的装饰来说最重要的若干因素，讨论了具体的语词、语词的结合、句子的节奏及其形态的价值。但若你们还想听一听措词的一般性质和语气，那么有一种圆满的、完善的演讲风格，一种平实而又不失活力的风格，一种结合二者的优点而又保持中庸的风格。这三种风格都展示出一定迷人的风采，但不是作为一种表面的装饰，而是渗透到它们各自技艺的体系之中。最后，必须把我们的演说家塑造为以同样的方式对待其语词和思想的人，就好比一个人要做的事情是使用武器，接受风格上的训练，因此就像那些练习防卫和拳击的人，他们认为必须考虑的事情不仅是躲避打击，而且还要想到动作的优雅。同理，演说家的目标可以定在一方面考虑结构的完善和用词的优雅，另一方面考虑如何把他的思想表达出来，给人以深刻的印象。

“语言和思想的修辞手段多得不可计数，这件事我想你们都非常明白，但是语言的象征性特点和思想的象征性特点之间有一个差别，这就是由语词表示的象征要是更换了语词，这种象征就会消失，但无论选用什么语词来表达思想的象征，这种象征仍旧会留存。尽管你们已经注意到这一点，但我仍旧想要警告你们，除了在用词方面要十分注意遵循已经说过的三条规则以外，[1] 不要想象其他还有什么事情对演说家来说是最基本的，这些规则就是经常使用比喻性的语词，偶然使用新词，以及使用那些相当古老的语词。还有，就语言的一般结构来说，在掌握了我已经讲过的排列的流畅和使用节奏的原则以后，我们必须用思想和语言的优美象征来使我们的讲话丰富多彩。

【53】“专注于某一点，对它做出清晰的解释，栩栩如生地描述事件以给人留下深刻的印象，这样的做法在陈述案例、解释和放大一个陈述时，都是非常有效的，经过我们放大的事实会使听众觉得这件事就像我们说的那么重要。解释经常通过快速的回顾来进行，在解释时提出建议比实际的讲述更容易被人们理解。解释的准确性依赖于使人获得清晰的印象。表示轻视和善意的嘲笑要限制在凯撒提出的那些规则[2]之内。此外，还有偏离争论主题的离题话。再往后的内容就是：如何提供乐趣，如何返回到必须恰当而又贴切的主题上；如何讲述将要展开的内容，以及它与已经阐述过的内容的差别；如何返回到一个已经提出过的观点上来，如何复述；如何使用形式推理；如何使用夸张，以表示对事实的重视或轻视；如何使用提问以及与之相关联的修辞学的提问方式，如何陈述自己的观点；如何使用讥讽或指代，这种方法对听众心灵有极大影响，如果在演讲中以谈话的方式进行，而不是以宣喻的口吻讲话，那么就能带来极大的乐趣；然后是在陈述之前或陈述之后的犹豫、差别、矫正，或者是陈述之后又加以抛弃；如何为将要陈述的内容做准备；如何把责任转移给其他人；如何结成伙伴关系，这是一种为听众提供咨询的方式；如何模仿性格与行为，有时有具体人物，有时没有具体人物，这是一种对风格的重要修饰，对于安抚或激励听众非常有效；如何模仿人，这是一种极好的放大的方法；如何描述结果；如何指出错误的迹象；如何使听众发笑；如何使用先发制人的方法；如何使用对比和例证这两种极为有效的办法；如何使用划分、中断、形成对照；如何重新进入沉默；如何赞美；如何随

① 参见本文本卷第 38、43 章。
② 参见本文第二卷第 65、67 章。

意使用嗓音，甚至用不加控制的音调，以扩大效果；如何表达愤怒；如何进行抨击；如何许诺将会提供证据；如何表示反对；如何表达恳求；如何简单地偏离主题（在规模上小于上面提到过的偏离主题）；如何使用上述力量宣称自己有理；如何迎合讨好；如何自卫还击；如何诅咒。

【54】“上述这些方法大约就是我们的思想可以用来对意义进行解释的装饰品。然后就是实际的措词，它有点儿像是武器，可以用来吓唬人，可以用来攻击敌人，也可以用来挥舞着表演。措词具有重要的力量，有时候重复语词、对语词做微小的改变、更换语词，使之具有迷人的魅力；有时候在从句开头几次重复同一个词；有时候在从句结尾处几次重复同一个词，或者在从句的开头和结尾使用相同的词；还有语词的附加、逐渐增强以达到顶点；赋予同一个词不同的意义并使用几次，重复一个词；按节奏使用语词；使用同样的词尾；保持词尾或发音的平衡。还有步步为营、倒装法、语词的和谐互换、对偶、连接词的省略、主语的改变、自我矫正、惊叹词、缩略语、名词的格的用法、提及一个源于几样事物的术语、给已有陈述附加理由、给个别的细节指定理由、从某个观点退让、另外一种犹豫[①]、表达出乎意料的转变、观点的列举、另一种矫正[②]，位置的分布、进展、中断、揭示相似性、自问自答、转喻（metonymy）、区别术语、秩序、参照、离题话、迂说法（periphrases），等等。因为这些东西或多或少都是修辞手段——也许还有更多——与思想和语词的排列一道修饰着演讲。”

【55】科塔说：“克拉苏，我确实注意到，你把它们一股脑儿都倒了出来，但没有提供定义或例子，因为你相信我们对这些内容是熟悉的。”

克拉苏说：“噢，我并不认为我前面对你们说的内容对你来说都是新的，但我得顺从大伙儿的一般愿望。但涉及当前这个主题，西斜的太阳警告我要尽可能简洁，太阳很快就要落山了，我不得不尽快加以阐述，以至于近乎草

---

① 区别于上一章提到的犹豫，不是怀疑陈述，而是怀疑该用哪一个表达法。

② 不是上一章提到的矫正，而仅仅是替换一个更加正确的词。

率。但不管怎么说，做这样的阐述以及提到这些学说本身没有什么出格的地方，尽管实践极为重要，在整个演讲术中是极为困难的。因此，要是说我们还没有从总体上彻底考察作为演讲术的主题的修饰，那么我们可以说已经充分地说明了它的各个组成部分。现在让我们来考虑恰当性这个主题，即对演讲来说什么样的风格是最适宜的。至少有一种明确的观点，没有哪一种演讲适合各种案例、听众、演讲者、时机。因为重要的刑事案件需要一种语言风格，民事行为和不重要的案子需要另一种语言风格；深思熟虑的演讲需要不同的风格，需要分别使用赞美的、诉讼的、讲座的、安慰的、抗议的、讨论的、历史叙述的风格。听众也很重要，无论他们是贵族、平民，还是法官，无论有一大群听众，还是只有少量听众，或者只有一位听众，都要考虑到他们以及他们的人品。必须加以考虑的还有演讲者本身的年纪、地位、职务，还有演讲的时机，是在和平年代还是在战争期间，事情是紧急的还是有充分时间讨论的。所以在这一点上实际上不可能制定任何规则，除了我们应当选择一种比较丰富的或者比较严谨的修辞风格，或者还可以专门指定一种介于二者之间的风格，以适应摆在我们面前的事务。在某些场合，我们可以敞开使用相同的修饰手段，以一种比较富有激情的方式，或以一种比较安宁的方式。在各种情况下选用恰当的风格是一种通过训练而得来的能力，但也具有某种天生的性质，在具体场合下使用何种风格才是适宜的，这种知识实际上是一个人是否精明的问题。

【56】“但是所有这些演讲技巧的效果取决于口头表达。我敢断言，口头表达是演讲术的主导因素。要是不擅长口头表达，那么最优秀的演讲者也起不了什么作用，而一名中等水平的演讲者要是有了口头表达方面的训练，经常能够超过最优秀的演讲者。据说有人问德谟斯提尼什么是演讲的第一要务，他说是口头表达；接着又问什么是第二位的，他又说是口头表达；然后又问什么是第三位的，他仍旧说是口头表达。我经常感到这个回答实际上早已经由埃斯基涅斯提了出来。这位演说家在一场诉讼中遭到难以置信的失败，于是他离开雅典，移居罗得岛。据说在当地公民的要求下，他宣读了他

那篇反对克特西丰的优秀的演说词，而为克特西丰辩护的是德谟斯提尼。到了第二天，人们又请他读德谟斯提尼为克特西丰所做的辩护词。埃斯基涅斯用非常吸引人的、洪亮的嗓音读了。当每个人都在向他表达敬佩之情时，他说：‘要是你们听德谟斯提尼本人宣读，那么你们会感到神奇得多！’他的话清楚地表明了演讲在多大程度上取决于口头表达，他认为同样的演讲在不同的演讲者嘴里说出来就成了不同的事情了。关于革拉古，卡图鲁斯，你比我要记得清楚得多，我当时还小，还有什么演讲能够如此崇高？‘我遭到了不幸，我该去哪里？我要转向哪里？去圣山吗？但我兄弟的鲜血洒在那里。我该回家吗？去看我那不幸的母亲悲伤欲绝？’据说他声情并茂地、姿势优雅地说了这段话，连他的敌人也情不自禁地流下了眼泪。

“我谈论这些观点的原因在于有些演说者完全漠视演讲术，他们是实际生活中的演员，为行动所支配，只会模仿实在。

【57】“无可置疑，实在胜过对一切事物的模仿，但若实在无须任何帮助就能在演说中产生充分的效果，那么我们根本不需要技艺。然而，由于情感必然会表现出来，其他一些事情也要通过行为来再现，这些东西常常模糊不清，几乎掩盖了事情的真相，因此我们不得不排除这些模糊不清的东西，把握事情的要点。自然给每一种情感指定了具体的样子、声音和它自己的姿态，人的整个身躯、脸部的每一个表情、嗓子发出的每一个声音，都好像竖琴的弦，在一连串情感的撞击下发出声音。声音的音调像乐器的弦似的有升降，以回应每一次撞击，高、低、急、缓、强、弱，而在各种音调的两端之间又有一个中度的音调，还有从这些音调中产生出来的各种修饰，圆润的或粗糙的、有限的或充分的、持续的或断续的、微弱的或刺耳的、渐弱的或渐强的。这些多种多样的音调没有一个是不能用技艺加以控制而给予规范的。它们是给演员提供的色彩，就像画家绘画一样，以确保多样性。

【58】“表达愤怒的情感必须用一种音调，它是颤抖的、急促的，还有短暂的中断，例如，‘这是为什么，我的兄弟要我吃掉我自己的孩子’。还

有你前不久引用过的那句诗，[1] 安东尼乌斯，‘你竟敢离开他’。还有，‘没有人会注意吗？’以及几乎整部《阿特柔斯》。[2] 另一种音调适合表达同情和悲伤，它是波浪式的、激动的、有停顿的，有一种悲哀的基调，比如，‘现在我应该去哪里？我该走上哪条道？寻找我主人的房子？还是去找佩里亚斯的女儿？’[3] 还有一句诗，‘啊，父亲，啊，我的祖国，啊，普利亚姆的宫殿！’[4] 以及后续的诗句，‘我看到他们全都怒火中烧，因为暴力夺走了普利亚姆的生命’。

另外一段诗歌属于恐惧，音调是低沉的，犹豫不决的，沮丧的。‘我以各种方式陷入了罗网，疾病、流放、贫困；我虚弱的心在警告，我的每一片智慧都被剥夺；我的母亲折磨我，用死亡威胁我的生命；无人能够如此坚定，无人能够如此自信，但是流淌的鲜血使他的恐惧衰退，他的脸色变得苍白。’[5]

另一种音调表示有活力，它是炽热的、猛烈的，包含着渴望和紧迫感，给人留下深刻印象。‘堤厄斯忒斯又来捕捉阿特柔斯，他的逼近再次打扰了我的安宁。我必须策划更多的灾难和不幸，只要能制止和摧毁他残忍的心。’[6]

另外一段诗歌表示欢乐，它的音调是迸发出来的，是流畅的、亲切的、轻松的、快乐的。‘她自己带来了花环，用它来缔结婚姻，这个花环是送给

---

① 参见本文第二卷第 46 章。

② 阿西乌斯：《阿特柔斯》，参见 L. C. L.《古代拉丁典籍残篇集成》（*Remains of Old Latin*）第 2 卷，第 390 页。

③ 恩尼乌斯：《美狄亚》，参见 L. C. L.《古代拉丁典籍残篇集成》（*Remains of Old Latin*）第 1 卷，第 320 页。

④ 恩尼乌斯：《安德洛玛刻》，参见 L. C. L.《古代拉丁典籍残篇集成》（*Remains of Old Latin*）第 1 卷，第 250 页。

⑤ 恩尼乌斯：《阿尔克迈奥》（*Alcmeo*），参见 L. C. L.《古代拉丁典籍残篇集成》（*Remains of Old Latin*）第 1 卷，第 230 页。

⑥ 阿西乌斯：《阿特柔斯》，参见 L. C. L.《古代拉丁典籍残篇集成》（*Remains of Old Latin*）第 2 卷，第 382 页。

你的；在假装把花环给自己戴上的时候，她已经灵巧地把花环给了你。’①

另外一段诗歌表示沮丧，音调非常沉重，但不是恳求怜悯，用一个音调引出整段话。‘帕里斯什么时候与海伦苟合，婚姻已不再是从前的样子；我和孩子们在一起待了几个月，我的时候就要到了；就在这个季节，赫卡柏生下了她最后的孩子波吕多洛。’②

【59】“但是所有这些情感必须伴随一定的姿势，而不是用演员式的姿势再现语词，不是用姿势模仿，而是用姿势来提示一般的状态和念头。它是充满活力的，富有男子气概的，它不是来自舞台和演员的职业，而是来自训练场，甚至来自摔跤。但是双手的动作一定不要太快，动作要跟随讲话，而不要用手指头来引导讲话。胳膊要向前伸，就好像演说家的利箭。在那些重点段落的开头和结尾可以跺脚。所有事实其实都依赖于面部表情，而面部表情本身则完全由眼睛支配。我们的前辈善于批评，连洛司基乌斯戴着面具讲话，他们也不太给他鼓掌。口头表达最关注的就是情感，脸就像一面镜子反映着情感，通过眼睛情感得以表达。因为这是身体唯一能够表达多种多样情感的部分。如果闭上眼睛，没有人能够创造同样的效果。塞奥弗拉斯特确实讲过，有个名叫陶里司库的人在舞台上朗诵诗句，眼睛盯着远处的某个东西，‘把后背转过来朝着听众’。所以我们有不断控制好眼睛的需要，脸部表情一定不要变得太快，这样容易不得体或不礼貌。我们应当用眼神来表示情感，一会儿显得很虔诚，一会儿显得很轻松，有时候盯着某个事物，有时候仅仅是一瞥，与演讲的实际性质相适应。身体用动作讲话，因此很有必要使之与思想一致；自然给了我们眼睛，就像自然给了马和狮子鬃毛、尾巴和耳朵，来表达心灵的情感。所以，在我们考虑的口头表达这件事情中，脸的重要性仅次于嗓音，而眼睛是脸部的主导因素。口头表达的所有要素包含着自然赋予的力量，由于这个原因，所以口头表达对无知者、普通民众，甚至还

① 出处不详。

② 可能出于巴库维乌斯残篇，参见 L. C. L.《古代拉丁典籍残篇集成》(*Remains of Old Latin*) 第 2 卷，第 243 页。

有不开化的人，影响最大；因为语词不能影响人，受影响的是和讲话者使用同样语言的人，能干的主意经常超出不能干的人的理解，而能够表现内心情感的口头表达影响着每一个人，因为所有人都能感受到同样的情感，既能辨认其他人表达的情感，又能用同样的方式来表达这种情感。

【60】“但是，相对于口头表达的效果和特点来说，作用最大的无疑是嗓音。我们首先应当祈求拥有漂亮的嗓音，拥有以后，我们应当照料我们的嗓音。关于这一点，照料嗓音的恰当方式不是关心我们正在考虑的教导的种类，尽管我自己的看法是必须尽最大努力照料嗓音，但是这方面的内容似乎贯穿于我们当前讨论的整个领域，如我前不久说过的那样，[①] 在许多事情中，最有用的东西也是最容易变化的东西。就保护嗓音来说，没有什么方法比不停地变化嗓音更有用了，没有什么比连续用力讲话更有害了。有什么方法能比变声音更适合我们的耳朵，令其愉悦，更能博得听众的赞同？仍旧是这位革拉古（卡图鲁斯，你可能从你这位博学的仆人李锡尼那里听说过这件事，他曾经是革拉古的奴隶，担任革拉古的抄写员）进行过一项练习。他在演讲时让一位熟练的仆人远远地站在听众看不到的地方，手里拿着一支小巧的、象牙的六孔竖笛，每当革拉古的讲话变得松散，或者嗓音过高时，就吹出某个音符来提醒他。”

卡图鲁斯说：“我确实听说过这件事，我非常敬佩我们说的这个人的勤奋、学问和知识。”

克拉苏说：“我自己也崇拜他。我确实有点儿后悔，这些人在公共生活中犯了错误。尽管是我们的政治和公共行为原则把我们的下一代变成了这个样子，但我们只希望我们现在拥有的公民能与我们的祖先难以容忍的那些人相似。”

朱利乌斯说：“抛开这个话题吧，克拉苏，我求求你，还是回到革拉古的六孔竖笛上来，我不太理解这件事的原则。”

---

① 参见本文本卷第 45 章。

【61】克拉苏说："每个嗓音都有一个中等的音高，但每个嗓音的音高各不相同；从中音开始逐渐升高不仅是可取的（因为从一开始就大吼大叫是粗鲁的）而且也是有益的。高音有一个顶点，按照这个音高讲话那就是尖叫，一个人讲话不能超过竖笛所确定的高音，抵达了高音就要降低，返回到实际的音高上来。另一端点则是低音，声音降到了最低就无法再降。这种声音的长度和变化贯穿于所有音调，既能保护自己的嗓子，又能给口头表达增添魅力。但你可以把你的竖笛留在家里，只要把他的训练给你的启发带走就可以了。

"我已经尽力做了最好的解释。但这种方式不是我所喜欢的，而是有限的时间强迫我这样做的。当一个人即使情愿也无法再增添什么的时候，有多少布做多少衣服是聪明的做法。"

卡图鲁斯说："噢，就我所能判断的范围来说，你已经天才地收集了所有观点。你似乎不仅能向希腊人学习，而且也能在这些主题上指导希腊人。不管怎么说，能参与你的讨论我感到非常满意。我只希望我的女婿，你的朋友霍腾修斯，能在这里。我相信，他将会抵达被你包括在演讲术中的所有成就的顶点。"

克拉苏说："他将会达到吗？不，在我看来他已经达到了。当他在元老院为阿非利加的事情辩护时我已经做出了这个判断，我当时担任执政官。还有，他最近代表庇提尼亚（Bithynia）的国王讲话，此时更是如此。因此，卡图鲁斯，你的观点是正确的，因为我们说的这位年轻人既不缺少天赋，又不缺乏教育。因此，谨慎和勤奋对于你，科塔，还有你，苏皮西乌，显得更有必要了。因为霍腾修斯不是一个跟随你们这一代人成长起来的普通的演说家，而是一个有着敏锐的理智、强烈的求知欲、出色的学问、无与伦比的记忆力的天才。尽管我喜欢他，我渴望他超过他的前辈，但不管怎么说，他这样的人要超过你，尽管他应当超过你，仍旧是难以置信的。"

最后克拉苏说："现在让我们站起来休息，这是一场非常热烈的争论，现在是让我们的心灵松弛一下的时候了。"

论命运

提要

本文是一篇不完整的论文，拉丁文标题是“De Fato”，意思是“论命运”，英译者没有给出英文译名，而是沿用拉丁文标题。中文标题译为“论命运”。

从本文第2章可知，本文写于公元前44年5月，属于西塞罗从公共政治活动中退隐后的整个哲学创作计划中的一部分。整篇文章是对话的形式，对话人是作者本人和希尔提乌，对话地点是西塞罗在普特利的别墅。希尔提乌是凯撒的私人朋友和政治上的盟友，公元前46年担任监察官。公元前44年，从监察官的职位上卸任以后，希尔提乌担任山北高卢的行省总督，但他让他的副手管理行省，自己仍在罗马伴随凯撒。公元前43年凯撒提名他担任执政官。凯撒遇刺后，希尔提乌与安东尼结盟，后来退隐到普特利。他的住处邻近西塞罗的别墅。尽管是政治上的对手，但他们在乡间作为邻居友好相处，双方有许多共同的兴趣。西塞罗曾经给希尔提乌讲过演讲术的课程。

论文现存部分共分20章，附有从其他古典著作中辑录的4节残篇，译成中文约1.6万字。

正 文

【1】……因为它[①]与品德(character)相关，品德在希腊文中称做“ethos”，而我们通常把哲学的这个部分界定为“关于品德的研究”，通过把这个主题叫做“道德科学”（moral science）而给拉丁语添加了一门适当的课程。也有必要解释一下陈述（proposition）的含义及其相关理论，陈述在希腊文中称做“axiomata”[②]；陈述未来的事件、陈述有可能发生也有可能不发生的事情，这样的陈述有效性何在；这是一个困难的考察领域，哲学家们称之为“Peri Dynaton”[③]，该领域的整个主题则是 Logike，我称之为“关于陈述的理论”(rationem disserendi)。在其他那些讨论诸神本性的书中，以及在那些已经发表了的论占卜的书中，我探讨一整套连续的方法，从正反两方面出发进行陈述，使每个学生能够为自己选择在他看来最有可能成立的观点。但是在讨论命运这个主题时，一个偶然事件[④]阻止我在讨论中使用这种方法。因为当时我在普特利，希尔提乌是我的近邻，已经从执政官的职位上下来。他是我非常亲密的朋友，对于学习这个主题也非常热心，而这个主题从少年时期就一直占据我的生活。因此我们在一起有很多事情要做，我们想要寻找一条政治路线，能够带来国家的和平与统一。因为自从凯撒死后，似乎又有人图谋用一切可能的方式掀起新的动乱，我们认为必须对这些倾向进行抵制。因此，我们交谈了很多次，几乎每次谈话都会涉及这些事情。有一天事情不像平常那么多，也没有来访的客人。于是他来到我家，开始谈起我们每天都要谈到的问题——和平与安定。

---

① 指被称做伦理学的这个哲学部门，“伦理学”（Ethics）这个词源于希腊文“ethos”（品德），该词还有特性、性格、品质等意。

② 这个术语在这里的意思是“判断”，而不是“公理”。

③ 字义为“关于可能的事情”，即关于可能性的理论。

④ 作者没有具体提到这个偶然事件是什么。

【2】在谈论这些事情的时候，希尔提乌说：“现在说些什么好呢？我希望你并没有真的抛弃你的演讲术，尽管你毫无疑问已经把哲学的地位摆在演讲术的前面。好吧，我可以听点什么吗？”

我说：“好的，你既可以听我说，也可以自己说。你说得对，我没有抛弃以往对演讲术的兴趣，也确实希望点燃你对演讲术的热情，虽然你到我这里来之前已经醉心于演讲术了。还有，我现在手头从事的研究并没有削弱我的演讲能力，而是增强了我的演讲能力。因为演讲和我追随的这种哲学体系有一种密切的同盟关系，演说家已经向学园派借用了一些东西，并以丰富流畅的演讲风格和修辞学的装饰手段作为补偿。情况就是这样，两个领域都属于我们研究的范围。今天你可以选择你喜欢的领域进行讨论。”

希尔提乌说：“你非常仁慈，就像平常一样从来不会拒绝我的请求。但是我对你们这个学派的修辞学很熟悉，我经常听人们谈论，也经常听你谈论。还有，你的‘图斯库兰争论’表明你已经采用了这种学园派的论证方法，在训练中反对一个已有的命题。因此，要是你没有什么不同意的话，我想提出一些命题来，以便听到一些表示反对意见的论证。”

我说：“你同意的事情我怎么会不同意呢？进行这种讨论我有些紧张，因为隔了很长时间以后我才又重新进行这些研究，但是你会听到我像一个真正的罗马人一样讲话。”

希尔提乌说：“我会本着阅读你的作品的同样精神聆听你的讲话，所以，请你开始吧，我们就坐在这里吧。”

……①

【3】“……诗人安蒂帕特的那件事、没满月就出生的婴儿、兄弟几个同时生病、尿、指甲，在诸如此类的事情中间，有一种天然的联系在起作用。我不排斥这一点，但它根本不是一种命中注定的、强制性的力量。其他事例带有某些偶然的成分，比如我们提到的水手翻船、伊卡狄乌、达费塔斯，等

① 此处文章中断，接下去是西塞罗在回答希尔提乌提出来的命题。

等。但是，有些事例似乎(要是大师[①]能原谅我这样说）是波西多纽虚构的，不管怎么说，它们非常可笑。请你考虑：假定达费塔斯命中注定要从马上摔下来，以这种方式送命，那么他是否要从这匹‘马’上摔下来，它并非真正的马，而只是拥有一个并不属于它的名字？[②]腓力受到了警告，但他要提防的就是这些刻在剑柄上的四脚动物吗？[③]就好像杀死他的是这把剑的剑柄！还有，那个没有名字的翻了船的水手掉到河里有什么可大惊小怪的？尽管我们的权威确实在他的书中写道，这个人受到了警告，说他将死于水中。我发誓，哪怕是在强盗伊卡狄乌这个例子中，我也看不到任何命运的踪迹，因为这个故事没有说他受到过任何警告。所以，要是洞穴顶上的岩石掉下来砸在他的腿上，那又有什么可以惊讶的呢？我认为，哪怕伊卡狄乌当时不在洞中，那块石头也照样会掉下来。因为无非是两种可能性：要么没有任何事情是偶然的；要么这一具体事件的发生是偶然的。因此，我想要知道的是（这是一件有着广泛影响的事情），要是根本就没有命运这样的语词，没有这样的事情，没有这样的力量，要是大部分事情或者所有事情的发生都仅仅是出于偶然，那么世上各种事件的进程就会与现在的样子不同吗？如果所有事情都能用自然和不包含命运成分的运气来解释，那么翻来覆去地讲命运还有什么意义？

【4】“但是，让我们还是有礼貌地把波西多纽给打发了，回过头来谈一谈克律西波。首先让我们回答事物之间的联系所起的实际影响，然后再回应他的其他观点。我们看到不同地方的自然物有很大差别，我们注意到，有些东西是健康的，有些东西是不健康的；有些人是黏液质的，好像充满了过多

---

① 指斯多亚学派哲学家波西多纽（Posidonius），约死于公元前 50 年，西塞罗曾跟随他学习。

② 达费塔斯是一位警句作者，他在德尔斐神庙试探神谕，问是否应该去找到他的马，他得到的回答是应该，然后他说他从来没有马。后来帕伽玛国王阿塔路斯（Attalus）惩罚他，把他从一块名叫“马”（Hippos）的大石头上扔下去。

③ 马其顿国王腓力二世受到神谕的警告，要他小心提防，不要驾驭马车，但是后来于公元前 336 年杀死他的那把剑的象牙柄上刻有赛车的场面。

的湿气；有些人是干燥的。一个地方与另一个地方之间有着广泛的差异。雅典的空气稀薄纯净，人们认为这是使雅典人的智慧高于人类平均水平的原因；底比斯的空气稠密，所以底比斯人坚实而又粗壮。然而，雅典的稀薄空气不能使学生在芝诺、阿尔凯西劳、塞奥弗拉斯特的讲课之间做选择，底比斯的稠密空气不能使人试图在奈梅亚而不是在科林斯赢得赛马的胜利。把这种差别继续贯彻下去，请你告诉我，这种地方特性能使我们在庞培的柱廊[①]而不是在广场上散步吗？在你的陪伴下，而不是由其他人陪伴？在这个月的15日，而不是在这个月的第一天？好吧，正如地方特性对某些事物有某些影响，但对其他事物没有影响一样，所以天体的状况可以影响某些事物，要是你愿意这样说的话，但它肯定不能影响一切事物。你可以说，由于人的天性之间有差别，使得有些人喜欢甜食，有些人喜欢有点苦的食物，有些人放荡不羁，有些人容易发怒、残忍、骄傲，有些人竭力回避诸如此类的邪恶；因此，要是有人说一种本性和另一种本性之间存在如此巨大的差别，不同的原因会引起不同的结果，那又有什么可值得惊讶的呢？

【5】“在提出这种观点的时候，克律西波没能看清争论的问题，也不明白要处理的论证要点。因为，假定人在性格倾向上的差别是由于自然的和先前的原因，但我们不能从中推论，我们的意志和意愿也是由于自然的和先前的原因；如果是这样的话，我们就不会有任何意志自由了。尽管我们承认，我们是机灵还是迟钝，是强壮还是虚弱，不能由我们自己决定，但若有人据此推论，哪怕是在安静地坐着和行走之间做选择也是必然的，不能由自己的意志来决定，那么这样的人并没有弄清原因与结果之间的真正关系。即使我们承认，由于先前的原因，人生下来就有聪明和愚蠢、强壮和虚弱之分，但无论如何我们不能据此推断，我们坐下、行走，以及其他行为，也是由最初的原因决定了的。我们知道，麦加拉学派的哲学家斯提尔波无疑是一名能干

① 罗马的公共建筑，位于战神广场附近，由庞培建造，其中有一座建筑前安放着他的雕像，凯撒被刺于庞培雕像的基座旁。

的人，在他生活的年代受到人们的高度敬重。他的朋友在书中说他喜欢酒和女人，这样的记载不是对他进行批评，而是为了增添他的名望，因为他们说他通过学习完全克制了他的邪恶的本性，以后再也没有人看到他喝酒，或者有任何荒淫的表现。还有，我们读到过那位‘相士’佐皮鲁斯给苏格拉底看相的事，他不是声称发现了男人的全部品性，以及他们的身体、眼睛、脸、眉毛的性质吗？他说苏格拉底是愚蠢的、迟钝的，因为苏格拉底锁骨以上的脖子的骨头是实心的——苏格拉底曾经说过他的这部分骨骼定型了，不能再长了，他还说自己喜欢女人——据说阿尔西庇亚德听了这句话后就狂笑起来！[①]这些缺陷有可能归因于自然的原因，但弥补或完全消除这些缺陷，使人从他倾向于要犯下的罪恶回头，并不取决于自然的原因，而是需要意志、努力和训练。要是用占卜的理论能够证明潜力和命运的存在，那么这些缺陷就可以完全消除。

【6】“的确，要是有预见，请你告诉我，作为其源泉的科学观察（我用观察这个术语来表示‘theoremata’）[②]的性质又是什么呢？因为我不相信那些占卜的人在预见未来事件时完全不用观察，并在预测中胜过其他所有知识的实践者。例如，这里有一段星相学家的预测：‘如果有人在天狼星升起时出生，那么他不会死在海里。’克律西波，你仔细瞧瞧，免得无法为自己的立场辩护。你和顽强的逻辑学家狄奥多洛斯[③]就这个问题有过一场大争论。‘如果有人在天狼星升起时出生，那么他不会死在海里’，这两个命题之间的联系如果是真的，那么下面这些命题之间的联系也是真的——‘如果法比乌斯在天狼星升起的时候出生，那么他不会死在海里’。因此，‘法比乌斯在天狼星升起的时候出生’和‘法比乌斯将死在海里’这两个命题不能同时为真，

① 参见西塞罗：《图斯库兰争论集》第四卷第 37 节。苏格拉底承认相士正确地指出了他的性格倾向，但他说这些倾向已经被哲学克服了。

② “科学”（scientia）一词在这里的意思是知识，分为理论的和实际的，实际的知识是对事实的系统收集。希腊文“theoremata”的意思是理论知识。

③ 狄奥多洛斯（Diodorus），公元前 3 世纪麦加拉学派的首领。

因为法比乌斯在天狼星升起的时候出生预示了他的某种未来的确定性；命题‘法比乌斯活着’和‘法比乌斯死在海里’也不能同时为真。因此，‘法比乌斯活着’和‘法比乌斯死在海里’是一个不相容的联结，不能作为一个复合句。因此，‘法比乌斯死在海里’这个命题是不可能的。有关未来的每一个不可能的命题都是错误的。

【7】“但是，克律西波，这是一种你根本不会允许的观点，围绕着这个观点你和狄奥多洛斯还专门进行了争论。他说只有真的东西或将来成为真的东西才是可能的，任何将来存在的东西都必定会发生，任何将来不存在的东西，在他看来，都不可能发生。而你说将来不存在的东西也是‘可能的’——例如，打碎这件宝贝是可能的，即使它今后没有被打破——库普塞鲁统治科林斯不是必然的，尽管早在一千年以前阿波罗神谕就已经宣布了这一点。但若你认可这种神圣的预言，那么你就对将来的事件做出了一个虚假的陈述（例如关于阿非利加努不会占领伽太基的预言），① 这属于不可能的这一类事情；还有，要是一个关于将来事件的陈述是真的，那么它会发生，你也不得不说它会发生。但是狄奥多洛斯的整个观点与你们这个学派的观点不同。这是因为，如果下面这些命题间的联系是真的，‘要是你在天狼星升起时出生，那么你不会死在海里’，要是其中的第一个命题‘你在天狼星升起时出生’是必然的，（因为一切过去发生的真的事情都是必然的，如克律西波所认为的那样，在这一点上他与他的老师克林塞斯② 观点不同，因为它们是不可改变的，也因为过去的事情不会从真变成假）那么由于在这些有联系的命题中的第一个命题是必然的，后续的命题也成为必然。虽然克律西波认为这一结论不具有普遍意义，但若有自然的原因，为什么法比乌斯就不会死在海里？因为他死在海里并非不可能。

---

① 西庇阿·阿非利加努（小西庇阿）于公元前 146 年占领伽太基。公元前 129 年他在罗马被人发现死在床上，人们一般认为是谋杀，但从未证实。

② 克林塞斯（Cleanthes），斯多亚学派哲学家，公元前 263 年继承芝诺担任该派首领，公元前 232 年绝食而死，现存著作《宙斯颂歌》（*Hymn to Zeus*）。

【8】“在这个问题上克律西波有点惴惴不安，他希望是迦勒底人和其他先知弄错了，他们不会以‘如果有人在天狼星升起时出生，那么他就不会死在海里’这样的命题间的联结形式表达他们的观察结果，反倒会说‘有人在天狼星升起时出生，他死在海里，二者之间没有什么关系’。这是一种多么可笑的假设！他这样做是为了避免在狄奥多洛斯手中落下把柄，而他本人作为迦勒底人的老师曾教导他们要用恰当的形式表达他们的观察结果！我要问你，如果迦勒底人采用关系不确定的命题间的联系的否定形式，而不采用不确定的后果的形式，那么为什么医生、几何学家或其他专家采用相同的形式就是不可能的呢？以医生为例：医生不会以‘如果一个人的脉搏剧烈跳动，那么他得了热病’这样的形式提出他赞同的科学原则，反倒会说‘一个人的脉搏剧烈跳动，他没有得热病，二者之间没有什么关系’。同理，几何学家不会说‘球面上的最大的圆相互平分’，反倒会说‘球面上有某些圆是最大的，这些圆不会相互平分，二者之间没有什么关系’。从表达必然结果的形式转为结合在一起的命题的否定形式，还有什么不能以这种方式继续说下去的呢？事实上，我们可以用其他方式表达相同的事情。我刚才说过，‘球面上的最大的圆相互平分’，但我可以说‘如果某些圆在球面上是最大的’，也可以说‘由于某些圆在球面上将是最大的’。陈述一个命题有许多方式，没有比克律西波希望迦勒底人接受的这种斯多亚学派的方式更为古怪的了。然而没有一个迦勒底人会真的使用这种语言，因为对他们来说，要想熟悉这些扭曲了的表达方式比熟悉星辰的升降还要困难得多。

【9】“让我们还是回到已经提到过的狄奥多洛斯的论证上来，他们用的术语是‘Peri Dynaton’（关于可能的事情），对‘可能的’这个术语做了考察。狄奥多洛斯认为，只有真的事物或将要成为真的事物才是可能的。与这一立场相联系的论证是：一切事物的发生都是必然的，任何可能的事物要么是现在可能，要么是将来可能，要想改变将要发生的事物并不比改变已经发生的事物更加可能；但是，已经发生的事物的不可改变是显而易见的，而有些事物是将要发生的，其不变性还没有显现，因为这些事物还没有出现；因此，

‘这个人会死于疾病’这个陈述对身患绝症的人来说是真的，如果假定一个还没有患上绝症的人将会受到疾病的猛烈侵袭这种事情肯定会发生，那么他会死于疾病也是真的。由此可见，陈述从真的变成假的，这种情况即使在涉及将来的事例中也会发生。‘西庇阿会死’这个陈述有很大的适用性，尽管它是一个关于将来的陈述，但不会转变为一个虚假的陈述，因为它对全人类都适用，每个人都不可避免地要死。如果陈述的形式是‘西庇阿会在夜间，在他的卧室里，遭遇暴力而死’，那么以这种形式出现的陈述是真的，因为它讲的是将要发生的事情，根据过去确实发生过的事情推论出将来必然会发生的事情。而‘西庇阿会死’不比‘西庇阿会以这种方式死’更加真实，西庇阿会死也不比西庇阿会以这种方式死更加不可避免，‘西庇阿已被谋杀’这个陈述从真理转变为谬误也不比‘西庇阿将被谋杀’从真理转变为谬误更加不可能。如果事情是这样的话，那么伊壁鸠鲁有什么理由要对命运表示恐惧，要向原子寻求保护，要使原子突然偏离垂直向下的运动，[①] 并且同时赞同下述两个不完全准确的命题：一个是某些事物的发生没有原因，从中可以推论有些事物从虚无中产生，这个观点是伊壁鸠鲁和其他自然哲学家都不会允许的；另一个是两个原子穿越空间，一个沿直线运动，一个发生拐弯。伊壁鸠鲁承认每个陈述或真或假，但他担心这样说会导致一切事件必定由命运引起这样一个结论，但这种情况不是必然的，因为‘卡尔涅亚得会去学园’这种形式的陈述之真并非由于有一个自然的、永恒的必然原因之流，这种事情又绝不是无原因的，偶然的、有先例的原因与内在的、包含着天然有效性的原因之间是有差别的。所以，不仅‘伊壁鸠鲁 72 岁那年会死在毕泰拉图的官船上’这个陈述始终是真的，而且没有事先确定的原因使这件事情会这样发生，而是因为过去发生过这样的事情，今后也会像过去发生过的那样发生这种事。还有，有些人认为将要发生的事情是不可改变的，一个真的未来的事件不能变成假的，但这些人不是在断定命运的必然性，而是在解释术语

---

① 关于伊壁鸠鲁这一观点，参见卢克莱修：《物性论》第 2 卷第 216 行以下。

的意义；有些人通过引入一系列永恒的原因而剥夺了拥有自由意志的人的心灵，用命定的必然性的铁链把它捆绑起来。

【10】“这些主题已经讲够了，让我们考察其他主题。克律西波论证说：‘如果存在着无原因的运动，那么一切命题（逻辑学家称做‘axioma’[1]）无真假可言，因为缺乏有效原因的事物无真假可言；但是一切命题或真或假，因此不存在无原因的运动。如果是这样的话，一切发生了的事物由于某个先前的原因而发生；如果是这样的话，一切事物的发生全部取决于命运；因此可以推论，一切发生了的事物都由于命运而发生。’在这个问题上，首先，如果我同意伊壁鸠鲁的观点，认为一切命题无真假可言，那么我宁可忍受毒打，也不同意一切事件均由命运决定；因为对前一种观点我们还有话可说，而对后者我们无法忍受。同理，克律西波尽了一切努力证明每一判断或真或假。然而，正如伊壁鸠鲁担心要是承认了这一点，他就必须承认无论什么事件都是由命运引起的一样（理由是，要是可供选择的二者之一是永真的，那么可供选择的东西是确定的；如果它是确定的，那么它也是必然的。他认为这就证明了必然性，也证明了命运），克律西波也担心要是他不能坚持一切命题或真或假，他就不能坚持自己的观点，从而认为一切事件的发生均由命运决定，永恒的原因支配着未来的事件。但是伊壁鸠鲁认为原子的拐弯避免了命运的必然性，再加上重力和冲撞，原子在很小的空间（伊壁鸠鲁称之为‘elachiston’）突然拐弯时，产生了运动的第三种形式。还有，尽管不那么清晰，他实际上被迫承认，这种拐弯的发生是没有原因的；因为原子受到另一原子的撞击并不发生拐弯，要是它们是不可再分的物体，在重力的作用下沿着直线前进，那么它们怎么会像伊壁鸠鲁所认为的那样相互发生碰撞呢？由此可以推论，要是一个原子决不会在另一个原子驱使下偏离原来的路线，那么原子之间永远不会相遇；结果就是，即使承认原子存在和原子会拐弯，原子的拐弯也是没有原因的。

---

① 判断。

“伊壁鸠鲁提出这种理论的原因在于他担心，要是原子始终受到自然的和必然的重力的支配，那么我们就不可能有任何自由，因为心灵的运动受原子运动的控制。原子论的作者德谟克利特宁可接受一切事物都由必然性引起的观点，而不是一切事物源于原子的天然运动。

【11】“卡尔涅亚得表现得更有远见。他的学说是，伊壁鸠鲁学派可以坚持它对事件发生原因的解释而无需虚构这种拐弯。对于可能性的信条来说，把某些自发的心灵运动包含于他们的解释中比引入拐弯要好，尤其是在他们无法为拐弯虚构一个原因的时候；通过坚持这个信条，他们可以轻易地阻挠克律西波，因为既然承认任何运动都有原因，那么他们肯定不会承认一切事件都要归因于先前的原因，他们肯定会说不存在我们的意志这样一个永恒的、先前的原因。因此，当我们使用‘某人希望（或不希望）某事物的产生是没有原因的’这样的表达时，我们正在歪曲大家接受的语言习惯；因为我们是在‘没有永恒的、先前的原因’的意义上，而不是在‘没有某种原因’的意义上使用了‘没有原因’。就好比我们说某个器皿是空的，但我们使用这些词并非在自然哲学家使用这些词的意义上使用，他们认为不存在绝对的真空，而我们这样说只是表示那个器皿里没有（比如）水、酒、油；同理，当我们说心灵无原因地运动，我们的意思是它的运动没有一个先前的、永恒的原因，而不是说它的运动完全没有任何原因。原子本身由于引力和重量而在虚空中的运动可以说明无原因的运动，因为它没有外部的附加的原因。但是另一方面，由于担心我们要是说某些事情的发生没有原因会受到自然哲学家的嘲笑，我们必须做一个区分，因此整件事情就必须这样说，原子自身的本性由于重量和引力而保持着运动，它的本性自身就是它以这种方式运动的原因。同理，我们不需要寻找外部的原因来解释心灵自发的运动，因为自发的运动就存在于我们的力量之中，并且服从于我们的内在属性，它的服从不是无原因的，因为它的本性就是原因本身。要是事情是这样的话，那么，要是不承认一切事物的发生都由命运引起，我们有什么理由可以说明一切命题并非无真假可言呢？他说，这个理由就是：无原因的、将来的事物不可能为

真；将来的真事物必然有原因；所以，当这些事物出现时，它们的产生是由命运决定的。

【12】“只要你承认一切事物的发生由命运决定，或者承认某些事物的发生可以没有原因，那么这件事就算了结了。请你考虑一下‘西庇阿将要占领努曼提亚’[①]这个陈述。要是不引进相互联系的外部原因的链条，这个陈述能以任何方式为真吗？要是这个陈述是在无限久远的古代说的，它能是假的吗？如果‘西庇阿将占领努曼提亚’这个陈述不是真的，那么哪怕是在努曼提亚沦陷之后，‘西庇阿将占领努曼提亚’仍旧不是真的。因此，有可能说任何实际发生了的事情在以前是不真的吗？正如我们把过去的事情当做真的来谈论，认为它们在过去的某些时间里拥有真实性，所以我们也把将来的事情当做真的来谈论，因为它们在今后的时间里将拥有真实性。然而从每一陈述或真或假这一事实不能直接推论出存在着不可改变的原因，这些原因永久存在，是它们规定了事物的发生只能是这个样子而不是其他样子。使‘加图将要进入元老院’这种形式的陈述为真的原因是偶然的，它们并非内在于事物的本性和宇宙的秩序。因此，当这个陈述为真时，‘他将要进入’就像‘他已经进入’（尽管我们的这种解释不需要担心被命运或必然性纠缠）一样不可改变；要是‘霍腾修斯将会来到他在图斯库兰的家中’这个陈述不是真的，那么我们必定要承认这个陈述是假的。我们的对手认为它既不是真的，又不是假的；但这是不可能的。

“我们自己也不能受制于‘无效论证’（idle argument），这个论证被哲学家们称做‘Argos Logos’[②]，要是我们服从这个论证，我们将会过一种绝对不采取任何行动的生活。这一论证如下：‘如果你的康复是由命运决定的，那么无论看不看医生你都会康复；同理，如果你的不能康复是由命运决定的，那么无论看不看医生你都不会康复；要么你的康复是命定的，要么你的不康

① 小西庇阿于公元前 133 年占领努曼提亚。

② 这个希腊文词组的意思就是“无效的论证”。

复是命定的；因此，看医生是没有意义的。’

【13】“可以正确地把这种论证模式称做‘无效的’和消极的，因为同样的一系列推论将导致从生活中完全取消任何行动。我们甚至可以不用‘命运’这个词而改变论证的形式，但仍旧保持原先的意思。如果‘你将要康复’这个陈述永真，那么无论你看不看医生你都会康复；同理，要是‘你将康复’这个陈述永假，那么无论你看不看医生你都不会康复；从中得出的结论和前面那种形式的论证相同。克律西波批判这个论证。他说，实际上存在着两类事实：简单的事实和复杂的事实。简单事实的一个例子是：‘苏格拉底将在某个既定的日子死去。’在这种情况下，无论他是否采取某种行动，他死的日子已经决定了。但若‘拉伊俄斯将有一个儿子俄狄甫斯’是命中注定的，那就不可能添加‘拉伊俄斯是否与女子结合’，因为这一事实是复杂的和‘综合命定的’（condestinate），之所以给它起这样的名字乃是因为他认为拉伊俄斯将和妻子睡觉这件事是命定的，他将通过妻子生下俄狄甫斯这件事也是命定的。以同样的方式，假如有人说‘米罗将在奥林比亚摔跤’，对此有人回答说‘如果是这样的话，那么无论他有没有对手他都将摔跤’，这样的回答是错的，因为‘将要摔跤’是一个复杂陈述，没有对手就不会摔跤。因此，诸如此类强词夺理的论证都可以用相同的方式加以驳斥。‘无论看不看医生你都会康复’是强词夺理的，因为看医生也像康复一样是命定的。这些相互联系的事件，如我所说，被克律西波称做‘综合命定的’。

【14】“卡尔涅亚得完全拒绝接受这类事情，认为我们提到的这些论证不是很准确。所以他曾经以另一种方式进行论证，不使用任何圈套。他的论证是这样的：‘如果一切事物的发生都有前在的原因，那么一切事件的发生都会呈现一种天然的、网状的密切联系；如果情况是这样的话，那么一切事物都是由必然性引起的；如果是这样的话，那么没有任何事情可以由我们来决定。但是有些事情确实可以由我们来决定。然而，要是一切事件的发生都是由命运决定的，那么一切事件都会有前在的原因。因此并非一切事件的发生都由命运所决定。’这种论证在方式上已经无法更加严密了。要是有人想

要重复相同的观点，并将它表述为‘如果一切将要存在的事物是永真的，那么它将来必然存在，各种事件必然呈现一种天然的、网状的密切联系’，那么他是在胡说八道。因为这样的说法在下述两个意思之间制造了大量的差别：是否存在着一个永久的、天然的原因使得将来的事物为真；将要存在的事物能否不需要任何天然的、永恒的原因而被理解为真。据此，卡尔涅亚得曾说，甚至连阿波罗也不能预言任何将来的事件，除非这些事件必然产生的原因天然地联系在一起。这位神自己出于什么考虑要说三次担任执政官的马尔采鲁斯将死在海里？这句话确实是永真的，但它缺乏直接生效的原因。因此，卡尔涅亚得认为甚至阿波罗对于过去那些没有留下踪迹的事件也没有知识，更不必说他对将来的事件拥有知识了，因为只有知道一切事物的直接有效的原因，才有可能知道未来；因此，阿波罗不可能预见俄狄甫斯的命运，因为在事情的本性中没有事先规定的原因使他必然谋杀自己的父亲，阿波罗也不能预见其他诸如此类的事情。

【15】“因此，这个观点在斯多亚学派看来是前后一致的，他们说一切事物的发生皆由命运所决定，他们接受这种类型的神谕以及其他与占卜相关的所有事情，然而那些认为将要发生的事情是永真的人不会接受同样的看法，因为他们看到他们所考虑的情况与斯多亚学派所考虑的情况不一样；他们的观点比较有限和狭窄，而斯多亚学派的理论是没有什么限制和约束的。即使承认没有先前的原因无物能够产生，但除了坚持我们所说的原因是永恒的原因之链上的一个环节，我们又能怎么看？但是原因是使某一事情产生的东西，比如受伤是引起死亡的原因，不能有节制地饮食是生病的原因，火是热的原因。因此，‘原因’不应当以这样一种方式被理解为先于某个事物的某个事物，而应当理解为先于某事物并对该事物的产生直接发生作用的事物。我去广场不是我打球的原因，赫卡柏生下阿勒克珊德[①]也并没有使赫卡柏成

① 阿勒克珊德（Alexander），即特洛伊王子帕里斯。由于他曾经保护过伊得山的牧民，所以被人们尊称为“阿勒克珊德”。

为特洛伊人灭亡的原因，廷达瑞俄斯是克吕泰涅斯特拉的父亲，但廷达瑞俄斯并没有因此而成为阿伽门农死亡的原因。按照这样的思路，也可以把一名衣着华丽的旅行者说成是有人在大路上抢他的衣服的原因。恩尼乌斯的诗歌属于这一类表达，'难道佩里翁[①]的森林里没有松树被砍倒在地'！他甚至可以继续追溯，'佩里翁难道从来没有长过树'！还可以进一步说'难道根本就没有佩里翁山'！同样，一个人也可以不断地追溯先前的事件，乃至于无穷。'那个时候也无法开始造船。'追溯这些过去的事件有什么意义呢？'要是这样的话，我的流浪的女王美狄亚离开家以后从来没有安定过，她得了心病，受到爱情利剑的重伤。'[②]但事实上，这些事件并没有作为原因导致爱情的发生。[③]

【16】"但是他们声称，有这样一种东西，某些事物不受它的影响，某些事物必定会受到它的影响，二者之间是有区别的。因此我们提到过的这些原因没有一个真的是原因，因为它们中间没有一个是凭着它自己的力量影响着据说以它为原因的那些事物；作为某事物存在的条件而对该事物产生影响的原因也不是真正的原因，只有那些使以它为原因的事物必然产生的原因才是真正的原因。因为，当蛇咬还没有使菲罗克忒忒斯由于疼痛而受折磨的时候，这些事情中包含着什么原因使他逃往莱姆诺斯岛？而后来这个原因又逼近了，与他的死亡更加密切相关。因此，原因主要依靠结果来揭示，但'菲罗克忒忒斯逃往一座小岛'这个命题已经是永真的，不能再从真理转为谬误。因为这两个命题之间必然有矛盾——所谓矛盾我在这里的意思是指一个命题肯定某事，而另一个命题否定它——真是对不起伊壁鸠鲁，一个命题应当为真，一个命题应当为假。例如，如果'菲罗克忒忒斯会受伤'为真，那么'菲罗克忒忒斯不会受伤'为假，这在整个过去了的时间里都是这样，除非我们选择追随伊壁鸠鲁学派的观点。他们说这种命题既不真又不假，或者说，当

---

① 佩里翁（Pelion），帖撒利境内的一座山，又拼做"Pelius"。

② 这些诗句由恩尼乌斯引自欧里庇德斯《美狄亚》开头部分。

③ 拉丁原文此处有损坏。

他们羞于这样说的时候，他们从来不会做出更加鲁莽的论断，说这些由相互矛盾的命题组成的选言推理（disjunction）是真的，但包含在这些命题中的陈述都是假的。这种逻辑方法是多么稀奇古怪，多么令人遗憾，这样的论断是多么愚昧无知，多么厚颜无耻！要是提到的事情既不真又不假，那么它肯定不是真的，因为怎么可能有既不真又不假的事物呢，或者说怎么可能有既不假又不真的事物呢？因此我们赞同克律西波的立场，任何命题或真或假。理性本身会坚持某些事情永远是真的，它们与一连串永久的原因无关，但也不受命运的必然性的支配。

【17】“我自己对这些事情的看法如下。古代哲学家持有两种观点：有一派认为一切事物的产生均由命运决定，命运在这里起着必然性的作用，这是德谟克利特、赫拉克利特、恩培多克勒、亚里士多德坚持的观点；另一派认为心灵的运动是自动的，根本不受命运的控制。克律西波试图担当非正式的仲裁人，希望做出一种妥协，尽管事实上他倾向于认为心灵不受任何必然性支配的观点。但是在这样做的时候，克律西波自己陷入了困境，与他的意愿相反，他不得不借助于命运的必然性。要是你们喜欢的话，让我们联系我在讨论的第一部分已经处理过的‘表示同意’这个论题①来考察一下这种学说的性质。那些认为一切事物的发生都由命运所决定的古代哲学家曾经说过，表示同意就是迫不得已地接受必然性的结果。另外，那些与他们的看法有分歧的哲学家想要把表示同意从命运的束缚下解放出来，认为要是连表示同意也要服从命运，那么就根本不可能割断表示同意与必然的联系。他们的论证如下：‘如果一切事物的产生都要由命运来决定，那么一切事物的发生都有一个先前的原因；如果意愿是有原因的，那么那些尾随意愿而来的事情也是有原因的；因此，表示同意也是有原因的。但若意愿的原因不在于我们，甚至意愿本身也不在我们的力量范围之内；如果是这样的话，那些由意愿引起的事情也不取决于我们。由此可以推论，表示同意或者采取行动都不属于我

---

① 在对话已经佚失了的部分中。

们力所能及的事情。由此产生的后果就是赞扬或者责备都无正义可言，荣誉和惩罚也无公正可言。'但是由于这样的结果是荒谬的，所以他们认为并非一切事情的发生都由命运支配是一个有效的推论。

【18】"但是克律西波，由于他一方面拒绝接受必然性，另一方面又认为没有先前的原因就不会有任何事情发生，所以他就区分原因的不同种类，以便使自己能够在逃避必然性的同时保留命运。他说：'有些原因是充足的和主要的，有些原因是次要的和间接的。因此当我们说一切事物的发生都要由命运来决定时，那是因为有先前的原因，而我们希望知道的不是充足的和主要的原因，而是次要的和间接的原因。'据此，他反对我前不久提出来的论证。他说，要是一切事物的发生都要由命运来决定，那么确实可以由此推论一切事物的发生都出自先前的原因，但不是出自主要的和充足的原因，而是出自次要的和间接的原因。如果这些原因不在我们的力量的范围之内，那么不能从中推出意愿也不在我们的力量之内。另外，要是我们说一切事物的发生都源于充足的和主要的原因，那么由此可以推论，由于这些原因不在我们的力量之中，意愿也不在我们的力量之中。因此，这一连串论证可以有效地反对那些以这种方式引入命运，并使之与必然性相连的人。但是用这些论证反对那些并不把充足的和主要的原因当做先前原因的人是无效的。他们认为自己能够轻易地解释表示同意源于作为先前原因的这个陈述的意思。虽然没有某些已经出现的感觉的推动，人就不会表示同意，但不管怎么说，由于感觉的呈现提供了一个间接的而不是主要的原因，按克律西波的说法，这就解释了我们刚才提出的理论，我们确实无法证明，无须任何外在力量的刺激就会发生表示同意这种事情（因为我们必定要看见一个对象以后才能有表示同意的行为）。但是克律西波又提起他的碾子和陀螺。他认为，如果没有撞击或推动，它们就不能开始运动，但运动一旦开始了，它们就会出于惯性而继续运动，碾子会继续向前滚，陀螺会继续旋转。

【19】"他说：'因此，一个人推碾子，使碾子开始向前运动，但没有赋予它滚动的能力，以同样的方式，感觉呈现时产生的撞击是真实的，在心灵

上留下了真实的形象，但是表示同意的行为是处在我们的力量之中的，就像我们所说的碾子一样，尽管一开始要从外部给它一个推动，但开始运动之后它就凭着自己的力量和惯性继续运动。如果某些事件的产生没有先前的原因，那么一切事物的发生真的都由命运所决定；如果一切事物的发生都有先前的原因是可能的，我们又有什么理由可以不承认一切事物的发生都由命运所决定？除非我们能够理解事物的本性和原因之间的差异。’克律西波以这样的形式提出这些学说，那些否认表示同意这个行为的发生是由命运决定的人要是承认这些行为的发生没有先前的感觉呈现，那么它就是另外一个不同的理论；但若他们同意感觉呈现在先，但仍旧认为表示同意这个行为并非由命运决定，因为表示同意这个行为并不是由我们说过的间接原因所推动，那么结果确实就一样了。因为克律西波承认表示同意这个行为的间接原因在于察觉到的对象，但却不承认这个原因相对于表示同意这个行为来说是必要的。所以，一切事物的发生皆由命运决定，一切事物的发生都有先前的、必然的原因。在是否承认若无先前的感觉印象就不会有表示同意的行为这一点上与他有分歧的思想家也会说，如果由命运决定的一切事物的出现都以没有先前的原因这种方式发生，那就不得不承认一切事物的发生均由命运决定。由此出发也就很容易理解双方的观点，通过阐述与展开，最终达到了相同的立场，它们之间的差别是语词上的，而不是事实上的。一般说来，我们要知道这个差别。我们在某些事情上确实可以说，当某些先前的原因出现时，我们没有力量阻止以它们为原因的事物的产生；然而有些事情，尽管先前的原因出现了，我们仍旧有力量加以阻止，甚至把它改变成别的样子。这个差别是双方都同意的。但是这两个学派中有一个认为，虽然命运不能支配这样的事情，先前的原因已经出现，但我们没有力量去改变它产生的结果，然而命运在那些并不处于我们力量之中的事情的原因中并不出现……

【20】“这才是讨论这个问题的恰当方法，不应该到沿着路径前进和拐弯的原子那里去寻找帮助。他说：‘原子不会拐弯。’这里首先要问的是，引起原子拐弯的原因是什么？因为原子在德谟克利特那里有不同的动力，有一种

动力被他定义为‘撞击’；而在你这里，伊壁鸠鲁，它们得到的动力是引力或重量。因此，自然中有什么事情是使原子拐弯的原因吗（或者说在原子中间需要掷骰子来决定要不要拐弯），或者说由于这个原因，原子拐了一个小弯而不是大弯，或者拐了一个弯，而不是拐了两三个弯？这是一种胡思乱想，而不是考察。因为你没有说原子的运动和拐弯是由于受到了外力的推动，也没有说有任何因素使原子穿越真空时不做直线运动，原子本身也没有发生任何变化使它不能保持由于它自己的重量而引起的自然的运动。同理，尽管他没有给你们所说的这种原子拐弯解释任何原因，但他仍旧认为他讲的这些被所有人的心灵嘲笑的话仍旧是有意义的。实际上，在我看来没有人能有比这位哲学家更加坚持命运和控制一切的必然性，或者像他那样去努力消除心灵的自动了，而他承认自己不能抵抗任何意义上的命运，只能在这些虚构的拐弯中藏身。即使有人承认原子的存在，我个人也完全不能接受原子存在的观点，更不可能对你们解释这些拐弯。要是原子拥有的由于引力而产生运动的性质可以归结为自然的必然性，因为一切重物在不受阻挡时必定会运动，那么所谓拐弯对某些原子来说也是必然的吗，或者说，他们会把这种情况当做自然的秩序？……”

残　篇

[盖留斯：《阿提卡札记》第 7 卷，第 2 章，第 15 节] 在马库斯·西塞罗写的主题为命运的书中，他说你们提出的问题非常晦涩、非常复杂。他说哲学家克律西波在涉及这个问题时也没有澄清他的立场。西塞罗的原话是这样的：“克律西波发现自己茫然不知所措，不知道如何解释普遍的命运与人的自由意志的结合，从而陷入困境。”

[塞维乌斯：《论维吉尔〈埃涅阿斯纪〉》第 3 卷，第 376 行]（天神朱庇

特说）“忍受命运的转折。”而按照图利乌斯[①]给命运下的定义，他说：“命运是事件的内在联系，各种因素不断交替以至永远；命运多种多样，但都遵循一条命运自身的法则和秩序，然而以这种方式，这种多样性本身就是永恒的。”

［奥古斯丁：《上帝之城》第5卷，第8章］下面这几句由西塞罗译成拉丁文的荷马史诗也倾向于这种看法：“随着父神朱庇特送来不同的时光，生活在大地上的人们就这样思想。”[②]当然，西塞罗并不认为一位诗人的看法在这样的问题上有什么分量，但他注意到斯多亚学派在肯定命运的力量时习惯于使用荷马的诗句。他不是在这里处理诗人的看法，而是在考察哲学家的观点。根据这些他们在争论中引用的诗句，可以明显地知道他们所说的命运是什么意思，因为他们把朱庇特称做最高的神。他们说，整个命运的链条都悬挂在朱庇特的身上。

［马克洛庇：《农神节》第3卷，第16章］为了不让这位诗人成为廉价的见证人，西塞罗确认了这件事——著名的阿非利加和努曼提亚的征服者普伯里乌·西庇阿的那条鱼。下面就是西塞罗在他的对话《论命运》中的原话：“西庇阿在拉维纽，彭提乌斯和他待在一起，当时正好有人送来一条鲟鱼，这种鱼平常不容易捉到，据说极为珍贵。西庇阿邀请了一两个人来共进晚餐，这对客人来说也是一种荣耀，当他似乎想要邀请更多的客人时，彭提乌斯在他耳边小声地说：‘西庇阿，你知道你在干什么吗？你的鲟鱼只够少数人吃。’”

---

① 西塞罗，全名马库斯·图利乌斯·西塞罗（Marcus Tullius Cicero）。

② 西塞罗译自荷马：《奥德修纪》第18卷，第136、137行。

斯多亚学派的反论

提要

本文拉丁文标题是“Paradoxa Stoicorum”，英译者沿用这个标题，没有给出英译名。中文标题译为“斯多亚学派的反论”。“Paradoxa”一词的意思有“与一般见解相反的观点”、“似是而非的论点”、“自相矛盾的观点”等等。作者在前言中说：“这些学说令人惊讶，与人们的一般看法相反，而斯多亚学派自己实际上也把它们称做反论。”由此可见，“Paradoxa”在本文中的意思是“与一般看法相反的观点”。

本文涉及斯多亚学派的一些伦理学说：美德是唯一的善，是幸福的唯一必要条件；一切善行具有同等的功德，一切恶行具有同等的邪恶；愚蠢是精神错乱和遭受奴役，智慧是唯一的自由和财富。西塞罗在其他作品中批评过这些观点，认为它们太迂腐，但在这篇修辞学文章中，他尝试着用日常演讲的方式表述这些斯多亚学派的哲学命题，并在前言中表示接受这些观点。

全文由前言和6篇短论组成，译成中文约1.5万字。

正 文

前 言

布鲁图，我已经注意到你的舅父加图在元老院做的讲演，其中某些重大论题来自哲学，与我们通常在法庭上或公民大会上的讲演不同，但他的演讲是成功的，甚至连普通公众也接受了这样的东西。对他来说，这是一项比你我的讲演更加伟大的成就，因为我们较多地使用哲学体系，以哲学为演讲流利之来源[①]，我们的演讲所包含的学说与人们的日常思维没有很大差别，而加图所持的观点在我看来是斯多亚学派的一个完善的样品，与大众通常接受的观点不合。这些观点更多的属于一个思想学派，该学派的主旨并非修饰演讲或使用丰富的阐释模式，而只是用细致的论证来证明其观点。但是，再没有比这样的观点在演讲中无法被接受更加难以置信的事情了，也没有比不经修饰的演讲显得更加粗鲁和缺乏修养的事情了。由于拥有这种看法，我的行为甚至比我正在讲到的这个人还要大胆。加图追随斯多亚学派，谈论了心灵的伟大、自制、死亡，一般美德的荣耀、不朽的诸神、热爱祖国等论题，使用了一些演讲术的修饰手段；而我则醉心于常识，自得其乐，为了你的利益，甚至不去证明这些退隐了的斯多亚学说。这些学说令人惊讶，与人们的一般看法相反，而斯多亚学派自己实际上也把它们称做反论；所以我想要试着弄清能否在日常生活的意义上理解它们，并以某种形式使它们能被人们接受，或者说我想试着以某种方式谈论这种学问，而以另一种方式谈论日常生活。我非常快乐地写下这些文章，因为被斯多亚学派称做反论的学说在我看来实际上是苏格拉底式的，虽然远非最真实的。因此，你会接受这些短小的

① 句中“来源”一词的原意是“父母”。

论文，这是几个晚上的作品，而夜晚现在正在变得更短。我先前花费大量时间写成的另一部作品已经以你的名字出现了[①]，我在书中把那些哲学流派一般用逻辑证明的形式来表达的事情转变为我自己这种演讲风格的谈话，你也可以试着进行这样的练习。但我并不要求你把这本著作当做我的贡献，因为你无法像对待著名的斐狄亚斯塑造的密涅瓦神像一样把它供奉在城堡里。但不管怎么说，可以认为这本作品与我的其他作品出自同一工场。

反论一：只有品德高尚的事物才是善的[②]

我担心你们有些人可能会认为这篇论文来自斯多亚学派的讨论，而非出自我自己的思想。还有，我将陈述我自己的想法，这个主题十分宏大，但我的陈述非常简洁。

我要申明，我从来没有把这些人的金钱、豪宅、地产、地位、权力，还有像监狱一样紧紧囚禁他们的那些快乐，当做善的，或者当做值得向往的东西。因为我注意到，虽然这些东西像潮水般涌来，他们实际上已经过量地拥有这些东西，但他们仍旧感到自己是最贫乏的人。欲望是一名永远不能得到彻底满足的饥渴者，这些人不仅受到不断增长的欲望的折磨，而且也害怕失去原有的东西。

在这些地方，我经常指出我们缺乏祖先那样的智慧，我们的祖先是最能克制自我的人。他们认为这些东西不可靠，是变化的，只在名义上可以称做“好东西”，而就其本质和实在来说，我们对这些东西的估量完全不同。善的东西对某人来说可以是恶的吗？有谁会承认某种丰富的善对他来说不是善的吗？然而我们看到的这些东西就有这样的性质，连恶人也可以拥有它们，而拥有美德的好人却受到它们的伤害。无论谁，只要愿意，都可以嘲笑我的看法，但我指出的真正原因比大众的意见更有分量，我自己决不会说丢了牛或

---

① 指西塞罗的另一部修辞学作品《布鲁图》。

② “善”的希腊原文为“agathon”，拉丁文为“bonum”，译成英文为“good”。这个词的原意是好的、有用的，引申为好东西、财产、货物等。在伦理道德的意义上译为善的。

家具的人就失去了善。还有，我经常赞扬被列入“七贤”的古人彼亚斯。他的家乡普里耶涅快要被敌人占领了，许多人都带着牛群逃跑。有人让彼亚斯也这样做，而他回答说：“我已经把自己拥有的一切都带在身上了。”彼亚斯拒绝考虑那些命运的玩物，不把它们当做自己的财产，而我们却把这些东西称做“好东西”。

有人会问：“那么，什么是善？”确实，正义、荣耀、合乎美德地实施的行动可以说是一项善行，我只把正义的、荣耀的、合乎美德的事情视为善的。

但是这些观点看起来似乎有点令人反感，因为这样的讨论太冷漠。这些观点需要用杰出人士的生活和行为来启发它们的意义，仅从语词方面来讨论显得过于精细。我要问你们，那些光荣地建立了这个共和国并把她传给我们的人确实需要用金钱来满足他们的欲望，或者想要在美丽的土地、家具、宴会中寻求他们的快乐吗？要列举这些人，你们会从诸王中的罗莫洛①开始，还是从这个国家的解放者开始？请你告诉我，什么是罗莫洛升天想要使用的梯子？他借助的手段是被你们这个学派称做善的东西，还是凭着他自己的成就和美德？我们能够假定努玛·庞皮留斯②献祭用的酒杯和陶器比其他人用来奠酒的大碗更难被诸神接受吗？我要省略其他国王，因为他们全都一个样，除了傲慢者塔奎纽斯。③要是有人问布鲁图④为什么要解放他的祖国，或者问一同密谋的其他成员为什么要这样做，有谁能在他们中间发现他们的动机除了履行勇敢者和英雄的义务之外，还有快乐、财富或其他东西？

---

① 罗莫洛（Romulus），罗马城的创建者，与瑞摩斯是双胞胎，是战神玛斯与瑞亚·西尔维亚所生。生下后被抛弃，由母狼哺乳长大。

② 努玛·庞皮留斯（Numa Pompilius），罗马的第二位国王（公元前715年—前673年），罗马宗教体系和历法的创建者。

③ 罗马有两位国王名叫塔奎纽斯（Tarquinius），被称做傲慢者的是罗马的最后一位国王塔奎纽斯·苏泊布斯（Tarquinius Superbus）。

④ 这位布鲁图是公元前510年驱逐罗马国王塔奎纽斯的领导人，后来担任第一位执政官。

什么样的动力使得盖乌斯·穆西乌斯试图杀死波尔塞那[①]，而他自己却没有任何逃脱的希望？是什么力量使得科克勒斯[②]坚守阵地，在桥的一边独力抵抗敌人的进犯？是什么力量推动老德修斯和小德修斯在战场上对士兵使用死刑，[③]使他们能够向敌人发起猛攻？盖乌斯·法伯里修[④]克制自己的目的是什么，或者说玛尼乌斯·库里乌斯[⑤]节俭和禁欲的目的是什么？布匿战争中的两位中流砥柱，高奈留·西庇阿和普伯里乌·西庇阿[⑥]用自己的肉体抗击迦太基人的侵犯，他们把这样做视为自己的义务吗？大阿非利加努和小阿非利加努，[⑦]或者在年代上介于两位阿非利加努之间的加图，[⑧]也是这样做的吗？其他许多人也是这样的吗？因为我们国家的历史上有着无数的英雄模范。我们需要假设，除了他们认为值得赞扬或能够带来声誉的事情以外，他们还有其他恰当的人生目标吗？如果是这样的话，那就让你的嘲笑者依据这一理由

---

① 波尔塞那（Porsenna），早期伊拙斯康人的一位国王，全名拉尔斯·波尔塞那（Lars Porsenna）。他试图帮助被流放的塔奎纽斯·苏泊布斯（Tarquinius Superbus）复辟，率军侵犯罗马。盖乌斯·穆西乌斯（Gaius Mucius），罗马勇士，他进入伊拙斯康人（Etruscans）的军营，试图杀死波尔塞那，但没有成功，被抓获。为了表明他视死如归的勇气，他把自己的右手放在火堆上烧毁，因此得名斯卡沃拉（Scaevola），这个词的意思是“左手”。后来波尔塞那释放了他，并且放弃了侵犯罗马的意图。

② 全名霍拉提乌·科克勒斯（Horatius Cocles），罗马勇士，独力抵挡伊拙斯康人的部队，使罗马人有时间拆毁他身后的桥梁，然后他游泳渡过台伯河，返回罗马。

③ 这里提到的老德修斯和小德修斯是父子俩，父子同名，都叫普伯里乌·德修斯·穆斯（Publius Decius Mus），前者在公元前340年担任执政官，率军抗击拉丁人，后者在公元前295年率军抗击高卢人。

④ 盖乌斯·法伯里修（Gaius Fabricius），公元前282年担任罗马执政官，别号独眼龙（Luscinus），公元前280年担任使节与伊庇鲁斯国王皮洛斯谈判交换战俘事宜。

⑤ 玛尼乌斯·库里乌斯（Manius Curius），公元前290年担任罗马执政官。

⑥ 高奈留·西庇阿（Cornelius Scipio），公元前218年担任执政官，在山南高卢（Cisalpine Gaul）抗击汉尼拔，受伤后被他的儿子普伯里乌·西庇阿（大西庇阿）救回来。后来他们又于公元前217年—前211年担任西班牙战事的主将。

⑦ 大阿非利加努即大西庇阿，全名普伯里乌·高奈留·西庇阿·阿非利加努（阿非利加的征服者），小阿非利加努即小西庇阿，全名普伯里乌·高奈留·西庇阿·艾米利亚努·阿非利加努。

⑧ 这位是老加图，公元前184年担任监察官，公元前195年担任执政官。

和信念做出判断，看这些英雄是否希望自己像富人一样拥有象牙和黄金装饰的大理石房子，会去追求雕塑、绘画、金盘、银盘、科林斯的艺术品，或者会像盖乌斯·法伯里修一样，尽管拥有这些东西，但希望自己一无所有。

尽管他们很容易受到引诱而改变对善的看法，一会儿认为这是善，一会儿认为那是善，但他们无比热情地维护他们的信念，认为快乐是主要的善。但是在我看来，这是牛的语言，而不是人的语言。神把理智馈赠给你们，或者说自然已经把理智恩赐给你们，自然堪称万物之母，理智是一切存在物中最优秀、最神圣的。你们想把自己变成可悲的流浪者，认为自己和那些四足动物没有什么区别吗？有什么好东西不能使它的拥有者变得更好？每个人都程度不同地分有善，所以每个人都值得赞扬。任何好东西都是它的拥有者值得骄傲的源泉，但它们又有哪些是快乐？快乐能使人变成善的或者变得比较值得赞扬吗？有谁能自豪地说自己成功地获得了快乐？然而，要是被许多人珍视的快乐并不是善的，要是快乐越多，心灵越会偏离本位，那么我们可以肯定的就是，除了高尚与正义的生活，其他没有任何生活是善的和幸福的。

反论二：对于幸福来说，拥有美德足矣

我本人确实从来不认为马库斯·勒古鲁斯[①]是悲惨的、不幸的、倒霉的，因为迦太基人的严刑拷打并没有影响他的伟大、他的尊严、他的忠诚、他的坚定、他的其他美德，最终也没有影响他的心灵本身；尽管他的身体被俘，但他的心灵没有被俘，他仍旧是美德的伟大追随者。我们也确实看到了盖乌斯·马略的鼎盛时期，我认为他是幸运的，即使在敌人眼中他都是一位大英雄，这是一个凡人所能得到的最高幸福。

我要说：疯子，你不懂，你不知道美德拥有的力量有多么伟大，你只会说“美德”这个名字，你不懂美德“本身”的意思。除非完全依靠自己，并

① 马库斯·勒古鲁斯（Marcus Regulus），罗马将军，公元前 267 年担任执政官，公元前 255 年被迦太基人俘虏。

将自身视为自己拥有的一切，否则绝不可能成为最幸福的；而那些把希望、目的、思想完全寄托在“幸运”身上的人不会拥有任何确定的东西，他能确定的东西在他身上停留不超过一天。就是这种人，要是你能碰上，可以用死亡和流放来威胁他；但对我来说，对这样一个忘恩负义的国家，无论要发生什么事情就让它发生吧，不仅是不抵抗，连抗议都不会有。要是我的地位与我的成就无关，一不小心就会遭受命运的摆布，受到敌人的攻击就会动摇，那么我的努力和我的成就，或者我通宵达旦所耗费的忧思又有什么用呢？你要用死亡来威胁我，把我完全逐出人类社会，或者要把我流放，使我远离恶人吗？死亡对于那些将在失去生命时失去一切的人来说是可怕的，但对那些荣耀不会消逝的人来说并非如此；流放是对那些住处受到限制的人来说的，但对那些把整个世界都当做一座城市的人来说无效。被各种不幸和悲伤压垮的人是你们这些认为自己幸福昌盛的人；受欲望日夜折磨的人是你们这些对已经拥有的东西不满足，并且害怕这些东西无法持久的人；你们由于自己的恶行而受到良心的谴责，你们的灵魂发出痛苦的呻吟，你们由于担心会被送上法庭受审而变得软弱无力；无论把目光转向哪里，你们已经犯下了的过失使你们怨恨不已，让你们喘不过气来。

恶人、蠢人、懒人都不能过上幸福的生活，而好人、勇士、聪明人也不可能是邪恶的。美德和品格值得赞扬的人不会过不上值得赞扬的生活，他们不是要逃避生活，而是要逃避邪恶。因此，一定要把所有值得赞扬的东西视为幸福昌盛的、值得向往的。

反论三：任何过失都是相同的，任何正确的行为也是相同的

你说“这是一件小事”。但它是一桩很大的冒犯，因为衡量过失的标准不是这件事的结果，而是犯了过失的这个人的邪恶。犯了过失的场合有些比较重要，有些不那么重要，无论你用什么方式来掩饰，犯了过失的行为本身就是过失。水手驾船时翻了船，船上装的是金条还是谷壳从结果来看有些差别，但就水手的无能来说并无差别。情欲使出身低微的女子失身，人们对这

种情况发出的抱怨比浪荡公子与出身高贵的少女有染发出的抱怨要少，但无论情况如何，少女失身是一种过失，因为它已经逾越了界线。一旦逾越了这条界线，过失也就犯下了。超过这条界线越多，过失就越大。过失无疑对任何人都不允许。我们说的不允许是指不允许这样的事情发生。如果不许发生的事情不会变大或变小，如果过失由那些不许发生的行为组成，那么来自不许发生的行为的过失必定相同。如果美德对不同的人来说是相同的，那么邪恶对不同的人来说必定也相同。但是美德相同这一点很容易看清，无人能比好人更好，无人能比有节制者更有节制，无人能比勇士更勇敢，无人能比聪明人更聪明。假定有人归还了别人存放在他那里的十镑黄金，在没有证人的情况下他本来可以很容易独吞这笔黄金而不受惩罚，又假定别人存放在他那里的黄金是一万镑，而他没有归还，那么你会把这样的人称做好人吗？或者以节制为例，能在一个方面约束自己，但却在其他方面放纵自己的人，你会把他称做有节制的人吗？美德与理智是和谐的，是一个不可分割的整体，我们无法给一个事物添加些什么而使它成为合乎美德的，我们也不能从一个事物中去掉些什么而使它失去美德之名。事实上，如果善行就是正确实施的行动，那么没有什么事情能比正确的行动更正确，我们无疑找不到比好事物更加好的事物。由此可以推论，恶也一样，恶可以正确定义为“心灵的畸形状态”。正如美德是相同的一样，正确的行为必定也是相同的，因为它们都来自美德；过失必定也是相同的，因为它们都来自恶。

你说“你的这些学说来自哲学家”。我实际上怕你说，“你的这些学说来自拉皮条的”，“这是苏格拉底在争论中使用的风格”。好极了！你讲的故事最受欢迎，因为它记载了你引用的这个人的博学和聪明。我们之间这个回合的较量是口头上的，而不是斗殴。所以我一定要向你提出下面这个问题：涉及道德上的善，我们必须考察搬运工和苦力的意见还是学问最高的人的观点？这个观点不仅是我们所能发现的最真实的观点，而且也对人的行为最有用。还有什么力量能比过失之间无差别这个信条更能使民众提防一切罪恶，使他们不会像冒犯国家一样冒犯具体的公民，像提防各种犯罪一样提防各种放荡行为？

“那么它们之间就没有什么区别了吗？”（这是某些人会说的）“一个人杀死他的父亲和杀害他的奴隶就没有什么区别吗？”如果你不加限定地提出这些事例，就不容易判断它们的真实性质。如果剥夺父亲的生命本身就是犯罪，那么萨古突[①]人的选择也犯了弑父母罪，他们要求父母宁可作为自由民去死，也不要作为奴隶而活命。因此，剥夺父母的生命而不犯罪有时候是可能的，杀死奴隶而不犯罪经常是不可能的。因此，是动机而不是行为的性质使这些行为有了区别。任何行为都附有动机，而行为的性质是比较容易确认的，要是两个行为都与某个动机有联系，那么这两个行为必定相同。但不管怎么说，它们之间还是有一些差别。就杀害奴隶来说，如果这个行为没有正当理由，那么它是一种过失，而就用暴力杀害父亲来说，这一行为犯有许多过失。对生育、抚养、教育我们、使我们成长的父母施暴，这种人的首要罪行是弑父母罪，因此应当受到非常严厉的惩罚。但是在人生行为中，我们一定不要考虑什么样的罪行要受什么样的惩罚，而要考虑对人可以进行什么样的惩罚。我们必须把任何过失都视为一种罪行，做了不许做的事情就是一种罪。“连那些微不足道的小事也这样吗？”是的。我们虽然不能把规则强加给事物，但我们能够约束我们的心灵。如果一名演员的动作稍微滞后于音乐，或者朗诵的发音太短或太长，都会被观众轰下舞台；那么在现实生活中，你的行为难道不应该比舞台上的动作更有节制，你的讲话难道不应该比舞台上的朗诵更加准确？要是一名诗人在这些细节上有过失，我就不会听他的诗歌。所以，要是有公民的一根小指头在现实生活中犯了过失，我还会去听他辩解吗？“过失的规模越小，危害越轻，难道不是吗？”任何一种过失都是由一系列错乱引起的，所以过失在规模上不可能有大有小。整个体统和秩序一旦错乱，我们也就不可能再往里添加什么来使过失的规模变大，难道不是吗？

---

① 萨古突（Saguntum），西班牙东北部的城市，公元前 218 年，迦太基大将汉尼拔夺得此城并加以毁灭，此事成为第二次布匿战争的导火线。

反论四：每个蠢人都是疯子

我要证明，你[①]现在不是愚蠢的，但你经常愚蠢；你现在不是邪恶的，但你经常邪恶；你经常神经错乱，发疯……有可能被征服……[②]这些东西是生活必要的，然而，聪明人的心灵会由于目标的高尚、幸运的持久、对人间事物的轻视，简言之，会由于他的各种德行而被狂风暴雨征服和占领吗？一个人为什么不可能被流放、驱逐出国？因为，我们要问，什么是国家？不文明的野蛮人的集合也是国家吗？逃跑的盗贼聚集在某处也是国家吗？你肯定会说，并非如此。因此我们的共同体在没有实施法律之前，在正义的法庭地位低下的时候，在祖宗的习俗还没有被推翻的时候，在政府官员被流放的时候，在元老院这个名字在我们的共同体中还鲜为人知的时候，它还不是一个国家。由你领导的这群土匪强盗只是一个公共的建制，而不是一个国家，只不过从喀提林[③]式的狂热转变为你这样的阴谋诡计。同理，我并没有被流放[④]，这种事根本不存在，但我受到国家的召唤，这个国家存在于我们的共同体中，它从前没有执政官，它的元老院已经垮台了，但它有自由的、意见一致的民众，正义和平等作为国家的黏合剂又返回了人们的记忆。

你瞧，对你们这个匪帮手中的武器我有多么蔑视！我总是相信你，而你却邪恶地针对我，对我施加暴行。我从来没有想过你能真正地伤害我，只有你在拆毁房屋、用恶棍的火把点燃屋顶时会想象我的所有财产已经被付之一炬。没有哪一样真正属于我或属于他人的东西是可以被抢走的，或者可以丢失。要是你曾经从我这里抢走上天恩赐给我的坚强的决心、我的忠诚与警

---

① 西塞罗在讲这些话的时候无疑针对普伯里乌·克劳狄·浦尔契（Publius Clodius Pulcher）——一位臭名昭著的罗马政治家。公元前 62 年，他假扮妇女参加贞洁女神的祭仪，次年受审。

② 这些地方拉丁原文佚失。

③ 全名卢西乌斯·塞吉乌斯·喀提林（Lucius Sergius Catiline），罗马政治家，西塞罗的政敌。

④ 这件事发生在公元前 58 年，当时克劳狄发动骚乱。这是西塞罗最喜欢的反论，他当时退隐了，但并没有遭到流放，直到他离开罗马的时候也还没有判他流放。

惕、我反对你的意愿、我保持国家稳定的政策——要是你能抹去人们对我这种永久性的公共服务的记忆——甚至可以说，要是你曾经剥夺作为我的政策来源的理智，那么我就会承认确实已经受到了你的暴行的伤害！但若你没有做过这些事，或者你做不到这些事，那么你对我施加的暴行在我看来是荣耀的回归，而不是灾难。

因此，我永远是一位公民。更为重要的是，元老院赞扬我，说我是最高尚的公民，连外族人也会保护我，而你到现在也还不是公民，除非一个人可以既是敌人又是公民。你区别公民和敌人的标准是种族和居住地，而不是品格与行为吗？你在广场上进行大屠杀，你和一帮武装匪徒占领神庙，你烧毁私人住宅和神圣殿堂，如果你是一位公民，那么使斯巴达克斯①成为敌人的又是什么呢？如果由于你的原因，这个国家曾经一度不复存在，那么你还能算是一位公民吗？尽管每个人都认为，随着我的离去，这个国家也已经被流放，但你能把属于你的称号强加于我吗？噢，最疯狂的人啊，你难道从来没有看看你自己？你难道从来没有想过你在干些什么，你在说些什么？你难道不知道流放是对罪恶的惩罚，而我的旅程是由于我已经完成了的光荣行为？法律想用流放来加以惩罚的所有不虔诚的罪犯是流放者（你公开承认你是他们的领袖），哪怕他们并没有离开这个国家。当所有法律都规定了你是一个流放者的时候，还有哪个敌人能说你是流放者？“一个被发现带着武器的人”，人们在元老院前面发现你带着匕首；“一个杀人的人”，你已经杀害了许多人；“一个放火的人”，你已经烧毁了仙女庙②；“一个占据神庙的人”，你曾经在广场上安营扎寨。要是你胆敢闯入善良女神③的密所，那么你最亲密的朋友会带上专门的判决书判处你流放，而你习惯于吹嘘说自己已经这样做了，所以，我还有必要引用法律的普遍原则，说明你是一名流放犯吗？有那么多条法律判你流放，你难道不害怕流放这个名字吗？你说，“但我仍旧在

① 斯巴达克斯（Spartacus），公元前73年意大利奴隶起义的领袖。

② 原文为“宁妇”（Nymphs），希腊罗马神话中的仙女，有许多位。

③ 指大地女神，亦为贞洁女神，由女祭司供奉。

罗马”。没错，但你实际上待在那个秘密的神龛里。如果法律规定这不是人能居留的地方，那么你没有权利待在这种特殊的地方。

反论五：只有聪明人是自由的，蠢人都是奴隶

假定一个人被赞美为统帅，甚至说他具有统帅风格，或者说他配得上这个称号，那么他是什么意义上的统帅呢？或者说，这个人可以对哪些自由人下达命令呢？首先要请他自己约束淫欲、轻视快乐、克制愤怒、控制恶行、驱逐心中的一切污秽。等他本人不再服从这些最不受约束、不合礼节、卑鄙堕落的情欲时，再给别人下命令。只要他还服从这些情欲，他就完全不配当指挥官，甚至不是一名自由人。

最近有一条优秀的格言在最博学的人中间流传。要是我不得不对无教养的人讲这番话，那么我不想借重博学者的权威；但由于我是在对最有智慧的人讲话，这些学说对你们来讲并非新鲜事，所以我不必伪装，说自己在学这些内容时所花的力气都白费了。好吧，最博学的人说过，除了聪明人之外没有人是自由的。什么是自由？自由就是按照自己的意志去生活的力量。除了那些追随正确事物的人、对自己的义务感到高兴的人、精心安排生活道路的人、不是因为害怕而服从法律，而是依据自己的判断认为法律有益于健康，因而服从和尊重法律的人、一言一行，乃至于每一念头，都自觉自愿的人、所从事的事业和行动全都始于自身并终于自身的人、除了自己的意志和判断，没有其他事情能对他产生更大影响的人，还有谁能够按照自己的意志去生活？幸运女神确实会眷顾这种人，人们说幸运女神的力量是最高的，而据这位聪明的诗人所说，女神承认自己的诞生是为了让每个人按其本性生活。由此可见，只有聪明人才不会做任何违反自己意愿的事，也不会事后感到后悔，认为自己是不得已而为之。尽管这是一条真理，值得详细讨论，但“除了拥有这种气质的人以外没有人是自由的”这条简洁的格言无论如何是无法被驳倒的。因此，所有恶人都是奴隶！这样说也不会引发反论，但它听上去像是一个反论。因为这样说并不意味着这些人是做牛马的奴隶，是主人的财

产，可以拿来抵债或者按照国家的法律去服劳役。如果受奴役的意思确实是服从一种残缺的、邪恶的精神，而非出于自愿，那么又有谁会否认一切头脑简单、妄想占有的人，一切恶人，确实是奴隶？

我能想象一个自由的男人受一个女人的统治吗？他从她那里接受法律，而这样的统治、秩序、禁令是她认为合适的，在她下令的时候，谁也不敢反对和拒绝。她提出要求，他就必须提供；她发出召唤，他就必须到来；她要他滚蛋，他就必须走开；她发出威胁，他就全身颤抖。在我看来，这样的男人不仅应当称做奴隶，而且应当称做非常卑鄙的奴隶，哪怕他出生在最高贵的家庭。

就像在一个大家庭里，有些奴隶（如他们自己所想象的那样）属于一个较高的等级，但所有奴隶都毫无例外的是奴隶——比如管家、园丁——同理，那些对雕塑、绘画过分愉悦，过分追求银器、科林斯艺术品、豪华住宅的人都是愚蠢的。他们会说："我们是这个国家最主要的成员。"但恰恰相反，甚至在你们的奴隶同胞中你们也不是主要的；就好像在一个家庭中，那些搬运物件、洒扫庭院的奴隶并不属于最荣耀的奴隶等级，所以在国家中，那些竭力试图占有的人总是属于最低的奴隶等级。你说："我已经进行了伟大的战争，统治了巨大的区域和行省。"如果是这样的话，那么你配得上受到赞扬。你可以在埃提翁①的绘画或者波吕克利图②的雕塑前站着出神。但我要问，你从哪里弄来这些东西，你是怎么把它们搞到手的？当我看到你站在那里目瞪口呆、惊叹不已的时候，我的判断是，你是最愚蠢的奴隶。"这些东西难道不会令人心旷神怡吗？"暂且假定如此，因为我们也要训练我们的眼睛，但我请你不要把这些东西散发的魅力当做人的枷锁，而要当做儿童的娱乐工具。你这样的设想是什么意思？假如卢西乌斯·姆米乌斯③看到你们中

① 埃提翁（Aetion），公元前 4 世纪的希腊画家，他的名画是亚历山大大帝与洛克萨娜（Roxana）的结婚图。

② 波吕克利图（Polyclitus），公元前 5 世纪的雕塑家。

③ 卢西乌斯·姆米乌斯（Lucius Mummius），公元前 146 年担任执政官，攻克希腊城邦科林斯，摧毁城市，用船把当地珍贵的艺术品运回罗马。

有人贪婪地觊觎那个小小的科林斯壶，而他本人则轻视整个科林斯城，那么他会认为这个人是杰出的公民或勤劳的管家吗？让玛尼乌斯·库里乌斯活过来吧，或者找一个这样的人，他在城里和乡下的住宅中除了生活必需品外没有其他装饰，让他来看看这个人，他享有国家赐予的最大的福利，他用小小的鱼钩从他的养鱼池里钓鲻鱼，然后摸个遍，为他自己能够提供大量的八目鳗鱼而感到自豪。在这种时候，他难道不会把这个人降为奴隶，难道不会认为这个人在他所要从事的事业中不起任何重要作用吗？

或者说，有些人觊觎金钱但不拒绝最艰苦的劳役，这样的人也是奴隶吗？为了想要得到遗产，还有什么样的艰苦劳动不能从事？无子女的富翁提出来的要求还有什么不能允诺呢？需要的时候跟他谈话，完成他的所有嘱托，跟随他，坐在他身旁，给他送礼，哪样行为不是自由人的行为？噢，懒惰的奴隶确实不会这样做，是吗？

好吧，下面来说一说从政、参军、统治的雄心，这一类欲望似乎更加配得上自由人。但这样的欲望是来自一位多么难以对付的女主人，她有多么霸道，多么顽固！她驱使那些认为自己非常优秀的人去当那个微不足道的凯塞古斯[①]的奴隶；给他送礼，夜晚到他家等候，甚至不惜自降身份向普莱西娅求情。如果这样的行为是自由的，那么还有什么行为是奴役？

还有，当统治的欲望从这位主人退去的时候，另一位主人、来自犯罪感的恐惧兴起了，这是一种多么可悲而又心酸的奴役！它意味着对年轻人讲话也要谄媚讨好，而又显得有些过分健谈，害怕所有似乎知道些什么的人，就像害怕自己的主人一样。所以法官是一位多么强大的主人啊！从犯罪感中产生的恐惧是什么样的？所有恐惧不都是一种奴役吗？因此，由最伟大的演说家卢西乌斯·克拉苏发表的、其流利程度超过智慧的那篇演讲有什么价值？“把我们从奴役中解放出来”，这句话非常出名，远近皆知，但这里讲的奴役

---

① 凯塞古斯（Cethegus），喀提林的同党，由于他的夫人普莱西娅（Praecia）颇有姿色而在政界产生影响。

是什么意思？一切缺乏自信、软弱、卑鄙、沮丧的精神都是奴役。“受任何人的奴役都不行吗？”他想在字面的意义上获得解放吗？绝无可能，因为他接下去就说“除了你的整个身体”。他想改换主人，而不想自由。“我们可以或者必须成为谁的奴隶？”我们的想法恰恰相反，因为我们拥有由美德来提升的高贵心灵，它既无必要也不能够成为奴隶，但是对你来说，你已经把能够做到的事情都说了出来。你的情况就是这样，但请你不要说自己必须成为奴隶，因为除了那些不会带来耻辱的事情之外，没有人应当受到任何奴役。

这个主题就谈到这里。让我们说的这个人①明白，理性和真理本身已经证明他甚至不是自由的，他又如何还有可能是统帅？

反论六：只有聪明人才是富有的

你在谈论你拥有的金钱时无耻地自吹自擂。你这样说有什么意思？世上只有你富有吗？仁慈的苍天啊，我不是在因听到或者学到了什么东西而感到欢欣鼓舞吧？只有你才是富有的吗？要是你根本不富有，那又该如何？要是你实际上是贫穷的，那又该如何？我们所说的富人是谁？我们把这个术语用在什么人头上？假定有人为了自由的生活而拥有众多财产，他很容易感到满足，他追求这样的生活，以此为目标，不再向往别的东西，这样的人我们可以称他为富有的。必须说自己是富有的，这是你自己的想法，不是你邻居的言谈，更不是你的实际情况。你要是什么也不缺，没有任何困扰，完全得到满足，哪怕仅仅是对你的金钱，那么你的心灵还会有什么想法吗？所以我要承认你是富有的。要是你对金钱如此贪婪，以至于认为只要能够挣钱，无所谓办法之卑鄙（你们这个行当确实无人可敬），要是你每天都在费尽心机、玩弄诡计、讨价还价、巧取豪夺；要是你欺骗同伴、抢劫银库；要是你在等待朋友的遗嘱，甚至不是等候，而是自己伪造。那么这些事情到底表明一个人的富有还是贫困？“富有”这个术语经常用于一个人的心灵，而不是

---

① 参见反论五第一段。

他的钱匣。尽管你的钱匣是满满的，但只要我看到你自身是空虚的，那么我不会认为你是富有的。人们实际上按照一个人能否得到充足的供应来衡量财富的数量。这个人有一个女儿？那么他需要钱。他有两个女儿？那么他需要较多的钱。他有更多的女儿？那么他需要更多的钱。如果有人像故事中的达那俄斯[①]一样有50个女儿，那么他准备50份嫁妆就需要一大笔钱！如前所说，衡量一个人的财富的尺度与他个人所需要的数量相对应，因此，一个没有许多女儿的人仅仅出于对金钱的向往而在短时间内攫取大量金钱，而他仍旧感到自己很穷的时候，他怎么能够从我这里得到富有的称号？很多人听你说过，无人富有，除非他能用自己的收入养活一支军队，但即使用罗马人的全部税收也很难做到这一点。从这个前提可以推论，在你能用你的财产保持六个军团和供养大量骑兵和步兵之前，你绝不可能富有。因此，你现在承认自己不富有了，因为你无法完全满足你自己的欲望；同理，你也绝不可能对你的贫穷保守秘密，或者像乞丐一样忍受贫困。因为我们明白，在需要的时候，有些人用体面的方式获取财富，他们的方法是贸易、履行合同、征税；而我们看到在你家中聚集着强盗、土匪和告密者。你在策划暴乱时审讯拷打富人，你的计划包括贿赂法官，你为了防御开支讨价还价，你为了拉拢候选人许诺给他们一大笔钱，你派遣自由民去放高利贷、抢劫行省、抢占邻居的房地产，你放逐富人，在自由的城镇里大屠杀。有谁还记得在苏拉当政时期那些臭名昭著的发生在丰收季节的抢掠吗？有多少遗嘱被伪造出来？有多少人被赶出家门？最后则是普遍的腐败——征募新兵、颁布法令、代人投票、公共法庭、空谈、沉默、出卖一切——有谁不认为这个人实际上是最贫穷的？又有谁曾经准确地描述过这个穷人像富人一样攫取钱财？财富的价值由丰裕组成，丰裕意味着充分供应，但由于你的愿望从来没有实现过，所以你从来就不是富有的。

由于我拥有的金钱受到你的轻视（对普通民众来说，我拥有的金钱数量

---

① 达那俄斯（Danaus），希腊神话中的埃及王。

合理；对你来说，我拥有的金钱根本不算一回事；对我自己来说，我拥有的金钱数量是最有节制的），所以我不想谈论自己拥有的金钱，而是谈论财产这个主题。如果要评估财产，我们岂不是要对皮洛斯提供给法伯里修的金钱规定一个更高的价值，而出于自制法伯里修并没有接受这笔钱？[①]还有萨莫奈人赠送的黄金和玛尼乌斯·库里乌斯的答复？[②]还有卢西乌斯·保卢斯的遗产和阿非利加努的仁慈，他把自己的那份遗产给了他的兄弟昆图斯·马克西姆？确实，在这些事例中，财富的后一种形式，即拥有最高的美德，比财富的前一种形式，即拥有金钱，具有更高的价值。因此，假定我们必须按照每个人拥有的最有价值的财富来确定他们是否富有，那么有谁会怀疑富有是由美德组成的，无论拥有多少金钱都不可能比拥有美德更有价值？

伟大的上苍啊，人们为什么就不明白节俭节约是一笔巨大的收入！现在我要撇下你们这些挣钱人来讲一讲花钱人。作为庄园主，租金给他带来了600个小银币[③]的收入，而我的收入是100个小银币；他用镀金的屋顶和大理石的地板装饰他的乡间别墅，还有无数奢华的雕塑、绘画、家具、衣服，结果不仅用光了他的收入，而且还欠了债；而我的租金收入虽少，但在满足了我的各种嗜好以后，我仍旧能够做到收支平衡。那么，我们俩哪一个比较富裕，是有赤字的，还是有盈余的？是缺钱的，还是有钱的？是需要更多的钱来维持家业的，还是可以用他自己的资源维持生活的？但我干吗要提到自己，由于我们的习惯和时代，我自己也可能陷入我们这一代人的谬误中？在关于我们祖先的记忆中（也许我们不能老是谈论库里乌斯家族和卢基努斯[④]），请你告诉我，玛尼乌斯·玛尼留斯是穷人吗？因为他在卡里奈有

---

① 皮洛斯（Pyrrhus），伊庇鲁斯国王（公元前319年—前212年），率军反抗罗马。法伯里修受命与皮洛斯谈判交换战俘的事。

② 玛尼乌斯·库里乌斯（Manius Curius），罗马执政官，他拒绝接受萨莫奈人（Samnites）的礼物。

③ 小银币（Sesterius），罗马的辅币。

④ 卢基努斯，全名盖乌斯·法伯里修·卢基努斯（Gaius Fabricius Luscinus）。

一所小房子，在拉比齐附近有一处农庄。[①] 我们拥有的财产比他多，因此我们比较富有吗？我确实希望我们是富有的！一个人的生活方式和他的文化决定了他会有多少钱，一个人属于哪个等级无法决定他会有多少钱。金钱不值得觊觎，不爱买东西实际上就是一种收入。对自己拥有的东西感到满足是一种巨大的、完善的、幸运的保险！

要是你们技艺娴熟的评估师给具体的城乡地产评定了很高的价值，因为这类财产最不容易毁损，那么我们应当如何评定美德的巨大价值？这种财富不会被盗，不会被骗，不会因为翻船和火灾而失去，不受狂风暴雨的影响，也不受政治气候的影响。只有那些生来就拥有美德的人是富有的，因为只有他们拥有既能产生利益，又能永久延续的财产，只有他们拥有这种专门的富有性格——满足于他们拥有的东西。他们认为自己得到的东西已经足够了，不需要其他东西，因此不需要去追求。而那些恶人和觊觎者，就像他们拥有的财产是不确定的，取决于偶然的机会一样，他们总是在追求，希望得到更多的东西，他们中没有人会满足于他们已经拥有的东西。我们可以说，这样的人不仅不是幸福的、富有的，而且确实是贫乏的、穷困的。

---

① 玛尼乌斯·玛尼留斯（Manius Manilius），公元前 149 年罗马执政官。卡里奈（Carinae），罗马的一个市区，拉比齐（Labicum），罗马东南面的一个城市。

论演讲术的分类

提 要

本文拉丁标题是"De Partitione Oratoria"，英文译为"Of the Classification of Oratory"，意思是"关于演讲术的分类"，中文标题译为"论演讲术的分类"。

西塞罗写作本文的目的是用来教育他的儿子小西塞罗。[①]它以中期学园派的修辞学体系为基础，采用对话的形式，由儿子提问，父亲回答。写作时间大约是公元前46年末，此时他的儿子约19岁。对话场景没有具体说明，估计是在图斯库兰的别墅。全文除序言（第1章）外分为三个部分：(1) 演讲者的个人资源，涉及素材和风格（第2—7章）；(2) 演讲的结构（第8—17章）；(3) 需要处理的各种问题（第18—40章）。

全文译成中文约2.7万字。

正 文

【1】小西塞罗：父亲，要是你有空，要是你愿意，我想请你用拉丁文讲

① 西塞罗，全名马库斯·图利乌斯·西塞罗（Marcus Tullius Cicero），他的儿子小西塞罗与他同名，也叫马库斯·图利乌斯。

一讲你已经用希腊文给我讲过的修辞学理论。

老西塞罗：我的孩子，要是你有可能成为一位有成就的学者，我还有什么不愿意的？至于空闲，首先，我现在有大量的时间，我终于有机会离开城里了；其次，我很乐意对你进行演讲术的辅导，甚至会优先考虑，把它当做我自己最重要的约会。

小西塞罗：那么好吧，你同意我采用你的方法吗？用拉丁文向你提出一系列问题，这些问题的主题就是你用希腊文考过我的？

老西塞罗：只要你愿意，有何不可？这样的话，我就可以看出你是否还记得从前的课程，当你逐一提问的时候，你也能获得知识。

小西塞罗：对整个修辞学理论进行划分，必须分成几个部分？

老西塞罗：三部分。

小西塞罗：请你告诉我，哪三个部分？

老西塞罗：第一，演讲者的个人资源；第二，演讲；第三，问题。

小西塞罗：演讲者的个人资源由哪些内容组成？

老西塞罗：包括素材（matter）和语言（language）。但是素材和语言都必须加以排列（arrangement）。尽管“开题”（invention）这个术语专门用于素材，“表达”（delivery）这个术语专门用于语言，但是排列虽然属于素材和语言，但却不能用于开题。与表达相连的还有嗓音、姿势、面部表情、一般的举止，所有这些都需要用到记忆。

小西塞罗：下一个部分是讲演，它又分成多少组成部分呢？

老西塞罗：四部分。其中两个部分，陈述事实和证明，用来建立案例；另外两个部分，绪言和结束语，用来影响听众的心灵。

小西塞罗：接下去，问题这个部分该如何准确划分？

老西塞罗：一部分是无限制的问题，我称之为论点（propositum）；另一部分是有限制的问题，我给它事例这个名称。

【2】小西塞罗：既然演讲者的首要功能是提出论题，那么他的目标何在？

老西塞罗：想方设法使那些他希望说服的人信服，激发他们的情感。

小西塞罗：用什么东西来产生信服呢？

老西塞罗：论证，论证来自论题，论题要么包含在案例本身的事实中，要么从外部获得。

小西塞罗：你说的论题是什么意思？

老西塞罗：可以存放论证的地方。

小西塞罗：什么是论证？

老西塞罗：获得信念的一种似乎有理的方法。

小西塞罗：你如何区分你说的两种论证？

老西塞罗：有些论证不使用来自外部的证明，比如证人提供的证据。

小西塞罗：你说的内在论证指的是什么？

老西塞罗：那些内在于具体案例事实中的论证。

小西塞罗：证据有哪些种类？

老西塞罗：证据可以分为神的证据和人的证据。神的证据，例如神谕、占卜、预言，祭司、占卜官、预言家做出的回答；人的证据就是依据权威或人的喜好自愿或被迫说出来的观点。这种证据包括书面文件、誓言、许诺、发誓或受到拷问时做出的陈述。

小西塞罗：你说的内在的论证是什么意思？

老西塞罗：内在的论证就是内在于事实本身的论证［有时候源于全部事实，有时候源于部分事实，有时候源于它们的名称，有时候源于以某些方式与考察的要点和所讨论的整个主题相连的事实，有时候使用定义，有时候列举组成部分，有时候考察词源；以某种方式与所考察的事物相连的事物有些具有渊源上的关系，有些具有前后联系，有些具有相似性，有些具有差异性，有些作为对立面出现，有些作为相关事实出现，有些是前在的原因，有些是产生的后果，有些是矛盾的，有些是偶然的，有些是所受的影响，或者是在进行比较时作为较大、较小、相等的事物而出现的] [1]，例如定义、对照、相同或不同的事物、与事物本身及其对照一致或不一致的事物、作为与之相联系或相对立而存在的事物、所讨论的事物的原因以及这些原因的结果，亦即从原因中产生的事物、配置或者部分的类别、成分，亦即包含某些论证要素在内的作为先决条件的事物、事物的比较，亦即区分事物的大小或相同，在这一过程中，对事物的本质或能力进行比较。

【3】小西塞罗：然后我们要从你具体指出的这些论题推导出论证来吗？

老西塞罗：倒不如说我们要考察它们，从它们那里寻求论证，但我们将始终用我们的判断来排除那些没有什么价值的论题，有时候也要忽略那些过于一般、与我们的案例没有什么密切联系的论题。

小西塞罗：由于你已经回答了如何获取信任的问题，我希望你能谈一谈怎样激发情感。

老西塞罗：你的问题没有什么不恰当，但你想要听到的内容会在我谈到实际讲演和考察理论时得到更为清晰的解释。

小西塞罗：那么我们下一步做什么？

老西塞罗：发现你的论证，把它们排列在一起，在无限制的讨论中，排列论证的秩序几乎与我已经解释过的论题的排列相同；但在有限制的讨论中，我们也必须使用那些能够激发情感的手段。

小西塞罗：那么你如何解释这些内容呢？

老西塞罗：我有一整套办法，既适用于获取信任，又适用于激发情感。由于确信是一种坚定地确立起来的看法，情感是心灵的激动，要么快乐，要么厌恶，要么恐惧，要么向往，而这些种类的情感各自又可以再划分，所以我把整个排列的方法用于讨论。陈述的目的是获取信任，提出具体案例的目的既是获取信任又是激发情感。因此，当我处理案例时，我要谈到陈述，也要谈到案例，因为案例包含着陈述。

---

① 英译者认为方括号中的这段话显然是插入语，是《论题》第 2—4 章的缩写。

小西塞罗：那么关于案例你有什么要说的？

老西塞罗：按照听众的不同种类，案例也有许多种。因为一位听众要么仅仅是一个聆听者，要么是一位仲裁者，亦即他要对事实和看法做出估量；因此提出案例旨在给聆听者提供快乐，或者要使他也能做出某种决定。但由于他要对以往的事情下判断，像法官一样，也要对将来的事情下判断，像元老院的议员一样，所以案例可以分为三种：一种案例要判决，一种案例要商议，一种案例要修饰。后者由于在赞扬中得到特别的运用而从这一事实中得到它的专名。

【4】小西塞罗：你提到的这三种风格给演讲者提出了什么样的目标？

老西塞罗：在修饰性的案例中，他的目标是提供快乐；在判决性的案例中，他的目标是使法官严厉或仁慈；在说服性的案例中，他的目标是激发参与商议的那些成员的希望或警觉。

小西塞罗：那么你为什么不就这一点提出案例的分类呢？

老西塞罗：为的是我可以针对不同案例的目标调整我的整个排列。

小西塞罗：为什么会这样呢？

老西塞罗：因为在演讲中，如果目标是提供快乐，那么有许多种排列的方法。我们可以按时间先后排列，可以从小事说到大事，或者从大事说到小事。我们也可以综合运用这些排列，把小事情与大事情、简单的事情与复杂的事情、晦涩的事情与清楚的事情、令人高兴的事情和令人沮丧的事情、无法相信的事情和似乎可信的事情交织在一起，所有这些方法都属于修饰。

小西塞罗：好吧，在商议性的案例中你的目标是什么？

老西塞罗：开头的段落要么是简短的，要么根本没有开场白，因为参加商议的人自己已经做好了聆听的准备。在许多情况下也不需要很多的陈述，因为陈述处理的是过去或当前的事情，而说服处理的是未来的事情。因此，整个演讲必须用于获取信任和激发情感。

小西塞罗：好吧，在审判性的案例中，排列的体系是什么？

老西塞罗：原告和被告的排列是不一样的，因为原告遵循事实的顺序安排自己的论证，就好像手中拿着长枪，勇敢地刺出去，自由地得出结论，用文件、法令、证人的证据来支持它，并且依据对于激励情感有效的原则，在他的演讲的发散部分和结论性的结束语中更为准确地使用这些材料的细节，更加勇猛地发起进攻。因为他的目标就是使法官对被告愤怒。

【5】**小西塞罗**：那么，被告又必须做些什么呢？

老西塞罗：他的整个过程必然很不相同。他的开场白必须精心选择以达到确保听众对他拥有善意的目的；他的叙述如果太啰唆，就应当削短，他的叙述如果令人厌倦，就应当完全去掉；他的确证必须作为一项单独的内容提出来使人信服，或者置入整个讲话的背景中，或者用一些离题话作为掩护；而他的结论性的段落必须用来确保能够得到同情。

小西塞罗：我们始终能够保持我们所期望的排列吗？

老西塞罗：当然不能，谨慎的演讲者会根据听众的反应随时控制他的演讲，听众反对的就是要做出修正的。

小西塞罗：下面你应该解释一下适用于演讲本身及其措词风格的规则。

老西塞罗：有一种演讲是自然而又优雅的，还有一种演讲是矫揉造作的。第一种演讲由简单的语词组成，第二种演讲由复合的语词组成。简单的语词需要的是发现，复合的语词需要排列。还有，简单的语词中有些是天然的，有些是构造的。天然的语词是那些由其意义来表示的语词，构造的语词虽然源于前者，但却是用相似、模仿、修饰、合成等方法来构造的。语词还可做进一步的区别，有些语词天然生成，有些语词约定俗成。天然生成的语词有些能够发出比较响亮的声音，有些比较庄重，有些比较平滑，因此也比较华丽，而另一些语词则与此相反。约定俗成的语词形成于对事物使用专门术语的时候，或者给名词添加形容词的时候，或者演讲者使用新术语或古代用词，或以某种方式更换和修饰现有术语的时候，例如在比喻或转喻的意义上使用语词，或者我们所说的误用语词，或者超出日常讲话习惯所允许的范围，或褒或贬地使用语词。

【6】**小西塞罗**：好吧，我已经明白简单语词是怎么回事了，现在我想了

解语词的结合。

老西塞罗：在语词的结合中要遵守的事情是某些节奏和呼应。节奏可以用耳朵来判断，以确保不会与相结合的语词不吻合或过度；而呼应则可以保持风格，反对语词在性、数、时态、人称、格上的不规则。在语词的结合中忽视呼应就好像在简单语词中被批评为使用了不好的拉丁语。但是下面五种修饰一般说来既属于简单语词，也属于语词的结合：清晰、简洁、容易被接受、鲜明、迷人。清晰通过恰当使用容易被接受的语词来保证，或者把它们安排在环形句中，或者用在简短的从句和分句中。晦涩的原因在于语句冗长或过分简洁，用词含义模糊或过分花哨，使用转喻。通过使用简单的术语每次表达一个独立的想法来实现简洁，除了注意表达清晰不考虑其他事情。如果演讲没有过分修饰和精雕细琢，如果所用的语词有权威性和有分量，如果提出的观点是重要的，与人类的观念和习俗是一致的，那么这样的演讲容易被接受。如果选用的语词是庄重的，比喻、夸张、形容是恰当的，在复述中使用的同义词与实际行为以及对事实的陈述和谐一致，那么这样的风格是鲜明的。因为正是演讲术的这个部分几乎确定了人们眼前的事实，尽管确定事实要靠看，但是其他感觉以及心灵本身也都会起作用。至于鲜明的风格，我们已经说过的事情全部可以用于鲜明。因为鲜明比上面提到的清楚更值得考虑。清楚帮助我们理解所说的事情，而鲜明使我们感受到这些事情，就好像真的看见它们似的。至于迷人的风格，它首先靠响亮的发音和平滑的语词所表现出的优雅来令人喜悦；其次，它通过语词的结合避免了辅音之间粗糙的碰撞和元音之间无间隔的并置，以及结尾处不是完整句子的结尾，而是在换气的时候，由此带来整篇讲话的一致与平稳；然后，选择语词必须采用成对的术语，用重复对重复，相同对相同，安排语词必须返回到同一语词，成双成对，甚至使用更多的重复，整个结构必须一会儿用连接词把各部分联系起来，一会儿省略连接词把各部分分开。使用某些异常的、原始的、新鲜的表达法也会给风格带来魅力。因为任何引起惊奇的事情都会提供快乐，最有效的风格是能在心灵中激起强烈情感的风格，能体现演讲者本人性格友善的风格；演讲者自己的判断、仁慈行为、宽广胸怀可以表现友善的性格，当演讲者为其他人讲话，或者在故意贬低自己而说一些与他实际想法不同的事情时，他也可以通过修饰风格来表现友善，不过他这样做更多是出于善良的本性，而非出自伪善。但是有关迷人风格的许多规则会使这种风格变得不那么清晰或不那么容易获取信任，因此在这一部分中我们也要使用自己的判断力，明白案例到底需要什么风格。

【7】小西塞罗：剩下来你还要说的是转换、修正的风格。

老西塞罗：是的，整个这类风格由修正语词组成：它以这样一种方式处理简单语词，要么把一个词扩张为一个短语，要么是把一个短语压缩为一个词。从一个词出发，如果这个词是专有名词、同义词、新造词，就可以把它分成几个词；从一个短语出发，就是把这个解释压缩为一个词，或者去掉形容词，或者用直截了当的语言代替累赘的说法，或者把两个词合成一个词；在把合成的语词结合为句子时，一种三重的修饰可供使用，不更换语词而仅仅是变更它们的秩序，由此产生的结果是，在以直截了当的方式，就好像受到本能推动似的做了陈述以后，把词序反转过来，或者上下颠倒，或者用迂回的方式，然后又可以采用逐个与之混合的形式。在关于转换的这个部分里，演讲的练习尤其重要。

小西塞罗：下一个论题，我猜，是表达。

老西塞罗：是的，对一名演讲者来说，与他所谈论的事情的多样性相适应，调整他的表达方式和语言是最重要的。因为他要使他的演讲具有清晰、鲜明、能获得信任和迷人的特点，但不是用他的语言，而是用嗓音、姿势、眼神的变化，如果它们与演讲的类别吻合，并且与演讲的效果和多样性一致，那么它们就是最有效的。

小西塞罗：与演讲者本人相关的，你还有什么事情要提到的吗？

老西塞罗：除了记忆没有别的了，记忆在性质上与书写是孪生姐妹，尽管它们分处不同的领域。正如书写由字母和它们能在上面留下印记的材料组成一样，记忆的结构也像一块蜡板，上面有的地方可以储存论题的影像，它所用的“论题”就好像书写中的字母。

【8】**小西塞罗**：好吧，有关演讲者的能力的解释已经完成了。关于支配演讲的规则你有什么要说的吗？

老西塞罗：演讲由四部分组成，第一部分和最后一部分用于激发情感，因为开场白和结束语必定要诉诸情感，而第二部分陈述和第三部分证明，用于确定所说的信念。放大尽管有它专门的地位，经常占据第一部分的位置，但也总是在最后一部分出现，尤其是在某些陈述受到支持或挑战时，在演讲的其他部分也必须使用放大。因此，放大对于确保获得信任来说也是非常有效的，因为放大是一种强有力的论证方法。论证旨在影响证明，放大旨在发挥影响。

小西塞罗：那么就请你开始逐一为我解释演讲的四个部分。

老西塞罗：行，我会从导言性的段落开始，它们源于案例中的人或事。演讲者使用开场白出于三个目的：确保听众的友善、明智和关注。这些论题中的第一个由我们自己的人格、法官的人格、我们对手的人格组成。确保善意的第一步是赞扬我们自己的功德、价值或某种美德，尤其是仁慈、义务感、正义、诚实，并把相反的性质用于我们的对手，对那些将要裁决我们案例的人，我们要提供理由，并表达我们希望与他们保持一致的期待；对于任何直接反对我们的厌恶情绪或者公愤，我们要用淡化、削弱、道歉、提出相反观点的方法来加以消除或减少。为了确保听众的理智和关注，我们必须从事实本身开始。但若你在开场白中包括了对案例的类别和性质的陈述，并且做了界定，把它划分成若干个部分，而不是把案例的各个组成部分混淆或混合在一起，也不因为记忆很好而使组成部分变得太多，那么这样做最有利于听众理解和明白争论的要点。我们在前面给出的有关陈述的清晰性的规则也可以恰当地转移到这里来。然后我们可以用下列三种方法之一来确保听众的关注：推进最重要的考虑，推进不可避免的考虑，推进某些与法庭的实际成员有联系的某些考虑。但是相关的规则中也必须包括实际的场合、环境、地点、某些人的插话或打断、我们对手的某些陈述，尤其是对手在结束语中提出来的某些陈述，这是我们进行反驳的恰当时机，我们一定不能失去这个机会。前面有关放大所说的话中有许多可以转化为关于绪言的规则。

【9】**小西塞罗**：好吧，案例的陈述要遵循什么规则？

老西塞罗：陈述是对事实的解释，是建立信念的基础和根源。因此这一部分应当给予特别的关注，在演讲的其他各个部分也应当遵循陈述的规则。采用这些规则有些是不可缺少的，有些是为了修饰。对案例的陈述来说，清晰性和可信程度是最基本的，但是我们也还要加上迷人。因此，为了确保陈述的清晰性我们要返回我们上面提出来的关于讲解和阐述的规则，其中必须包括上面提到过的简洁——这在案例的陈述中使用得最频繁。如果针对不同的人、时间、地点来讲述事实，如果我们指出了每一行为和现象的原因，如果我们所说的事情是有证据的，与人类的共识、法律、习俗、宗教相一致，如果它表现了讲话者的诚实、正直、记忆、言语的真实和行为的忠诚，那么这样的陈述能够获取信任。如果陈述包括对所争论问题的惊奇、挂虑、意外，夹杂着人类的情感，包括人们之间的对话，展现出悲伤、愤怒、恐惧、喜乐和向往，那么这样的陈述具有迷人的性质。不过，现在还是让我们继续往下讲。

小西塞罗：下一个要点显然是确保获取信任的方式。

老西塞罗：是的，这些方式有两部分：确认与驳斥。确认的目的是证明我们自己的案例，驳斥的目的是驳斥我们对手的案例。与产生争论的每一件事都相关的问题要么涉及它的实在，要么涉及它的身份，要么涉及它的性质。因此我们在考虑第一点的时候，推断是一种有效的方法，在考虑第二点的时候，定义是一种有效的方法，在考虑第三点的时候，推论是一种有效的方法。

小西塞罗：你说的这些区别我已经掌握了，现在我想知道进行推断时所用的论题。

【10】**老西塞罗**：推断完全以可能性为基础，建立在事物的基本性质之上。但是为了表达我们的意思，让我们把“可能的”（probable）这个术语定

义为“通常会以如此这般的方式发生的”，例如，年轻人更易于自我放纵。而基本性质提供了一项证明，说明事情绝不会是别的样子，并且提供了一种迹象，说明事情是确定的，就好像烟是火的某种迹象一样。可能性可以从陈述的组成部分中取得，涉及人物、地点、时间、行为、事件，亦即实际事实及其处理的性质。涉及人，我们首先考察他们的健康、体形、力气、年纪、性别——是男的还是女的——这些是身体方面的天然性质；至于心灵方面的，我们要注意他们的美德和邪恶之处，有无技艺和知识，还有他们对欲望、恐惧、快乐、厌恶这些情感的反应。在人的本性中，这些是人必须服从的性质，而人的环境包括出身、友谊、子女、亲属、联系、资源、职位、权力、财富、自由，以及它们的对立面。涉及地点，既有天然的性质，比如海边或岛屿，平原或山地，平坦或崎岖，有益于健康的或不利于健康的，多阴雨的或阳光充足的；也有偶然的性质，比如耕作过的或没有耕作过的，有人居住的或无人居住的，室内的或露天的，无人知晓的或因为有历史纪念碑而众所周知的，圣地或世俗之地。

【11】在时间方面我们注意到现在、过去、将来，以及它们的细分：很久以前或最近、马上就要发生、最近将要发生、很久以后发生。还有一些术语指明了具体时间的性质，比如一年四季、月份、昼夜、时辰，这些都是天然的周期；而偶然的场合有祭祀、节日、婚礼等等。还有，行为和事件要么是经过谋划的，要么是无意的，后者取决于偶然性或某些心理因素。取决于偶然性就是某些未曾预料到的事情发生了，取决于某些心理因素就是由于遗忘而发生某些事情，或者是由于错误而发生某些事情，或者是出于恐惧而发生某些事情，或者是在某种欲望的推动下发生某些事情。必然性也可以划入无意的事件。善与恶有三类，因为它们既可以存在于我们的心中，也可以存在于我们的身上，也可以外在于我们。因此，这类材料为论证提供了基础，在回顾中必然贯穿于论证的所有部分，由此展开的推论反过来就是对要加以考虑的事情做出推论。还有一种论证源于行为的迹象，比如武器、血迹、喊叫声、跌倒、脸色苍白、结结巴巴、颤抖，或者其他可以感觉到的东西；还

有某些准备工作或与他人交谈表现出来的迹象、某些能看见的迹象、能听到的迹象、以后显示出来的迹象。至于可能性，在某些案例中偶然性在自发地起作用，在另外一些案例中偶然性的作用很小，哪怕把它们都合在一起。还有，这些偶然性有时候也会成为某种确定的和独特的东西的标志。但是能够为可能的真理提供最大确证的首先是例证，然后是介绍一个平行的事例，有时候还有趣闻轶事，尽管趣闻轶事是讲故事，但它会对民众产生影响。

【12】**小西塞罗**：什么是定义的原则和方法？

老西塞罗：不管怎样，这一点是清楚的，定义就是以陈述的形式做出解释，说明某事物所属的类别及其某些特性，以便能够识别它；或者说明如何在许多普遍属性中看出某事物具有何种特性。但由于对特性的认识通常会产生很大的分歧，我们不得不采用指出对立面的定义方法，或者指出不同或相同的对象。因此在这类论证中，描述通常也是适当的，列举后果也是适当的，还有一种特别有效的方法是解释术语或名称。

小西塞罗：这就在实际上回答了我们提出的关于已经实施了的行为及其恰当名称的问题。因此，可以假定现在还剩下的问题是行为的性质及其已经确定了的名称。

老西塞罗：是的，确实如此。

小西塞罗：那么在这一类考虑中还要做出什么具体的细分？

老西塞罗：正确实施的行为要么是为了回避，要么是为了雪耻，要么是以虔诚、节制、宗教戒律、爱国主义的名义进行，最后，要么是由于必然性、无知、偶然性而发生。出于情感和精神错乱而发生的非理性的行为，无法抗拒法庭的指控，但它们可以在自由争论中提供某种辩护。在这样的争论中，争端在于行为的性质，相关的考察通常就是问这个行为是否合法，是否公正，在讨论中采取的路线必须取自我们所列举的那些论题。

小西塞罗：由于你已经把讲演的证明这个部分划分为确认和驳斥，而确认已经处理过了，所以现在就请你解释驳斥的方法。

老西塞罗：要是你能说明你的对手对他的案例所做的论证是一种想象，

是不真实的，那么你必须全盘否定他的论证，或者说，你必须驳斥他作为可能的事情来假定的陈述。你必须说明：首先，确实有许多可疑的地方；其次，同一陈述也可以用于显然错误的事情；最后，从他的假设中无法推导出他向往的结果。但是，把他的论点一个个地加以削弱也是恰当的方式。这样一来，他的整个论证就会崩溃。还有，你必须回顾在相同的争论中不能取得公众信任的例子。要是无辜者的生命将要在阴谋诡计中失去，那么你必须探讨将会面临的危险的一般状态。

【13】**小西塞罗**：现在我知道上哪里去寻找获取信任的方法了，下面我想知道的是如何在演讲中处理前后相继的论题。

老西塞罗：我认为你想听到的是推论，它是论证的发展过程。[这个过程源于已经提出来的论题，它需要完成并在细节上予以澄清。]①

小西塞罗：这确实是我所需要的。

老西塞罗：好吧，我刚才说的推论是论证发展的过程，你假设一些不容置疑的或可能的前提，并从中推出结论，而这个结论自身显得有些可疑或可能性不大，这时候，这个推论过程就完成了。推论有两种：一种旨在直接获取信任；另一种用于激发情感。一种推论始于直接提出命题来加以证明，然后选择一些论证来支持它，在把这些东西建立起来以后再返回命题，然后得出结论；另一种推论的方向相反，是向后退的，首先假定它需要的前提，然后在激发情感之后抛出必须在一开始就作为前提的东西。推论也允许有下列多种多样的方法，允许令人愉快的离题话，比如自问自答、做出恳求、表达愿望，这些表达方式以及其他大量的方法都可以用来修饰我们的句子。并非始终从我们规定的起点开始就能够避免单调，要是我们不能推进论证以证明我们的全部观点，那么我们就做一个相当简短的、足够明显的陈述；如果这个陈述已经很明显，那就没有必要再从中推出结论来了。

【14】**小西塞罗**：好吧，你说你很久以前采用过一些不科学的规则，它

① 英译者认为方括号中的这段话可能是插入语。

们是否也需要一定的科学方法呢？

老西塞罗：确实需要，但不能把这些规则称做不科学的。尽管它们并非从演讲者本人的知识中产生，而是来自外部，但不管怎么说，他用知识去处理它们，它们确实是科学的，尤其是在处理证人提供的证据的时候。他不得不经常宣布某类证据是不可靠的，并且说证据是事实，而证人提供的证词是个人倾向；他必须引用不可信的证词为例；要是证人的品格不可靠，或者是轻浮的，或者有心事，或者心怀希望、恐惧、愤怒、遗憾，或者希望得到奖励或得到他人的感恩，那么他还必须推翻具体的证人，拿这些证人与具有较高信任度的权威做比较。使用刑讯逼供得来的证据也必须加以反对，许多受到严刑拷打的人由于希望逃避痛苦，因此经常说谎；他们宁可承认虚假的东西而去死，也不愿否认虚假的东西而继续受苦；也有许多人轻视自己的生命，目的在于保护其亲友的自由，而不是他自己的自由；还有一些人由于身体比较强壮，或者比较习惯受苦，或者由于恐惧惩罚和死亡一直忍受着严刑拷打，直到死去；还有一些人做伪证以反对他们的仇敌。这些陈述都必须用例证来支持。我们也不难看到，有些例证是模棱两可的，有机会可以进行推测，而在相反的案例中必须采用相反的例证。我们也还有机会用别的方法来考察和处理证人。证人的陈述经常含糊不清，前后不一，极不可信的，甚至与他人的陈述不一，这是常见的事，对付这些证据的唯一方法就是予以驳斥。

【15】**小西塞罗**：你还剩下演讲的最后一个部分，就是结束语的表达，我确实想听一听。

老西塞罗：结束语比较容易解释。它分成两部分：放大和扼要重述。放大不仅在结束语中有专门的位置，而且在演讲的实际过程中发生，一旦证明或驳斥了某件事，就可以加以放大。因此，放大是一种分量较重的确证，目的是在演讲过程中通过激发情感来获取信任。要达到这一目的，既要靠所使用的语言的性质，又要靠引证的事实。演讲用语必须鲜明有力，不能与日常用法不符，所用词汇应当庄重、圆润、发音响亮，可以使用复合词、新造词、同义词，也可以使用新颖夸张的词，可以使用比喻。这些要求也适用于简单语词。在语句中，语词一定不要紧紧地连在一起——即所谓连接词的省略——使句子数量显得更多。可以通过反复与重述来放大，使语词加倍，从较低的术语逐渐上升到较高的术语。一般说来，天然风格更适宜放大，不是平稳地下滑，而是充满有分量的术语。这些要点针对语言，与此相连的还有适当控制语音、神态、姿势，以激发情感。但是在语言和表达中都必须对案例做精心考虑，采用恰当的方针，因为语言和表达要是超过案例所能负荷的程度，就会显得相当可笑，因此必须小心判断什么样的语言和表达适合某个具体案例。

【16】放大事实的论题可以来自进行陈述以确保获得信任的相同论题。非常有效的论题有：定义的堆积、结果的简要复述、对立面的并置、不同的和矛盾的陈述、关于原因及其结果的陈述，特别是比喻和例证，此外还有虚拟的人物，乃至不会说话的东西也要说话。一般说来，要是案例允许的话，必须引入那些被人们认为非常重要的事物。这样的事物有两种：有些事物由于其本性而显得重要；另外一些事物凭我们的经验知道它们重要。前一类重要事物的例子有：天上的东西、神圣的东西、原因不清的晦涩的事情、天地间的奇迹，要是用心注意它们，适合放大的论题就会大量涌现。后一类重要事物的例子是那些对人类来说显得格外有益或有害的事物，其中有三种东西适宜放大，因为人要么受到爱的推动，例如热爱诸神、热爱国家、热爱父母；要么受到情感的推动，例如对兄弟、妻子、子女、家庭抱有的情感；要么出于道德上的考虑，例如对美德的敬重，尤其是对那些增进同胞亲情和表达仁慈的美德。这些论题鼓励人们坚持他们的爱与亲情，激发他们对违反美德者的仇恨。

【17】[失去这些美德，或者由于失去这些美德而带来的危险，提供了一个有关放大的特别论题。][①] 一个人要是没了好运，被亲人抛弃并承受痛苦，那么世上没有什么事情比这个曾经幸福而现在不幸的人更可悲了，我们可以说明他被邪恶包围，或将要被邪恶包围。整个论题可以提供一种情感上的诉

---

① 英译者认为方括号中的这段话可能是插入语。

求，我们只需要做一个简要的解释，因为眼泪很快就会干涸，尤其是为其他人的不幸遭遇而流泪。在放大时没有必要详尽解释细节，因为一切细节都是微小的，而这个论题要求在宏大的规模上加以处理。

确定在具体案例中使用哪一种放大要更加小心。因为在以修饰风格处理的案例中，为了提供快乐，我们应当使用那些能够引发预见、惊奇、兴奋的论题；但是在鼓励中，列举善恶事物的例子是最有效的。在审判中，原告必须主要使用那些能引发愤怒的论题，被告在大部分时候使用那些能引发同情的论题，尽管也有这样的场合，原告必须引发同情，被告必须引发愤怒。

剩下来要说明的还有列举，在赞扬性的演讲中有时候要用到列举，在商议性的演讲中很少用到列举，而在司法性的讲演中，原告经常比被告更有必要使用列举。使用列举有两种时机：一种是由于你的长篇讲演所耗费的时间使你无法相信听众的记性；另一种是你的案例要用简要复述来加强，把你的论证要点简要地提出来。还有，被告使用的列举较少，因为他要做的事情主要是提出相反的论证，这样的论证作为反击会光彩夺目，它们产生的刺激也十分有效。但是在列举中要小心避免炫耀自己的记忆力这种幼稚的现象。要避免这种危险只需做到不重复自己的所有论点，而只是简要地提及，然后逐渐集中于事实的实际价值。

【18】小西塞罗：好吧，你已经讲了演讲者本身，也讲了演讲，所以现在请你为我解释你提出来的三个部分中的最后一个——问题。①

老西塞罗：如我在开始时所说，问题有两类：一类是有限制的，涉及具体场合和人物，我称之为案例；另一类是无限制的，亦即不涉及具体人物或场合，我称之为论点。然而在讲话的时候，论点就是案例的划分和争论，因为有限的东西里面包含着无限的因素，包含在案例中的事情都与论点有关。因此，让我们首先来谈谈论点。论点有两种：一种和认知有关，它的对象是知识，例如，感觉的报道是否真实；另一种和行为有关，直接指向所做

① 参见本文第1章。

的事，例如问，如何培养友谊。再来看前者——知识，它分成三类：(1) 事物存在或不存在；(2) 它是什么？ (3) 它的性质是什么？第一类涉及实在，例如，正义在本质上存在，抑或仅仅是一种习俗？第二类涉及定义，例如，正义是多数人的利益吗？第三类涉及性质，例如，正义的生活是有益的还是无益的？另外，行为也有两类：一类旨在获得或避免某些事情，例如，用什么手段可以使名声大作？如何避免妒忌？另一类指向某些利益或有用性，例如，如何治理国家？如何在贫困中度过一生？还有，在考虑认知问题时，首先要考察某事物现在是（过去是，将来是）或不是，有一种问题是："某种结果是可能的吗？"例如，问一个人是否有可能完全聪明；还有一种问题是："某个具体结果是如何产生的？"例如，"美德以何种方式产生，它是天然的，还是通过理性或实践产生的？"围绕这类问题而展开有关事物的原因和理由的考察，就如在形而上学和自然科学中那样。

【19】问正在考虑的事物是什么，这类问题可以划分为两部分：一部分问题争论的要点是差异或等同，例如问，顽固和坚忍不拔是一样的吗？另一部分问题涉及具体事物所属的类别，对这些类别进行描述，例如问，什么样的人是不幸的？什么是骄傲？第三类问题问的是所寻求的对象的性质，我们必须讨论光荣、有用、公平。关于光荣这个问题的例子有：为朋友经历艰难险阻是光荣的吗？关于有用这个问题的例子有：从事政治活动有报酬吗？关于公平这个问题的例子有：把朋友看得比亲属还重是公平的吗？在同类问题中还包含着会引起争论的事物的另一种性质的考察，因为所问的问题不仅仅是简单的提问，什么是光荣，什么是有用，什么是公平；而且也包含着比较，什么更光荣，什么更有用，什么更公平，而这类考察对象包括那些构成生活最高价值的事物。

我已经指出的这些事情都是关于认知的。剩下还要说的事情是关于行为的。在这些事情中，有一部分是与义务理论相联系的教导，例如尊敬父母的恰当方式；另一部分涉及演讲术在安定人心这方面所起的治疗性影响，例如为悲伤者提供安慰、控制愤怒、排除恐惧、消除欲望。这个部分的对立面就是旨在产生或激发这些情感的论证，在演讲中对此加以放大常常是恰当的。论点基本上可以分为以上这些部分。

【20】小西塞罗：我明白了，但是我想知道在这些部分中所要遵循的有关发现论证和排列论题的方法。

老西塞罗：你肯定会同意，我们已经提出来的为了获取信任而使用各种素材的方法和在相同论题中发现论证的方法是一回事，是吗？至于排列，我们在其他部分已经提出来的方法也必须转移到这个部分来。

小西塞罗：因此，我们现在知道有关论点的概况了，剩下的还有对事例的分类。

老西塞罗：确实如此。事例有两种形式：一种旨在给听众提供快乐；另一种旨在坚持、证明和建立案例。因此，前者叫修饰，它也可以是范围很广的一个组成部分，有着多种多样的形式，所以我们从中只选一种形式，这就是我们采用的对好人的赞扬和对恶人的批评。因为没有哪一类演讲能够产生更加丰富的修辞学，或者为国家提供更多的服务，也没有任何演讲者会更多地专注于识别美德与邪恶。剩下的案例类别要么是预见未来，要么是讨论以往，前者是审慎思考的事，后者是判断的事。这样的分类给我们提供了三种案例：第一种是比较重要的赞扬性的演讲；第二种是审慎的演讲；第三种是司法性的演讲。因此，要是你同意的话，我们先讨论第一种。

小西塞罗：我完全同意。

【21】老西塞罗：我简要解释一下赞扬和责备的原则，它不仅对良好的讲演有价值，而且对正确的行为有价值。我要从赞美和咒骂的第一个原则开始。

配得上赞美的一切事物显然都与美德有关，配得上责备的一切事物显然都与邪恶有关。因此，赞美针对道德上的优秀，责备针对道德上的卑劣。但是这一过程由叙述和展示过去的行为组成，不使用任何论证，它采用温和的风格影响听众的情感，而不是为了获取信任和证据。因为它还没有建立可疑的前提，而是放大了确定的陈述，或者将陈述推进为确定的东西。因此，我们已经说过的内容将为叙述和放大提供规则。由于在这些案例中整个方法基本上都指向给听众提供快乐和娱乐，所采用的风格必定也是使那些令人极为愉快的语词具有华丽的色彩——这就意味着我们必须频繁地使用新造词、古词、比喻——在实际建构话语时必须频繁地使用平行、相同、对立、对偶，我们所用的节奏不是为了使词句相同，而是为了满足耳朵的需要，这种方法可以称做恰当的语词的和谐。更为常用的是那些装饰性的细节，例如那些令人惊奇的、未曾预料的事件，或者由预兆、异样、神谕所预示的事情，或者受上天差遣将会发生的事情，或者我们所说的某人遭受的命运。任何能在听众中激起期待感的那些令人惊奇的、未曾预料的事件在叙述的时候都具有快乐的成分。

【22】善的（或恶的）事物有三类，即外部的善、身体之善、心灵之善，而外部的善从人的家庭开始，所以在赞扬这种善的时候首先要简略，还要有节制，或者说，要是有什么可耻的事情，就省略掉，要是地位低下，就忽略过去，或者仅在提到你赞扬的这个人的荣耀增长时提到。其次，要是事实允许，你必须谈论他的幸运和财产；然后谈他的个人天赋，其中最容易受到赞扬的是他的英俊相貌，可以把它说成是拥有美德的一大象征。再次，必须提到受赞扬者的成就，对此有三种可能的排列方法：要么保持它们的年代次序，要么先谈最近的成就，要么按照所属的美德对不同行为进行分类。

由于善恶这个主题极为广泛，所以我们现在可以适时进行有限的、简要的总结。美德有两重意思，因为美德要么展现在知识中，要么展现在行为中。被称做审慎、理智，以及有着最耀眼名字的智慧的美德，只能借助知识来发挥影响，但是在克制欲望和控制情感方面受欢迎的美德只在行为中起作用，这种美德的名字是节制。审慎的美德展现在个人事务中，通常被称做个人的聪明，而展现在公共事务中，则称做政治智慧。同样，节制既指向个人事务，也指向国家事务。它以两种方式显现在有益的事物中：不去寻求那些得不到的东西；不滥用权力。在无益的事物中，节制同样也是双重的：抗拒邪恶的东西被称做坚忍；坚定地忍受当前的邪恶可称做耐心。但是，包含上述性质的一般的美德被称做心灵的伟大，它包括使用金钱时的慷慨，也包括心灵在接受无益的尤其是错误的事物时的崇高，属于同一类的还有尊严与安宁。美德的这部分表现在社会中被称做正义，表现在对待诸神的态度就是虔敬，表现在对待父母的态度就是孝顺，或者就一般的美德来说，涉及信任问题就是诚信，涉及对惩罚的收敛就是怜悯，在仁慈中就是友好。

【23】迄今为止我们提到的这些美德都表现在行动中，但也有其他一些美德可以说是智慧的婢女或伴侣。其中，有一种美德完全表现在争论的方法和技艺中，区别真理与谬误，判断既定前提的逻辑结果，而其他美德的活动领域是演讲术。因为雄辩无非就是用丰富的语言进行表达的智慧，而这种美德与上面所说的表现在争论之中的美德属于同一类，但更加丰富，更加广泛，更加容易被民众的情绪和情感所接受。但是所有这些美德的卫士是谦虚，它使演讲者避免羞耻，以获得最大程度的赞扬。这些美德实际上就是心灵的习惯，它们的特点和构成有着清楚的界限，但都属于美德这个类别；它们程度不同地指引着具体的行动，因此这个行动必定在道德上是善的，值得给予最高的赞扬。

但某些恰当的学习和科学训练为心灵做了准备，这方面的例子在个人事务中有学习文学、韵律、音乐、测量、天文、骑马、打猎、击剑；在社团生活中，某些特别培育出来的美德具有更为重要的价值，要么是热心于宗教，要么是格外孝顺，要么是友好与好客。这些就是美德的类别。恶德是美德的对立面，但我们也必须仔细关注它们，以免它们似乎在模仿美德时受它们的欺骗。因为狡猾伪装成审慎，愚拙伪装成节制，高估自己的骄傲假冒为荣耀，目空一切的傲慢伪装成品格高尚，挥霍伪装成慷慨，鲁莽伪装成勇敢，野蛮的强壮伪装成坚忍，苛刻伪装成正义，迷信伪装成宗教，软弱伪装成温和，胆怯伪装成谦虚，咬文嚼字和强词夺理伪装成论证技艺高超，空洞的夸夸其谈伪装成演讲术的力量。还有，学习过度假冒为同一部门有价值的学习。因此，所有赞扬和责备的材料都应当从这些美德和恶德的划分中采用，但在语言的整个结构中最应关注的是一个人的抚育、成长、教育和性格的品质。我们尤其要注意一个人所面临的重大事件，特别是那些在天命的干预下发生的事。人的意见、言语和行动都可在我们已经解释过的美德纲目下分类。我们研究的这些论题也可以用来为事情提供原因、结果和后果。对受到赞扬的这些人的死亡只字不提也是不恰当的，只要他们的死亡本身在性质上，以及在死后发生的事件上，有某些值得注意的方面。

【24】**小西塞罗**：你给我的简要指导不仅涉及如何赞扬他人，而且也涉及我自己该如何努力才配得上受到赞扬。下面就让我们来看，表达意见的过程是什么，要遵循哪些规则。

老西塞罗：好吧，表达意见的目的是获得某些益处，提建议和宣布某种看法的整个过程以这样一种方式进行：提建议的人保持着某种最初的考虑，或者表示反对意见，指出某个行动是可能的或者是不可能的，某些事情是必然的或者不是必然的。因为，要是一样事物是无法获得的，那么关于它的争论就可以取消，无论它有多么大的好处；同样，要是一件事情是必然的——所谓必然就是我们的安全和自由不可缺少的条件——其他剩余的一切考虑，比如有无荣耀和利益，都要从公共政策中寻找前例。但在有关能获得什么的咨询过程中，我们也必须考虑获取的难易程度，因为那些极为困难的事情必然在许多情况下被视为完全不切实际的。当我们考虑必然性问题时，即使有些事物好像不是必然的，但我们无论如何也必须考虑它的重要性；因为一件在极为重大的时刻发生的事情经常被认为是必然的。由于建议或劝阻构成了这一类讲话，所以建议者只有一条路线：如果一件事是有益的又是可行的，那么就去做；而劝阻者有两条路线：如果这件事没有好处，那么就不做；如果这件事是不可能的，那么就不去尝试。因此，建议者在讲话中要证明两个方面具备的条件，而劝阻者只要驳斥其中某一个方面也就足够了。由于这两种考虑占据了所有审慎的思考，因此让我们首先考虑是否有益，与此相关的就是区别好的事物与坏的事物。好的事物有些是必然的，例如生命、自尊、自由，有些不是必然的，例如子女、妻子、亲戚、父母。后者分为两类：一类是因事物自身的缘故而值得向往的事物，比如应尽的义务和美德；另一类是财富和资源这样一些东西，它们是其他有价值的事物的手段。因事物自身的缘故而值得向往的事物，有些受到向往是由于它们内在的道德价值，有些是由于它们提供的某些好处；由于内在道德价值而受到向往的是我们前不久讨论过的那些东西，因其本身的缘故而值得赞扬；由于提供了某些好处而受到向往的是那些身体之善和幸运之善。在这些值得向往的东西中，有些以某种方式与某种道德价值结合，例如荣耀和光荣；有些则属于不同的类别，例如力量、美丽、健康、名声、财富、依附者。

【25】关于道德上的善，我们还必须提到友谊这个主题。友谊通过尊敬和钟爱来显现。诸神、父母、祖国、拥有杰出智慧的人，以及习惯上被认为应受尊敬的财富，将受到尊敬，而妻子、子女、兄弟，以及依附于我们的其他人之所以与我们有这样的关系，部分原因在于实际的尊重，但主要原因还是在于钟爱。由于在这些部门有好的事物，所以要理解这些好事物的对立面是什么就容易了。如果我们确实有能力始终拥有这些最伟大的善，那么我们确实可以不需要建议，因为它们太明显了。但由于极为重要的环境因素使得事物的有用性经常与其道德价值发生冲突，这两方面对立的因素经常引发争论，其焦点就在于应当为了价值而牺牲利益，还是应当为了有用性而牺牲道德价值。让我们记下处理这一问题的某些规则。由于讲话不仅要与真理一致，而且也要适合听众的意见，所以我们要把握的第一个要点就是，人分成两类：一类没有受过教育，缺乏教养，他们对有用性的喜欢超过道德价值；另一类受过教育，有教养，他们把真正的价值置于其他一切事物之上。因此后一类人把名声、荣誉、荣耀、诚信、正义，以及其他一切美德，放在首位；而前一类人把收益和报酬放在首位。还有快乐，它是美德最大的敌人，会通过欺骗性的模仿诱惑善者的真正本质；它又是一切最没有教养的人孜孜以求的东西，他们把快乐不仅置于一切道德价值之先，而且置于必然性之先，当你在给这类人提建议时，你在讲话中经常不得不赞美快乐。

【26】还必须注意有许多精力充沛的人留恋的是恶，而不是善。他们对高尚目标的追求远不如他们对可耻目标的回避。有谁会像竭力逃避无知、怀

疑、谩骂、耻辱一样去追求荣誉、高尚、赞扬、名声？这些冲突带来的痛苦为我们提供了有力的证据，人类生来就要追求高尚，然而由于不好的教育和错误的意见使人堕落了。因此，在鼓励和建议中，尽管我们的目标是用对我们来说可能的方法教育人们，要他们扬善避恶，但是对那些受过良好教育的人讲话，我们主要讲荣誉和高尚，把主要精力放在有助于保护和增进人类共同利益的这一类美德上。但若对那些无知者讲话，我们也必须提到利益、奖励、快乐、避免痛苦的方式；我们还必须提到谩骂和耻辱，因为没有人会如此粗心，以至于对谩骂和耻辱无动于衷，哪怕他不太考虑荣誉问题。因此，我们已经说过的东西会提供有用方面的指导，而我们通常也把便利与方便的问题包括在实际可能性之中，在考虑产生多种结果的原因时加以理解。原因有好几种，有些会内在地产生某种结果，有些对于结果的产生有某些贡献。让我们把前者称做直接生效的原因，后者称做不可缺少的辅助性的原因。直接生效的原因要么它本身是绝对的、完全的，要么是辅助性的，与结果有一定的联系；后一种原因有许多，有时候起的作用大一些，有时候起的作用小一些，但就产生进一步的后果来说，“原因”这个术语经常仅仅指最强有力的原因。还有其他一些原因也被称做直接有效的，它们要么是初始的原因，要么是最终的原因。当我们提出“最应当做的事情是什么”这个问题时，便利或成功的希望会成为人们接受某种选择的动力。

【27】我们已经讲过便利了，现在让我们来讨论有效的含义。在这个总的标题下我们必须发现，为了有利于我们的行动产生具体的结果，我们必须团结谁，反对谁，什么时候和在什么地方我们有能力使用什么样的武器、金钱、拥有什么样的同盟者。我们一定要掌握我们拥有的资源，而且还要明了反对我们的力量，如果通过比较，看到天平偏向我们这一方，那么我们不仅要说服我们的听众认为我们的建议易行，而且还要竭力使它显得易行、实际与可取。另外，在参与反对某项政策的争论时，我们既要消除对它的便利性的肯定，也要提出实施它的难处，我们的论证一定不要建立在其他原则上，而要建立在讲话中使用过的有利于建议的相同论题上。但是建议者和反对者

双方都要提供先例，以便起到放大的作用，要么是近期的先例，要么是一般的知识，要么是更加有权威的古老的先例；演讲者在这个部门必须有大量的实践，以便面对公众时可以频繁地以便利和必须为建议的首要考虑，或者正好与此相反。如果听众需要激励，那么可以考虑如何用最有效的方法满足他们的愿望、平息他们的愤怒、申斥他们的错误；但若必须压制他们的情绪，那么就要向他们提出警告，命运多变，前途难料，要是能交好运，那么就维持原状，要是交了厄运，那就自讨苦吃。这些就是结束语中的论题。结束语是对观点的陈述，必须简洁，因为演讲者此时不是作为一名求援者讲话，就好像在法庭上似的，而是在提供激励和建议。因此必须说明他的想法、他的意图、他所要处理的主题，鼓励他的听众聆听他的简要评价。还有，整个讲演必须简洁有力，在内容上更为具体，而非仅仅在语言上做到精致。

【28】小西塞罗：我现在知道哪些论题属于赞扬，哪些论题属于有争论的演讲。现在请你告诉我适合法庭的论证。我相信，这是一种我们还没有谈到的演讲术。

老西塞罗：你说得很对。这类讲演的主题旨在公平，它设想的场景不是简单的，而是基于一种比较，例如，原告的起诉在多大程度上被夸大，可信度如何，争讼的财产有无法律的保护，或者有没有遗嘱。在这些案例中提出来的问题是什么比较多，什么最多，或者什么一样多。我们马上就会讨论到的那些关于公平的论题为这些案例提供的论证路线。甚至早在审判开始之前，有关审判制度本身的争论就已经开始了，此时提出的问题是掌握审判程序的一方有无权力这样做，或者说过去有无权力这样做，现在是否仍旧有权这样做，对某人采取行动从法律或法令条款上来讲是否适宜。即使这些问题在开庭之前已经提出，已经决定，已经解决，但不管怎么说，它们在实际审判中经常起着非常重要的作用，人们会做出诸如此类的陈述："你提出了过分的要求"，"你提出的诉讼太迟了"，"这场诉讼不是你提出来的"，"我不是被起诉的一方"，"不能按这条法律处理"，"不能用这种形式的法律用语"，"不能在这种法庭受审"。这类案例属于民法，其原则包含在某些处理私人事务的法令或判例中。有关这些原则的知识尽管被大多数辩护人忽视，但在我们看来，它们对于演讲者来说是不可或缺的。因此，诉讼的内容、选择或接受法庭、反对不公正的程序、保障程序公正，虽然有关这些事情的讨论经常出现在实际诉讼中，但不管怎么说，这些事情在审判开始前就应当解决。我把关于这些事情的讨论与实际的审判分开，考虑的是提出这些事情的时间，而不是把它们当做一类不同的主题。因为一切有关法律原则或者有关公平和正义原则的讨论全都属于我们将要讨论的这类案例，它们争论的要点是具体事情的性质，但会转向公平和正义问题。

【29】因此，所有案例都有三个位置，如果你不能够占据较多的位置，那么你必须占据其中之一，以便有一个立足点。你要么否认有关的行为曾经发生过；要么承认确实有过这个行为，但否认它产生了受到指控的这种结果，指出这个结果并非由你的对手所指控的由你实施的这个行为产生的；要么在无法否认这个行为或它的名称时否认你受到指控的这个行为具有你的对手所说的那种性质，你必须坚持说你的行为是正确的、可行的。因此，在与你的对手进行争论时所采取的第一种立场必须使用推测；第二种立场可以使用定义和释义，或者对术语做出解释；第三种立场可以讨论公平、真相、正义、宽恕、仁慈。被告不仅必须采取某种立场，进行否认、确定、请求公平，而且必须采取某种抗辩路线。所以上述第一种立场采取的路线是指出指控不公正，对受到指控的行为予以干脆的否定和否认；第二种立场采取的路线是陈述真正的事实，与你的对手所做的陈述内容不同；第三种立场采取的路线是就行为本身进行争论，说它是正确的，而不去争论这一行为具有的名称是否正确。每一连续的论证都必须针对原告，指出原告的指控中所缺乏的内容，从而使整个案例绝对不可能成立。因此，这里提到的事情可以称做案子的关键；尽管案子更多地依赖于实际的辩护路线，而不是更多地依赖抗辩时所引入的论证，但为了有所区别，让我们使用“评理”（reason）这个术语来指称由被告为了消除指控而提出来的抗辩，缺乏这样的评理会使抗辩起不到作用；而相反的考虑可以用“确证”（corroboration）这个术语来指称，即

旨在消除这些评理，保证指控的有效性。

【30】但是评理和确证之间的对立和冲突会产生我称之为辩论的考察，这个部分通常考察诉讼中的争端和讨论的主题。因为对手之间的首次冲突会提出某些广泛的问题，比如在推论时说："德修斯拿了这笔钱吗?"又比如在下定义时说："诺巴努斯的行为是谋反吗?"又比如在谈到公平时说："奥皮米乌夺走革拉古的生命是正义的吗?"这些问题构成了最初的冲突，以论证和反论证为基础，如我所言，具有广泛和松散的形式；但是使用讲理和确证的交锋把辩论引入了一个狭窄的领域。它不依赖于任何推论，因为这是不可能的或者必然的，或者说任何人通常都会为一个他予以否认的行为提供理由。因此，在这些案例中，最初的考察和结论性的讨论是一回事。如果有人说，"他在审理凯皮奥的案件时程序混乱，凯皮奥没有谋反；他所说的暴力行为由公众的义愤所引起，而不是由于保民官的行动；由于罗马人民在意国家的伟大，所以罗马人民的尊严在维护国家力量时得以增长，而不是减弱"，而他的推论是"国家的尊严系于高官的尊严和罗马人民的名字，利用民众暴乱推进分裂的人伤害了这种尊严"，从中产生的争论就是：与罗马人民站在一边，使用暴力以便产生某些可以接受的公平结果的人，其所作所为是否确实在削弱人民的尊严。但在有些案例中，辩护内容是某些行为是否正确或被允许，在已经提供理由，就像奥皮米乌所做的解释那样，"为了公众的安全和国家的安宁，我的行为是正确的"，以及像德修斯的反驳那样，"未经审判，你没有任何权力杀人，哪怕是最有罪的公民"，由此产生的争论就是：为了国家的安全，他有无权力未经审判就处死搞暴乱的公民。这样，这些涉及具体人物和场合的争论转变为不涉及具体人物和场合的争论，由此又转回争论的形式与方法。

【31】但是在那些最重大的确证中，还必须放入那些与被告的抗辩相反的内容，取自法律条文、遗嘱、实际审判的判决书、某些契约或保证书。但即使是这一类论证在以推论为基础的案例中也不适宜，因为你不能用书面文件来对付被告的否认。由于文件证据的实际性质，哪怕是使用定义的方法也

不行。我们对书面文件的用语不得不加以限定，例如，问某个遗嘱中的“畜群”这个术语的含义是什么，或者问地产法中的“矿产与森林”的含义是什么，在这样的案子中争论的不是文件，而是如何解释。然而，由于书面文件用语晦涩而出现一词多义，使得对方可以随心所欲地加以解释，或者文件用语是清晰的，但却偏离作者的意图或含义，或者在辩护中就同一件事提出某些相反的文件，据此进行争论，使得有关文件晦涩的争论变成“最有可能的意思是什么”的争论，人们要进行的推论是：在字面表达和作者意图间有冲突的案例中，法庭应当采取哪一种说法；在那些相互冲突的文件中，法庭应当接受哪一种文件。

当争论路线决定了的时候，演讲者必须提出可供参考的观点，其中包括来自建构主题的所有论证路线。尽管对于那些明白每一论题所隐含内容的人来说，这已经够了，对于那些能够给这些论题贴上漂亮的标签、像储存论证一样储存起来的人来说，这也已经足够了，但我们仍旧要涉及这些适宜某些案例的主题。

【32】因此在推论中，当被告的立场是否认指控，而原告——我用这个术语指称控方或启动诉讼的人，因为相同种类的争论也可以在不涉及指控的行为中找到——采用前两条论证路线时，原告要采用的前两个要点就是原因和结果。所谓“原因”，我指的是做某事的理由；所谓“结果”，我指的是某件已经完成了的事情。至于原因的实际分类，我们前面在讲到说服这个论题时已经做出过解释。那里讲的是接受有关未来的建议时所使用的论证，因为制定政策就是要使它有利或容易执行，论证过去的行为也必须使用这些论证，证明这件事既对相关的人有利，也在他力所能及的范围之内。如果他受到批评的某个行为动机被指控为希望获利或者害怕邪恶，那么在这里也就提出了有关利益的推论，由此还可进一步推论出极为重要的期待。还有，情感也经常具有行为之原因的外貌，案子中常会提到某人最近的愤怒，长期的深仇大恨，报复的欲望，对受到伤害所表示出来的愤恨，对荣誉、权力、金钱的欲望，对危险的恐惧，债务，窘迫的处境；或者指出某人是鲁莽的、轻浮

的、残忍的、冲动的、急躁的、愚蠢的、坠入情网的、激动的、醉酒的、希望成功的、自以为能够隐瞒罪恶的、要是被发现就会否认指控的、不怕危险的、长期冒险的；或者指出在有些案子中定罪所受的惩罚小于该项行动能够带来的好处，或者在有些案子中做某件事的快乐远远大于受惩罚所带来的痛苦。当被告想要犯罪的动机和手段被发现了的时候，这些方面的考虑或多或少都可以用来支持对所犯罪行的怀疑。在希望这个名目下，我们注意到的是获得某些好处和避免某些坏处，使该行为显得是由希望、恐惧或某些突如其来的冲动而引起的，这种欺骗的动机在起作用时甚至比获取利益的考虑还要快捷。因此，就让我们用这句话来总结我们对动机的看法吧。

小西塞罗：我接受你的看法，我还想知道的是，什么是你所说的作为动机之后果的结果。

【33】**老西塞罗**：后果表示过去的某些事情，表示先前行动的踪迹和印记；就引起怀疑来说，这些东西确实是最有力的，是罪行的无声证据。证据确实更有分量，因为证据似乎能以任何方式对与证据有关的人所犯的过失集中地提出指控和确证。这些证据与受指控者有密切关系，例如武器、脚印、血迹，发现某些似乎是从受害者身上取走或夺走的物件，前后不一致的回话、犹豫不决、结结巴巴，看到他和疑犯在一起，看到他在某个犯罪地点出现，脸色苍白、颤抖，手写的文字材料、盖了印的文件或作证书。这些种类的东西，无论是作为事件本身的某个部分，还是作为在事件发生之前或之后的情况，都会引起怀疑。如果没有这些情况，那么就要寻找犯罪行为的动机和时机，再加上备用的论证，指出被告确实不会愚蠢到不能逃避或藏匿罪行的踪迹，或者指出证据确凿，这就是指控的根据。与此相反的则有备用的论证，例如说，胆大妄为总是与鲁莽在一起，而不会与审慎在一起。接下去就是确证性的论证，说我们一定不能等到恶人自己忏悔，这些证据已经证明了他的罪行。在这个时候，我们也可以提供相关的例子。

【34】关于论证就讲到这里。然而，要是证人的证词也适用，我们就要从赞美证人开始，并且指出，由于被告小心谨慎，因此要取得证据证明他有

罪已经不可能了，但是被告无法逃避目击证人。然后，你必须赞扬具体的证人（提到他那些值得赞扬的性格）；然后说，哪怕强有力的论证也可以有理由不相信，因为论证经常出错，而性格坚强、有道德的人是不能不相信的，除非法官的判断有误。还有，要是证人是没有什么地位，或者名声不太好，那么你必须说一个人的可信程度不能用他的幸运程度来衡量，或者说任何事情最可靠的证人就是那些处在最佳位置、知道所说的这件事的人。如果对证人用刑，或者说这样的刑讯似乎有助于案子的进展，那么你首先必须支持这种做法，然后谈论痛苦的效用。可以提到我们的祖先对这种事情的看法，说他们要是不能确证罪行，无疑就会全然拒绝这种案子。我们还可以提到雅典人和罗得岛人的刑讯制度——这些高度文明的民族，他们是自由民和公民——但连他们也使用刑讯，这是最令人震惊的。还可以提到我们的同胞公民使用刑讯，他们拥有最高的智慧。尽管他们不允许用拷打奴隶的办法来取证以反对他们的主人，但不管怎么说，他们批准在乱伦案中使用酷刑，在我担任执政官期间，审判谋反案时也用了这种办法。还有，通常用来否定酷刑下产生的证词有效的观点必须被斥责为可笑的，我们要宣布这样的观点过于教条，太幼稚。然后，你必须对审讯的彻底与公正充满自信，把通过论证和推论得出来的结论置于通过拷打得出来的结论之下。上述内容或多或少就是起诉的组成部分。

【35】在为被告进行辩护的时候，第一个要点是要消除源于动机的论证，说明根本不存在这样的动机，或这样的动机不强，或者仅仅是由于自私，或者说可以通过一种比较容易的方式来达到同样的结果，或者说这个指控与被告的性格或以往的记录不符，或者说这项罪行根本不存在动机或没有足够强大的动机。被告会采取的路线是，通过说明自己缺乏必要的力量、勇气、手段或金钱，证明自己不可能有这样的行动，或者说明自己缺乏恰当的时间和地点，或者说明事发现场有许多人，自己不可能让他们都保密，或者说自己不可能头脑简单到如此地步，竟然会有无法保密的行动，也不会如此愚蠢，要去触犯法律、接受惩罚。在推论的证据方面，他会争论说，事发之后出现

的情况并不能证明罪行，因为即使没有罪行发生，这样的情况也会出现。他还会依据具体细节来否定罪行，要么敦促人们说这些细节属于他自己将会加以说明的行动，但不属于被指控的罪行；要么说这些细节既属于他自己，又属于原告，所以人们必须相信他的辩护，而不是拿这些细节来反对有关他无罪的宣判。他会引用前面讨论过的有关驳斥的论证来进行一般的解释，同时在细节上反驳那些通过刑讯证人而取得的证据。旨在激发听众恶的情感的原告会指出这些动机来源可疑，他会高呼反对一般的阴谋以吸引陪审团的注意。而被告这一方会提出抗议，反对原告捕风捉影的指控和毫无凭据的怀疑，指出这样做有害于国家，他还试图激起公众的同情，博得法庭的善意。至于叙述性的段落，原告会一步一步地展开，以引起人们的怀疑，他会在这部分安排他的所有证据，削弱被告的辩护路线；而被告则不得不忽略或弱化容易引起怀疑的论证，解释争端和事实真相中的事件。在确证自己的论证路线和否定对手的论证路线时，原告必定会激励听众的情感，而被告则会努力减弱这些情感。这确实就是诉讼双方在他们的结论中会采取的路线：一方通过简要复述自己的论证，把听众的注意力引向一个焦点；而另一方，假定自己已经依据既定的路线为自己做了充分的辩解，于是就重复自己的驳斥，最后通过唤起听众的同情来收尾。

【36】小西塞罗：我现在感到自己已经明白该用什么样的恰当方式处理推测性的推论了。现在让我们听一听定义这个部分的内容。

老西塞罗：有关这个部分的规则适用于原告和被告双方。诉讼的胜利必定属于能把自己的定义和对术语的分析深刻地印入法官心灵和观念中去的那一方，他对术语的一般含义要有完整贴切的把握，从而使他的听众也能在他们心中同样建立起尝试性的概念。这种考虑不从阐发论证开始，而从细致地解释术语的含义开始。例如，要是案子中的被告通过贿赂的手段来确保自己被宣判无罪，然后被召去受审，而原告把“腐蚀宣判”定义为受到指控的一方对法庭的腐蚀，但是被告所指出的这个术语并不适用于所有腐蚀，而只适用于原告对法官的腐蚀。因此，这是一种语词之争，哪怕被告的定义比较接近术语的习惯用法和含义，但不管怎么说，原告依靠的是成文法的宗旨。原告否认在具体案子中，由于一个人——控方，接受了贿赂就使得整个判决无效。他的依据是公平，他会论证说，法律的制定依据一般的利益，他坚持在案子中会被“法庭的腐败”这个术语所覆盖的所有行为都被包括在“腐蚀宣判”这个表达法中。另外，被告会诉诸语言的习惯用法，会从这个词中引出相反的含义，亦即“真正的控方”，与此相反的是“腐蚀法庭的人”这个术语；接着他就可以说这个术语习惯上指的是原告，这个词本身的意思是一个似乎想要把一切问题置于相反案例中的人。但不管怎么说，连被告本人也不得不求助于公平，求助于先前判例的权威，求助于通过争论求得结果的愿望。对双方而言，相同的规则是，在双方各自尽力提出一个与术语的通常意义相一致的定义以后，应当举证，用使用了这一术语的平行事例来支持他的定义和解释。还有，原告在这类案子中必须使用普通论题，但对那些承认了事实并用解释一个词的意思来为自己辩护的人来说，使用普通论题是不允许的；而被告必须依靠我提到过的对公平的诉求，他必须抱怨，尽管自己力求公正，但自己面对的不是事实，而是对语词的歪曲。在这个名目下，他能够使用考察中的大多数论题。尽管双方都会使用平行、对立、结果，但只要被告不想使他的辩护变得平淡无味，那么他会比原告用得更加频繁。要是想在讲话的某个部分或结束语中偏离一下主题，那么他可以从那些先前提出过的办法中选择放大的手段，因为他想要激发的要么是仇恨，要么是遗憾，要么是法官心中的其他情感，只要事实的重要性、事实的不得人心、地位的显赫需要他这样做。

【37】**小西塞罗**：我明白你的意思。现在要你告诉我，当讨论转向事情的确切本性时，双方应当提出来的恰当问题是什么？

老西塞罗：在这类案子中，受指控的一方承认自己有过受斥责的行为，但是断言自己的行为是正确的，所以我们不得不完整地解释关于正确的理论。它可以分成两个基本的部分：自然与法律，每个部分的正确性又可以分成神圣的与凡人的，一种属于公平的领域，一种属于宗教的领域。公平也有两重含义：一重直接建立在真理和正义的原则之上，如某个短语所说，它是

"公平、和善的"，而另一重涉及补偿与交换，在仁慈的情况下被称做感恩，而在受伤害的情况下被称做报复。这些事情既属于自然，又属于法律；但它们尤其属于法律，即成文的行为规范和由国家的法律或古代的习俗保存下来的不成文的规则。成文的法典，部分是私法，部分是公法；公法由法律、元老院的法令和条约组成，而私法则包括正式的契约、协议和约定。不成文法由习俗、惯例、公意来维持，这一点也具有头等重要性，它是一种我们应当在我们自己的习俗和法律中加以保存的自然法则。现在，我们已经简要地揭示了公平得以流行的源泉，在涉及这类案例时，我们必然考虑在演讲中提到自然、法律、祖宗习俗问题时怎样说才是恰当的，要反对各种恶行并加以惩罚，要考虑各种正确的组成部分。如果一个人的某个行为是无意的、被迫的、偶然的，那么就不可以在诉讼时把它说成故意的或自觉的，因为要达到为该行为请求宽恕的目的，相关的辩护必须以请求的形式出现，而它的论题可以取自有关公平的论题。

我用自己能够做到的最简洁的形式解释了有关争论的所有主题，这个问题就讲到这里，除非你还有进一步的问题要问。

【38】**小西塞罗**：好的，我现在只剩下一个问题了。争论转向书面文件中的某些内容，这时候的案子具有什么样的性质？

老西塞罗：你对我们的进度理解得相当准确，等我对这一点做出解释，我要讲的可靠性问题就完成了。涉及有争议的书面文字，这方面的规则对于争论双方来说都是相同的。他们各自都会坚持自己的案子所依据的解释符合文件作者的意图，都会坚持认为他的对手所说的意思来自文件中晦涩的句子，认为这种意思要么是荒唐的，要么是无用的，要么是不公平的，要么是可耻的，要么与文件的其他部分不一致，要么与其他人或大部分人的理解不一致，要是可能的话，他还会说与作者本人的理解不一致。如果这是一个公开的问题，那么他们各自还会说自己坚持的看法是任何聪明的和正义的人都会写下来的，但将会以比较明显的形式。他会说自己坚持的这个意思并不包含什么诡计或错误的迹象，而要是同意对手的解释，那么就会带来大量错误的、愚蠢的、不公平的、对立的言外之意，产生许多不良后果。然而，要是文件作者的本意是这个样子的，但他写下来的话是另一个意思，那么依据书面文件提出的诉讼要求，就要在法庭上宣读这个文件，然后他要转向他的对手，重建和重述他的观点，然后问对手是否否认这个文件，或者是否坚持原来的看法；然后他必须请求法官考虑这份文件的分量。在用了这种确证的方法以后，他必须通过赞美法律来扩大他的影响，他必须斥责对手的厚颜无耻，指出对手一方面承认自己的行为，另一方面在法庭上又加以否认。然后他必须通过这样一些说法来瓦解对手的辩护，指出对手坚持文件作者写的是一回事，想的是另一回事；但若立法者的意思可以由任何人来解释，而不是由法律来解释，那么这种做法是令人无法容忍的。他可以问：法律条文的作者为什么要写下这些并非符合他的本意的话来？当对手忽视清晰的条文时，他为什么要提出在文件的任何地方都找不到的条文？他为什么要设想最聪明的起草法律条文的大师会有如此愚蠢的想法？什么原因阻止文件作者把对手所愿意接受的那种例外情况写进文件，就好像文件中确实有这种意思似的？他会引用例证，在这些例证中，同一位作家，或者要是不可能的话，其他一些人，已经对文件中的例外情况做出了他们认为必要的解释。他也会试图发现一个理由，要是能找到的话，说明法律条文的作者没有做出什么例外的规定。他可以宣布法律不公正，或者指出这条法律无效，要是还有任何理由要服从它的话，那就是因为还有另一条法律在否认它。他可以指出对手的陈述与法律是不一致的。然后，出于放大的目的，他在讲话的其他部分，尤其是在结束语中，他会用生动有力的语言强调维护法律的义务，指出对手曲解法律是对公共和私人事务的巨大威胁。

【39】另一方面，把辩护建立在法律的意义和意图之上的人会坚持法律的力量在于法律文件起草者的目的和意图，而不在于法律用语和文字。他会赞扬法律条文的撰写者没有在法律中塞入任何例外情况，因此也没有给罪行与过失留下任何藏身之所，所以法官应当按照具体个人的行为来解释法律条文的意思。然后，他必须引入一些案例，指出在这些案例中，要是只遵循法

律的字句，不遵循法律的意思，那么一切公平都将荡然无存。然后，他必须用抱怨来激起法官对那些狡诈之徒的仇恨。要是相关事实允许他提出请求，因为相关行为不是冒犯，而是偶然的或必然的，那么我们前不久涉及过的那一类论题，即有关公平的那些原则，都可以用来提出请求，以避免实际用语的粗鲁。或者说，要是文件之间有差异，那么由于知识之间的相互密切联系，使我们前不久提出的、有关双重含义的规则和刚才提到的、有关意义和风格的规则，都能够不加任何修饰地转移到这第三类案例中来。因为在涉及文字晦涩的案例中，我们以相同的论题为手段，坚持对我们自己有帮助的解释，涉及不同法律之间有差异的案例，我们也必须使用这些论题，以便坚持站在我们一边的法律。然后，我们必须努力坚持文件的真实含义。我们可以把刚才提到的有关书面材料及其含义的所有规则都转移到这里来。

【40】现在，演讲术的所有部分都已经摆在你的面前，这些内容来自我们著名的学派——中期学园派。没有这个学派的帮助，我们就无法发现、理解、运用它们，因为实际的划分过程、晦涩陈述的两种不同含义的定义和区分、论证的已知论题和推出结论的实际过程、按照设定的论证路线发现事物的性质以及从假设中导出必然的后果、区别真与假、区别可能的陈述与不可信的陈述、批评坏的假设与结论，这些都需要用细致的分析处理相同的论题，就像那些被称做辩证法家的人所做的那样，或者需要对这些论题进行广泛的解释，这是适合演说家做的事。上述内容都属于我们已经提到过的练习，是精致的、有关驳斥的知识和丰富的演讲术的组成部分。还有，涉及善与恶、正确与错误、有用与无用、美德与邪恶这些主题，演讲者能够拥有什么适宜的风格，能获得什么样的素材？因此，我亲爱的西塞罗，我已经解释过的观点必须起到路标的作用，为你指明通向这些伟大的智慧源泉的道路；有我的指点，或者有别人的指点，你会在这些事情或其他更为重要的事情上获得更好的知识。

小西塞罗：父亲，我会的，我迫切希望能够这样做。有了你为我提供的这么多指导，我不再期待更加重要的东西了。

布鲁图

提要

本文主题是修辞学史，以对话形式写成，大约写于公元前46年初。用做书名的布鲁图是书中参与对话的人物，在历史上确有其人。其全名马库斯·朱尼乌斯·布鲁图，生于公元前85年，死于公元前42年，公元前46年担任山南高卢行省总督。另一位对话者提多·庞波纽斯·阿提库斯是西塞罗的忠实朋友，生于公元前109年，死于公元前32年。

除了阐述修辞学史，本文还提到一些著名的罗马演说家，以及西塞罗本人所受的修辞学和哲学教育，反映了西塞罗本人对修辞学发展趋势的基本看法。当时，有些修辞学家主张模仿阿提卡演说家吕西亚斯纯洁、简朴的风格，以此反对过分受亚细亚风格影响的修辞学。而西塞罗把阿提卡地区的演说家视为多种风格的典范，尤其推崇德谟斯提尼擅长融合各种风格的能力。

有学者认为，在西塞罗的所有修辞学著作中，《论演说家》、《布鲁图》、《演说家》这三篇构筑了基本的理论框架。

本文共分97章，译成中文约8万字。

正文

【1】离开西里西亚以后我去了罗得岛，在那里得到了昆图斯·霍腾修斯

的死讯，我的悲痛超过任何人的想象。[1] 因为我明白自己失去了一位亲密的朋友，他与我有着愉快的交往，我们友好地交替着担任同样的公职，面对这位如此杰出的占卜官同事之死，我感到悲伤欲绝。想一想吧，我曾经由于他的提名而被选进那个团体，在那里庄严地宣誓，由于他，我才进入这个等级，所以，按照占卜官的传统，我应当把他当做父亲来对待。[2] 他的死讯也令我感到困顿，在智慧和爱国的公民极为缺乏的时候，这位伟大人物离我们而去，而他在所有公共政策问题上都完全赞同我的看法。在这个国家的利益最为分裂的时候，我们失去了他的权威、智慧和经验，给我们留下无穷的哀思。令我更加悲伤的，不是像有些人会猜想的那样，我在辩论方面失去了一位竞争对手，而是在这个光荣的、值得努力的领域失去了一位同道和同工。如果根据历史记载，在那些不很重要的技艺中，著名诗人对处于同一时代的同行之死表示了悲伤，因为拥有这样的对手比没有这样的对手更加光荣，那么我对失去这样的对手又该有多么痛心？在政治方面也一样，他的政治生涯从来没有受到我的挑战或被我超越，我也从来没有受到他的挑战或被他超越。情况正好相反，我们相互帮助，交换建议、告诫，乃至于轮换担任公职。

他的一生拥有不间断的幸福。他的离去对他本人来说比对其同胞来说更为适时。他在这样的时候离去太适时了，因为要是他还活着，他会发现自己对祖国的命运，除了悲伤，已经无法去改变。他拥有优秀公民所能享有的所有光荣和幸福的生活。所以，他的死实际上是我们的不幸和损失，因此，要是我们必须悲伤，那么就让我们有所约束。至于对他来说，让我们不要认为他的逝世是一种遗憾，而应当为他能够适时离去而感恩，每当我们想起这位光荣的、真正幸福的人，让我们把思绪倾注于对他的热爱，而不是专注于我

---

① 霍腾修斯，全名昆图斯·霍腾修斯·霍塔鲁斯（Quintus Hortensius Hortalus），生于公元前 114 年，死于公元前 50 年。西塞罗于公元前 51 年—前 50 年担任西里西亚（Cilicia）行省总督，本文第 92 章谈到两人之间的关系与交往。

② 西塞罗于公元前 53 年继承克拉苏的职位，担任占卜官。

们自己的自恋。如果说他的离去是我们的悲哀，因为我们再也不能享受他的在场了，那么这一悲哀要求我们理智地承受痛苦，我们要警惕自己的想法不是出于对他的热爱，而是出于对自己所遭受的损失。另外，要是我们的心灵感到困惑，以为他遭受了某些灾难，那么我们就无法带着恰当的感恩之情看到他的生活与死亡的最高幸福。

【2】要是霍腾修斯能够活到今天，那么他无疑会有机会与其他善良忠诚的人一道，对许多东西的丧失感到悲哀；但他对其中有一件事情的感受肯定超过其他事情，或者只会与很少人共有这种感受，这就是，在宏伟的罗马广场，在他展示才能的舞台上，配得上罗马人的耳朵，乃至希腊人的耳朵的精美演说都已经受到压制，被剥夺了。①

对我自己来说也一样，这是令我感到深陷痛苦的一个根源。这个国家从前已经学会使用商议、预见、权柄这些武器，并且依赖它们，因为它们是一个共同体或一个文明、法治国家的领导人所特有的、适当的力量来源，但是现在这个国家不再需要这些武器了。如果说在这个国家的历史上有这样的时期，国家当局和雄辩的优秀公民需要和愤怒的党徒手中的武器搏斗，那么和平的大门确实也就由于盲目和恐惧而突然关闭。因此，在其他更加可悲的事情中，这件事对我显得特别悲哀，在获得令人瞩目的成就以后，在我有权退隐到避风港里去的这把年纪，不是由于懒惰和懈怠，而是由于光荣的、有序的停止，在我的演讲术也已经臻于成熟的时候，我要说的是，这是一种独特的悲哀，在这个复归到武斗的时代，这些已经学会如何光荣地使用武器的人还没有发现如何有益地使用它们的方法。因此，在别的国家，尤其在我们自己的国家里，命运允许有些人通过自己的功劳获得的权威和凭借他们的智慧赢得的尊重能够持续到生命的终结，这种人的生活在我看来是幸运的、幸福的。

① 西塞罗认为凯撒的独裁是对言论自由的约束，不仅表现在元老院和公民大会上，而且表现在法庭上。

当前，在悲伤的忧思中回忆这样的人无疑是一种解脱，我们最近的一场谈话就偶尔涉及了这个主题。

【3】有一天，我赋闲在家，在花园里散步，这时候，马库斯·布鲁图[①]闯了进来，这是他常有的事，和他一起来的还有提多·庞波纽斯[②]，他们是好朋友。他们的到来令我备感亲切，一见到他们，所有关于国家公共事务的忧思都被暂时置于脑后。我高兴地向他们表示问候，然后就攀谈起来。

"你好啊，布鲁图？还有你，阿提库斯？有什么消息吗？"

布鲁图说："没什么消息，至少没有你想听的消息或者我可以当做确定事实大胆讲述的消息。"

这时候阿提库斯插话说："我们到这里来不想谈什么国家大事，只想从你这里听到些什么，我们不想用我们的话来麻烦你。"

我答道："麻烦我？我亲爱的阿提库斯，你的到来令寒舍蓬荜生辉；哪怕你不在，也会给我送来极大的安慰。因为你的信件[③]令我精神振作，召唤我重新开始从前的学习。"

他答道："我已经带着最大的兴趣读了布鲁图从亚细亚写给你的信，在我看来，是他那封信给了你很好的建议和亲切的安慰。"

"是的，你说得很对，我向你保证，我长时间精神恍惚，甚至影响了我的身体健康，直到收到他的来信，使我一下子重返光明。你可以回想一下，在卡奈[④]战败以后，罗马人由于马尔采鲁斯在诺拉[⑤]取胜而重新抬起头来，从那时起，一连串的成功源源不断；然而，此后，一连串的灾难就以某种相

---

① 参见本文提要。

② 参见本文提要。

③ 此处"信件"一词指阿提库斯写的题献给西塞罗的书或文章，这些文字都带有书信的性质。

④ 卡奈（Cannae），意大利阿普利亚地区的一个村庄，汉尼拔于公元前216年在此打败罗马人。

⑤ 马库斯·马尔采鲁斯（Marcus Marcellus），公元前3世纪罗马著名将军。诺拉（Nola），坎帕尼亚的一座城市。

似的方式落到我的头上，这个国家遇到的灾难也不算少，在布鲁图的书信之前没有其他任何东西能引起我的兴趣，没有任何办法能使我停止精神上的忧虑。”

布鲁图说：“这确实是我希望达到的目的，事实上，要是在这样的危机中我的目的达到了，那么这就是给我的丰厚报酬。但我急于想知道，阿提库斯的什么作品给了你这样的快乐。”

“布鲁图，这本书[①]确实给我带来了快乐，但还不只是快乐，它还是健康和救星（salvation），要是我这样说不算夸张的话。”

他说：“救星？他的书一定非同小可；否则怎么能说是救星？”

“还有什么样的问候（salutation）[②]能够给我带来更大的快乐，或者能比这本书更为及时？我们的阿提库斯在这本书里问候我，就好像匍匐在地上把我托起。”

他答道：“啊，对了，你的意思是他在书中非常简要地阐述了整个历史，要是我可以大胆地做出判断，他写得非常可靠。”

“是的，布鲁图，就是这本书，我要再说一遍，它是我的救星。”

【4】阿提库斯说：“你说的这些话是我极为渴望的溢美之词，但我的这本书中包含的内容对你来说真的是新颖的或有用的吗？”

我答道：“它确实非常新颖，为我提供了所需要的帮助；它用一种全面的观点，按照时间顺序，考察了事情的整个过程。我集中精力对它进行了研究，这样的学习有益于健康，也唤醒了我的思想。庞波纽斯，我从你那里吸取了一些东西，既用来使自己精神振奋，又用来对你做出报答；当然了，这样的报答虽然可以接受，但却不可能是完全相等的。学者们引用赫西奥德的告诫，要按照你得到的东西进行报答，如果有可能的话，要回报得多一些。[③]

① 指阿提库斯的《编年史》（*Liber Annalis*）。

② 西塞罗在这里使用一词多义，拉丁文“salus”的意思是“健康”和“问候”。

③ 赫西奥德（Hesiod），公元前 8 世纪希腊诗人，著有《神谱》、《工作与时日》。参见赫西奥德：《工作与时日》，第 349—350 行。

所以我打算对你的善意做出充分的报答，但现在我还看不出自己有充分回报的可能性，因此我要请求你的宽恕。我不能像农夫一样用新收的谷物报答你，因为我要检查一切新长成的东西，而干燥会使一切象征着丰盛的花朵枯萎。我也不能从我的仓库里取出陈谷来报答你，它们躺在黑暗的地方，只有我有钥匙可以打开仓库的大门，找到它们。因此，我必须在未曾开垦的或荒芜的土地上播种，并且精心照料，使之有可能长出果实来报答你的仁慈；要是我的心灵也能像土地一样做出回应，那么在多年休闲之后一般来说会长出比较丰盛的果实。”

他答道：“我肯定会带着急切的心情期待你的诺言成为现实，但我不会向你索取，除非你感到这样做很方便，我非常乐意取消你的负债感。”

【5】布鲁图说：“我也是，我期待着你对阿提库斯许下的诺言能够实现，尽管作为他的代理人，我也许会向你索取债务，而他自己的说法是，他不会索取，除非你感到很方便。”

我说：“我亲爱的布鲁图，你可以确信，我不会对你偿付债务，除非你发誓，由你代理的这个债权人不会就同一笔债向我第二次索取。”

布鲁图说：“发誓！不，我不敢冒险向你发誓，因为我明白，我们在这里的这位朋友会向你催讨，他就算不会冒犯你，至少也会很尖锐，很执著，尽管他自己对此加以否认。”

庞波纽斯说：“是的，我设想布鲁图的想法有几分道理。事实上，我现在发现自己正想鼓足勇气向你索要，因为在长时间的沮丧之后，我第一次发现你有了比较欢快的心情。所以，既然布鲁图已经在这里许诺要代我向你索取你欠我的东西，那么还不如我自己向你提出这样的要求。”

我答道：“请你告诉我，你这样说是什么意思？”

“你写了一些东西，因为你的笔保持沉默已经有很长时间了。情况确实如此，自从你发表《论国家》以来，我们就再也没有从你这里得到任何东西，我自己也是由于读了这本书才点燃了我的雄心，把一些有关公众人物和事件的记录集中在一起。但是我此刻不会坚持要你兑现诺言，我渴望的是你在能够这样做的时候这样做。然而，现在你要是有空，或者有心情，就请谈谈我们到这里来向你请教的这个问题吧。”

我说：“什么问题，请说。”

“我指的是演说家，最近你在图斯库兰的家中和我谈起过这个主题。演说家最先出现是什么时候，他们是谁，他们是什么样的人。当我把那天的谈话告诉你们的时候——我应当说，告诉我们的布鲁图——他说非常渴望能够听一听。因此我们选了今天到你家来，因为我们知道你有空。所以，要是现在方便，请你告诉我们，你是怎么想起这个主题的，这对布鲁图有好处，对我也有好处。”

我答道：“很好，要是能做到的话，我会尝试着满足你的好奇心。”

“你当然能够做到，但是请你轻松一点，或者要是可以的话，让你的心灵自由一些。”“庞波纽斯，要是我没弄错，我们的讨论是这样开始的：我提到自己听别人说起布鲁图，他在为善良、忠诚的戴奥塔鲁斯国王①辩护时，表现出卓越的口才。”

【6】阿提库斯说：“是的，我想起来了，我们的谈话就是从这里开始的，而你为布鲁图的失败感到伤心，你的热泪洒在凄凉的法庭和广场上。”

我答道：“没错，我是流泪了，而且我仍旧感到悲伤。因为，当我一看到你，布鲁图，我马上有一种恐惧和惊讶的感觉，你有杰出的天赋，受过全面的训练，又格外地勤奋，但是在你面前展开的是一种什么样的生涯啊！因为正当你开始接手处理重要人物的案子，而我由于年纪的原因，正在把权杖交到你的手中，然而就在这个时候，公共生活的其他领域都突如其来地瘫痪了，而我们现在要讨论的演讲术也变成了哑巴。”

这时候布鲁图插话说：“出于其他理由，我和你有同感，我承认这是一

① 戴奥塔鲁斯（Deiotarus），加拉太（Galatia）的小国王，庞培党徒。布鲁图于公元前47年夏在尼西亚在凯撒面前为之说情。罗马扩张以后设置了许多行省，行省中有许多附属小国。统治行省的四分之一地区的长官的职位称做“特恰克”（tetrarch），戴奥塔鲁斯是加拉太地区的“特恰克”，文中称他为国王。

件值得探讨的事；但就演讲术而言，我的快乐并不过多地取决于从演讲中得到奖赏和名声，而在于它包含的学习和训练。没有什么东西能剥夺我的快乐，尤其有你在我前面树立了孜孜不倦地热心追求一切博雅教育的榜样。因为，不是一名健全的思想者，就不能成为一名优秀的演说家。因此，无论谁热心于真正的演讲术，都会献身于健全的思想[①]，哪怕在伟大的战争时期也没有任何理由加以搁置。"

我答道："说得好，布鲁图，所以我为你雄辩的名声感到更加高兴，因为任何谦卑的人都可以想象，这个人在公共生活中可以获得，或者曾经获得最令人尊重的奖赏，但他却在我亲眼所见的这场战争中想用他的口才取得胜利。我们的谈话可以开始得更加舒服些，要是你们喜欢，我们可以坐下说，开始讨论这个主题。"

他们表示同意，于是我们在靠近柏拉图雕像的草坪上坐了下来。

我开始说："嗯，赞美口才，指出演讲术的力量和它给那些拥有口才的人带来的荣誉，不是我当前的目的，这样做也没有必要。但是我不怕引来反对意见，我要大胆地肯定，无论口才是规则和理论的产物，还是依赖实践的技艺，还是依赖于天赋，它都是一种造诣，是一切造诣中最难达到的。我们说过，它由五个部分组成，[②]而它的每一部分都有权成为一门伟大的技艺。因此人们可以猜想，内在于这门由五种伟大技艺组成的技艺的力量是什么，它的难处在哪里。

【7】"希腊人为此提供了证词，他们对雄辩的口才充满热情，在这个方面长期领先于其他国家；然而，在这门活跃的雄辩术发展起来之前，希腊人已经发现了其他技艺，并且臻于成熟。阿提库斯，每当我想起希腊人，你们雅典人就会进入我的思绪，像灯塔一样闪闪发光。就在这个地方，第一次出现了演说家；就在这个地方，演讲术开始有了成文的记载。然而不管怎么

---

① "健全的思想"（prudentia）在这里的意思是哲学。它代表了作者在《论演说家》中提出的观点，理想的演说家必定也是哲学家。

② 即开题、排列、措辞、行为、记忆。

说，在伯里克利（有些作品归于他）和修昔底德（他不属于雅典的摇篮时期，但属于雅典的成熟期）之前，没有任何材料表明曾经有过精心创作的演讲，或者类似演讲词的作品。然而人们相信，生活在他们很久以前的庇西特拉图①、比庇西特拉图还要早一点的梭伦以及在他们之后的克利斯提尼②，在他们那个时代都是非常活跃的演说家。就像我们从阿提库斯的年表③中可以看到的那样，在他们那个时期以后若干年，出了塞米司托克勒④，我们知道他有杰出的演讲才能，在政治上也非常谨慎。然后是伯里克利，他在各方面都非常优秀，尤其是在这门技艺上拥有杰出的才能。在这一时期，我们知道还有克莱翁是个雄辩的人，但他作为公民也引起了种种麻烦。与克莱翁同时代的还有阿尔西庇亚德、克里底亚、塞拉美涅。从他们的同时代人修昔底德的作品中，最能看到那个时代流行的雄辩风格。他们的讲话用词精当，思想丰富，风格简洁，但因此有时候也显得晦涩。

【8】“一旦人们认识到作为一件艺术品来精心准备、精心阐述的演讲所具有的力量，演讲术的教师也就在顷刻间涌现了：林地尼的高尔吉亚、伽克敦的塞拉西马柯、阿布德拉的普罗泰戈拉、开奥斯的普罗狄科、埃利斯的希庇亚，全都在他们那个时代享有无上的荣耀。这些人和同时代的其他一些人，其中肯定也有一些无知者，自称修辞学的教师，教人如何凭借演讲的力量，使较差的论证(这是他们的讲法）变得较好。与他们对立的是苏格拉底，他机智的论证使他很适宜驳斥他们的学说。从他丰富的讨论中产生了一群有学问的人，人们认为处理善与恶、人生与社会等问题的哲学就是由他们最先发现的，这种哲学与自然哲学有区别，自然哲学属于更早的一个时期。但是，由于这个知识领域与我们当前目标无关，所以我会在其他时间再谈哲学

---

① 庇西特拉图（Pisistratus），公元前6世纪雅典政治家，他于公元前560年在雅典自立为独裁者（僭主），后来断断续续统治雅典近20年。

② 克利斯提尼（Clisthenes），雅典政治家，公元前509年实行改革。

③ 指阿提库斯的《编年史》。

④ 塞米司托克勒（Themistocles），雅典政治家，生于公元前528年。

家，而现在让我们回到演说家这个主题上来，我刚才有点跑题了。

"在刚才提到的这些人所处的时代，出了伊索克拉底，他的家成了一个名副其实的训练学校或者对所有希腊人开放的雄辩术工作室。他是一位伟大的演说家，一位理想的教师，但他逃避在光天化日之下的讲坛上发表演讲，就我的判断来说，在他的学校的高墙内，没有人取得过他那样圆满的成就。相对于他的先驱者来说，他在另一个方面有杰出的表现，尤其是，他第一个认为，即使在散文中也应当遵循某些节奏和尺度，而这在严格的韵文中是无法避免的。所以说，在语词的结合上，在他之前没有出现过相同的结构，也没有贯穿于所有句子的节奏，① 或者说，要是有这种节奏，那么显然也不是有意识这样做的。这也许可以算做一种赞扬，但在任何情况下，节奏都可以是自然情感的涌现，或者是偶然出现的，而不是依据规则而来，或是有意设计的。确实，依据某些本能，思想的表达可以产生环状结构和环状的结尾，只要把恰当的语词放在一起，句子的结尾经常会有某种节拍。产生这种情况的原因在于判断什么是完整的，什么是有缺陷的，是耳朵本身，自然的呼吸给句子长度设定了一个限制。如果讲话连气都换不过来，那么不要说完全失败了，它还会产生痛苦的结果。

【9】"在吕西亚斯生活的年代，从事辩论的不仅有他本人，而且还有一位格外优秀的作家，你们几乎可以大胆地把他称做完善的演说家。你们可以毫不犹豫地指出，他的名字叫德谟斯提尼，他是完善的，不缺乏任何东西。无论多么敏锐，多么细致，多么审慎，都不能发现出自他手的演说词有什么被忽略的地方；在措辞的简洁上没有谁比他更完善，语言的精练正是他的风格想要达到的目标；还有，无论是他的语词还是他的情感，没有人能比他更加细腻、热情、庄严和美丽。从时间上看，继他之后，有叙培里得斯和埃斯基涅斯、莱喀古斯和狄纳库斯、德玛得斯（他的著作都没有保存下来）和其他一些人。这个时期的作品如此丰富，所以我认为，演讲术的新鲜活力一直

① 伊索克拉底学派可疑地声称，环形句和环形句结尾的节拍是伊索克拉底的发明。

传到这个时期，它的血液不曾腐败，并拥有了一种不需要化妆的自然色彩。年轻一代的演说家，法勒隆的德米特利乌，生活在他们所处的年代之后，尽管他的成就可能是他们中间最高的，然而他在公开演讲方面所接受的训练太少。他为他的同胞提供的娱乐多于对他们的刺激，因为他陷入了混乱的竞争，但不是出自战士的帐篷，而是出自伟大的哲学家塞奥弗拉斯特隐蔽的地方。他第一个规范演讲术，使它具有了柔顺的性质。他选择了魅力而不是暴力，渗入听众的心灵，但不会使他们完全不知所措。他的演讲给我们留下了美好的记忆，但如欧波利斯提到伯里克利时所说，它尽管带来了快乐，但没有刺激他的听众的心灵。

【10】“因此你瞧，布鲁图，即使在这座演讲得以诞生和成熟的城市里，它很晚才进入光明时代，因为在梭伦和庇西特拉图之前，没有关于任何著名演说家的记载。当然了，这些人很早，如罗马年表所示，但是在雅典人的历史记载中他们肯定出现得很晚。这是因为，尽管他们昌盛的年代可以追溯到塞维乌斯·图利乌斯[①]统治的年代，然而雅典人在那个时候已经存在的时间比罗马人直到今天存在的时间还要长得多。但我并不怀疑演讲一直发挥着重要的影响。确实，甚至早在特洛伊战争时期，要是雄辩在当时没有享有荣耀，那么荷马决不会对乌利西斯和涅斯托耳大加赞美，你记得，他赞美前者讲话的力量，赞美后者讲话的魅力，而这位诗人本身也不可能如此擅长讲话，是如此完美的一位演说家。尽管荷马生活的年代不确定，但肯定早于罗莫洛很多年，也肯定不迟于第一位莱喀古斯[②]，这位莱喀古斯通过立法为斯巴达人确定了生活方式。但是，有意识地开发这门技艺、使它的影响变得可以识别出来，始于庇西特拉图。他的下一代是塞米司托克勒，对我们来说他是一位非常早的人物，但对雅典人来说他并不遥远。他生活在希腊人作为一支统治力量已经达到巅峰的时代，而我们的国家此时刚从国王们的统治下

① 塞维乌斯·图利乌斯（Servius Tullus），罗马第六位国王（公元前578年—前535年）。

② 西塞罗显然采用了蒂迈欧的说法，认为斯巴达早期国王中有两位名叫莱喀古斯，第一位与荷马是同时代人。参见普罗塔克：《莱喀古斯传》第1卷第4节。

解放出来。因为沃尔西尼战争（Volscian wars）中最大的一场战斗发生的时间与希波战争大体相仿，科里奥拉努[1]从罗马被流放到那里，参加了这场战斗，两位著名人物的命运也很相似。尽管在各自的国家里都是大人物，但他们都被不感恩的民众不公正地流放，最后去了敌人那里，并用自杀的方式来完成他们的复仇计划。阿提库斯，我知道，在你的书中科里奥拉努的故事是另外一个样子，但请你允许我保留对这种死亡表示赞同的特权。”

【11】这时候他笑了起来，并且说：“随你的便，因为修辞学家为了使他们的陈述更加有效，有权歪曲历史。就像你提到的科里奥拉努自杀的故事，克利塔库和斯特拉托克勒都虚构了塞米司托克勒之死的解释。但是出身高贵的优秀雅典人修昔底德在稍后不久说他死于自然的原因，被秘密地埋葬在阿提卡的土地上，还说，有谣言说他是服毒自杀的。还有人说，在用公牛祭祀的时候，他喝了一碗公牛血，口干舌燥而死。这种死亡给他们提供了对故事做修辞学的和悲剧式的处理的机会，而普通的、自然的死亡不会提供这样的机会。所以，为了满足你把塞米司托克勒和科里奥拉努生涯中的各个方面都说成是一样的欲望，你就乘我离开时把碗端起来吧，为了把科里奥拉努弄成第二个塞米司托克勒，我甚至可以提供一头牺牲。”

我答道：“很好，关于科里奥拉努你可以照你的意思去做，但是下面我想用更加谨慎的态度涉及历史，因为有你在场，我可以把你赞美为罗马最认真的历史学家。

“但是回过头来，在大约相同的时代，我前面提到过的克珊西普之子[2]伯里克利是第一位受到理论学习影响的演说家。当然了，当时还没有什么演讲术，但是在接受了自然哲学家阿那克萨戈拉的训练以后，他发现很容易把那些晦涩的、深奥难懂的问题的精神原则转移到广场上去，用在公民大会上。雅典人喜欢他演讲的魅力，敬佩他演讲的丰富和流利，也在他演讲的力

① 科里奥拉努（Coriolanus），罗马早期传说中的人物，公元前491年被流放到沃尔西尼地区的首府科里沃利（Corioli），帮助沃尔西尼人抗击罗马人。

② 伯里克利的父亲名叫克珊西普（Xanthippus）。

量和恫吓下颤抖。

【12】“因此，雅典在这个时代首次产生了一位完善的演说家。因为，当人们忙于建国、战争，或者还被国王们用铁链捆绑的时候，是不会产生讲话讲得好这种雄心的。只有在和平和安宁中，雄辩才会作为它们的同伴到来，诚如某人所说，它是牢固地建立起来的国家次序的产物。因此，亚里士多德说，在西西里，在驱逐僭主之后，在诉诸法律解决长期以来的归还私人财产问题以后，西西里人科拉克斯和提西亚斯，带着他们那个民族机智敏锐、喜欢争论的习惯，首先把某些理论观点收集在一起；而在他们之前，尽管有许多人努力谨慎地讲话，有序地安排整篇讲话的布局，但没有人曾经遵循某种确定的方法或技艺。亚里士多德进一步说，普罗泰戈拉写了一些这方面的书，讨论了某些一般的主题，比如现在被我们称做常识的那些东西；① 高尔吉亚也这样做了，尤其关注对既定事物的赞扬或批评，因为他认为，通过赞扬放大一件事，通过批评缩小一件事，是演讲术的特有功能；拉姆努斯的安提丰写了一些相同的作品，我们有修昔底德可靠的证言为证，他说自己听过安提丰在一场很大的诉讼中为自己辩护，没有人能比他做得更好了；至于吕西亚斯，他只在他的生涯开始时承认修辞学这门技艺，但是后来，看到塞奥多洛是一名更加娴熟的理论家和教师，尽管作为演说家不太在行，于是吕西亚斯就开始为他人创作演说词，放弃了教师的职业。亚里士多德还说了伊索克拉底也有类似的转变，一开始否认有一门演讲的技艺，但同时又为他人撰写演讲词，在法庭上使用；当这种事情反复发生后，他被传唤出庭，因为他违反了一条类似我们现有的法令，‘不得利用法律程序来取胜或使用诡计’，于是他停止为他人撰写演说词，全身心地投入创造演讲术的理论和模式。

【13】“就这样，关于希腊人你要明白，演讲术的诞生和起源从我们的年表来看很早，但对他们的年表来说是并不太远。因为在雅典人从演讲的技艺中发现快乐和在这种技艺的实践中发现荣耀以前很久，他们已经在战争与和

① 指爱国主义、正义、邪恶这样一些具有普遍性的论题。

平中完成了许多值得纪念的事情。但是演讲术并非所有希腊人的追求，追求它的主要是雅典人。有谁听说过那个时期有什么阿耳戈斯的演说家、科林斯的演说家、底比斯的演说家，除非你会犹豫不决地提到受过某些训练的厄帕米浓达？至于斯巴达的演说家，迄今为止我从来没有听说过。甚至连被荷马称做一位招人喜爱的演讲者的墨涅拉俄斯也只能讲几个词，尽管简洁在演讲术的某些地方值得赞扬，但就整个雄辩术来说，简洁不是一种优点。

"但是在希腊以外的地方，培养适当的口才也有着巨大的热情，在这门技艺中有出色表现的人得到了演说家的名称和荣誉。一旦演讲术从庇莱厄斯①出发扬帆远航，它就抵达了所有岛屿和亚细亚的每一部分，但是在这个过程中，它沾染了某些异国的方式，失去了它的完整性，以及人们可以称之为完全健康的阿提卡措辞，而这种措辞几乎就是一门不必学习的自然语言的技艺。由此产生了亚细亚的演说家，他们的演说从容不迫、内容丰富，这些优点不容轻视，但他们的演说很啰唆，缺乏精确性。然而，罗得岛的学校保持了较多的正确方面和许多与阿提卡的来源相同的地方。关于希腊人我们就讲到这里，甚至连这也可能是肤浅的。"

布鲁图说："怎么会是肤浅的呢？我无法轻易做出判断。不过，我发现你的讲述很有趣，也并不显得太啰唆，甚至比我希望的还要简洁。"

我答道："你太仁慈了。现在让我们来谈一下我们的早期演说家，要认识他们很难，比从历史记载中收集还要难。

【14】"比如，谁能假设你们这个高贵家族的创始人卢西乌斯·布鲁图②缺乏机智？他非常机灵而又审慎地解释了那个说到吻他母亲的阿波罗神谕，在他愚拙的外貌下隐藏着伟大的智慧；他赶走了一位强大的国王，这位国王

---

① 庇莱厄斯（Piraeus），雅典附近的一个港口。

② 卢西乌斯·布鲁图（Lucius Brutus），罗马首任两名执政官之一。罗马废除王政，实行执政官制，由两名权力相等的执政官统治，任期一年。罗马历史学家李维记载说，塔克文的儿子和布鲁图求得阿波罗神谕，说"罗马的最高权力命中注定要属于那个首先吻他的母亲的人"。布鲁图把"吻他的母亲"解释为"亲吻大地"。参见李维：《罗马史》第1卷第56节。

的父亲也是一位著名的国王，把这个国家从一位绝对的统治者的控制下解放出来；他通过建立任期一年的执政官制、法律、法庭而确定了这个国家的体制；他取消了他的同事们的权威，以便从人们的记忆中消除所有王室的名字。若无演讲术的说服，所有这些事情肯定完不成。我们又看到，在驱逐国王数年之后，庶民们撤退到阿尼奥①附近的第三个界碑，占领了后来被称做圣山的高地，这时候独裁者马库斯·瓦勒留用他的口才安抚了这场骚乱。我们知道，由于这一成功，他获得了巨大声誉，他也因此第一个被称做马克西姆②。我也不认为卢西乌斯·瓦勒留·波提图斯没有演说家的才能，因为依靠法律和长篇公开演说，他成功地稳定了普通民众对十大执政官③的统治的公愤和反对党派政治的激情。我们可以猜想阿庇乌斯·克劳狄也是一位机智的演讲者，因为他使摇摆不定的元老院取消了与皮洛斯媾和的决定；还有盖乌斯·法伯里修，他担任使节去和皮洛斯谈判交换战俘的事；还有提比略·科隆卡尼乌，祭司团的记录清楚地记载说，他的品德和理智赋予他极大的权威；还有玛尼乌斯·库里乌斯，身为保民官，他成功地克服了雄辩的阿庇乌斯·凯库斯提出来的反对意见——由于法律的缺陷，负责解释法律和选举事务的阿庇乌斯拒绝接受一位平民充当执政官候选人——迫使元老院的议员们事先发誓纠正他们的选择；这一伟大事件的结果记录在“玛尼乌斯法案”的主要段落之前。我们也可以对盖乌斯·波皮留斯的演说才能做出推论：作为一名执政官，他身着祭司袍，参加为纪念卡曼塔④神而举行的公共祭祀，但是有消息传来民众与党徒发生了冲突和暴乱，于是他连祭司服都没换，就匆忙赶到公民大会上去，凭着他的权威和他的讲话平息了暴乱。但是，我想不起在任何地方读到过这些人被当做演说家，或者说在那个时代雄辩的口才获得过什么奖励，我只是凭着猜测认为情况可能如此。还有传闻说，保民官

---

① 阿尼奥（Anio），意大利台伯河的支流。

② 马克西姆（Maximus），这个名字的字意是“最好的”。

③ 十大执政官(decemvirs)，指古罗马于公元前450年制定《十二铜牌法》的十大执政官。

④ 卡曼塔（Carmenta），罗马预言神。

盖乌斯·弗拉米纽斯在民众面前是一位老练的演讲者，他在近高卢地区和皮切诺地区[①]执行法律，把土地分配给在那里定居的民众，后来，他在担任执政官期间牺牲在特拉西曼努湖[②]。按照那个时代的演说家的标准还有昆图斯·法比乌斯·马克西姆·维洛科苏，以及昆图斯·麦特鲁斯，我指的是在第二次布匿战争期间与卢西乌斯·维图里乌·斐洛一同担任执政官的那一位。

【15】“但是，对其口才有现存记载，并有证据表明他的口才得到公认的第一位罗马人，是马库斯·高奈留·凯塞古斯。为此论断提供权威而又恰当证据的是昆图斯·恩尼乌斯，尤其是恩尼乌斯听过他讲演，在凯塞古斯死后又写了关于他的文章，所以我们不必猜疑他们之间的友谊会歪曲事实。如果我记得没错，相关的段落可以在恩尼乌斯《编年史》的第九卷找到，那里说道：‘图狄塔努给他的同事加上了演说家[③]的称号，他就是马库斯之子，甜言蜜语的马库斯·高奈留·凯塞古斯。’恩尼乌斯称他为演说家，还说他甜言蜜语，这种能力你今天在大部分演说家那里都找不到，因为他们讲起话来咆哮多于讲话。但是下面这些话肯定是赞扬口才时用的最伟大的称号：‘他曾被他那个时代的同胞、那些度过了动荡岁月的人，称为民众挑选的花朵……’，说得确实非常好；由于理性是人的荣耀，所以口才是理性之光，那个时代擅长讲话的人把这样一个人称做民众之花的确很妥当，他接下去还称他为‘说服女神的活力’，[④]说服这个词的希腊文是 peitho，这就是演说家想要起的作用，恩尼乌斯称之为说服女神，他声称凯塞古斯是说服女神的活

① 近高卢（Hither Gaul），即山南高卢（Cisalpine Gaul），皮切诺（Picenum）地区位于意大利中部。

② 特拉西曼努湖（Trasumenus），意大利埃特鲁里亚东部的一个湖。公元前 217 年，汉尼拔大败罗马军队于此湖滨。

③ 西塞罗在这里可能歪曲了恩尼乌斯的证词，因为“演说家”（orator）这个词是在使者的意义上使用的。

④ 罗马人信奉的有些神灵是功能神，有抽象的名称，比如和平女神、战争女神、说服女神等。

力；所以，按照欧波利斯的说法，伯里克利的嘴唇一直有这位女神的活力，我们的演说家就有这种活力。

“第二次布匿战争期间，这位凯塞古斯与普伯里乌·图狄塔努一道担任执政官，而马库斯·加图在这两位执政官任职期间担任财务官，仅仅早于我担任执政官140年；[①] 要不是有恩尼乌斯唯一的证词使我们知道他的口才，那么时间肯定会使我们对他一无所知，与此相同的无疑还有其他许多人。那个时期的语言可以从奈维乌斯的作品中看到，早期记载表明，奈维乌斯死于这两位执政官当政的时候，尽管我们的朋友瓦罗彻底考察过早期历史，认为这个年代有误，并且把奈维乌斯生活年代算得更长一些。他的理由是，奈维乌斯的同时代人普劳图斯一直活到普伯里乌·克劳狄和卢西乌斯·波喜乌斯担任执政官那一年以后的第20年，那个时候加图是监察官。

“再回过头来说，凯塞古斯之后是加图，加图在凯塞古斯担任执政官之后的第九年担任执政官。在我们眼中，加图生活的年代似乎很早，他死于卢西乌斯·玛基乌斯和玛尼乌斯·玛尼留斯担任执政官的那一年，亦即我担任执政官的前86年。

【16】“然而，他是属于比较晚近的，我说不出可以提到什么更早的人作品，除非在阿庇乌斯·凯库斯有关皮洛斯的讲演中可以找到快乐，我刚才已经提到过皮洛斯，或者可以在某些葬礼演说词中找到乐趣。当然，有些葬礼演说词保存了下来，死者的家族把它们当做荣耀的纪念品，可供本家族某个成员去世时使用，要么是回忆他们过去的荣耀，要么用来支持他们自己出身高贵的说法。然而，由于有了这些赞扬性的演说词，我们的历史遭受很大的歪曲，于是有了许多从来没有发生过的事情、虚假的胜利、虚构的议员名单、虚构的从贵族身份转为平民身份，[②] 出身卑贱者说自己的血统混有姓名相同的贵族血统，尽管实际上并没有什么关系。比如，我可以说自己是贵族

① 前者任职于公元前204年，西塞罗于公元前63年担任执政官。

② 发生这种身份转变的最普遍原因是获得担任保民官的权力，这样一来，一个平民家庭也可以吹嘘说自己原先属于某个名字相同的贵族家庭。

玛尼乌斯·图利乌斯的后裔，他在驱逐国王之后的第十年与塞维乌斯·苏皮西乌一道担任执政官。

“但是回过头来讲加图，他的演说词比雅典人吕西亚斯要少得多，而我敢肯定的是，归于吕西亚斯名下的演说词太多了。我之所以称他为雅典人，乃是因为他生在雅典，死在雅典，在那里享有完全的公民权，理由是按照雅典人的法律，就像我们的‘李锡尼—姆西安法令’① 一样，他是雅典人，尽管蒂迈欧说他是叙拉古人。吕西亚斯和加图两人有某些相似之处，他们都很敏锐、准确、机智、简洁。但在名声方面，这个希腊人一直比较幸运。他有一批热衷于减肥而不是健身的信徒，只要健康允许，他们甚至崇拜苗条。当然了，吕西亚斯还是经常拥有一种最有效的男性活力，但从总体上来说，他的风格确实属于比较贫弱的，而他的崇拜者，如我所说，偏偏就喜欢这种贫弱。

【17】“至于加图，我们现在有哪位演说家还在读他的演讲词，或者还熟悉他吗？然而，苍天在上，这是一位伟人！我指的不是作为公民、元老院议员、指挥官的加图，我们现在只讲演说家。你还能看到有谁比他在赞扬时更庄严，在批评时更尖锐，在警告时更明智，在表达和证明时更精密？我已经找到并阅读了他的演说词，总数达 150 篇之多，其中充满了优美的措辞和内容。挑选一些特别值得赞扬的段落，你就会看到其中拥有一切演讲的优点。他的《论血统》也一样，其中包含所有修辞学的精华与光彩！但是他缺乏热诚的崇拜者，就好像几个世纪以前的叙拉古的腓力司图，甚至修昔底德，缺乏崇拜者一样。正如他们的简洁、尖锐，以及常有的晦涩，被塞奥波普的高雅风格所遮掩（把吕西亚斯与德谟斯提尼相比也会遇到同样的情况），所以成功作家的这种语言好比建起了一些高大的建筑物，遮挡了来自加图的光芒。但是看一看我们罗马人有多么愚蠢吧！这些人在早期

① 公元前 95 年颁布的一项法律，规定非罗马人的意大利人长期居住在罗马可以获得罗马公民权。吕西亚斯尽管出生在雅典，但他的父亲是叙拉古人，不拥有完全的雅典公民权。蒂迈欧是西西里人，所以骄傲地说吕西亚斯是叙拉古人。叙拉古位于西西里岛。

希腊文字中，在被他们称做阿提卡式的这种简洁中，找到了这样的快乐，而这些文字的作者并不具有加图这样的知识。他们的目标就是成为像叙培里得斯和吕西亚斯一样的人，这确实值得赞扬，但为什么不成为像加图一样的人呢？他们承认自己喜欢这种阿提卡风格，就此来说他们的感觉还是健全的，但我猜想他们想要模仿的不仅是这种风格的骨骼，而且也是这种风格的血肉。到此为止，他们的目标仍旧没错，但为什么他们热爱叙培里得斯和吕西亚斯，却对加图一无所知呢？他的语言太古老，他的某些用语相当粗鲁。是的，在他那个时代，他们就这样讲话。他的演讲需要改变（他在那个时代无法改变），要添上节奏，使语句变得更加圆润，要重新安排他的讲话，使它们更加紧密（这是连古代的希腊人都没有做过的事），要是提出这样的要求，那么你会看到，在加图之前你找不到任何人能达到这些要求。希腊人把使用语词称做比喻，把使用思想和语言的象征称做姿势，如果有这样的变化，语言就会得到修饰，而你们很难相信加图在使用这两种变化手段时有多么丰富。

【18】“我当然并非不明白他还不是一名十分完美的演说家，在有些方面他还需要进一步完善。但从我们的年表来看他所处的时代那么早，在他之前也没有任何值得我们阅读的东西，所以有这种情况也就不奇怪了。要知道，早期文化给予其他所有技艺的荣誉都大于这种演讲的技艺。

“那些热衷于较小技艺的人有谁不会批评卡那库斯的雕像太僵硬，以至于不能再现他的自然风采？还有，卡拉米斯的雕像也太僵硬，但与卡那库斯的雕像相比，要有生气一些。甚至密戎也没有达到逼真的程度，尽管可以毫不犹豫地把他的作品称做美的。还有，波吕克利图的雕像更美，确实，按照我的评价来说相当完善。同样的发展在绘画中也可以看到。在宙克西、波吕格诺图、提曼塞斯，以及其他一些只用四种颜色画画的人那里，我们赞扬他们的线条和画技；但是埃提翁、尼各马科、普洛托革涅、阿培勒斯的绘画在各方面都臻于完善。我认为其他所有技艺也都有这种情况，没有哪门技艺刚发明出来就已经完善。我们不能怀疑在荷马之前就有某些诗人，根据他在费阿西安人和求婚者的筵席上吟诵的诗歌我们就可以做出这一推断。我们自己的历史又如何？我们早期的诗歌在哪里？我们自己的诗人[①]说过：'法翁斯[②]和当地的吟游诗人已经在歌唱，然而尚无人达到缪斯的水平，在我之前没有任何人说过这样文雅的话。'他的自负并不虚假，因为如他所说，拉丁文的《奥德赛》就好像代达罗斯[③]的雕像，而李维乌斯[④]的剧本不值得读第二遍。然而，这位李维乌斯在凯库斯之子盖乌斯·克劳狄和马库斯·图狄塔努当政那一年就创作了他的第一部戏剧，亦即恩尼乌斯出生前一年，罗马建城之后514年；这是我遵循的权威的说法，但这些年代在作家中有争议。阿西乌斯说，李维乌斯在塔壬同被昆图斯·马克西姆俘虏，即昆图斯·马克西姆第五次担任执政官的那一年；然而按照阿提库斯的说法，这件事发生在李维乌斯创作了他的第一出戏剧以后第30年，他的说法被更早的记载所确证。阿西乌斯还说李维乌斯在这个日期（他的被俘）之后的第11年创作了他的第一部剧本，这一年是盖乌斯·高奈留和昆图斯·米诺西乌担任执政官，他们当时在卢迪·尤文塔提。塞纳[⑤]战争期间，李维乌斯·萨利那托尔曾在此宣誓。在这一点上，阿西乌斯犯了大错，因为这些人当政时，恩尼乌斯已经40岁了。假定李维乌斯和他是同时代人，那么李维乌斯在罗马创作他的第一出戏剧时的年龄似乎比此前已经创作了许多剧本的普劳图斯和奈维乌斯还要年轻。

---

① 指恩尼乌斯，他生于公元前239年。

② 法翁斯（Fauns），古罗马传说中半人半羊的农牧之神。

③ 代达罗斯（Daedalus），希腊神话中的雅典建筑师和工匠，曾为克里特王弥诺斯建造迷宫。后被囚禁在迷宫里，他的儿子伊卡洛斯也同时被囚禁。为了逃离克里特，他们用蜡黏合羽毛制成双翼装在身上飞离克里特。由于伊卡洛斯飞近太阳，蜡羽融化，坠海而死。代达罗斯则到了西西里，在那里建造水渠，发展木工和冶金。

④ 指李维乌斯·安德罗尼柯（Livius Andronicus），古罗马文学家，曾把荷马史诗《奥德赛》译为古拉丁语（Saturnian），此举被视为拉丁文学发展最早的标志。他亦于公元前240年创作了罗马人的第一部戏剧。

⑤ 塞纳（Sena），意大利翁布里亚的一座城市，公元前207年，罗马人在此处击溃汉斯德鲁拔的军队。

【19】“布鲁图，要是谈论这个问题与我们的谈话不相宜，那你就去责备阿提库斯吧，是他激起了我的兴趣，追溯这些名人的时代和先后次序。”

布鲁图答道：“正好相反，我对这些年代的处理非常感兴趣，我想象你这样追求精确的人完全适合处理你已经承担的任务，按照不同时期区别演说家的特点。”

“布鲁图，如你所说，这是我的想法。加图在他的《论血统》中还记载了某些现存的诗歌，在他所处的那个时代很久以前，有些来客在宴饮中轮流歌颂名人！恩尼乌斯把奈维乌斯算做最初的吟游诗人和法翁斯，而奈维乌斯的《布匿战争》就像密戎的作品一样，至今仍能使我们产生快乐。假定恩尼乌斯的作品更加完善，毫无疑问他确实比较完善，然而，要是恩尼乌斯真的轻视奈维乌斯，这是恩尼乌斯本人说过的话，那么恩尼乌斯在描写我们所有的战争时就不会忽略有关第一次布匿战争的愚蠢争论了。恩尼乌斯本人告诉我们他为什么要这样做。他说：‘因为其他人写过有关这个主题的诗。’是的，先生，而且他们写得很好，即便与你相比没有你那么完善。你确实无法另作他想，如果你承认他有恩于你，那么你从奈维乌斯那里采用了很多东西，如果你否定他有恩于你，那么你从他那里剽窃了很多东西。

“加图较为年长的同时代人有盖乌斯·弗拉米纽斯、盖乌斯·瓦罗、昆图斯·马克西姆、昆图斯·麦特鲁斯、普伯里乌·伦图卢斯、普伯里乌·克拉苏，即与老阿非利加努一道担任执政官的那位克拉苏。我们知道老西庇阿本人并非没有讲话的才能，他的儿子，即收养了鲍鲁斯之子小西庇阿的那位西庇阿，也曾把口才说成是第一位的，置于健康和活力之前。① 有些小演讲词说明了这一点，有一段用希腊文写成的历史叙述写得特别有魅力。

---

① 罗马史上有多位名叫西庇阿的名人，这里提到的有老西庇阿（全名普伯里乌·高奈留·西庇阿，公元前218年担任执政官）、大西庇阿（全名普伯里乌·高奈留·西庇阿·阿非利加努，公元前206年和公元前194年两度担任执政官）、小西庇阿（全名普伯里乌·高奈留·西庇阿·艾米利亚努·阿非利加努，公元前148年当选执政官）。大西庇阿是老西庇阿的儿子，小西庇阿是大西庇阿的养子，他的生父是罗马将军卢西乌斯·艾米留斯·鲍鲁斯。

【20】“属于这群人的还有埃利乌斯·塞克斯都，他是他那个时代在罗马法方面最有学问的人，也是一位机智的演讲者。

“加图较为年轻的同时代人有盖乌斯·苏皮西乌·伽卢斯，他出身高贵，对希腊文学有着最深刻的研究。人们把他当做演说家，并说他在其他方面也有很深的造诣。在这个时代，一种比较丰富、优雅的讲话方式兴起了。作为执法官的伽卢斯组织了荣耀阿波罗的赛会，恩尼乌斯为这个庆典献上了悲剧《堤厄斯忒斯》，他死于昆图斯·玛基乌斯和格乃乌斯·塞维留斯当政的那一年。属于同一时期的还有普伯里乌之子提比略·革拉古，他两度担任执政官和监察官。我们有他的演说词，用希腊文写成，早于罗得岛人的演说词，我们还知道他擅长词令，声名远播。纳西卡的普伯里乌·西庇阿，也就是被称做‘科库卢’（Corculum）的那一位，他像前者一样两度担任执政官和监察官，亦即那位著名的受命奉迎神像的西庇阿之子，[①] 据说，他也非常雄辩。卢西乌斯·伦图卢斯也一样，他与盖乌斯·菲古卢斯同时担任执政官。马库斯之子昆图斯·诺比利俄从小在父亲的教育下学习文学，据说他在演讲时也非常机智。有人说就是他利用担任地区行政长官建立殖民城邦的特权，把公民权授予昆图斯·恩尼乌斯，此人当时与他的父亲一道驻扎在埃托利亚。同样的情况还有提多·安尼乌斯·卢司库斯，亦即刚才提到的昆图斯·伏尔维乌[②]的同事。还有卢西乌斯·鲍鲁斯，刚才提到的阿非利加努的生父，凭着他的口才，他很从容地起到了第一公民的作用。

“还有加图生活的年代，他一直活到85岁，就在他死的那一年，他当众控诉了塞维乌斯·加尔巴，讲演的书面材料也留了下来。我还要说，在他生

① 这里提到另外两位纳西卡的西庇阿，一位是纳西卡的普伯里乌·西庇阿（Publius Scipio Nasica），此人在公元前204年被元老院指派前往奥斯提亚（Ostica）奉迎库柏勒神像；另一位是他的儿子，名叫普伯里乌·西庇阿·科库卢（Publius Scipio Nasica Corculum），“科库卢”的字义是“民众喜爱的人”。

② 前面提到的是昆图斯·诺比利俄（Quintus Nobilior），全名昆图斯·伏尔维乌·诺比利俄（Quintus Fulvius Nobilior）。

活的年代还活跃着许多比较年轻的演说家。

【21】“比如用希腊文写过历史的奥鲁斯·阿尔比努，他与卢西乌斯·卢库鲁斯一道担任执政官，不仅文章写得好，而且也是一名优秀的演讲者。塞维乌斯·伏尔维乌也是这种情况，他和塞维乌斯·法比乌斯·庇克托尔一道执政，庇克托尔在法律、文学、罗马历史方面都很博学。昆图斯·法比乌斯·拉贝奥也享有同样的名声。至于昆图斯·麦特鲁斯，他的四个儿子都担任过执政官，你当然明白，他在当时被人们当做最雄辩的演说家之一。他代表卢西乌斯·科塔，反对阿非利加努对科塔提出的指控。这篇演说词和他的其他演说词，与指控提比略·革拉古的演说词一道保存在盖乌斯·芳尼乌斯的编年史中。卢西乌斯·科塔本人也被当做一名实践的演讲者，但有点例行公事。然而，盖乌斯·莱利乌斯和普伯里乌·阿非利加努（Publius Africanus）属于第一流的演说家，他们的演说词保留到现在，据此我们可以判断他们的演讲天才。但在这些人中间，时间上略早于他们的塞维乌斯·加尔巴无疑拥有杰出的口才。实际上，在拉丁演说家中，他第一个使用了一些演说家可以恰当、合法地引用的资源：出于修饰目的而偏离主题、使听众兴奋、感动他们、扩大主题、引起怜悯、使用一般性论题，等等。但由于某种原因，尽管他的演说才能得到了很好的证实，但他的演说词与莱利乌斯或西庇阿的演说词相比，比较贫乏，比较粗鲁，甚至连加图本人也有这种特点。他们的风采已经褪去，很难再看到了。

“莱利乌斯和西庇阿的才能都享有最高的名声，但在口才方面，莱利乌斯的名气更大。然而，莱利乌斯那篇有关他的祭司同事的讲演也不会比西庇阿的每一篇讲演好。涉及宗教问题，没有谁的演讲能比莱利乌斯的演讲更令人愉悦，给人印象更深，更为庄严，但是他比西庇阿更为尖锐，用词更加古老。确实，在讲话习惯和风格方面，他们有各种相同点，也有许多不同点，莱利乌斯似乎更喜欢古代的东西，以使用这些比较古老的词汇为乐。但是人的天性不愿意承认同一个人在几个领域都出类拔萃。因此，在军事上，没有人能够向往阿非利加努那样的荣耀，尽管我们知道莱利乌斯在镇压维里亚苏[1]的战争中声名显赫。至于在理智、文学、口才、哲学等方面，尽管他们两人都是第一流的，但是人们喜欢把较高的地位赋予莱利乌斯。我怀疑，对他们的名声做出这样的区分不仅出于其他人的判断，而且也是他们自己的看法。一般说来，在那个时代，一个人只要有了灵巧的心智就能在各方面出人头地，只要拥有理智这一最有价值的人性，就足以保证各方面的卓越。

【22】"我还记得一个先例，是我在士每拿[2]的时候从普伯里乌·鲁提留斯那里听来的。在鲁提留斯还很年轻的时候，执政官普伯里乌·西庇阿和狄西摩斯·布鲁图接到元老院的指令，要他们调查一桩大案。这桩案子发生在希拉森林[3]，一些名人在那里被杀。受指控的有被害者的家奴和一伙自由民，他们向监察官普伯里乌·高奈留和卢西乌斯·姆米乌斯租了松树林生产树脂。元老院要求执政官彻查和审判这桩案子。莱利乌斯像以往一样，坚定、沉着、准确地为被告进行辩护。在听证结束时，执政官们宣布，根据律师的建议，延长听证。几天以后，莱利乌斯再次竭尽全力，更加有效地进行了辩护，结果使得听证继续延长。当被告一方的成员陪同莱利乌斯回家，向他表示感谢，并请他务必不要松懈，继续努力的时候，莱利乌斯说，出于对他们的关心，也为了他们的名誉，他已经做了他所能做的事，但他相信他们的案子要是由塞维乌斯·加尔巴来辩护，那么效果会好得多，因为加尔巴的讲话风格更加猛烈，更加尖锐。根据莱利乌斯的建议，这伙自由民去请加尔巴担任辩护人。然而，加尔巴有些迟疑不决，因为他想到他要接替的是莱利乌斯这样的人，但他最后还是接下了案子。到了最后的听证会举行的前一天（好比我们现在的司法规则，最后的听证会时间定为上一次听证会后的第三天），加尔巴把所有时间都用来思考这个案子，准备自己的讲话。到了那一天，鲁提留斯应被告一方的要求，一大早就去加尔巴的家里提醒加尔巴按时出庭。一直到执政官就要来了，加尔巴还在准备。他待在家中的一间密室

---

① 维里亚苏（Viriathus），起义军的首领，公元前 150 年至前 141 年多次打败罗马军队。

② 士每拿（Smyrna），小亚细亚的一座城市。

③ 希拉（Sila），意大利南部布鲁提姆地区的森林区。

里，摒弃闲杂人等，和他在一起的是几名有学问的奴隶，这是他的习惯，利用这些奴隶记忆案例要点。得到通知该去法庭了，加尔巴此时满脸通红，双眼发亮。你可以想象，他不仅做好了充分准备，而且像亲临现场一样。鲁提留斯还提到一些相关情况，与加尔巴一道出庭的记录员筋疲力尽，因为加尔巴在做准备时也十分投入，其激烈程度不亚于在法庭上讲话。但是长话短说，法庭上挤满了大量的听众，他们的期待升到最高点，莱利乌斯本人也到场了，加尔巴为这个著名的案子做了有力的辩护，给听众留下深刻印象，激起听众阵阵骚动。就这样，听众的心灵被打动了，对被告产生了怜悯，就在那一天，被告被宣判无罪，在场的所有人都表示满意。

【23】“从鲁提留斯讲的这个故事可以得出结论，演说家必须拥有两项主要的品质，他要能够使用准确的论证来进行证明，也要能够使用有效的手段使听众情绪激荡，在法庭上激情洋溢的演说家所取得的成就远远大于只教演讲术的人。简言之，莱利乌斯拥有精确，加尔巴拥有力量。还有，当塞维乌斯·加尔巴受到指控，说他违反自己的誓言（人们相信情况如此）、屠杀投降了的卢西塔尼亚[1]人的时候，人们同样也可以识别出这种最惊人的力量。为了抗议背誓的保民官卢西乌斯·利伯怂恿民众，引入会对加尔巴产生直接影响的尺度，马库斯·加图在耄耋之年（如我前面说过的那样）发表演讲，勇猛地攻击加尔巴。（他的这一次演讲与他死前数天前或数月前发表的《论血统》混合在一起。）加尔巴在这个时候由于不能为自己取得听众的青睐，只能诉诸罗马民众的忠诚，于是他泪流满面，恳求他们保护他的孩子以及盖乌斯·伽卢斯的幼子。孤儿的在场和他的泪水引发了巨大同情，因为人们对他杰出的父亲记忆犹新。就这样，加尔巴通过挑起民众对幼小儿童的怜悯逃避了怒火，这是加图撰写并保存下来的记录。还有刚才提到的这位利伯，依我看，他也不是一位毫无技能的讲话者，从他的讲话可以看出这一点来。”

讲完了这番话，我停顿了一会儿。

---

① 卢西塔尼亚（Lusitania），位于西班牙西部，即现今葡萄牙。

布鲁图问道："如果说加尔巴拥有演说家的技艺，为什么在他的演讲中没有显示出来？我们可以比较一下，那些没有留下任何书面材料的人显然不可能令我们感到惊讶。"

【24】我答道："布鲁图，根本不写和写得不如讲得好的原因绝不是一回事。有些演说家只是由于惰性而没有留下任何书面的作品，他们不愿意添加一项要在家里完成的任务，把他们在讲坛上的话写下来。当然了，大部分演说词是后来写的，不是写好以后拿去讲。另外一些人不愿意努力改善他们的风格（你知道没有任何事情会像写作一样有助于优秀的讲演），他们并不渴望后代能够牢牢地记住他们的技艺。他们满足于当时出名，并且认为，要是他们的作品不会落入评论者手中，那么他们的名气会更大。还有一些人不写作是因为他们明白自己讲的比写的好，才能杰出但训练不足的人经常有这种情况，就好比加尔巴。以他为例，在他讲话的时候，除了敏捷的理智上的把握，他好像被内在的情感点燃，由此产生一种诚挚、热烈、凶猛的风格；而当他在家里拿起笔来写作时，情感的风暴已经平息，他的语言失去了活力。当然了，这种情况对那些遵循精确讲话风格的人来说是不会发生的，因为理性和判断在任何时候都不需要离弃演说家，依靠理性和判断力，演说家可以按他讲话的方式写作。但是，激情的力量不会始终存在，一旦平息，演讲的才能和热情也就完了。这就是莱利乌斯的作品仍旧透着他心灵的气息，而加尔巴的力量已经消逝的原因。

【25】"能力中等的演说家的行列中还有两兄弟，卢西乌斯·姆米乌斯和斯普利乌·姆米乌斯，他们俩都有演说词留存；卢西乌斯的风格简洁、古朴，斯普利乌不会比他更文雅，但比他更精确，因为他在斯多亚学派中受训。斯普利乌·阿尔比努有大量的演说词，卢西乌斯和盖乌斯·奥勒留·俄瑞斯忒斯一样，我发现俄瑞斯忒斯在演说家的行列中占有中等地位。普伯里乌·波皮留斯也曾一度是公共生活中的杰出人物，作为一名演说家也并非没有技艺；然而他的儿子盖乌斯确实是一位能干的演说家。盖乌斯·图狄塔努的整个人格和生活方式都表明他是一个有文化、有教养的人，人们接受他成

熟的演讲风格。类型相同的还有另一位受到人们尊敬的人，他在提比略·革拉古手中当众受辱之后仍旧坚持到底，直到最后摧毁对方，他的名字是马库斯·屋大维，一位坚定的爱国者，忠诚于崇高的事业。

“但是，马库斯·艾米留斯·雷必达更为重要，他的绰号是‘波喜纳’①。尽管比较年轻，他是加尔巴的同时代人。他可以算是一位伟大的演说家，他的演讲词表明他实际上也是一名优秀的作家。在我看来，在他那里第一次出现了平稳的措辞和环状句，这是希腊演讲模式的特征，以精美的艺术之笔写成，要是我可以这样说的话。他的热心听众中有两个年轻人，年龄几乎相同，都有过人的才能，盖乌斯·卡玻和提比略·革拉古，关于他们，我还会在谈论了他们的长者以后找一个恰当的地方再提到他们。昆图斯·庞培在他那个时代绝不是演说家，他用他自己的功绩得到人们的承认。他没有显赫的家世却获得了最高的荣誉。同一时期还有盖乌斯·卡西乌斯，尽管不那么雄辩，但他的演讲产生了极大的影响。他成为民众喜欢的人，不是因为自由和亲切的气质，而是由于他的讲话非常刺耳和激烈。他的投票法案长期遭到保民官马库斯·安提乌斯·布里梭的反对，当时的执政官马库斯·雷必达也帮着反对这项法律，后来这件事演变为指责普伯里乌·阿非利加努，据言布里梭在阿非利加努的影响下，撤回了他的意见。当时还有两位凯皮奥，他们提供法律建议，上法庭成功地为当事人辩护，有很大的影响，名声很大。塞克斯都·庞培有作品留存，尽管这些作品表明写作时间较早，但并不显得单调，里面充满正确的见解。

【26】“我们知道，普伯里乌·克拉苏大约也是在这个时候，他是一位受到高度尊重的演说家，天赋能力再加上热心学习，他拥有某些品德也是由于出身和家庭的高贵。一方面，他与著名的演说家塞维乌斯·加尔巴建立了亲戚关系，他的女儿嫁给了加尔巴的儿子盖乌斯；另一方面，作为普伯里乌·穆西乌斯的儿子和普伯里乌·斯卡沃拉的兄弟，他在自己家里就学习了

① 波喜纳（Porcina），其字义是猪肉。

罗马法。他显然是一个极为勤奋的人，深受民众欢迎，这在很大程度上应当归功于他提供的法律建议和律师的活动。与这一时期相关的还有两位芳尼乌斯，父名都是盖乌斯，他们是盖乌斯之子和马库斯之子。[①] 他们两人中，盖乌斯之子与多米提乌同为执政官，他有一篇演说词保留下来，涉及结盟和反革拉古的拉丁人，这篇演说词写得非常好，也非常出名。”

这时阿提库斯插话说：“怎么会呢？那真的是芳尼乌斯的作品吗？我记得从小时候起人们对此就有各种看法。有些人认为它是盖乌斯·波西乌斯写的，他是语法家和学者，鲁西留斯提到过他，说他知识渊博；还有其他许多出身高贵的人说他有各种各样的作品。”

我答道：“是的，我从长辈那里听说过这个故事，但我从来不相信。我之所以心存疑虑，乃是因为芳尼乌斯只被算做一位中等的演说家，而这篇演说词几乎可以说是他那个时代最优秀的。但是，作为一篇创作，它不可能具有这样的特点（演说词的语调和风格完全统一），而革拉古既然遭到芳尼乌斯的指责，也不会对波西乌斯保持沉默，在提出批评时芳尼乌斯借助于玛拉苏的墨涅拉俄斯和其他教师。不，我不相信，尤其是，从来没有人说芳尼乌斯缺乏讲话的才能。他在法庭上进行过辩护，也当过保民官，在普伯里乌·阿非利加努的保护和权柄下工作，他的讲话决不晦涩。另一位盖乌斯·芳尼乌斯，马库斯之子，盖乌斯·莱利乌斯的女婿，在性格和演讲风格上更加激烈。尽管他不那么喜欢他的岳父，但还是遵循了岳父的建议和示范，这是因为芳尼乌斯虽被提名担任占卜官，但没有被选入祭司团，亦因莱利乌斯更加喜欢他的小女婿昆图斯·斯卡沃拉。此外，莱利乌斯开玩笑似地解释说，作为一种选择，他没有提议把这项荣耀给予他的小女婿，而是提议给予他的长女。但不管怎么说，这位芳尼乌斯还是遵照莱利乌斯的建议和榜样，前去聆听帕奈提乌的教导。他作为演讲者的能力可以从他写得相当完善

① 西塞罗在两封写给阿提库斯的信中要求澄清芳尼乌斯。实际上只有一位芳尼乌斯，是马库斯之子。

的史书中察觉出来，不是完全没有技艺，但也不是真正的雄辩。至于占卜官穆西乌斯，他的演讲术适宜用来为他自己辩护，例如提多·阿布西乌指控他敲诈，他对此做出答复。人们不把他算做演说家，但在理解罗马法和所有政治家的智慧方面，他是非常优秀的。卢西乌斯·科厄留斯·安蒂帕特，这你知道，在他那个时代算是一位优秀的作家，在法律方面有很深的研究，也是许多人的老师，例如卢西乌斯·克拉苏。

【27】“那么，提比略·革拉古和盖乌斯·卡玻，也像拥有雄辩的口才一样，擅长处理国家事务吗？在这方面，确实没有人能比他们更加出名了。他们中的一位由于在担任保民官期间的行动，由于他对贵族的憎恨，由于元老院拒绝与努曼提亚人订立条约而对他产生敌意，最后由于这个国家本身的起义而被处死。[①] 他们中的另一位支付了罚款，原因是有一位愤怒的、蛊惑民心的政客自残而死，他对此事的记录前后不一致，但他也因此逃脱了法庭的严厉惩罚。我们的祖辈听过他们的演讲，依据我们祖辈留下的证据来判断，他们俩都是第一流的演说家，现有的卡玻和革拉古的演说词虽然语言并不优美，但却是敏锐的、有创见的。在他的母亲高奈莉娅的努力下，革拉古从小接受训练，完全以希腊文学为基础。他始终乐意接受精心挑选的希腊教师的教导。他青少年时期的教师中有米提利尼的狄奥芬尼，狄奥芬尼在他那个时代是最能干的希腊演讲家。但是他发展和显示才能的时间很短。

“卡玻活得很长，他由于参加了许多公开审判和民事诉讼而开始为人所知。听过他讲话的人能够做出判断，比如我的朋友卢西乌斯·盖留斯说自己曾经在卡玻担任执政官期间充当他的幕僚，盖留斯说卡玻是一位演说家，有着很好的嗓音，讲起话来很从容，充满活力，除了激情之外还有许多迷人之处，还很幽默。他还说过卡玻非常勤奋努力，经常花很多时间进行朗诵练习

---

① 公元前 137 年，罗马执政官霍斯提留·曼昔努斯（Mancinus Hostilius）为了挽救罗马军队被消灭的命运，派人与西班牙的努曼提亚人签订了一个羞辱的条约，但被元老院否决。革拉古当时作为财务官负责谈判，实际上使整个罗马军队免于毁灭。西塞罗在这里提到革拉古由于这个国家本身的起义而被处死时带有明显的党派观点。

和创作。卡玻被算做他那个时代最优秀的鼓动家。当他在讲坛上达到巅峰状态时，他参与的司法判案也有显著增长。这部分得益于在他年轻的时候常设法庭建立了，而这在以前是不存在的。[①] 卢西乌斯·庇索担任保民官的时候第一次通过了有关政务处理不善和索贿案审理程序的法律，当时的执政官是山索里努斯和玛尼留斯。庇索本人，我应当毫不犹豫地说，是一名鼓动家，他反对许多制度，他留下的演说词人们记忆犹新，但在编年史中记载下来的他的演说词显得很贫乏，其中部分原因也是公开审判罪犯这样一种环境，卡玻经常处在这种环境中，在这种情况下取得律师的帮助更加重要，而现在的相关法令通过秘密投票有所变化，卢西乌斯·卡西乌斯的这项提案在雷必达和曼昔努斯担任执政官期间通过。

【28】“你的亲戚狄西摩斯·布鲁图，马库斯之子，也一样，我曾经从他的朋友，诗人卢西乌斯·阿西乌斯那里听说他是一名完善的演讲者，按那个时代的标准，他精通拉丁文学和希腊文学。阿西乌斯也赞扬了卢西乌斯·保卢斯的孙子昆图斯·马克西姆。在马克西姆之前，西庇阿的后裔们还没有担任公职，但已经领导了刺杀提比略·革拉古的活动。阿西乌斯说，从其他方面看，革拉古是一个感情和行动都很坚强的人，在演讲中也非常敏锐和勇敢。还有元老院的著名首领普伯里乌·伦图卢斯，据说他能言善辩，他的口才至少与他参与国务活动相适宜。同一时期的卢西乌斯·富里乌斯·菲鲁斯也被认为是演说家，主要的考虑是他的拉丁语和比其他人接受过更多的学术训练。普伯里乌·斯卡沃拉讲起话来充满法律智慧和政治智慧，论证有力。在表达上更加丰富，在知识与经验上也不差的是玛尼乌斯·玛尼留斯。阿庇乌斯·克劳狄的演讲是流利的，但还是过于热情。马库斯·伏尔维乌·福拉库斯也应当赋予一定的地位，还有盖乌斯·加图，阿非利加努的侄儿，两位演说家都具有中等的才能。当然了，福拉库斯有一些作品留存，但它们就像

① 公元前149年，罗马设立常设法庭审理有关国家主权的案子。而在此之前是由公民大会或专门任命的委员会或法庭审理。

是学生的作品，而非演说家的杰作。他的政治对手是普伯里乌·德修斯，此人也并非没有讲话的才能，但他的语言就像他的生活一样，充满了放纵和骚乱。盖乌斯之子马库斯·德鲁苏斯是一位重要人物，在语言和人格上都很有影响，他在第二次担任保民官期间挫败了他的同事盖乌斯·革拉古的谋划。在等级上和他非常相近的是他的兄弟盖乌斯·德鲁苏斯。布鲁图，你的族人马库斯·朱尼乌斯·潘努斯在担任保民官期间也留下了成功的记录；他的年龄比盖乌斯·革拉古要大一点，当时他与昆图斯·埃利乌斯一同担任执政官，他的儿子是保民官，盖乌斯·革拉古则是马库斯·雷必达和盖乌斯·俄瑞斯忒斯执政期间的财务官。但是在期待着取得各种最高荣誉时，他死去了，就在他的市政官任期结束以后。至于提多·弗拉米尼努，我本人曾经见过他，但除了他被算做一个努力使用母语的人以外，其他事情我一无所知。

【29】“与上述人等相关的有盖乌斯·库里奥、马库斯·斯考鲁斯、普伯里乌·鲁提留斯、盖乌斯·革拉古。关于斯考鲁斯和鲁提留斯，让我们讲得简单一些。他们都不具有伟大的演说家的名声，尽管在私人诉讼中他们相当活跃。那个时候，就像现在一样，有些人名声很大，但缺乏才能，然而却通过勤奋为他们自己赢得了人们的承认。我不是说这俩人没有才能，而是说他们演讲的才能。因为光是察觉要说些什么还不够，除非你有能力流利地把它说出来，使你的讲话带有吸引力；甚至光能做到这一点也还不够，除非你能用优美的嗓音带着丰富的表情和姿势把它说出来。我还有必要谈一谈理论训练的必要性吗？即使没有理论训练，人在天赋的帮助下也能够成功地讲话，但由于这是非常偶然的，人们无法始终相信自己的天赋。斯考鲁斯聪明而又正直，他的讲话包含着巨大的尊严和某种内在的权威，所以他对当事人讲话会有一种提供证词的感觉，而不会感到他是在为一个案子辩护。他的讲话方式似乎不适合法庭上的抗辩，但适合在元老院发表意见，在那里他的地位是首要的、是完善的。他在那里留下的印象不仅是富有经验和智慧，而且具有获取成功和信任的素质。因此，他生来拥有技艺无法轻易造就的素质，尽管你知道这些书籍也提供了演讲的法则。我们有他的演说词，还有三本写给盖

乌斯·富菲狄乌的书涉及他自己的生平；这些书很值得阅读，尽管没有人读过它们。人们现在宁可去读居鲁士的生平与训练，这本书[①]无疑很好，但并不适合我们的处境，也不配看得比斯考鲁斯的自传更重要。

【30】“这位富菲狄乌在鼓动家的行列中也有某些地位。至于鲁提留斯，他保持着一种忧郁和严厉的讲话风格。两个人生来都具有情感强烈和敏锐的性格。当他们同为执政官的候选人时，这一点就表现出来了，不仅选举失败了的鲁提留斯指控他的对手贿选，而且斯考鲁斯在答复时也对鲁提留斯提出了同样的指控。鲁提留斯参与许多事务和辩论，这是值得赞扬的，因为作为一名法理学家，他还同时仁慈地为人们提供法律上的咨询。他的演说词很枯燥，许多重要段落谈的都是法律问题。他知识渊博，阅读过大量希腊著作，是帕奈提乌的学生，接受过斯多亚学派的完善训练。这个学派的演讲风格是准确与系统，这你知道，但是比较晦涩，不容易被大众接受。作为这个学派哲学特征之一的‘自足’这个教条在他身上表现为稳固和不动摇的演讲形式。所以，尽管完全无辜，但当他被带上法庭接受那场会使国家分裂的审判时，他拒绝接受当时最伟大的两位演说家的帮助，他们是卢西乌斯·克拉苏和马库斯·安东尼乌斯，都属于执政官等级。他为自己做辩护，而盖乌斯·科塔，他姐姐的儿子，又为他说了一些好话，科塔肯定是一名演说家，尽管当时还很年轻。昆图斯·穆西乌斯也说话了，非常简洁，但相当完美，如他所愿，没有表现出这种审判和案子的重要性所要求的愤怒和详尽。所以，总结一下，让我们把鲁提留斯当做斯多亚学派的代表，把斯考鲁斯当做修辞学的古罗马学派的代表，让我们赞扬他们，因为他们表明这两种类型的演讲在我们的公共生活中并非没有突出的地位。在细想他们的时候，把舞台上使用的某些技艺搬到讲坛上来一直是我的愿望，也就是说，我们要赞扬的不仅是那些以快速的运动和复杂的效果为行为标志的人，而且要赞扬那些被说成是

---

① 居鲁士(Cyrus)，波斯国王(公元前559年—前529年)，征服吕底亚、巴比伦、亚述、叙利亚、巴勒斯坦等地，创建波斯帝国。希腊哲学家色诺芬为居鲁士写过一本传记，名为《居鲁士的教育》。

‘固定不变’的人，他们的表现展示了一种简洁的真实，完全没有夸张。

【31】“讲起斯多亚学派，我们应当提到同一时期的昆图斯·埃利乌斯·图伯洛，他是卢西乌斯·保卢斯的孙子。他在演说家的行列中没有地位，但他的生活方式是严谨的，与他珍视的哲学相一致，甚至有点过于苛刻。有一件事情能够反映他的性格，作为法庭上的三位主审法官之一，他做出一项反对他的叔父普伯里乌·阿非利加努的裁决，说这位占卜官无权豁免担当法官的义务。但像他的生活一样，他的语言是刺耳的，没有受过训练，非常粗鲁，所以在担任公职的生涯中，他没有达到他祖先的等级。然而，他是一位勇敢、坚定的爱国主义者，是令革拉古恼火的持久源泉，如革拉古反对他的演讲所示。还有图伯洛反革拉古的一些演讲。它们表明图伯洛是一位中等的演说家，擅长论证。”

这时候布鲁图说：“如果我们的国人像希腊人一样，遵循相同规则，那倒是非常值得注意，实际上，斯多亚学派的所有拥护者都擅长精确论证，他们按照规则和体系工作，是使用语词的优秀建筑师。但若让他们从讨论转为演讲，就可以看出他们是贫乏的，不能随机应变。加图[①]可能是一个例外，尽管他是彻底的斯多亚派，但我感觉不出他在追求更加完善的演讲术。在芳尼乌斯那里，这种追求很轻微，甚至在鲁提留斯那里也不迫切，而在图伯洛那里则一点也没有。”

我答道：“布鲁图，有很好的理由可以说明这种状况。因为他们的注意力都被吸引到辩证法上去了，所以他们一点儿也不注意风格问题，排列随意，散漫离题，乱七八糟。如你所知，你的叔父从斯多亚主义中采用了一些它不得不提供的东西，但他向演讲大师们学习讲话，按他们的方法训练自己。然而，要是一个人只向哲学寻求他的训练，那么他应当按照逍遥学派的教导更加有效地形成他的风格。因此，布鲁图，我更加赞扬你的判断，你遵

① 这里指小加图（Cato），罗马政治家，老加图的曾孙（公元前94年—前46年），庞培的政治同盟者。

循各派哲学家，在他们的学说和教导中，逻辑讨论的方法和迷人、圆满的表达是联系在一起的。然而，逍遥学派和学园派的演讲习惯实际上决不可能产生完善的演说家，但另外，离了它，完善的演说家也不能产生。斯多亚学派的演讲术对广大听众来说太密实，太紧凑，而他们在法庭和论坛上的用语又太自由散漫。你在哪里能够找到比柏拉图还要丰富多彩的作家？他们说，要是朱庇特会说希腊语，那么朱庇特也会用他的舌头讲话。你在哪里能够找到比亚里士多德更加生动的风格，比塞奥弗拉斯特更加迷人的魅力？有传闻说德谟斯提尼勤奋地阅读柏拉图，甚至有人说德谟斯提尼曾经是柏拉图的学生，从他的性格和用语的精致程度来看，这一点也很明显。事实上，德谟斯提尼本人在一封书信中的表白就是权威的见证。[①] 但是，他的风格，要是转移到哲学中去，就会显得太好战了，要是我可以使用这个词语；而他的风格要是转移到法庭上去，也会显得太平和。

【32】“现在，要是你们愿意，让我们继续考察现在仍旧活着的演说家所处的时期和等级。”

阿提库斯说：“这正是我们特别需要的，要是我可以代表布鲁图和我自己说话。”

“那么好吧，库里奥大约处于同一时期，也是一位相当杰出的演说家。他的才能可以根据他的演说词来判断，其中最著名的是他为塞维乌斯·伏尔维乌所做的辩护，后者受到乱伦的指控。在我的童年，这篇演讲被当做名篇，尽管在新作迭出的今天它几乎已经从大众的眼中消失了。”

布鲁图说：“我可以大胆地猜测，谁和你说的新作迭出有关。”

“布鲁图，我非常明白你说的是谁。我自己肯定对新起来的一代做出过某些贡献，我告诉他们有一种更加文雅、精致的风格，这样做当然也带来某些危害。与我的演说词相比，大众们不再阅读那些比较古老的演说词。但我

① 归于德谟斯提尼名下的书信中，有一封（第 5 封）的作者以柏拉图学生自居，但现代学者否定此信为德谟斯提尼所写。

个人没有停止阅读它们，因为我喜欢它们胜过喜欢我自己的作品。”

布鲁图答道：“请你把我算做大众中的一员吧，尽管按照你的解释，我现在认识到自己应当很好地阅读那些过去被我轻视的东西。”

“但是话得说回来，这篇受到过许多赞扬的、涉及乱伦的演说词在许多地方是幼稚的，其中涉及爱、拷打、谣言的部分都相当空洞，不过，对于我未经考验的耳朵，对那些未受训练的公众来说，它们都是可以容忍的。此外，库里奥还写过不少东西，人们要求他成为一名演说家，他在律师的行列中是杰出的。由于他很长寿，说话也不晦涩，所以人们一定会感到奇怪，为什么他从来没当过执政官。

【33】“但是，现在我们要详细提到一位有着杰出才能的人，盖乌斯·革拉古，他的才能自幼受到精心培养，长大以后又广泛地运用。布鲁图，不要想象任何人在演讲方面能比他更完善，或者比他更有天赋。”

他答道：“是的，这正是我的判断，在早于我们的演说家中，他几乎是我唯一要读的。”

“亲爱的布鲁图，别说什么几乎了，而是相当确定，我赞同你的判断。他的突然去世给罗马国家和拉丁文学造成了无法弥补的损失。要是他对他的祖国表现出和他兄弟一样多的忠诚，要是他能活得更长一些，那么用这样的才能他可以轻而易举地获得他的父亲或者祖父一样的荣耀！至少，在演讲方面，我认为找不到能够与他相提并论的人。他在措辞上是高雅的，在观念上是睿智的、有创见的，他的整个风格是诚挚的、感人的。他的作品没有最后润色，有良好的开端，缺乏最后的完善。是的，布鲁图，如果说有哪位演说家的作品可以供我们的青年阅读，那么就是他了。他不仅能够使年轻人的理智敏锐，而且也能使之持久。

“这一时期后续的有盖乌斯·加尔巴，能言善辩的塞维乌斯之子，普伯里乌·克拉苏的女婿，而克拉苏本人也是一位雄辩的、能干的律师。加尔巴的演讲得到我们的前辈们的赞扬，由于对他的父亲记忆深刻，他们非常喜欢他，但是他在比赛中失败了。他受到诽谤，被指控与朱古达[1]密谋，结果在玛米留斯的提议下，他被送上法庭，尽管他为自己辩护，但还是被判有罪。他当时演讲的结束语一直保存到现在，即所谓的'后记'（Epilogue），在我童年时代，它是那么荣耀，以至于我把它背诵下来。在整个罗马史上，他是第一个属于祭司阶层但被公共法庭试图宣判有罪的人。

【34】"普伯里乌·西庇阿[2]，死在执政官任上的那一位，讲话不多，但在纯洁地使用拉丁语方面无人能与他相比，在机智和愉悦方面超过所有人。他的同事（在执政官任上）卢西乌斯·白斯提亚有一个良好的开端，从担任保民官开始，但是他的执政官仕途有一个令人伤感的结尾。根据以他的名字命名的议案，他召回了由于盖乌斯·革拉古暴乱而遭放逐的普伯里乌·波皮留斯。这是因为，由于玛米留斯那项可恶的法律，不仅有盖乌斯·加尔巴，祭司团的前财务官，而且还有四位前执政官卢西乌斯·白斯提亚、盖乌斯·加图、斯普利乌·阿尔比努，以及最杰出的卢西乌斯·奥皮米乌——他杀死了革拉古，尽管他采取措施防止民众暴乱，但还是被民众所吞没——都被革拉古的同伙组成的法庭剥夺了公民权。盖乌斯·利西纽斯·涅尔瓦是一个坏公民，尽管作为演讲者，他并非没有技艺，但他在担任保民官期间一点儿也不像白斯提亚，在他生活的其他方面也不像。与这些人大约同时期的有盖乌斯·菲姆利亚，尽管他的寿命要长得多，但被算做一名好斗类型的律师，要是我可以使用这个词。他讲起话来很刺耳，乱骂人，他的整个风格与方式过于热情和激动，然而他坚强的品格、活泼的心灵、纯洁的生活，使他在元老院的议员中受到高度尊重。作为律师他是可以接受的，在法律方面也并非不学无术，至于个人品性及讲话风格，他是坦率的、公开的。在我童年的时候，我们曾经读过他的演说词，但现在已经很难找到了。另一位热心肠，说话谨慎的人是盖乌斯·塞克提乌斯·卡维努斯，但他的健康状况实

---

① 朱古达（Jugurtha），努米底亚国王。

② 纳西卡的普伯里乌·西庇阿（Publius Scipio Nasica），公元前 111 年担任执政官。

在不敢恭维。要是痛风病不发作，他也许不会跌倒在他的当事人面前，所以他不常给人打官司，而人们也就不去麻烦他了。马库斯·布鲁图属于同一时期，他是你们这个家族名字上的一个污点，就好像雅典的莱喀古斯[①]，尽管他有着高贵的名字和父亲，但他还是习惯于逼迫，而他的父亲是一个好人，也是一位能干的法律顾问。他从来不谋求公职，但作为一位专门陷害人的讼棍，言辞激烈，十分丑陋。你可以很容易地看到他的家族如何赋予他卓越的天赋，但由于职业选择而逐渐堕落。那个时代的另一位逼迫者是卢西乌斯·凯苏伦努，但他出身低贱。在他年迈的时候我听过一次他的诉讼，依据《阿奎利亚法案》（*Lex Aquilia*）'损坏与赔偿'的条文，他要求卢西乌斯·撒比留斯交纳罚款。我几乎不应当提起这样的职业渣滓，但不等于说我从来没有听说过有人如此擅长邪恶的含沙射影。

【35】"提多·阿布西乌学习了所有希腊的东西，或者你倒不如把他称做一名真正的希腊人。我把我的看法告诉你，但你可以对他的演说词自己下判断。他的青年时代在雅典度过，他成了一名完全的伊壁鸠鲁主义者，一名贪婪的讼棍。

"现在我要提到昆图斯·卡图鲁斯，他受过训练，但不是古罗马的风格，而是我们现代的时尚，要是可能的话，他甚至更加完美。他见识极广，天生谦虚，这在他的风格以及生活中可以表现出来，他的措辞是纯洁无瑕的、讲一口纯粹的拉丁语。这一点可以从他的演说词，尤其是在他那本书中，看出来。这本书讲到他担任执政官和他自己的行为，以一种稳重的色诺芬风格写成，题献给他的朋友、诗人奥鲁斯·富里乌斯，不幸的是，这本书不如我前面提到的斯考鲁斯的三本书名气大。"

这时候布鲁图说："我必须承认我不知道这本书，也不知道斯考鲁斯的作品。但我承认，这是我的错，尽管实际上这些书从来没有落到我手里。然

① 这里讲的莱喀古斯是一位爱国者，反马其顿联盟的柱石，就像德谟斯提尼。西塞罗在这里的评价是不公正的。

而，在你的建议下，现在我要仔细地去寻找它们。”

“我刚才说过，卡图鲁斯的拉丁语措辞纯洁无瑕，在风格方面的成绩也不小，而大多数演说家很少注意到这一点。关于他迷人的嗓音和清晰的发音你不用等着我来讲，因为你认识他的儿子。后者肯定没有被人们当做演说家来敬重，尽管他在元老院也讲过话，但他既缺乏实际的智慧，也缺乏演讲方法上的训练和修养。他的父亲，卡图鲁斯本人，也不算第一流的律师。要是你听他和其他优秀演讲者一起讲话，他会给你留下较差的印象，但若没有比较，只听他一个人讲，那么你会非常满意，不会再有更高的要求。

“昆图斯·麦特鲁斯·努米狄库和他的同事马库斯·西拉努斯以一种更加适合他们性格和他们的执政官等级的尊严审议国家大事。马库斯·奥勒留·斯考鲁斯讲起话来很完美，但讲得不多。在语言的纯洁上，他是第一流的。在措辞优美方面，奥鲁斯·阿尔比努享有同样的名声。至于那位担任祭司的阿尔比努也可以在优秀演说家的行列中占有一席之地，就像昆图斯·凯皮奥一样，他是一个勇敢的、精力充沛的人，反对这个国家进行罪恶的战争，但民众的公愤给他带来了毁灭。

【36】“这一时期还有盖乌斯·美米乌斯和卢西乌斯·美米乌斯两兄弟，他们是中等的演说家，热心于指控他人，毫不留情。他们起诉了许多重大案件，而作为被告他们就很少说话。斯普利乌·索里乌斯擅长在民众面前讲话，就是他免除了国有土地按照‘塞普洛尼乌法’应当承担的税务，这一法律曾经一度被废失效。马尔采鲁斯·埃塞尼努之父马库斯·马尔采鲁斯不被人们敬为律师，但他是一位从容不迫、训练有素的演讲者，他的儿子普伯里乌·伦图卢斯也这样。还有担任市政官的卢西乌斯·科塔[①]，他在中等水平的演说家行列中占有一定的地位。在成为著名演说家的道路上他并没有前进多远，但他被人纪念是由于在用词造句方面故意选择古朴的语汇，而在陈述

① 全名卢西乌斯·奥勒留·科塔（Lucius Aurelius Cotta），公元前95年担任保民官，与公元前119年担任执政官的科塔同名。

中又有一种粗鲁的习惯。

“我明白，我把这位科塔，以及其他一些人，纳入并非太优秀的演说家的行列，我还会继续这样做。因为我的目的是要把那些被人们当做演说家的人汇集在一起，他们把演说当做公共生活中的一项事业。依据我已经说过的这些要点，可以判断他们取得了什么样的进步，他们在各门技艺中又是如何困难地获得最后的成就。我已经提到了多少演说家的名字，为了逐一列举他们，我花了多么长的时间啊！然而，尽管这样做既缓慢又辛苦，但是我们现在终于要讲到安东尼乌斯和克拉苏了，就好像我们在前面讲述希腊演说家时终于讲到了德谟斯提尼和叙培里得斯。提议进行这种比较，乃是因为按照我的判断，这两人是第一流的演说家，在他们身上，拉丁人的演讲终于达到了可以与希腊人的荣耀相媲美的水平。

【37】“关于安东尼乌斯，可以说没有任何相关的事情可以逃脱他的注意，他的演讲总是具有最强大的力量和效果，总是那么恰到好处。就像指挥骑兵、步兵、散兵的将军，他知道如何在演讲的最恰当的部分安放他的素材。他的记忆力是完善的，没有任何迹象表明他需要事先预备，总是给人没有任何准备、即席发言的印象，但一上法庭，人们就会觉得不是他没有准备好，而是法庭没有准备好。他没有过分地在用词上精挑细选，因此他在措辞上的优点不够突出，但他的语言也并非不纯，我的意思仅仅是，他没有使用那些演说家们专用的、特有的术语。至于措辞的纯洁，如我前面所说，他值得高度赞扬，但这并非是他自己的缘故，而是因为那些不雅之词已经被公众抛弃。懂得良好的拉丁语并不值得敬佩，不懂良好的拉丁语也不可耻，我认为，这不能过多地用做优秀演说家的标志，就好比这是一名真正的罗马人的标志一样。但是话说回来，在选择用词的问题上（注重语词的力量胜过注重语词的魅力），在选词造句的问题上，安东尼乌斯有意自觉地掌控一切。当他使用象征性的表达方式来修饰自己的想法时，这种性质更加值得注意。这是因为，德谟斯提尼在这个方面超过其他所有人，因此有评论说他是头号演说家。被希腊人称做姿态或形象的东西是演讲术中最大的修饰。

【38】“但在使词汇丰富多彩时，这些修饰手段并不那么重要，因为这样做就好像把一些模糊的想象置于强烈的光照之下。在所有这些方面，安东尼乌斯是伟大的，他把这些手段综合起来，形成了自己特别优秀的表达方式。如果我们把表达划分为姿势与嗓音，那么他并不谋求用姿势反映话语，而是姿势与思想进程一致；他的双手、肩膀、胸膛、跺脚、身体的摇摆，全都与他的话语和思想保持和谐。他的嗓音能够持续不断，但有点儿沙哑。然而他有独特的技巧能把这个缺点变成优点。因为在希望引起听众怜悯的时候，沙哑的嗓音特别适宜赢得信任和激起同情。以他为例，你们可以看到那条归于德谟斯提尼的格言有多么正确了，有人问德谟斯提尼，演讲术中居于首位的是什么，他回答说‘表达’，居于第二位的是什么，‘表达’，居于第三位的是什么，‘还是表达’。除了表达，没有其他东西能渗入听众的心灵，能够塑造和改变听众的心灵，也没有其他东西可以使演说者成为真正的演说家。

“有人把卢西乌斯·克拉苏和安东尼乌斯算做同一等级的演说家，还有人认为克拉苏地位更高。但是有一件事情所有人的判断都一致，只要雇他们两人中的一人当律师，没有人还需要其他任何人的帮助。在我看来，尽管我把上面已经说过的那些优点都归于安东尼乌斯，但我认为没有谁能够比克拉苏更完美了。他拥有巨大的尊严，与诙谐和机智相结合，没有过分的精明和粗鲁，只有适宜演说家的东西。他的拉丁语是精细的，精挑细选的，但并不影响准确性；在表达和论证方面他的明晰程度令人敬佩；在处理罗马法、天然平等、正义等问题时，他使用了丰富的论证和比喻。

【39】“就像安东尼乌斯拥有难以置信的技巧，能够建立显得极为可能的假设，用以解除听众的顾虑或引起他们的疑心，而在解释、定义、展示平等的内涵等方面，没有人能在思想的丰富性上超过克拉苏。我可以用其他例子来说明这一点，但是我特别想用百人法官团①审讯玛尼乌斯·库里乌斯案为

① 百人法官团（centumvirs）开始是 105 人，后来在凯撒时期增至 180 人，其成员每年改选一次。

例。克拉苏在那里讲得非常好，他反对人们对平等和正义所做的一般解释，这是精通专门法律的昆图斯·斯卡沃拉写下来的，对这一点的解释是整个案子争论的要点，克拉苏引用丰富的论证和先例压倒了他的对手。两位年纪和执政官等级相同的律师处理这个案子，各自从对立的观点出发，坚持这条法律，由此使得克拉苏成了演说家行列中最能干的律师，而使斯卡沃拉成为律师行列中最优秀的演说家。

"说起斯卡沃拉，他曾经非常努力地掌握罗马法或运用天然平等原则的真正意义，努力选择适宜简洁表达这个问题的精确用语。因此在解释、阐发、总体评述方面，他成了最值得我们敬佩的演说家，在这一点上，我从来没有看到有人能做得和他一样好。在放大、修饰、驳斥等方面，他是令人生畏的批评者，而非令人敬佩的演说家。但是让我们返回克拉苏。"

【40】在这里布鲁图评论说："我经常在我的朋友斯卡沃拉家里碰到鲁提留斯，尽管我认为，依据我从盖乌斯·鲁提留斯[①]听说过的内容，我已经恰当地认识了斯卡沃拉，然而我不知道他作为演说家的名声有那么大。我很高兴听到在我们的公共生活中有这样一位如此出色的人物。"

"布鲁图，不要怀疑，我们国家从来没有产生过比这两人才能更加杰出的人。刚才我称他们中一位是律师中最优秀的演说家，一位是演说家中最能干的律师，而他们俩在其他方面的差别就在于你很难决定你喜欢哪一个。克拉苏是讲究者中最俭朴的，斯卡沃拉是俭朴者中最讲究的；克拉苏在和蔼可亲之外有某种严厉，斯卡沃拉除了严厉也并非没有和蔼可亲。你可以按照这个方式继续说下去，不会有尽头，但我担心，要是全部都用这种方式讲会显得虚假，而事实确实如此。布鲁图，按照你们老学园的说法，一切美德在于中庸，这两个人都以中庸为指导原则，但由于他们各自都拥有对方性格中的一部分优点，结果也就使他们变得难解难分了。"

在这一点上，布鲁图应道："根据你所说的，我想我对克拉苏和斯卡沃

---

① 盖乌斯·鲁提留斯（Caius Rutilius），可能是普伯里乌·鲁提留斯·鲁富斯之子。

拉有了很好的认识。以同样的方式，想一想你和塞维乌斯·苏皮西乌[1]吧，我大胆地相信，你们俩也存在着某种类似的关系。”

我问道：“你这是什么意思？”

他说：“因为你似乎把目标定在尽可能多地掌握法律，以适合当一名演说家的需要，而塞维乌斯要尽可能多地获得雄辩的口才，使自己成为一名有准备的法律捍卫者。你们的年纪也相仿，几乎没有什么差别。”

【41】我答道：“关于我自己，没什么要讲的。关于塞维乌斯，你说得很好，但我要把我的想法告诉你。我很难说出有谁能比他更加关注演讲的技艺，胜过关注其他所有学习的科目。作为年轻人，我们都在这里学习修辞学，后来他和我一道去了罗得岛，接受更加完善的专门训练。从那里回来以后，他似乎做了选择，要在第二门技艺中成为一流的，而不要在第一门技艺中成为二流的。事实上，我不敢肯定他是一流的演说家，但他自己也许宁可成为一流的律师，不仅对他所处的时代来说，而且对此前的所有时代来说，他确实实现了这个目标，成为一流的法律大师。”

对此，布鲁图说：“你的意思是说，你把我们的塞维乌斯的地位看得比昆图斯·斯卡沃拉还要高？”

我答道：“是的，布鲁图，我会以这样的方式安排他们的地位，斯卡沃拉，以及其他许多人，也有关于法律的实际知识，但只有塞维乌斯使法律成了一门技艺。要是他没有额外获得那种教导如何把一个整体划分成它的组成部分、指出和限定其潜在内容和含义、解释和弄清晦涩之处的技艺，仅凭获取完整的法律知识，他绝不可能做到这一点。这种技艺首先辨识模糊不清之处，然后加以澄清，简言之，它首先使用一项规则或尺度来判断真假，从而决定从前提中可以得出什么样的结论，得不出什么样的结论。他到处使用这种已经由其他人无系统地堆积在一起的这种技艺，一切技艺之女主人，无论是以表达法律意见的形式，还是在实际审判中。”

① 塞维乌斯·苏皮西乌（Servius Sulpicius），著名律师，公元前 51 年任执政官。

【42】他说：“我想你指的是逻辑的技艺。”

我答道：“没错，但是他把这种技艺与文学知识和精致的演讲风格结合起来，这一点可以从他的作品中看出来，相当独特。为了从事他的职业，他曾潜心向两位最能干的律师学习，卢西乌斯·鲁西留斯·巴尔布斯和盖乌斯·阿奎留斯·伽卢斯。伽卢斯的敏锐和从容不迫，无论在法庭上还是在商议中，他在渗透性和准确性上是卓越的，与巴尔布斯的知识渊博和思考严密相比，他在急速与高效上要胜出一筹。就这样，斯卡沃拉拥有了他们两人都拥有的东西，也得到了他们各自所特有的东西。正如克拉苏的行动比斯卡沃拉更加勇猛——因为斯卡沃拉非常愿意接受克拉苏参与辩护的案子，有他在场，克拉苏不会提出什么意见，克拉苏也不必在意比斯卡沃拉差——所以塞维乌斯明白民法和争论这两门技艺会带来名声和人们的青睐，于是他非常聪明地引导自己在一门技艺上成为最优秀的，并向另一门技艺尽可能多地借用所需要的东西，以保持自己在罗马法方面的荣誉，提高自己作为法律顾问的尊严。”

这时候布鲁图插话说：“我已经可以断定这确实是他的想法，因为最近在萨摩斯岛①，我去向他请教我们祭司团的法律与罗马法有多大联系，我带着极大的兴趣聆听了他对我提的许多问题做出的回答。现在我对已经形成的看法更加自信了，因为得到了你的证词的确证。我也很高兴地注意到，作为官方荣誉相等的人，作为学习和研究技艺上如此接近的邻居，他远离竞争对手关系中常有的贬低和妒忌对方的毒药，与你一道增进了相互尊重，而非阻挠它。因为我知道，他对你抱着同样的敬意和善意，而我发现你对他也一样。我只能对罗马人民如此长时间地被剥夺了他的建议和你的声音而感到悲伤。这件事本身实在是可叹可泣，想到这些作用从某些人手中溜走，我不说转移，那就更加令人感到悲哀了。”

这时候阿提库斯插话说：“我一开始就说过，我们不应当涉及政治。让

---

① 在布鲁图从亚细亚返回雅典的途中，时为公元前47年夏。

我们坚持这条原则。如果我们按这种方式一个个地讲述我们的损失，那么我们永远看不到叹息和抱怨的尽头。”

【43】我答道：“那就让我们继续列举那些还没有提到的演说家。克拉苏的演讲总是充分准备，从容不迫，等待着听众的聆听与关注。他使用的每一句格言都是精心准备过的，因此人们对他的期待也很急迫。他的身体没有剧烈地运动，也没有频繁地跺脚，他的语言是激烈的，有时是愤怒的，带着正义的愤慨，他非常机智但始终保持尊严。最难能可贵的是，他的风格既华美又简洁。最后，在提起和参与争论方面他也是无与伦比的。他几乎出现在各种类型的案例中，很早就得到人们的承认，成为第一流的演说家。当他还是个青年的时候，他就起诉了他那个时候最优秀的演讲者之一，盖乌斯·卡玻。通过这场诉讼，他不仅赢得了才能方面的最高声誉，而且也赢得了巨大的掌声。后来，在27岁的时候，他为信奉灶神[①]的处女李锡尼娅辩护。在这个案子中，他特别雄辩，演讲的某些部分留存下来。在很年轻的时候，他在那旁殖民的问题上选择了迎合民众，努力使自己成为那个殖民地的领导人，而实际上他也进展顺利。他的相关讲演保存到现在，其中的语调显得比他的年龄更为老成。以后他又处理了许多案子。然而，很少有人注意他担任保民官的事情，要不是大肆张扬的格拉纽斯在克拉苏的任期内与他共进晚餐，要不是鲁西留斯两次说到这次晚餐的故事，我们肯定不知道他还当过保民官。”

布鲁图说：“没错，但我同样也想不起曾经听说过斯卡沃拉担任保民官的事情，我想他大概与克拉苏一道担任那个职务。”

我答道：“是的，他们还一道担任过其他职务，但是斯卡沃拉担任保民官要晚一年，当他还在讲坛上担任主持人时，克拉苏敦促他要通过‘塞维留斯法案’(Lex Servilia)。监察官，可以肯定，他是与斯卡沃拉一道担任的，因为当时担任这个职务的没有其他名叫斯卡沃拉的人。我肯定你经常阅读克

---

① 罗马灶神维斯太（Vesta）。

拉苏在那个时候发表的演讲，这一年他 34 岁，当然了，他比我担任监察官的年龄要大。因为他敦促要通过法案时的执政官也就是我出生那年的执政官，而他本人生于昆图斯·凯皮奥和盖乌斯·莱利乌斯担任执政官的时候，他比安东尼乌斯小 3 岁。我准确地确定这个时间是为了有一个标志可以说明拉丁人的演讲在这个时候首次臻于成熟，而现在，拉丁人的演讲显然已经进入最完善的阶段。因此，没有人可以期待再给它增添什么，除非演说家能更好地用哲学、法律、历史装备起来。”

【44】布鲁图说：“我们能找到你说的这种人吗，或者说他已经在这里了？”

我答道：“我无法确定。但还是回过头来，还有一段留存至今的演讲是克拉苏担任执政官期间的，克拉苏代表昆图斯·凯皮奥讲话，这段话是他为凯皮奥辩护的一部分，出于他赞扬的目的这一部分相当长，但整个演说词非常简洁。作为监察官他发表最后一次演讲是在他 48 岁的时候。所有这些演讲都可以说是天然玉成，毫无矫揉造作。连那些成群的和环状的语词，要是我们可以这样理解希腊词‘periodon’（period）的话，在他那里也发生了变化。他的句子是相当紧密的短句，他宁可把语词分成若干部分，或者分成一个整体的组成部分，就好像希腊人称之为 kola[①] 的东西。”

这时候布鲁图插话说：“考虑到你盛赞这两位演说家，我们无法不希望安东尼乌斯除了那篇晦涩的小论文《论修辞学》以外，还写过一些别的东西，而克拉苏也确实写过许多。要是他们能够这样做，那么就等于给他们自己留下了一座所有人都能阅读的丰碑，而对斯卡沃拉来说，通过他留下的演讲词就可以恰当地认识他的演讲的简洁明了。”

我答道：“对我来说，这篇倾向于凯皮奥法案的演讲从我幼年起就像是我的教科书。它维护了元老院的尊严，其中最著名的段落是以元老院的名义宣讲的，它试图激起包括法官和原告在内的这群人的仇恨，而为了抗拒这些

① 用冒号（colons）分开的句子的组成部分。

人的影响，它必须以这种方式讲话，以赢得大众的青睐。在这篇演讲中，有许多话是诚挚的，有许多话是轻松的、迷人的，有许多话是辛辣的，有许多话是机智的、幽默的。他讲的比写的要多，这一点可以从留下来的演讲词的某些标题看出来，因为在这些标题之下没有进一步展开。甚至反对他的监察官同事格奈乌斯·多米提乌的那篇讲话也不是完整的演讲，倒更像是一个目录和稍加扩展的提纲。这是一个证据，因为没有其他与他作对的演说家能够赢得更多的掌声。此外，他采用的令人崇敬的演讲方式适合听众；而安东尼乌斯的方式更适宜法庭，而非公民大会。

【45】“多米提乌也一样，在我们讲到他的时候，我不应当忽视他，尽管他不享有演说家的头衔，然而我认为他有一种天赋的讲话能力，使他能够很好地担任行政官员和执政官。对卢西乌斯·凯留斯我也可以这样说，他十分勤奋，品质高尚，他的口才在处理私人诉讼时适宜援助他的朋友，在处理国家事务时适宜担任元老等级的官员。同一时期还有马库斯·赫瑞纽斯，他只能算做中等水平的演说家，使用一种纯洁的、煞费苦心的拉丁文。然而在执政官选举中，他击败了卢西乌斯·腓力普斯，一位出身最高贵的人，此人由于家世渊源的关系而受到一些行会和祭司团的赞扬，也拥有格外优秀的口才。另一位同时代人盖乌斯·克劳狄，尽管他的出名是由于家族的显贵和社会地位，然而他的演讲才能是中等水平的。大约同一时期还有盖乌斯·提提乌斯，一个骑士等级的人，按照我的判断，他已经达到了任何不熟悉希腊文学，没有长时期实际经验的拉丁演说家所能达到的水平。他的演说词在表达上非常精致，援引丰富的先例和例证，它的用语如此城市化，就好像是用一支阿提卡的笔写成的。他还把同样的文雅带进他的悲剧，这些手法用在戏剧中似乎很聪明，但很难说是悲剧的手法。如你所知，诗人卢西乌斯·阿弗拉尼乌在他真正雄辩的戏剧中努力把提提乌斯刻画成一个狡诈的人。还有昆图斯·鲁伯里乌·瓦罗（元老院把他和盖乌斯·马略一道宣布为公敌），他是一个尖刻的、富有挑衅性的逼迫者，可以算做一名实践型的演说家。我的亲戚马库斯·格拉提狄乌受过完整的希腊文学训练，他是一位天生的演说

家，是马库斯·安东尼乌斯的亲密朋友，在西里西亚担任安东尼乌斯的行政官员，最后在西里西亚送了命。人们之所以想起他是因为他作为马库斯·马略·格拉提狄亚努的父亲对盖乌斯·菲姆利亚提出指控。

【46】“在我们的盟邦和其他拉丁人中也有某些人被敬为演说家，例如马尔西人[①]昆图斯·威提乌斯·威提阿努斯，我本人认识他，他很聪明，经验丰富，讲话十分简洁；索拉[②]的昆图斯·瓦勒留和狄西摩斯·瓦勒留，他们是我的邻居和朋友，他们的口才不如他们对希腊文学和拉丁文学的熟悉程度那么令人敬佩；布隆那的盖乌斯·鲁提凯留，一位训练有素的演说家，很有天赋，从容不迫。这座城市[③]之外的最雄辩的演说家有阿斯库鲁[④]的提多·白图提乌·巴鲁斯，他的演说词有一些保留至今。他在罗马发表的反凯皮奥的演讲非常出名，凯皮奥对此做出的回答是由埃利乌斯写的，他给很多人撰写演说词，但他本人不是演说家。我注意到，较早一代的福莱格赖人拉提乌姆·卢西乌斯·帕皮留斯被认为是最优秀的演讲者，他大约是普伯里乌之子提比略·革拉古的同时代人。我们还有一篇他在元老院发表的演讲，代表福莱格赖人和一般的拉丁殖民城邦的人讲话。”

这时候布鲁图问道：“这些演说家在某种意义上是外国人，你认为他们有什么样的特点？”

我答道：“为什么要这样问，除了我们已经归于我们这座城市的演说家的特点外，没有其他特点了；只有一点例外，他们的演讲缺乏我可以大胆地称做某种城市色彩的东西。”

布鲁图问：“城市色彩是什么意思？”

我答道：“我无法准确地说出来，我只知道这种东西是存在的。布鲁图，只要你去了高卢，你马上就会明白了。你在那里可以听到某些在罗马不流行

---

① 马尔西人（Marsi），居住在意大利中部高原的部族。

② 索拉（Sora），意大利拉丁姆地区的一座城市。

③ 指罗马城。

④ 阿斯库鲁（Asculum），意大利中部城市。

的语词，这些词是罗马人不知道的，也无法用罗马流行的语词来置换。更为重要的是，在我们的演说家的用词和发音中有某种语调符合这座城市的特点，不仅演说家承认这一点，而且其他人也承认这一点。我想起来了，我听普拉珊提亚[①]的提多·廷卡讲过话，一个非常有趣的家伙，他与我的朋友，'呼喊者'昆图斯·格拉纽斯一道进行理智较量。"

"你指的是鲁西留斯讲过多次的那个人吗?"

"是的，就是他。廷卡说话非常有趣，而格拉纽斯用本地话加以转述，完全歪曲了他的原意。然而，我对塞奥弗拉斯特讲的故事并不感到惊讶。他在市场上向一位老婆婆问价，老婆婆告诉了他，然后说：'是的，仁慈的陌生人，价钱不能再低了。'这话使他以为老婆婆察觉出他出生在其他城邦，尽管他在雅典已经住了很长时间，被算做他那个时期的最完善的演说家。以同样的方式，我认为我们的城市演讲者与雅典人相比有一种特殊的口音。但是把话说回来，还是来谈我们城市的演说家。

【47】"当克拉苏和安东尼乌斯是领袖时，卢西乌斯·腓力普斯的地位仅次于他们，但其间有很长间隔。因此，尽管没有人可以声称超过腓力普斯而介于他和最优秀的两位演说家之间，但是我不想把他算做第二流的或第三流的演说家。在马车赛跑比赛中，我不会在优胜者已经获得奖励的时候宣布刚刚越过起跑线的人是第二流的或第三流的；同样在演说家中，我也不会把那个间隔如此之久，几乎不处在同一场比赛中的人称做第二流的。但是不和两位最优秀的演说家相比，腓力普斯有某些性质值得注意。他的语言是出了名的自由、坦率和幽默，在开题方面资源丰富，在阐释中不受约束，敏捷而又流畅；就他那个时代来说，他的希腊学问非常高深，他擅长争论，不乏机智和尖刻。

"几乎与这些人是同时代人的有卢西乌斯·盖留斯，一位不太赞扬自己的演说家，尽管要说出他有什么缺点是困难的。他并非没有接受过演讲训

---

① 普拉珊提亚（Placentia），意大利北部城市。

练，在开题上也不迟钝，对罗马人的先例和例证懂得很多，措辞流畅而又适宜，只是他生活的年代恰逢大演说家涌现的时代。然而，他为他的朋友们提供了非常有用的服务，他的寿命很长，因此他可以与不同时期的演说家接触。与此同时的还有狄西摩斯·布鲁图，我指的是与玛迈库斯一道担任执政官的布鲁图，他在私人诉讼中非常活跃，受过良好的希腊文学和拉丁文学的训练。同样，卢西乌斯·西庇阿也不是一个没有技艺的演说家，塞克斯都之子格乃乌斯·庞培也得到某些尊重。至于他的兄弟塞克斯都，以他出众的才能献身于掌握罗马法、完善的几何学、斯多亚学派的哲学。同样，在法律知识和[1]……在他们之前有马库斯·布鲁图，稍后则有盖乌斯·彼利努斯，一位自学成才者，他有着出色的才能，沿着同样的道路前进而得到人们最大的承认。要不是正好遇上马略连任执政官，以及从他们中间产生候选人的某些限制，他肯定会成为执政官。在没有担任执政官之前，格乃乌斯·屋大维的口才没有得到公认，但后来通过执政期间多次公开演讲，他赢得了民众的最大的青睐。不过，现在还是让我从这些仅仅被算做能干的演讲者返回真正的演说家。”

阿提库斯说：“对，我想是时候了，因为我认为你的目的是列举雄辩的典型，而非勤奋和坚韧的例子。”

【48】我继续说道：“就快乐和聪明能干而言，卢西乌斯之子盖乌斯·朱利乌斯超过他的所有先驱和同时代人。他的演讲完全缺乏力量，但它的幽默、优雅，以及它的一般魅力，是无与伦比的。他的某些演说词保存到现在，从这些演说词，以及从他的悲剧中，我们可以看到他的风格十分平稳，但有点松散。普伯里乌·凯塞古斯是他的同时代人，拥有适宜处理国事的口才。他对演讲有完全的把握和深刻的理解，因此在元老院中他产生了与执政官等级的人相同的影响。在刑事案件中他无所作为，在私人诉讼中他是一名常规的辩护律师。至于（卢克莱修）俄斐拉，他更加适宜公开演讲而不是处

---

① 此处原文有缺失。

理私人事务。在私人诉讼中，昆图斯·卢克莱修·威斯庇罗是审慎的，熟悉法律。维利那部落的提多·安尼乌斯熟知法律，在后一种类型的法律案件中算是一位相当不错的辩护律师。提多·朱文提乌涉及这类案子更多，尽管他反应迟钝，讲话方式相当僵硬，但在反击对手时相当谨慎和能干，他受过演讲训练，人们公认他对民法掌握得很好。普伯里乌·奥庇乌斯是他的学生，年龄和我相仿，在演讲方面没有什么经验，但在民法知识方面决不比他的老师差。至于活了很久的提多·奥菲狄乌努力想要和最后这两位律师一样。他的生活良好，无可指责，但他作为演说家没有什么名气。他的兄弟马库斯·维吉留斯也一样，马库斯是率领民众反对苏拉的保民官，后来指挥过军队（在亚细亚），作为演说家不太出色。然而，他的同事普伯里乌·玛吉乌斯比较健谈。在所有缺乏训练、缺乏风度、相当笨拙的演说家中，或者倒不如说在这一类喧嚣夸张地说话的人中间，我把我们这个等级的昆图斯·塞尔托利乌和骑士等级的盖乌斯·伽格纽斯当做我所知道的最从容不迫、最谨慎的演讲者。卢西乌斯之子提多·朱文提乌是一位轻松流畅的演讲者，他的出身和社会地位都非常高贵，有着公认的才能，但他的仕途没有越过保民官。由于他提出的指控，当选的市政官普伯里乌·塞克提乌斯被判决犯有受贿罪。要不是他的身体多病，他担任的公职还会进一步升迁。

【49】“我非常明白，我已经花费了太多的时间来列举这么多从来没有被人们敬为演说家，实际上也不是演说家的人。你们也许会认为某些更早的名字被我忽略了，而他们更值得赞扬。如果有这种看法，那是由于无知。因为在更早的没有其他记载或他们自己的著述为证的时期，我们有什么可写的呢？但对于那些我本人亲眼见过，听过他们讲话的人，我几乎没有什么遗漏。因为这是我的希望，我想要说明在一个像我们这样古老而伟大、口才能够得到最大奖赏的国家里，所有人都想成为演说者，但大胆尝试的人不多，成功的人更少。对于我将要提到的每一个人，你们可以知道我对他们的看法，谁仅仅是演讲者，谁是演说家。

“大约处于同一时期，但比朱利乌斯要年轻一些的同时代人有盖乌斯·科塔、普伯里乌·苏皮西乌、昆图斯·瓦里乌斯、格乃乌斯·庞波纽斯、盖乌斯·库里奥、卢西乌斯·富菲乌斯、马库斯·德鲁苏斯、普伯里乌·安提司提乌。在我们的历史上，其他时期从来没有产生过如此众多的演说家的后代。按照我的判断和公众的判断，在这些人中间，科塔和苏皮西乌是第一流的。”

在这里阿提库斯插话说：“你说按照你的判断和公众的判断是什么意思？公众与专家对演说家的看法真的能够始终一致吗？或者倒不如说，有些演说家赢得大众的赞同，而另一些演说家适宜由专家来判断？”

我答道：“阿提库斯，你问得好，但你会从我这里得到一个也许任何人都不会接受的回答。”

阿提库斯说：“为什么？只要你能赢得在这里的布鲁图的赞同，你还需要担心公众的一般意见吗？”

我答道：“你说得很对，阿提库斯。讨论评价一名演说家好坏的理由，我宁可赢得你和布鲁图的赞同，但提到我的演讲，我宁可得到公众的赞同。事实上，得到公众赞同的演说家必定也会得到专家的认可。只要我有判断的能力和知识，我就能够判断一个人讲话中的对与错，但一名演说家属于哪种类型只能从他演讲的实际效果来认识。在我看来，有三样事情是演说家应当产生影响的：指导他的听众、给听众提供快乐、激荡他们的情感。演说家要用什么样的能力来产生这些影响，或者他们犯什么样的错误而不能达到预期的效果，或者说这门技艺的大师能够判断的是哪些缺陷和错误，这些是我们要加以讨论的问题。但是，演说家是否成功地使他的听众陷入他所希望的那种情感，只能由大众的认可和民众的批准来判断。至于演说家是好还是坏，专家和普通民众之间决不会产生分歧。

【50】“你能设想，在我上面提到名字的这些人的生平与活动中，民众和专家对他们所属等级的看法不一样吗？如果你曾向任何普通人提出过这样的问题，‘谁是我们国家最伟大的演说家？’那么他可能会在安东尼乌斯和克拉苏之间犹豫，或者有些人说是安东尼乌斯，有些人说是克拉苏。但是会有人

认为腓力普斯比他们更应当算做最伟大的演说家吗？在理论层面上，我把腓力普斯的地位放在仅次于他们的地方，并且有意识地强调了他的魅力、尊严和机智。但肯定没有人会这样看，因为最优秀的演说家是由人民来认可的，这是最优秀的演讲的标志。因此，笛子大师安提格尼达可以很好地对一名受到公众冷落的学生说：‘为我吹一曲，为缪斯吹一曲。’而我宁可对我们在这里的布鲁图说：‘我亲爱的布鲁图，为我吹一曲，为公众吹一曲。’就好像他在面对大量听众讲话。他们会承认这种效果，我会明白其中的原因。一个人听一名实际的演说家讲话，相信了演说家所说的内容，认为它是真的，然后表示赞同，就这样，演说家的话语赢得了信服。先生，你是批评家和专家，你还有什么问题要问吗？听众兴奋了，被他的话语打动了，就好像沐浴在兴奋之中。你在这里还有什么要吹毛求疵的吗？他们一会儿感到欢乐，一会儿感到悲伤，一会儿被感动得欢笑，一会儿被感动得痛哭流涕。听众表现出他们的赞同意见，嘲笑他们厌恶的东西，他们被吸引得感到遗憾、羞耻、后悔，他们被激励得愤怒、困惑、希望、恐惧。演讲者的语言、思想、行为作用于听众的心灵，这些感觉就都涌现出来。还有，我们有什么必要等待某些评论家的裁决？很清楚，大众认可的东西必定也会赢得专家的认可。最后，我们可以把它作为矫正大众判断的一个例子（在此我要重复一下我的看法，民众与评论家或专家之间决不会有任何不同的意见）。存在着大量的风格不同的演说家，但在他们中间决不会有一位演说家不能得到大众的赞同，却能赢得专家的认可。例如，在我们祖辈的时代，人们有过怀疑，要是能够自由选择律师，会有人不选安东尼乌斯或克拉苏吗？还有其他许多可供选择的律师，人们在选择时会在他们俩中间犹豫不决，但不会不选其中一人，而去选择其他人。还有，在我年轻的时候，科塔和霍腾修斯在法庭上，人们要是有自由选择律师的权利，会有人不选他们中的一个而去选择其他人吗？”

【51】这时候布鲁图说：“你为什么要拿他人做例子？在你自己的案例中，我们不是经常看到当事人的选择，以及霍腾修斯自己的判断吗？当他和你一道为那些案子辩护时（我之所以知道这件事，乃是因为你上庭的时候我经常

在场），他总是让你来做总结，这是最容易生效的部分。”

我答道：“是的，没错，我想这是因为他对我非常仁慈，因此格外地把这份荣誉给予我。大众对我的判断是我不知道的，但大众对其他人的看法，我充满自信地肯定，那些被大众算做最优秀演说家的人就是受过训练的评论家最认可的人。德谟斯提尼决不会提到著名诗人安提玛库斯①。因为有一次德谟斯提尼当众朗读这位诗人的著名长诗，读到一半的时候，所有听众都离他而去，只有柏拉图留了下来。他说：‘我要继续这样念下去，对我来说，柏拉图和那成千上万人是一样的。’他说得很对，一篇充满晦涩隐喻的诗歌从本性上说只能得到少数人的赞同，而一篇公开演讲的演说词必须以赢得大众的首肯为目标。如果德谟斯提尼只有柏拉图一个听众，而其他人都抛弃他，那么他连一个词也说不出来。你怎么样，布鲁图？如果所有公众都像对待库里奥一样抛弃你，你还能演讲吗？”

他答道：“我坦率地承认，哪怕只是面对法官团，而不是面对公众，要是被听众抛弃，我无法再讲话。”

我说：“是的，这种情况是无法避免的。举例来说，如果乐器在吹奏时不能发出相应的声音，那么乐师知道这件乐器必须抛弃。同理，大众的耳朵就像演说家手里的乐器，如果它拒绝接受吹进来的气息，或者它们之间的关系就像马匹和缰绳，如果听众不做反应，那么再怎么催促都没有用。

【52】“然而，这里面有一个差别，民众有时候会赞同一位演说家，而这位演说家实际上不配赞扬，这样的认可是在没有比较的情况下做出的。如果有一位中等水平的演说家，甚至一位很差的演说家，与他竞争，而听众仍旧不知道还有更好的演讲，那么听众仍旧会赞同原先的演说家，无论演讲质量如何；哪怕中等水平的演说家也会引起听众的注意，只要他能说出些什么来，因为没有其他什么东西比有序的、精心修饰的演说更能触动人的情感了。

---

① 安提玛库斯（Antimachus），科罗封（Colophon）人，伯罗奔尼撒战争时期的诗人。

“举例来说吧，我前面提到昆图斯·斯卡沃拉为马库斯·科波尼乌斯进行的辩护。普通人在听了他的演讲后会有什么想法？要是他们听到某些更加完善、在某些方面更加吸引人的演说，他们会有所期待吗，或者会认为这是不可能的？斯卡沃拉的目的是证明玛尼乌斯·库里乌斯不能成为继承人（在遗腹子未成年即死去的情况下，他被确定为法定继承人），因为事实上并没有遗腹子出生。斯卡沃拉充分而又准确地引用了法律条文和古代先例，他以这样的方式证明这份遗嘱应当写明若无遗腹子出生，库里乌斯应当成为继承人。要是忽略遗嘱中的准确用语，要是遗嘱的意图要靠猜测来决定，要是能干的律师的解释能够颠倒头脑简单的人写成文字的话语，那么这是给普通人设下的一个圈套。斯卡沃拉还提到他父亲的权威，他的父亲总是坚持严格解释的原则，强调一般情况下要严格遵守祖辈传下来的罗马法！听了他运用丰富的知识娴熟地阐述这些事情，受到他简洁有力的风格的影响，听到他完善修饰过的演说，人们还能期待什么，或者认为还有什么人能说得更好吗？

【53】“然而，克拉苏在进行驳斥时以讲一个男孩奇想的故事开头，这个男孩在海滩上行走时发现了一个桨架脚，于是就产生了自己造一艘船的念头。克拉苏指出，斯卡沃拉也和这个男孩一样，只抓住桨架脚这么一丁点儿事实，就用一条偶然的理由构思这桩继承案，在百人法官团的法庭上起诉。克拉苏从这里开始，再加上其他一系列建议，俘虏了所有在场者的耳朵，使他们的心灵转而考虑另一个比较有趣的案例——这是我已经说过的演说家起作用的三件事情之一。克拉苏敦促说，立遗嘱人的真正意图是：如果他的儿子没有一个能活到可以负起法律责任的年纪——无论他的儿子在他死的时候尚未出生，还是未成年就死去——那么库里乌斯可以成为他的继承人。大部分人都以这种方式写遗嘱，这是一道有效的程序，而且始终有效。用许多类似的论证，克拉苏赢得了信任——这是演说家三大功能中的另一功能。然后，克拉苏转入一般的正义与平等，为维护立遗嘱人的明显意图辩护。他指出所谓语词中隐藏的圈套，不仅在于遗嘱本身，而且在于明显的意图被忽视。要是从今以后除非按照斯卡沃拉的意思去写遗嘱，否则就没有人敢立遗嘱，那么斯

卡沃拉有什么专制权力可以要求人们这样做。提出这些观点以后，克拉苏又表现得非常诚恳，并提供丰富的例证，极为机智地提出许多有趣的比喻，由此赢得了人们的崇敬和首肯，他们似乎已经不可能再提出什么反对意见了。我们的裁判者，从各个等级的官员到平民，他们在听了克拉苏的演讲后都崇拜这位演说家，要是认为他们听了其他演讲之后就会抛弃他们以前的评价，那是荒谬的。但另外，受过训练的评论者听了斯卡沃拉的演讲以后，马上会认为他的演讲不够丰富多彩。然而，要是问你们哪两位演说家是最优秀的，你们会发现，专家的判断与大众的判断毫无疑问是完全一致的。

【54】“那么，受过训练的评论者比未受过训练的评论者高明吗？有些事情很难解释，但却非常重要。要知道哪些东西必定受口才的影响，哪些东西肯定不受口才的影响，哪些事情实际上受口才的影响或不受口才的影响，这肯定是重要的。受过训练的听众对未受过训练的听众也有这种优势，当两名或多名演说家享有民众的喜爱和尊敬时，前者处于识别哪一种风格的演讲是最优秀的这样一种位置。至于不能赢得民众赞同的演讲，也不大可能赢得专家的认同。正如乐师用他们的技艺在竖琴上弹出的声音马上就会被认可，所以演说家作用于听众心灵的技艺可以通过所产生的情感被认可。因此，理智的评论者，不是通过耐心的就座和全神贯注的聆听，而是在此过程中简单的一瞥，就能形成对演说家的正确判断。他看到有的法官在打哈欠，与同事聊天，有时甚至几个人在一起议论，打发人去看时间，要求主审的法官休会。他明白出席这个案子的人中间没有能用话语打动法庭的心灵的演说家，如同乐师之手弹拨琴弦。还有，在此过程中他会注意到法官们也许是警觉的、全神贯注的、急切地想要了解案情，脸上露出赞同的表情，或者被法庭上的演说家的话语吸引，就像小鸟被捕猎者模仿的鸟叫声吸引，或者（他们中的大部分人）被感动地产生遗憾、仇恨，或类似的情感。如果只是匆匆地一瞥所有这些情况，没有听到一个词，他也必定能认出在法庭上讲话的是一位演说家，这位演说家正在恰当地履行他的职责，或者已经完成了。”

【55】对于这种解释，他们俩都表示同意，而我就好像开始一个新的话

题似的继续说道："好吧，既然这场谈话是从科塔和苏皮西乌开始的，我说过，按照他们那个时代的专家和一般民众的评价，他们是最受尊敬的演说家，那么现在我要回过头来考虑他们俩，然后再考虑其他人，就像我前面做过的一样。好演说家有两种类型——我们现在正在考虑的只有好演说家——一类朴素、简洁，一类高雅、丰富。明智和给人印象深刻的演说家当然更好，但这些特点都属于好的范畴，所以这样的演说家是最好的，可以公正地赢得赞扬。但是朴素的演说家一定要提防含糊和贫乏，丰富而又高雅类型的演说家要提防自夸，不要学究气十足。至于科塔，他的开题十分机智，他的措辞纯洁而又多样化，但由于肺活量不足和嗓门不大，他十分聪明地学习献祭般的热烈，以便针对他的身体缺陷来调适他的演讲风格。在他的语言中，一切都是真实的，一切都那么清晰和健康，最主要的是，由于几乎无法希望法官能够被他的热烈所打动（这种资源确实也从来没有人用过），他就运用各种手段来影响他们，像苏皮西乌一样取得同样的结果。

"苏皮西乌确实是我听说过的演说家中风格最高雅的，也可以说最舞台化的。他的嗓门很大，同时又有悦耳的音色，他的姿势和体态格外优雅，但他的风度与其说适合讲坛，不如说适合舞台。他的语速很快，语言流畅而无重复或啰唆。他确定以克拉苏为榜样，而科塔宁可选择安东尼乌斯。但是科塔缺乏安东尼乌斯的力量，苏皮西乌缺乏克拉苏的魅力。"

布鲁图说："这确实是一门神奇的技艺！我们把这两人当做最伟大的演说家，然而他们各自又缺乏某种最重要的素质。"

【56】"是的，但他们俩都有一件事情值得注意，演说家可以都是最优秀的，但他们之间却可以是不同的。无人能像苏皮西乌与科塔之间那么不相似，然而他们俩都远远地超过了他们同时代的人。因此，注意每个学生的天然倾向，因势利导，这是有鉴别能力的教师的事，就像伊索克拉底似的，他有两个学生，塞奥波普易怒，厄福鲁斯温和，对其中之一他使用缰绳，对另一个他使用马刺。现在流传的苏皮西乌的演说词据说是在他死后由我的同时代人普伯里乌·坎努提乌撰写的，按我的判断，此人乃元老院议员等级的人

以外的最有能力的演说家。苏皮西乌自己撰写的演说词没能保留下来。我常听人说，他实际上从来没有养成写作的习惯，因此要想找到他的演说词是不可能的。那篇题为‘科塔的自我申辩——按瓦里乌斯法受到的指控’是应科塔之请，由卢西乌斯·埃利乌斯撰写的。这位埃利乌斯从各方面来看，都是一个不平凡的人、一位品德高尚的罗马骑士。他广泛阅读了希腊文学和拉丁文学，同时研究了我们所有早期文献，无论是事实记载，还是各种发现和论述罗马人的起源，由此成了一名公认的学者。在这个知识领域中，我们的朋友瓦罗有着最强的能力和最渊博的知识，他向埃利乌斯学习，并通过自己的研究加以扩大，在著作的数量和重要性上都超过了埃利乌斯。此外，埃利乌斯也是一位自认的斯多亚学派，他没有成为一名演说家的雄心，事实上也从来不是。然而，他撰写演说词供别人使用，例如为昆图斯·麦特鲁斯……[①]之子，撰写演说词，为昆图斯·凯皮奥撰写演说词，为昆图斯·庞培·鲁富斯撰写演说词，尽管后者也写过演说词为自己辩护，但并非没有得到埃利乌斯的帮助。我知道这些事，因为我对这些文章很熟悉，年轻时我去过埃利乌斯家，我抱着极大的热情遵循他的教导。科塔本人作为一名伟大的演说家并非没有品位，我感到奇怪的是科塔怎么会愿意让人们把埃利乌斯那些微不足道的演讲词误认为是科塔的。

【57】“除了科塔和苏皮西乌，他们这一辈人中间没有第三个可以算做这个等级的演说家。事实上，在这些最重要的案例中，除了我上面已经讲到过的这些人以外，没有其他人的地位，因为人们总是希望安东尼乌斯能担任律师，而他也总是接受案子；克拉苏有点爱挑剔，但也还是接受案子。那些无法聘请他们担任律师的人一般去请腓力普斯和凯撒，（在他们之后）则有科塔和苏皮西乌。因此，所有比较重要的案子都是由这六位律师来处理的。那个时候要上法庭的案子没有我们现在这么多，也不像我们现在习惯于一个案子请几名律师——这是一种最危险的实践。我们要对那些自己没有听到过

① 此处原文有缺失。

的抗辩做出回答，在抗辩中讲的是一回事，而到了我们耳朵里就变样了。再说，在我看来，亲眼看到我的对手如何自信地极力主张一件事情是重要的，而每件事情又是如何被接受的最为重要。辩护必须完整，当一位演讲者已经做了结论的时候，还要让案子从头再来一遍是最可恶的。所有案子都有一个天然的开始和结尾，论证的其他部分作为整体的组成部分得到恰当的安排，自然会有它们的分量和意义。在一篇很长的演讲中，同一位演讲者要避免前后不一致尚且不易，后一位的律师要防止前一位律师演讲中的前后不一之处更加困难。但由于处理整个案子，而不是处理其中一小部分，需要耗费很多劳动，由于你承担的任务就像是在有限的时间里代表几位当事人说话，因此我们可以高兴地接受这种办法。

【58】“然而有些人认为，库里奥是那个时代第三位优秀的演说家，排在科塔和苏皮西乌之后，这也许是因为他擅长措词，拉丁文也不错，接受过这方面的训练，这无疑得益于他在家里受到的教育，他也绝对不是没有受过文学或理论训练的。平时在家里与哪些人讲话确实会造成巨大的差异，比如从小在家里习惯与父母讲话还是和保姆讲话。我们读过革拉古的母亲高奈莉娅的书信，它们清楚地表明她在语言方面对儿子的培养不亚于用乳汁哺育他们。我不止一次幸运地听到过盖乌斯之女莱利娅讲话，她谨慎的用语显然带有她父亲的讲话的痕迹，我也和她的两个女儿缪西娅讲过话，以及听她的两个孙女儿李锡尼娅讲过话；[①] 其中有一位孙女儿就是西庇阿之妻，我想，布鲁图，你可能也听过她讲话。”

布鲁图说：“是的，非常荣幸，更因为她是卢西乌斯·克拉苏之女。”

我说：“你对这位李锡尼娅之子克拉苏的判断是什么？他由于被收养而拥有克拉苏之名，这是他的祖父、演说家克拉苏的意愿？”

他答道：“他的名声很好，能力出众，她的另一个儿子西庇阿[②] 是我的同

① 这句话中提到的缪西娅和李锡尼娅均为父名，阴性词尾。

② 全名昆图斯·凯西留斯·麦特鲁斯·庇乌斯·西庇阿（Quintus Caecilius Metellus Pius Scipio），与布鲁图同为祭司团祭司，公元前 52 年担任执政官。

事，在我看来他是一位杰出的演讲者，无论是私人场合还是公共演讲。”

我说：“布鲁图，你的评价很对，原因是他的血管里流淌着他母亲的智慧，流淌着他的祖父西庇阿和外祖父克拉苏的智慧，关于他们我已经讲过了，还流淌着三位曾祖父的智慧：昆图斯·麦特鲁斯，他的四个儿子都很出名；普伯里乌·西庇阿，他以一介公民的身份把这个国家从提比略·革拉古的统治下解放出来；占卜官昆图斯·斯卡沃拉，他被敬为法律方面最博学的人，同时又是一位相貌最仁慈的人。提到他的两个曾孙女，普伯里乌·西庇阿的名字该有多么尊贵，他曾经两次担任执政官，还拥有考库鲁斯这个族名，此外还拥有最聪明的盖乌斯·莱利乌斯的名字！”

布鲁图说：“确实无比高贵，在一棵树上你可以看到许多嫁接的果实，在这个家庭里，你可以看到许多祖先的智慧嫁接在一起，成为这个家庭的一部分。”

【59】“我想是的，所以按照比较大小的方式，尽管库里奥是一个孤儿，但他已经习惯了讲纯粹的方言，这是他在家中受父辈的讲话规矩所致。我倾向于这种看法，更多的是因为在我知道的各个等级的所有演说家中，我不知道还有谁像他一样完全没有老师的教导，不懂任何一门学问，不知道有哪些诗人，没有读过演说家的演说词，没有学过历史知识，也不熟悉公共法律，无论是私法还是民法。这个缺陷确实在其他演说家那里也可以看到，有些还是大演说家，比如苏皮西乌和安东尼乌斯。他们已经注意到自己确实在这些学问上没有得到充分的训练，但他们全都具有这样一种素质，即彻底地掌握了讲话的技艺。现在，众所周知，这门技艺由五个部分组成，任何人在这些部分中都不会完全无能，因为他要是在哪个部分无能，他就不能成为演说家。然而有可能一个人在某个部分表现出杰出的能力，另一个人在另一个部分表现出杰出的能力。因此我们看到，安东尼乌斯从容不迫地讲必须说的话，知道如何开头，如何安排各部分内容，把整个计划牢牢地记在心里，但他最有特色的地方是他演讲时的动作。在这些方面，他有些地方与克拉苏相同，有些地方比克拉苏强，而克拉苏最强的地方是他的语言。对于苏皮西

乌、科塔，以及其他任何好的演说家，我们都不能说他们中的某一位完全、绝对缺乏这五个部分。

【60】“就库里奥来说，我们可以得出的真实结论是，没有哪个演说家能像他一样，仅凭措词的优雅和丰富就赢得如此众多的赞扬，因为就开题来说他是迟钝的，而在排列方面他是混乱的。还有两点，演讲时的动作和记忆力，在这两方面他都会引起听众的嘲笑。他演讲时的动作用凯撒[①]的一句话就可以说明，当库里奥在那里左右摇晃他的整个身体时，凯撒问道：‘那个站在小船上讲话的家伙是谁？’还有格乃乌斯·西基纽斯，一个粗俗而又喜欢嘻闹的人，他唯一拥有的演说家的素质就是开玩笑。他担任保民官的时候有一次去见执政官库里奥和屋大维，库里奥在那里大声说话，而他的同事屋大维扎着绷带坐在那里，有一名医奴在为他医治痛风病。西基纽斯转过身去对屋大维说：‘屋大维，你应该好好地向你的同事表示感谢，要是他在路上没有把这些蝇子惊起来，那么它们肯定当场在那里就把你给活生生地吃了。’至于记忆力，他完全缺乏。当他说自己要讲三点意见的时候，他会加上第四点，或者是没有第三点。还有，在一场极为重要的私人诉讼中，由我代表科塔的当事人提提尼娅抗辩，结束以后由他代表塞维乌斯·奈维乌斯进行反驳，但他突然把整个案情都忘了，只能解释说提提尼娅的毒药和符咒是事情的原因。这类事情是记忆力衰弱的明证。但比这更糟糕的是，他甚至忘了他以前写过的作品中的内容，就好像在那篇对话中，他把自己说成是离开由凯撒以执政官的身份召集的元老院会议，去和我的年轻朋友潘莎和他自己的儿子库里奥谈话。整个对话的开头是他的儿子问，元老院处理哪些事情，在谈话过程中，库里奥详细地抨击凯撒，然后讨论就以对话的方式在对话者之间产生。而在由担任执政官的凯撒召集的元老院会议休会的时候，他开始批评

① 全名盖乌斯·朱利乌斯·凯撒·斯特拉波（Gaius Julius Caesar Strabo），与独裁者凯撒的关系不清。

这位凯撒一年以后以及在往后的数年中在高卢采取的行政措施。”①

【61】这时候布鲁图表达了他的惊讶。他说：“他的记忆力真的坏到这种地步，甚至连重读一遍已经写好的东西都看不出自己犯了什么大错吗？”

我答道：“是的，还有什么能比这样做更愚蠢，他的目的要对某些事情进行批评，但他又不把对话场景设在已经过去的相关事件的时间里。更加愚蠢的是，他在同一对话中完全混乱不堪，在凯撒执政期间他从来没有靠近过元老院，而又说自己在凯撒当政时离开元老院的会场。要是一个人的心灵记忆能力如此脆弱，这种能力是他的理智的其他部分的保管者，甚至在一部书面作品中都想不起自己在前面说过些什么，那么正是由于这个小小的原因，他在即席讲话中经常失忆。由此带来的后果就是，尽管他有着广泛的联系，而且也热衷于演讲，但很少有案子交到他的手里。还有，作为一名演说家，由于他精美的措词、大胆而又从容不迫的风度、流利的语言，他的同时代人把他算做次一等的演说家，这是我已经说过的。因此，尽管他有缺点，但我认为他的演说词还是值得一读。它们确实有点缺乏活力，但可以增强或在某种意义上滋养我们的优秀品质，我们承认他中等水平地拥有这些品质。这一点确实如此重要，仅凭这一点而无须其他优点，足以使库里奥成为某种演说家。不过，还是让我回到我的主题上来。

【62】“属于那个时代同一群体的还有盖乌斯·卡玻，那位伟大的演说家卡玻之子，他并不是一位非常激烈的演讲者，但被算做演说家。他的措词是庄严的，语速很快，整个风格具有某种天然的权威性。昆图斯·瓦里乌斯在开题方面更有渗透力，在措词方面也不弱。至于行为的活力和激烈程度，以及在措词上也并不贫乏的，要数格乃乌斯·庞波纽斯，你们可以大胆地称他为真正的演说家，他用他肺部力量战斗，激励他的听众，尖锐而又娴熟地讽刺各种罪恶。卢西乌斯·富菲乌斯比他们差多了，然而他由于指控玛尼乌

① 对话的场景设在凯撒担任执政官的公元前59年，但在对话中涉及的事件暗喻后来发生的事情。

斯·阿奎留斯而赢得了勤奋的美名。至于你的大伯马库斯·德鲁苏斯，他是一位重量级的演说家，在公开的演讲中无所不谈；卢西乌斯·卢库鲁斯也是一个敏锐的人；还有你的父亲布鲁图，在公法和私法方面学问渊博；格乃乌斯之子马库斯·卢库鲁斯，他的权威和话语激励参加公民大会的人们投票废除了盖乌斯·革拉古的粮食法；马库斯之子格乃乌斯·屋大维、马库斯·加图（老加图）、小昆图斯·卡图鲁斯，他们全都使我们撤离前线，也就是撤离法庭实践，与他们一道驻扎在国家的边防站，在这里他们有资格进行恰当的防卫。昆图斯·凯皮奥要不是对骑士等级过分热心而被元老院抛弃，那么我会认为他也属于这个边防站。

“我承认，格乃乌斯·卡玻、马库斯·马略，以及其他几位相同类型的人，配不上精挑细选的听众的耳朵，但很适宜喧哗的公民大会。关于这样一类演讲者（打乱一下列举的年代次序），卢西乌斯·昆克修斯是最近的一个榜样。同样，帕里卡努更加适合那些无知者的嗜好。由于我已经开始讲述这一类演讲者，而当时所有激进者都在沿着革拉古的道路前进，所以在他们中间，卢西乌斯·阿普莱乌斯·萨图尼努斯似乎是最优秀的演讲者，尽管他想要用某些外在的手段，比如他的行为，甚至他的衣着，来征服听众，而不是依靠表述的真实能力或嗓音，在这方面他的天赋并不差。盖乌斯·塞维留斯·格劳西亚在人们的记忆中是最厚颜无耻的鼓动家，但他非常谨慎和能干，擅长讲笑话。他从最底层做起，无论是环境还是品格，当他还是执法官的时候，他就被提名担任执政官，因为他有大量的支持者，骑士等级通过他的法律得到好处。然而依据马略和福拉库斯担任执政官时制定的国家法令，他在执法官任上被处死，同一天被处死的还有保官官萨图尼努斯。他这个人就像雅典人叙佩伯鲁斯[①]，古阿提卡的喜剧描述了叙佩伯鲁斯可耻的蛊惑民心的宣传。塞克斯都·提提乌斯是这两人的门生，讲起话来滔滔不绝，也不

① 叙佩伯鲁斯（Hyperbolus），伯罗奔尼撒战争时期雅典著名政客，公元前 411 年死于萨摩斯。

乏敏锐的眼光，但由于他过于健谈和相貌柔弱，因此后来有一种流行的舞蹈也被称做‘提提乌斯舞’。这表明行为和言语风格通过模仿会变得荒谬，这必须注意，是要加以避免的。我讲着讲着就回到了较早的时代，现在让我们再返回已经提到过的那个时期。

【63】“与苏皮西乌时代相连的是普伯里乌·安提司提乌，他是一名讼棍，但不乏才能，经过多年的默默无闻，受到轻视，甚至受到嘲笑，他终于在担任保民官的时候通过公正地指控盖乌斯·朱利乌斯担任执政官候选人的不合法而成功地赢得了名声。这件事值得多加关注，因为当时他的同事，著名的苏皮西乌，也参与了这个案子，而安提司提乌的论证更加充分，更有说服力。他从保民官的职务上卸任之后，开始有许多案子请他经手，慢慢地几乎所有种类的案子都请他处理。他敏锐地发现争论的焦点，安排他的论证，记忆力很强。他的用语不那么精致，但也不那么平凡。他的风格是大方的、流畅的，整个语调有某种城市人的腔调。他的嗓音有缺陷，在行为举止上过分强调个人特色，有某种个人的怪癖。随着卢西乌斯·苏拉的离去和返回，这个国家变得无法无天，而他的兴盛期也就结束了。由于这个原因，他赢得了更多的青睐，因为罗马广场上的论坛已经荒芜。苏皮西乌倒下了，科塔和库里奥不在城里，除了卡玻和庞波纽斯以外，没有其他鼓动家还活着，要超过他们俩对他来说是轻而易举的。

【64】“比较年轻的一代人当中，与他最接近的对手是卢西乌斯·西森纳，他受过学术训练，热心各门学问，讲纯洁的拉丁语，熟悉国家事务，富有智慧，但在法庭上他不很努力，也没有适用的经验。处于霍腾修斯时代和苏皮西乌时代之间，他没有能够成功地超越前辈，在后辈面前也不得不屈服。从他撰写的历史最能看出他的能力，在这个方面他超过他所有的前辈，然而这也表明这类作品距离完善还有多远，用拉丁文撰写历史还需要进一步成熟。至于年轻的天才昆图斯·霍腾修斯，就像斐狄亚斯的雕像，我们只需要带着赞扬的目光欣赏它就可以了。

“霍腾修斯在卢西乌斯·克拉苏和昆图斯·斯卡沃拉担任执政官时开始

他的公共生涯，当着这些执政官的面，他作为主持事务的官员，不仅赢得所有在场者的赞同，而且赢得执政官本人的赞同，他们的判断能力远远超过其他听众。而霍腾修斯当时只有19岁。他死于卢西乌斯·保卢斯和盖乌斯·马尔采鲁斯担任执政官那一年。我们看到，他作为鼓动者的生涯延续了44年。关于他作为演说家的特点我现在要多说一些。我在这里的目的是把他的名字和演讲的时间塞入他接触过的不同代际、不同等级的演说家之间。对于寿命很长的人，把他们一生的活动与比他们老得多的人和比他们年轻得多的人相比是不可避免的。因此，举例来说，阿西乌斯告诉我们，他和巴库维乌斯在同一位市政官的指导下各自创作一部剧本，巴库维乌斯当时80岁了，而他自己30岁。以同样的方式，霍腾修斯不仅与他的同时代人相联系，而且与我和你布鲁图的时代相联系，与比他自己的时代更早的时代相联系。因为他在克拉苏还活着的时候就已经开始演讲，而在安东尼乌斯还活着的时候获得了更大的成功。在为格乃乌斯·庞培的财产提出诉讼时，尽管他那时还是个年轻人，但他与腓力普斯一道，担任主要发言人，而腓力普斯那时候已经是个老人了。他要进入被我放在苏皮西乌时期的演说家行列是很容易得到承认的。他自己的同时代人则有马库斯·庇索、马库斯·克拉苏、格乃乌斯·伦图卢斯、普伯里乌·伦图卢斯·苏腊，在这些人中间他拥有公认的最高地位。他和我也有接触，是在我年轻的时候，我比他小8岁，有许多年我们是竞争同一奖项的对手，最后，在他临终前不久，就像我代表许多人与他有联系一样，他与你有了交往，你代表阿庇乌斯·克劳狄。

【65】“你瞧，布鲁图，我以这种方式一直讲到你，而在我和你开始演讲之间穿插着多少演说家啊！然而，对这些人，我确定的目标是在我们的讨论中不提那些仍旧活着的人，免得你对我的具体判断提出太多疑问，所以我只提那些已经死去了的演说家的名字。”

布鲁图说：“你确定的不提那些仍旧还活着的演说家的理由不是真正的理由。”

我问道：“那么你认为真正的理由是什么呢？”

他答道："我怀疑，你担心我们之间的讨论会泄露出去，而你没有提到名字的那些人的情感会受到伤害。"

"你就不能保守秘密吗？"

"我们当然可以保守秘密，而且可以做得很好，但我仍旧怀疑你宁可保留自己的意见，而不是冒着泄密的危险要我们保持沉默。"

"好吧，我要坦率地告诉你，我从来没有想过要一直讲到我们的时代。但是随着我们的讨论逐个时期往下讲，结果就违背了我的意愿，现在我甚至讲到了比我还要年轻的人。"

布鲁图说："这样很好，现在你可以随意点出你要讲的人，然后返回你自己和霍腾修斯。"

我答道："讲讲霍腾修斯，那是可以的，至于我自己，还是留给其他人来讲吧。"

他说："不行，尽管你已经讲过的事情对我来说都是最感兴趣的，但它开始显得有点琐碎和冗长了，因为我急不可耐地想要听你说说你自己。我指的不是你在演讲方面的成绩，对此我知道得很清楚，其他人也一样，而是非常急切地想要知道你在发展自己的演讲能力时的步骤。"

我说："我要尽量满足你的愿望，因为你的要求不是要我宣传自己的天才，而只是要我讲一讲自己的勤奋。然而，要是你不介意，我要先提到其他一些人，从霍腾修斯的同时代人马库斯·克拉苏开始。

【66】"只受过中等的修辞学训练，甚至只拥有较少的天赋，然而通过艰苦的工作和实践，尤其是通过精心发挥个人影响来确保诉讼成功，马库斯·克拉苏许多年来一直是活跃在法庭上的主要律师之一。他的演讲特点是使用纯粹的拉丁语，他的措辞既不庸俗也不平凡，内容排列有序，但是缺乏装饰性的花朵和光彩。他的思想是鲜活的，但嗓音不佳，表述呆板，几乎讲述每件事情都是一个样子。至于他的同时代人和对手盖乌斯·菲姆利亚，他在很长一段时间内都没能成功地崭露头角，尽管他的措辞并不坏，但他不管讲什么事情都高声叫喊，并使用了一些激烈的言辞，因此人们认为他是演说

家中的疯子。格乃乌斯·伦图卢斯比较受人欢迎，主要通过他的表达而非他的实际担保能力。他实际上并不敏锐，尽管他的举止使人以为他很敏锐，他的语言也不够丰富，但他还是给人留下了这样的印象。通过有效地使用停顿、突然叫喊，洪亮悦耳的嗓音、热情的表达，他赢得了人们的青睐，而他缺乏的素质几乎都被人们忽视了。因此，就像库里奥仅凭丰富的措词，此外并无其他优秀素质，忝在演说家之列，所以伦图卢斯凭借卓越的表达遮掩了其他素质的低下。以一种差别不大的方式，普伯里乌·伦图卢斯以他相貌的庄严掩盖了思想和语言的迟钝，他的举止非常文雅，他的嗓音洪亮悦耳，除了表达能力以外他什么也不缺，但他的其他所有能力都比前面那位伦图卢斯差。

【67】“无论马库斯·庇索拥有什么样的杰出才能，那都是训练的结果，在他之前的所有人没有一个比他更熟悉希腊人的学问。他生性敏锐，经过训练之后进一步得到增强，他的讲话表明他是审慎的，能够坚持术语的严格用法，但口气经常过于严厉，因而显得有些吹毛求疵，有时候像是在耍小聪明。与赛跑相比，他不能长期坚持论坛上的辛劳，部分原因是他体力不足，部分原因是他无法容忍人们的无能和愚蠢，而这是我们律师必须容忍的。这些东西激起了他的愤怒，使他无法再忍受，无论这是由于他的乖僻性格，如人们所相信的那样，还是由于过分在意听众的反应和厌恶。在获得了青年时代的成功以后，他一度不再受人重视，然后又由于在信奉灶神维斯太的处女案中获得成功而声名鹊起。从那时起，如同重新参加赛跑一样，他一直保持着他的领先地位，只要他还能忍受辛劳。再往后，随着他的松懈，不再努力，他的名声就衰落了。普伯里乌·穆瑞纳只具有中等的演讲才能，他是一位伟大的历史学者，醉心于文学，在这方面很有学问，他多才多艺，辛勤地劳动着。盖乌斯·山索里努斯接受过很好的希腊人的训练，他的表述流畅，用词文雅，但是他懒惰成性，痛恨讲坛。卢西乌斯·图里乌斯能力不强，但十分努力，凭着掌握了的某些技艺，他经常进行演讲。由于努力的结果，他竞选执政官，只差几票就可当选。盖乌斯·玛凯尔的一生在人品和立场上都

有缺憾，但作为律师他几乎是最活跃的。要是他的生活、人品、甚至他的面孔，没有抵消他掌握了的才能，那么他作为律师的名声会大得多。他的语言并不丰富，但也不贫乏，说不上精美，但也不算粗鲁。他的嗓音、姿势，以至于他的整个表达都不乏魅力，但在开题和排列上格外用心，我看不到有谁能在这些方面超过他，不过你会视之为常规的机智，而不是真正的演讲。尽管他在刑事案中赢得承认，但他在民法案中的地位更高。

【68】“然后是盖乌斯·庇索，他是一名稳重的演说家，属于温和类型。他的演讲完全是谈话式的，在开题上决不迟钝，而在姿势和表述上给人以比实际更加勇猛的印象。至于他的同时代人玛尼乌斯·格拉里奥，懒惰和疏忽大意耽误了他的职业生涯，尽管在他的祖父斯卡沃拉手中，他得到过精心培养。卢西乌斯·托夸图斯是一名说话清晰的演讲者，他的批评意见十分准确，各方面都像是一名完善的城里人。我的同时代人格乃乌斯·庞培生来注定要出人头地，要不是想在军事生涯中赢得更大的荣耀，他肯定会在演讲中取得更大的成就。他的语言是高雅的，对争论的焦点问题有很好的判断力和洞察力，主要由于良好的嗓音和相貌堂堂而使他的表达十分吸引人。布鲁图，我的另一位同时代人狄西摩斯·西拉努斯是你的继父，他缺乏实际应用，但拥有良好的理智和恰当的演讲技艺。奥鲁斯之子，昆图斯·庞培，也被称做‘庇提尼亚人’，他也许比我大两岁，雄心勃勃地想要成为一名优秀的演说家，他接受过全面的训练，难以置信地努力工作。我知道这些情况，因为他与我关系密切，和马库斯·庇索也是朋友，我们一起学习修辞学和练习演讲。他的风格堪称圆满，他的表达稍逊于他的风格，但也并非没有魅力。普伯里乌·奥洛尼乌的年纪也和他差不多，他声音洪亮，但其他就没有什么可赞扬的了。莱亚特[1]的卢西乌斯·屋大维年纪轻轻就死了，尽管他那时已经办过许多案子，但他的作为在于大胆，而非精心准备。那个时期还有盖乌斯·斯塔厄努斯，他自己愿意被人收养，过继给一位名叫斯塔厄努斯的

[1] 莱亚特（Reate），位于罗马东北部的一个小镇。

人，从而使他又有了埃利乌斯这个名字。他养成一种强烈的、躁动不安的、近乎疯狂的演讲风格，然而有许多人喜欢这种风格，要是他没有犯下大罪被当众抓获，受到法律的审判和惩罚，那么他会得到更高的荣耀。

【69】“属于同一时期的有盖乌斯·凯帕西乌和卢西乌斯·凯帕西乌兄弟俩。尽管他们是默默无闻的新来者，但是通过不懈的努力，很快就升到财务官等级。他们的讲话风格带有行省的特点，不讲究形式。请允许我在他们之上再加上盖乌斯·科司科尼乌·卡利狄阿努，无论忘了谁也不能忘了他，尽管没有什么思想，但他滔滔不绝的演讲很有吸引力，民众蜂拥而至，前来听他讲话，为他的演讲鼓掌叫好。昆图斯·阿琉斯充当马库斯·克拉苏的副手，他的所作所为与克拉苏差不多。他对我们城里每个侍奉几位主人的人来说都是一个很好的教训。他伺机而动，使自己对主人有用，无论是为他们的政治野心服务，还是为他们进行法律辩护。通过这样的策略，阿琉斯尽管出身卑微，但还是取得了高位、财富和青睐。他尽管没有接受过什么训练，缺乏能力，但还是被承认为律师。然而就像没有接受过充分训练、缺乏经验的拳击手一样，尽管在摘取奥林匹克赛会桂冠的欲望支持下，他们可以挺立在那里抗击拳头和打击，然而经常抗不住正午的太阳；以同样的方式，阿琉斯虽然尽了最大的努力，成功地经受了政局的动荡，但却无法在后来严格的法庭规矩中生存，这是他的正午的太阳。”

这时候阿提库斯插话说：“你提到的演说家越来越差，有好一会儿了。无论我怎么克制自己，但我确实认为你不应该提到斯塔厄努斯和奥洛尼乌这样的人。”

“我想你也不会认为我有想要讨好谁的欲望，把标准越降越低。但不管怎么说，我要提到的是那些已经死去的人，按照年代顺序，提到我的这些熟人和同时代人是不可避免的。此外，我要说明，尽管我要提到所有大胆公开演讲的人，但他们中间很少有人值得纪念，而那些赢得演说家名声的人无论如何不算多。所以，让我还是返回原处，继续按原计划往下讲。

【70】“提多·托夸图斯，提多之子，在罗得岛的摩洛的学校里接受过全

面的训练，拥有轻松流畅地讲话的天赋，要不是受到竞选法的影响，他能当上执政官。但是他演讲的能力大于他的雄心，结果就使他从来没有在政治上过分用心。然而，他从不缺乏处理案子的热情，也并非不胜任在元老院里发表意见。还有马库斯·彭提丢斯，我的同乡①，他在许多私人诉讼中非常活跃，讲话很快，提出指控时不迟钝，虽然说‘不迟钝’很难准确地描述他，因为他会勃然大怒，不仅冲着对手发火，而且更重要的是冲着法官发火，而法官正是演说家要竭力赢得他的好感的人。比我年轻一些的马库斯·美萨拉不乏能力，但他的措词没有什么大的特点。作为律师，他表现得明智、谨慎、勤奋、热心，努力掌握和安排他的演讲，也处理过许多案子。两位麦特鲁斯，凯莱尔和涅波斯②，尽管不参加私人诉讼，但并不缺乏才能或训练，他们俩都养成了一种适宜在公民大会上演讲的讲话风格。格乃乌斯·伦图卢斯·马凯利努斯也总被认为是一名有能力的演讲者，在担任执政官期间，他给人留下了极为雄辩的印象；他的思想并不迟钝，语言也不贫乏，有着洪亮的嗓音，也相当机智。盖乌斯·美米乌斯，卢西乌斯之子，受过良好的文学训练，但仅仅是希腊文学，因为他轻视拉丁文学，是一位非常坦率的演说家，他的措词令人喜悦，但不乐意辛辛苦苦地讲话，甚至不乐意辛辛苦苦地思考。由于放松努力，因此他的技艺也就衰退了。”

【71】这时候布鲁图评论说：“我多么希望你能谈谈现在的演说家，如果不谈别人，至少谈谈凯撒和马尔采鲁斯，我知道你敬重他们。我乐意听到他们的事迹，就像我乐意听那些已经不再活着的人的事迹一样。”

我答道：“但是请你告诉我理由，你为什么要期待我对这些你我都熟悉的人做判断呢？”

他答道：“没错，但仅就马尔采鲁斯而言，不包括凯撒。我经常听人们谈论马尔采鲁斯，但从我有判断能力开始，凯撒已经离开了罗马。”

---

① 指阿尔皮诺（Arpinum），西塞罗的出生地。

② 即凯莱尔·麦特鲁斯（Celer Metellus）和涅波斯·麦特鲁斯（Nepos Metellus）。

“好吧，你对听过他演讲的这个人怎么看?”

他答道：“他命中注定要成为可以与你相提并论的人，此外我还能有什么看法?”

“要真是这样的话，那么我确实希望他尽可能使你快乐。”

布鲁图说：“我是这个意思，他的演讲确实使我很快乐，我也有理由快乐，因为他努力学习，献身于这个目标，甚至排斥其他目标，通过不懈地努力，他保持着演说家的最高水平。他的用语精挑细选，他的思想丰富多彩，这都是他努力的结果。他的风格也散发出魅力，此外还有优美的嗓音和庄严的行为举止。所有这些他都把握得出神入化，使我感到他不缺乏演说家的任何素质。我敬重他的理由更多的是因为在我们这个时代，命运的邪恶之手已经触及我们所有人，而他坚定地忠诚于国家，在学术研究中寻求乐趣，借此有了安慰。不久前，我在米提利尼看见他，我的意思是，我在那里看见了一个真正的男子汉。在我还没有认出他的讲话风格与你相似之前，我已经乐意接受博学的克拉提普的教诲（据我所知，他也是你的好朋友），在我看来克拉提普的讲话风格似乎更像你。”

我答道：“听你赞扬这个好人，这位亲爱的朋友，真是一件令人高兴的事，但你这样做也会使我回想起我们共同的不幸。这可能也是我们的讨论拖得那么长的一个原因。所以还是回到凯撒这里来，我想听听阿提库斯对他的看法。”

【72】布鲁图说：“你说得很清楚，你不想谈论现在还活着的人，这一点必须坚持到底。确实，要是像谈论已经死去的演说家一样，一个不漏地谈论现在还活着的人，那么你肯定会提到许许多多的斯塔厄努斯和奥洛尼乌。然而，无论你的目的是避免提到当前这伙律师，还是害怕受到那些被忽略的或者考虑不足的人的抱怨，你都已经提到了凯撒。他确实像你所判断的那样是一个天才，十分完美，非常出名，你清楚地知道他关注些什么。”

阿提库斯插话说：“布鲁图，就算如此吧。我对凯撒的判断是——我不止一次地听我们在这里的这位具有充分判断力的朋友确认——在我们所有演说家中，他的拉丁语是最纯粹的。但他也有家庭遗传的因素，就像我们前不久听到的莱利乌斯和穆西乌斯。我们可以把这一点作为一个重要影响接受下来，但他通过勤奋学习一种秘传的发音方法，终于使他的语言臻于完美与正确。此外，他最吸引人的活动还包括写书，把它题献给你。”

说这句话的时候阿提库斯把脸转向我，然后他继续说道：“我指的是他那篇讨论正确的拉丁语的原则的论文，他在序言中说正确选用语词是演讲的基础。我们在这里的这位朋友宁可要我来谈一谈凯撒，而不是由他自己来讲。但他对凯撒的赞扬是独特的，因为他在他的题献中说了这样一些话：‘对于在演讲中用优美的语言表述思想这一任务来说，有些人热心于坚持不懈的学习和实践——而我们必须承认，你堪称演讲的先驱者和发明家，配得上演说家这个名称和罗马的威望——然而，我们也要重视掌握轻松的、随和的日常语言，这件事现在不是被人们忽视了吗？’”

【73】这时候布鲁图插话说：“我认为这个赞扬非常友好，非常得体，马上就说你堪称演讲的先驱者和发明家，配得上演说家这个名称和罗马的威望。在被征服了的希腊还有一件事情在等着我们这些征服者，我们现在正在与她摔跤，或者说我们现在正在与她分享。据我所知，凯撒对你的荣耀更多，但除了公众向你感恩以外我不想多说些什么，① 这真是一场伟大的胜利。”

我答道：“非常正确，布鲁图，如果这只是凯撒诚实的判断，而不是出于对朋友的怜悯而说的好话。因为，确实是这个人——无论他是谁，如果真的有这样一个人——首先向罗马揭示和证明，口才对我们罗马人的声望的贡献比那些成功占领利古里亚人的堡垒的人的贡献还要大，你们知道口才为我们赢得了许多胜利。实际上，要是你们听，除了那些超越常人的天才的例子外，军事领导人的理智经常在战场上和在国内拯救这个国家，而伟大的演说家要比中等水平的军事领导人重要得多。但是军事领导人具

① 这里暗指西塞罗发现和镇压喀提林的阴谋暴乱，参见西塞罗：《反喀提林演说词》。

有更加实用的价值。我不否认这一点。然而，我不怕你们的抗议，因为在这里我们是自由的，想说什么就说什么，我自己宁可选择卢西乌斯·克拉苏在为玛尼乌斯·库里乌斯辩护时说的一句话，也不要占领了两个城堡这样小小的胜利。但是你会敦促说，占领一个利古里亚人的堡垒对国家来说比成功地为玛尼乌斯·库里乌斯辩护更重要。没错，但是按照同样的道理，对于雅典人来说在他们头上拥有一片牢固的屋顶比拥有著名的密涅瓦的象牙雕像更重要；然而我宁可是斐狄亚斯，也不愿是一名修屋顶的师傅。因此，衡量一个人的意义重要的不是看他如何有用，而是看他的真正价值是什么。真正优秀的画家或雕塑家很少，但是从来不会有缺少搬运工或苦力的危险。但是，庞波纽斯[①]，你继续说吧，把你欠凯撒的债都还清。”

【74】阿提库斯说：“你瞧，演讲术的依据，或者基础，就是正确无误的、纯洁的拉丁语。迄今为止拥有这种优点的人不是由于他们的学习和研究，而是由于他们继承了这些良好的语词。我不需要提到盖乌斯·莱利乌斯、菲鲁斯，或西庇阿，讲一口纯粹的拉丁语是他们那个时代的标志，其意义决不亚于正直的品格，尽管这种语言在当时还不普遍，因为我们注意到他们的同时代人凯西留斯和巴库维乌斯还没有使用纯粹的拉丁语。还有，实际上当时的每一个人，除非一生都在罗马之外度过，或者由于家庭污秽的语言环境污染了他的语言，都能讲一口正确的、优美的语言。但随着时间的流逝，这个方面在罗马和在希腊都有退化的表现。因为在雅典，以及在我们这座城市，流动着许多来自各地的口音不纯的演讲者。这就需要净化语言，也需要有一种理论来进行控制，或者作为试金石，使日常用语不至于轻易地受到歪曲。我想起小时候曾见过提多·弗拉米尼努，当时他和昆图斯·麦特鲁斯一道担任执政官。他讲一口纯粹的拉丁语而受人尊敬，但他对语法理论相当无知。你还可以看到老卡图鲁斯绝非没有接受过训练，但他用语纯粹的名声主要在于

① 即阿提库斯。

他的嗓音的天然魅力和清晰的发音。科塔习惯于使用现在已经不见了的开放的元音（broad vowels），这种发音与希腊人的发音有点像。在与卡图鲁斯接触的过程中，科塔的讲话有一种乡音，然而他也通过一条林间小路穿越了这片未经耕种的田野，也就是说，他也获得了讲一口纯粹的拉丁语的名声。然后是西森纳，他自认为是流行语言的改革者。哪怕是一位职业检举人盖乌斯·鲁昔乌斯的反驳，也不能成功地阻止他使用那些奇怪的、闻所未闻的语词。"

布鲁图说："你在说什么？谁是盖乌斯·鲁昔乌斯？"

【75】阿提库斯答道："他是一位老资格的检举人，指控过盖乌斯·希提留斯，而为希提留斯辩护的是西森纳。在辩护过程中，西森纳把某些指控说成是'sputatilica'[①]（被唾弃的），而这时候鲁昔乌斯吼道：'法官们，我完了，除非你们来救救我。西森纳说的话我不懂，我担心他给我设了圈套。什么是sputatilica？我知道什么是sputa，但是我不懂tilica。'人们哄堂大笑，事实上，我的这位好朋友确实相信正确的语言是人们不熟悉的。然而，凯撒求助于合理的理论，努力矫正遭到歪曲和滥用的语词，恢复语言的纯洁性。[②]就这样，除了精心挑选拉丁语词——对每一位真正的罗马人的后代进行选择，无论他们是不是演说家——再加上富有特点的演讲风格上的装饰，他的演讲产生的效果就好像把一幅精美的图画置于充足的光线之下。有了这种选词上的特点，再加上与其他演说家共同的素质，我不知道还有谁能超过他。他是演讲大师，才华横溢，不落俗套，在嗓音、姿势，以及演说家的整个身体条件等等方面，都拥有高贵的气质。"

这时候布鲁图插话说："他的演说词确实令我由衷地敬佩，我读过许多，

① 此处西森纳构造的这个词被当做反常的一个例子。"sputatilica"的词根是"sputo"，加上词尾"-ilica"，不符合拉丁语形容词的构成。

② 参见苏维托尼乌斯：《罗马十二帝王传》，商务印书馆1996年版，第一卷《神圣的朱里乌斯传》第55—56章，第28页。

还读过他的《高卢战记》，写他自己的事迹。”①

我答道：“确实令人敬佩！它们就像裸体塑像那样直率和雅致，在风格上剥去了一切装饰，就好像把衣服都搁在一边。他的目的是为其他人撰写历史提供素材。他也许成功地满足了那些庸人们的欲望，因为他们希望用他们自己的烫发钳整理他的材料，但我们从作品中可以察觉到他有着健全的判断力，因为在历史中没有什么能比简洁、清晰、准确更令人喜悦了。但是现在，要是你们愿意的话，让我们还是回过头来讲那些已经死去的人。

【76】“盖乌斯·西基纽斯，监察官昆图斯·庞培的外孙，在担任财务官时就死了。他是一位值得赞扬的演说家，然而他甚至还没有得到人们的承认。他来自赫玛戈拉斯的学校，这所学校教的东西尽管在修饰上相当贫乏，但在开题上十分有效。它提供的某些一般原则和规则尽管没有什么实际的帮助，但仍旧可以起到规范的作用，使演讲者不会误入歧途。西基纽斯与这些人有着密切的联系，处理案件也总是精心准备。他讲起话来从容不迫，带着这种素质以及他的演讲训练，在他快要死的时候，他已经在公认的律师行列中取得了一定的地位。与西基纽斯同时代的还有一位博学者，我的堂兄盖乌斯·维塞留斯·瓦罗，他担任了专门由富人担任的营造官，然后在担任一个法庭的首席检察官时死去。我承认，在他的案子中，民众的判断与我自己的判断是不一致的，因为他的演说不受民众欢迎。他讲话的方式是直率的，有着严密的推论，因此也有点晦涩。他的语速太快，因此他的讲话显得不够清晰。然而要指出在措词的恰当性，以及思想的丰富和敏锐等方面比他更优秀的人很不容易。此外，他的文学训练是充分的，他精通民法，就好像得自他父亲阿库莱奥的遗传。

“在已经死去的人中间还有两个人：卢西乌斯·托夸图斯，你们可以称他为一位没有受过太多专业训练的演说家（尽管他不乏演讲的能力），就像

① 凯撒给自己这本书起的名字是“*Commentarii*”，意思是《随记》或《手记》，表示不敢自诩为著作，只是直陈事实，供人参考而已，中译名为《高卢战记》，任炳湘译，商务印书馆 1982 年版。

希腊人所谓的‘议政者’，一位有教养的人和公民。他阅读广泛，不仅读流行的文学作品，而且读那些比较晦涩的专业书籍。他的记忆力超过常人，举止庄严，语言准确，这些都装饰着他真诚的一生。我也为特里亚留的风格感到高兴，尽管他还很年轻，但他的文学修养已经成熟。他的脸上显露着真诚，他的语言深沉有力，他的演讲观点正确！”

布鲁图被我提到托夸图斯和特里亚留感动了，他们俩对他来说非常亲切。他说：“啊！我知道其他还有成千上万条理由，但只要想想这两个人，令我感到悲伤的是，为什么你长期呼吁的和平没有生效！要是这个国家没有失去这些天才和其他杰出人士，这个国家肯定不会像现在这个样子。”

我答道：“布鲁图，我们不谈这个问题。这样做徒增伤悲，因为回忆过去已经够痛苦了，而对未来的恐惧是一种更加深刻的痛苦。所以让我们把悲伤搁在一边，继续逐一评述演说家的能力，这是我们考察的目标。”

【77】“在同一场战争中倒下的人中间有马库斯·彼布卢斯，他的写作，以及写作的细心程度是令人惊讶的，因为他不是演说家，他的讲话也在坚定地支持各种法度。① 另外一位是阿庇乌斯·克劳狄，你的岳父，他是我的朋友，和我一道担任占卜官。与彼布卢斯不同，他学过演讲术，了解它的理论，也有实践经验。他熟悉占卜和罗马法，对我们的早期历史也非常了解。另外，卢西乌斯·多米提乌几乎没有接受过什么训练，但他很好地掌握了拉丁语，说起话来，自由而又大胆。然后有两位伦图卢斯，都是前执政官。普伯里乌·伦图卢斯是对我的错误实行报复的人，也是把我从放逐中召回来的人。他没有什么天赋，所有技能都是通过学习得来的，然而他心智卓越，精神高尚。由于措辞正确他应当庄严地拥有所有荣誉。卢西乌斯·伦图卢斯是一位相当活跃的演说家，要是你能这样称呼他的话，但是他厌恶思考案情的辛劳。他有着悦耳的嗓音，措辞不太尖刻，但他的整个讲话风格强硬，甚至

① 马库斯·彼布卢斯（Marcus Bibulus），于公元前 59 年与凯撒一道担任执政官。在政治上一直是凯撒的对手，但无所作为。西塞罗可能故意说得很含糊。

带有恫吓的意味。要是上法庭打官司，你可能需要寻找更加优秀的律师，但是讨论国事，你可以认为他具备条件。最后，提多·波斯图米乌，他是一名不容轻视的演讲者，作为一名政治演说家，他确实表现出一名勇士那样的精力，无拘无束，辛辣尖刻，有着关于法律和先前判例的健全知识。”

这时候阿提库斯打断了我的话，他说：“要是你没有解释你的目的，要是你列举的这些人都还活着，我会怀疑你提起他们是因为你对他们有好感。你要提到每一位胆敢站在公众面前讲话的人，所以使我感到怀疑的是，不知道是不是由于粗心，你忽略了马库斯·塞维留斯。”

【78】我答道：“不是，庞波纽斯，我并非不明白有许多从来没有当众说过一句话的人能比我列举过的这些人讲得更好。但是在提到这些人的时候，我的目的首先是向你表明在所有可能的演讲者中并没有多少敢于大胆说话；其次，向你表明他们中很少有人具有自己的特点。由于这个原因，甚至最近死去的两位罗马骑士，我的朋友，都被我忽略了。斯波勒图[①]的普伯里乌·考米纽斯，我反对他的指控，为盖乌斯·高奈留辩护，他的风格也是有序、流畅，富有穿透力；还有佩扎罗[②]的提多·阿西乌斯，在回答他的指控时，我代表奥鲁斯·克伦提乌讲话。他是一位非常努力的演说者，口才还不错，此外还受过赫玛戈拉斯的演讲规则的训练，他们虽然不提供演讲术的丰富装饰，但提供了针对每一类案子的论证纲要，就像插在皮带上的投枪供士兵们投掷。

“论及热心与勤奋，我从来不知道有谁，不，在才能方面也一样，超过了我的女婿盖乌斯·庇索[③]。他从来没有什么空闲的时候，不是上法庭为人辩护，就是在家里练习，要么写演讲词，要么是在策划；他进步神速，不是在跑，而是在飞；他的用词精挑细选，他的句子圆满完整；他的论证多种多

---

① 斯波勒图（Spoletum），意大利中部城市。

② 佩扎罗（Pisaurum），意大利翁布里亚的海港。

③ 盖乌斯·庇索（Gaius Piso），西塞罗女儿图利娅（Tullia）的第一个丈夫，公元前58年任财务官，死于该年。

样，令人信服，他的想法审慎而又得体；他的姿势和行动举止有一种天生的优雅，使人以为他接受过艺术训练，尽管实际情况并非如此。我担心，我的情感会引导我把他并不拥有的其他美德归于他。但这种事不会发生，因为我能够真实地指出他具有其他更重要的品质，比如自制、热心，等等，我认为他那个时代的人在这些方面没有一个能与他相比。

【79】“马库斯·凯留斯也不应当忽略，他的政治生涯的终结是由于偶然性，或者是有意识的选择。[①] 他对我很尊重，在我担任执政官期间，他作为保民官坚定地站在元老院一边，反对那些无耻的政客掀起的动乱和他们的疯狂行径。他的口头表达不太平稳和谐，但他的风格优雅，富有吸引力，处处表现出机智与干练。由于政治上的野心和党争，他做过几次公开讲演，冷酷无情地进行过三次起诉。他在法庭上为自己和为他人进行的辩护，尽管比我已经提到过的那些人要差，但我们无法加以忽略，它们确实还是相当不错的。在保守者的全力支持下，他担任了规定要由富人担任的营造官，使我悲伤的是，在我离开罗马之后，他偏离了自己原先的立场，误入歧途，最后导致自己的毁灭。

“现在要轮到马库斯·卡利狄乌[②]了，关于他让我多说一些。他不仅是他那个时代众多演说家中的一个，而且是众多演说家中独一无二的一个。他的特点在于风格上的灵活透明，这种风格就像一件外衣罩在他的富有原创性的吸引人的思想上。你想不出还有什么东西能比他的句子结构还要平滑，还有什么东西能比他的意愿更加可塑。在这些方面，我们找不到可以与他相提并论的人。他的语言像一道流淌的小溪，没有任何障碍。你看到的每个词都用得恰到好处，就像马赛克拼图中的小石片（如鲁西留斯所说），没有一个词太尖刻、怪异、琐碎、离题。他也不局限于恰当地使用语词，而是在象征

① 马库斯·凯留斯（Marcus Caelius），西塞罗的年轻朋友，公元前56年为西塞罗辩护。后来参加凯撒的派别，进行政治鼓动，公元前48年遭遇暴力而死。

② 马库斯·卡利狄乌（Marcus Calidius），西塞罗早期的朋友和支持者，但后来倒向凯撒一方。

意义上使用语词，他在这方面如此熟练，使这些比喻似乎不是来自他乡，而是就在本地。还有，他的讲话不是松散的、不连贯的，而是按照节奏紧密地联系在一起。他的话不是直白的、呆板的，而是多变的、隐匿的。他也用那些被希腊人称做形象或象征的双关语来表达思想，散布在演讲各处起装饰作用，他的整个风格是确定的。然而，他能清晰地把握'争论要点'，这个熟悉的短语经常出现在律师的案情要点中。①

【80】"除此之外，还有修辞技艺指导下的主题安排、自由而又庄严的表达、冷静而又诚恳的一般讲话方式。如果魅力就能代表最优秀的演讲，那么你们会说没有谁能比卡利狄乌做得更好了。但是我已经说过，演说家必须做好三件事：教导听众，令听众喜悦，使听众感动。在这三件事中，他有两件事做得最好，亦即完全清晰的表达和用他迷人的讲话吸引听众。第三件事包括使听众感动和使听众产生情感——我说过这是演说家力量的源泉——在这方面他有欠缺，他的讲话缺乏力量和力度。这里的原因也许是他过于精挑细选他的用词，想要拥有一种更加高尚的风格，因此不愿使用强硬的表达，或者生来讨厌强硬，或者确实没有这种能力。总而言之，他缺乏这种素质，如果称做缺乏不妥的话，那么可以说这是他的缺陷。

"我想起了一个案子，卡利狄乌起诉昆图斯·伽利乌斯，指控伽利乌斯试图毒死他，但这个阴谋被他发现了。他向法庭呈上了伽利乌斯受到拷打以后亲笔写下的供词，以及其他人证、物证。每个细节都准备得很周到。我出庭为伽利乌斯辩护，在对案情做了一般性论述之后，我的反驳集中在这样一个要点上：尽管伽利乌斯知道自己的生命受到威胁，原告的各种证据都有可能导致判他死刑，但他还是十分冷静地陈述案情，甚至有点满不在乎地抱怨说：'算了吧，马库斯·卡利狄乌，如果这些都不是你想象的产物，你还会以这种方式来指控我吗？你总是用来为他人辩护的口才到哪里去了，用来为

---

① 案情要点（formula）由执法官签发给主持审判的法官，尽管由执法官签发，但通常由主审法官的律师写成。

你自己说话就不可信了吗？你有什么样的愤怒或者受到了什么样的污辱，竟然使你这样一位相当能言善辩的人大声咆哮？但是没有证据表明你受到了伤害，无论是你的心灵还是你的身体！你捶胸顿足了吗？没有。实际上，我对你的话无动于衷，我都忍不住要打瞌睡了。’这就是这位伟大演说家的讲话风格，无论我们把他反驳指控的论证视为聪明的自制还是不够雄辩。”

这时候布鲁图说：“自制还是不够雄辩，我们会对此犹豫不决吗？嗨，每个人都必须承认演说家的全部作用就在于感动听众的心灵，使之转向案情所需要的方向。如果演说家缺乏这种能力，那么他缺少最基本的东西。”

【81】我答道：“是这样的。但是现在让我们返回霍腾修斯，我们还要谈起他。在谈完他以后，我要稍微说一下自己，因为你布鲁图有这种需要。然而我必须先提到两个年轻人，要是活得长一些，他们肯定会在演讲方面出人头地。”

布鲁图说：“我敢肯定，你指的是盖乌斯·库里奥和盖乌斯·李锡尼·卡尔伏。”

我答道：“是的，你猜得一点儿没错。前一位年轻人的措词自由而又多样化，很好地表达了思想，如果说不是始终那么尖锐的话，那么它相当丰富。我确实想不出有谁的讲话比他更高雅，比他更自由。他从来没有从老师那里接受过恰当的训练，他的口才完全是一种天赋。我无法说他是勤奋的，但他的热情确实高涨。要是他能多听听我的建议，那么他肯定会得到荣誉而不是权力。”

布鲁图说：“你这样说是什么意思，你如何区分二者？”

我答道：“区别在此。所谓荣誉是由同胞公民依据他们的判断和善意对一个人的功绩做出的奖励，我认为通过同胞公民的投票当选的人有权马上得到荣誉和尊重。但当一个人由于某些偶然的机遇，甚至在违抗同胞公民意愿的情况下，获取了权力和地位，如库里奥竭力争取的那样，那么他成功地获得了荣誉的头衔，但我认为他没有获得荣誉本身。要是他能考虑周全，像他的父亲和在他之前的其他杰出人士一样，一步一步地担任公职，那么他会得到最高的尊严和民众的欢迎。我敢保证，在这些方面我曾不止一次地敦促马库斯之子普伯里乌·克拉苏，他很早就是我的朋友圈里的人，我尽力鼓励他，要他沿着他的祖先为他开辟的道路前进。因为他有着良好的家教，接受了完整的训练。他的心灵如果不是最优秀的，也是非常良好的，他的语言精挑细选，丰富多彩。此外，他有着尊严，但并不自傲，他彬彬有礼，但并不迟钝。然而被一股与他的年龄并不相符的政治雄心的浪潮所裹挟，他被冲走了，淹没了。因为做一名下级需要服从统帅，因而他变得雄心勃勃，想要自己当统帅，担任这个等级的职务有年龄方面的规定，只是不十分确定。他的毁灭并没有给他带来什么荣耀，尽管他竭力效法政治生涯十分迅捷的居鲁士或亚历山大，人们发现他完全不像卢西乌斯·克拉苏和他家族中的其他许多人。

【82】“但是现在让我们返回到卡尔伏，这是我提议过的。他是一位演说家，接受过的理论训练比库里奥要彻底得多。他的讲话风格比较高雅和鲜明。尽管他有学者的知识和辨别能力，但由于不停的自我检讨和担心犯错误，他失去了真正的活力。因此，他的语言变得过分僵化而显得虚弱，但学者们和细心的聆听者承认它的质量，而口才为之而存在的民众和讲坛，则未经细细品尝就生吞活咽。”

布鲁图插话说：“我们的好朋友卡尔伏喜欢把自己当做阿提卡风格的演说家。由于这个原因，他的风格显得贫乏，这是他故意养成的。”

我答道：“是的，我知道，他说过这样的话。但是他错了，还让别人和他一起犯错误。要是认为那些讲话不喧嚣、不累赘、不做作的人就是阿提卡式的，那么他说得很对，因为他崇拜的演说家没有一个不是阿提卡式的。庸俗的夸夸其谈和矫揉造作，他会当做一种疯狂来厌恶；风格的稳健与完善，他会视为演说家体面的和应尽的义务，几乎就像宗教义务一样。这些都应当是所有演说家共同具有的。但若干巴、枯燥，一般的贫乏，也被算做阿提卡式的，那么阿提卡式的风格当然还要包括完美、文雅、准确，而到此为止并无什么不对。但由于在阿提卡式的标准里还有比这更好的要求，所以必须小心，不要轻视阿提卡演说家的等级、差异、能力和多样性。你说‘我的目标是以阿提卡式的演说家为模仿的榜样’。请你告诉我，你要模仿哪一位？因为他们并非全都属于一个类型。例如，有哪些演说家之间的差别比德谟斯提尼和吕西亚斯之间的差异还要大？比他们中的某一位与叙培里得斯之间的差异还要大？比他们所有人与埃斯基涅斯之间的差异还要大？如果你的意思是只有一个人是纯粹的阿提卡式的，那么其他所有人都不是吗？如果所有人都是阿提卡式的，那么当他们之间的差异如此之大的时候，你怎么模仿他们？在此我要大胆地提出这个问题：法勒隆的德米特利乌的讲话是纯粹阿提卡式的吗？在我看来，至少他的演说词散发着雅典的芳香。但是，你认为他的讲话比叙培里得斯或吕西亚斯更加华丽（要是我可以使用这个术语）。那么我想，这就是他的天然倾向或者是他有意识的选择。

【83】“再举另外一个例子：有两位演说家处于同一时代，相互之间完全不同，然而都具有阿提卡风格。他们是卡里西乌和德谟卡瑞斯。在这两个人中，前者写了许多演说词，是为他人创作的，从这些演说词来看他似乎以吕西亚斯为榜样；后者，德谟卡瑞斯，是德谟斯提尼的外甥，他写了一些演说词，还是他那个时代的雅典历史的作者，他用一种演讲的风格而非历史的风格写作。赫格西亚努力想要与之相似的是卡里西乌，他把自己当做完全阿提卡式的，认为阿提卡本地的作家与他自己相比几乎是粗野的乡巴佬。但是你到哪里能够找到如此蹩脚、幼稚、装腔作势而丝毫不顾及平衡与对称的讲话？‘我们的目标是成为阿提卡式的演说家。’好吧。‘这两人是阿提卡式的演说家吗？’当然是，有谁会否认这一点。‘那么他们就是我们要模仿的人。’但是他们之间差异很大，和其他没有提到名字的人也没有什么相同之处，你该如何模仿？你说‘我们努力模仿修昔底德’。非常好，如果你想要写历史；但要是你想去打官司，那就不行了。修昔底德是践行、忠实，甚至庄重风格的先驱，但他从来没有经历过我们法庭上的辩论和它的气氛。对于他介绍的演说词（数量很多）我总是加以赞扬。至于要不要模仿它们，哪怕我希望这样做，我也做不到；即使我希望这样做，我也不应该。举例来说，就好像一

个人喜欢法莱里葡萄酒，但他不想要去年刚酿造的，也不想要太老的，来自奥皮米乌或阿尼基乌[①]的葡萄园的酒桶。‘但是这些牌子被认为是最好的！’是的，我知道，但是年代太久的葡萄酒没有我们所要的那种醇香，它实际上已经不能喝了。如果这就是一个人的感受，那么他需要走向另一个极端吗？要是想要适合饮用的葡萄酒，他必须从新酒桶里打酒吗？肯定不用，他应当寻找年代适中的葡萄酒。以同样的方式，我认为你的这些朋友很好地回避了这种离开榨葡萄汁的大盆不久、仍旧处在发酵状态的演讲术，他们也一定不要去追求修昔底德的方式，虽然它毫无疑问是庄重的，但它像阿尼基乌的葡萄酒一样太老了。修昔底德本人要是生活在较迟的年代，他的讲话也会比较柔和，不那么尖刻。

【84】“‘我们应当把德谟斯提尼当做我们的榜样吗？’天哪，你可真击中要害了！我们还能有什么更好的榜样，我们还能希冀什么更好的榜样？但我们真正的成功并不在于这种努力，我们这些自称为阿提卡派演说家的人的成功之处显然在于给自己确定目标。他们甚至不看德谟斯提尼的演讲，希腊人从各地前来聆听他的讲话，这不仅是历史记载，实际情况也必定如此。但我们这些阿提卡演说家说，他们不仅被好奇的大众抛弃，而且被朋友和他们的当事人的支持者抛弃。所以，要是用一种虚弱贫乏的方式讲话就是阿提卡式的，那就让他们享有阿提卡演说家这个头衔。但是，让他们到公民大会上来，让他们当着执法官的面站着表达自己的意见，而无法官在场。这些听众的板凳[②]要求有更加洪亮、圆润的嗓音。我希望的演说家是这样的：一听说他要演讲，人们就知道所有板凳都会坐满，法官的审判席上也是满的，庭吏忙碌着让人们就座，大批听众蜂拥而至，主审法官起立，宣布审判开始；演讲者站起来的时候全场安静下来，听众对他的讲话要么表示首肯，要么热烈鼓掌，演讲者想要他们笑的时候他们笑了，想要他们流泪的时候他们

---

① 卢西乌斯·奥皮米乌（Lucius Opimius），公元前121年担任执政官；卢西乌斯·阿尼基乌（Lucius Anicius），公元前160年担任执政官。

② 指下面描述的重大审判。

流泪了；此时只要远远一瞥，哪怕对案情一无所知，也能认出他的演说成功了，就像洛司基乌斯[①]上了舞台。如果这就是他像一名阿提卡演说家那样讲话必定会发生的场面，那么他就像我们阅读伯里克利、叙培里得斯、埃斯基涅斯、德谟斯提尼那样遥远。但若他们宁可喜欢一种准确的、司法用的讲话风格，同时又是纯粹的、健全的、陈述事实的，不过分使用演讲术的修饰手段，认为这种特殊风格就是阿提卡的，那么他们的认同相当正确。因为在这门范围很广、内容丰富的技艺中，也有地方可以进行细微的改进。所以我们的结论是，并非所有按阿提卡风格讲话的人都讲得很好，而是那些讲得很好的演说家配得上阿提卡这个称号。但是现在让我们返回霍腾修斯。”

【85】布鲁图说：“这样做很好，尽管我发现你这段偏离主题的话语非常有趣。”

这时候阿提库斯说：“我有好几次想要插话，但我不喜欢打断你。然而现在，你似乎已经快要得出结论了，所以要是你同意的话，我想说说我的看法。”

“当然可以，提多。”

阿提库斯继续说道：“我假定，他们说在苏格拉底那里发现的反讽（irony）是一种有效的、可供选择的讲话方式，这是苏格拉底在和柏拉图、色诺芬、埃斯基涅斯对话时使用的。它标志着一个人摆脱了欺骗，同时又是聪明的，因此在讨论智慧的时候，否定自己拥有智慧，而故意把智慧归于那些自称拥有智慧的人。因此，苏格拉底在柏拉图撰写的对话中把普罗泰戈拉、希庇亚、普罗狄科、高尔吉亚吹上了天，说自己是没有任何知识的无知者。这样做很适合他的特点，我不能赞同伊壁鸠鲁对他的批评。但是在一种历史的解释中，比如你在讨论演说家的品格时所承认的，请你考虑这样的反讽是否无法批评，就好像它已经被放进证词盒子里似的。”

我答道：“你想要干什么，我不懂你的意思。”

---

① 洛司基乌斯（Roscius），西塞罗时代最著名的演员。

"我的意思是，首先，你对某些演说家滥加赞扬，误导那些不熟悉他们的人。事实上，我有时候忍不住要笑出声来，比如，你把雅典人吕西亚斯和我们的老加图做比较。加图是一位伟大人物，上苍啊，确实如此！他确实是最伟大的，独一无二的！没有人会说别的什么。但他是一名演说家吗？一名像吕西亚斯那样各方面都十分完美的演说家？如果我们笑了，那么这确实是令人愉快的反讽；但若我们做出清醒的陈述，那么想一想我们有多么肤浅，就好像是在发誓做证。我崇拜你的加图，这位公民、元老院议员、军事统帅，简言之，这位格外审慎的人，他认真履行了各项公务，具有各种美德。对他们那个时代来说，我也衷心赞扬他的演说，尽管他的演说词不够完美，相当粗鲁，但还是显示出天才的轮廓。但是你把他的《论血统》说成具有各种风格特点，把加图比做腓力司图和修昔底德，你认为这种时候你还能说服布鲁图和我吗？希腊作家不会有人与你竞赛，把你比做一名完全不知道演讲的圆满和精致是什么意思的图斯库兰人。

【86】"还有，你赞扬加尔巴。要是说他是那个时代的头号演讲者，那么我同意，历史已经把这一点告诉了我们；但若说他是一位演说家，那么请你说出他的演说词（他的讲话稿现在仍能找到），并且告诉我你是否希望在这里的布鲁图也按照他那种方式讲话，你承认爱布鲁图胜过爱你自己。你对雷必达的讲话也表示赞赏。要是你把它们仅仅作为古代演讲的样品来赞扬，那么我可以表示同意。但你以同样的方式谈到阿非利加努和莱利乌斯，而又不讲他们的语言更加迷人，更加庄严，那么你是在用一些大人物和他们最纯洁的生活中取得的真正荣耀欺骗我们。撇开这些不谈，你会发现我担心语言魅力这种事情太小，很难引起人们注意。至于卡玻，我非常明白他被算做我们最伟大的演说家之一，但就像在其他事情中一样，在演讲术中习惯上受到赞扬的东西都不会超过它所处的时代，无论它有什么真正的价值。对革拉古我也可以这样说，尽管你对他们的某些看法我是同意的。其他演说家我就忽略不提了，现在我要讲到安东尼乌斯和克拉苏，在他们身上你认为最完美的演讲最终实现了。我本人听过他们演讲，毫无疑问他们是伟大的演说家。你对

他们的赞扬我非常同意，但要是我来赞扬他们，那么我不会像你这样。你说克拉苏支持塞维留斯法案的演讲是你的老师，但我以为吕西普斯会以同样的方式说波吕克利图的多律福鲁是他的榜样。[①] 现在这些说法一钱不值了，因为它们仅仅是反讽。我为什么会这样想，理由我就不说了，免得你怀疑我在奉承你。因此，我要忽略你对他们的评价，还要忽略你对科塔和苏皮西乌的评价，还有你刚才对凯留斯的评价。这些人不管怎么说都是真正的演说家，至于他们有多么伟大，有什么样的特点，那就完全由你自己说了算。至于你提到的那一大批仅仅是日常劳作者的所谓演说家，我不太在意你对他们的判断，你是那么仁慈，所以我想有些现在还活着的人会很乐意去死，以便可以在你的演说家行列中找到自己的位置。”

【87】等他讲完了这番话，我答道：“阿提库斯，你已经挑起了事端，足以让我们谈论很久，你提出来的主题需要一场新的讨论，但我们必须另找时间进行。现在我们不得不面对许多书籍，尤其是加图的书，以及其他人的书。你会看到他的文章是尖锐的，只是缺少某些当时还没有出现的鲜明特点。至于克拉苏的演讲，我要极为诚实地说，他本人还可以写得更好，但肯定没有人能够写得像他一样好。你也不应当认为我把他的演讲词称做我的教师是在反讽。因为，尽管你对演讲技艺的看法比我强，然而在我年轻的时候，还没有更好的拉丁文样本供我参照。我确实提到了许多人的名字，然而我的目的，如我前述，是为了说明在这个演讲成为所有人的雄心的时代，值得提起的人很少。因此我不希望你们把我的看法当做反讽，哪怕阿非利加努这样做过，如盖乌斯·芳尼乌斯在他的历史中所告诉我们的那样。”

阿提库斯答道：“就照你说的办吧。在我看来，我对阿非利加努和苏格拉底的看法与你的看法并无什么不同。”

布鲁图插话说：“这个问题以后再谈。”他把脸转向我说：“你现在还是继

---

① 波吕克利图（Polyclitus），公元前5世纪的希腊雕刻家，多律福鲁（Doryphorus）可能是他的一尊雕像的名字。

续对我们说一说这些早期演讲吧！”

我答道："布鲁图，我很乐意，但这一点改天再说，要是你有时间的话，可以去我在库迈或图斯库兰的别墅，在那里我们是邻居。但是现在让我们返回偏离主题之处。

【88】“我们谈到霍腾修斯。他年纪很轻的时候就在法庭上讲话，很快就接手了一些重要的案子。尽管他的职业生涯的开端正好处于科塔和苏皮乌斯时代，苏皮西乌比他大十岁，然其后有克拉苏和安东尼乌斯，然后是腓力普斯，后来又有朱利乌斯，全都处于巅峰时期，然而从演说家的角度看，人们经常拿他与这些老练的演说家相比。首先，他的记忆力非常好，我在别人身上从来没有见过有如此准确的记忆。他在家里准备的东西无需任何备忘录就能在公开演讲时一字不落地再现。有了这种强大的天赋，他不需要任何即时帮助，不仅能想起他要说的话，而且记得其他人的讲话内容。他也是雄心勃勃，热心学习，超过我所见过的任何人。他几乎没有一天不上法庭讲话或者公开演讲。同一天既在公民大会上发言又上法庭辩护是他常有的事。他给讲坛带来了一种清新脱俗的风格，有两件事他实际上是独一无二的。第一件是用标题或演讲各部分的名称来表示他要说的内容，接着综述对方和自己已经说过的内容。第二件是他的用词十分讲究，搭配合理，精巧适宜，得心应手。他拥有这种技能部分是由于他自己的才能，部分是由于坚持不懈的修辞学实践。他总是用心了解案情，区分案情的各个部分，从不忽略与案情相关的细节，以便在辩护时确认或驳斥。他声音洪亮、悦耳动听，他的表达和举止对演说家来说甚至有点过分挑剔了。克拉苏逝世，科塔流放，法庭因战争而中断以后，霍腾修斯的天才首次绽放出鲜艳的花朵，而我此时也开始出入法庭。

【89】“战争[①]的第一年，霍腾修斯按他那个等级参战。第二年，他担任

---

① 指公元前91年—前88年的“同盟战争”（The Social War），意大利中南部的城邦和部族组成“意大利亚”同盟，反抗罗马的统治，罗马将公民权授予意大利境内的自由民。

了军法官，此时苏皮西乌是一名副将，而马库斯·安东尼乌斯当时因为在罗马而缺席。当时唯一还在运作的法庭只接受违反瓦里乌斯法案的案件，其他各种案件的审判由于战争而全部延期。我不断地旁听这个法庭的审判，尽管在那里为自己辩护的被告并非全都是一流的演说家——当然了，像卢西乌斯·美米乌斯和昆图斯·庞培这样的人是演说家——但至少有一个人确实是雄辩的，他就是腓力普斯，作为证人他提供了反对指控的证词，其猛烈程度体现了检察官的全部力量和口才。那个时代的其他演讲者被当做公共事务的领袖，我几乎每天都要在公共集会上听他们讲话。盖乌斯·库里奥当时是保民官，但在一次遭到整个公民大会的唾弃以后，他就不再讲话了。还有昆图斯·麦特鲁斯，他也不是真正的演说家，然而并非没有公开演讲的能力。真正能干的演讲者有昆图斯·瓦里乌斯、盖乌斯·卡玻、格乃乌斯·庞波纽斯，他们全都以讲坛为生。盖乌斯·朱利乌斯[①]作为一名规定由富人担任的营造官也几乎每天都要发表精心准备的高论。

“听到科塔被放逐是对我的热情的第一次沉重打击。但我还是继续聆听其他人的演讲，尽管每天我都要写作、阅读、朗诵，但我无法仅仅局限于修辞学的练习，并因此而满足。昆图斯·瓦里乌斯后来也遭到放逐，他是他自己制定的法律的牺牲品。此后几年，我跟随昆图斯之子昆图斯·斯卡沃拉学习罗马法，尽管他不带学生，而只是给他的当事人提供法律咨询，但他也给那些希望跟他学习的人讲解法律。此后就是苏拉和庞培执政。普伯里乌·苏皮西乌当时是保民官，几乎每天都要对民众讲话，因此我对他的讲话风格了解得相当彻底。这个时候，学园派的首领斐洛和一群忠实于他的雅典人由于米特拉达梯战争[②]离开了雅典，来到罗马。心中充满学哲学的热情，我全身心地接受他的教导。在学习过程中，我非常诚心地与他交往，尽管他的多种

① 指公元前 90 年担任营造官的盖乌斯·朱利乌斯·凯撒·斯特拉波（Gaius Julius Caesar Strabo）。

② 米特拉达梯战争（Mithridatic War），发生于公元前 132 年—前 63 年，小亚细亚本都王同罗马进行三次战争，最后被庞培击败。

多样的精致主题牢牢地吸引了我，令我兴奋，但它毕竟是在一个法律制度似乎就要永远消失的时刻出现的。苏皮西乌在那一年倒下了，三位代表着三个不同时期的演说家在下一年又遇上了残酷的死亡：昆图斯·卡图鲁斯、马库斯·安东尼乌斯、盖乌斯·朱利乌斯。在这一时期，我也曾热心地跟随罗得岛的摩洛学习，他是一位著名的律师和教师。

【90】"尽管这些事情似乎都与我原先提议的宗旨无关，但是我还是提出来，以便使你可以看清我的发展过程。布鲁图，这也是你的希望（因为阿提库斯对这些都很熟悉），请你注意我的生涯如何步步紧随霍腾修斯之后尘。

"大约三年左右的光景，这座城市没有战争威胁，但由于演说家的死亡、缺席或流放（甚至像马库斯·克拉苏和两位伦图卢斯这样比较年轻的人也离开了罗马），霍腾修斯成了首席律师，安提司提乌的声望也在与日俱增，庇索经常演讲，庞波纽斯讲得不那么频繁，卡玻很少演讲，腓力普斯只讲过一两次。在这段时间里，我夜以继日地进行各种学习。我和斯多亚学派的狄奥多图一起工作，他就住在我家，我们在一起生活了很长时间，直到前不久他才去世。除了其他科目，我从他那里接受了彻底的辩证法的训练，辩证法也可以视为一种浓缩简练的演讲术。布鲁图，你也一样，要是没有辩证法，要想恰当地掌握所谓的演讲术是不可能的（你们的哲学家告诉我们，演讲术是一种扩大了的辩证法）。[①] 尽管我热心学习他的教导以及他擅长的各种广泛的主题，然而我不允许自己有一天不进行修辞学训练。我撰写讲稿，进行朗读（这个术语现在非常流行），经常和我一起练习的有马库斯·庇索和昆图斯·庞培，我确实每天都要这样做。我练习的时候讲拉丁语，但经常使用希腊语，部分原因在于讲希腊语可以提供更多机会进行风格上的修饰，从而使我在讲拉丁语时也能养成这个习惯，部分原因在于这些最优秀的教师只懂希腊语，要是我不说希腊语，他们就不能矫正我的错误，也不能对我进行教导。

---

① 这是斯多亚学派芝诺的观点，参见塞克斯都·恩披里柯：《反数理学家》第 2 卷，第 7 节。

“然而，就在统治秩序逐渐恢复的时候，暴力冲突再次发生，接下去就是三位演说家的不幸死亡：斯卡沃拉、卡玻、安提司提乌。但是，科塔、库里奥、伦图卢斯回来了，庞培也跟着回来了，法庭重新开放，稳定的统治最终得以恢复。然而，庞波纽斯、山索里努斯、穆瑞纳从演说家的行列中消失了。直到这个时候，我才开始接手诉讼，有民法方面的，也有刑法方面的，因为这是我的雄心，（像大多数人一样）不是到了法庭上再去学习，而是在上法庭前已经训练有素了。在这段时间里我也热心地向摩洛学习，他作为罗得岛使团的一名成员来到罗马，就一起赔偿事件向元老院投诉，此时的独裁者是苏拉。这是我接手的第一起刑事案件，代表塞克斯都·洛司基乌斯发言，我赢得了高度赞扬，人们认为我有能力处理任何法律事务。接下去就是一系列案件，我细心地工作着，像俗话所说，把灯油都熬干了。

【91】“由于你似乎想要彻底了解我，不仅知道我的胎记和拨浪鼓，而且知道我的整个身体，因此我要大胆地把近乎肤浅的某些特点包括在我的介绍中。我在那些日子里身体很消瘦，脖子又细又长，与强壮无缘。我的体型会让人感到担心，要是从事艰苦劳动会有生命危险，也不适宜大声说话。那些顾忌我的幸福的人更加担忧，因为我一讲起话来就不加任何克制，嗓子和身体都高度紧张。我的朋友和医生敦促我不要再去打官司，但我甘冒任何危险，也不愿放弃在演讲上崭露头角的雄心。然而后来我掌握了放松的技巧，比较好地控制嗓音，我的一般的演讲风格也得到矫正，从那以后，我的身体就不再受到伤害，形成了比较有节制的风格，改变原有的讲话习惯是我离开罗马去小亚细亚的原因。就这样，在我离开罗马的时候，我已经实践了两年，我的名字在法庭上已经颇为出名了。

“抵达雅典以后，我花了六个月与安提奥库斯待在一起，他是老学园的著名哲学家，有他作为我的向导和教师，我又重新学习哲学。这是我从青年时代起就梦寐以求的，也取得过一些进步，并且从来没有完全放弃。在雅典的这段时间里，我也在叙利亚人德美特利的指导下继续热心地进行修辞学训练。他是一位演讲术教师，相当出名。后来，我走遍了整个小亚细亚，访问这个地区最杰出的演说家，他们相当仁慈地给我提供了与他们一道进行朗诵训练的机会。其中最主要的有斯拉托尼凯[①]的美尼普斯，按照我的判断，他是当时整个亚细亚最雄辩的人。当然了，要是论及自然和举止得体要数阿提克，他完全可以称得上是一名演说家。但是和我交往最多的是玛格奈昔亚[②]的狄奥尼修斯。还有尼都斯[③]的埃斯库罗斯和埃德雷米特[④]的塞诺克勒。这些人在当时都被算做亚细亚最主要的演讲术教师。然而，出于对他们的不满，我去了罗得岛和摩洛在一起，我在罗马的时候就已经听说过他了。他非常优秀，不仅是一名实际的鼓动家，而且为他人写了许多演说词，特别是能够娴熟地批评和纠正错误，聪明地安排整个教学体系。我原来的风格有些累赘和过度，这是年轻气盛、缺少约束所致，而他就尽力加以压缩，不让河水漫过河岸，把这当做他的任务。所以两年之后返回罗马，我不仅受到了更好的训练，而且有了根本性的转变。我的嗓音不再过于高亢，我的语言不再空谈，我的肺部有了力量，我的身体也变得强壮了。

【92】“那时候有两位演说家的水平高于其他演说家，值得我去模仿，他们是科塔和霍腾修斯。一位轻松自如，从容不迫，但不太使用比喻；另一位鲜明生动，绚丽华美，完全不像你认识的处于衰退时期的霍腾修斯，布鲁图，但他们在措辞和表达上都非常有特点。在对他们做了比较以后，我还必须提到霍腾修斯，在风格的热烈上我比较像他，论起年纪来也和他比较接近。我也注意到他们处理案子都有保留，例如在为前执政官马库斯·卡努莱乌、格奈乌斯·多拉贝拉辩护时候，尽管科塔担任主要的辩护律师，然而霍腾修斯起了决定性的作用。这样做也有很好的理由，因为人数的众多和法庭的喧闹要求有一名生气勃勃的演说家能够高声说话。就这样，在我从小亚细亚返回的头一年里，我处理了一些大案要案，当时我正在竞选财务官，科塔

① 斯拉托尼凯（Stratonicea），小亚细亚弗里吉亚的一座城市。

② 玛格奈昔亚（Magnesia），爱琴海岸的一个地区。

③ 尼都斯（Cnidus），小亚细亚卡里亚的一座城市。

④ 埃德雷米特（Adramyttium），小亚细亚海滨城市。

在竞选执政官，霍腾修斯在竞选营造官。后来我就去了西西里担任一年财务官，科塔在担任了执政官以后去了高卢，而霍腾修斯仍旧留下来作为主要的律师，人们也这么看。一年后我从西西里返回，我的才能显然有了充分发展，臻于成熟。我担心讲自己可能讲得太多了，特别是我现在正在讲，但我的这部分谈话的目的不是宣传我自己的才能或口才，这绝不是我的意图，而只是让你看到我如何艰苦工作，知道我有多么勤奋。我在这大约五年中处理了许多案子，与当时的一流律师打交道，最后，在当选营造官以后，我和霍腾修斯要冒着刀剑的危险，在当选执政官以后，我要去保卫西西里行省，这确实是一场艰苦的斗争。

【93】“但由于我们全部讨论的目的不仅仅是列举演说家，而且还要总结经验教训，所以让我大胆地尽可能简要地指出我认为在霍腾修斯身上有哪些地方是可以批评的。你瞧，我在想，他担任执政官的时候，这个等级的人中间已经没有一个人是他的对手，更不要说那些还没有当过执政官的人。但在这个时候他松懈了，放松了从年轻时就已经开始的努力。他认为自己已经有了很大的影响力，现在需要比较多地享受生活了，或者说让生活过得轻松些，这是他自己承认的。一年、两年，甚至三年，以这种方式生活必定会有某些东西在消失（就像一幅旧画在慢慢地褪色），平常人不太看得出来，但只要是一名训练有素的、聪明的批评家，就能察觉到。随着这个过程的延续，他的雄辩从整体上说还在起作用，尤其是他那平稳流畅的语言，但与从前的霍腾修斯相比，他的衰退也日渐明显。

“而另一方面，我并没有停止努力，我仍旧像过去一样，依靠各种类型的训练，特别是通过写作，来增强自己的才能。撇开这一时期的许多事情不谈，担任营造官后又过了几年，我担任了执法官，大批民众对我有好感，在几位候选人中我是首选。这不仅是因为作为律师我十分努力，不停地为民众打官司，而且也因为人们认为我的讲话风格比法庭上的习惯方式更好，它的新颖吸引了人们对我的关注。我不想再说自己了，还是来说其他人吧。他们中没有一个人给我留下过读书多于常人这样的印象，而阅读是完美口才的源泉；他们中没有一个人曾经拥抱作为一切卓越行动和言语之母哲学；他们中没有一个人彻底掌握罗马法，这些内容是演说家头脑中最基本的武器，也为在私人诉讼中做出实际判断所必需；他们中没有人完全了解罗马历史，而演说家在时机恰当时可以呼唤死者，让他们成为不可阻挡的证人；他们中没有一个人能够有效地嘲弄他的对手，引起哄堂大笑，转移法庭的严肃气氛；他们中没有一个人懂得如何彰显他的案子，从局限于具体人和事的问题转向一般性的问题；他们中没有一个人知道如何用简短的离题话拯救他的案子；他们中没有一个人能够激起法官的愤怒或者让他落泪，或者说（这是演说家的最大特点）能够支配法官的感情，使之朝着任何案情需要的方向发展。

【94】“就这样，当霍腾修斯渐渐从法庭上消逝的时候，我到了法定最低年龄，担任了执政官，这是在他担任执政官以后的第六年。这个时候他开始恢复演讲，似乎担心由于我在仕途上已经与他并驾齐驱，也会在某些方面超过他。这样，在我担任了执政官以后的 12 年中，我们非常和谐地联手处理了最重要的案件，发挥了各自的特长。我担任执政官最初在一定意义上伤害了他的自尊，但这种自尊到最后被证明为是一种束缚，因为他敬佩的东西是我已经完成了的。布鲁图，我们之间的合作在当时是最惹人注目的，不亚于我们现在的共同学习，但是为了躲避暴力的威胁，我和霍腾修斯突然变成了哑巴。庞培法案给每个演讲者规定了三个小时的辩护时间，而我们每天都要参加许多非常相似，或者几乎完全相同的案子，但处理起来总有新意。布鲁图，你也参加了其中的某些案子，无论是与我们合作，还是单独处理。就这样，尽管霍腾修斯的寿命不像他应该活得那么长，但他无论如何已经完成了他的职业生涯，他开始当律师的时间比你出生的时间还要早 10 年。在他 64 岁那年，仅仅在他去世之前没几天，他和你一起参加诉讼，为你的岳父阿庇乌斯辩护。至于我们两人的演讲特点，可以根据我们的讲话以后再做判断。

【95】“如果我们提出这个问题，为什么霍腾修斯在青年时期享有比他壮年时期更高的名望，那么我们可以找到两条很好的理由。首先，他的演讲风格是亚细亚式的，年轻人使用这种风格可以原谅，但在成年人使用就不太合

适了。亚细亚风格有两种类型：一种是简洁的、喜欢使用格言警句，不太注重思想的分量，而关注平衡与对称的魅力。比如历史学家蒂迈欧，在演讲术中则有我童年时期的阿拉班达的希洛克勒，他的兄弟美涅克勒更加如此，他们俩的演讲词是这种亚细亚风格的杰作。另一种类型不太使用格言警句，但是快捷和猛烈——这是亚细亚当时的一般特性——再加上精选的语词和细心的修饰。尼都斯的埃斯库罗斯和我的同时代人，米利都的埃斯基涅斯，是这种讲话类型的代表。他们的快捷令人敬佩，但它缺乏短语和句子的精美对称。如我所说，这两种风格都比较适合年轻人，如果成年人使用它就显得缺少分量和庄严。霍腾修斯对两种风格都很熟悉，作为年轻人他赢得了暴风雨般的掌声，因为他建起了一座祭坛，使人们崇拜美涅克勒式的优雅格言，并且经常使用它们。在希腊人眼中，这些格言仅仅是一种优雅悦耳的声音，不一定非要有用不可，而霍腾修斯也这样看，他的讲话可以是快捷的，猛烈的，但又不失精美。这种讲话风格不太可能赢得成年人的青睐，——我经常看到腓力普斯听他演讲时发出讥笑，有时甚至是气愤和不耐烦——但所有年轻一代都对他充满崇敬，他的风格风靡一时，裹挟了许多人。按公众的判断，年轻的霍腾修斯是杰出的，应当占据首位，尽管他的演讲风格缺少分量和权威，但与他的年纪相适宜。不管有什么缺点，某些美好的天赋通过艰苦实践在他身上大放异彩，讲话在他那里确实成了一门艺术，他赢得了人们的普遍敬仰。但是，在担任公职的荣誉和权柄向他提出某些更加基本的要求时，霍腾修斯仍旧保持着原样，而他的风格也已经不再是他的了。因为他放松了练习和使用以前的技艺，尽管他还保留着原先注意语句平衡的习惯。他的思想还在，但已经不能像从前一样用丰富的语言把它表达出来。布鲁图，也许是由于这个原因，要是你听过他的讲话并且对他的过去和他达到的权力顶峰仍旧充满向往，那么你得到的快乐会少于他能够给你带来的快乐。”

【96】布鲁图答道：“是的，我非常明白你说的这些局限，但我仍旧认为霍腾修斯是一位伟大的演说家，我尤其敬佩他为美萨拉辩护时的讲话，当时你正好不在。”

我答道："这似乎是人们的一般看法，我听说他的演讲稿与他的发言完全一致，这就确认了你的判断。因此他的生涯是成功的，从克拉苏和斯卡沃拉担任执政官直到鲍鲁斯他马尔采鲁斯担任执政官。我的生涯可以与他的并行，从苏拉独裁开始直到大约相同的年代。霍腾修斯的声音沉默了，仅仅是由于他自己的去世，而我的声音沉默了，乃是因为这个共和国将要死亡。"

布鲁图说："你最好解释一下你的预言！"

我答道："随你所愿，但我的解释更多的不是为了我，而是为了你。霍腾修斯的结局是幸运的，因为他不用活着看到和经历他预见的未来。我们曾经多次在一起为迫近的灾难悲泣，因为战争的威胁已经显示在个别人谋取私利的野心中，公共政治生活中也毫无和平调解的希望。但是幸福，尤其是他个人的幸福光顾了他的一生，他的死亡就好像一面盾牌及时地提供了保护，不让他受到尾随而来的灾难的伤害。

"至于我们，布鲁图，由于霍腾修斯的死亡，我们成了演讲术这个孤儿的监护人，让我们把她放在我们自己的家中，按照与她的身世相配的方式保护她。让我们拒绝那些演讲新星和厚颜无耻的讼棍对她提出的要求，捍卫她的纯洁，就像对待尚未成年的少女，只要我们能够做到，就要使她远离那些鲁莽崇拜者的冒犯。我确实有理由感到悲伤，因为我自己进入这条生活之路太晚，在我的旅程结束之前，夜幕已经降临，黑暗笼罩着整个国家。然而你那些充满深情的来信给我提供了安慰，所以我仍旧在坚持。你在信中说我必须鼓足勇气，反思我已经完成的事业，它们不用我的话语就会代表我说话，在我死后它们仍旧会活着。要是这个国家能够幸存，那么它会为我所从事的事业做见证；即使这个国家覆灭了，那么它同样也见证了我的智慧。

【97】"但是，布鲁图，当我看着你的时候，我感到更加悲哀。你还那么年轻，尚未在民众的掌声中取胜，就要被邪恶的命运布下的障碍阻拦。这种悲哀对我的触动更深，这种担忧使我无法安宁。不仅我有这种感受，而且我们在这里的这位朋友也有这种感受，他分享我的爱，也尊重你。对你，我们有着深厚的感情，我们热切地希望你的美德能得到奖赏，为了你，我们渴望

有一种公共事务的制度，使你有可能保持两个伟大家族的名声，并且为它们增添新的光彩。法庭是属于你的，讲坛是属于你的，你给它们带来的不仅仅是训练有素的口才，而且是演讲本身。你已经用各种伟大的技艺把自己装备起来，通过这样的学习你已经变得非常充实，你的口才与美德的风采完美地结合起来。但是对于你，我们有双重顾虑，这个国家使你感到愤怒，你也使这个国家感到愤怒。尽管公民的常规生活妨碍了你天才的自由进程，但你还是要集中精力学习，尽管你从来没有松懈过（你差不多，或者说已经就要完成了），你要把自己与我在这场讨论中提到的一大批律师区别开来。通过学习，你已经有了丰富的思想，所以不要待在家里，而要去城里，这座城市总是被人们当做学习之家。但要是你满足于做一名普通的律师，那么你就错了。最雄辩的希腊教师帕曼尼斯的训练目的何在？著名的老学园的教导目的何在？要是我们不能变得比大部分演说家更加优秀，老学园的学说的继承人，我的朋友和客人阿里斯图的目的何在？我们难道看不出每一时期只有很少人可以像两位代表性的演说家那样保持杰出地位吗？加尔巴在众多的同时代人中是杰出的，在他之前我们知道有老加图，以及当时所有比老加图年轻的人。在他之后有雷必达，然后有卡玻。我不需要再提醒你两位革拉古了，他们的特点在于用一种比较自由、比较灵活的方式通俗地讲话，尽管在他们那个时代演讲的技艺还没有受到推崇。还有安东尼乌斯和克拉苏，然后有科塔和苏皮西乌，关于霍腾修斯，我就不再说什么了。我只想再说一句话，要是我命中注定仅仅是众多律师中的一员…… [那么我宁可完全放弃演说家的生涯，而不是历尽千辛万苦去和更加幸运的对手进行竞争。]”①

① 全文结尾时原文有缺损，方括号中的文字由英译者补足。

演说家

提要

本文是西塞罗的最后一部修辞学著作，写于公元前46年下半年，拉丁标题“Orator”，英译名采用拉丁原名，意思是“演说家”。作者采用给马库斯·朱尼乌斯·布鲁图写信的方式，回答了在以往著作中已经提出来的问题：什么是完美的演说家？文中也涉及训练演说家的五个组成部分，但把重点放在演讲风格上，相关论述占了全文四分之三的篇幅。本篇带有一定的论战性质，作者在文中捍卫自己的演说家地位，并为自己的演讲风格辩护。

全篇共分71章，译成中文约6万字。

正文

【1】布鲁图啊，我长时间地在心中与自己激烈争论，不知道应当拒绝你反复提出的请求还是按照你的要求去做，也不知哪一种做法更加困难或者更加严肃。确实，要拒绝一位我全心全意地爱着的人所提的要求是困难的，我知道他对我的爱也做出过回应，尤其是他的要求是合理的，他的好奇心是高尚的，但要接受一项如此重大、难以付诸实施，甚至就好像捕捉想象似的任务，似乎很难成为一名尊重学问、懂得法律的人的行为。因为，在优秀的演说家层出不穷时，要想确定什么是演讲术最好的理想和类型，那么还有比这

更加重大的任务吗？由于你的反复请求，我应当接受这个任务，但我这样做更多的不是希望获得成功，而只是表示愿意尝试。事实上，我宁愿你能在我身上找到缺陷来打消你的愿望，而不要由我来拒绝，因为这样做会使我显得不够仁慈。

你反复询问我的看法，我最赞成什么样的演讲风格，我认为最优秀、最完美，没有任何缺陷的演讲风格具有什么样的本质。我担心，要是我按照你的希望去做，描述了理想的演说家，那么我可能会使许多学习演讲术的人感到沮丧，因为他们进行的尝试不可能有任何成功的希望。但若他们受到某些鼓励，雄心勃勃地要去承担伟大的事业，那么让他们去尽力尝试也是公平的。要是有人正好缺乏身体方面的天赋，或者缺少杰出的理智，或者没有充分地学习文化，那么至少也要让他参与他能够学习的课程。只要在迈出第一步时做过努力，那么迈第二步或第三步时停顿下来也就不可耻了。比如，以希腊文学为例，希腊诗人不仅有荷马、阿基洛库斯①、索福克勒斯、品达②，还有第二流的，甚至更低级的诗人。在哲学中，我敢肯定，柏拉图的伟大并没有妨碍亚里士多德的写作，亚里士多德的渊博也没有终结其他人的研究。

【2】还有，不仅杰出人物不会妨碍人们的自由追求，甚至连那些工匠也不会因为不能画出和我们在罗得岛上看到的雅律苏斯③或者被缚的维纳斯④同样美丽的画像而放弃他们的技艺。奥林比亚的朱庇特⑤或者多利弗洛⑥也不会阻碍其他雕刻家的尝试，他们想要看到自己能完成什么样的作品或者能

① 阿基洛库斯（Archilochus），公元前 7 世纪的希腊抒情诗人。

② 品达（Pindar），希腊著名诗人，生于公元前 518 年。

③ 雅律苏斯（Ialysus），罗得岛的一位英雄，希腊画家普洛托革涅（Protogenes）为他画了一幅名画。

④ 希腊画家阿培勒斯（Apelles）的作品“被缚的美神”，美神在希腊人中称为阿佛洛狄忒（Aphrodite），在罗马人中称为维纳斯（Venus）。

⑤ 希腊雕塑家斐狄亚斯（Phidias）创作的宙斯像安放在奥林比亚（Olympia），被视为世界奇观之一；希腊天神宙斯（Zeus）在罗马人中称为朱庇特。

⑥ 多利弗洛（Doryphrous），希腊雕塑家波吕克利图（Polyclitus）创作的最著名的运动员塑像的名字。

取得什么样的进步。这样的人为数众多，每个人都在他自己所属的领域中工作，而我们尽管崇敬最优秀的，但无论如何也会认可不那么优秀的。在演说家中，特别是在希腊演说家中，一个人在所有方面都超过其他所有人是令人惊讶的。然而，在德谟斯提尼的年代，有许多演说家获得巨大的荣誉，此前的那个时期亦如此，而在后来的各个时代，伟大的演说家也没有死绝。因此，那些热衷于在演讲中谋求发展的人没有理由抛弃自己的希望或减少活动。我们一定不能对于成为最优秀的演说家感到绝望，在一项高尚的事业中，有许多人可以非常接近最优秀的。

因此，在描述完善演说家的轮廓时，我也许是在刻画一个从来没有存在过的演说家。我要问的确实不是谁是最完善的演说家，而是这位无法超越的演说家的模式是什么样的。这种模式在演讲中很少出现，但确实在某些时候或某些地方出现过，在某些演讲者那里显现得多一些，在某些演讲者那里显现得少一些。我坚定地认为，没有任何东西能够美到不能被模仿它的东西超过，就好比面具是对脸孔的模仿。这种理想化的东西虽然不能被眼睛或耳朵察觉，也不能被其他感官察觉，但我们毕竟还能用心灵和想象来把握它。例如，斐狄亚斯的雕像是我们见过的雕像中最完善的，我提到过的那些画像尽管很美，但我们还能想象其他更美的画像。伟大的雕塑家在创作朱庇特或密涅瓦的雕像时并不观看他的模特儿，而是在自己的心中有了精妙绝伦的美的景象。在创作时，他凝视着心中的美景，用心指引着他的艺术家之手，把美丽的神像塑造出来。

【3】同理，雕塑和绘画中也有某些完善的、卓越的东西，这是一种理智的型相，艺术家依据它来创造艺术品。但是这种型相并不对眼睛呈现，因此我们要用心灵感受完善的演讲术的型相，而用耳朵我们只能接受型相的摹本。柏拉图把这些事物的型相称做“idea”①，他在风格和思想两方面都是

① 柏拉图哲学的核心范畴，希腊原文“idea”或“eidos”。中国学者从 20 世纪 20 年代开始翻译柏拉图对话，先后尝试过的译名有理型、埃提、理念、观念、概念、形、相、形式、意式、通式、原型、理式、范型、模式、榜样、模型、式样，等等，本书翻译为“型相”。

杰出的大师。他说，型相不会“变易”，它们永远存在，依附于理智和理性，而其他事物则会生成和消亡，处在流变之中，不能长时间地保持同一状态。要对任何事物进行合理的讨论，必须将它还原为该事物所属类别的型相和类型。

我知道我的这个开场白不是来自有关演讲术的讨论，而是来自哲学的心脏，而古代哲学相当晦涩，会引起批评，或者至少引起惊讶。因为读者要么感到奇怪——他们会想这和我们要考察的主题有什么关系呢，要等到事实全都摆在他们面前，使他们感到这样做是合理的，他们才会满意——要么批评我们偏离人们已经走熟了的道路，去寻找新的路径。但是我知道，我在谈论这些非常古老、众所周知的事情时经常会提出独到的见解。我承认，我的演说能力不是来自修辞学家的工作室，而是来自学园的广阔天地。那里确实是一个多样化的争论场所，而学园最先是由柏拉图用双脚踩出来的。他和其他哲学家在讨论中严厉地批判了演说家，而演说家也从中得到帮助——比如丰富的演讲风格，所谓演讲术的素材是从他们那里来的——但是演说家没有从哲学家那里得到法庭辩论的充分训练。他们把这件事留给了未开化的缪斯，因为他们自己不愿意谈论这个问题。法庭演讲受到哲学家的嘲笑和拒斥，从而使演讲者失去了许多有价值的帮助，但无论如何，这种演讲还是不怕少数人的厌恶和批判，带着夸夸其谈的外表和众多的格言自负地出现在大众面前。其结果就是，有学问的人缺乏说服民众的口才，而流利的演讲者由于缺乏健全的知识而变得粗俗。

【4】所以，让我们假定，哲学对于我们理想演说家的教育从一开始就是基本的，这一点以后会越来越清楚。哲学并非一切，但哲学可以帮助演说家，就像身体训练对演员有帮助一样（我们在比较事情大小时经常使用这个例子）。没有哲学，就不能以一种机智、雄辩的风格讨论各种宏大的主题，例如，苏格拉底在柏拉图的《斐德罗篇》中说，伯里克利超过其他演说

家，因为他是自然哲学家阿那克萨戈拉的学生。① 苏格拉底认为伯里克利向他学到了许多精妙的东西而变得机智灵活，懂得如何使用语言去激发听众的情感，这对演讲来说是最重要的。同样的话也适用于德谟斯提尼，从他的书信中你可以看出他是一名努力学习柏拉图的勤奋的学生。的确，没有哲学训练，我们就不能区分任何事物的属与种，不能对它进行定义和把它划分为从属性的部分，不能区分真假，也不知道“推论”，更不会区分“对立面”或分析“模糊的东西”。关于学习自然哲学我该说些什么呢？它也会给演说家提供丰富的素材吗？还有，你认为一个人要是没有在这些问题上接受过彻底的训练，那么他会去思考生命、责任、美德、道德这一类问题吗？

【5】为了表达诸多重要思想，在风格上必须使用多样化的修饰，这在一定时候就包含那些被当做修辞学教师的人提供的独家教导。这样一来，没有人能够真正拥有完善的口才，因为思想方面的训练是一门课，表达方面的训练是另一门课，而实际上我们从一组教师那里寻求事实方面的教导，从另一组教师那里寻求语言方面的教导。由于这个原因，深受我们父辈敬重、生来就有敏锐理智的马库斯·安东尼乌斯很容易成为演说上的第一人。在他唯一出版了的著作中，他说自己见过许多优秀演讲者，但没有一个人懂得如何演讲。他心中显然有一个完美的演讲典范，是他凭借理智把握的，但从来没有用眼睛看到过。作为一名有着精致理智的人——这个描述肯定为真——他看到自己和其他人还有许多东西要学，他发现没有任何人可以真的被称做雄辩的。但若他认为自己或卢西乌斯·克拉苏不是雄辩的，那么他心里肯定有一幅完美无缺的雄辩家的精神图景，所以他不会把那些有着某些缺点的演说家当做理想的演说家。所以，布鲁图，要是我们能够做到，就让我们来寻找这个安东尼乌斯从来没有看见过，或者从来没有存在过的人。如果说我们不能提供一个精确的摹本——安东尼乌斯说即使神灵的力量也很难做到这一点——那么我们至少能够说出他应当是什么样的。

---

① 参见柏拉图：《斐德罗篇》269e。

在演讲的三种风格中，有些人的确成功地使用了其中的某一种，但很少有人达到我们的理想程度，同时成功地使用所有风格。有些演说家使用夸张的风格（grandiloqui）——要是我可以使用这个古词的话——表现出强大的思想能力和庄严的措辞。他们的讲话铿锵有力、多才多艺、满腹经纶、威严庄重、受过良好的训练、善于激发和消除听众的情感。有些演说家使用一种古朴的、严峻的、粗犷的风格，但不使用固定的结构或圆周句。有些演说家使用平稳有序的句子结构，注重音调的抑扬顿挫。处于另一端的是一些平实的演说家，他们力求清楚明白地说明一切事情，但不强求给人留下深刻印象。他们的风格朴素精练，没有任何修饰。在他们中间，有些人很机智，故意不做修饰，就像那些未经训练、缺乏技艺的演讲者。有些人的风格虽然同样枯燥，但由于稍微使用了一些修饰而显得比较优雅，甚至活泼。

【6】还有一些人的风格介于上述两类人之间，我可以把他们的风格称做有节制的。它既不诉诸于后者的理智，也不运用前者炽热的力量；它与二者相关，但又超越二者；它既分有二者，但说实话又不是对二者的分有，因为这种风格保持着词汇的“平稳中音”，除了从容不迫和多样化之外什么都没有带来，或者至多就像是给一顶花冠插上了两朵小花，使用某些思想和措词方面的简要修饰而使整个演讲丰富多彩。从这三种风格之一获得力量的人拥有演说家这个伟大的名称，但他们是否达到了我们期待的效果仍旧有问题。当然了，我们看到有些人的语言是华美的、有分量的，也是审慎的、清晰的。

【7】我们在罗马人中间能找到这样的演说家的一个实例吗？不在外国人中间，而是在我们自己人中间寻找我们的理想范型，那是最好不过了。我想，在我已经发表的那部名为《布鲁图》的对话中，尽管为了鼓励他人，也由于热爱我们的人民，我高度赞扬罗马人，但我仍旧把德谟斯提尼的地位看得高于其他所有人，[①] 因为我可以把他等同于理想的演说家，而其他任何人

---

① 参见西塞罗：《布鲁图》第 9 章。

都不能。在风格的有力、机智，或适度上没有人能超过他。由于这个原因，我们必须向某些人提出建议，因为这些人把一些误导人的观点传播到了国外。他们希望人们把自己称做“阿提卡派的”，或者坚持说自己按照阿提卡风格讲话，而我们的建议是，他们必须崇敬这个高于其他所有人的演说家，我敢肯定，他就是阿提卡和雅典本身。让他们通过这个人的力量，而不是通过他们自己的弱点，去弄明白什么是阿提卡的。当前，人们赞扬的仅仅是他们希望自己能够模仿的。然而，由于他们雄心勃勃而又缺乏判断力，所以我认为向他们介绍一下阿提卡风格的真正荣耀并非远离主题。

【8】演说家的口才始终受到听众良好感觉的支配，因为所有期望赢得听众赞同的人总是尊重听众的善意，并且完全按照这一标准，即听众的看法和好恶，来塑造自己和适应他们。由于这个原因，卡里亚、弗里吉亚、密西亚等地有了最低程度的风雅和情趣，演讲者采用了一种适合当地人耳朵的、华丽的、奉承的语言。但是他们的邻居罗得岛人，尽管只隔一条狭窄的海峡，从来不赞同这种风格，希腊本地人就更不喜欢它了，而雅典人则对之大加贬斥，他们有着健全的识别能力和判断力，不愿意听那些未经选择的、不纯洁的东西。顾虑重重的演说家不敢使用一个怪异的、唐突的语词。以德谟斯提尼为例，我说过他比其他所有人都优秀。他的杰作，那篇著名的演说词《为克特西丰辩护》，开头是简洁的，然后在讨论法律时也没有什么修饰，然后他慢慢地激怒法官。察觉到他们开始恼火的时候，他在演说的其他部分大胆地突破了所有规矩。然而，埃斯基涅斯十分谨慎，使用每个词都要掂量一下。他对德谟斯提尼的某些演讲要点进行了批评和攻击，然后嘲笑德谟斯提尼的讲话用语粗鲁、唐突、无法容忍，甚至在斥责德谟斯提尼野蛮的时候，问这些词是不是荒谬绝伦的。所以，埃斯基涅斯不是阿提卡的，甚至连德谟斯提尼也不是阿提卡的。要批评对方某些过火的语言，要是我能这样说的话，在对方激动的情绪冷却时嘲笑它，这样做的确很容易。由于这个原因，德谟斯提尼后来就开玩笑似的为自己找借口，说希腊人的幸运就在于不会依赖他使用过的这个词或那个词，也不会依赖他的手指向这里或指向那里。连

德谟斯提尼都被批评为矫揉造作，那么密西亚人或弗里吉亚人对雅典人会怎么看？他要不马上开始按照哀怨的、没有抑扬顿挫的亚细亚方式讲话，又有谁会认可他？我可以说，他们肯定会高喊“叫他滚出去”，对吗？

【9】所以，阿提卡风格注重文雅、顾虑重重，那些适应这些嗜好的演讲者必定会被认为是在以阿提卡风格讲话。阿提卡风格的演说家有好多种，但我们现在有些人所理解的阿提卡风格只有一种。[①] 他们认为，只要思想精确，有辨别力，讲起话来简洁朴素，不加修饰，这样的人才达到了阿提卡的标准。他们的错误在于假定只有这样的人才是阿提卡演说家，但把他称做“阿提卡的”倒没有什么错。如果这就是唯一的阿提卡风格，那么按照他们的原则，甚至连伯里克利也没有按照阿提卡方式讲话，然而每个人都承认他是卓越的。要是他的风格是朴素的，那么阿里斯托芬就决不会说他“像雷鸣电闪，震惊了全希腊”。[②] 所以让我们表示同意，阿提卡的讲话方式属于吕西亚斯这位最迷人、最高雅的作家（有谁能够否认这一点？），只要我们明白吕西亚斯身上的阿提卡特点不是朴素和不加修饰，而是平白无奇或者无趣。另外，我们必须承认，在阿提卡演说家中也能看到华丽、激烈、雄辩的语言，否则就要否认埃斯基涅斯和德谟斯提尼是阿提卡风格的演说家。这里还有某些人自称“修昔底德派”，一个新颖的、闻所未闻的称号。那些追随吕西亚斯的人至少还追随了一位律师，尽管在风格上确实不是庄严的、稳重的，但由于他们的朴素和简洁，尚能在法庭上很好地把握自己。而修昔底德给我们提供了历史、战争和战役的画面，我承认它们是优美的、庄严的，但在他那里找不到什么东西可以用于法庭或公共生活。那些著名演讲中包含着许多晦涩的句子，很难理解，这是公共演讲之大忌。人类在开始播种谷物以后，发现过那些邪恶的、以橡树子为生的人吗？[③] 我们应当这样想，人类在

① 这种所谓的阿提卡风格是西塞罗正在批判的。

② 参见阿里斯托芬：《阿卡奈人》第 530 行。

③ 希腊神话传说，特利托勒莫（Triptolemus）在阿提卡播种谷物之前，人类靠吃橡树子生活，特利托勒莫被视为农业的发明者，因此也是文明的创始人。

食物方面由于得到雅典人的帮助，从而得到改善，那么在讲话方面就不能了吗？进一步说，希腊修辞学家[①]曾经从修昔底德那里引用过什么例子吗？我承认每个人都赞扬他，把他当做一名非常理智的、庄重的评价者，对那些事件做了严肃的评价，但他是在描述历史上的战争，而不是在处理法庭上的案子。因此，人们从来没有把他归入演说家这个类别，说实话，要不是他撰写历史，他的名字都不会被人们知道，尽管他有着高贵的出身，担任过荣耀的公共职务。[②]然而，尽管没有人成功地模仿修昔底德庄严的思想和措辞，但由于他们没有教师也能说出只言片语或者一些不连贯的语句，所以他们就以为自己也是一名标准的修昔底德了。我甚至见过一个人，他希望自己成为色诺芬，他的讲话风格确实比蜜还要甜，但与法庭上的唇枪舌剑差距甚远。

现在回到我们的任务上来——描述理想的演说家，按照安东尼乌斯所说的那种在任何人身上都找不到的口才来塑造这位理想的演说家。

【10】布鲁图，这无疑是一项艰苦而又冗长的任务，但对于一名爱好者来说，我想就不显得苦了。我的确喜欢你的才干、兴趣和性格，而且一直很喜欢。随着时间的流逝，我的心变得越来越温暖，不仅是因为我和你的交谈，听你博学的讲话的愿望得到了满足，而且是由于你在美德方面拥有令人惊叹的崇高名望，二者之间尽管并不匹配，但你的美德与智慧是非常和谐的。比如，有什么差别能像仁慈与严厉之间的差别那么大？然而，有谁能比你更加正直，或者更加亲切？有什么事能像在纷争中让每个人都高兴那么难？然而，你能友好地送走你的诉讼当事人，使他们哪怕诉讼没有成功也感到满意。同理，高卢是这个世界上唯一没有陷入熊熊大火的国家。[③]在那里，你的功绩得到赞扬，你的声名远播整个意大利，你和最优秀的公

---

① 亦即演讲术的教师。

② 修昔底德在伯罗奔尼撒战争期间当选为将军。

③ 西塞罗在这里提到凯撒与庞培之间的内战。布鲁图于公元前46年被任命为山南高卢的总督。

民在一起，既有年轻人的青春活力，又有男子汉的力量。[①] 最重要的是，甚至在最繁忙的日子里，你都从来没有放松过学习，而总是辛勤著述，或者鼓励我从事写作。所以，等到《加图颂》一完成，[②] 我就开始写这本书。要不是你的竭力催促，而我自己对加图的印象又是如此亲切，要是拒绝会感到良心上过不去，否则我决不会接受这项任务。[③] 我请你做证，是你要求我撰写本书的，尽管我有点儿犹豫不决，但还是大胆地写了。因为我希望你能分担由此招来的责难，要是我面对重大的指控无法为自己辩护，那么你可以像我接受指责一样，承认把这项任务强加于我的是你。然而，由于我把这本著作献给了你，我的判断中的任何错误都可以由于这种荣耀而得到平衡。

【11】要描述“最优秀”（这个词的希腊语是“charakter”）的“型相”或“类型”总是困难的，因为不同的人对什么是最优秀的有着不同的看法。有人说：“我喜欢恩尼乌斯，因为他的措辞没有远离普通人的用语。”有人说：“我喜欢巴库维乌斯，因为他的诗句精雕细凿，不像恩尼乌斯那么粗糙。”也还有人喜欢阿西乌斯。由于人们的看法有分歧，就像对这些希腊作家的看法一样，因此要解释哪一种类型最优秀就不容易了。在绘画中，有人喜欢粗犷、粗糙、忧郁的风格；有些人正好相反，喜欢明快、欢乐、辉煌的色彩。在有许多种类绘画并存的情况下，在有多个作品在它所属的类别中是最优秀的情况下，你如何能够制定一条规定或公式？然而，这一担忧并不能妨碍我的探讨，因为我认为一切事物中有某个“最优者”，哪怕它是不明显的，熟悉这个主题的专家都会承认这一点。

演说有好几种，相互之间有差别，不能全部归为一种类型。所以，我现在不把希腊人称为“epideictic”（展示性的）的一类演讲包括在内，因为它

---

① 山南高卢即北意大利，西塞罗强调这个行省的公民拥有高度的罗马公民的尊严。

② 加图是凯撒的对手，在尤提卡（Utica）自杀，西塞罗在这篇文章中颂扬加图。

③ 西塞罗担心他对加图的赞颂会引起凯撒的不悦，所以试图把罪责转移到布鲁图头上。

们就像某种展览品，会给人带来快乐，这个类别包含颂词、写实、历史，以及像伊索克拉底的《劝勉词》[①] 那样的告诫文章，还有许多所谓智者撰写的相似的演说词，以及其他所有与公共生活中的论战无关的演讲。这样说并非指它们的风格无足轻重，因为这类演讲可以称得上是我们希望刻画的演说家的乳母，而我们想要对这位演说家做出更加具体的描述。

【12】这种风格增添了人们的词汇，在节奏和句子结构上允许有更大的自由。它醉心于句子的简练与对称，也允许使用有一定限制的环形句。它为了特定目的而进行修饰，但不隐瞒企图，而是公开宣布。它注重语词之间的对应、对立事物的并举、从句结尾的押韵。但是，我们在实际的法律活动中很少这样做，即使有也不那么明显。在《赛会颂词》[②] 中，伊索克拉底承认自己渴望产生这些效果，因为他撰写演说不是为了法庭上的审判，而是为了娱乐听众。据说，卡尔凯敦的塞拉西马柯和林地尼的高尔吉亚最先进行这一实践，继他们之后有拜占庭的塞奥多洛以及其他许多人，苏格拉底在《斐德罗篇》中称他们为“修辞大师”。[③] 他们讲了许多简练的短语，但就像新颖的、不成熟的产品，是一些不连贯的韵文，而且有时候过分华丽。因此，希罗多德和修昔底德更值得我们敬佩，因为他们尽管与我刚才提到的这些人处于同一时代，但他们远离这样的伎俩，或者我可以更好地说，远离这样的愚蠢。[④] 希罗多德的讲话像一条平稳的河流，没有任何波涛；修昔底德的讲话充满活力，他描述的战争使你身临其境。如塞奥弗拉斯特所说，他们最先以这种风格讲述历史，他们的风格比他们的先驱者要丰满和华丽。

---

① 《劝勉词》(*Panegyric*)，伊索克拉底的优秀演说词，他在演讲中赞扬雅典人，力主雅典人在全希腊反对波斯的战争中充当领袖。

② 《赛会颂词》(*Panathenaicus*)，伊索克拉底于公元前380年为庆祝第一百次全希腊奥林匹克赛会所作的演说词。

③ 柏拉图:《斐德罗篇》266e。

④ 这一评价对于希罗多德来说是对的，但是修昔底德肯定受到过高尔吉亚风格的影响。

【13】伊索克拉底属于下一代，我对他的赞扬总是超过这群人中间的其他人，但是布鲁图，你对我的评价有时保持沉默，有时会提出反对意见；但若我把赞扬他的原因告诉你，你也许会同意我的看法。按照传说，最先试图对语词进行人为排列的是塞拉西马柯和高尔吉亚，但在伊索克拉底看来，他们似乎应讲节奏较短的句子，而另外，塞奥多洛显得太粗糙，不够完美流畅，我们可以说，伊索克拉底第一个扩张他的短语，用比较微弱的节奏使他的讲话变得流畅。由于他把这种方法教给学生，而他的学生后来又出了名，有些是演说家，有些是作家，我们可以把伊索克拉底之家当做口才实验室。因此，正如加图赞扬我能够轻易地忍受哪怕是所有人的批评，所以我认为伊索克拉底可以拿柏拉图的判断做比较，对其他人进行批评。因为你要知道，几乎是在《斐德罗篇》的最后一页，对话中的苏格拉底讲了这样一些话：“伊索克拉底现在还很年轻，斐德罗，但我不在乎把我的预见告诉你。”斐德罗说：“噢，什么预见？”苏格拉底说：“依我看，他的天赋之高，使他能远远超过吕西亚斯在文学中的成就；就个人品性来说，他也很高尚。因此，假定他坚持不懈地继续当前正在进行的写作，要是他在今后令他所有的文学前辈都落在他后面，望尘莫及，那么也没有什么可以惊讶的；如果他对这样的写作仍旧不满意，内心有一种从事更加伟大的事业的冲动，那么他的成就会更大。斐德罗，他的心灵包含着一种内在的哲学气质。”① 苏格拉底对这位年轻人做了预言，而柏拉图写作这篇对话时伊索克拉底已经步入中年，柏拉图以同时代人的身份写了这篇对话批评所有修辞学家，但只敬佩伊索克拉底一个人。至于我，那些不喜欢伊索克拉底的人必须允许我与苏格拉底和柏拉图的意见相左。所以，展示性的演说词有一种甜蜜、流畅、华丽的风格，有着花哨的比喻和动听的言语。这是适合智者活动的一个领域，如我们所说，更适合展示而不适宜战斗，除了体育场和角斗外，它在法庭上受到唾弃和拒斥。但是这种演说滋养了口才，然后口才又依靠自己增添了色彩和力量，所以称

① 柏拉图：《斐德罗篇》279a。

之为演说家的摇篮并不为过。关于学派和展示性演说我就说这么多，现在让我们进入争论的实质性部分。

【14】演说家必须考虑三件事：要说些什么，按什么秩序说，用什么方式和风格。因此，我们的任务是用一种与教科书有所不同的方式解释在这些方面什么是最优秀的。我们不制定规则，制定规则不是我们要做的事，但是我们要刻画卓越口才的型相和外表；我们也不解释它是如何产生的，而只是说它在我们看来是什么样子的。前两个论题我要简要处理，因为这些方面并不值得特别提出来给予最高的赞扬，而是相当基础。此外，演讲术与其他许多学问共享这些内容。发现和决定要说些什么当然重要，但对演讲来说，它就好比心灵对身体，至多是一件普通理智的事情，而非演讲的事情。我们做任何事情，有哪一件可以说不需要理智呢？所以我们完善的演说家应当熟悉推理和论证。一切有争议的事情所提出的问题无非是：(1) 这件事有没有发生？(2) 当事人做了些什么？(3) 他的行为性质是什么？这件事有没有发生这个问题要用证据来回答，当事人做了些什么这个问题要用定义来回答，他的行为性质是什么这个问题要使用正确与错误的标准来回答。为了使用这些方法，演说家——不是普通演说家，而是这位杰出的演说家——要是能做到的话，总是放弃与具体时间和人物相关的讨论，因为这种讨论可以从具体对象扩展到相关的类别，就整个类别证明为真的东西对于该类别中的个体来说必然也是真的。摆脱具体的时间和人物，进入对某个一般性论题的讨论，这样的考察称做“命题”(thesis)。亚里士多德用命题训练年轻人，不是为了用这种具体方式讨论哲学，而是为了修辞学家的流畅风格，使他们能够用华丽优雅的语言维护争论双方的任何一种立场。他也教“论题”(topics)，以此作为论证的一种标志或标识，这是他给这样的命题所起的名字，由此可以构成争论双方任何一方的整个讲话。

【15】因此，我们要找的不是学校里的一名朗诵者，或者一名在法庭上夸夸其谈的人，而是一名有学问的、完美的演讲者。我们的演说家一发现某些具体“论题”会很快过一遍，选择适宜的主题，然后用一般性的术语讲话。

这就是通用论证[①]的源泉，通用论证是他们用的名称。但他不会不分青红皂白地使用所有通用论证，而是对它们进行掂量和选择。因为［同一种类的］[②]决定性的论证并非总是能够找到。因此，他会做出判断，不仅是要找一些东西来说一说，而且要估量它们的价值。世上没有任何东西比人的心灵更多产，尤其是受过教育的人的心灵。但是，正如肥沃多产的土地不仅产出粮食，而且也会长出有害的杂草，所以有时候从这些种类中产生出来的论证是无意义的、不重要的、无用的。除非演说家的判断对这些论题进行严格选择，否则他如何能够维护和坚持他的强有力的论点，或者使他的难点显得轻省，或者隐瞒无法解释的东西，甚至要是有可能的话完全消除难点。他的开场白要么能够吸引听众的关注，要么提出某些比现有论点更容易建立的论点。

这位演说家会精心排列通过开场白所产生的结果。（要记住，排列是我们要讨论的三个要点中的第二个）演说家肯定会像“骑马火炬接力赛”一样，[③]洋洋洒洒地继续他的演说。他在开场白中已经吸引了听众的注意力，现在他要建立自己的案子，抵挡和驳斥对手的论证，他会选择最强的论点作为开头或结尾，而把较弱的论点放在中间。

【16】到此为止，我已经十分简明扼要地刻画了我们的演说家与演讲术前两部分相关的素质。这些部分分量很重，非常重要，但如我们前面所说，它们不需要太多的技艺和劳动。因此，当演讲者发现了要说些什么和如何安排主题时，接下来最重要的问题就是如何表达。我们的卡尔涅亚得曾经把表达说成一种审慎的评论，克利托玛库重复了卡尔涅亚得的教导，而卡尔玛达斯再造了风格。[④]要是风格在注重语词含义的哲学中也能形成这么大的差别，

---

① 拉丁原文为“communes”，指一般的论证，试译为“通用论证”。

② 原文此处有缺失，方括号中的文字由英译者补足。

③ 把演讲比赛比做希腊赛会中的传统节目。

④ 卡尔涅亚得（Carneades，公元前 214 年—前 129 年），新学园派的哲学家，担任学园首领，精通演讲术。西塞罗和布鲁图都信奉学园派的哲学，所以称他为“我们的卡尔涅亚得”。克利托玛库（Clitomachus）和卡尔玛达斯（Charmadas）是卡尔涅亚得的两个学生，克利托玛库掌握了老师的哲学学说，但没能在演讲上出人头地。

而且这方面的分量又不重，那么我们又该如何看待风格在完全受演讲技艺控制的法律诉讼中的重要性？就此而言，布鲁图，我根据你的来信判断你并不完全认同我对开题和配置的看法，但我知道你想了解我对最优秀的演讲风格的看法。我发誓，这确实是一项艰巨的任务，是所有任务中最艰巨的。不仅有你考虑到的语言上的温和、柔顺、灵活，而且还有能力和爱好上的多样性，也会在风格上形成广泛差别。流畅和滔滔不绝使那些认为口才取决于快速讲话的人感到高兴，而其他人则喜欢抑扬顿挫，音响错落。还有哪两件事情之间的差别比这个差别更大？然而，这两件事都有好的方面。有些人把他们的劳动耗费在讲话的平稳和一致上，我们称之为纯洁朴素的风格；有些人使用尖锐和严厉的语言，他们的风格几乎可以称做忧郁的。按照我们前面对三类演说家的划分，① 演说家们分别以夸张、平实、适度为目标，所以，有多少种演讲术的风格，就有多少种演说家。

【17】由于我已经在某种程度上比你的要求更加充分地执行了我的任务——你要求我的只是使用语言，而我把对开题和排列的简洁处理都包括在我的回答中——所以我现在不仅要谈论表述（expression）的方法，而且也要涉及表达(delivery）的方式。这样一来就不会有基本论题 ② 被省略，因为我们没有必要讨论记忆，它对许多技艺来说都是共有的。

演讲方式分为两部分：表达和语言的运用。表达是一种身体语言，因为它由动作、姿势，以及声音或话语组成。有多少种音调就有多少种情感，这些情感是由声音引发的。完善的哲学家我们已经描述了有一会儿了，他会按照他的意愿使用某些音调，他认为这些音调能推动或支配他的听众的心灵。要是机会恰当，或者你愿意听，那么我应当比较详细地解释这一点。我也会谈论姿势，包括面部表情。演说家使用这些手段的方式有差别，但很难描述。因为有许多拙劣的演讲者由于使用了庄严的表达而得到很高的奖赏，而

① 参见本文第 5 章。

② 指演讲术的五个部分：开题、排列、表述、记忆、表达。

许多雄辩的演说家由于表达不当而被认为是拙劣的演讲者。因此，德谟斯提尼是正确的，别人问他在演讲中什么最重要，他连续三次说表达最重要。[①]所以，没有表达，就没有演讲。要是表达对演讲如此重要，那么它在演讲术中的作用肯定也是重大的。因此，优秀的演讲者在表达激情时会使用激烈的音调，在表达温和的情感时会降低声音，在表达尊严时会使用一种深沉的声音，在表达悲伤时会使用一种哀怨的音调。因为声音拥有一种神奇的性质，仅仅区分为高、低、中三档就能在唱歌中产生丰富的、令人喜悦的多样性。

【18】还有，甚至在讲话时也有一种演唱，我指的不是弗里吉亚人和卡里亚人的修辞学家使用的很像戏剧中伴唱[②]的尾声[③]，而是指德谟斯提尼和埃斯基涅斯在相互指责对方的音调时所说的那种东西。（德谟斯提尼还进一步说埃斯基涅斯有一副清晰的、令人愉快的嗓音）在此，我必须强调一个要点，要想拥有令人愉快的嗓音，自然本身是不可缺少的，自然塑造了人的语言，给每个语词只安放了一个重音，重音所在之处不会超过语词的倒数第三个音节。因此要让技艺追随自然的引领去愉悦耳朵。天生优美的嗓音肯定值得期盼，但这不能由我们来决定，而运用和处置嗓音是我们能力范围之内的事情。所以最杰出的演说家能够使他的嗓音多样化，也能塑造他的嗓音，升高或降低，有能力掌握音调的整个音程。他也会使用姿势，但不会过度，他会保持一种直立的、高贵的仪态，会略有晃动，但幅度不会太大。至于身体的前倾，他会加以控制，较少使用。他不会晃动脖子，不会玩弄手指头，不会捻动指关节来打节奏。他会控制整个身体的姿势来保持活力，在表达激情时他伸出双臂，在情绪平稳时双臂下垂。还有，通过面部表情也可以增进庄严和魅力，所起的作用仅次于嗓音。在确保表情不会显得愚蠢或怪异的前提下，下一个要点就是小心控制眼睛。就像面孔是灵魂的影像，眼睛是灵魂的

---

① 参见西塞罗：《布鲁图》第 38 章。

② “伴唱”（canticum）一词也有朗诵的意思。

③ “尾声”（epilogue）一词指文艺作品中的结尾部分，在演讲中指激励听众情感的结论部分。

翻译，当下讨论的主题会给眼部欢乐或悲伤的表情提供恰当的限制。

【19】现在我们必须回到我们的任务上来，描绘完善的演说家和最高的口才。“雄辩的”这个词表示他具备的卓越素质，也就是说，在运用语言的时候，雄辩这一素质会遮蔽其他素质。① 因为指称他的最全面的词不是“发现者”、“安排者”或“表达者”,② 而是希腊语中的“演说家”，这个词源于“讲话”，而在拉丁语中，他被称做“雄辩家”。因为每个人都可以声称自己拥有某些素质而称自己为演说家，但是讲话的最高能力，亦即“雄辩”只属于最优秀的演说家一个人。

当然了，某些哲学家拥有一种华丽的风格，例如塞奥弗拉斯特由于他神奇而又华丽的语言得到他的名字，③ 亚里士多德甚至可以向伊索克拉底发起挑战，据说缪斯也曾用色诺芬的腔调说话，柏拉图的庄严与优雅可以轻而易举地位居一切作家或演说家之首，然而他们的风格缺乏演说家在公共生活中所必须具备的活力和刺激。他们的说话对象是学者，这些人的心灵他们宁可加以安抚，而不是给予激励；他们以这种方式谈论的主题不是激动人心的，引起争论的；他们的目的在于教导而不是捕获人心，不会像有些人所认为的那样，为了用他们的风格提供一点儿快乐而逾越某些界限。因此，很容易区别我们在本书中处理的雄辩和哲学家的风格。后者是温和的、学园式的，不必装备那些可以赢得大众青睐的语词或短语，也不必按照有韵律的环状结构去安排讲话，它的结构是松散的，其中没有愤怒、没有仇恨、没有残忍、没有怜悯、没有审慎，可以称之为一位纯洁的、有礼貌的少女。所以，它被称做谈话，而不是演说。一切谈话固然都是在讲话，但只有演说家的讲话才是演说这个专门名称所特指的。

---

① 拉丁语“雄辩”（eloquentia）一词显然源于“讲话”（eloquor）。

② 这里的意思是，演说家这个称号并非来自已经讨论过的演说家的其他较小的功能。

③ 塞奥弗拉斯特，原名提尔塔姆（Tyrtamus），后来亚里士多德为他改名。塞奥弗拉斯特（Theophrastus）是一个复合词，由“神”（theos）和“讲话”（phrazo）两个词合成。参见第欧根尼·拉尔修：《著名哲学家的生平和著作》第5卷，第38节。

区别演说家的风格和智者的类似风格需要更加小心，我们在上面提到过智者[①]，他们希望能够使用演说家在论战实践中所使用的一切饰品。但二者有差别，这就是智者的目标不是为了鼓动而是为了安抚听众，他们更多的不是为了说服听众而是为了使听众快乐，他们这样做比我们更加公开、更加频繁，他们寻找那些说得很漂亮但不那么合理的观念，他们频繁地偏离主题，引进神话，使用毫不相干的比喻，把这些内容排列起来，就像画家使用各种颜色绘画，他们保持从句长度的平衡，频繁地使用句尾押韵。[②]

【20】历史与这种讲话风格关系密切。它包含着华丽的叙述，时不时地描述一个国家或一场战役。它间或也有鼓动性的高谈阔论和演讲。但它的目标是一种平稳流畅的文风，而不是演说家简练生动的语言。我们正在寻求的雄辩必须与这种风格区别开来，也要和诗歌的风格区别开来。诗人们已经提出来要考察他们和演说家的区别。这种区别似乎就是节奏和韵律的问题，但是现在节奏在演讲中也已经成为共有的东西了。因为一切能由耳朵来衡量的东西都被称做节奏，在希腊文中称做“Hruthnos”，哪怕其构成并不完整，而这种情况要是在散文中就算是一个错误。我知道，某些人由于这个原因认为柏拉图和德谟克利特的语言尽管不是韵文，但有一种明显的韵律，同时也使用某些风格鲜明的修饰，所以他们的语言更应当被视为诗学而不是喜剧，喜剧与日常谈话的差别仅在于喜剧使用了一些韵文。然而，尽管诗人更有权拥有演说家的长处，而他的局限仅在于他的韵文形式，但有韵律不是诗人的主要标志。至于我自己的看法，尽管某些诗人使用庄严的、象征性的语言，但我承认他们在语词的构成和排列上比我们演说家有更多的自由；我也承认，在某些评论家的赞同下，他们会更加注重语音而非注重语词的含义。确实，诗人和演说家要是有一个共同点，这就是选择主题和语词时的洞察力，

① 参见本文第 11 章。

② 作者在这里指的是高尔吉亚的特点。

我们不会由于这个原因而忽略他们在其他事情上的差异了。诗学和演讲术无疑有差别，但要是说对此有争论，那么这方面的考察对于我们当前目的来说不是必需的。所以在区别了演说家的风格与哲学家、智者、历史学家、诗人的风格之后，我们必须考虑演说家是什么样的。

【21】按照安东尼乌斯的建议，我们要寻找的这个雄辩者是一个能够在法庭上或商议性场合讲话的人，他能够向听众证明一些事情，令听众喜悦，支配和说服听众。证明是首要的，喜悦是迷人的，支配就是胜利，因为所有最适宜用来赢得听众赞同的手段都是一回事。与演说家的这三种功能相应的有三种风格，朴素的风格用于证明，中度的风格用于喜悦，生动的风格用于支配，而最后这个说服是演说家全部德行的总括。掌握这三种风格并把它们结合起来的人要有杰出的判断力和伟大的天赋，因为他要决定在某个部分需要用什么风格，要能按照案子所需要的某种方式讲话。像其他事情一样，雄辩的全部基础是智慧。在一篇演讲词中，像在生活中一样，没有比决定"怎么做最得体"更困难的事了。希腊人所谓的"prepon"被我们称之为"体面"（decorum）或"得体"（propriety）。许多优秀著作制定了有关这个主题的规则，值得掌握。对这个问题的无知不仅在生活中，而且十分频繁地在写作中会产生错误，无论是韵文还是散文。还有，演说家必须关注得体，不仅关注思想上的得体，而且关注语言上的得体。描述生活的每一状况、等级、地位、年纪时，我们肯定不会使用同样的风格和思想；在演讲中涉及不同的地点、时间和听众时，我们实际上也要有所区别。演讲和生活的一般规则就是考虑如何得体。如何得体取决于正在讨论的主题，取决于演讲者和听众双方的性格。哲学家习惯于在责任的名目下考虑这个广泛的主题，他们在这种时候讨论的不是绝对完善，因为绝对完善是一成不变；文学批评家与诗学联系起来考虑是否得体；演说家在处理各种类型的演讲及其各个部分时考虑是否得体。要是在讨论檐水案[①]时面对一名证人使用一般的论题和宏伟的风格，

① 罗马法中规定分租户有权从主要租户屋宇的屋檐接收雨水。

或者在提到伟大的罗马人民时使用卑鄙下流的语言，那该有多么不得体啊！

【22】不得体在任何情况下都是错的，但其他错误与性格有关，包括演讲者自己的性格、陪审团的性格、对手的性格。这些错误不仅表现在对事实的陈述，而且经常表现在对语词的使用。尽管语词离开事物就没有力量，然而同一件事经常由于表达方式不同而遭到赞同或拒绝。还有，所有案子都有讲“到什么程度”的问题。尽管谈论不同主题的方式是否得体有不同的界限，但是一般说来，过度比起不足来更容易引起冒犯。阿培勒斯说画家也会犯这样的错误，因为他们不知道什么时候已经够了。布鲁图，你很清楚，这是一个重要的论题，需要另外一本大书才能详细说明，但是对于我们当前的讨论来说，讲清下列要点也就够了：我们说“这是得体的”，这是在用得体这个词把我们所说的话和所说的事情相联系；我再重复一遍，无论事情大小，我们都可以说“这是得体的”或“这是不得体的”，可见得体的重要性无处不在。（是否得体取决于其他事物，而你说不说“得体”或“对”完全是另外一个问题，因为说“对”，我们指的是每个人在任何地方都必须遵循的义务，而“得体”指的是相对于某个场合或人而言是否适宜或协调，得体在行为、言语、表情、姿势、步态中经常很重要，而不得体则具有相反的效果）诗人要避免不得体，这是他可能会犯的最大错误，要是他把好人的话放在无赖嘴里，或者把聪明人的话放在傻瓜口中，那么他就错了。画家也一样，在画伊菲革涅亚献祭的时候，他描绘卡尔卡斯的悲伤、乌利西斯的悲哀、墨涅拉俄斯的悲痛欲绝，然后他感到还要掩饰阿伽门农的头部，① 因为他的画笔无法描绘出最大的悲伤。要是说演员也要寻求得体，那么你认为演说家该做些什

① 这里提到的是荷马史诗中的一段故事。迈锡尼国王阿伽门农（Agamemnon）冒犯了女神阿耳忒弥斯。因此他在率领希腊联军远征特洛伊时，船队无风不能开行。卡尔卡斯（Calchas）说只有把阿伽门农的女儿伊菲革涅亚（Iphigenia）作为牺牲献给阿耳忒弥斯才能平息女神的愤怒。阿伽门农依允，派乌利西斯（Ulysses，即奥德修斯）回迈锡尼把伊菲革涅亚带来。乌利西斯走后，阿伽门农后悔，又派仆人回去告诉妻子不要把女儿送来。此事被他的兄弟墨涅拉俄斯（Menelaus）发现，两人发生争执。此时乌利西斯已经把伊菲革涅亚带来。最后在祭坛上，阿耳忒弥斯赦免了伊菲革涅亚，把她掳往陶里斯，在那里做女神的祭司。

么？由于得体如此重要，因此我们这位演说家必须考虑演讲时要做些什么，在演讲的各个不同部分要做些什么。他显然要运用完全不同的风格，不仅在演讲的不同部分，而且在不同的演讲中，有时运用这种风格，有时运用那种风格。

【23】我们接下去必须寻找风格的各种类型和模式，如我们常说的那样，这是一项繁重而又艰巨的任务，在启航时我们应当考虑该做些什么，但我们必须扬起风帆，无论它会把我们带向何方。所以，首先，我们必须描绘一位被某些人视为唯一真正的“阿提卡式的”演说家。他是朴素的、严谨的，他遵循日常习语，与那些被认为是演说家但实际上根本不是的人的用语确实有区别。因此，听众也肯定能够按这种风格讲话，哪怕他们自己不是演说家。朴素的风格初看起来似乎很容易模仿，但一经尝试就会感到没有比它更困难的事了。因为这种风格尽管不需要充满激情，但无论如何要有生活的活力，尽管缺乏巨大的力量，但这种风格仍旧可以说是非常健康的。所以，让我们先把这位演说家从格律的束缚中解放出来。是的，你知道演说家使用某些格律，对此我们只需简单地讨论一下。使用格律要有确定的方法，但所处的演讲风格不同。在这种风格中，格律被有意识地回避了。它是松散的，但不是杂乱的，所以它显得可以自由移动，但不是毫无约束的闲逛。所以演说家应当避免把他的语词过于平稳地黏结在一起，因为即使元音的连续①和碰撞也会表现出某种协调一致的地方，表现出一个关注思想甚于关注语词的人的粗心，但这种粗心并非不会令人感到愉快。他自由地使用环状结构，把他的语词黏结在一起，这样做必然会使他寻找其他不可或缺的东西。处理简短的从句一定不能粗心，但有一样东西需要比较小心地加以省略。正如有些女子不打扮会显得更加漂亮，即所谓天然去雕饰，所以这种朴素的风格在不加修饰时会提供更多的愉悦。在上述两种情况中都有某些东西在提供更大的魅力，然而却不会显示它们自身。还有各种可见的修饰，它们就像珍珠，会被这种

① 元音的连续（hiatus），例如“he enters”中的“e”。

风格排除在外，连烫发钳也不能使用。所有化妆品，胭脂口红，统统都要排斥，只留下简朴和雅致。演说家的用语应当是纯洁的拉丁语，朴素而又清晰，他关注的主要目标始终是得体。

【24】现在这种风格只缺少一种性质，也就是塞奥弗拉斯特提到过的第四种风格的性质——象征性修饰的魅力和丰富。他会充分运用从各种隐秘场所挖掘出来的适宜的谚语，这将成为这位演说家的主要特点。他会非常有节制地使用所谓演说家的存货。因为在风格的修饰方面，我们确实有一种储藏货物的习惯，部分是思想上的，部分是语言上的。由语词提供的修饰是双重的，从单个语词到连在一起的语句。就“专用”语词和日常用语而言，赢得认同的个别语词具有最优美的声音，或者最好地表达了观念。就源于普通习语的各种语词而言，我们赞同使用比喻，要么从某些来源借用，要么新造，要么使用古词和不再流行的词（然而，甚至连不再流行的古词也被划为专用语词，除了我们很少使用它们以外）。要是语词连在一起能产生某种对称，那么它就会修饰风格，而当语词发生了改变，这种对称就会消失，虽然思想还保留着。哪怕语词发生多次变化，思想的手段仍旧会存留，只是受到的注意较少。因此，运用朴素风格的演说家不会大胆地铸造语词，除非他是文雅的、健全的。他非常有节制地使用比喻，很少使用古词，也极为克制地使用语言和思想的其他修饰手段。他使用比喻可能稍多一些，因为这是城里人和乡下人讲话的共同现象。比如乡下人说葡萄“像宝石一样”，田野“干渴”，谷物“欢乐”，粮食“丰饶”。这些比喻都很大胆，但它们有一个共同点，就是从某个来源借用语词，或者要是某个事物没有专门术语，就通过借用来使该事物的意义清晰，但这样做不是为了娱乐。有节制的演讲者可以比其他人更加自由地使用这一类修辞手段，但不会比他使用最宏大的风格讲话时更自由。

【25】因此，不得体也在这里出现，而不得体的性质通过我们已经说过的得体就应当清楚了，比如说比喻不着边际，在朴素风格中比在另一种风格中使用比喻会显得不得体。某些人把这位毫不做作的演说家称做“阿提卡的”，这样说是对的，只要认为他不是唯一“阿提卡式的”就行了。这位演

说家也会使用对称的方法来使整个一组语词产生活力，再加上被希腊人称做“schemata”的修饰，也就是语言的修辞手段（figures）。（他们也用这个词表示思想的手段。）然而在使用这些手段时他会非常吝啬。就像是设宴请客，他会避免过分奢侈，想要显得节俭，但又要使客人能吃得好，所以他会精心挑选美味的菜肴。事实上，有许多修饰手段适宜我正在描述的这位演说家用来建构形象。这位审慎的演说家必须避免我上面说过的所有修辞手段，例如同等长度的从句、相同的结尾、相同的格律、通过变换字母产生魅力，① 免得精致的对称和某种想要抓住的东西变得太明显。同样，语词的重复需要强调和提高嗓音，这样做与这种朴素的演讲风格无关。他能够自由地使用其他语言修辞手段，除了打乱和划分环状结构、使用最普通的语词和最温和的比喻。他也可以用这样的思想手段来使风格鲜明，只要不过分强烈。他不会代表国家讲话，或者在讲话中呼唤阴间的死者，他也不会使用一连串的重复。这样做需要更强大的肺活量，但我们并不期待或者要求我们正在描述的演说家这样做。因为他宁可控制他的嗓音和风格。但是有许多这样的思想手段不适宜这种朴素风格，尽管他会有点粗糙地使用它们，这才是我们正在描述的人。他的表达不是悲剧式的，也不是舞台式的；他很少使用身体的运动，但对表情决不掉以轻心。这决不是某些人所谓的做鬼脸，而是通过一种有教养的方式来表现表达每一思想时应当具有的情感。

【26】这种演讲还应当撒上诙谐之盐，在演讲中占据很大部分。诙谐有两种：幽默和打趣。他会使用这两种方法。前者在优雅和迷人的陈述中使用，后者在飞镖似的嘲笑中使用。打趣有好几种，② 但我们现在要讨论另外一个主题。在此我们仅仅建议演说家应当小心地使用嘲笑，不要过于频繁，免得变成插科打诨的小丑；不要让嘲笑带有猥亵的性质，免得演讲格调低下；不要没礼貌，免得过于冒失；不要嘲笑不幸的事件，免得过于野蛮；不

① 参见《论演说家》第二卷，第 63 章。

② 西塞罗在《论演说家》第二卷第 61—70 章做过详细讨论。

要嘲笑罪行，免得让笑声取代呻吟；不要让打趣与演讲者自己的性格、法官的性格，以及具体的场景不合，所有这些情况的出现都可以称做不得体。他也要避免那些不是临场发挥的而是从家里带来的不着边际的玩笑，因为这些从家里带来的玩笑一般说来索然无味。他会宽恕朋友和长者，避免胡乱冒犯；他只刺激他的对手，但不会连续这样做，也不会以各种不同方式刺激他的所有对手。据我所知，除了这些例外，他会以一种与现代“阿提卡演说家”不同的方式使用打趣和幽默，这肯定是阿提卡风格的一个突出标志。按照我的判断，这就是这位朴素演说家所属的类型，它是朴素的，但又是伟大的、真正阿提卡式的，因为演讲中无论何种机智和健全的东西对雅典的演说家来说都是特有的。然而，并非所有雅典的演说家都是幽默的。吕西亚斯的幽默是适当的，叙培里得斯也一样，德玛得斯据说超过他们俩，而人们认为德谟斯提尼的幽默比较差。然而在我看来，没有人比他更能干，他在打趣方面不如幽默，前者需要比较大胆的才能，后者需要更大的技艺。

第二种风格比刚才描述的简朴风格更加充分、更加健全，但比我们现在就要讨论的最宏大的风格要朴素。这种风格可能是活力最小、魅力最大。因为它比未加修饰的风格丰富，但比华丽的、精心修饰的风格简朴。

【27】所有修饰手段都适用于这种具有高度魅力的演说类型。这种风格在希腊有丰富的例证，但是按照我的判断，法勒隆的德美特利最典型。他的演讲不仅镇定、平和，而且不时使用“转移了的”或者借用的语词（或者比喻）。所谓“转移了的”，我的意思像从前一样，指的是依据相似性而借用表示其他事物的语词，从而产生令人愉悦的效果，或者是由于想要表达的事物缺少“专门的”语词。所谓“借用的”，我指的是从其他适用领域拿来某个“专门的”语词来替代表示某个事物的语词。恩尼乌斯说“我丧失了城堡和城镇”，[①] 这个句子中的语词确实转移了，但与他在另一处所说的“恐怖的

---

① 恩尼乌斯：《安德洛玛刻》（*Andromache*）残篇第 88 节，参见 L.C.L.《古代拉丁典籍残篇集成》（*Remains of Old Latin*）第 1 卷，第 250 页。该句的原文为“arce et urbe orba sum”，按照原文词序译出应为“城堡和城镇丧失我”。

阿非利加在颤抖，可怕地哭泣着”[①]属于不同种类的转移。后者被修辞学家们称做“置换”（hypallage），因为它是在用语词交换语词；而语法学家们称之为“转喻”（metonymy），因为这里的名称发生了转换。然而亚里士多德把它们全都归入比喻，把术语的误用也包括在内，他们把术语的误用称做“catachresis”，比如我们说渺小的（minute）心灵，用来代替“微小的”（small）心灵。我们换用相互有联系的词，要么是因为这样做能提供快乐，要么是因为这样做是得体的。连续使用比喻的时候，一种完全不同的风格就产生了，希腊人称之为“讽喻”（allegory）。就名称而言，他们说得没错，但从分类的角度看，亚里士多德把它们都称做比喻更好些。这个法勒隆人[②]频繁地使用这些比喻，相当吸引人。尽管他有许多比喻，然而他使用“转喻”比其他任何演说家都要多。所有语言的修饰手段和许多思想的手段都属于这种演讲风格，我指的是我正在讨论的这种中度的、有节制的风格。这位演讲者同样会广博地发展他的论证，使用那些普遍论题而无需过分强调。但是为什么要冗长地讲话呢？一般说来哲学学派会产生这样的演说家。除非把他带到更加勇猛的演讲者面前让他们面对面地交锋，否则我正在描述的演说家的这个优点不会得到认同。事实上，他的优点在于才华横溢，多彩多姿，拥有一种完善的风格，将一切语言和思想的魅力都交织在内。智者是所有这些手段的源泉，讲坛上的这些手段都是从他们那里来的，但是它们受到朴素风格的嘲笑，被宏伟风格拒斥，结果在我正在谈论的这一类演讲风格中找到了栖身之地。

【28】第三种风格的演说家是庄严巍峨的、华丽多彩的，无疑拥有最伟大的力量。这个人满腹经纶、才华横溢，赢得各民族的敬仰，也使演讲在这个国家获得了最高地位。我指的是所有人敬仰和敬佩但却无法做到的这种演讲，它好像洪水奔腾而下，一泻千里。这种演讲具有支配人心，使它们朝着

---

① 恩尼乌斯：《编年史》残篇第310节，参见《古代拉丁典籍残篇集成》第1卷，第114页。句中颤抖和哭泣的是阿非利加的人，转变为阿非利加这个地名。

② 指法勒隆的德美特利，属于逍遥学派，西塞罗把他当做这种风格的杰出演说家。

任何可能的方向前进的力量。它一会儿倾注各种情感，一会儿潜移默化地改变人心；它植入各种新观念，把旧观念连根拔起。但这种风格与其他风格有一个巨大的差别。一个人要是已经研究了朴素的、确定的风格，能够机智灵活地讲话，但还没有达到较高水准，而在这种风格中达到了完善的程度，那么他就是一位伟大的演说家，尽管不是最伟大的。他已经远离容易滑倒的地方，一旦站稳脚跟，他就永远不会再摔倒。中等风格的演说家，我称之为有节制的，一旦有了力量，就不再害怕可疑的、不确定的演讲陷阱。即使不完全成功，如通常所发生的那样，他也不会冒着巨大的危险，不会摔跤。但我们这位宏伟的、迅猛的、激烈的演说家，我们把他当做主要的演说家，要是生来就有这样的本领，或者自己只进行这种训练，或者把精力只用于这种演讲，而在丰富程度上比不上其他两种风格，那么他还是要遭到许多非议。因为，朴素的演说家被人们尊为聪明人乃是因为他的演讲十分清晰和快捷，使用中等风格讲话的人十分迷人，而这位宏伟的演说家，要是没有别的东西了，那么他几乎就是一个白痴。因为一个不能平静、温和地讲话的人，一个丝毫也不注意排列、准确、清晰、愉悦的人——尤其是某些案子必须全部以这种风格处理，而其他案子对这种风格也有许多依赖的时候——要是没有事先调动听众的耳朵，使他们注意聆听，就开始试图使他们产生炽热的激情，那么他就像一群白痴中的疯子，像一个在清醒的人群中喝醉了酒、胡言乱语的人。

布鲁图，我们现在已经有了这位演说家，我们正在寻找他，但只是在想象中，而不是已经实际拥有。要是我伸出手去抓他，那么他会用雄辩的口才说服我，让我把他放走。

【29】但我们确实已经发现了一位安东尼乌斯从来没有见过的、雄辩的演说家。那么，他是谁呢？我会简要地对他进行描述，然后再详尽地展开。他确实是雄辩的，能够非常简明扼要地讨论一般性的论题，能够讨论崇高的主题，能够运用一种有节制的风格讨论各种广泛的题材。你会说“绝不可能有这样的人”。我承认这一点，因为我在论证的是我的理想的演说家，不

是我真实见过的演说家，我要回到我已经讲过的柏拉图的型相上来，尽管我们不能看见型相，但我们仍旧可以用心灵把握型相。我正在寻找的不是一个雄辩的“人”，也不是任何会死亡和腐朽的东西，而是绝对的本质，拥有这种本质使人成为雄辩的。它不是别的什么，而就是抽象的雄辩，要看到它，我们只能用心灵的眼睛。所以他是一名雄辩的演讲者——重复我前面的定义——他能用朴素的风格讨论小事，以中等风格讨论意义适中的事，以宏大的方式讨论大事。我的演讲《为凯基纳辩护》主要涉及有关禁令的语词。我们通过定义解释相关的事情，赞扬罗马法，区别含义模糊的术语。在《玛尼留斯法》[①]中，我的任务是荣耀庞培，我运用一种有节制的、中度的风格，用了各种修辞学的修饰手段。在《为拉比利图辩护》[②]这篇演讲中，我们的整个原则就是维护国家的尊严，因此我们在演讲中使用了各种修辞学的放大手段。我的七篇指控词[③]运用了各种风格，在《为哈比图斯辩护》、《为高奈留辩护》以及其他许多辩护中也一样。要是我不认为这些演讲相当出名，或者对它们有兴趣的人能够找到的话，那么我会从这些演说词中摘录一些例子。没有哪一种演讲的优点在我们的演讲词中是找不到的，如果它们还不完善，那么至少也是尽了努力或者有所预示。我的目标还没有实现，但我已经看清了我的目标。我现在不是在讨论自己，而是在讨论演讲术。在演讲术中，我对自己的工作还远远谈不上满意，这种工作如此讲究和困难，以至于我对德谟斯提尼也不满意。尽管他位于各种风格的演说家之首，但是仍旧并非总是能够令我的耳朵满意，耳朵是贪得无厌的，总是在呻吟着索取宏大的、无穷无尽的东西。

【30】然而，由于你自己在雅典逗留期间与德谟斯提尼最勤奋、最忠实的崇拜者帕曼尼斯一道彻底研究过这位演说家，对他有着牢固的把握，而又

---

① 这篇演讲发表于公元前 66 年。

② 这篇演讲已经佚失，拉比利图（Rabirius）于公元前 63 年遭到凯撒的指控。

③ 西塞罗把指控威尔瑞斯（Verres）的演说词称做《指控词》（*Accusation*），这是他唯一的一次担任控方律师。

抽时间反复阅读我的演讲，所以你无疑明白许多事情在他那里已经臻于完善，而我们仅仅是在尝试，他已经拥有演讲的力量，而我们还在希望能够按照案子需要的方式讲话。他是一位伟大的演说家，因为他不仅追随一系列伟大的演说家，而且还有一批取得最高成就的演说家是他的同时代人。要是我们在这座城市里努力的目标能够实现，那么它将是一项伟大的成就，因为按照安东尼乌斯的说法，这里从来没有听说过有雄辩的演讲者。但若安东尼乌斯认为克拉苏，或者他自己，也不是雄辩的，那么他决不会认为科塔、苏皮西乌、霍腾修斯是雄辩的，因为科塔缺乏宏伟，苏皮西乌缺乏温和，霍腾修斯很少给人留下深刻印象，而这些长者——我指的是克拉苏和安东尼乌斯——能够更好地适应各种风格。

然而，我们发现这座城市的耳朵渴望演讲类型的多样化，在各种风格中都展示多样性，无论我们自己多么渺小，我们的已有成就多么微不足道，但我们最先使民众对这种演讲风格产生了强烈的兴趣。下面这段演讲是我年轻时发表的，讨论如何惩罚弑父母的凶手，赢得了听众雷鸣般的掌声，但我后来感到它还不那么成熟。我说："还有什么事情会如此平白无奇，就如空气之于生灵，大地之于死者，大海之于在浪涛中颠簸的人，海岸之于翻船的水手？这就是他们的命，他们就这样丧命，不能再自由地呼吸空气，他们就这样死去，他们的骨骼不能再触及大地，他们在波涛中翻滚，却洗不净他们的身体，尽管他们死了，被海浪冲回岸边，但是连岩石也不能成为他们的栖身之地"，等等。[①] 这些都是年轻人会讲的话，之所以赢得掌声更多的不是由于他的成熟，而是由于他的讲话预示了他未来的成功。出于同样的天赋能力，我后来就有了比较成熟的段落："这些人在爱情问题上是死对头：丈母娘和女婿，继母和儿子，母亲和女儿。"[②] 我们不可能始终拥有同样的激情，用这种宏大的风格讲述所有事情。青年时期的丰富情感会产生许多温和的段

① 《为洛司基乌斯辩护》第 72 节。罗马人惩罚杀害父母罪犯的习惯方式是先用杖责，然后把犯人装入口袋，同时在袋中放入狗、公鸡、毒蛇、猴，捆扎后掷入大海。

② 《为克伦提乌辩护》第 199 节。发表于《为洛司基乌斯辩护》之后第 14 年。

落，有些甚至更加温情脉脉，例如在《为哈比图斯辩护》、《为高奈留辩护》中，以及在其他许多演讲中。实际上没有哪个演说家像我们一样写得那么多，甚至和平生活时期的希腊人也不如我们。我们的这些演说词准确地表现出我赞同的多样化风格。

【31】我需要跟随荷马、恩尼乌斯以及其他所有诗人，尤其是悲剧诗人，不在所有相似段落中使用同样充满激情的风格，而是频繁地改变语调，甚至不时地转入日常生活用语，在保持这种特权时又不远离最生动、最富有激情的表达方式吗？如果是这样的话，我为什么又的确在引用这些神圣的、天才诗人的讲话呢？我们已经看到有些演员在他们自己所属的类别中有卓越的表现，在极为不同的悲剧或喜剧领域中得到认可，但我们也看到，有喜剧家在悲剧中取得极大的成功，有悲剧家在喜剧中取得极大的成功。① 那么我不应当做出与此相同的努力吗？当我说“我”的时候，我指的是你，布鲁图。因为对我来说，这个问题很久以前就已经遇到了，而“你”不是将要以同样的方式为各种案子辩护吗？或者说你将拒绝接受某类案子？或者说在相同的案子中，你会始终保持高音而不发生变化？以德谟斯提尼为例，我后来看到他的青铜雕像安放在你和你的同胞的铜像中间，我是在访问你在图斯库兰的庄园时看到的。我敢肯定，这样做是因为你崇拜他，但他在简洁方面没有对吕西亚斯产生任何影响，在表达的完善和精致方面没有对叙培里得斯产生任何影响，在语言的平稳和华丽方面没有对埃斯基涅斯产生任何影响。他有许多演讲非常朴素，《反勒普提涅》就是一个例子。有许多演讲充满激情，比如《反腓力》，有许多演讲丰富多彩，比如他反对埃斯基涅斯的《使团的恶行》所做的演讲，又比如他反对埃斯基涅斯的《为克特西丰辩护》所做的演讲。只要愿意，他就采用中等的风格，在说了一段高尚话语之后，他一般就转入这种风格。但是，他赢得了掌声，他充满激情的演讲得到高度赞扬。不过，

① 这里可能指西塞罗极为崇拜的两名演员，喜剧演员洛司基乌斯（Roscius）和悲剧演员伊索普斯（Aesopus）。

让我们暂时抛下他，因为我们正在讨论的是一个类，而不是个体。我们宁可返回我们的主题，讨论雄辩自身的本质和属性。然而，让我们记住前面说过的话，我们的目的不是为了教导，我们更多的是在提出批评，而不是以教师的身份讲话。尽管在这一点上我们经常超越这个规定，因为我们知道你不会是这些话语的唯一读者。我相信你对这些原则的把握超过我，而我则显得需要教导。不过本书一定会广泛流传，这更多的是由于你的名声，而不是由于我的任何价值。

【32】在我看来，拥有完善口才的人不仅应当拥有流畅丰富的语言能力，这是他的专门领地，而且还应当把握与演讲术相邻的逻辑学；尽管演讲是一回事，争论是另一回事，争论与演讲不同，但二者都与谈话有关；争论是逻辑家的功能，华丽地讲话是演说家的功能。斯多亚学派的创始人芝诺曾经给学生上课，指出过这两门技艺之间的差别。他握紧拳头说逻辑学就像拳头，然后张开，说演讲术就像手掌心。更早一些时候，亚里士多德在他的《修辞术》开头的那一章说，修辞术是逻辑的对应物，二者的差别显然在于修辞学的范围较宽，逻辑学的范围较窄。① 因此，我期望我们这位完善的演说家熟悉所有能在演讲中运用的有关争论的理论。通过这方面的训练，你非常明白这个主题有两种不同的传授方法。亚里士多德本人教过许多论证的原则，而后来的辩证法家，这是他们的称呼，对此做过许多艰难的思考。我的建议是，被口才所能带来的荣耀吸引的人对这些后来的作者不能一无所知，而应当接受彻底的训练，既要掌握亚里士多德的旧逻辑，又要掌握克律西波的新逻辑。他首先应当知道语词的力量、性质和类别，无论是单个词，还是整个句子；然后他要知道表述的不同语气、区别正误的方法、如何从每个陈述中做出恰当的推论，亦即知道什么是推论、什么是对立面。由于有许多陈述含义不清，所以他应当知道如何处理和解释这些陈述。这些就是这位演说家必

---

① 参见亚里士多德：《修辞术》1354a1。原文为“修辞术是辩证法的对应部分，因为二者关心的对象都是人人皆能有所认识的事情，并且都不属于任何一种科学”。

须知道的事——这类事源源不断——但由于这些事本身不那么吸引人，所以人们在讲述的时候不得不使用某种文雅的风格。

【33】进一步说，由于所有主题都要凭着系统化的原则来讲述，所以我们首先要决定每样事情是什么——除非争论的参与者对争论的主题达成一致意见，否则就不会有恰当的讨论，也不能产生任何结果——我们必须不断地对有关具体事物的观念提出字面解释，必须通过定义弄清相关主题的晦涩概念，因为定义是一个陈述，它为讨论的主题提供了最简洁的、可能的形式。所以，如你所知，在解释了每一事物的“属”以后，我们必须考虑从属于我们所讨论的“属”的“种”或“类”，据此就可以划分整个演讲。所以，我们希望非常雄辩的这个人拥有给主题下定义的能力，但不需要像博学的哲学家一样在讨论中习惯于提出非常简洁密实的定义，而是更加清楚、更加圆满，在一定意义上更容易被普通人的判断和理智所接受。他要学会在需要时把主题中的“属”划分为确定的“种”，无一遗漏，也不会失之肤浅。他什么时候这样做，怎样做，这些问题现在无关紧要，因为我上面说过，我希望做一名批评者，而不是一名教师。

然而，他不应当把他的学习限制在逻辑范围内，而应当在理论上熟悉所有哲学论题，并在实际训练中就这些论题展开争论。因为哲学对一场圆满、丰富、能够吸引人的讨论来说是基本的，而哲学解释的主题在演讲中通常被处理得很模糊，例如宗教、死亡、爱国主义、善与恶、美德与邪恶、义务、痛苦、快乐，或者精神纷扰、错误等等。

【34】我现在说的是演讲的素材，不是它的文学风格。因为我们期待这位演说家在考虑语言和表达风格之前拥有适合有教养的听众的主题。我们也希望他不会对自然哲学一无所知，我在前面谈到伯里克利时说过，① 自然哲学会给演说家带来宏伟和崇高。当他的思考从天穹转向人间事务时，他的话语和思想都肯定会变得比较崇高和宏伟。

① 参见本文第 4 章。

他熟知自然的神圣秩序，所以我也不会让他对人间事务一无所知。他应当懂得民法，这是法庭实践每天都需要的。试图为一件案子辩护而又对成文法和民法一无所知，还有什么事情比这更丢脸吗？他还应当熟悉以往各个时代的历史事件，当然了，尤其是我们国家的事件，也要知道那些大帝国和著名的国王。我们的朋友阿提库斯付出的劳动使我们的任务变得轻省，他写了一本书，① 记载了七百年的历史，纪年明确，重要事件无一遗漏。如果对出生之前发生的事情一无所知，你就始终停留在儿童时代。因为人生的价值是什么，不就是通过历史记载把我们的人生融入我们祖先的生命中去吗？还有，提到古代，引用历史上的典范，会给演讲提供权威性和可信度，还能给听众提供最大的快乐。

如此装备起来之后，他会去参加法庭辩护。他首先必须熟悉案子的不同种类。他会清楚地认识到，没有哪一样争论不是关于事实或语词的。有关事实的争论涉及被指控的事实真相、该事实的正当性，该事实的定义，有关语词的争论则与语词的含义模糊或对立有关。如果在案子中有一件事情需要做解释，另一件事情是清楚明白的，那么这种模糊不清通常源于语词的省略。在这种情况下，我们看到同一语词有两个含义，这就是语词模糊不清的特点。

【35】案子的种类很少，论证的规则也很少。按照一般的理论，我们可以从两个来源引出这些论证：一个来源在案子之内；另一个来源在案子之外。②

所以，对主题的处理使演讲变得可敬，而要获得事实本身则是相当容易的。要用能够赢得听众青睐的、能够激励他们、使他们乐意接受的方式开始演讲；提供事实要简洁、清楚、合理，以便使有争论的主题变得可以理解；要证明自己的辩护，摧毁对手的辩护，在这样做的时候不要把两方面混在一

---

① 提多·庞波纽斯·阿提库斯（Titus Pomponius Atticus）把《编年史》（*Liber Annalis*）题献给西塞罗。

② 例如，依据可能性进行的论证内在于案子本身，文件类的证据在案子之外。

起，而要依据为了证明每一要点而提出来的原则，从中推导出自然的结果作为结论；最后，用一番结束语来点燃或平息听众的激情。除了这些内容，剩余的东西不都属于技艺规则吗？在这里要描述如何处理这些组成部分是困难的，事实上，处理这些部分的方式也并非始终相同。但由于我现在不是要找一名学生来教导，而是要找一名演说家来认同，所以我要从认可一个人开始，他要能够察觉什么才是适宜的。这确实就是这位演说家尤其要运用的智慧形式——使自己适应不同的场合和不同的人。在我看来，一定不要用同样的风格在各种时间演讲，用同样的方式对所有人演讲，用同样的方式反对所有的对手，用同样的方式为所有当事人辩护，用同样的方式与其他所有律师合作。

【36】因此，能够使他的演讲适应各种环境的人是雄辩的。一旦确定了这一点，他会按照所需要的方式处理演讲的各个部分，丰富的主题不会处理得模糊不清，宏伟的主题不会处理得苍白无力，反过来也一样，但他的演讲一定适合这个主题。演讲的开头应当很有节制，还没有使用较高的调门，而是通过指出要加以驳斥的对手的观点或推荐演讲者自己的观点而具有特色。叙述应当可信，表达清晰，不要用讲述历史的风格，而要用近乎日常谈话的语调。再往后，如果案子很轻，那么论证的线索也不要很复杂，在证明和驳斥中都一样，要以这样的方式控制演讲。如果主题的重要性增强了，风格上就要加强。然而，如果陈述案情需要充分运用口才的力量，那么演说家会更加充分地展示他的力量。他会控制和支配人们的心灵，推动它们朝着他所希望的方向前进，这取决于案子的性质和具体场合的特殊需要。

他还会十分自由地使用两种神奇的修饰手段，正是因为有了这些手段，演讲才攀上如此荣耀的顶峰。当然了，演讲的每一个部分都值得赞扬——通过这位演说家的嘴说出来的词，没有哪一个是不吸引人的，或者是不准确的——但有两个部分特别华丽和有效。第一个部分是对一般原则的讨论，我在上面已经说过，[①] 希腊人称之为“thesis”（命题）或“陈述”；另一部分由

① 参见本文第 14 章。

提升和放大论题组成，希腊人用来指称这个部分的术语是“auxesis”（扩张），或者“放大”。尽管后者应当同等地贯穿在整个演讲中，然而特别值得注意的地方是常规，之所以这样说，乃是因为许多案例都有相同的地方。然而，常规应当适合具体案例。事实上，演讲的这一部分所要处理的一般原则经常把整个案子包括在内。无论它叫什么名字，这个部分必须以这样的方式处理争论的核心要点，希腊人称之为“krinomenon”，或者“争论要点”，把主题转移到一般的领域中，展开有关一般原则的讨论。关于这一点的唯一例外是仅仅涉及事实问题的案子，审判这样的案子通常使用推测。这位演说家要处理这些论题，但不是按照逍遥学派的方式——他们的方式是一种优雅的、哲学讨论的方式，实际上可以追溯到亚里士多德——而要用比较活泼的方式。对主题做一般的评论可以按照这种方式采用不同的风格，对被告可以平静地讲述，以博得他们的青睐，对那些对手则可以尖锐地讲述。通过演说使主题变得高尚或卑鄙，这种力量是没有限制的。这一点必须在论证中完成，要在开场白已经讲完，对主题进行放大或贬低的时候进行；而在结束语中，这样做的机会几乎是无限的。

【37】例如，有两个论题，如果这位演说家能够很好地处理，就能使人们敬佩他的口才。一个论题与人的本性、性格、生活习惯、所有交往有关，希腊人称做“ethikon”，或者“性格表达”；① 另一个论题是激励或挑动情感，他们称做“pathetikon”，或者“与情感有关的”，演讲术的统治只有在这部分是至高无上的。前者彬彬有礼、令人愉快，适宜用来赢得青睐；后者激烈、亢奋、充满激情，可以用这样的风格与对手搏斗，当它充分发挥出来时具有不可阻挡的力量。我的能力中等，甚至低于平均水平，但运用了这种演讲术，我经常把对手赶走。霍腾修斯，一位成熟的演说家，在为他的朋友② 辩护时没有对我的指控做出答复，是我把他送交审判的；厚颜无耻的喀提林

① 也就是说，演讲中的任何东西都会显示演讲者的性格。

② 指威尔瑞斯（Verres）。

在元老院遭到我的传讯，被我弄得跌跌撞撞；老库里奥在一桩非常重要的私人案件中一开始对我的指控做出回答，后来就一屁股坐在地上，发誓说巫师的毒药把他的记忆力夺走了。我为什么还要提到恳求怜悯呢？在我的演说词里可以看到许多恳求怜悯的话，因为即使有几位演讲者站在我们这一边，他们也总是让我来做总结。我在这种场合出名不是由于我拥有任何天赋，而是由于我具有真正的同情心。无论我拥有什么素质——我很遗憾这些素质并不强——都可以在我的演讲词中看到它们，尽管书本缺少生命气息，书中的段落读起来总不如讲起来那么生动。

【38】虽然我们不得不遗憾地使用恳求怜悯，但它也不是激发陪审团情感的唯一方式。哪怕我们在讲话结束时胳膊里夹着一名婴儿，或者在私人诉讼场合为一名高贵的被告辩护，让他站起来，并且让他的小儿子到场哭泣哀号，但我想法官一定会被惹恼或者产生厌恶感，他一定会有各种各样的感觉：受到嘲笑或敬重、仇恨或热爱、喜欢或厌恶、希望或恐惧、欢乐或悲伤。关于各式各样的情感，比较严厉的可以在我的《反威尔瑞斯指控词》中找到例子，比较温和的可以在我的辩护演说词中找到例子。要是我真的这样想，要是我真的不怕被人视为自负，那么可以说没有哪一种能够激励或安抚听众心灵的方式是我没有尝试过的，或者说我力图使之臻于完善。但是如前所述，[①] 这样做并不需要巨大的理智才能，而是有一种充满活力的精神点燃了我，使我达到忘我的境地。我肯定，要是语词不能像火焰一样迅猛地抵达听众，那么他绝对不会像着火似的激动起来。要是你还没有读过我的演说词，那么我应当从我自己的演讲中引用实例，当然了，我也可以引用其他人的演讲，从拉丁语的作者中找，要是能找到的话，在希腊语的作者中找，要是有适宜的例子。但是克拉苏留下来的演讲很少，它们不是论战性的，而安东尼乌斯、科塔、苏皮西乌的演讲都没有留下来。霍腾修斯的演讲比他撰写的演讲词要好。所以让我们满足于用推测的方法来理解我们所期望的这种活

① 参见本文第 37 章。

力的重要性，因为我们没有例证。如果我们必须要有论证，那就让我们引用德谟斯提尼吧，尤其是他的演说词《为克特西丰辩护》。这篇演说词一开始就连续谈论他的行为、他的意见、他对国家的贡献。这篇演说肯定非常接近我们心中的理想，我们不需要再到别处去寻找更加伟大的演说了。

【39】现在剩下来的还有真实的类型和“charakter”，或者“性质”；它的理想形式可以从上面已经提到过的内容中识别出来。[①] 我们既在单个语词也在语词组合的意义上涉及风格的修饰。相关内容非常丰富，从这位演说家的嘴里说出来的词没有哪一个不是精挑细选的，或者给人深刻印象的，他也使用了大量的、各种各样的比喻，因为通过这些比较的手段可以推动心灵或者把它拉回来，推动它来回摇摆，这种思想本身的激烈动荡会产生快乐。源于语词组合的其他修饰给演讲增添光彩。它们就像舞台或讲坛上的装饰品，之所以称它们为“装饰品”，不仅因为它们是装饰品，而且因为它们非常突出。就像搞装饰一样，它们是演讲风格的装饰品：语词的重叠或重复，或者带有轻微变化的重复，或者几个前后相继的语句都以相同的词开头，或者以同样的词结尾，或者有两种修辞手段，或者在一个从句的开头或结尾重复同一个词，或者按不同的意思直接使用一个词，或者按照相同的格或其他类似的语词变化的结尾使用语词，或者把对立的观念安放在对句中（并列），或者按步升降句子（逐渐增强达到顶点），或者把许多从句松散地放在一起，没有联结，或者有时候省略某些东西并提出这样做的理由，或者用一段自责的话矫正自己，或者高声表达惊讶或抱怨，或者按照不同的变格反复使用同一个词。

然而，思想手段更为重要，德谟斯提尼频繁地使用它，使得人们格外敬重他的演讲。事实上，经他处理的任何论题很少有不使用某些思想手段的。演讲术的整个本质就是按照某些时尚来修饰所有观念，或者至少是大部分观念。布鲁图，由于你完全理解这些修饰，所以我还有必要细说它们的名称或

① 参见本文第 24 章。

引用例证吗？就让我们满足于仅仅指出这个主题吧。

【40】所以，我们正在试图发现的这位演说家会频繁地使用下列修辞手段：① 他会以多种方式处理同一主题，坚持同一观念，围绕同一思想；他会经常轻松地讲述某些事情，或者嘲笑它；他会偏离主题或转移思想；他会陈述他要讨论的内容，而在一个论题结束时进行总结；他会把自己带回主题；他会重复他已经说过的话；他会使用演绎推理；他会通过提问来强化他的观点，还会自问自答；他会说一些事情，但希望听众从相反的意义上理解；他会表示怀疑，从要不要或者如何的角度提到同一观点；他会把一个主题划分成若干部分；他会省略或轻视某些论题；他会为将要讲述的内容提前做好各种准备；他会把罪责转嫁到他的对手身上，要他们为受到指控的行为负责；他会与听众沟通，有时甚至会与他的对手协商；他会描述人们的谈话和行动方式；他会采用拟人的手法让不说话的东西讲话；他会把听众的注意力从争论的要点上转移到其他地方去；他会频繁地引起听众的欢笑，让他们兴高采烈；他会对他想要提出来的某些要点做出回答；他会使用明喻和例证；他会分派一个句子，一部分描写这个人，一部分描写那个人；他会阻止人们打断他的演讲；他会宣布要禁止某些事情；他会警告听众，要他们提高警惕；他会大胆而又放肆地谈论某些事情；他甚至会突然带上激情，愤怒地抗议；他会引导、宽慰、安抚听众；他会短暂地偏离主题以躲避对手的攻击；他会央

① 西塞罗在本章中列举了几十种修辞手段，英文注释标出了相关的拉丁修辞学术语，但内容有错乱。相关拉丁修辞学术语有：commoratio（滞留）、extenuatio（缩减）、illusio（嘲笑）、digressio（离题话）、propositio（陈述）、conclusio（结论）、reditus（返回）、repetitio（重复）、rogatio（质询）、subiectio（提问）、dissimulatio（掩饰）、dubitatio（疑惑）、divisio（划分）、occultatio（隐瞒）、praemunitio（预先引导）、traiectio（转嫁）、communicatio（沟通）、descriptio（描述）、conformatio（定义）、aversio（转移听众注意力）、impulsio（推动）、anteoccupatio（前设）、similitudo（明喻）、exemplum（例证）、distributio（分派）、interpellantis（打断）、coercitio（抑制）、reticentia（不容答辩）、communatio（商议）、licentia（放肆）、iracundia（发怒）、obiurgatio（忿恨）、deprecatio（央求）、declinatio（躲避）、optatio（祝愿）、exsecratio（诅咒）、conciliatio（安慰）、brevitas（简洁）、imaginatio（想象）、superlatio（夸张）、significatio（强调）。有关这些修辞学手段的论述，可参见西塞罗：《论公共演讲的理论》第四卷；《论演说家》第三卷。

求和诅咒；他会表白自己与听众关系亲密。还有，要是案情需要，他会保持简洁的风格，期待这种风格发挥作用；他经常栩栩如生地描述案情；他经常进行夸张，使陈述超过实际可能发生的状况；他的语言带有超过字面含义的更深的意义；他也会说一些较为轻松的段落，对生活和性格进行描写。运用上述修辞手段可以极大地发挥演讲风格的长处，你知道这样做有大量适用的材料。

【41】运用这些修辞手段能够赢得赞扬，为了实现这一目标，我们只能对演讲进行恰当的排列，而这一点又与语词的良好结构有着密切的联系。当我考虑接下去该说些什么的时候，我感到有点困惑，部分是由于上面提到过的那些顾虑，[①] 但更多的是由于下述考虑。我的想法是，对于我的成功，不仅有人妒忌——整个世界都充满妒忌者——而且那些敬佩我的人也会表示不快，因为我写了那么多有关演讲技巧的书，得到元老院的高度赞扬和罗马人民的完全赞同。要是对此我不予回答，那么我有充足的理由，但我不愿意拒绝马库斯·布鲁图的要求，对于每个亲爱的朋友和大多数杰出人士的正当而又荣耀的请求，我都应当给予满足。但若我承认自己在教人学习演讲术，向他们解释通向雄辩的道路——我只希望我能做到——那么理性的批评者在我身上还能找到什么错误？还有谁会怀疑在和平的公共生活中雄辩的口才在我们国家总是占有首要地位，而法理学家只能拥有次一等的重要性？之所以如此的原因是前者可以带来大量的民心、荣耀和权力，而后者能够带来的只是关于如何进行诉讼、如何确保恪守契约与合同的教导。法理学家确实经常寻求雄辩家的帮助，他们在遭到雄辩家的反对时几乎难以捍卫他们自己的领地。既然如此，为什么教罗马法的总是荣耀的，杰出的法理学家的家中总是挤满了学生，而要对年轻人进行口才训练或者帮助他们拥有口才就要受到严厉的批评？如果文雅的讲话是错的，那就让我们把口才完全从这个国家驱逐出去，但若它不仅为它的拥有者所崇拜，而且受到整个国家的敬仰，为什

① 参见本文第 11、23 章。

么学习何谓荣耀就是可耻的事情，教导人们知道如何变得卓越就是不光荣的呢？

【42】你会说："这是因为一件事情是习俗，另一件事情是新鲜事。"我承认这个反对意见是真的，但这两个事实只有一个原因。所有学习法律的学生都需要聆听法理学家的意见，所以其他教师没有时间教育他们，但他们可以在同一时间既使学生也使当事人满意。就演说家来说，他们把在家的时间花在学习上，为接手要处理的案子做准备，而其他时间都用来恢复精力，因此，他们还有什么时间可以用来训练或教育学生？还有，我倾向于认为大多数罗马演说家的演讲能力超过训练学生的才能，因此他们更擅长演讲而不是制定规则；而对我们来说，也许正好相反。

你会说："但是，从事教育太枯燥了。"要是你像小学老师一样教演讲术，那么结果必然如此，但若你用建议、鼓励、考察的方法与学生分享你的知识，在必要的时候大声朗读给他们听，或者听他们演讲，用这样的手段使你的学生进步，那么我不明白你为什么要拒绝这样做。如果教育人们依据准则把自己的权力交出去是光荣的，那么把维护这些权力的手段教给人们为什么就不一样光荣呢？

你会说："但是，甚至连那些对法律一无所知的人也说自己精通法律，而每个自称没有口才的人或多或少都有讲话的能力。"这是因为实际知识使人们愉悦，而灵巧的口舌总是引起人们的怀疑。由于这些原因，口才能隐藏吗？或者说它真的想要隐瞒企图、逃避人们的注意吗？或者说会有人认为与这种伟大而光荣的技艺有关联会带来危险，自己学习这门技艺是光荣的，而把口才教给别人就是可耻的吗？其他人也许比较谨慎，而我总是极为坦率地承认我是一名学生。我怎么能够隐藏这些事实？年轻的时候我就离开家，渡过大海去从事这些学习；等到我家里挤满了博学者的时候，我自己的谈话也变得博学，我写的书到处流传。因此，我为什么还要脸红，难道我还没有取得长足的进步吗？

【43】这也许是真的，也许讨论先前的论题比讨论下述论题更有特点。

我下面要谈的是语词的搭配，甚至还要谈到音节的计算和度量。我是这样想的，即使这些规则是必要的，但运用还是比教导更光荣。一般来说都这样，但在这种情况下尤其如此。所有重要的技艺确实都像大树，高大的树冠令我们愉悦，但它的树根和树干却不能使我们产生同等程度的愉悦，然而后者对于前者来说是基本的。至于我，无论那句著名的诗句是否禁止"对你实践的技艺感到脸红"，都不会允许我隐瞒我的喜悦，或者说，这就是你强迫我写这本书的愿望，但无论如何我仍旧感到有义务要对那些人做出回答，我怀疑这些人能够发现一些值得批评的东西。即使事实并非像我所说的那样，但又有谁会不被我感动以至于拒绝我，不对我的研究抱以善意呢？我的演讲实践和公共生涯已经遭到毁灭，但我并没有成为白痴，所以我不可能悲伤，或者摆出一副大胆的姿态。写作曾经是我在法庭和元老院里的伴侣，现在它是我在家里的欢乐，但我并非仅仅忙于撰写类似本书主题的书，而是有更加宏大、分量更重的主题。① 如果这些工作都完成了，那么我敢肯定，我在演讲方面的努力甚至会在我隐居期间的自由创作中找到一个合适的对应物。但是现在我们必须返回我们已经开始的讨论。②

【44】人们希望排列在句子中的语词有三种结尾：(1) 语词的最后一个音节要尽可能平滑地适合后续词的首个音节，语词的发音应该非常和谐；(2) 语词本身的各种变化形式和对称可以产生圆满的循环；(3) 这种循环应当具有一种得体的、格律上的抑扬顿挫。让我们先来考虑第一种结尾的性质。我们需要十分小心，注意语词的构造或它们能否联结，但不需要过分精确，否则在这方面花的力气将是无穷无尽的或者愚蠢的。这是鲁西乌斯十分聪明地以戏剧化的方式让斯卡沃拉说出来的所谓阿布西乌的风格："他的句子多么美妙，就像铺在小径上的马赛克，镶嵌得井然有序，蜿蜒缠绕。"③ 我都不会有如此精致的句子结构，但富有经验的作者会

① 西塞罗在这里提到的是他在其后两年中撰写的一系列哲学著作。

② 这里讲的开始处在本文第 41 章。

③ 鲁西留斯残篇，参见《古代拉丁典籍残篇集成》第 3 卷，第 28 页。

很容易找到创作的方法。就好比眼睛在阅读中总是往前看，所以在讲话的时候，心灵也会预见下面要讲的话，所以语词的最后一个音节与后续词的头一个音节不会变得刺耳或者出现“元音并置”[①]。无论思想有多么和谐或重要，但若以排列得如此糟糕的语词来表达，那么它们仍旧会冒犯耳朵，因为耳朵的判断是十分挑剔的。拉丁语在这一点上确实非常小心，没有人无知到情愿把元音都放在一起。与此相关的是，有些人批评塞奥波普过分小心地避免元音并置，尽管同样的批评也适用于他的老师伊索克拉底。但是，修昔底德没有这样做，伟大的作家柏拉图在他的对话中也没有这样做，无论是有意识地回避元音并置，还是仅仅在公共演讲中这样做。公共演讲是一种习俗，为了纪念阵亡将士而在雅典的集会上进行演讲。这你知道，这种习俗极为流行，每年到了这一天就要进行公开演讲。演说词中有许多由于元音并置而引起的语音碰撞，德谟斯提尼视之为不雅而一般地加以回避。

【45】不过，还是让希腊人去看他们自己的实践吧。我们不允许讲话在元音之间停顿，哪怕我们希望可以这样做。加图有些粗鲁的著名演说可以说明这一点；除了那些出于对称的考虑而经常允许元音并置的诗人以外，其他所有诗人都可以说明这一点；例如奈维乌斯说：“vos qui **a**ccolitis Histrum fluvium atque algidam”（你居住在伊斯特河边寒冷的地区），[②] 还有“quam numquam vobis Grai **a**tque barbari”（你们那里从来没有异邦人和希腊人）。[③] 但是恩尼乌斯只使用过一次，“Scipi**o** **i**nvicte”（西庇阿不可战胜）。[④] 另外一个例子引自我自己的诗：“hoc motu radiantis etesi**ae** in vada ponti.”（埃特西亚的暖风吹动着，把雨水降在波光粼粼的海面上。）[⑤] 我们的诗人不会允许

---

① 拉丁文中表示两个元音并置的专门术语是“hiatus”。

② 本节黑体字母表示元音并置处。奈维乌斯残篇 61；参见《古代拉丁典籍残篇集成》第 2 卷，第 122 页。

③ 奈维乌斯残篇 62；参见《古代拉丁典籍残篇集成》第 2 卷，第 150 页。

④ 参见《古代拉丁典籍残篇集成》第 1 卷，第 396 页。

⑤ 这是西塞罗翻译的阿拉图斯的诗歌《天象》。

这种情况经常发生，但是希腊人习惯于这样做，甚至还赞扬它。但为什么要局限于讨论元音呢？为了使语音更加流畅，缩约语词时也经常省略辅音，例如，“multis modis”变成“multi’ modis”，“in vasis argenteis”变成 in vas’ argenteis”,“palmis et crinibus”变成“palm’ et crinibus”，“tectis fractis”变成“tecti’ fractis”。把人们的名字缩短，使它们变得更加紧凑，在语言中还有什么能比这更大的自由。因此，就有“duellum”变成了“bellum”，“duis”变成了“bis”，所以他们就把在海上打败了迦太基人的“Duellius”称做“Bellius”，虽然他的所有祖先都被称做“Duellii”。还有，语词经常缩约，这不是为了方便，而仅仅是为了发音。你祖先的名字怎么会从“Axilla”变成“Ala”，这里头只有一个原因可以解释，就是希望避免发音尖利的字母，对吗？在修订拉丁语的时候，从“maxillae, taxilli, vexillum, Pauxillum”这些词中消除了与此相同的字母。① 他们非常愿意通过合成的方法把语词结合起来，例如，“si audes”合成为“sodes”，“si vis”合成为“sis”。你甚至可以发现三个词合成为一个词，例如“capsis”。② 我们说“ain”，表示“aisne”，说“enquire”，表示“non quire”，说“malle”，表示“magis velle”，说“nolle”，表示“non velle”，我们经常说“dein”和“exin”，用来分别表示“deinde”和“exinde”。我们说“nobiscum”，而不说“cum nobis”，有什么原因能够更加清楚地说明我们为什么要说“cum illis”？因为“cum nobis”用的虽然是能够结合的字母，但除非我把“autem”放在“cum”和“nobis”之间，否则就会产生令人厌恶的字义，就好像他们会按这个句子的意思去做似的。其他还有“mecum”和“tecum”，人们使用这两个词，以便与“vobiscum”和“nobiscum”的情况相似，但不说“cum me”和“cum te”。

【46】但是，从我们祖先的语言受到矫正的时代开始，就有人对这种不规则性进行了批评。在“pro deum atque hominum fidem”这个短语中，他

① 指去掉了字母 xil。

② “capsis”是“cape si vis”的合成词。

们用“deorum”这种形式来表示“deum”。[①] 我假定我们的祖先是不知道这一点的。或者说，这个用语并不能使这种用法成为合法的，不是吗？所以同一位诗人在“patris mei meum factum pudet”[②] 这句诗中用了极为缩约的形式，而不说“meorum factorum”，还有在“texitur, exitium examen rapit”[③] 这句诗中也是这样，而不说“exitiorum”。与我们现在许多人不一样，他们在“cupidos liberum”这个短语中不说“liberum”，但若按照他们这些类比推理者的要求，我们就要说“neque tu meum umquam in gremium extollas liberorum ex te genus”,[④] 还有“namque Aesculapi liberorum”。[⑤] 但是另一位诗人在《克律塞斯》中说了“cives, antique amici maiorum meum”,[⑥] 这样说不仅合乎习惯，而且有点尖锐；他还说：“consilium socii, augurium atque extum interpretes”，[⑦] 然后继续说“postquam prodigium horriferum, portentum pavos”，[⑧] 但是这个所有格在所有中性名词中肯定都是不寻常的。因为我要是说“armum iudicium”，那么我决不会感到自由，尽管这种说法可以在同一位诗人那里

① 作者在这段话中讲述了两派的对立，一派以习惯用语为标准矫正语言，另一派努力制定规则，试图从语言中消除不规则现象。这里举的例子是名词、形容词、代词的第二变格的所有格复数中残存的、以“-um”结尾的古老形式。

② “在我的父亲面前，我对我的所作所为感到羞耻。”恩尼乌斯：《亚历山大》（*Alexander*），第 59 行，参见《古代拉丁典籍残篇集成》第 1 卷，第 240 页。

③ “船造好了，承载着一群死者。”恩尼乌斯：《亚历山大》（*Alexander*），第 66 行，参见《古代拉丁典籍残篇集成》第 1 卷，第 242 页。

④ “在我的怀中你可以有一个你生的儿子。”恩尼乌斯：《腓尼克斯》（*Phoenix*），第 299 行，参见《古代拉丁典籍残篇集成》第 1 卷，第 332 页。

⑤ “为了埃斯库拉庇俄斯的儿子……”恩尼乌斯：《赫克托耳》（*Hectoris Lytra*），第 299 行，参见《古代拉丁典籍残篇集成》第 1 卷，第 278 页。

⑥ “你的同胞，我们族裔的古代热爱者。”巴库维乌斯：《克律塞斯》（*Chryses*），第 80 行，参见《古代拉丁典籍残篇集成》第 2 卷，第 200 页。

⑦ “一同担任议员、通司、占卜官。”巴库维乌斯：《克律塞斯》，第 81 行，参见《古代拉丁典籍残篇集成》第 2 卷，第 200 页。

⑧ “这时候传来了可怕的预见。”巴库维乌斯：《克律塞斯》，第 82 行，参见《古代拉丁典籍残篇集成》第 2 卷，第 200 页。

发现："nihilne ad te de iudicio armum accidit?"[①]而我宁可接受已有的批评，[②]说"centuria fabrum et procum"，而不说"fabrorum et procorum"。我肯定从来不说"duorum virorum iudicium"，或者"trium virorum capitalium"，或者"decem virorum stlitibus iudicandis"。但是阿西乌斯又是怎么说的呢？"video sepulcra duo duorum corporum"，还有"mulier una duom virum"。[③]我知道什么是正确的，但有时候我自己要利用语词的变化，所以我既说"pro deum"，又说"pro deorum"。有时候我追随必然性，说"trium virum"，不说"virorum"，说"sestertium nummum"，不说"sestertiorum nummorum"，因为在这些情况下语词的用法没有变化。

【47】好吧，他们禁止我们说"nosse，iudicasse"，禁止我们说"novisse"和"iudicavisse"，就好像我们不知道在这种情况下完整的形式是正确的，缩短了的形式是习惯用法。因此特伦斯同时使用两种形式："eho tu, cognatum tuom non noras?""Stilponem, inquam, noveras."[④]完整的形式是 sient，sint 是缩短了的形式，你可以同时使用二者。因此在同一位作者那里我们看到："quae quam sint cara post carendo intellegunt, quamque attinendi magni dominatus sient."[⑤]我不应当批评"scripsere alii rem"[⑥]中的 scripsere 这种形式，然而我感到"scripserunt"更加正确，但我乐意追随我们的耳朵所喜欢的习俗。

---

① "你难道没有听到军队的审判吗？"巴库维乌斯：《克律塞斯》，第 34 行，参见《古代拉丁典籍残篇集成》第 2 卷，第 176 页。

② 指塞维乌斯·图利乌斯的批评。

③ "我看到两具棺材和里面装的两具尸体。""两个丈夫，一个妻子。"阿西乌斯：《残篇》第 655 节，参见《古代拉丁典籍残篇集成》第 2 卷，第 574 页。

④ "希拉，你不认识你的同胞吗？""我说，你认识斯提尔波。"特伦斯：《福米奥》（*Phormio*），第 384、390 行。

⑤ "当他们失去了这些亲近的人以后，他们知道这些人对他们有多么重要，应当如何维护主权。"西塞罗在这里犯了一个错误，这个段落的作者是一位不知名的作家，参见《古代拉丁典籍残篇集成》第 2 卷，第 618 页。

⑥ 恩尼乌斯：《编年史》，第 213—214 行，参见《古代拉丁典籍残篇集成》第 1 卷，第 82 页。

恩尼乌斯说："idem campus habet"，[①] 我们在神庙里看到"Idem probavit"。但是比较正确的是"isdem"，而不是"eisdem"，因为这个声音太宽了。"Isdem"的发音不那么令人愉快，所以习惯上允许加以改变而取得较好的效果。还有，我宁可说"posmeridianas quadrigas"，而不说"postmeridianas quadriiugas"，宁可说"mehercule"，而不说"mehercules"。"non scire"的说法在今天看来似乎有点野蛮，"nescire"则比较令人愉快。为什么要说"meridiem"，而不说"medidiem"？我想这是因为它的发音不那么令人愉快。还有"af"这个介词有非常尖锐的发音，这个词现在只用于有限场合，不那么普遍；在日常语言中它发生了改变；我们说"a-movit"、"ab-egit"和"abs-tulit"，所以你可能不明白"a"、"ab"、"abs"哪一个是正确的形式。此外，还可加上似乎不太一致的"ab-fugit"，他们讨厌"ab-fer"，宁可说"aufugit"和"aufer"。除了这两个词，这个介词在其他地方都找不到。我们有"noti"、"navi"、"nari"这些形式；以 in 为前缀时，我们说"ignoti"、"ignavi"、"ignari"的发音更好些，而不是使用它们的真正形式。他们说"ex usu"和"e re publica"，因为在第一个短语中，介词后面跟着一个元音字母，在第二个短语中，要是"x"不跌落，发音就有些粗糙；与此相应的例子有"exegit"、"edixit"。在"refecit"、"rettulit"、"reddidit"这些词中间，动词的首个字母改变了介词，就好像"subegit"、"summutavit"、"sustulit"这些词一样。

【48】然后是复合词的问题。"insipientem"被替换为"insapientem"、"inicum"被替换为"inaecum"、"tricipitem"被替换为"tricapitem"、"concisum"被替换为"concaesum"，这样做非常好。以此类推，有些人希望说"pertisum"，但却不为习惯用法所认可。还有什么差别比下列原则中显示的差别更清楚，而这些差别不是由自然而是由习俗建立起来的？我们说"indoctus"，第一个字母发短音；我们说"insanus"，第一个字母发长音；我们说"inhumanus"，第一个字母发短音；我们说"infelix"，第一个字母

---

① 恩尼乌斯：《编年史》，第 477 行，参见《古代拉丁典籍残篇集成》第 1 卷，第 52 页。

发长音。简言之，如果“sapiens”和“felix”的开头字母是长音，那么前缀“in”中的“i”发长音，而在其他所有复合词中它发短音。“composuit”、“consuevit”、“concrepuit”、“confecit”这些词也依此同样处理。如果你要向这种类推的严格规则咨询，那么它会说这种做法是错的；但若你向耳朵询问，那么它会表示赞同。如果你问耳朵这是为什么？它会说这样说比较好听，语言应当满足耳朵的要求。就我自己来说，我知道我们的祖先不使用送气音，除了与元音在一起，所以我说“pulcer”、“Cetegus”、“triumpus”、“Cartago”。但是过了一段相当长的时间，耳朵的意见又迫使我放弃正确的发音。我顺从人们的习惯说法，但保留着这方面的知识。但无论如何，我们可以说“Orcivius”、“Mato”、“Oto”、“Caepio”、“sepulcrum”、“corona”、“lacrima”，因为耳朵的判断允许我们这样做。恩尼乌斯总是说“Burrus”，从来不说“Pyrrhus”；[①]“vi patefecerunt Bruges”（而不是“Phryges”）是这位诗人最古老的手稿的读法。因为在他那个时代，拉丁语还没有采用希腊字母，[②]而现在的拉丁语使用了两个希腊字母，[③]由于他们不得不说“Phrygum”和“Phrygibus”，因此就产生如此奇怪的现象，在一个词中使用希腊字母及其词尾，或者仅在主格中使用正确的希腊语形式。但不管怎么说，遵循耳朵的启示，我们可以说“Phryges”和“Pyrrhum”。再进一步说，尽管它们现在显得似乎有点土气，但可以再做修饰，要是语词以与此相同的辅音字母结尾，就好比“optimus”，那么可省略最后一个字母，除非后续的是元音。这样的处理方式在诗歌中为人们所采用，但是现在有些“新”诗人回避这样做。所以我们一度说“qui est omnibu' princeps”，[④]不说“omnibus princes”，说“vita

---

① 恩尼乌斯：《赫克托耳》，第 176 行，参见《古代拉丁典籍残篇集成》第 1 卷，第 278 页。

② 希腊字母 r（upsilon）最初用拉丁字母 u 来翻译，后来用字母 y 来表示这个音。希腊人的送气音 ph, th, ch 最初转换为不发音的拉丁字母 p（b），t,c。

③ 使用 y 和 z。

④ “谁是万物之源？”恩尼乌斯：《编年史》，第 67 行，参见《古代拉丁典籍残篇集成》第 1 卷，第 24 页。

illa dignu' locoque"，[1] 不说"dignus"。如果说创造甜美声音的是习俗，而不是教育，那么我们还要期待从技艺和学习中获得什么？语言的性质和使用是一个非常广泛的主题。要是我单独处理这个主题，那么需要很详细的讨论。我现在的处理非常简洁，但至少已经超过了本书的需要。

【49】所以，确定主题以及表达主题的语词的事情属于理智，而选择声音与格律要以耳朵为裁判；前者由理智决定，而后者取决于快乐。因此，在前一种情况下，理性决定了技艺的规则；而在后一种情况下，起决定作用的是感觉。我们既可以忽略我们努力想要讨好的那些人的爱好，又可以发现一些能够赢得他们欢心的技艺。现在有两样东西可以吸引耳朵，即声音和格律。我们将要处理的主题是格律，而我们现在要讨论的是声音。如上所述，[2] 一个人应当选择最悦耳动听的语词，但不能像诗人那样精挑细选，而要取自日常语言。"qua Pontus Helles supera Tmolum ac Tauricos"，[3] 这句诗用了宏大的地理名称来修饰，而下面这句诗由于不悦耳的字母的重复而被糟蹋了："finis frugifera et efferta arva Asiae tenet."[4] 因此让我们使用良好的古拉丁词，而不要用这些宏大的希腊词，除非我们羞于写下以"qua tempestate Paris Helenam"[5] 开头的段落。不，让我们宁可模仿后一种风格，避免"habeo ego istam perterricrepam"和"versutiloquas militias"[6] 这一类粗糙的诗句。

但我们的意图不仅是语词的搭配，而且是句子的完美，这就是我们所说的耳朵的判断要求的第二个要点。句子的完美，要么依靠语词的排列（一种自发的举动），要么依靠使用某一类有着内在匀称性的语词。要是它们具有

---

① "生命与存留的价值"。鲁西留斯：《残篇》，参见《古代拉丁典籍残篇集成》第 3 卷，第 56 页。

② 参见本文第 24、44 章。

③ "沿着图莫洛斯和陶里卡那边的希腊人的海。"参见《古代拉丁典籍残篇集成》第 2 卷，第 612 页。

④ "他拥有土地，亚细亚多产、肥沃的大草原。"参见《古代拉丁典籍残篇集成》第 2 卷，第 614 页。

⑤ 参见《古代拉丁典籍残篇集成》第 2 卷，第 242 页。

⑥ 参见《古代拉丁典籍残篇集成》第 2 卷，第 626、620 页。

相同的表示变格的词尾，或者从句之间能够很好地平衡，或者并置相反的观念，那么句子凭着它的本性就可以成为有格律的，哪怕作者并不打算有格律。据说高尔吉亚最先做出这种匀称性的努力。从我的演说词《为米罗辩护》中的下述段落可以找到这方面的一个例子："法官先生们，这部法律不是写就的，而是生就的；我们不是学习、接受、阅读它，而是出于天性把握、夺取、占有它；我们不是通过训练，而是凭着直觉知道它。"这个段落的特点就在于词与词之间是对称的，而且必须对称，因为我们在这里承认格律不是习得的，而是思想的天然结果。对立面的平衡可以产生相同的效果，不仅有格律的散文能产生这样的效果，而且连韵文也能产生这样的效果，例如：

eam quam nihil accusas damnas

（要是想要避免诗体，可以说 condemnas）

bene quam meritam esse autumas

dicis male merere?

id quod scis prodest nihil;

id quod nescis obest.①

对立观念的并列产生这样的诗句。它就像是散文中的格律："你知道的东西对你没有帮助；你不知道的东西是巨大的障碍。"

【50】这一类从句希腊人称做"antitheta"，或者"对句"，对立的观念在其中并列，由此在散文中必定产生格律，哪怕你并没有这样做的打算。甚至早于伊索克拉底的时代，古人已经发现了这种风格，尤其是高尔吉亚，他的散文所具有的对称性频繁地产生格律。我们也频繁地使用这种风格，例如《反威尔瑞斯指控词》②的第四篇演讲："拿这种和平与战争相比，这位执法官的到来伴随着那位将军的胜利，这个被抛弃的扈从跟随着不可战胜的军队，这位执法官的欲望受到那位将军的约束；你可以说叙拉古是由它的征服者建

① "你现在谴责的这个人是你从来没有指责过的；你现在否认的他的功绩曾经得到公认；你知道的事情不是真正的指控的理由；而是你由于无知而邪恶地追求的东西。"

② 对威尔瑞斯的指控。

立的，是被它的统治者俘虏的。”

我们已经了解了这种格律的本性，现在让我们开始解释第三个论题：① 散文的紧密格律。有些人感觉不到这种紧密的格律，我不知道他们的耳朵是什么样的，也不知道他们是不是人。无论如何，我的耳朵能在一种圆满的循环中得到欢乐；它能感觉到不足之处，也不喜欢过分。为什么要说“我的耳朵”？我经常看到人们在公民大会上欢笑，这是对美好的格律做出的回应。因为耳朵期待的是结合成句的语词。他们会反对说：“古人并没有提出这样的要求。”没错，但古人拥有其他所有东西，他们精心挑选语词，发明许多庄严、迷人的观念，但他们不太注意把它们结合在一起，使之臻于圆满。他们会说：“这正是我喜欢的。”但是，假如他们宁可要只用几种颜色的② 古代绘画，而不喜欢现代艺术，那么我们也必须返回古代艺术而拒斥现代艺术吗？他们为自己拥有古代模式的名字感到自豪。古代的东西作为可以提供的先例确实带有权威性，就好像我们在谈论年纪时，老年确实带有权威性，这种权威对我也有很大影响。但我不要求古代提供它没有的东西，我宁可赞扬它拥有的东西，尤其是那些被我判断为卓越的东西，而不是它的缺陷。事实上，他们在语词和观念方面的成就超过有格律的句子结尾方面的成就，这是他们缺乏的东西。

【51】有格律的结尾发明较晚，我相信，要是古人知道这一点的话，那么他们会在他们所处的时代加以运用。我们看到在它被发明出来以后，所有伟大的演说家③ 都加以使用。但是，把“格律”（希腊文 hruthmos）用于审判或争论性的演说会引起反感。因为演说家要是在演讲中追求格律，那么它似乎更像是欺骗耳朵的诡计。你的那些朋友自己说着不连贯的、支离破碎的句子，对这条反对意见做出回答，谴责那些能够说出圆满完整的句子的人。

---

① 参见本文第 44 章。

② 按照普林尼的说法，古代绘画只使用黄、红、黑、白四种颜色。参见普林尼：《自然史》第 35 卷，第 50 节。

③ 指希腊演说家。

如果这些语词是愚蠢的，这些观念是微不足道的，那么他们的批判是正当的；如果讨论的主题是有益的，讨论的用语是精心挑选的，那么他们为什么宁可让句子变成瘸子，或者让它短暂停顿，而不让他们说的话跟上流畅的思想？事实上，这种会使人反感的格律并不指望把语词组成良好的句子。这种情况在古代演说家那里一般说来只是偶然地发生，而且经常是由于语言本性的推动；而在他们的演说中得到较高赞扬的段落一般有合乎节拍的结尾。事实上，自从这种风格在希腊人中得到认可以来已经过去了将近四百年，但我们只在最近才认识它。因此恩尼乌斯可以带着嘲讽的口吻说到古人："法翁斯[1]和当地的吟游诗人已经在歌唱。"我难道就没有同样的权力批评古人，特别是我并没有像恩尼乌斯那样继续大胆地说："在我之前没有任何人说过这样文雅的话。"[2]我阅读和聆听过不少演说家，他们的风格极为完善，他们的句子结尾是有节拍的；但是无法做到这一点的人却不能满足于不受批评，甚至还指望他们的缺陷得到赞扬。另外，我赞扬那些承认自己是在模仿的人，我这样做相当正确，尽管我发现他们缺乏某些东西，但我很少赞扬那些只模仿古人的弱点，而远远不能获得古人真谛的现代人。

但若他们的耳朵如此缺乏本能和教养，那么他们甚至不能被博学者的权威所感动，不是吗？我不打算详细谈论伊索克拉底及其学生厄福鲁斯和瑙克拉底，尽管杰出的演说家应当是处理演说结构及其技艺修饰的最大权威。然而，在博学或思想敏锐这一点上，在思想的原创性方面，或者在辩证法的精致上，有谁能超过亚里士多德？又有谁能比他更加猛烈地批评伊索克拉底？那么好吧，亚里士多德禁止在演说中使用诗句，但是要求有格律。他的学生塞奥德特，一位十分完善的文学艺术家，像亚里士多德经常说的那样，拥有相同的看法，并提供了相同的教导，而塞奥弗拉斯特在同一主题上的论述更加精细。有谁能够忍受那些不接受这些权威的人？然而，也许他们并不知道

---

① 法翁斯（Fauns），古罗马传说中半人半羊的农牧之神。

② 恩尼乌斯：《编年史》残篇第 314 节，参见《古代拉丁典籍残篇集成》第 1 卷，第 82 页。

这些规则是由这些权威制定的。假如是这种情况（我无法想象还有其他情况了），那么他们会不接受他们自己感官的判断吗？如果句子是粗糙的、支离破碎的、残缺不全的、累赘的，那么他们感觉不到句子有什么缺点吗？民众不知道节拍，也不懂格律，当他们感到不愉快的时候，他们不明白为什么不愉快，是什么东西使他们不愉快。然而自然本身在我们的耳朵里种下了这种能力，可以判断语词的长音和短音、高音和低音。

【52】所以，布鲁图，这些权威把相关规则传给了我们。你希望我比他们更加详细地讨论整个论题，还是应当满足于他们已经说过的东西？不过，你的那些学术信件使我明白这正是你想要的，所以我没有必要这样问。因此，首先让我们讨论结构严密的、有格律的散文的起源，然后讨论它的原因和本性，最后讨论如何使用。

伊索克拉底的热情崇拜者高度赞扬他的成就，说他最先把节拍引入散文。因为他注意到，人们聆听演说家讲话时总是庄严肃穆的，而听诗人讲话时总是带着欢乐的心情。他还探讨了如何在散文中使用格律，认为节拍具有内在的魅力，多样性可以改变千篇一律的单调。他们的说法只有一部分是正确的。我们必须承认，在这种风格的使用方面没有人能比伊索克拉底更伟大，但这种风格的发明者是塞拉西马柯。我们甚至可以说他的著作过分强调格律。还要提到高尔吉亚，如我前述，他是第一个使用相同长度的从句、相同的词尾，以及对句的人，由于对句的本性，使用者即使不是有意为之，也会产生节拍，但高尔吉亚使用这些手段时不那么有节制。（然而，如前所述，这是我们在语词的排列这个名目下的三个标题中的第二个）高尔吉亚和塞拉西马柯都是伊索克拉底的先驱者，所以伊索克拉底优于他们的地方不在于更早使用，而在于如何使用。他使用比喻和构造新词非常有节制，他在使用格律方面也很有节制。而高尔吉亚过分喜爱这种风格，过于大胆地使用这些“润饰”（这是他自己的用词）。伊索克拉底很有节制地使用这些手段，尽管在帖撒利向年迈的高尔吉亚学习时，他实际上还是一个年轻人。还有，随着伊索克拉底本人年龄的增长——他活了将近一百岁——他极为严格的格律逐渐松懈，这是他在反马其顿的腓力的演说词中说的，那个时候他已经年迈；他说自己已经较少注意格律，而更多地按习惯讲话。这表明，他不仅矫正了他的先驱者，而且对自己做了矫正。

【53】如我所说，由于我们把刚才提到名字的这些人当做结构严密的散文的作者和发明者，所以它的起源就被发现了，现在我们必须寻找原因。这个原因如此明显，要是古人没有注意到这个原因，那么我会感到惊讶，尤其是因为他们会偶然地说出一些结构严密、有格律的句子来。而当这样的句子敲击人们的心灵和耳朵时，他们能够赞赏由此产生的令人愉悦的效果，我们可以认为古人已经注意到这种现象的一般特点，再造他们自己的成功。因为耳朵，或者倒不如说是心灵，接受了耳朵的信息，心灵自身包含着一种天生的、能够度量一切声音的能力。因此，它能够区别长音和短音，并且总是寻求完善与合乎比例：它能感到有些短语被缩短了，变得残缺不全，就好像这些短语受到了欺骗而没有履行它应尽的职责；它也能感到另外一些短语太长，超出了合理的界限，这样的短语会遭到耳朵的拒斥，因为过分比不足更加容易引起冒犯。同理，在诗歌的韵文中，确定的循环和格律可以通过耳朵的检验和思想者的观察被发现，而在散文中，循环和格律只能在相同本性的推动下被发现，当然了，时间上肯定要迟一些。

解释了原因以后，要是你愿意，我们现在可以讨论格律的性质，你可以称之为第三个要点。然而，对这个论题的详尽处理超出了我们这种非正式讨论的范围，更适宜在一篇高度专业化的论文中处理。因为我们可以考察：散文的格律是什么？它在什么地方使用？它的起源在哪里？是否只有一种格律？或者说有两种或多种？这样的格律按照什么原则建构？为什么，什么时候，在哪里，如何使用格律来产生某些令人愉悦的效果？但就一般情况来说，考虑这些问题有两种方式，一种较为漫长，一种较为简短，但它们的难易程度相当。

【54】较为漫长的方式的第一步是考虑到底有没有散文的格律。有些人认为没有，因为散文没有像韵文那样确定的节拍，认为散文有节拍的人也提

不出理由来证明有节拍。其次，要是散文中有格律，那么它的性质是什么？散文的格律有一种形式还是多种形式？它是由诗的节拍组成的，还是属于另外一个不同的类别？如果它就是诗歌的格律，那么用于散文的是什么类型的诗的格律或哪一种类型的格律？有人认为散文的格律只有一种，有人认为散文的格律有许多种，还有人认为所有类型的格律都可以在散文中使用。还有，无论是一种类型还是多种类型，它们都能同等地用在各种散文中吗——因为有一种散文用于叙述，有一种散文用于说服，有一种散文用于解释——或者说不同的格律适用于不同的散文？如果相同的格律可以普遍适用，那么这种格律是什么？如果使用不同的格律，那么它们有什么区别？为什么格律在散文中不像在韵文中那么明显？还有，这种散文格律的效果仅仅由格律产生，还是可以通过某些和谐的排列而产生，或者可以通过语词的性质来产生？或者说每一种格律都有它自己的独特领地，因而格律的显现有一定间隔，形成声音的和谐组合，语词的性质显示为某些华丽风格的修饰吗？和谐的排列是一切修饰的源泉，因此能够产生格律或所谓风格的修饰吗？我说过，希腊人称之为"schemata"，或者"修饰手段"。但这三者实际上不是一回事——我指的是声音的愉悦、按格律的法则规范出来的东西、由表达形式加以修饰的东西——虽然后者与格律有亲缘关系，因为一般说来它本身具有某种完善的性质。然而和谐的排列与其他两方面不同，因为它的整个关注点就在于语词的庄严和魅力。这些就是考虑格律的性质应当遵循的线索。

【55】所以，承认散文中有某种格律并不难。因为它要由我们的感官来决定，在这样的情况下不承认这种现象是不公平的，哪怕我们不能发现它的原因。事实上，抽象的理性并不认识诗歌本身，而我们天生的情感能够认识它，理论在诗歌产生之后对诗歌进行度量，告诉我们发生了什么。因此，诗歌的技艺产生于对自然现象的观察与思考。然而格律在诗歌中呈现得比较明显，按照某种韵律，要是取消与之相伴的音乐，语词就会显得缺乏格律，这对于那些被希腊人称做"抒情诗人"的、最优秀的诗人来说尤其正确，剥夺了伴随诗歌的音乐，剩下来就只有赤裸裸的散文了。在拉丁诗歌中，我们

也有某些类似的东西，例如，取自《堤厄斯忒斯》的诗句“quemnam te esse dicam? qui tarda in senectute”（告诉我你是谁，这把年纪？……），以及这段话的其他部分；① 除非伴随着长笛的声音，它确实像散文。但是喜剧的六韵步诗经常缺乏崇高的风格，这是因为它们与日常对话相似，有时甚至很难识别其中的节拍和诗句。所以，发现散文中的格律更加困难！一般说来，有两样东西在给散文增添风采：令人愉悦的语词、和谐的格律。语词提供了某种原料，而对原料进行加工则是格律的事。但是还有另外一条格律产生的路线，它的起源更早，而不是由于快乐的推动。因此，希罗多德和像他这般年纪的作家，以及早期作家，只有偶然的、无意识的格律，而早期理论家给我们留下了许多关于措词的规则，但绝对没有谈到过格律。最容易和最必要的东西总是最先习得。因此，比喻、造词、复合词比较容易理解，因为它们来自该时代的习惯用语。

【56】但是格律不是现成的，与散文没有必然联系或亲缘关系。它后来才被人们注意和理解。它带来的东西就像运动员优雅的训练，给散文风格添加完善的格调。因此，一段话拘谨、支离破碎，一段话随意、到处扩张，产生这些情况的原因不是文字的性质，而是排列在一起的、长短不同的、语词的间隔。由于散文是这些间隔的交织与混合，有时候稳重，有时候快速，所以这样的现象必定取决于格律。至于循环，亦即周转，如我已经反复界定的那样，它在格律的裹挟下充满活力地运动着，直到抵达终点或者停止。

所以，散文显然应当有界限，或者要受到格律的限制，但它不应当包含真正的诗句。下一个问题：散文和诗歌的格律是相同的还是不同的？我们可以肯定，除了诗歌使用的格律没有其他格律，格律的种类有着严格的限制。它们全都属于三类中的某一类。因为格律中使用的韵脚有三种类型：要么分成长度相同的两部分，要么其中一部分的长度是另一部分长度的两倍，要么

---

① 恩尼乌斯：《堤厄斯忒斯》残篇第348节，参见《古代拉丁典籍残篇集成》第1卷，第350页。

其中的一部分的长度是另一部分长度的一半。这些韵脚的例子分别是：长短短格、短长格、派安格。[①] 这些韵脚在散文中为什么就不会出现呢？[②] 按照系统的秩序排列语词，必然产生格律的效果。然而，现在的问题是使用哪一种格律，或者最希望使用哪一种格律。它们全都可以在散文中出现，就好比我们实际上在讲话时经常无意识地说出一些诗句来。这很好理解，实际上要避免六韵脚和希波纳克斯式的短长格几乎不可能，因为我们的演说用大量的短长格组成。[③] 听众很容易识别这些句子，因为它们是最普通的，而我们经常不够聪明地塞入其他类型不那么普通的句子，然而诗句全都一样，是一种错误百出的实践，只有进一步向前看才能够避免错误。逍遥学派优秀的哲学家希洛尼谟从伊索克拉底的大量著作中挑出三十个句子，大部分是六韵脚的，也有抑抑扬格[④]的。还有什么批评比他的批评更严厉？但他的选择不公平，因为他去掉了句子首词的第一个音节，又给句子的最后一个词添加了后续句子的首个音节，由此形成的抑抑扬格被称做阿里斯托芬格律。[⑤] 要想避免这样的例子是不可能的和不必要的。详细阅读了他的论文以后，我看到他对伊索克拉底进行了严厉的批判，说他使用六韵脚是不明智的。所以我们可以确定，即使在散文中也有格律，演讲中使用的格律与诗歌中使用的格律是一样的。

【57】 因此，我们下一个考虑要点是哪一种格律最适合结构紧密的散文。

---

① 古代的格律取决于音节的长度。通常用“˘”表示一个短音节，用“-”表示一个长音节，长度为一个短音节的两倍。长短短格（dactyl）的韵脚是“- ˘˘ ”（2 ∶ 2），短长格（iambus）的韵脚是“˘ -”（1 ∶ 2），派安（paean）的意思是赞美诗，它的格律的韵脚是“˘ ˘˘ -”，或者“- ˘˘ ˘”（3 ∶ 2或2 ∶ 3）。

② 因为许多语词都属于这些形式中的一种。

③ 六韵脚基本上由六个短长格组成，并且经常允许替代，整个语调接近散文。用符号表示为：“˘ -˘ -˘ -˘ -˘ -˘ -”；希波纳克斯式的短长格（Hipponacteans）亦称“scazon”或“choliambic”，用符号表示为：“˘ -˘ -˘ -˘ -˘ - - -”，差别在于最后三个韵脚均为长音。

④ 抑抑扬格（anapaestes）用符号表示为：“˘ ˘ - ”。

⑤ 阿里斯托芬格调（Aristophaneus）用符号表示为：“˘ ˘- ˘˘ -˘ ˘- ˘˘ -˘ ˘- ˘˘ -˘ ˘- -”。

有些人喜欢短长格，因为它最接近日常语言，我们也发现它主要用在戏剧中，而长短短格比较适合六韵脚诗的崇高风格。然而，一位训练有素的演说家厄福鲁斯——他来自一个杰出的学派——使用派安格或长短短格，但避免使用长长格和短短短格。[①] 正如派安格有三个短音、长短短格有两个短音，他认为音节的简短和快捷会使语词流动得更快，长长格和短短短格也存在这种情况。前者全部由长音节组成，后者全部由短音节组成，后者使风格快捷，前者使风格缓和，二者都没有既定的比例。然而，前面提到的这位权威错了，厄福鲁斯错了。轻视派安格的那些人看不到他们所忽视的令人愉悦的格律同时也是最稳定的。亚里士多德持有不同的意见，他认为英雄体[②]对于散文来说太崇高，而短长格太接近日常谈话。也就是说，他赞同的既不是一种过于低贱的风格，也不是一种过于崇高和说大话的风格，为了引起听众的敬佩，演讲者要保持庄严的风格。然而，他把时间长度与长短格一样的短短短格称做科达克斯舞，[③] 因为它的简洁是不庄重的。[④] 他频繁地表示赞同派安格，并且说所有人都在使用这种格律而不明白自己在干什么，但是在另外两种格律之间还有一种中间形式，它的韵脚有比例，要么是 3 ∶ 2，要么是 2 ∶ 1，要么是 2 ∶ 2。我上面提到过的其他作家只想方便，而根本没有想到尊严。短长格和长短短格最适宜诗歌，因此正如我们要在散文中避免诗句一样，我们必须回避这些韵脚。散文与诗歌不同，甚至与诗歌对立，派安格不太适宜诗歌，所以散文欢迎派安格。然而，厄福鲁斯并不明白他回避的长长格与他赞同的长短短格等值。因为他说韵脚用音节的数量来衡量，而不是用它们的间隔来衡量。对待短短短格也一样，它的时间和间隔与短长格相同，但若在散文中把它放在最后那就糟糕了，因为词的结尾最好有一个长音

---

① 长长格（spondee）用符号表示为："- -"；短短短格（tribrach）用符号表示为："˘ ˘ ˘"。

② 英雄体（heroic）即长短短格。

③ 科达克斯舞（cordax），一种狂放的快节奏舞蹈，近乎粗俗。

④ 英译者指出西塞罗的转述与亚里士多德的原意有出入，参见亚里士多德：《修辞术》第 3 卷，第 8 章，1408b21 以下。

节。塞奥弗拉斯特和塞奥德特重复了亚里士多德有关派安格的评价。然而，我自己的感觉是各种韵脚在散文中都会交错混杂在一起，如果我们一直使用相同的韵脚，我们就不能避免批评者的责难，因为散文一定不会像诗歌那样有明显的格律，但也不会像大众语言一样完全没有格律，前者太严格，限制太多，所以显得人为色彩太浓，而后者太松散，所以显得随意和粗俗。你不应该由于喜欢其中一种风格而仇视另一种风格。散文，如我前述，应当使用混合的格律来驾驭，它不应当太松散，也不应当完全合乎格律，派安格可以作为主要的尺度，因为这是我们最大权威的意见，但是我们应当把这种格律与他轻视的其他格律结合起来。

【58】我们现在必须讨论这些韵脚相互之间的恰当结合（就像调配紫色染料的技艺）① 以及最适宜每一种演讲的韵脚。例如短长格最为频繁地用在平凡、简朴、对话类型的段落中；派安格用于比较高尚的风格；长短短格在两种讲话中都可以使用。所以，在一篇有着各种讲话模式的、很长的演讲中，这些格律必须混合在一起。如果我们这样做了，听众很难注意到我们为了取得令人愉悦的效果所付出的努力，要是我们表达庄重的语言和思想，那么这样的努力最好也能比较隐蔽。听众注意的是两样东西——我指的是语词和观念——他们抱着敬佩之意聆听它们，发现它们是令人愉快的，而格律则想逃避他们的注意，悄悄地溜走。然而，要是缺乏格律，听众由语词和观念引起的快乐就会减弱。可以肯定的是，这种格律的进程——我指的是在散文中，因为在诗歌中情况很不一样——并非完全严格，否则它就成为诗歌了，而是每个段落有大致相同的结尾，结束时不是中断或摇摆，而是稳步前进，这就是所谓有格律的。在口头表述的散文中，我们讲一段话有格律并不是指它完全合乎格律，而是说它非常接近格律。这就是散文比韵文难写的原因，因为后者有必须遵循的、确定的法则。然而，除了风格一定不能散漫和混乱，演讲没有什么规则。因此它没有衡量韵脚间隔的尺度，就像由笛手提供

① 古希腊人的紫色染料从海螺等贝壳中浸出。

的韵律，而只是使整个句子呈现循环形式，并能以某种只有耳朵的快感能够判定的方式结束。

【59】一个人们常问的问题是：格律用于整个句子，还是只用于句子的开头和结尾？实际上，有许多人认为只需要在句子的结尾处使用格律。这确实是最适合使用格律的地方，但不是唯一的地方，因为循环的句子必须温和地结束，而不是戛然而止。因此，由于耳朵总是在期待句子的结束，以便从中取乐，所以句子的结尾不能没有格律，但是整个复合句应当从一开始就朝着结尾前进，以一种自然的方式展开，到了终点就自然而然地停止。要做到这一点对那些训练有素的人来说并不难，他们有着广泛的写作实践，连那些即席演讲的人也能产生类似事先写好讲稿般的效果。思想纲要在心灵中的形成并不快于语词开始汇集，作为世上最快捷事物的心灵会马上选配语词，使它们各就各位，由此产生格律。所有位于开始和中间的语词都应当看着结尾。演讲有时速度很快，有时速度很慢，有时稳步前进，所以你一开始就要考虑如何结束句子。散文的其他修饰手段都不会像格律这样，因为我们正在做的是和诗人一样的事情，但在散文中我们要避免与诗歌雷同。

【60】散文和诗歌都有材料和处理两方面的问题，所谓材料我指的是语词，而所谓处理我指的是语词的排列。这两个方面都有三个组成部分：在语词方面我们有比喻、新造、古词（因为我不需要提到在专门意义上使用的词）；如我前述，① 语词排列这个名目下的主题有和谐、对称和格律。然而诗人在两方面都更加勤奋，在前一方面有着更大的自由，他们更加频繁、大胆地使用比喻，更加自由地使用古词和新词。但是格律就不一样了，他们在这方面受约束，乃至于必须遵循。然而我们可以察觉语词和格律在散文和诗歌中有巨大差别，但也不是完全没有联系。因此格律在散文中不像在韵文中那样显著，所谓散文中的格律并非总是产生于韵律，而是有时候也来自对称或

① 参见本文第 44 章。

语言的结构。

因此，如果问题是散文中使用的格律是哪一种，那么回答是："所有格律，但是一种格律比较适合某种散文，另一种格律比较适合另一种散文。"在哪些地方适用？适用于短语的各个部分。它的起源在哪里？在于耳朵的快乐。构造它的方法是什么？这个问题需要在别处讨论，因为这是一个实践问题，是我们要讨论的第四个，也是最后一个论题。使用格律的目的何在？提供快乐。什么时候？始终。在什么地方？贯穿整个环形句。什么东西使快乐产生？和韵文一样。理论为这些事情制定了精确的尺度，但是没有理论，耳朵也能用无意识的直觉标定它们的界限。

【61】格律的性质我们已经说够了，下一个论题是使用，这个论题必须更加详细地处理。首先，这里的问题是：格律是否用于表达的整个环状形式？希腊人称为"环形句"，我们把"ambitus"（长复合句）、"circuitus"（环行句）、"comprehensio"（紧凑的语句）、"continuatio"（复合句）、"circumscriptio"（综合句）这样一些术语用于环形句。或者问：格律只用于环形句的开头，还是只用于结尾，或者两处都可以使用？其次，格律是一回事，具有格律的性质是另一回事，它们之间的区别在哪里？再次，环形句是否应当划分为相同的从句，具有各种格律？或者说应当有些从句较短，有些从句较长？什么时候可以这样做，为什么要这样做？产生格律效果的是哪一个从句？是几个从句还是只有一个从句？是不同长度的从句还是相同长度的从句？我们什么时候应当使用这个从句，什么时候使用那个从句？哪些格律最适宜结合，如何结合？或者说各种格律在这一点上没有区别吗？最重要的问题是：散文以什么方式成为有格律的？我们必须解释语言常规类型的起源，必须讨论复合句、从句、短语有多长才是适宜的。我们必须考察这些东西是否只有一种形式或长度，或者有几种形式或长度；要是有几种，那么它们应当用于何处、何时、何种演讲。最后，我们必须解释整个格律的用处，这个主题有着广泛的含义，因为它与许多主题有关，而不是只与一个主题相关。

不具体回答上述每一个问题，而只对其中的几个问题做出圆满充分的回答，这样的处理方式是可能的。因此，我们把其他演讲形式搁在一边，只选择用于法庭和公共集会的演讲来讨论。可以肯定的是，在演讲的其他形式，即所谓历史的演讲和展示性的演讲中，一切都按照伊索克拉底和塞奥波普的环形句风格来处理，语言形成一个循环，直到最后，每个短语都是完善的和完全的，这样做合乎需要。所以，只要你愿意，你可以称之为“综合句”、“紧凑的语句”、“复合句”、“环行句”，或者“长复合句”，由于发明这种风格的人并非旨在娱乐、对法庭和公共生活中的竞争完全外行、几乎不能按照格律来构成所有句子的那种演说词的作者。由于没有听众会害怕自己受到一种人为风格的欺骗，所以他们会感谢演说家能照顾到他们耳朵的快乐。

【62】散文的这种风格不能原封不动地搬到争论式的演讲中来，但也不能完全加以排斥。如果你不断地使用它，不仅听众会感到疲乏，而且连外行也会认出这种手段的本性。进一步说，它会剥夺听众的天然同情心，完全摧毁真诚的印象。

由于人们经常使用这种风格，所以我们必须考虑在什么地方使用、使用多久、怎样使之多样化。有格律的风格被用在华丽的、赞扬性的段落中，就好比我在《反威尔瑞斯指控词》中对西西里的赞扬，或者我在元老院就我担任执政官问题所做的演讲。① 它也可用来讲故事，目的是引起人们的尊敬而非唤起人们的激情，比如我的第四篇《反威尔瑞斯指控词》中有关赫纳② 的刻瑞斯③、塞格斯塔④ 的狄安娜⑤、叙拉古遗址的那些段落。还有，每个人都会承认语言在放大的时候经常带着流畅的格律倾泻出来。我们不可能使之臻于完善，但我们会反复尝试。我们的结束语中有许多段落表明我们试图这样

---

① 这篇演说词已经佚失，相关解释可参见《西塞罗书信·致阿提库斯》第 1 封，第 14 节。

② 赫纳（Henna），西西里岛中部的古城。

③ 刻瑞斯（Ceres），希腊谷物女神。

④ 塞格斯塔（Segesta），西西里岛西北部城市。

⑤ 狄安娜（Diana），罗马女神，相当于希腊女神阿耳忒弥斯，主掌狩猎、林地、生育、月亮等。

做。当演讲者已经赢得了听众、吸引了他们的时候，这样做是有效的。听众此时不再满足于冷眼旁观，而是站在演讲者一边，希望他取得成功。由于敬佩他演讲中的精神，听众不再从他的演讲中寻找可以批判的观点。

这种风格一定不能长时间使用，我指的不是在整个结束语中使用这种风格，而是在演讲的其他部分都使用这种风格。因为当你完成了我已经说过可以说的那些段落以后，整个风格一定要变为被希腊人称做“commata”（短语）或“cola”（从句）的形式，我自己倾向于称之为“incisa”（短句）和“membra”（分句），这样说也许更加合适。如果语词所表示的事物是未知的，那么名称也是未知的；但由于我们不会为了增添吸引力或者由于语言的贫乏而象征性地使用语词，所以我们必须给某些还没有名字的事物命名；事物本身是未知的，在各种技艺中都会发生这种情况，我们不得不发明一个新术语或者使用比喻。

【63】现在，我们就来看以短语或从句的形式讲话的恰当方式，我们现在必须解释有多少方法可以用来使复合句以及有格律的从句多样化。一般说来，格律从一开始就出现。有时候快些，如果韵脚是短的；有时候慢些，如果韵脚是长的。充满活力的争论要求较快的节奏，阐述要求较慢的节奏。复合句可以有几种结束的方式。亚细亚风格喜欢用所谓的双重长短格①，最后的两个韵脚是长短格，各由一长一短两个音节组成。（我们不得不做这种解释，因为同一韵脚在不同的民族那里有不同的名称）双重长短格本身在从句中不那么令人厌恶，但若用在散文的格律中，那就没有比它更令人厌恶的东西了，因为它使散文的格律始终不变。它本身有一个华丽的节拍，因此我们有更多的理由担心使用过分或单调。有一次我在公民大会上听保民官小盖乌斯·卡玻演讲。他说了这样一些话：“O Marce Druse, patrem appello.”（噢，马库斯·德鲁苏斯，死者之父，我喊的是你）这里有两个短语，各由两个韵脚组成；然后是一个从句，“tu dicere solebas sacram esse rem pubicam”（你

① 双重长短格（ditrochee）用符号表示为：“- ˘ - ˘”。

不愿意把这个国家称做神圣的），这个从句有三个韵脚；然后是一个复合句，“quicumque eam violavissent ab omnibus esse ei poenas persolutas”（一切伤害了国家的人都必须受以惩罚），以一个双重长短格结尾，因为最后一个音节的性质没有区别；然后他说“patris dictum sapienas temeritas fili comprobavit”（做儿子的鲁莽证明了做父亲的智慧），这个双重长短格令听众感到神奇而狂呼不已。我要问的是：这难道不是格律产生的效果吗？如果改变词序，把它写成“comprobavit fili temeritas”，那么这种效果就消失了，尽管“temeritas”由三个短音节和一个长音节组成，但亚里士多德把这种韵脚当做最好的韵脚，而我不同意这种看法。“但是在这里语词没变，思想也还是老样子。”没错，但它只满足了心灵，没有满足耳朵。然而这种结尾一定不能使用得太频繁。因为它首先会被人认出来是格律，其次它会令听众感到疲倦，一旦被当做一种伎俩，它就会遭到轻视。

【64】有许多从句拥有令人愉悦的合乎格律的节拍。例如长短长格由一个长音节、一个短音节、一个长音节组成，[①] 与之相似的派安格所占的时间差不多，但音节要多一个；人们认为在散文中使用派安格最方便，因为它有两种形式：要么采用一个长音节后跟三个短音节的形式，开头较强，结尾较弱；要么采用三个短音节加一个长音节的形式，古人认为这是最好的节拍。我不绝对排斥它，但我宁可使用其他的韵脚。哪怕是长长格也不能完全抛弃，尽管由于它由两个长音节组成，因此显得相当笨重和缓慢，但它仍旧有一种稳定的运动，也并非没有尊严，尤其是在短语和从句中，沉重和缓慢在一定程度上弥补了韵脚数量较少之缺陷。（我在提到这些用于从句的韵脚时，不仅是讲最后一个韵脚，至少包括倒数第二个韵脚，经常包括倒数第三个韵脚）短长格由一个短音节和一个长音节组成，与其相当的是短短短格，它有三个短音节，时间长度与短长格相当，但音节数量不同，要是放在倒数第二个音节的位置上，甚至连长短短格也由一个长音节和两个短音节组成，如果

---

① 长短长格（cretic）用符号表示为：“- ˘ - ”。

最后的韵脚是短短短格或长长格，那么句子就能很快抵达结尾。它与用在句尾的东西不会形成什么差别。但是这三种韵脚要是有一个放在最后，就会产生不好的节拍，除非在最后的位置上用长短短格取代长短长格，因为即使在诗句中最后那个音节的性质也是一件无关紧要的事。由于这个原因，有人说最后一个音节是长音节的派安格最适宜这种节拍，但他不明白真实情况，因为最后一个音节的长度与格没有关系。① 有些人甚至认为派安格是一种格律，但不是一种韵脚，因为它的音节不止三个。这是事实，所有古人都同意——亚里士多德、塞奥弗拉斯特、塞奥德特、厄福鲁斯——有一种韵脚最适宜用在句子的开头或中间，他们也认为派安格最适宜用在句子的结尾，但在我看来，长短长格比派安格更好。五音韵脚② 由五个音节组成：短、长、长、短、长，例如“amicos tenes”，它适用于任何位置，但只能用一次。如果重复使用，或者不断地使用，就会形成一种过于明显、强烈的格律。

【65】因此，如果我们有变化地使用这些韵脚，听众就不容易发现我们在有意识地使用格律，也就防止了单调和避免引起听众的厌恶。

进一步说，散文拥有格律不仅是由于使用了节奏，而且是由于语词的排列和某种对称，这是我们前面说过的。③ 我的意思是，借助语词的排列配置使得格律显得不是刻意安排的，而是自然而然地出现的。以下面这段克拉苏的话为例：“Nam ubi lubido dominator, innocentiae leve praesidium est.”（情欲统治之处，无辜者无助）语词的排列在这里产生格律，而无须这位演说家做出任何明显的努力。因此，要是早期的作家——我指的是希罗多德、修昔底德，以及该时期的所有作家——写过任何有格律的东西，我敢肯定，这不是他们在刻意使用格律，而是由于语词的排列。还有，某些语言手段包含对称，而格律是对称的必然结果。从句之间保持平衡或对举、不同的语词使用相同的词尾，诸如此类精致的修饰方式使句子必然产生一种合乎格律的节

---

① 英译者指出西塞罗这样的观点是错误的。

② 五音韵脚（dochmius）用符号表示为：“˘ -- ˘- ”。

③ 参见本文第 44 章。

拍。我们可以用具体例子来讨论上述形式或类型。这种形式提供了充分的机会避免按同一种方式结束。这些规则不那么严格和有约束力，但我们也不能任意放松。散文是否合乎格律会产生巨大差别，也就是说，它要么与确定的格律相似，要么就是确定的格律；要是后一种情况发生了，那么这是一个不可容忍的错误，要是前一种情况没有发生，那么风格是混乱的、粗糙的、粗俗的。

【66】在法庭的具体实践中，由于有格律的复合句肯定用得不多，或者说很罕见，所以我们似乎必须考察我上面提到过的“incisa”（短句）和“membra”（分句）的性质，因为这些形式在具体实践中占据最大的部分。综合性的复合句最多有四个部分组成，我们称之为“从句”，以便满足耳朵，而又不至于太长或太短。然而，它的发生只是偶然的，或者我应当不断地说，这种情况必须马上停止，免得耳朵以为受了欺骗或者由于时间太长而感到疲倦。但我现在考虑的是平均数，我不是在讨论诗歌，而散文在形式上不像诗歌那么严格。所以，一个完整的复合句由四部分组成，各自最多相当于一行六韵脚的诗。从句之间有联结点，由此构成一个复合句。但若只想讲一个从句，我们就会停顿。我们只能在有必要的时候这样做，否则很容易偏离主题，冒犯听众。然而，就事物的本性来说，没有什么东西能如此合乎格律，它最不像格律，然而却具有最强的格律的效果。这种风格的一个例子可以引自克拉苏：“Missos faciant patronos, ipsi prodeant.”（让他们取消要求；让他们自己出面）要是他在“patronos”后面没有停顿，人们就会认出他说了一个六韵脚的句子，而他要是接着说“prodeant ipsi”，那么这个结尾会更好些。但我现在要说的是一般的原则。“cur clandestinis consiliis nos oppugnant? Cur de perfugis nostris copias comparant contra nos?”（他们为什么密谋攻击我们？他们为什么从我们的队伍中招募逃兵来反对我们？）前面两部分[1]希腊人称做“commata”（短语），而我们称做“incisa”（短句），第三部分他们称

① 指“Missos faciant patronos”和“ipsi prodeant”。

做“colon”（从句），我们称做“membra”（分句），最后一部分是一个完整的复合句，不太长，只用两个从句组成，这就是“membra”，有长长格的结尾。克拉苏一般用这种风格讲话，这也是我本人最喜欢的风格。

【67】但若使用短句或分句，它们必须拥有恰当的结尾。例如我自己的话："Domus tibi deerat? At habebas. Pecunia superabat? At egebas."（你缺房子吗？但是你有一所房子。你还有钱留下吗？然而你已经缺钱。）这里面有四个短句，而下面的话有两个分句："Incurristi amens in columnas, in alienos insanus insanisti."（你疯狂地撞击柱石，你狂野地谩骂陌生人。）然后是整个段落，以一个较长的复合句为基础："Depressam, caecam, iacentem domum pluris quam te et quam fortunas tuas aestimasti."（你把一个坍塌的、黑暗的、已经成为废墟的家看得比你自己和你的幸福更有价值。）它以一个双重长短格结尾。但是前面的句子以长长格结尾。这些短句被当做匕首来使用，简洁的要求使得韵脚更加自由。你通常必须使用一个短句，更多的时候使用两个短句——两个短句都可添加一部分韵脚——但很少使用三个以上短句。短句和分句在实际演讲中非常有效，尤其是在证明或驳斥的段落中。比如，我们在为高奈留辩护的第二篇演讲中说："O callidos hominess, o rem excogitatam, o ingenia metuenda!"（这些人多么精明能干！多么虚伪！多么危险！）到此为止都是从句，接下去是一个短语："Dicimus"（我们已经说过了）；然后又是一个从句："Testis dare volumes."（我们希望提供证据。）最后是一个复合句，由两个分句组成，以尽可能简短的形式："Quem, quaeso, onstrum fefellit ita vos esse facturos?"（请告诉我，我们当中有谁不知道你会这样做？）有时候用两个短语，有时候用三个词，有时候用几个词，放在一个有着各种结尾的有格律的环状句中，没有比这更好或更强的风格了。相反，赫格西亚回避这样做，当他试图模仿几乎与德谟斯提尼齐名的吕西亚斯时，他到处跳跃，把他的风格搞得支离破碎。还有，他在思想方面的错误不亚于语言方面的错误，所以熟悉他的每个人都不需要另外再去寻找愚蠢的例子。但我引用的这些克拉苏的例子和我自己的例子使人单凭耳朵就能知道什么是有格律的，哪

怕是在演讲的最小部分。

关于有格律的散文，由于我们已经比任何前人写得都要多了，所以我们现在要来说一说这种风格的实用价值。

【68】事实上，以一种有效的演讲风格卓越地演讲——布鲁图，尽管你肯定不会不明白——这种技艺无非就是用精心挑选的语言把最优秀的思想表达出来。还有，要是不能得体地、完整地表达思想，就不能给演说家带来信任，语词要是不能得到精心安排，任何华美的风格都不能得到展现。格律可以修饰思想和语词，然而我必须一而再，再而三地说明，散文中的格律不仅不能像诗歌的格律那样严格，而且要尽可能与它不同。这不是因为散文的格律与诗歌的格律不是一回事——所有语言，甚至所有可以用耳朵度量的声音，都是一样的——而是因为韵脚的排列使得说话与散文或诗歌相似。因此，如果希望优雅地讲话，那么你必须使用格律，无论是称之为创作，还是称之为修饰，还是称之为节奏，都随你的便。这不仅是因为如亚里士多德和塞奥弗拉斯特所说的那样，句子不可以像河流一样随意流动（句子要有结尾，不仅是因为讲话者要呼吸，抄写员要写句号，而且是因为格律会带来一个必然的结尾），而且是因为环状句比松散的句子要有力得多。这就好比我们观看拳击手或者角斗士训练，他们要么站在原地不动，要么小心抵挡，要么勇猛冲刺，那就没有什么优雅可言，所以在格斗中有用的东西必定也会吸引人观看。所以演说家不会突发重拳，除非这样的进攻有恰当的指点，而他要是不知道将要发生的事，也不能安全地躲避对手的进攻。因此，在演讲中不用有格律的结尾构造句子的人，在我看来，就像那些被希腊人称做“apalaistrous”的运动，或者“在体育场上未受训练的人”的运动，就像那些由于缺乏教师、智力迟钝、害怕艰苦、无法获得成功的人。他们远远没有做到精心安排演讲中的语词，而是正好相反；但是不精心安排语词，演讲就没有力量或者活力。

【69】大量练习是需要的，通过训练我们可以避免那些尝试过这种风格，然而失败了的人的错误，为了确保较好的结尾或者比较流畅的格律，一定不

能唐突地改变语词的位置。卢西乌斯·科厄留斯·安蒂帕特在他的《布匿战争》的序言中说他不会这样做，除非有必要。这个人有多么天真，对我们毫不隐瞒！这样做有多么聪明，承认自己必须向必然性低头！但是安蒂帕特完全缺乏技艺，而对我们这个时代的人来说，在写作或演讲中乞求必然性是无法被人接受的，因为不存在必然性，如果有必然性，那么也不是任何情况下都必须承认的必然性。这个人把著作题献给卢西乌斯·埃利乌斯，他肯定想要得到卢西乌斯·埃利乌斯的宽容，想通过他的眼睛来判断自己，而他不仅错误地改变了语词的位置，而且也没有使他的句子比较完整和圆满。就其他作家来说，尤其是那些成为格律的奴隶的"亚细亚演说家"，你可以看到，他们把某些语词愚蠢地塞入句子，以满足格律的要求。始于赫格西亚，有些人也以令人厌恶的方式分割或打碎他们的格律，使他们的风格毫无生气，变得像一首小诗。在两位亚细亚修辞学的领袖那里可以发现第三个错误，他们是希洛克勒和美涅克勒兄弟俩，在我看来，他们都是不可轻视的。尽管他们远远达不到这种真正的演讲类型的标准，也远离阿提卡演说家的标准，但他们的从容不迫，或者我可以说他们的流畅，弥补了他们的缺陷。但他们缺乏多样性，他们的所有句子几乎都以相同的方式结尾。能避免这些错误的演说家也就几乎避免了所有错误，他不会调换语词的位置，使之显得好像有意为之，他不会塞入一些语词，好像是为了填补空缺，他不会为了追求较短的格律而分割、弱化句子，他不会使用相同的格律而不加变化。这样做的好处我们有许多话可说，这些优点显然与那些缺点相对。

【70】你要是使用改变词序的方式打破一位演说家的结构良好的演说，使整个演说就遭到毁灭，那么结构紧密的语言的重要性也就得到了证明。例如，下面的话语取自我的《为高奈留辩护》和整个后续的段落。第一个例子："Neque me divitiae movent, quibus omnis Africanos et Laelios multi venalicii mercatoresque superatunt"（他的财富不能令我动心，许多商人和奴隶贩子在财富上超过整个阿非利加努家族和莱利乌斯家族），只要对其略加改变，读做"multi superarunt mercatores venaliciique"，整个

句子就被糟蹋了。再举下一个例子："Neque vestis aut caelatum aurum et argentums, quo nostros veteres Marcellos Maximosque multi eunuchi e Syria Aegyptoque vicerunt"（许多来自叙利亚和埃及的宦官拥有的服饰和金银器皿超过我们古代的英雄、马尔采鲁斯家族、马克西姆家族），我们可以把它改成"vicerunt eunuchi e Syria Aegypotque"。再举第三个例子："Neque vero ornamenta ista villarum, quibus L. Paulum et L. Mummius, qui rebus his urbem Italiamque omnem referserunt, ab aliquot video perfacile Deliaco aut Syro potuisse superari"（来自德洛斯或叙利亚的任何一名奴隶拥有的财富都可以轻易地超过你庄园里的这些装饰品，卢西乌斯·鲍鲁斯和卢西乌斯·姆米乌斯让这样的财富遍布罗马和整个意大利），我们把它写成"potuisse superari ab aliquot Syro aut Deliaco"。你难道看不出，尽管语词还是原来的，但语序稍加改变，整个句子就坍塌了，因为它的对称性被毁掉了？或者你可以从某个粗心的演讲者那里取来一些混乱的句子，少许改变一下它的语序，原先松散的句子就变得紧凑，原先的粗俗就变得文雅。从革拉古在监察官面前的演讲取例："Abesse non potest quin eiusdem hominis sit probos improbare qui improbos probet"（赞同恶人者必然否定善人）。要是他说"Quin eiusdem hominis sit qui improbos probet probos improbare"，那么他的话就要文雅得多。

没有人不愿意以这种方式讲话，没有人会在这方面受约束。那些采用不同风格的人之所以这样做，乃是因为他们不能形成这种风格。所以，他们突然转向"阿提卡风格"，就好像德谟斯提尼也来自"特腊勒斯"！① 如果德谟斯提尼那些著名的霹雳没有格律的推动，就不会拥有这样的震撼力。

【71】然而，要是有人喜欢松散的风格，那就让他用吧，只要他能拿起斐狄亚斯的盾牌。要是说曾经有人拿走过盾牌，那么他虽然毁掉了整件作品

① 特腊勒斯（Tralles），小亚细亚卡里亚北部城市，是亚细亚式的演说家达玛斯（Damas）和狄奥尼索勒（Dionysocles）的家乡。

的美，但并没有消除它的组成部分各自的魅力。[①] 例如，在修昔底德那里，我只是没有看到环状句，但风格的修饰仍旧在那里。但是这些“阿提卡式的”演说家把一篇演讲分成许多部分，而这些部分的主题和用词都很低劣，所以在我看来他们不是拿走了盾牌，而是像谚语所说的那样，拆开了一把扫帚，要是我可以这样说的话。这是一个朴实的表达法，但却准确地表达了二者的相似之处。他们似乎轻视我所赞扬的这种风格，但是让他们描写一下伊索克拉底、埃斯基涅斯、德谟斯提尼的方式，然后我就可以指出他们并没有因为绝望而避免这种风格，而是仍旧在遵循它的原则。或者说，我自己也许可以找到某人愿意承担这项任务，撰写或讲述一下希腊人或拉丁人喜欢的风格，因为打破一个结构紧凑的句子比改进一个结构松散的句子更容易。把我的意思简要表述一下：有良好的格律而没有思想，这样的讲话是愚蠢的；有思想表达出来，但所用的语言没有秩序和格律，这是不会说话。不过这种不会说话不能说是愚蠢，而只是不够聪明。要是有人满足于此，那就让他去吧。但是雄辩的演说家不仅要赢得赞同，而且要赢得敬佩、欢呼和掌声，要是可能的话，他要在各方面都有卓越的表现。要是在他前面还有什么东西更伟大，或者有听众说除了听他演讲还有其他更大的快乐，那么他会感到羞耻。

布鲁图，一名演说家应当是什么样的，你已经知道了我的判断。如果你赞同我的意见，那么你可以遵循，要是你有自己不同的看法，那么你可以保留。我不想就这个问题与你再次进行争论，我也从来没有断言我在本书中激烈主张的理想演说家比你的更加真实。因为不可能你有一个理想的演说家，我有另外一个理想的演说家，或者说我的理想在不同时候有不同的样子。在这件事情上要想得到民众的赞同和耳朵的快乐是不可能的，二者在构成一个真正的判断方面都没有什么分量。甚至在最重要的主题上，我都从来没有发现过有什么东西在坚持或运用我的意见方面比最像是真理的东西更加重要，

---

① 斐狄亚斯，希腊著名雕塑家，他塑造的雅典娜神像手执盾牌，整座神像都造得容易分开也容易重新拼在一起。

然而真理本身隐藏在黑暗之中。要是你不那么喜欢我的论证，我会请你考虑我们正在从事的这个任务是不可能完成的，或者说正是由于我希望满足你的要求，正是由于我的犹豫不决，才导致我没有拒绝如此不明智的写作。

西汉译名对照表*

A

Abdera 阿布德拉（地名）
Abydus 阿卑都斯（地名）
Accius 阿西乌斯
Achaea 阿该亚（地名）
Achilles 阿喀琉斯
Acidinus 阿基狄努
Aculeo 阿库莱奥
Acusilas 阿库西劳斯
Adramyttium 埃德雷米特（地名）
Aelius 埃利乌斯
Aemilianus 艾米利亚努
Aemilius 艾米留斯
Aeneas 埃涅阿斯
Aeschines 埃斯基涅斯
Aeschylus 埃斯库罗斯
Aesculapius 埃斯库拉庇俄斯
Aeserninus 埃塞尼努
Aesopus 伊索普斯
Aetion 埃提翁
Aetolia 埃托利亚（地名）
Afer 阿菲尔
Afranius 阿弗拉尼乌
Africanus 阿非利加努
Africa 阿非利加（地名）
Agamemnon 阿伽门农
Agesilaus 阿革西劳
Aglaophon 阿格拉俄封
Ahenobarbus 阿赫诺巴布斯
Ajax 埃阿斯
Alabanda 阿拉班达（地名）
Alban Hill 阿尔班山（地名）
Alba 阿尔巴（地名）
Albensians 阿尔巴人
Albinus 阿尔比努
Albius 阿比乌斯
Albucius 阿布西乌

* 西塞罗著作原文为拉丁文，含有少量希腊文，转译成英文后有不同的词形变化；拉丁人的姓名很长，由若干部分组成，由于译名对照表仅起对照作用，故拆分开来统一排序；本表从内容上说包括人名、神名、族名、地名。

Alcibiades 阿尔西庇亚德
Alcmeo 阿尔克迈奥
Alexander（the Great）亚历山大大帝
Alexander 阿勒克珊德
Alexandria 亚历山大里亚（地名）
Amphion 安菲翁
Amulius=Aemulius 阿姆留斯
Anagnia 阿纳尼亚（地名）
Anaxagoras 阿那克萨戈拉
Anchises 安喀塞斯
Andromache 安德洛玛刻
Andronicus 安德罗尼柯
Anicius 阿尼基乌
Anio 阿尼奥（地名）
Annius 安尼乌斯
Antigenidas 安提格尼达
Antimachus 安提玛库斯
Antiochus 安提奥库斯
Antipater 安蒂帕特
Antiphon 安提丰
Antipho 安提福
Antisthenes 安提司泰尼
Antistius 安提司提乌
Antius 安提乌斯
Antonius 安东尼乌斯
Apelles 阿培勒斯
Apennines 亚平宁（地名）
Aphrodite 阿佛洛狄忒
Apollonius 阿波罗尼乌斯
Apollo 阿波罗
Appius 阿庇乌斯
Appuleius 阿普莱乌斯
Aquilia 阿奎利亚
Aquilius 阿奎留斯
Aratus 阿拉图斯
Arcesilaus=Arcesilas 阿尔凯西劳
Archilochus 阿基洛库斯
Archimedes 阿基米德
Archytas 阿尔基塔
Argives 阿耳戈人
Argos 阿耳戈斯（地名）
Aristides 阿里斯提德
Aristippus 阿里斯提波
Aristophanes 阿里斯托芬
Aristotle 亚里士多德
Aristoxenus 阿里司托森
Aristus 阿里斯图
Arpinum 阿尔皮诺（地名）
Arrius 阿琉斯
Ascalon 阿斯卡隆（地名）
Asclepiades 阿司克勒彼亚得
Asculum 阿斯库鲁（地名）
Asellus 阿塞鲁斯
Asia 亚细亚（地名）
Aspasia 阿丝帕希娅
Asturian 阿斯图里亚人
Atreus 阿特柔斯
Attalus 阿塔路斯
Attica 阿提卡（地名）
Atticus 阿提库斯
Attic 阿提克
Aufidius 奥菲狄乌

Aulus 奥鲁斯

Aurelius 奥勒留

Aurifex 奥利法克斯

Autronius 奥洛尼乌

B

Balbus 巴尔布斯

Barrus 巴鲁斯

Bestia 白斯提亚

Betutius 白图提乌

Bias 彼亚斯

Bibulus 彼布卢斯

Billienus 彼利努斯

Bithynia 庇提尼亚（地名）

Boiscus 波依斯库

Bologna 布隆那（地名）

Briso 布里梭

Brulla 布鲁拉

Brutus 布鲁图

Bucculeius 布库留斯

Byzantium 拜占庭（地名）

C

Caecilius 凯西留斯

Caecina 凯基纳

Caecus 凯库斯

Caelius 凯留斯

Caepasius 凯帕西乌

Caepio 凯皮奥

Caesar 凯撒

Caesulenus 凯苏伦努

Caieta 卡伊塔（地名）

Caius 盖乌斯

Calamis 卡拉米斯

Calchas 卡尔卡斯

Calchedon 卡尔凯敦（地名）

Calidianus 卡利狄阿努

Calidius 卡利狄乌

Callimachus 卡利玛库斯

Callisthenes 卡利斯塞涅

Calvinus 卡维努斯

Calvus 卡尔伏

Campania 康帕尼亚（地名）

Canachus 卡那库斯

Canius 卡尼乌斯

Cannae 卡奈（地名）

Cannutius 坎努提乌

Canuleius 卡努莱乌

Capitoline 卡皮托利山（地名）

Carbo 卡玻

Caria 卡里亚（地名）

Carinae 卡里奈（地名）

Carmenta 卡曼塔

Carneades 卡尔涅亚得

Carthage 迦太基（地名）

Carvilius 卡维留斯

Casilinum 卡西利努姆（地名）

Cassandra 卡珊德拉

Cassius 卡西乌斯

Castor 卡斯托耳

Catiline 喀提林

Cato 加图

Catulus 卡图鲁斯
Celer 凯莱尔
Censorinus 山索里努斯
Cento 肯托
Ceos 开奥斯（地名）
Ceres 刻瑞斯
Cethegus 凯塞古斯
Chalcedon 伽克敦（地名）
Chaldaean 迦勒底人
Chares 卡瑞斯
Charisius 卡里西乌
Charmadas 卡尔玛达斯
Charybdis 卡里狄斯（地名）
Chryses 克律塞斯
Chrysippus 克律西波
Chrysis 克律西斯
Cicero 西塞罗
Cilicia 西里西亚（地名）
Cimber 西姆柏
Cincius 辛西乌斯
Cisalpine Gaul 山南高卢（地名）
Cius 西乌斯（地名）
Claudius=Clodius 克劳狄
Clazomenae 克拉佐门尼（地名）
Cleanthes 克林塞斯
Cleon 克莱翁
Clisthenes 克利斯提尼
Clitarchus 克利塔库
Clitomachus 克利托玛库
Cluentius 克伦提乌
Clytemnestra 克吕泰涅斯特拉
Cnidus 尼都斯（地名）
Cocles 科克勒斯
Coelius 科厄留斯
Colchians 科尔喀斯人
Colchis 科尔喀斯（地名）
Colophon 科罗封（地名）
Cominius 考米纽斯
Congus 康古斯
Conon 科浓
Coponius 科波尼乌斯
Corax 科拉克斯
Corculus 考库鲁斯
Corinth 科林斯（地名，圣经译为哥林多）
Coriolanus 科里奥拉努
Corioli 科里沃利（地名）
Cornelia 高奈莉娅
Cornelius 高奈留
Coruncanius 科隆卡尼乌
Cosconius 科司科尼乌
Cos 科斯（地名）
Cotta 科塔
Crannon 克拉农（地名）
Crantor 克冉托尔
Crassus 克拉苏
Cresphontes 克瑞司丰特
Critias 克里底亚
Critolaus 克里托劳斯
Croton 克罗通（地名）
Crptippus 克拉提普
Ctesiphon 克特西丰
Cumae 库迈（地名）

Curiatius 库里亚提乌
Curio 库里奥
Curius 库里乌斯
Cybele 库柏勒
Cypselus 库普塞鲁

D

Daedalus 代达罗斯
Damas 达玛斯
Damon 达蒙
Danaans 达那奥斯人
Danaus 达那俄斯
Praecia 普莱西娅
Daphitas 达费塔斯
Decimus 狄西摩斯
Decius 德修斯
Decumus 德库姆斯
Deiotarus 戴奥塔鲁斯
Delos 德洛斯（地名）
Delphi 德尔斐（地名）
Demades 德玛得斯
Demetrius 德美特利
Demochares 德谟卡瑞斯
Democritus 德谟克利特
Demosthenes 德谟斯提尼
Diana 狄安娜
Didius 狄底乌斯
Dinarchus 狄纳库斯
Diodorus 狄奥多洛斯
Diodotus 狄奥多图
Diogenes 第欧根尼
Dionysius 狄奥尼修斯
Dionysocles 狄奥尼索勒
Diophanes 狄奥芬尼
Diphilus 狄菲卢斯
Dolabella 多拉贝拉
Domitius 多米提乌
Doryphorus 多律福鲁
Doryphrous 多利弗洛
Draco 德拉古
Drusus 德鲁苏斯
Duronius 杜洛尼乌斯

E

Egilia 埃吉利娅
Egilius 埃吉利乌
Egypt 埃及（地名）
Elis 埃利斯（地名）
Empedocles 恩培多克勒
Empirucus 恩披里柯
Ennius 恩尼乌斯
Epaminondas 厄帕米浓达
Ephesus 以弗所（地名）
Ephorus 厄福鲁斯
Epicurus 伊壁鸠鲁
Eretrians 厄里特里亚派
Erillus 厄里鲁斯
Eriphyla 厄里费拉
Esquiline Gate 埃斯奎利门（地名）
Ethiop 埃塞俄比亚人
Etruscans 伊拙斯康人
Euclides 欧几里德

Eupolis 欧波利斯
Euripides 欧里庇得斯
Eurotas 尤洛塔河（地名）
Euxine Sea 尤克昔涅海（地名）

F

Fabia 法比娅
Fabius 法比乌斯
Fabricius 法伯里修
Falerii 法莱里（地名）
Falernian 法勒尼亚人
Fannius 芳尼乌斯
Fauns 法翁斯
Figulus 菲古卢斯
Fimbria 菲姆利亚
Flaccus 福拉库斯
Flamininus 弗拉米尼努
Flaminius 弗拉米纽斯
Flavius 弗拉维乌
Fregellae 福莱格赖（地名）
Fregellans 福莱格赖人
Fufidius 富菲狄乌
Fufius 富菲乌斯
Fulvius 伏尔维乌
Furius 富里乌斯

G

Galatia 加拉太（地名）
Galba 加尔巴
Gallius 伽利乌斯
Gallus 伽卢斯
Gargonius 伽格纽斯
Gauls 高卢人
Gellius 盖留斯
Glabrio 格拉里奥
Glaucia 格劳西亚
Gnaeus 格奈乌斯
Gorgias 高尔吉亚
Gracchus 革拉古
Gracchus 塞普洛尼乌
Granius 格拉纽斯
Gratidianus 格拉提狄亚努
Gratidius 格拉提狄乌
Gurio 库里奥

H

Habitus 哈比图斯
Hannibal 汉尼拔
Hark 哈克
Hecuba 赫卡柏
Hegesias 赫格西亚
Helen 海伦
Hellanicus 赫拉尼库斯
Hellespont 赫勒斯旁（地名）
Helvius 赫尔维乌斯
Henna 赫纳（地名）
Heraclea 赫拉克利亚（地名）
Hercules 赫丘利
Herennius 赫瑞纽斯
Hermagoras 赫玛戈拉斯
Hermione 赫耳弥俄涅
Hermocreon 赫谟克瑞翁

Hermodorus 赫谟多洛斯

Herodotus 希罗多德

Hesiod 赫西奥德

Hierocles 希洛克勒

Hieronymus 希洛尼谟

Hippias 希庇亚

Hippocrates 希波克拉底

Hippolytus 希波吕特

Hirtilius 希提留斯

Hirtius 希尔提乌

Hither Gaul 近高卢（地名）

Homer 荷马

Horatia 霍拉提娅

Horatius 霍拉提乌

Hortalus 霍塔鲁斯

Hortensius 霍腾修斯

Hostilius 霍斯提留

Hyperbolus 叙佩伯鲁斯

Hyperides 叙培里得斯

Hypsaeus 叙赛乌斯

I

Ialysus 雅律苏斯

Icadius 伊卡狄乌

Iphigenia 伊菲革涅亚

Isocrates 伊索克拉底

Isthmia 伊斯弥亚（地名）

Italy 意大利（地名）

J

Jugurtha 朱古达

Julius 朱利乌斯

Junia 尤尼娅

Junius 朱尼乌斯

Juno 朱诺

Jupiter=Jove 朱庇特

Juventius 朱文提乌

L

Labeo 拉贝奥

Labicum 拉比齐（地名）

Lacedaemonians 拉栖代蒙人

Ladas 拉达斯

Lacedaemon 拉栖代蒙（地名）

Laelia 莱利娅

Laelius 莱利乌斯

Laius 拉伊俄斯

Lake Trasimene 特拉西美涅湖（地名）

Lamia 拉弥亚

Largus 拉尔古斯

Larissa 拉利萨（地名）

Lars 拉尔斯

Latium 拉丁姆（地名）

Latium 拉提乌姆

Laurentum 劳伦图（地名）

Lavernium 拉维纽（地名）

Lemnos=Lemnus 莱姆诺斯（地名）

Lentulus 伦图卢斯

Lepidus 雷必达

Leptines 勒普提涅

Libanus 利巴努斯

Liber 利伯尔

Libo 利伯
Licinia 李锡尼娅
Licinius 李锡尼
Liguria 利古里亚（地名）
Livius 李维乌斯
Longinus 朗吉努斯
Lucilius 鲁西留斯
Lucius 卢西乌斯
Lucretius 卢克莱修
Lucullus 卢库鲁斯
Ludi Iuventatis 卢迪尤文塔提（地名）
Luscinus 卢基努斯
Luscus 卢司库斯
Lusitania 卢西塔尼亚（地名）
Lutatius 鲁塔提乌
Lycurgus 莱喀古斯
Lysias 吕西亚斯
Lysippus 吕西普斯
Lysis 吕西斯

M

Maccius 马西乌斯
Macedonia 马其顿（地名）
Macer 玛凯尔
Magius 玛吉乌斯
Magna Graecia 大希腊（地名）
Magnesia 玛格奈昔亚（地名）
Marathus 玛拉苏（地名）
Mago 玛戈
Malleolus 马莱奥鲁
Maluginensis 玛鲁格奈昔斯
Mamercus 玛迈库斯
Mamilius 玛米留斯
Mancia 曼昔亚
Mancinus 曼昔努斯
Manilius 玛尼留斯
Manius 玛尼乌斯
Manlius 曼留斯
Marcellinus 马凯利努斯
Marcellus 马尔采鲁斯
Marcius 玛基乌斯
Marcus 马库斯
Marius 马略
Marsi 马尔西人
Mars 玛斯
Maximus 马克西姆
Medea 美狄亚
Menander 米南德
Megara 麦加拉（地名）
Megareans 麦加拉学派
Memmius 美米乌斯
Menecles 美涅克勒
Menedemus 美涅得谟斯
Menelaus 墨涅拉俄斯
Menippus 美尼普斯
Messalla 美萨拉
Metellus 麦特鲁斯
Metrodorus 梅特罗多洛
Micio 密西奥
Miletus 米利都（地名）
Milo 米罗
Minerva 密涅瓦

Minucius 米诺西乌
Misenum 密塞努（地名）
Mithridates 米特拉达铁斯
Mnesarchus 涅萨库斯
Molon 莫隆
Molo 摩洛
Mucia 缪西娅
Mucius 穆西乌斯
Mummius 姆米乌斯
Murena 穆瑞纳
Muses 缪斯
Mus 穆斯
Mutius 穆提乌斯
Myron 密戎
Mysia 密西亚（地名）
Mytilene 米提利尼（地名）

N

Naevius 奈维乌斯
Narbo 那旁（地名）
Nasica 纳西卡
Naucrates 瑙克拉底
Nemea 奈梅亚（地名）
Neoptolemus 涅俄普托勒摩
Nummius 努米乌斯
Nepos 涅波斯
Neptune 尼普顿
Nero 尼禄
Nerva 涅尔瓦
Nestor 涅斯托耳
Nicander 尼坎得尔
Nicomachus 尼各马科
Nobilior 诺比利俄
Nola 诺拉（地名）
Norbanus 诺巴努斯
Novius 诺维乌斯
Nucula 努库拉
Numantia 努曼提亚（地名）
Numa 努玛
Numerius 努美尼乌
Numidicus 努米狄库
Numitorius 努米托尔

O

Octavius 屋大维
Odysseus 奥德修斯
Oedipus 俄狄甫斯
Ofella 俄斐拉
Oileus 俄琉斯
Olympia 奥林比亚（地名）
Opimius 奥皮米乌
Orata 奥拉塔
Orbius 奥庇乌斯
Orestes 俄瑞斯忒斯

P

Pacideianus 帕西戴努斯
Pacuvius 巴库维乌斯
Palamedes 帕拉墨得斯
Pausanias 鲍桑尼亚
Palatine Hill 帕拉丁山（地名）
Palicanus 帕里卡努

Pammenes 帕曼尼斯
Pamphilus 潘菲鲁斯
Panaetius 帕奈提乌
Pansa 潘莎
Papirius 帕皮留斯
Paris 帕里斯
Paullus 保卢斯
Paulus 鲍鲁斯
Peleus 珀琉斯
Pelias 佩里亚斯
Pelion=Pelius 佩里翁（地名）
Pennus 潘努斯
Pergamum 帕伽玛（地名）
Pericles 伯里克利
Perperna 培尔珀那
Persius 波西乌斯
Phaeacian 费阿西安人
Phaedra 淮德拉
Phaedrus 斐德罗
Phaleron=Phalerum 法勒隆（地名）
Pherae 费赖（地名）
Pherecydes 斐瑞居德
Phidias 斐狄亚斯
Philippus 腓力普斯
Philip 腓力
Philistus 腓力司图
Philoctetes 菲罗克忒忒斯
Philolaus 菲罗劳斯
Philo 斐洛
Philus 菲鲁斯
Phoenix 福尼克斯
Phormio 福米奥
Phrygia 弗里吉亚（地名）
Phrygio 斐利吉奥
Picenum 皮切诺（地名）
Pictor 庇克托尔
Pinarius 庇那留斯
Pindar 品达
Pinnensia 彼奈斯（地名）
Piraeus 庇莱厄斯（地名）
Pisaurum 佩扎罗（地名）
Pisistratus 庇西特拉图
Piso 庇索
Pittacus 庇塔库斯
Pius 庇乌斯
Placentia 普拉珊提亚（地名）
Plancus 普兰库斯
Plato 柏拉图
Plautus 普劳图斯
Polemo 波勒莫
Pollux 波吕克斯
Polycleitus 波吕克莱托
Polydore 波吕多洛
Polygnotus 波吕格诺图
Pompeius 庞培
Pompilius 庞皮留斯
Pomponius 庞波纽斯
Pomptine marshes 庞皮留斯沼泽地（地名）
Pontidius 彭提丢斯
Pontius 彭提乌斯
Pontus 本都（地名）
Popilia 波庇莉娅

Popilius 波皮留斯
Porcina 波喜纳
Porcius 波喜乌斯
Porsenna 波尔塞那
Posidonius 波西多纽
Postumius 波斯图米乌
Potitus 波提图斯
Praeconinus 赖柯尼努斯
Praxiteles 普拉克西特勒
Priam 普利亚姆
Priene 普里耶涅（地名）
Privernum 普里维尔努姆（地名）
Prodicus 普罗狄科
Prometheus 普罗米修斯
Protagoras 普罗泰戈拉
Protogenes 普洛托革涅
Publicius 浦伯里修
Publius 普伯里乌
Pulcher 浦尔彻
Pullus 浦鲁斯
Puteoli 普特利（地名）
Pyrgi 庇尔吉（地名）
Pyrrho 皮浪
Pyrrhus 皮洛斯
Pythagoras 毕泰戈拉
Pytharatus 毕泰拉图
Pythia 彼提亚（地名）

Q

Quinctius 昆克修斯
Quintilian 昆提里安
Quintus 昆图斯

R

Rabirius 拉比利图
Raven 拉文
Ravilla 拉维拉
Reate 莱亚特（地名）
Regulus 勒古鲁斯
Rex 瑞克斯
Rhamnus 拉姆努斯（地名）
Rhodes 罗得岛（地名）
Romulus 罗莫洛
Roscius 洛司基乌斯
Roxana 洛克萨娜
Rubrius 鲁伯里乌
Rudiae 鲁底亚人
Rusca 鲁斯卡
Rusius 鲁昔乌斯
Rusticelius 鲁提凯留
Rutilius 鲁提留斯

S

Sabellius 撒比留斯
Sabines 萨宾人
Saguntum 萨古突（地名）
Salamis 萨拉米（地名）
Smyrna 士每拿（地名）
Salinator 萨利那托尔
Samian 萨弥亚人
Samnites 萨莫奈人
Samos 萨摩斯（地名）

Sannio 萨尼奥
Sapiens 萨皮恩斯
Saturninus 萨图尼努斯
Scaevola 斯卡沃拉
Scaurus 斯考鲁斯
Scepsis 司凯昔斯（地名）
Scipio 西庇阿
Scopas 斯科帕斯
Scribonius 斯里伯纽
Segesta 塞格斯塔（地名）
Sempronius 塞普洛尼乌
Sena 塞纳（地名）
Sentinum 珊提伦（地名）
Septumuleius 塞图缪莱乌
Sergius 塞吉乌斯
Sertorius 塞尔托利乌
Servilius 塞维留斯
Servius 塞维乌斯
Sextius 塞克提乌斯
Sextus 塞克斯都
Sicily 西西里（地名）
Sicinius 西基纽斯
Sidon 西顿（地名）
Silanus 西拉努斯
Sila 希拉（地名）
Silus 西鲁斯
Silvia 西尔维亚
Simonides 西摩尼得
Simo 西摩
Siren 塞壬
Sisenna 西森纳
Socrates 苏格拉底
Solon 梭伦
Sophocles 索福克勒斯
Soranus 索拉努斯
Sora 索拉（地名）
Sosia 索西娅
Spartacus 斯巴达克斯
Speusippus 斯彪西波
Spoletum 斯波勒图（地名）
Spurius 斯普利乌
Staienus 斯塔厄努斯
Staseas 斯塔昔阿斯
Statius 斯塔提乌
Stilo 斯提罗
Stilpo 斯提尔波
Strabo 斯特拉波
Stratocles 斯特拉托克勒
Stratonicea 斯拉托尼凯（地名）
Suetonius 苏维托尼乌斯
Sulla 苏拉
Sulpicius 苏皮西乌
Sura 苏腊
Syphax 叙法克斯（地名）
Syracuse 叙拉古（地名）
Syrtis 锡尔特（地名）

T

Tarentum 塔壬同（地名）
Tarpeian Rock 塔尔佩亚悬崖（地名）
Tarquin 塔克文
Tarracina 特腊契纳（地名）

Tatius 塔修斯
Tauriscus 陶里司库
Telamon 忒拉蒙
Temnos 特诺斯（地名）
Terence 特伦斯
Terentius 泰伦提乌斯
Teucer 透克洛斯
Thales 泰勒斯
Thasus 塔索斯（地名）
Thebes 底比斯（地名）
Thebe 蒂贝
Themistocles 塞米司托克勒
Theodectes 塞奥德特
Theodorus 塞奥多洛
Theophrastus 塞奥弗拉斯特
Theopompus 塞奥波普
Theramenes 塞拉美涅
Theseus 忒修斯
Thesprotus 塞斯普罗图
Thessaly 帖撒利（地名）
Thorius 索里乌斯
Thrasymachus 塞拉西马柯
Thucydides 修昔底德
Thyestes 堤厄斯忒斯
Tiberius 提比略
Tiber 台伯河（地名）
Tibur 蒂布尔（地名）
Timaeus 蒂迈欧
Timanthes 提曼塞斯
Timotheus 提摩修
Tinca 廷卡
Tisias 提西亚斯
Titinia 提提尼娅
Titius 提提乌斯
Titus 提多
Torquatus 托夸图斯
Tralles 特腊勒斯（地名）
Trasumenus 特拉西曼努湖（地名）
Trebatius 特巴提乌斯
Triarius 特里亚留
Triptolemus 特利托勒莫
Troy 特洛伊（地名）
Tsucany 图斯卡尼（地名）
Tubero 图伯洛
Tuditanus 图狄塔努
Tullia 图利娅
Tullius 图利乌斯
Turius 图里乌斯
Tusculan 图斯库兰（地名）
Tyndareus 廷达瑞俄斯
Tyrtamus 提尔塔姆

U

Ulysses 乌利西斯
Utica 尤提卡（地名）

V

Valerius 瓦勒留
Vargula 瓦尔古拉
Varius 瓦里乌斯
Varro 瓦罗
Varus 瓦鲁斯

Velia 维利亚（地名）
Velina 维利那
Velleius 威莱乌斯
Velocius 威洛西乌
Venus 维纳斯
Vergilius 维吉尔
Verres 威尔瑞斯
Verrucosus 维洛科苏
Vespa 维斯帕
Vespillo 威斯庇罗
Vesta 维斯太
Vestini 维斯提奈人
Vettianus 威提阿努斯
Vettius 威提乌斯
Veturius 维图里乌
Vigellius 维吉留斯
Visellius 维塞留斯
Vopiscus 伏皮斯库

X

Xanthippus 克珊西普
Xenocles 塞诺克勒
Xenocrates 塞诺克拉底
Xenophon 色诺芬

Z

Zethus 泽苏斯
Zeus 宙斯
Zeuxis 宙克西
Zopyrus 佐皮鲁斯

修辞学术语译名对照表*

A

哀婉动人的（pathetic）
安慰（conciliatio）
案件（cause）
案例（case，cause）
案子（case）

B

背景（backgrounds）
逼真（verisimilitude）
比较（comparatio）
比喻（analogies，metaphor，similitude）
避重就轻（concessio）
辨别正误（iuridicialis）
辩护（issue）
表达（delivery）
并列（juxtaposition，parallel）
并行（paralle）
并置（juxtaposition）
驳斥（refutation）
不成文法（common law）
不规范（barbarism）
不容答辩（reticentia）

C

裁定（adjudicate）
长短长格（cretic）
长短短格（dactyls）
长短格（trochee）
长复合句（ambitus）
场合（occasion）
嘲笑（illusio）
陈述（narration，narrative，propositio，proposition）
成文法（statute law）
承认（acknowledgement）
持续的（sustained）
冲动（impulse）

---

* 这里辑录的修辞学术语主要是英文的，也有直接在英译文中使用的希腊文和拉丁文。

传说（fabula）
创意（invention）
创作（composition，invention）
词尾重复（homoeoptoton）
从句（clause）
重叠（reduplication）
重复（repetitio）

D

打断（interpellantis）
倒置（hyperbaton）
倒转（inversion，anastrophe）
道歉（purgatio）
地点（place）
递升（climax）
定性的（qualitative）
定义（conformatio，definition，definitiva）
逗号（comma）
短长格（iambus）
短语（phrase）
断续的（broken）
堆积（accumulation）
对比（comparatio，comparison）
对称（symmetry）
对话（dialogue）
对句（antithesis）
对偶（antithesis，isocolon）
对语（antithesis）
对照（contraries，contrast）
躲避（declinatio）

E

扼要重述（recapitulation）
二难推理（dilemma）

F

发怒（iracundia）
反对指控（relatio criminis）
反诉（relatio criminis）
反问（hypophora）
返回（reditus）
放大（amplification）
放肆（licentia）
分派（distributio）
忿恨（obiurgatio）
风度（mien）
风格（style）
讽喻（allegory）
否定（negation）
否认（infitialis）
附加（adjunct）
复合句（continuatio）

G

概括（recapitulation）
概述（resume）
高昂（highmindedness）
高尚的（honourable）
格言（maxim）
公道（equity）
公法（public law）
共同的（public）

沟通（communicatio）
鼓动（arousal）
归纳（induction）
过渡（transition）

H

衡平法（equity）
后果（consequence）
后记（epilogue）
呼应（sequence）
呼语（apostrophe）
互换（transposition）
互置（reciprocal change）
划分（divisio，division，partition）
话语（speeches）
环形句（circuitus，period）
诙谐的（facetious）
晦涩的（obscure）
或然性（probability）

J

迹象（sign）
即决法庭（recuperatores）
记忆（memory）
技巧（craft）
假设（hypothesis）
假设性的（presumptive）
简洁（brevitas，brevity）
简洁的（simple）
简要（conciseness）
交织（interlacement）
节奏（rhythms）
结果（result）
结论（conclusio，conclusion）
结束语（peroration）
解释的（explicative）
紧凑的语句（comprehensio）
举例（exemplification）
举隅（synecdoche）
句号（period）
句首反复（epanaphora）
句尾反复（antistrophe）
具体的（particular）
聚合（conjunction）

K

开场白（introduction）
开题（invention）
开脱罪责（exculpation）
抗辩（exceptiones）
考察（inquiry）
可耻的（discreditable）
可疑的（doubtful）
恳求（appeal）
夸张（hyperbole，superlatio）

L

类（subdivisions，sub-heads）
类比（analogy）
类比推理（reasoning by analogy）
类别（subdivisions）
类型（types）
离题话（digressio，digression）
理由（ratio）

历史（historia）
例证（exemplum）
两个元音并置（hiatus）
列举（enumeration）
灵活性（flexibility）
六韵脚的诗行（hexameter）
论点（propositum）
论证（argumentum）
罗马法（Civil Law）

M

冒号（colon，cola）
描述（delineation，descriptio，protrayal）
民法（Civil Law）
明喻（simile，similitudo）
命题（proposition，thesis）
模糊的（ambiguous）

N

拟人（personification）
拟声构词（onomatopoeia）

P

排除（elimination）
排列（arrangement）
派安格（paean）
判决（krinomenon）
判例法（common law）
配置（distribution）
贫乏的（meagre）
品味（taste）
普遍论题（common topics）
普通法（common law）

Q

歧义（ambiguity）
前判（previous judgements）
前设（anteoccupatio）
强调（emphasis，significatio）
巧妙的方法（subtle approach）
清澈（clarity）
情有可原（justification）
请求怜悯（plea for mercy）
请求饶恕（deprecatio）
区分（distribution）
劝告的（hortatory）
确定的（absolute）
确证（confirmation）
确证的（confirmatory）

R

忍耐（patience）
辱骂（vituperation）

S

三短韵脚（tribrach）
伤害罪（iniuriae）
商议（communatio）
设想的（assumptive）
身体的动作（physical movement）
身体属性（physical attributes）
审判性的（juridical）
审判要点（iudicatio）
生动（vivid）

声音质量（voice quality）
省略（paralipsis）
实力（might）
事例（case）
事先的预谋（premeditation）
手段（figure）
属（genus，genera）
双关语（paronomasia）
双重长短格（ditrochee）
说明（exposition）
说写拉丁语（latinity）
司法性的（judicial）
思想的手段（figures of thought）
颂词（eulogy）
诉苦（conquestio）
诉讼（action）
缩减（extenuatio）

T

坦率（frankness）
特色（distinction）
提问（subiectio）
添加（adjunction）
通用论证（communes）
同义词并用（synonymy）
突然中止（aposiopesis）
推测性的（conjectural）
推动（impulsio）
推断（coniecturalis）
推论（inference，ratiocination，reason）
推卸罪责（remotio criminis）

W

完整（completeness）
顽强（perseverance）
微不足道的（petty）
尾声（epilogue）
位移（transplacement）
文体（style）
稳定性（stability）
问题（quaesito）
无决断（indecision）
无连接词（asyndeton）
五音韵脚（dochmius）
误用（catachresis）

X

习惯法（common law，legal custom）
想象（imaginatio）
协议（agreement）
形象（figure，images）
修饰（embellishment）
修正（correction）
绪言（exordium）
选言推理（disjunction）
寻找借口（purgatio）

Y

掩饰（dissimulatio）
演绎（deduction）
演绎推理（syllogism）
移情（transference）
疑惑（dubitatio）

疑问（interrogation）
义愤（indignatio）
议事性的（deliberative）
抑抑扬格（anapaest）
抑制（coercitio）
音步（foot）
音量（volume）
隐瞒（occultatio）
用代词指称（pronomination）
用同义词做解释（interpretation）
优雅（refining）
迂说法（periphrases）
语词的手段（figures of diction）
语法错误（solecism）
语句紧凑的（comprehensio）
预先引导（praemunitio）
圆周句（period）
韵脚（foot）
韵律（rhythms）

Z

赞美诗（paean）
增强（amplification）
展示性的（epideictic）
争端（constitutio，stasis，status）
争论点（issue）
正确的（right）
证明（proof）
支撑点（firmamentum）
直观演示（ocular demonstration）
直喻（simile）
值得赞扬的（praiseworthy）
指证（sign）
质询（rogatio）
滞留（commoratio，dwelling）
置换（hypallage）
中等的（mean，middle）
种（kinds，species）
逐步抵达顶点（climax）
祝愿（optatio）
专有名词的变格（polyptoton）
转换（inversion）
转换称呼（antonomasia）
转嫁（traiectio）
转移的（translative）
转移听众注意力（aversio）
转移指控（remotio criminis）
转喻（metonymy）
庄严的（dignified，grand）
姿势（gesture）
自然法（law of nature）
自信（confidence）
综合句（ambitus，circumscriptio，period）
总结（summing up）
诅咒（exsecratio）

修辞学术语索引

A

哀婉动人的 055，056，057
安慰 338，423，449，474，534，555，621，645，683
案件 021，026，027，082，167，187，251，255，266，309，342，373，474，543，589，600，601，625，638，640，643，681
案例 002，003，004，005，006，007，008，010，011，015，016，017，018，019，020，021，023，025，026，027，028，030，031，032，039，040，043，045，047，051，052，053，082，087，103，107，117，124，125，126，127，129，130，131，132，133，134，135，137，138，139，140，146，147，148，153，157，158，161，162，163，164，166，167，172，173，174，177，178，179，181，182，183，184，185，187，188，190，191，192，193，194，202，204，205，206，215，216，217，218，228，229，231，232，240，243，245，247，256，258，281，295，304，305，319，320，323，333，337，351，352，353，354，355，357，358，359，360，361，362，363，366，367，368，369，370，377，379，387，402，416，439，440，446，457，472，474，519，520，521，522，525，526，527，529，531，532，533，535，536，541，542，543，544，548，549，550，551，576，595，603，605，608，680
案子 003，012，022，040，043，125，128，134，135，137，138，159，167，178，179，181，182，183，184，185，186，187，188，191，192，194，195，196，197，198，199，200，201，202，203，204，207，210，212，213，215，216，217，218，231，233，244，245，247，255，257，273，301，302，303，304，308，316，317，319，320，321，322，323，325，351，352，353，354，356，357，358，359，360，362，370，

371，373，374，376，378，400，402，403，405，406，407，408，409，410，411，432，474，542，544，545，546，547，548，549，558，575，576，581，582，583，592，594，595，601，603，606，608，609，612，614，618，620，625，627，629，637，641，642，643，655，660，665，666，672，674，675，678，679，680，685

B

背景 058，059，060，061，062，063，445，523

逼真 110，137，570

比较 002，004，007，014，015，016，017，018，019，023，027，028，029，032，036，039，042，043，045，047，057，063，064，066，071，079，083，086，096，097，098，103，105，107，108，109，110，119，121，125，129，134，135，140，143，144，146，148，151，156，158，163，164，165，167，172，176，180，181，182，185，189，190，192，193，201，206，207，208，209，215，217，219，229，232，233，236，237，239，245，251，252，256，257，265，273，280，281，282，294，304，305，307，308，311，314，319，324，325，326，339，340，343，347，350，351，352，354，355，356，360，363，367，371，372，377，383，398，399，402，406，408，413，414，419，424，426，428，432，449，457，460，461，468，474，493，505，506，508，516，517，521，523，531，534，535，540，541，546，547，549，557，568，569，572，573，574，577，578，583，585，589，590，601，604，605，608，610，614，617，626，631，633，635，639，640，641，642，644，646，650，652，658，661，667，670，674，677，680，681，682，685，691，692，699，700，702，703，705，712，713

比喻 074，097，098，109，145，146，147，148，228，242，393，407，417，432，459，460，461，463，471，472，523，524，531，532，536，570，591，606，629，641，658，664，668，669，670，671，682，697，700，704，707

避重就轻 191，197，198，199，200，201，202，208，212

辩护 003，004，010，011，012，013，014，015，016，017，018，019，020，021，022，023，024，025，026，027，028，029，030，031，034，037，040，052，060，077，082，088，093，099，123，125，128，130，134，137，157，161，163，172，175，176，178，181，183，185，186，187，188，191，192，193，194，195，196，197，199，200，201，202，204，208，209，212，213，214，230，231，244，245，258，259，

273，277，282，302，308，315，316，317，320，321，332，334，348，351，352，353，356，357，358，359，360，367，372，373，374，375，376，380，392，396，399，402，403，405，408，410，432，436，439，453，457，475，479，485，529，542，543，544，546，547，548，549，550，558，564，575，576，578，579，580，582，583，585，587，594，595，596，600，601，603，605，608，609，619，623，624，627，628，629，637，638，641，643，644，647，653，656，673，674，675，678，679，680，681，682，694，711，713

表达 001，002，003，024，026，037，044，049，050，052，053，054，055，056，057，058，059，071，074，075，076，080，083，084，085，090，092，093，094，095，100，103，104，105，106，108，109，110，114，115，117，118，123，124，125，131，150，163，166，172，175，179，191，209，210，213，214，225，228，243，248，251，261，267，275，279，281，284，285，291，295，296，297，300，305，312，314，315，334，335，336，338，340，344，346，348，354，355，358，370，372，374，376，379，385，386，390，391，392，395，398，401，410，418，426，428，429，430，432，433，437，439，455，458，459，460，461，462，466，471，473，474，475，476，477，478，479，487，490，494，502，519，524，525，526，527，530，531，532，537，538，544，548，561，569，581，585，590，591，592，593，597，612，617，618，628，629，630，633，637，641，644，651，660，661，662，663，666，668，669，670，675，677，679，680，682，687，693，699，703，705，712，715

并列 092，108，109，139，144，146，158，682，694

并行 107，365，369，645

并置 524，532，687，694

驳斥 003，004，022，026，028，032，033，034，036，038，040，041，048，052，053，068，083，091，098，131，144，145，156，158，159，160，163，164，165，172，182，190，196，204，210，231，254，298，324，326，336，379，402，403，406，407，409，410，421，440，492，527，529，530，531，538，547，551，560，592，605，637，660，679，711

不成文法 024，549

不规范 075

C

裁定 013，016，017，192，195，196，204，317，359

长短长格 467，469，708，709

长短短格 469，701，702，703，708，709
长短格 469，702，707，708，711
长复合句 705，706
场合 006，009，019，020，030，046，055，057，082，087，100，118，134，161，178，181，183，202，208，222，225，264，279，295，298，306，309，330，331，338，351，352，355，359，360，361，374，378，380，383，386，387，388，396，407，412，413，431，447，465，474，506，526，528，533，543，610，665，666，679，681，691
嘲笑 064，070，081，101，109，230，274，281，283，287，300，301，320，328，351，377，385，387，390，401，402，433，472，490，498，502，504，603，611，614，650，653，669，670，671，681，683
陈述 003，007，008，009，010，016，017，018，022，023，028，030，037，041，047，050，052，053，056，067，071，080，082，091，102，105，106，107，115，118，125，126，131，135，136，137，138，140，145，150，153，154，157，158，160，161，162，164，165，171，175，178，181，182，183，189，190，192，197，208，216，219，223，228，231，240，243，248，252，255，259，273，275，281，285，295，306，310，336，346，369，370，384，395，402，405，406，407，408，409，410，429，432，438，439，440，472，473，481，486，487，488，491，492，495，496，502，519，520，521，522，524，525，526，527，528，529，530，531，532，535，541，542，550，551，563，590，629，634，635，666，669，676，677，679，683，684
成文法 024，025，026，027，028，190，212，220，241，242，267，272，277，298，300，302，305，307，311，313，320，321，322，323，354，359，369，548，549，678，719
承认 010，014，015，024，029，030，032，035，038，040，128，131，148，151，159，160，161，163，175，183，192，193，198，202，209，211，217，227，230，247，258，264，265，275，276，277，280，285，287，304，315，318，320，321，325，326，327，334，335，353，383，385，402，416，418，420，421，425，440，441，456，459，484，485，488，489，490，491，493，497，498，502，510，511，514，515，531，542，548，550，558，564，570，572，574，578，582，588，595，599，600，603，604，612，613，615，618，619，622，625，630，631，634，635，642，650，654，655，656，657，664，672，684，685，694，696，697，699，706，713

持续的 055，056，057，121，180，475
冲动 173，174，250，269，275，545，658
重叠 091，092，682
重复 009，030，035，036，041，076，077，078，079，084，089，091，092，103，104，164，165，180，188，235，319，323，330，362，401，405，473，493，524，533，547，603，607，660，666，669，673，682，683，693，703，709
传说 008，135，136，228，277，321，325，339，345，373，394，563，571，654，658，696
创意 144
创作 003，066，067，068，071，075，076，116，132，170，291，334，337，340，344，350，415，435，480，560，564，571，579，581，615，632，648，649，686，687，712
词尾重复 084
从句 077，083，084，091，467，468，471，473，524，657，664，667，669，682，694，697，705，707，708，709，710，711

D

打断 281，335，422，433，468，526，627，634，683
倒置 095
倒转 008
道歉 128，390，526
地点 009，019，020，028，029，033，103，137，142，158，162，180，217，236，249，255，282，330，331，339，400，416，447，480，526，527，528，545，546，665
递升 089
定性的 125，127，128，188，204，346，641，660
定义 002，011，012，026，037，038，089，124，125，126，127，128，130，140，142，161，162，184，185，191，192，200，206，214，216，218，219，236，240，241，242，244，251，252，253，255，256，257，258，306，311，312，314，315，325，330，347，353，366，448，449，473，498，499，507，520，521，527，528，529，532，534，542，543，547，548，551，591，651，659，673，677，678，683
逗号 083
短长格 466，467，469，701，702，703，708，709
短短短格 466，702，708，709
短语 083，091，206，390，391，409，410，412，458，462，463，525，548，629，644，657，658，663，688，689，691，698，705，706，707，708，710，711
断续的 055，056，057，475
堆积 102，103，182，532，593

对比 082，083，084，107，128，129，136，158，191，192，193，194，195，196，208，212，217，228，237，242，245，246，251，252，256，257，311，394，432，472
对称 632，644，657，668，669，686，687，694，704，709，714
对话 069，081，104，105，112，113，136，147，148，206，214，245，247，261，262，268，282，328，329，330，384，387，422，423，437，452，480，495，499，518，527，552，611，612，634，649，652，658，687，700，703
对句 079，469，682，694，697
对偶 079，084，107，473，536
对语 076，079，218，266，393，473，524，532，548，623，658，666
对照 079，097，098，106，107，108，145，158，181，472，521，717
躲避 085，219，283，471，643，683，712

E

扼要重述 531
二难推理 036，144，157，158，159

F

发怒 300，344，380，484，683
反对指控 208，638
反诉 191，193，194，195，196，212
反问 087，088，089
返回 027，041，044，051，115，137，194，199，204，244，262，304，420，422，472，479，504，509，524，527，530，592，594，600，614，616，619，630，631，634，637，641，642，676，683，686，695
放大 185，190，193，446，472，526，527，531，532，533，535，536，541，548，550，564，592，673，680，706
放肆 384，421，444，683
分派 683
风度 053，056，290，320，327，371，601，607，612
风格 064，156，217，226，227，228，229，230，231，235，243，266，275，276，282，285，288，293，294，295，297，305，313，324，330，333，338，339，340，341，342，345，348，349，350，351，355，357，363，365，368，370，371，378，379，380，381，382，383，384，409，410，412，414，416，424，425，426，427，428，429，430，432，433，435，436，437，439，440，441，443，444，445，446，457，458，461，462，464，465，466，467，468，469，471，472，474，482，502，507，511，518，522，523，524，525，532，533，535，536，551，552，560，561，569，570，574，575，577，578，579，583，584，585，586，587，588，589，594，595，600，603，605，606，607，

612，614，618，619，620，621，624，625，626，627，628，629，630，631，632，634，635，637，638，639，640，641，642，643，644，647，648，649，650，651，652，653，654，655，656，657，658，659，660，661，663，664，665，666，667，668，669，670，671，672，673，674，675，677，679，680，682，684，686，693，694，696，697，699，700，702，703，706，707，710，711，712，713，714，715

讽喻 097，098，393，671

否定 049，107，108，130，143，144，145，159，160，180，184，192，203，230，246，248，258，283，284，295，314，324，332，346，352，383，408，436，487，494，530，542，546，547，572，585，634，714

否认 006，014，015，016，018，029，035，065，092，103，108，124，128，158，159，162，175，194，196，198，199，205，209，210，217，230，248，258，272，274，281，284，287，294，304，314，318，322，352，358，374，378，381，383，414，438，497，512，531，542，543，544，545，548，550，557，564，623，632，654，694

附加 051，102，142，143，180，237，238，246，247，252，257，365，473，490

复合句 083，443，486，704，705，706，707，708，710，711

G

概括 007，044

概述 031，032，041，052，368

高昂 055，220

高尚的 004，005，006，038，046，047，048，050，081，082，088，113，116，120，131，132，164，168，177，178，179，183，185，192，193，203，216，219，221，223，224，252，253，256，283，318，325，347，348，361，367，372，382，388，408，433，438，502，510，608，629，647，649，703

格言 067，074，081，082，083，084，266，287，296，315，320，357，380，388，511，591，595，644，650

公道 220，401

公法 309，549，613

共同的 078，120，143，172，215，411，438，480，621，624

沟通 683

鼓动 104，105，292，348，581，583，613，614，615，628，641，664

归纳 147，148，149，150，151，156，158，186，245

过渡 053，076，089

H

衡平法 024，025，026，027，220，241，242

后果 009，030，042，043，046，047，050，051，054，093，101，102，116，135，142，144，145，146，151，155，156，167，177，180，182，192，195，196，200，203，212，237，238，239，247，250，252，257，271，284，288，342，412，416，448，487，496，520，529，538，540，545，550，551，612
后记 587
呼应 524
呼语 080
互换 092，095，096，473
互置 092
划分 003，004，017，022，027，041，047，052，102，123，124，126，127，128，131，138，139，140，146，155，156，164，165，167，174，190，204，210，225，242，243，252，258，259，267，313，346，359，366，367，401，426，447，448，449，456，468，469，472，519，521，526，529，533，534，537，551，591，593，651，661，669，677，683，705
话语 010，025，037，042，049，050，055，056，057，114，115，120，132，140，141，177，254，256，269，271，274，275，314，315，335，372，375，378，380，383，387，388，390，396，397，432，536，591，603，605，606，613，634，645，661，675，676，677，713
环形句 083，084，096，463，464，466，469，471，524，561，657，705，706
诙谐的 055，056，057，228，383，384，388，393，400
晦涩的 110，114，131，132，160，189，218，358，410，443，450，522，524，532，544，549，551，563，596，626，654
或然性 018，145，146

J

迹象 103，146，157，158，182，268，382，402，438，472，528，529，549，590
即决法庭 187
记忆 003，041，044，045，049，053，057，058，059，061，062，063，117，118，124，125，141，142，164，165，219，228，235，265，266，267，278，285，292，295，297，298，305，324，328，350，358，362，368，404，411，415，416，417，422，442，479，509，510，516，519，525，526，527，533，559，562，566，576，581，586，590，611，612，613，614，626，637，661，681
技巧 045，047，054，061，068，069，070，100，107，120，123，264，288，327，335，336，350，355，362，373，374，383，386，400，401，432，474，591，640，684

假设 018，020，022，023，067，113，156，157，160，191，208，209，213，214，247，255，262，365，487，504，530，551，565，591

假设性的 018，020，022，023，113，191，208，209，213，365

简洁 005，008，009，010，017，031，032，041，043，047，051，071，073，074，075，081，082，083，089，091，093，097，102，105，110，135，136，137，138，139，140，144，150，151，152，165，170，180，183，184，185，219，221，226，228，229，230，257，259，288，290，305，310，312，317，321，324，346，368，379，409，410，412，413，426，427，459，473，502，511，524，527，541，549，560，561，565，569，570，577，583，584，592，595，596，598，605，607，625，644，653，654，661，675，677，678，683，684，693，702，711

简洁的 009，031，032，051，071，073，074，075，081，093，136，137，140，150，165，228，230，288，290，312，321，409，412，413，511，549，584，644，653，677，684，711

简要 005，007，016，017，026，031，041，047，064，089，115，125，126，133，138，139，142，144，152，153，161，164，165，270，296，306，357，366，416，426，457，532，533，535，536，538，541，547，549，556，642，652，659，672，715

交织 92，128，194，621，800，834

节奏 228，296，323，433，463，464，465，466，467，468，469，470，471，472，473，524，536，561，570，629，657，658，662，664，702，707，709，712

结果 006，007，008，015，023，025，054，059，068，071，080，084，089，091，095，099，100，103，112，116，121，123，132，134，135，138，143，144，148，150，153，154，155，158，166，171，173，174，175，180，208，224，237，239，249，250，251，252，254，257，267，287，296，297，304，316，317，320，326，327，328，333，341，342，343，344，348，366，367，374，378，387，391，397，400，401，403，404，421，428，433，440，448，452，464，466，472，484，487，489，494，495，496，497，506，516，521，525，530，532，534，537，538，540，542，543，544，545，546，548，561，566，575，587，592，607，616，617，620，621，650，660，671，677，679，685，694，709

结论 003，004，018，031，037，041，048，051，052，055，083，084，093，103，105，107，140，145，148，149，150，151，152，153，154，155，156，

157，159，160，161，164，201，215，247，248，249，252，285，295，325，365，366，368，370，379，381，406，408，426，471，486，488，492，523，530，543，546，547，551，576，593，609，611，634，662，679，683

结束语 131，164，259，283，346，386，407，408，410，519，523，526，531，541，548，550，587，679，680，706，707

解释的 008，055，056，057，115，151，172，204，288，298，438，463，472，473，605，660，677

紧凑的语句 705，706

举例 012，032，040，056，064，066，072，074，086，104，105，106，109，110，123，130，145，146，155，159，178，181，194，198，205，223，241，244，247，248，250，254，271，311，366，386，396，604，605，615，632

举隅 096

句号 083，712

句首反复 077，078

句尾反复 077，078

具体的 003，032，110，123，143，144，163，208，255，258，276，278，294，295，305，322，323，335，336，342，343，347，359，360，374，377，405，414，446，447，455，471，475，507，517，529，531，537，540，546，657，659，670

聚合 091，465

K

开场白 003，004，005，006，007，008，009，017，041，047，049，050，052，053，054，063，064，124，132，135，228，259，283，329，333，337，346，370，376，379，406，407，408，409，410，522，523，526，650，660，680

开题 003，004，017，020，043，057，062，117，118，124，125，147，156，172，181，183，225，235，236，252，258，259，289，305，328，355，519，559，599，600，607，611，612，618，625，661

开脱罪责 014，029，030，039

抗辩 008，011，013，021，024，123，129，186，187，199，200，202，352，358，374，379，386，542，543，582，609，611

考察 018，020，023，025，026，027，028，030，033，042，044，064，125，128，142，143，153，170，179，180，191，193，197，198，201，205，207，211，222，224，236，237，240，244，255，256，257，258，264，265，271，275，277，283，286，288，291，293，294，296，298，312，314，315，318，323，326，334，336，342，343，348，351，353，354，358，360，365，366，369，408，427，433，434，435，436，

441，448，449，450，452，456，457，474，481，487，489，495，498，499，507，520，521，528，529，531，534，543，548，556，568，585，626，650，659，664，665，685，698，705，710
可耻的 004，006，019，023，026，077，133，145，154，161，162，167，171，185，196，198，203，209，254，291，316，347，396，536，549，613，685
可疑的 004，029，160，162，285，322，329，530，535，672
恳求 014，030，041，043，055，071，091，100，114，168，183，185，202，208，288，294，299，375，404，428，436，446，473，477，530，576，681
夸张 007，037，074，077，096，114，166，246，314，346，377，472，524，531，556，584，601，652，661，683，684

L

类 003，004，005，006，008，009，010，011，012，013，014，015，016，017，018，021，023，025，026，029，030，031，033，034，036，044，046，047，049，051，052，056，058，060，065，070，071，072，073，074，075，079，084，091，094，096，103，107，110，113，115，117，120，121，123，125，126，127，128，129，130，131，132，135，139，140，143，144，146，147，149，156，158，160，163，165，166，167，171，172，173，174，178，179，180，182，186，187，188，190，191，192，193，194，196，198，201，204，205，206，207，208，214，215，216，217，218，219，221，223，225，226，227，228，232，233，236，237，238，240，241，242，243，245，246，247，249，253，254，256，257，258，259，264，265，266，267，269，274，277，282，285，286，288，291，296，297，301，304，305，306，309，311，315，319，321，322，325，331，333，334，335，336，337，338，342，343，344，346，347，350，351，352，353，354，355，358，359，360，361，362，363，365，366，367，368，370，372，374，375，377，378，379，380，384，386，387，389，390，391，392，393，394，395，396，397，398，399，400，401，402，405，413，414，415，419，424，425，428，433，434，436，438，439，445，447，448，449，451，453，457，459，462，465，468，469，478，482，484，486，488，492，493，494，496，506，513，517，518，520，521，522，524，525，526，527，528，529，531，532，533，534，535，536，537，538，539，540，541，542，543，544，545，548，549，551，560，564，574，578，583，587，593，595，601，602，

605，606，607，611，613，614，618，627，632，642，644，648，650，651，652，654，655，656，657，659，660，661，664，665，667，668，670，671，674，675，676，677，678，682，686，689，691，692，693，694，699，700，701，703，704，705，709，710，713

类比 006，011，013，026，115，130，198，206，214，216，217，238，282，297，319，344，394，689

类比推理 013，130，206，214，217，689

类别 030，065，125，126，139，147，149，174，204，227，237，240，242，243，253，256，258，305，306，336，347，360，401，424，448，449，521，525，526，529，534，535，537，539，650，655，656，657，659，675，676，699

类型 004，005，008，010，011，012，013，014，015，016，017，018，021，023，025，031，033，036，051，060，070，071，072，073，074，075，079，084，091，096，107，110，117，120，182，194，218，226，227，233，236，237，240，245，256，257，266，267，296，315，336，337，344，350，351，355，358，361，362，363，368，370，374，375，380，386，387，394，395，396，428，469，493，578，583，587，595，601，602，607，613，618，632，642，644，647，650，656，665，667，670，674，682，699，700，701，703，705，710，713

离题话 064，135，164，406，407，408，410，472，473，523，530，643，683

理由 015，023，024，028，029，030，031，035，036，037，038，040，062，064，068，071，076，080，081，089，101，102，105，120，125，126，130，131，134，135，137，149，150，153，159，162，163，177，184，187，188，189，191，192，193，194，196，197，198，199，200，204，208，209，210，213，214，223，233，266，269，291，294，300，307，332，333，337，360，368，372，375，376，385，392，418，419，425，448，467，468，473，488，489，490，497，505，508，526，534，543，544，546，550，558，559，568，569，584，602，605，615，620，621，626，636，641，643，645，649，682，684，694，699，707

历史 008，046，048，069，073，076，106，122，135，136，146，147，198，215，231，254，258，264，265，266，298，299，305，306，307，312，316，321，324，329，335，338，339，340，341，374，394，427，474，504，528，552，553，554，556，562，563，565，568，571，573，574，596，602，610，614，617，625，626，632，633，634，

635，636，643，644，654，655，657，664，665，678，679，706
例证 010，048，063，070，105，148，174，176，198，234，245，284，303，355，472，529，531，532，550，597，600，606，670，682，683
列举 005，010，033，034，039，042，043，047，060，062，063，069，088，093，102，135，139，140，144，145，157，159，165，227，236，240，241，242，243，244，253，255，256，257，258，264，284，408，429，473，503，520，529，533，590，595，600，601，613，627，642，683
灵活性 054，340
论点 016，125，128，131，138，148，153，159，160，162，163，164，165，172，173，183，184，186，200，207，209，218，353，406，411，427，440，500，519，530，533，535，660
论证 004，005，007，009，010，017，022，023，028，031，032，033，034，036，040，041，048，052，053，064，065，066，069，080，093，097，098，105，106，107，125，127，128，129，130，131，132，134，136，137，138，139，140，144，145，146，147，148，149，150，151，152，153，154，155，156，157，158，159，160，161，162，163，164，165，172，173，175，177，178，179，181，182，183，184，185，186，187，188，189，190，191，192，194，195，196，197，200，201，202，207，208，209，210，212，213，214，217，218，225，231，234，235，236，237，238，239，240，243，244，245，246，247，248，250，251，252，253，255，258，259，260，274，280，281，283，284，286，295，303，312，313，319，320，329，332，336，338，341，343，346，354，356，357，358，360，362，363，365，366，367，379，381，402，405，406，407，408，410，411，416，424，429，446，447，449，450，456，482，484，487，489，491，492，495，496，501，520，521，523，526，528，529，530，533，535，537，540，541，542，543，544，545，546，547，548，551，560，576，581，584，591，592，605，609，614，627，628，630，659，660，671，672，676，678，679，680，682，716
罗马法 186，234，238，272，382，573，579，580，591，592，594，600，605，626，638，643，665，673，684

M

冒号 083，596
描述 007，008，020，029，030，035，049，050，072，102，104，109，110，112，115，124，126，127，139，146，162，175，184，227，240，241，255，

256，267，278，279，280，299，306，312，315，325，336，343，352，353，359，360，370，376，378，387，388，394，424，428，429，436，440，455，472，515，529，534，613，620，633，648，649，651，655，656，657，661，664，665，669，670，671，672，679，683，684
民法 187，188，189，190，236，241，245，249，253，301，453，541，594，601，610，618，625，640，678
明喻 040，110，683
命题 031，033，034，035，036，039，041，052，067，136，140，146，147，148，150，151，153，154，155，156，255，257，334，342，360，364，365，368，369，456，482，485，486，487，488，489，490，494，495，500，530，659，679
模糊的 131，132，205，245，250，303，353，591，651，673

N

拟人 114，683
拟声构词 094

P

排除 093，175，176，210，248，336，385，413，432，475，521，534，668
排列 075，204，266，305，341，361，369，416，430，449，454，463，464，472，473，519，521，522，523，535，536，559，584，611，616，618，658，660，661，664，672，684，686，687，693，697，699，700，701，704，709，712
派安格 466，467，701，702，703，708，709
判决 013，016，024，027，028，040，042，101，113，125，146，158，187，194，196，211，241，253，316，317，320，345，376，391，510，522，543，548，601
配置 003，058，098，117，521，661，709
贫乏的 073，074，444，502，517，584，612，633
品味 075，078，301
普遍论题 182，183，184，185，187，190，191，193，196，197，199，201，202，203，204，205，206，208，209，214，215，216，217，671

Q

歧义 025，114，130，155，206，207，214，259
前判 024，040，548，627
强调 045，047，051，096，114，115，141，162，164，165，166，183，186，209，210，211，212，216，278，324，373，378，386，410，412，550，603，605，614，656，662，669，671，683，

697
巧妙的方法 004，005，006，007，009，047，399
清澈 075，110
情有可原 143，350
请求怜悯 014，029，030，316
请求饶恕 128
区分 003，009，010，033，045，050，059，065，094，099，102，142，174，181，192，193，226，241，242，249，250，252，275，352，354，360，388，411，435，449，464，490，496，520，521，551，575，630，637，651，662
劝告的 055，056，057
确定的 003，009，013，014，025，026，027，028，032，037，041，046，052，058，094，109，128，138，140，141，142，143，146，148，152，155，160，163，174，176，185，190，197，201，205，209，210，211，221，225，248，252，257，261，266，285，289，305，313，315，317，320，335，342，353，363，401，404，406，414，417，447，457，464，479，487，488，489，506，517，528，529，535，564，615，629，667，672，677，698，703，710
确证 018，021，031，035，047，066，067，080，103，131，140，146，156，164，165，172，177，180，185，216，359，379，435，445，523，529，531，542，543，545，546，547，550，571，594

R

忍耐 201，220，283，435
辱骂 014，074，164，404，405，440

S

伤害罪 014，187
商议 026，044，045，048，204，208，257，258，295，336，342，411，522，533，554，594，665，683
设想的 008，014，031，128，197，334，541
身体的动作 053，056，057
身体属性 048，337
审判性的 011，014，025，026，027，028，031，043，522
审判要点 130，131
生动 097，101，107，108，109，110，115，144，167，195，347，371，410，433，444，445，550，585，641，664，665，675，681
声音质量 053
省略 006，008，009，032，039，052，085，090，091，136，137，139，154，155，159，178，188，217，242，243，247，248，347，357，390，404，473，503，524，532，536，661，667，678，682，683，688，692
识别正误 258
实力 045，047

事例 003，245，319，337，482，483，488，508，516，519，529，535，548
事先的预谋 173
手段 017，019，020，021，028，031，066，071，075，076，082，087，088，098，099，100，101，104，105，107，109，117，136，144，155，164，183，192，196，228，243，280，284，314，316，318，334，393，412，419，446，459，471，473，474，482，501，503，521，534，539，545，546，547，548，551，570，576，591，607，613，634，661，665，668，669，670，671，673，679，682，683，684，685，697，699，704，706，709
双关语 007，085，086，087，389，390，391，629
说明 003，005，006，007，010，012，015，017，019，022，023，024，025，031，032，033，042，043，046，047，049，057，058，062，063，064，067，069，071，074，075，076，081，084，089，092，093，100，105，106，110，117，126，130，132，133，134，136，137，138，139，140，141，150，152，159，164，165，166，167，174，175，177，178，190，192，193，194，196，197，200，203，208，209，210，211，212，213，216，217，223，225，248，254，257，258，271，295，302，312，330，337，338，345，346，352，353，356，357，366，367，368，369，374，375，392，394，408，411，416，419，425，432，438，440，444，461，470，474，490，510，518，528，529，530，532，533，541，546，547，550，572，584，591，596，601，611，619，636，652，666，687，688，712
说写拉丁语 075
司法性的 003，017，048，051，123，124，187，204，257，533，535
思想的手段 071，076，098，668，669，671
颂词 258，413，414，657
诉苦 164，167，168
诉讼 088，121，125，130，183，186，187，188，189，207，208，210，215，216，217，229，230，231，233，241，250，251，258，266，286，290，300，301，302，303，305，306，308，311，317，319，321，322，324，334，336，340，342，345，346，350，351，353，354，359，361，370，372，402，404，410，432，447，474，541，542，543，544，547，549，550，564，580，582，588，595，597，600，601，611，615，616，620，640，643，655，661，681，684
属 004，005，008，011，013，015，017，027，028，032，045，046，048，057，065，066，072，073，074，079，088，089，093，094，102，106，107，

124，126，127，128，132，139，140，141，143，144，157，158，165，177，179，180，184，187，188，189，193，201，203，208，216，217，218，219，220，223，225，227，228，237，238，239，240，241，242，243，244，245，246，247，248，250，252，253，256，274，275，277，278，280，282，289，291，296，302，304，306，313，315，322，325，327，331，335，336，337，338，344，347，350，354，358，370，375，376，386，389，390，391，392，393，395，398，400，401，402，408，409，417，424，425，427，428，430，431，434，435，447，448，449，450，457，459，461，462，464，476，480，482，483，486，490，494，496，501，509，510，512，517，519，522，524，528，529，534，536，537，539，541，542，547，548，549，551，558，560，565，568，569，573，574，583，587，588，602，607，612，613，618，619，632，646，649，650，651，654，656，658，663，670，671，675，676，677，679，693，699，700，701

T

坦率 099，100，343，402，587，599，604，616，620，685

特色 075，076，080，082，094，107，108，115，116，340，426，610，614，679

提问 023，080，087，088，148，177，264，286，287，298，303，310，317，387，401，403，405，472，518，519，534，683

添加 014，022，023，024，031，039，047，050，062，063，086，091，100，102，105，107，110，124，128，137，139，144，148，150，151，152，164，207，211，213，234，241，243，248，258，274，298，311，338，339，344，354，369，391，415，419，440，445，456，481，492，507，508，523，577，700，701，711

通用论证 660

同义词并用 092

突然中止 093，115

推测性的 011，016，018，019，021，022，023，028，029，093，103，125，127，131，157，173，192，258，547

推动 003，035，100，162，266，369，370，372，414，423，425，496，497，498，504，525，528，532，661，679，682，683，696，698，700，714

推断 022，032，258，301，432，484，527，571

推论 018，022，031，033，034，035，036，037，041，052，080，081，082，083，105，106，108，115，125，127，129，144，145，147，150，152，155，160，161，173，174，176，177，178，

180，182，192，195，198，200，210，216，217，219，228，230，238，244，246，247，248，249，252，255，257，275，313，320，325，332，334，335，338，346，354，365，366，392，405，416，431，484，488，489，491，492，495，496，507，515，527，528，530，543，544，546，547，566，625，651，676

推卸罪责 128，191，196，208，212

W

完整 001，010，021，024，031，032，058，074，082，083，089，093，118，119，139，156，157，162，171，177，186，241，264，270，297，299，304，306，318，354，365，383，408，415，416，431，433，447，456，459，471，480，524，547，548，561，565，593，597，609，627，631，664，690，695，710，711，712，713

顽强 220，221，257，414，485

微不足道的 004，032，067，161，162，246，287，288，300，331，348，377，380，388，397，408，429，508，513，608，696

尾声 662

位移 078

稳定性 054

问题 005，016，018，024，027，028，029，038，039，040，041，044，045，052，057，058，060，063，072，075，082，083，086，088，089，090，093，102，104，107，119，124，125，126，128，129，130，131，134，138，139，142，148，151，159，170，172，173，180，181，184，185，186，187，188，189，190，191，192，193，194，195，196，197，198，201，202，204，205，206，207，211，216，217，218，221，222，223，224，242，243，246，247，248，249，251，255，256，257，258，259，261，264，268，269，272，276，277，283，284，286，287，288，290，294，295，296，297，298，299，303，304，307，310，311，315，318，319，321，327，336，339，342，344，345，346，349，352，353，354，355，356，358，359，360，362，366，369，376，379，380，385，387，392，400，404，406，418，423，424，430，431，432，435，437，438，440，442，443，446，447，448，449，450，451，452，453，460，463，471，474，481，484，485，487，489，497，498，499，507，518，519，521，527，529，533，534，537，538，539，540，541，542，543，548，549，553，558，560，563，564，572，574，583，584，590，591，592，594，595，602，603，618，626，632，636，643，647，650，651，652，659，660，664，665，666，674，675，677，680，

691，698，700，701，704，705，706，715
无决断 092
无连接词 093
误用 036，097，523，671

X

习惯法 024，025，026，027，189，220，277，293，298，299，300，301，302，303，304，305，306，307，308，309，311，313，318，320，321，322，323，326，347，361，381，382
想象 060，108，174，211，220，232，266，287，300，309，323，333，387，398，401，404，418，421，423，442，444，450，465，472，509，512，529，553，559，572，576，586，591，629，647，649，672，683，697
协议 027，028，088，190，191，192，193，220，351，354，382，549
形象 058，059，060，061，062，063，231，233，290，417，460，462，463，465，497，590，629，669
修饰 031，032，040，052，056，064，076，077，085，095，097，102，107，108，109，116，136，139，147，155，156，172，183，208，223，226，229，243，269，275，278，280，285，289，295，312，318，339，340，393，402，407，408，412，413，417，419，424，425，426，429，435，440，444，446，451，455，456，458，462，469，472，473，474，475，501，522，523，524，525，527，530，533，535，551，570，574，590，591，592，604，605，625，634，639，644，651，652，653，654，657，664，667，668，669，670，671，673，679，682，692，693，696，699，704，709，712，715
修正 042，090，149，211，212，215，298，523，525
绪言 131，132，135，519，527
选言推理 495
寻找借口 199

Y

掩饰 007，037，045，132，401，405，506，666，683
演绎 147，149，150，151，152，153，155，156，448，449，683
演绎推理 149，150，151，152，153，156，683
移情 011，012，026
疑惑 418，683
疑问 004，014，016，019，026，032，080，132，134，146，147，148，162，230，348，352，380，456，457，470，482，572，606，615，633，635
义愤 055，164，165，166，167，191，371，372，373，374，543
议事性的 003，017，043，044，047，051，123，124，126，127，128，163，

172，187，193，195，197，201，218
抑抑扬格 467，701
抑制 425，683
音量 054，056
隐瞒 007，019，103，178，180，301，459，545，657，660，683，685，686，713
用代词指称 094
优雅 003，031，053，074，078，079，080，087，091，094，097，103，105，107，117，138，183，228，269，274，275，276，278，279，280，281，282，290，293，295，297，322，327，328，334，335，338，346，350，355，361，385，386，407，410，427，435，438，439，444，445，448，455，456，457，459，462，468，471，475，523，524，573，600，607，611，628，644，652，659，663，669，680，700，712
迂说法 473
语法错误 075，431
元音的连续 463，667
圆周句 083，463，652
韵脚 466，467，469，700，701，702，703，707，708，709，710，711，712
韵律 096，280，305，464，465，466，467，469，470，471，537，663，664，699，704

Z

赞美诗 323，469，701
增强 020，054，055，056，057，058，065，108，117，122，134，146，164，220，253，273，289，305，346，355，373，379，446，473，482，612，617，642，679，682
展示性的 003，017，043，048，051，123，124，126，127，128，172，187，337，656，658，706
争端 013，125，127，128，129，130，131，173，180，183，206，214，217，218，258，259，295，300，336，343，352，358，359，447，448，449，529，543，547
正确的 016，030，035，045，047，074，097，100，131，138，171，188，191，256，295，296，308，312，358，366，371，378，418，419，429，432，434，441，467，470，473，479，506，507，535，542，543，548，549，578，622，623，624，662，690，691，692，697
证明 003，004，009，010，013，017，018，020，021，022，023，031，033，035，036，037，038，039，040，041，046，047，048，049，052，053，055，057，061，064，067，068，069，079，082，098，106，107，108，109，110，128，130，133，136，140，144，145，148，149，150，151，152，153，154，155，156，157，158，161，163，164，165，166，171，175，177，178，184，

185，186，189，193，195，198，200，201，202，203，206，208，209，213，214，216，217，221，228，231，245，253，258，259，263，271，272，280，283，284，295，298，308，333，334，335，346，347，354，355，358，359，362，365，366，368，369，370，379，382，383，387，399，402，405，406，409，410，411，413，427，438，452，457，485，489，496，501，502，509，514，519，520，526，527，528，529，530，531，535，538，544，545，546，547，569，576，605，622，643，659，665，678，679，699，708，711，713

支撑点 130

直观演示 116

直喻 040，110，459

值得赞扬的 045，047，074，229，290，413，426，506，546，569，583，625

指证 018，019，020，022，023，037，110，348

滞留 107，683

置换 599，671

中等的 053，071，074，075，228，479，577，579，581，584，589，616，617，675

种 002，003，004，005，006，007，008，009，012，013，014，015，016，017，018，019，021，025，026，027，028，029，030，031，032，033，034，035，036，037，038，039，040，042，043，044，045，046，047，048，049，051，052，053，054，055，056，057，058，060，061，062，063，064，065，066，067，068，069，070，071，072，073，074，075，077，078，079，080，081，082，083，084，085，086，087，088，089，090，091，092，093，094，095，096，097，098，099，100，101，102，103，104，105，106，107，108，109，110，111，112，113，114，115，117，120，121，122，123，124，125，126，127，128，129，130，131，132，135，136，137，138，139，140，141，142，143，144，145，146，147，148，149，150，151，152，154，155，156，157，158，159，160，162，163，166，167，171，172，173，174，175，176，177，178，179，180，181，182，183，184，186，187，188，189，190，191，192，193，194，195，196，197，198，199，200，201，202，203，204，205，206，208，209，216，217，218，219，220，221，222，223，224，226，227，228，229，230，231，232，235，236，237，238，239，240，241，242，243，244，245，246，247，248，249，250，251，252，253，254，255，256，257，258，259，263，264，265，266，267，268，269，270，271，274，275，276，277，278，280，281，282，283，284，285，286，287，288，289，290，291，

292，293，294，295，296，297，298，299，300，301，302，303，305，306，307，308，309，310，311，312，313，314，315，317，318，319，320，321，322，323，324，325，328，329，330，331，332，333，334，335，336，337，338，339，340，341，342，343，344，345，346，347，348，349，350，351，352，353，354，355，356，358，359，360，361，362，363，364，365，366，368，369，370，371，372，373，374，375，376，377，378，379，380，381，382，383，384，385，386，387，388，389，390，391，392，393，394，395，396，397，398，399，400，401，402，403，404，405，406，407，408，409，410，411，412，413，414，415，416，417，418，419，420，423，424，425，426，427，428，429，431，432，433，434，435，436，437，438，439，440，441，442，443，444，445，446，447，448，449，450，451，452，453，455，457，458，459，460，461，462，463，464，465，466，467，468，469，470，471，472，473，474，475，476，477，478，479，481，482，483，484，486，487，488，489，490，491，492，493，494，495，496，497，498，499，501，502，506，507，508，509，510，511，512，513，516，517，518，520，521，522，523，524，525，526，527，528，529，530，531，532，533，534，535，536，537，538，539，540，541，542，543，544，545，546，547，548，549，550，551，552，553，554，555，556，557，558，559，560，561，562，563，564，565，567，568，569，570，573，574，576，577，579，581，582，583，584，585，588，589，590，592，593，594，595，596，597，598，599，601，602，603，604，605，606，607，608，609，610，612，613，614，615，617，619，620，622，623，624，625，626，628，629，630，631，632，633，634，635，637，638，639，642，643，644，645，646，647，649，650，651，652，653，654，655，656，657，658，659，660，661，662，663，664，665，667，668，669，670，671，672，673，674，675，676，677，678，679，680，681，682，683，684，685，686，687，688，689，690，692，693，694，695，696，697，698，699，700，701，702，703，704，705，706，707，708，709，710，711，712，713，714，715

专有名词的变格 086

转换 094，104，128，159，182，201，214，297，417，525，671，692

转换称呼 094

转换罪责 128

转嫁 683

转移的 125，128，129，186，198

转喻 094，095，462，463，473，523，524，671
庄严的 055，056，057，071，074，075，183，198，227，229，230，263，324，372，388，408，412，413，421，465，612，621，629，652，654，655，661，664，702
姿势 003，053，056，057，104，109，267，289，297，322，323，349，370，371，380，382，387，395，401，407，427，428，431，441，475，477，519，525，532，570，582，591，607，618，624，628，661，662，666
自然法 024，025，027，189，220，257，549
自信 020，057，063，117，134，187，220，221，328，461，465，476，514，546，594，604，609
综合句 705，706
总结 005，008，040，041，051，080，142，161，164，165，270，306，346，362，373，374，388，406，536，545，583，604，642，681，683
诅咒 317，473，683，684

事项索引

奥林匹克赛会 066，215，229，619，657

保民官 012，014，027，038，087，090，122，125，184，268，271，272，304，314，338，345，352，354，356，367，370，371，372，374，375，376，377，386，393，420，423，543，566，567，568，576，578，579，580，581，582，587，589，595，601，611，614，628，638，707

悲剧 008，034，035，056，061，067，136，163，227，250，265，292，323，371，373，427，445，455，563，573，597，600，669，675

财务官 012，196，197，200，208，263，273，348，374，376，419，439，568，580，582，587，619，625，627，642

地方行政官 013，039，098，099，268，282

监察官 019，038，146，262，271，274，304，337，374，382，392，395，396，397，399，401，418，420，422，443，444，480，504，568，573，575，595，596，597，625，714

酒神赞美歌 227，467

军法官 638

米特拉达梯战争 638

明那 167

陪审员 019，028，030，034，098，099，100，101，102，103，110，111，162

十二铜牌法 013，028，277，300，306，307，321，459，566

史诗 010，094，224，227，228，265，307，434，499，571，666

市政官 262，263，276，319，443，582，589，601，615

托架 096，116

沃尔西尼战争 563

喜剧 008，035，062，136，163，227，228，265，386，387，389，390，397，427，432，454，613，664，675，700

线球 434，442

小银币 391，516
伊斯弥亚赛会 066
韵文 226，227，464，561，657，664，665，694，698，699，703，704，705
赞美诗 323，469，701
占卜官 012，263，520，553，579，580，584，610，626，689
执法官 013，027，186，187，190，198，242，246，262，263，280，300，301，322，357，573，613，629，633，642，694
执政官 012，015，024，027，044，045，069，114，115，122，146，157，184，198，202，204，220，238，241，244，261，262，263，268，270，271，272，277，279，300，301，304，317，319，329，338，352，354，356，366，373，374，375，391，392，395，397，398，399，400，418，420，421，422，479，480，481，493，503，504，505，509，512，516，517，546，565，566，567，568，569，571，572，573，574，575，576，578，579，580，581，582，583，586，587，588，589，592，593，596，597，600，609，610，611，612，613，614，615，618，620，624，626，628，633，641，642，643，645，706

人名索引

A

阿庇乌斯·凯库斯 566，568

阿庇乌斯·克劳狄 566，581，615，626

阿波罗 168，169，281，292，293，308，394，486，493，565，573

阿波罗尼乌斯 168，169，281，292，293

阿布西乌 399，463，464，580，588，686

阿尔巴人 039

阿尔基塔 455

阿尔凯西劳 437，440，484

阿尔西庇亚德 349，454，485，560

阿耳戈 034，250，302，565

阿伽门农 010，061，098，130，138，494，666

阿革西劳 413，455

阿格拉俄封 426

阿基狄努 392

阿基洛库斯 648

阿基米德 452

阿喀琉斯 391，434

阿库西劳斯 339

阿奎利亚 588

阿拉图斯 279，687

阿勒克珊德 094，493

阿里司托森 452

阿里斯提波 224，225，435

阿里斯提德 413

阿里斯图 646

阿里斯托芬 452，654，701

阿那克萨戈拉 434，454，563，651

阿培勒斯 426，570，648，666

阿普莱乌斯 353，376，613

阿塞鲁斯 392，395

阿丝帕希娅 147，148

阿司克勒彼亚得 278

阿斯图里亚人 111

阿特柔斯 060，061，098，476

阿提克 641

埃阿斯 011，016，031，126，162，250，373，394，460

埃吉利乌 398

埃吉利娅 398
埃利乌斯·塞克斯都 308，311，320，453，573
埃涅阿斯 098，254，498
埃塞俄比亚人 111
埃塞尼努斯 232
埃斯基涅斯 147，231，232，233，273，350，427，474，475，561，632，634，644，653，654，662，675，715
埃斯库罗斯 426，641，644
埃提翁 512，570
安菲翁 039，163
安提奥库斯 345，640
安提丰 564
安提福 386
安提格尼达 603
安提玛库斯 604
奥德修斯 011，031，224，307，438，666
奥鲁斯·阿尔比努 574，589
奥鲁斯·富里乌斯 588
奥鲁斯·克伦提乌 627
奥鲁斯·塞普洛尼乌 388

B

巴尔布斯 232，440，594
白斯提亚 400，587
柏拉图 123，231，256，261，269，272，273，274，275，284，286，313，315，317，373，423，425，435，437，447，450，451，452，454，559，585，604，634，648，649，650，651，657，658，663，664，673，687
鲍鲁斯 396，572，573，645，714
鲍桑尼亚 254
彼亚斯 503
毕泰戈拉 272，363，434，455
毕泰拉图 488
庇塔库斯 433
庇西特拉图 454，560，562
波庇莉娅 337
波勒莫 437
波吕多洛 477
波吕格诺图 570
波吕克莱托 070
波吕克斯 415
波西多纽 483
波依斯库 066
伯里克利 147，313，349，350，434，438，454，560，562，563，568，634，650，651，654，677
布鲁拉 442

D

达费塔斯 482，483
达蒙 452
达那俄斯 515
代达罗斯 571
戴奥塔鲁斯 558
德拉古 307
德鲁苏斯 027，087，098，262，268，286，420，582，602，613，707

德玛得斯 561，670
德美特利 640，670，671
德谟卡瑞斯 350，632
德谟克利特 272，274，373，385，434，490，495，497，664
德谟斯提尼 226，228，229，230，231，232，233，277，283，284，325，350，427，438，474，475，552，561，569，585，588，590，591，604，632，633，634，649，651，652，653，654，662，670，673，675，682，687，711，714，715
堤厄斯忒斯 461，476，573，700
狄安娜 199，706
狄奥多洛斯 274，485，486，487
狄奥多图 639
狄奥芬尼 580
狄奥尼修斯 340，454，641
狄菲卢斯 294
狄纳库斯 350，561
狄西摩斯 059，575，581，598，600，618
狄西摩斯·布鲁图 575，581，600
狄西摩斯·西拉努斯 618
第欧根尼 115，225，364，365，663
蒂贝 215
蒂迈欧 340，562，569，644
多利弗洛 648
多律福鲁 636
多米提乌 060，382，383，579，597，626

E

俄狄甫斯 492，493
俄斐拉 600
俄琉斯 394
瑞斯忒斯 010，015，016，035，130，131，162，577，582
厄福鲁斯 340，350，429，607，696，702，709
厄里费拉 163
厄里鲁斯 436
厄里特里亚派 436
厄帕米浓达 149，153，154，311，413，455，565
恩尼乌斯 034，035，037，064，067，076，136，227，232，250，297，308，364，380，398，426，445，460，461，467，476，494，567，568，571，572，573，656，670，671，675，687，689，690，691，692，696，700
恩培多克勒 313，495

F

法比乌斯 311，395，397，485，486，567，574
法比娅 237，238
法勒尼亚人 112
法翁斯 571，572，696
菲罗劳斯 455
腓力 086，129，233，268，340，350，380，387，389，391，407，413，420，421，455，483，569，597，599，603，

608，615，635，637，638，639，644，675，698
腓力司图 340，350，569，635
斐德罗 231，269，650，651，657，658
斐洛 278，447，567，638
斐瑞居德 339
费阿西安人 570
伏尔维乌 157，391，400，573，574，581，585
福莱格赖人 073，080，091，126，202，598
福米奥 345，690
福尼克斯 434

G

盖乌斯·阿库莱奥 306，326
盖乌斯·阿奎留斯·伽卢斯 242，594
盖乌斯·奥勒留·俄瑞斯忒斯 577
盖乌斯·彼利努斯 600
盖乌斯·庇索 618，627
盖乌斯·波皮留斯 015，566
盖乌斯·波西乌斯 579
盖乌斯·法伯里修 395，504，505，516，566
盖乌斯·芳尼乌斯 574，579，636
盖乌斯·菲古卢斯 573
盖乌斯·菲姆利亚 349，587，598，616
盖乌斯·弗拉米纽斯 184，567，572
盖乌斯·富菲狄乌 582
盖乌斯·伽格纽斯 601
盖乌斯·高奈留 571，627
盖乌斯·革拉古 087，352，396，582，586，587，613
盖乌斯·赫瑞纽斯 001，002
盖乌斯·霍斯提留·曼昔努斯 244，319
盖乌斯·加尔巴 586，587
盖乌斯·加图 581，587
盖乌斯·卡玻 272，297，328，352，423，578，580，595，612，638，707
盖乌斯·卡尼乌斯 399
盖乌斯·卡西乌斯 578
盖乌斯·凯留斯 027
盖乌斯·凯帕西乌 619
盖乌斯·凯撒·斯特拉波·伏皮斯库 262
盖乌斯·科厄留斯 290
盖乌斯·科司科尼乌·卡利狄阿努 619
盖乌斯·科塔 268，424，583，601
盖乌斯·克劳狄 146，571，597
盖乌斯·肯托 401
盖乌斯·库里奥 582，602，630，638
盖乌斯·莱利乌斯 078，122，270，277，311，312，364，400，413，574，579，596，610，623
盖乌斯·李锡尼·卡尔伏 630
盖乌斯·鲁提凯留 598
盖乌斯·鲁西留斯 280，332
盖乌斯·鲁昔乌斯 624
盖乌斯·马尔采鲁斯 615
盖乌斯·马略 115，279，373，422，505，597
盖乌斯·玛凯尔 617

盖乌斯·麦特鲁斯 395
盖乌斯·美米乌斯 386，400，589，620
盖乌斯·诺巴努斯 348，371，374，375
盖乌斯·浦伯里修 396
乌斯·塞吉乌斯·奥拉塔 302
盖乌斯·塞克提乌斯 387，587
盖乌斯·塞克提乌斯·卡维努斯 587
盖乌斯·塞维留斯·格劳西亚 613
盖乌斯·山索里努斯 617
盖乌斯·斯塔厄努斯 618
盖乌斯·苏皮西乌·伽卢斯 316，573
盖乌斯·提提乌斯 597
盖乌斯·图狄塔努 577
盖乌斯·瓦罗 572
盖乌斯·威莱乌斯 440
盖乌斯·维塞留斯·瓦罗 625
盖乌斯·西基纽斯 625
盖乌斯·希提留斯 624
高尔吉亚 113，123，274，287，434，450，451，452，560，564，634，657，658，664，694，697
高卢人 015，088，095，096，097，276，395，504
高奈莉娅 161，580，609
高奈留 122，389，395，504，567，571，572，575，627，673，675，711，713
格劳西亚 389，393，461，613
格乃乌斯·弗拉维乌 305
乃乌斯·伦图卢斯 615，617，620
格乃乌斯·伦图卢斯·马凯利努斯 620
格乃乌斯·庞波纽斯 602，612，638
格乃乌斯·庞培 600，615，618
格乃乌斯·塞维留斯 573
格乃乌斯·屋大维 300，600，613
格奈乌斯·多拉贝拉 641
格奈乌斯·多米提乌 382，597
格奈乌斯·曼留斯 356，357
格奈乌斯·普兰库斯 380

H

哈比图斯 673，675
哈克 113
海伦 169，477
汉尼拔 044，122，129，184，223，271，311，345，504，508，555，567
荷马 010，094，224，228，248，307，434，445，454，499，562，565，570，571，648，666，675
赫尔维乌斯·曼昔亚 394
赫格西亚 632，711，713
赫卡柏 477，493
赫拉尼库斯 339
赫玛戈拉斯 002，124，126，129，164，625，627
赫谟多洛斯 278
赫谟克瑞翁 145
赫丘利 343，344
赫西奥德 556
霍拉提乌 194，504
霍拉提娅 194
霍腾修斯 479，491，552，553，554，603，614，615，616，630，634，637，

639，641，642，643，644，645，646，674，680，681

J

迦勒底人 487

K

卡尔卡斯 666
卡尔玛达斯 273，274，282，284，285，417，660
卡尔涅亚得 273，274，275，364，365，437，438，440，457，488，490，492，493，660
卡拉米斯 570
卡里西乌 632
卡利玛库斯 452
卡利斯塞涅 340
卡曼塔 566
卡那库斯 570
卡瑞斯 070，350，632
卡珊德拉 394
卡斯托耳 415
卡图鲁斯 262，329，330，331，332，333，335，336，337，338，339，340，341，343，344，345，348，356，357，361，362，363，369，384，387，391，398，403，406，417，418，420，422，425，427，430，440，441，443，451，458，464，466，468，469，475，478，479，588，589，613，623，624，639
凯西留斯 227，232，336，609，623
康古斯 324
考库鲁斯 610
科尔喀斯人 034
科拉克斯 284，564
科里奥拉努 563
科浓 454
克拉提普 621
克莱翁 560
克劳狄 061，146，176，230，302，509，566，568，571，581，597，615，626
克劳狄家族 302
克里底亚 349，454，560
克里托劳斯 274，364，365
克利斯提尼 560
克利塔库 563
克利托玛库 273，660
克林塞斯 486
克吕泰涅斯特拉 010，016，138，494
克律塞斯 689，690
克律西波 275，483，484，485，486，487，489，490，492，495，496，497，498，676
克律西斯 409
克冉托尔 437
克瑞司丰特 036
克珊西普 563
克特西丰 231，232，233，475，653，675，682
刻瑞斯 095，462，706
库柏勒 110，573

库里乌斯 245，303，319，320，332，360，504，513，516，566，591，605，623
库里亚提乌 194
库普塞鲁 486
昆图斯·阿琉斯 619
昆图斯·埃利乌斯 582，584
昆图斯·埃利乌斯·图伯洛 584
昆图斯·奥皮米乌 398
昆图斯·恩尼乌斯 034，227，567，573
昆图斯·法比乌斯·拉贝奥 574
昆图斯·法比乌斯·马克西姆·维洛科苏 567
昆图斯·伽利乌斯 629
昆图斯·格拉纽斯 599
昆图斯·卡图鲁斯 329，422，588，613，639
昆图斯·凯皮奥 012，026，375，589，596，608，613
昆图斯·卢克莱修·威斯庇罗 601
昆图斯·鲁伯里乌·瓦罗 597
昆图斯·鲁塔提乌·卡图鲁斯 262，329
昆图斯·马克西姆 291，516，571，572，581
昆图斯·玛基乌斯 573
昆图斯·麦特鲁斯 311，312，366，438，567，572，574，589，608，610，623，638
昆图斯·麦特鲁斯·努米狄库 589
昆图斯·米诺西乌 571
昆图斯·穆西乌斯·斯卡沃拉 241，262
昆图斯·努米托尔·浦鲁斯 202
昆图斯·诺比利俄 573
昆图斯·庞培 300，578，608，618，625，638，639
昆图斯·庞培·鲁富斯 608
昆图斯·瑞克斯 357
昆图斯·塞尔托利乌 601
昆图斯·图伯洛 413，442
昆图斯·瓦勒留·索拉努斯 430
昆图斯·瓦里乌斯 290，602，612，638
昆图斯·威洛西乌 442
昆图斯·威提乌斯·威提阿努斯 598

L

拉比利图 673
拉达斯 066
拉尔古斯 386
拉栖代蒙人 141，149，190，199，254
拉提乌姆·卢西乌斯·帕皮留斯 598
拉文 440
拉伊俄斯 492
莱喀古斯 277，307，350，433，561，562，588
莱利乌斯 068，069，078，122，254，270，277，311，312，324，326，331，332，364，400，413，427，574，575，576，577，579，596，610，622，623，635，713
莱利乌斯·德库姆斯 332
莱利娅 431，609
勒普提涅 675

李锡尼娅 595，609
利巴努斯 111
利伯 095，157，393，462，576
利伯尔 095，462
卢克莱修 062，488，600，601
卢西乌斯·阿弗拉尼乌 597
卢西乌斯·阿普莱乌斯·萨图尼努斯 613
卢西乌斯·阿西乌斯 027，227，581
卢西乌斯·埃利乌斯·拉弥亚 393
卢西乌斯·奥利法克斯 387
卢西乌斯·奥皮米乌 202，352，587，633
卢西乌斯·白斯提亚 587
卢西乌斯·保卢斯 516，581，584，615
卢西乌斯·庇索 581
卢西乌斯·波喜乌斯 568
卢西乌斯·多米提乌 626
卢西乌斯·腓力普斯 597，599
卢西乌斯·富菲乌斯 303，602，612
卢西乌斯·富里乌斯·菲鲁斯 581
卢西乌斯·盖留斯 580，599
卢西乌斯·凯留斯 339，597
卢西乌斯·凯帕西乌 619
卢西乌斯·凯苏伦努 588
卢西乌斯·科厄留斯·安蒂帕特 580，713
卢西乌斯·科塔 374，430，574，589
卢西乌斯·昆克修斯 613
卢西乌斯·拉贝奥 090
卢西乌斯·李锡尼·克拉苏 065，204，245，261
卢西乌斯·利伯 576
卢西乌斯·卢库鲁斯 574，613
卢西乌斯·鲁西留斯·巴尔布斯 594
卢西乌斯·伦图卢斯 573，626
卢西乌斯·玛基乌斯 568
卢西乌斯·曼留斯 392
卢西乌斯·美米乌斯 589，638
卢西乌斯·姆米乌斯 512，575，577，714
卢西乌斯·纳西卡 392
卢西乌斯·庞波纽斯 432
卢西乌斯·撒比留斯 588
卢西乌斯·萨图尼努斯 012，087
卢西乌斯·斯里伯纽 316
卢西乌斯·斯利伯纽 393
卢西乌斯·苏拉 614
卢西乌斯·图里乌斯 617
卢西乌斯·托夸图斯 618，625
卢西乌斯·瓦勒留·波提图斯 566
卢西乌斯·维图里乌·斐洛 567
卢西乌斯·屋大维 618
卢西乌斯·西庇阿 600
卢西乌斯·西森纳 614
卢西乌斯·朱利乌斯 422
鲁底亚人 463
鲁斯卡 393
吕西普斯 070，426，636
吕西斯 455
吕西亚斯 229，317，349，427，552，561，564，569，570，632，635，654，

658，670，675，711
罗莫洛 076，270，503，562
洛司基乌斯 291，292，293，322，323，324，384，386，445，477，634，640，674，675

M

马尔西人 598
马库斯·安东尼乌斯 262，268，278，326，422，583，598，638，639，651
马库斯·安提司提乌 401
马库斯·安提乌斯·布里梭 578
马库斯·彼布卢斯 626
马库斯·庇那留斯 393
马库斯·庇索 287，615，617，618，639
马库斯·布库留斯 303
马库斯·杜洛尼乌斯 397
马库斯·伏尔维乌·福拉库斯 400，581
马库斯·福拉库斯 400
马库斯·高奈留·凯塞古斯 567
马库斯·赫瑞纽斯 597
马库斯·加图 300，301，312，316，453，461，568，576，613
马库斯·卡利狄乌 628，629
马库斯·卡努莱乌 641
马库斯·凯留斯 628
马库斯·科波尼乌斯 303，605
马库斯·勒古鲁斯 505
马库斯·雷必达 401，578，582
马库斯·李维乌斯·德鲁苏斯 087，268，420
马库斯·卢库鲁斯 613
马库斯·马尔采鲁斯 276，555，589
马库斯·马略·格拉提狄亚努 598
马库斯·美萨拉 620
马库斯·培尔珀那 393
马库斯·彭提丢斯 620
马库斯·塞维留斯 393，627
马库斯·斯考鲁斯 312，582
马库斯·图狄塔努 571
马库斯·瓦勒留 566
马库斯·维吉留斯 440，601
马库斯·屋大维 578
马库斯·西拉努斯 589
马库斯·辛西乌斯 401
马库斯·朱尼乌斯·布鲁图 552，647
马库斯·朱尼乌斯·潘努斯 582
马库斯家族 061
马莱奥鲁 013
玛戈 002，124，126，129，164，322，625，627
玛吉乌斯 394，601
玛迈库斯 600
玛米留斯 587
玛尼留斯 311，321，453，516，517，568，581，673
玛尼乌斯·阿奎留斯 371，373，612
玛尼乌斯·格拉里奥 618
玛尼乌斯·库里乌斯 303，319，320，360，504，513，516，566，591，605，623

玛尼乌斯·玛尼留斯 311，453，516，517，568，581
玛尼乌斯·图利乌斯 569
玛斯 095，169，470，503，714
麦加拉学派 436，484，485
曼昔努斯 244，303，304，319，359，360，580，581
梅特罗多洛 273，417，419，439
美狄亚 250，476，494
美尼普斯 641
美涅得谟斯 283
美涅克勒 350，644，713
米南德 228
密涅瓦 344，502，623，649
密戎 070，426，570，572
密西奥 136
缪斯 265，273，342，571，603，650，663
缪西娅 609
摩洛 619，639，640，641
墨涅拉俄斯 061，565，579，666
穆提乌斯 176

N

瑙克拉底 350，464，696
尼各马科 029，045，570
尼坎得尔 279
尼禄 388
尼普顿 074，462
涅俄普托勒摩 364，391
涅萨库斯 274，282
涅斯托耳 562
努库拉 390
努玛·庞皮留斯 270，363，503
努美尼乌·富里乌斯 442
努米乌斯 391
诺维乌斯 390，398，400

O

欧波利斯 454，562，568
欧几里德 452
欧里庇得斯 061，163，250，426

P

帕拉墨得斯 031，254
帕里卡努 613
帕里斯 094，477，493
帕曼尼斯 646，673
帕奈提乌 274，281，440，579，583
帕西戴努斯 232
潘菲鲁斯 440
潘莎 611
庞培·斐利吉奥 399
佩里亚斯 034，476
彭提丢斯 397，620
彭提乌斯 499
皮浪 436
皮洛斯 391，504，516，566，568
品达 648
珀琉斯 434
普伯里乌·阿非利加努 311，312，352，364，367，574，578，579，584

普伯里乌·安提司提乌 602，614
普伯里乌·奥庇乌斯 601
普伯里乌·奥洛尼乌 618
普伯里乌·波皮留斯 577，587
普伯里乌·凯塞古斯 600
普伯里乌·坎努提乌 607
普伯里乌·考米纽斯 627
普伯里乌·克拉苏 300，313，319，422，453，572，578，586，631
普伯里乌·李锡尼·瓦鲁斯 389
普伯里乌·鲁提留斯·鲁富斯 316，399，592
普伯里乌·伦图卢斯 311，572，581，589，615，617，626
普伯里乌·伦图卢斯·苏腊 615
普伯里乌·玛吉乌斯 601
普伯里乌·穆瑞纳 617
普伯里乌·穆西乌斯 027，311，313，320，339，400，578
普伯里乌·塞克提乌斯 601
普伯里乌·斯卡沃拉 240，301，578，581
普伯里乌·苏皮西乌·鲁富斯 040，262
普拉克西特勒 070
普莱西娅 513
普利亚姆 476
普罗狄科 451，560，634
普罗米修斯 070
普罗泰戈拉 451，560，564，634
普洛托革涅 570，648

S

萨宾人 076，270
萨弥亚人 112
萨莫奈人 106，198，409，516
萨尼奥 111，112
塞奥波普 340，350，429，569，607，687，706
塞奥德特 696，703，709
塞奥多洛 564，657，658
塞奥弗拉斯特 151，273，275，276，467，477，484，562，585，599，657，663，668，696，703，709，712
塞克斯都·洛司基乌斯 640
塞克斯都·庞培 279，440，578
塞克斯都·提提乌斯 338，394，613
塞克斯都·朱利乌斯 027
塞拉美涅 349，434，560
塞拉西马柯 256，434，451，560，657，658，697
塞米司托克勒 404，413，415，434，560，562，563
塞诺克拉底 437
塞诺克勒 641
塞壬 363
塞斯普罗图 037
塞图缪莱乌 396
塞维乌斯 243，271，272，277，316，319，328，393，498，562，569，573，574，575，576，578，585，586，593，594，611，690

维乌斯·法比乌斯·庇克托尔 574
塞维乌斯·伏尔维乌 574，585
塞维乌斯·奈维乌斯 611
塞维乌斯·苏皮西乌 272，569，593
塞维乌斯·图利乌斯 271，562，690
色诺芬 147，148，215，340，435，455，583，588，634，655，663
山索里努斯 581，617，640
斯巴达克斯 510
斯彪西波 437
斯科帕斯 415，416
斯普利乌·阿尔比努 577，587
斯普利乌·卡维留斯 388
斯普利乌·姆米乌斯 577
斯普利乌·索里乌斯 589
斯塔厄努斯 254，618，619，621
斯塔昔阿斯 287
斯特拉托克勒 563
斯提尔波 484，690
苏格拉底 147，148，151，161，231，232，245，269，272，278，309，317，340，349，396，423，435，436，437，438，439，450，451，452，454，485，492，501，507，560，634，636，650，651，657，658
梭伦 277，307，433，560，562
索福克勒斯 426，648
索西娅 111，140

T

泰勒斯 454
陶里司库 477
忒拉蒙 373
特巴提乌斯 234，235，236
特里亚留 626
特利托勒莫 069，070，654
特伦斯 136，140，227，232，368，409，690
提比略·革拉古 086，161，352，367，400，573，574，578，580，581，598，610
提比略·科隆卡尼乌 566
提多·阿布西乌 580，588
提多·阿西乌斯 627
提多·安尼乌斯·卢司库斯 573
提多·奥菲狄乌 601
提多·白图提乌·巴鲁斯 598
提多·波斯图米乌 627
提多·狄底乌斯 374
提多·弗拉米尼努 582，623
提多·科隆卡尼乌 453
提多·庞波纽斯 552，555，678
提多·庞波纽斯·阿提库斯 552，678
提多·廷卡 599
提多·托夸图斯 619
提多·朱文提乌 601
提曼塞斯 570
提摩修 454
提提尼娅 611
提西亚斯 170，284，564
廷达瑞俄斯 415，494
透克洛斯 011，321，373，459

W

瓦尔古拉 387，388

威尔瑞斯 673，680，681，694，706

维利那 601

维纳斯 648

维斯帕·泰伦提乌斯 390

维斯太 422，595，617

维斯提奈人 039

乌利西斯 011，031，032，126，162，224，438，460，562，666

X

西庇阿·玛鲁吉奈昔斯 392

西鲁斯 400

西摩尼得 415，416

西姆柏 061

希庇亚 451，560，634

希波克拉底 452

希波吕特 098

希尔提乌 480，481，482

希罗多德 340，657，700，709

希洛克勒 350，644，713

希洛尼谟 701

修昔底德 231，340，349，560，563，564，569，632，633，635，654，655，657，687，709，715

叙培里得斯 277，350，427，561，570，590，632，634，670，675

叙佩伯鲁斯 613

叙赛乌斯 300

Y

雅律苏斯 648

亚里士多德 003，004，005，007，013，019，029，045，062，070，083，123，124，147，151，170，171，218，234，235，236，243，273，275，276，314，336，337，340，363，365，412，435，437，438，440，447，454，455，457，466，467，469，495，564，585，648，659，663，671，676，680，696，702，703，708，709，712

伊壁鸠鲁 124，488，489，490，494，498，588，634

伊菲革涅亚 061，666

伊卡狄乌 482，483

伊索克拉底 171，231，232，328，340，350，427，429，434，454，455，464，561，564，607，657，658，663，687，694，696，697，701，706，715

伊索普斯 061，324，675

尤尼娅 381，382

Z

泽苏斯 039，364

宙克西 169，170，426，570

朱庇特 116，169，499，585，648，649

朱古达 587

朱诺 169

佐皮鲁斯 485

地名索引

A

阿卑都斯 115

阿布德拉 451，560

阿尔班山 381

阿耳戈斯 565

阿该亚 461

阿拉班达 292，350，644

阿纳尼亚 396

阿尼奥 566

阿斯库鲁 598

阿提卡 226，229，230，231，233，277，430，498，552，563，565，570，597，613，631，632，633，634，653，654，667，668，670，713，714，715

埃德雷米特 641

埃及 044，515，714

埃利斯 451，560

埃斯奎利门 397

埃托利亚 573

奥林比亚 451，492，648

B

拜占庭 380，657

彼奈斯 039

彼提亚 308

庇尔吉 401

庇莱厄斯 565

庇提尼亚 115，278，479，618

布隆那 598

D

大希腊 363，455

德尔斐 136，190，452，483

德洛斯 714

底比斯 089，139，149，153，162，190，455，484，565

蒂布尔 381，393

F

法莱里 633

法勒隆 350，562，632，670，671

费赖 215

弗里吉亚 110，641，653，654，662
福莱格赖 073，080，091，126，202，598

G

伽克敦 451，560

H

赫拉克利亚 169
赫勒斯旁 115
赫纳 706

J

迦太基 044，048，077，078，091，095，096，114，122，126，129，136，154，184，202，227，271，322，345，447，458，504，505，508，688
近高卢 567

K

卡尔凯敦 657
卡里奈 516，517
卡里亚 641，653，662，714
卡奈 555，654
卡皮托利山 095，373，466
卡西利努姆 223
卡伊塔 331
开奥斯 415，451，560
康帕尼亚 462
科林斯 091，129，393，484，486，505，512，513，565
科罗封 279，604
科斯 434，452
克拉农 415
克拉佐门尼 434，454
克罗通 169
库迈 637

L

拉比齐 517
拉丁姆 381，386，396，430，598
拉姆努斯 564
拉栖代蒙 141，149，190，199，254
拉维纽 499
莱姆诺斯 115，494
莱亚特 618
劳伦图 331
利古里亚 622，623
卢迪·尤文塔提 571
卢西塔尼亚 576
罗得岛 145，196，200，280，327，380，474，546，552，565，573，593，619，639，640，641，648，653

M

马其顿 086，089，095，129，162，233，273，483，588，698
玛格奈昔亚 641
玛拉苏 579
麦加拉 009，436，484，485
米利都 454，644
米提利尼 580，621
密塞努 341

密西亚 653，654

N

那旁 381，595
奈梅亚 484
努曼提亚 077，091，114，244，304，395，491，499，580
尼都斯 641，644
诺拉 555

P

帕伽玛 038，483
庞皮留斯沼泽地 401
佩里翁 034，162，249，494
佩扎罗 627
皮切诺 567
普拉珊提亚 599
普里维尔努姆 381
普里耶涅 503
普特利 480，481

S

萨古突 508
萨拉米 373
萨摩斯 594，613
塞格斯塔 706
塞纳 571
山南高卢 204，504，552，567，655，656
士每拿 575
司凯昔斯 417，419
斯波勒图 627
斯拉托尼凯 641
索拉 430，598

T

塔尔佩亚悬崖 095
塔壬同 397，455，571
塔索斯 115
特拉西曼努湖 567
特腊勒斯 714
特腊契纳 386
特洛伊 010，011，031，094，098，139，224，254，321，350，391，394，434，445，493，494，562，666
帖撒利 215，415，494，697
图斯卡尼 438
图斯库兰 111，234，268，286，315，326，329，422，482，485，491，518，558，635，637，675
图斯库兰庄园 234，326，422

W

维利亚 235

X

西顿 469
西里西亚 262，282，326，552，553，598
西乌斯 012，014，027，035，065，087，090，099，114，115，163，202，204，227，232，237，241，244，245，261，262，268，271，287，289，299，300，303，308，309，311，313，316，

317，320，326，332，339，348，352，360，364，374，382，387，392，393，400，401，409，418，420，421，422，423，424，426，430，432，438，476，504，509，512，513，516，565，566，567，568，571，572，573，574，575，576，577，578，579，580，581，583，584，587，588，589，591，594，597，598，599，600，601，602，608，609，613，614，615，617，618，619，620，622，623，625，626，627，631，633，638，651，656，686，690，713，714

西西里 123，284，287，340，357，373，380，398，399，461，564，569，571，642，706

希拉 575，690

锡尔特 460

叙法克斯 202

叙拉古 276，340，454，569，694，706

Y

亚历山大里亚 044，281

亚平宁 438

亚细亚 075，089，115，229，233，396，417，419，430，439，552，555，565，575，594，601，638，640，641，643，644，654，693，707，713，714

以弗所 345

意大利 044，045，074，078，080，095，096，097，129，169，363，386，396，422，455，458，461，462，510，555，566，567，569，571，575，598，599，627，637，656，714

尤克昔涅海 302

尤洛塔河 199，209